여러분의 합격을 응원하는
해커스경찰의 특별 혜택!

FREE 경찰 형사법 특강

해커스경찰(police.Hackers.com) 접속 후 로그인 ▶ 상단의 [무료강좌 → 경찰 무료강의] 클릭하여 이용

해커스경찰 온라인 단과강의 20% 할인쿠폰

F996CB545E74E33N

해커스경찰(police.Hackers.com) 접속 후 로그인 ▶ 상단의 [내강의실] 클릭 ▶
[쿠폰/포인트] 클릭 ▶ 쿠폰번호 입력 후 이용

* 등록 후 7일간 사용 가능(ID당 1회에 한해 등록 가능)

경찰 합격예측 온라인 모의고사 응시권 + 해설강의 수강권

88A82826A63EFGPD

해커스경찰(police.Hackers.com) 접속 후 로그인 ▶ 상단의 [내강의실] 클릭 ▶
[쿠폰/포인트] 클릭 ▶ 쿠폰번호 입력 후 이용

* ID당 1회에 한해 등록 가능

쿠폰 이용 관련 문의 **1588-4055**

단기 합격을 위한 해커스경찰 커리큘럼

입문
탄탄한 기본기와 핵심 개념 완성!
누구나 이해하기 쉬운 개념 설명과 풍부한 예시로 부담없이 쌩기초 다지기

TIP 베이스가 있다면 **기본 단계**부터!

기본+심화
필수 개념 학습으로 이론 완성!
반드시 알아야 할 기본 개념과 문제풀이 전략을 학습하고
심화 개념 학습으로 고득점을 위한 응용력 다지기

기출+예상 문제풀이
문제풀이로 집중 학습하고 실력 업그레이드!
기출문제의 유형과 출제 의도를 이해하고 최신 출제 경향을 반영한
예상문제를 풀어보며 본인의 취약영역을 파악 및 보완하기

동형문제풀이
동형모의고사로 실전력 강화!
실제 시험과 같은 형태의 실전모의고사를 풀어보며 실전감각 극대화

최종 마무리
시험 직전 실전 시뮬레이션!
각 과목별 시험에 출제되는 내용들을 최종 점검하며 실전 완성

PASS

* 커리큘럼 및 세부 일정은 상이할 수 있으며, 자세한 사항은 해커스경찰 사이트에서 확인하세요.

단계별 교재 확인 및 수강신청은 여기서!
police.Hackers.com

해커스경찰
갓대환 형사법

기본서 | 3권 형사소송법 [공판]

해커스

김대환

약력

현 | 해커스 경찰학원 형사법·형법·형사소송법 강의

전 | 경찰공제회 경찰 채용 형법·형사소송법 강의
김대환 경찰학원 형법·형사소송법 강의
아모르이그잼경찰 / 메가CST 형사소송법 대표교수
경찰대학교 행정학과 졸업(16기)
용인대학교 경찰행정학과 석사 수료
사법시험 최종합격(제46회, 2004)
사법연수원 수료(제36기)

저서

갓대환 형사법 기본서, 해커스경찰
갓대환 형사법 핵심요약집, 해커스경찰
갓대환 형사법 기출총정리, 해커스경찰
갓대환 형법 기출1200제, 해커스경찰
갓대환 형사소송법 기출1000제, 해커스경찰
갓대환 형법 기적의 특강, 해커스경찰
갓대환 형사소송법 기적의 특강, 해커스경찰
갓대환 형사법 진도별 문제풀이 1000제 1차 시험 대비, 해커스경찰
갓대환 형사법 진도별 문제풀이 1000제 2차 시험 대비, 해커스경찰
갓대환 형사법 전범위 모의고사, 해커스경찰
갓대환 형사법 심화문제집, 해커스경찰
갓대환 형법/형사소송법 진도별 문제풀이 500제, 해커스경찰
갓대환 핵심 요약집 형법/형사소송법, 해커스경찰
갓대환 형법/형사소송법 기본서, 해커스경찰
갓대환 형법 기출 1200제, 멘토링
갓대환 형법 기적의 특강 with 5개년 최신판례, 멘토링
갓대환 형법, 형사소송법 승진 삼삼 모의고사, 멘토링
갓대환 형법, 형사소송법 경찰 오오 모의고사, 멘토링
갓대환 형법 적중 모의고사: 시즌1, 시즌2
갓대환 형법/형사소송법 단원별 문제풀이

기적의 적중률로 합격을 이끌어 내라!

이 책은 경찰승진, 법원직, 검찰직, 교정직, 보호직 등을 대비하기 위한 교재입니다. 대학교의 교재나 주관식 시험을 위한 교재는 아닙니다.

공무원 시험은 행정실무가로서의 자질을 평가하는 것을 중시합니다. 학설의 대립을 묻는 것이 아니라 판례의 태도를 묻는 시험이므로, 학설의 대립보다는 조문과 판례의 태도에 중점을 두고 집필하였습니다.

본 교재는 특히 가독성을 중시하였습니다. 판례 지문 중에 자주 틀리게 하는 부분은 볼드 처리하거나 다른 색자로 표시하여 구분하였고, 언제 출제되었는지 확인할 수 있도록 기출을 표시하였습니다. 또한 지문 중에 틀리기 쉬운 부분은 《주의》 표시로 강조하여 오답지문도 예상할 수 있도록 구성하였습니다.

이 책은 최신판례와 개정 법령을 충실히 반영하여 구성하였습니다. 또한 최근에 시행된 시험 내용을 반영하였습니다. 따라서 한 권의 책만 보더라도 시험을 완벽히 대비할 수 있을 것입니다.

더불어 교재와 함께 시험 전문 해커스 사이트에서 학원 강의나 인터넷 동영상강의를 함께 활용하여 수강한다면 학습효과를 극대화할 수 있을 것입니다.

이 교재가 출간되도록 도와주신 모든 분께 고마움을 전합니다.

2025년 1월
김대환

목차

공판

제1편 서론

제1장 형사소송법의 기초

제 1 절	형사소송법의 의의와 성격	8
제 2 절	형사소송법의 법원(法源)과 적용범위	9

제2장 형사소송법의 기본이념

제 1 절	형사소송법의 목적·이념	16
제 2 절	형사소송의 기본구조	21
제 3 절	형사소송의 기본개념정리	24

제2편 소송주체와 일반이론

제1장 소송주체와 소송관계인

제 1 절	법원(法院)	30
제 2 절	검사(檢事)	50
제 3 절	피고인(被告人)	57
제 4 절	변호인(辯護人)	79
제 5 절	보조인	89

제2장 소송주체와 소송조건

제 1 절	소송행위의 의의와 종류	90
제 2 절	소송행위의 일반적 요소	91
제 3 절	소송행위의 가치판단과 소송조건	102

제3편 공판

제1장 공소의 제기

제 1 절	기본원칙	114
제 2 절	공소제기의 방식과 효과	119
제 3 절	공소시효(公訴時效)	139

제2장 공판절차

제 1 절	공판절차의 기본원칙	154
제 2 절	공판심리의 범위	158
제 3 절	공판준비절차	182
제 4 절	공판정의 구성과 심리	187
제 5 절	공판기일의 절차	194
제 6 절	증거조사	203
제 7 절	공판절차의 특칙	219
제 8 절	국민참여재판	227

제3장 재판

제 1 절	재판의 기본개념	240
제 2 절	종국재판	246
제 3 절	재판의 확정과 효력	260
제 4 절	소송비용	276

제4편 상소 및 기타절차

제1장 상소

제 1 절	상소 통칙	282
제 2 절	항소(抗訴)	312
제 3 절	상고(上告)	322
제 4 절	항고(抗告)	330

제2장 비상구제절차

제 1 절	재심(再審)	338
제 2 절	비상상고(非常上告)	356

제3장 특별절차

제 1 절	약식절차(略式節次)	360
제 2 절	즉결심판절차(卽決審判節次)	366
제 3 절	소년보호절차와 소년형사절차	374
제 4 절	배상명령과 범죄피해자구조제도	379

제4장 재판의 집행과 형사보상

제 1 절	재판의 집행	386
제 2 절	형사보상과 명예회복	392

부록 공수처법 400

해커스경찰
police.Hackers.com

제1편 서론

제1장 형사소송법의 기초
제2장 형사소송법의 기본이념

제1장 형사소송법의 기초

제1절 형사소송법의 의의와 성격

01 형사소송법의 의의

1. 형사소송법의 개념

범죄가 발생한 경우 이를 수사·소추·심판하고 형벌을 집행하는 절차를 형사절차라고 하는데 형사소송법은 이러한 형사절차를 규율하는 법률체계를 말한다. 형사소송법은 형사절차법(刑事節次法)이라고도 한다. 형사소송 또는 형사절차는 협의로는 공판절차만을 의미하지만 광의로는 수사절차·공판절차·형집행절차까지를 포괄한다.

2. 형법과 형사소송법의 관계

형사소송법은 형법과 함께 형사법(刑事法)에 속한다. 형법은 국가형벌권의 발생요건과 법률효과를 규율하는 실체법이라면 형사소송법은 형법에 기초하여 발생한 국가형벌권을 구체적으로 실현하기 위한 법적절차를 규율하는 절차법이다.

3. 형사절차법정주의

형사절차법정주의(刑事節次法定主義)란 수사·공판·형집행의 형사절차는 '국회에서 제정한 법률(형식적 의미의 법률)'로써 규정하여야 한다는 원칙을 말한다. 형사절차를 통해 국가형벌권을 실현함에 있어서 필연적으로 국민의 기본권(자유권, 재산권 등)을 침해하지 않을 수 없는데, 이러한 기본권 침해를 억제하여 피의자·피고인의 인권을 보장하기 위한 기본원칙이 바로 **형사절차법정주의**이다.

02 형사소송법의 성격

1. 형사법(刑事法)

형사소송법은 형사법(刑事法)이며 그 시대의 정치적 상황을 반영하므로 민사법(民事法)에 비하여 특히 **정치적 성격**이 강하다.

2. 절차법(節次法)

형사소송법은 절차법으로 **기술적(技術的) 성격**이 강하다. 이에 비하여 실체법인 형법은 도덕적·윤리적 성격이 강하다. 또한 절차법인 형사소송법은 **동적·발전적(動的·發展的)인 성격**을 가지고, 실체법인 형법은 정적(靜的)인 성격을 가진다. 16. 경찰간부

3. 공법(公法)

형사소송법은 국가와 국민 사이의 법률관계를 규율하는 공법에 해당하고 국가와 국민, 전체와 부분 사이의 **배분적(配分的) 정의**실현을 목적으로 한다. 이에 비하여 민법 등 사법(私法)은 사인 사이의 평균적(平均的) 정의실현을 목적으로 한다(《주의》 형사소송법은 평균적 정의실현을 목적으로 한다. ×).

4. 사법법(司法法)

형사소송법은 국가의 사법작용의 행사방법을 규율하는 사법법(司法法)에 해당하고 상대적으로 합법성 또는 법적 안정성이 중시된다. 형사절차를 법률로 명확히 정하고 이러한 법이 정한 절차에 따라 확정된 재판에 대하여 다시 다툴 수 없도록 하는 것은 바로 이러한 사법법적 성격에서 비롯된다. 이에 비하여 행정법(行政法)과 입법법(立法法)은 상대적으로 합목적성이 중시된다.

제2절 형사소송법의 법원(法源)과 적용범위

01 형사소송법의 법원(法源)

형사소송법의 법원(法源)이란 형사소송법의 존재형식 내지는 인식근거를 말한다. 형사절차법정주의원칙상 형사소송법의 법원은 '법률'로 제한됨이 원칙이지만 '헌법'은 법률보다 상위규범이므로 당연히 형사소송법의 법원이 될 수 있고, 이외에 헌법과 법률의 위임에 따라 제정된 '대법원규칙'도 형사소송법의 법원이 된다.

1. 헌법

헌법은 대한민국의 최고 근본규범으로 헌법에 규정된 다음의 형사절차에 관한 사항은 형사소송법의 법원이 된다. 14·16·17. 경찰승진, 15·17·19. 경찰간부, 16·18. 경찰채용

① 형사절차법정주의와 적법절차원칙(제12조 제1항)
② **고문금지와 진술거부권**(제12조 제2항)
③ **영장주의와 영장주의의 예외**(제12조 제3항, 제16조)
④ 변호인의 조력을 받을 권리와 국선변호인제도(제12조 제4항)
⑤ 체포·구속의 이유와 변호인선임권을 고지받을 권리 및 가족 등이 체포·구속의 이유·일시·장소를 통지받을 권리(제12조 제5항)
⑥ **체포·구속적부심사청구권**(제12조 제6항)
⑦ **자백배제법칙과 자백의 보강법칙**(제12조 제7항)
⑧ 일사부재리의 원칙(제13조 제1항)
⑨ 재판을 받을 권리와 신속한 공개재판을 받을 권리(제27조 제1항·제3항)
⑩ **무죄추정의 원칙**(제27조 제4항)
⑪ **범죄피해자의 재판절차진술권**(제27조 제5항)과 범죄피해자 구조제도(제30조)
⑫ 형사보상청구권(제28조)
⑬ 국회의원의 불체포특권과 면책특권(제44조, 제45조)
⑭ 대통령의 불소추특권(제84조)
⑮ 법원의 조직과 권한에 관한 규정(제101조 내지 제110조)
⑯ 헌법재판소의 조직과 권한(헌법소원 등)에 관한 규정(제111조 내지 제113조)

⑰ 군사법원(제10조)
⑱ 과잉금지의 원칙(제37조 제2항) 등
[**《주의**》 형사소송법상 증거보전청구권(제184조), 증거신청권(제294조), 기피신청권(제18조), 보석청구권(제94조), 피고인의 공판기일출석권(제276조), 이의신청권(제296조), 증인신문권(제161조의2), **최후진술권**(제303조), 변론재개신청권(제305조), 상소권(제338조), 간이공판절차(제286조의2), 위법수집증거배제법칙(제380조의2), 증거재판주의(제307조), 불이익변경금지(제368조), 영장실질심사청구권(제201조), 구속취소청구권(제93조), 전문법칙(제310조의2)과 배상명령제도(소송촉진법) 등은 헌법에 규정이 없는 형사절차이다]

2. 법률(형사소송법)

형사절차법정주의원칙상 법률은 가장 중요한 형사소송법의 법원이 된다.

(1) 형식적 의미의 형사소송법
'형사소송법'이란 명칭을 가진 법률을 말한다.

(2) 실질적 의미의 형사소송법
명칭은 형사소송법이 아니지만 그 실질적 내용이 형사절차를 규율하는 법률을 말한다. 19. 경찰채용
① **조직에 관한 법률**: 법원조직법, 각급법원의 설치와 관할구역에 관한 법률, 검찰청법, 고위공직자 범죄수사처 설치 및 운영에 관한 법률, **경찰관 직무집행법, 사법경찰관리의 직무를 행할 자와 그 직무범위에 관한 법률**, 변호사법 등이 이에 해당한다.
② **특별절차에 관한 법률**: 국민참여재판법, 소년법, 군사법원법, **즉결심판에 관한 절차법, 소송촉진 등에 관한 특례법**, 조세범 처벌절차법 등이 이에 해당한다.
③ **소송비용법률**: 형사소송비용 등에 관한 법률이 이에 해당한다.
④ **기타**: 형의 집행 및 수용자의 처우에 관한 법률, 형의 실효에 관한 법률, 형사보상 및 명예회복에 관한 법률 등이 이에 해당한다.

3. 대법원규칙

대법원은 법률에 저촉하지 아니하는 범위 안에서 소송에 관한 절차, 법원의 내부규율과 사무처리에 관한 규칙을 제정할 수 있다(헌법 제108조). 이에 의해서 제정된 대법원규칙은 형사소송법의 법원이 된다. 19. 경찰채용 형사소송규칙, 법정 좌석에 관한 규칙, 법정방청 및 촬영 등에 관한 규칙, 소년심판규칙 등이 이에 해당한다.

4. 기타

(1) 대통령령
형사소송법 제195조에 따라 제정된 대통령령인 '상호협력·수사준칙규정'은 검사와 사법경찰관의 상호협력과 일반적 수사준칙에 관한 사항을 규정한 것으로 형사소송법의 법원이 될 수 있다고 해석이 된다.

(2) 법무부령
판례는 재기수사의 명령이 있는 사건에 관하여 지방검찰청검사가 다시 불기소처분을 하고자 하는 경우에는 미리 그 명령청의 장의 승인을 얻도록 한 **검찰사건사무규칙의 규정은 법규적 효력을 가진 것이 아니며**(헌재 1991.7.8, 91헌마42), **검찰징수사무규칙**은 벌금형 등의 집행에 관한 사항을 정한 것으로서 그 근거나 입법형식 및 내용에 비추어 대외적으로 구속력을 갖는 법규명령이라고 할 것이고 이를 검찰청 내부의 사무처리준칙에 불과하다고 볼 수는 없어 **법규적 효력을 인정하였다**(대판 2005.4.28, 2003다58850). 19. 경찰채용

02 형사소송법의 적용범위

> **형법**
> 제2조【국내범】본법은 대한민국영역 내에서 죄를 범한 내국인과 외국인에게 적용한다.
> 제3조【내국인의 국외범】본법은 대한민국영역 외에서 죄를 범한 내국인에게 적용한다.
> 제4조【국외에 있는 내국선박 등에서 외국인이 범한 죄】본법은 대한민국영역 외에 있는 대한민국의 선박 또는 항공기내에서 죄를 범한 외국인에게 적용한다.
> 제5조【외국인의 국외범】본법은 대한민국영역 외에서 다음에 기재한 죄를 범한 외국인에게 적용한다.
> 1. 내란의 죄
> 2. 외환의 죄
> 3. 국기에 관한 죄
> 4. 통화에 관한 죄
> 5. 유가증권, 우표와 인지에 관한 죄
> 6. 문서에 관한 죄 중 제225조 내지 제230조
> 7. 인장에 관한 죄 중 제238조
>
> 제6조【대한민국과 대한민국 국민에 대한 국외범】본법은 대한민국영역 외에서 대한민국 또는 대한민국 국민에 대하여 전조에 기재한 이외의 죄를 범한 외국인에게 적용한다. 단, 행위지의 법률에 의하여 범죄를 구성하지 아니하거나 소추 또는 형의 집행을 면제할 경우에는 예외로 한다.

1. 인적·장소적 적용범위

형사소송법은 형법을 실현하는 절차법이므로 형사소송법의 인적·장소적 적용범위는 형법의 인적·장소적 적용범위와 일치한다. 속지주의, 속인주의, 보호주의 원칙에 따라 대한민국 형법·형사소송법이 적용된다.

> **판례 |**
>
> **1 대한민국 법원이 재판권을 행사할 수 있는 경우**
> ① 외국인이 대한민국 공무원에게 알선한다는 명목으로 **금품을 수수하는 행위가 대한민국 영역 내에서 이루어진 이상** 비록 금품수수의 명목이 된 알선행위를 하는 장소가 대한민국 영역 외라 하더라도 형법 제2조에 의하여 대한민국의 형벌법규인 구 변호사법 제90조 제1호가 적용되어야 한다(대판 2000.4. 21, 99도3403). 14. 경찰간부·경찰채용
> ② **대한민국 내에 있는 미국문화원**이 치외법권지역이고 그 곳을 미국영토의 연장으로 본다 하더라도 **그 곳에서 죄를 범한 대한민국 국민**에 대하여 우리 법원에 먼저 공소가 제기되고 미국이 자국의 재판권을 주장하지 않고 있는 이상 속인주의를 함께 채택하고 있는 우리나라의 재판권은 동인들에게도 당연히 미친다(대판 1986.6.24, 86도403). 16·18. 경찰간부, 17. 경찰승진
> ③ 필리핀국에서 카지노의 외국인 출입이 허용되어 있다 하여도 형법 제3조에 따라 **(내국인인) 피고인**에게 우리나라 형법이 당연히 적용된다(대판 2001.9.25, 99도3337). 14. 경찰간부·경찰채용
> ④ 내국 법인의 대표자인 외국인이 내국 법인이 외국에 설립한 특수목적법인에 위탁해 둔 자금을 정해진 목적과 용도 외에 임의로 사용한 데 따른 **횡령죄의 피해자는 당해 금전을 위탁한 내국 법인이므로**, 그 행위가 외국에서 이루어진 경우에도 행위지의 법률에 의하여 범죄를 구성하지 아니하거나 소추 또는 형의 집행을 면제할 경우가 아니라면 그 외국인에 대해서도 우리 형법이 적용되어(형법 제6조), 우리 법원에 재판권이 있다(대판 2017.3.22, 2016도17465). 17·18·22. 국가7급, 18. 법원행시, 19·20. 경찰채용

⑤ 소말리아 해적인 피고인들이 아덴만 해역을 항해 중이던 몰타 선적의 삼호 주얼리(SAMHO JEWELRY)호를 강취한 후 **한국인 선원 8명과 외국인 선원 13명**에 대하여 해상강도살인미수 등의 죄를 범한 경우 대한민국 국민에 대한 외국인의 범죄이므로 **형법 제6조에 의하여 우리 형법이 적용된다**(대판 2011.12. 22, 2011도12927).

⑥ 조선족 중국인인 피고인들이 온두라스 국적의 참치잡이 원양어선 페스카마(PESCA MAR) 15호에 승선하여 근무하던 중 선상반란을 일으켜 **한국인 선원 7명, 조선족 중국인 선원 1명, 인도네시아인 선원 3명**을 살해한 경우 우리 형법이 적용된다(대판 1997.7.25, 97도1142).

2 대한민국 법원이 재판권을 행사할 수 없는 경우

① 캐나다 시민권자인 피고인이 캐나다에서 **위조사문서를 행사**하였다는 내용으로 기소된 경우, 위조사문서행사죄는 형법 제5조 제1호 내지 제7호에 열거된 죄에 해당하지 않고, 위조사문서행사를 형법 제6조의 대한민국 또는 대한민국 국민의 법익을 직접적으로 침해하는 행위라고 볼 수도 없으므로 피고인의 행위에 대하여는 우리나라에 재판권이 없다(대판 2011.8.25, 2011도6507). 14·16·18. 경찰간부, 16. 경찰채용, 17. 경찰승진

② [1] 중국 북경시에 소재한 대한민국 영사관 내부는 여전히 **중국의 영토**에 속할 뿐 이를 대한민국의 영토로서 그 영역에 해당한다고 볼 수 없을 뿐 아니라 **사문서위조죄**가 형법 제6조의 대한민국 또는 대한민국 국민에 대하여 범한 죄에 해당하지 아니함은 명백하다. [2] 따라서 원심이 **내국인이 아닌 피고인**이 위 영사관 내에서 A 명의의 여권발급신청서 1장을 위조하였다는 취지의 공소사실에 대하여 외국인의 국외범에 해당한다는 이유로 피고인에 대한 **재판권이 없다**고 판단한 것은 옳다(대판 2006. 9.22, 2006도5010). 15. 변호사·법원행시·경찰간부, 17. 국가7급

③ 형법 제239조 제1항의 **사인위조죄**는 형법 제6조의 대한민국 또는 대한민국 국민에 대하여 범한 죄에 해당하지 아니하므로 **중국 국적자가 중국에서** 대한민국 국적 주식회사의 인장을 위조한 경우에는 외국인의 국외범으로서 그에 대하여 재판권이 없다(대판 2002.11.26, 2002도4929). 14. 경찰채용, 18. 법원행시

그러나 이에 대하여 다음과 같은 국내법상 그리고 국제법상 예외가 있다.

(1) 국내법상 예외

① **대통령의 불소추특권**: 대통령은 내란 또는 외환의 죄를 범한 경우를 제외하고는 재직 중 형사상의 소추를 받지 아니한다(헌법 제84조).

② **국회의원의 불체포특권**: **국회의원은 현행범인인 경우를 제외하고는 회기 중 국회의 동의 없이 체포 또는 구금되지 아니한다**(헌법 제44조 제1항). 15. 경찰간부, 17. 경찰승진 국회의원이 회기 전에 체포 또는 구금된 때에는 현행범인이 아닌 한 국회의 요구가 있으면 회기 중 석방된다(동조 제2항). 헌법 제44조에 의하여 구속된 국회의원에 대한 석방요구가 있으면 당연히 구속영장의 집행이 정지된다(형사소송법 제101조 제4항).

③ **국회의원의 면책특권**: 국회의원은 국회에서 직무상 행한 발언과 표결에 관하여 국회 외에서 책임을 지지 아니한다(헌법 제45조).

> **판례 |**
>
> 1 면책특권의 취지 및 인정범위
> ① 국회의원의 면책특권을 인정한 취지는 **국회의원이 국민의 대표자로서 국회 내에서 자유롭게 발언하고 표결할 수 있도록** 보장함으로써 국회가 입법 및 국정통제 등 헌법에 의하여 부여된 권한을 적정하게 행사하고 그 기능을 원활하게 수행할 수 있도록 보장하는 데에 있다(대판 2011.5.13, 2009도14442).

② **면책특권의 대상이 되는 행위**는 국회의 직무수행에 필수적인 국회의원의 **국회 내에서의 직무상 발언과 표결**이라는 의사표현행위 자체에만 국한되지 아니하고 **이에 통상적으로 부수하여 행하여지는 행위까지 포함**하며, 그와 같은 부수행위인지 여부는 구체적인 행위의 목적·장소·태양 등을 종합하여 개별적으로 판단하여야 한다(대판 2011.5.13, 2009도14442). 16. 변호사·경찰채용, 16·18. 경찰간부

2 면책특권의 대상이 되는 행위

① '구 국가안전기획부의 불법 녹음 내용'과 '검사들이 삼성그룹으로부터 떡값 명목의 금품을 수수하였다'는 내용이 게재된 **보도자료**를 국회 법제사법위원회 개의 당일 국회 의원회관에서 **기자들에게 배포한 경우**(대판 2011.5.13, 2009도14442) → 그러나 구 국가안전기획부 내 정보수집팀이 대기업 고위관계자와 중앙일간지 사주간의 사적 대화를 불법 녹음한 자료를 입수한 후 그 대화내용과, 위 대기업으로부터 이른바 떡값 명목의 금품을 수수하였다는 검사들의 실명이 게재된 보도자료를 작성하여 **자신의 인터넷 홈페이지에 게재한 행위는 면책특권의 범위에도 해당하지 않고, 정당행위에도 해당하지 않는다**하여 징역 4월에 집행유예 1년 자격정지 1년이 확정되어 국회의원 자격을 상실하였다. 14. 변호사

② 국회 예산결산위원회 회의장에서 법무부장관을 상대로 대정부질의를 하던 중 대통령 측근에 대한 대선자금 제공 의혹과 관련하여 이에 대한 수사를 촉구하는 과정에서 **발언**을 한 경우(대판 2007.1.12, 2005다57752)

③ 국회의 위원회나 국정감사장에서 국무위원·정부위원 등에 대하여 **질문이나 질의**를 하거나 직무상 질문이나 질의를 준비하기 위하여 국회 내에서 정부·행정기관에 대하여 **자료제출을 요구**한 경우(대판 1996.11.8, 96도1742) 16. 변호사

④ 국회 본회의에서 질문할 **원고를 사전에 배포한 경우**(대판 1992.9.22, 91도3317)

3 면책특권의 효과

국회의원의 면책특권에 속하는 행위에 대하여는 공소를 제기할 수 없으며 이에 반하여 공소가 제기된 것은 결국 공소권이 없음에도 공소가 제기된 것이 되어 형사소송법 제327조 제2호의 **공소제기의 절차가 법률의 규정에 위반하여 무효인 때**에 해당되므로 공소를 기각하여야 한다(대판 1992.9.22, 91도3317). 14. 경찰간부, 14·17. 경찰승진·국가7급, 16. 변호사, 20. 해경채용

(2) 국제법상 예외

① **외교관계에 의한 재판권 면제**: 외교관계 면제권이 있는 ㉠ 외국의 원수, 그 가족 및 대한민국 국민이 아닌 수행자, ㉡ 신임받은 외국의 사절, 그 직원 및 가족에게는 형사소송법이 적용되지 아니한다(외교관계에 관한 비엔나협약 제31조). 따라서 대한민국에 주재하는 외국의 대사(大使)·공사(公事)에 대해서는 형사소송법이 적용되지 않으므로 대한민국이 재판권을 행사할 수 없다.

② **한미주둔군지위협정에 의한 재판권 제한**: 한미주둔군지위협정에 의하여 합중국(미국) 군대의 구성원, 군속 및 그들의 가족에 대해서는 대한민국 당국의 형사재판권 행사가 제한된다. '한미주둔군지위협정'의 정식명칭은 '대한민국과 아메리카합중국간의 상호방위조약 제4조에 의한 시설과 구역 및 대한민국에서의 합중국 군대의 지위에 관한 협정'이고 일명 SOFA(Status Of Forces Agreement)라고 하고, 이는 본문과 후속문서인 합의의사록, 양해사항 등으로 구성되어 있다.

> **⚖️ 판례 | 미국 군인, 군속 등에 대한 재판권**
>
> 1 [1] 미군범죄에 관하여는 원칙적으로 오로지 합중국의 재산이나 안전에 대한 범죄 또는 오로지 합중국 군대의 타 구성원이나 군속 또는 그들의 가족의 신체나 재산에 대한 범죄, 공무집행 중의 작위 또는 부작위에 의한 범죄인 경우에는 합중국 군당국이 재판권을 행사할 1차적 권리를 가지며, **기타의 범죄인 경우에는 대한민국 당국이 재판권을 행사할 1차적 권리를 가진다.** [2] 그러나 협정 제22조 제1항 (나)호는 "계엄령하에 있는 대한민국의 지역에 있어서는 합중국 군당국은 계엄령이 해제될 때까지 합중국 군대의 구성원에 대하여 전속적 재판권을 행사할 권리를 가진다."고 규정하고 있으므로, **계엄령이 선포된 경우에는 대한민국 법원은 계엄령이 해제될 때까지 미합중국 군대의 구성원을 재판할 권한이 없게 되는 것이다**(대판 1980.9.9, 79도2062).
> 2 [1] 협정 제22조(형사재판권) 제4항은 "본조의 전기 제 규정은 합중국 군당국이 대한민국의 국민인 자 또는 대한민국에 통상적으로 거주하고 있는 자에 대하여 재판권을 행사할 권리를 가진다는 것을 뜻하지 아니한다."고 규정하고 있다. 위 조항들에 의하면, **미합중국 군대의 군속 중 통상적으로 대한민국에 거주하고 있는 자는 협정이 적용되는 군속의 개념에서 배제되므로** 그에 대하여는 대한민국의 형사재판권 등에 관하여 협정에서 정한 조항이 적용될 여지가 없다(**협정에서 정한 미합중국 군대의 군속에 관한 형사재판권 관련 조항이 적용될 수 없다**). [2] 협정 제22조 제1항에 관한 합의의사록에서는 "합중국 법률의 현 상태에서 합중국 군당국은 평화시에는 군속 및 가족에 대하여 유효한 형사재판권을 가지지 아니한다."고 정하고 있다. 위 조항들을 종합하면, **한반도의 평시상태에서 미합중국 군당국은 미합중국 군대의 군속에 대하여 형사재판권을 가지지 않으므로 대한민국은 협정 제22조 제1항 (나)에 따라 미합중국 군대의 군속이 대한민국 영역 안에서 저지른 범죄로서 대한민국 법령에 의하여 처벌할 수 있는 범죄에 대한 형사재판권을 바로 행사할 수 있다**(대판 2006.5.11, 2005도798).
>
> 15·16. 경찰간부, 16. 국가9급·경찰채용

2. 시간적 적용범위

형사소송법은 시행시부터 폐지시까지 효력을 가지는 것이 원칙이다. **형사소송법**은 절차법이기 때문에 형법과 같은 **엄격한 소급효 금지의 원칙이 적용되지 아니한다.** 법률의 변경이 있는 경우에 **신법·구법의 적용 여부는 입법정책의 문제이다.** 14. 경찰채용

> **형사소송법 부칙 <법률 제8496호>**
>
> 제1조 【시행일】 이 법은 2008년 1월 1일부터 시행한다.
> 제2조 【일반적 경과조치】 이 법은 이 법 시행 당시 수사 중이거나 법원에 계속 중인 사건에도 적용한다.
> 다만, 이 법 시행 전에 종전의 규정에 따라 행한 행위의 효력에는 영향을 미치지 아니한다.

> **⚖️ 판례 | 형사소송법 부칙 제2조의 규정 취지 등**
>
> [1] **형사소송법 부칙 제2조는** 형사절차가 개시된 후 종결되기 전에 형사소송법이 개정된 경우 신법과 구법 중 어느 법을 적용할 것인지에 관한 입법례 중 이른바 **혼합주의를 채택하여** 구법 당시 진행된 소송행위의 효력은 그대로 인정하되 신법 시행 후의 소송절차에 대하여는 신법을 적용한다는 취지에서 규정된 것이다. [2] 따라서 **항소심이** 신법 시행을 이유로 **구법이 정한 바에 따라 적법하게 진행된 제1심의 증거조사절차 등을 위법하다고 보아 그 효력을 부정하고 다시 절차를 진행하는 것은 허용되지 아니하며,** 다만 이미 적법하게 이루어진 소송행위의 효력을 부정하지 않는 범위 내에서 신법의 취지에 따라 절차를 진행하는 것은 허용된다(대판 2008.10.23, 2008도2826). 15·18. 경찰간부, 16·20. 경찰채용

police.Hackers.com

제2장 형사소송법의 기본이념

제1절 형사소송법의 목적·이념

형사소송법의 목적은 근본적으로 피고인의 유·무죄와 처벌의 경중을 정확히 판단하는 데에 있다. 이를 위해서는 사건의 진상을 정확히 파악할 것이 요구되는데 이러한 의미에서 실체적 진실발견은 형사소송법의 최고의 목적이 된다. 그러나 실체적 진실발견만을 유일한 목적으로 이해할 때에 수사기관은 인권을 침해해 가며 진실발견에 치중할 것이고 또한 법원도 범죄혐의를 밝히기 위해 피고인을 단순히 심리의 객체로 전락시킬 위험도 따르게 된다. 이러한 의미에서 실체적 진실발견도 '적정절차를 통하여 신속하게 이루어져야 한다'는 제약을 받게 된다.

> **판례 | 형사소송의 목적**
>
> 형사소송의 목적은 **적법절차**에 의한 **실체적 진실**의 **신속한 발견**에 있다(헌재 1995.6.29, 93헌바45). 20. 경찰채용

01 실체적 진실주의(實體的 眞實主義)

1. 의의

(1) 개념

실체적 진실주의란 법원이 당사자의 사실상의 주장이나 인부(認否) 또는 제출한 증거에 구속되지 않고 사안의 진상을 규명하여 객관적 진실을 발견하려는 소송법상 원리를 말한다.

(2) 형식적 진실주의와의 구별

① **형식적 진실주의의 의의**: 형식적 진실주의란 법원이 당사자의 사실상의 주장이나 인부 등에 구속되어 이를 기초로 하여 사실을 인정하는 민사소송법의 원리를 말한다. 민사소송법에서는 사적자치(私的自治)의 원칙상 소송의 개시·특정·종료(포기·인락·화해)가 당사자에게 일임이 되어 있는 당사자처분권주의가 지배하고 또한 자백의 구속력이 인정되어 당사자가 자백한 사실은 법원을 구속하게 된다.

② **형사소송법의 실체적 진실주의**: 그에 비하여 형사소송법은 실체적 진실주의가 지배하기 때문에 당사자처분권주의가 인정되지 아니한다. 즉, 피고인은 범죄혐의를 인정하고 처벌을 받을 것을 전제로 형사재판을 거부할 권리는 없고, 검사와 피고인은 임의대로 형사재판을 화해로 중지하거나 포기할 수도 없다. 또한 **형사소송에서는 자백의 구속력은 인정되지 아니하므로** 법원은 피고인의 자백에 구속당하지 아니한다. 피고인이 자백하더라도 그에 대한 보강증거가 없으면 법원은 무죄판결을 선고하여야 하고(제310조), 또한 보강증거가 있더라도 객관적 진실을 좇아 얼마든지 자백과 다른 내용의 판결선고도 할 수 있다.

2. 실체적 진실주의의 내용

(1) 적극적 실체진실주의

범죄사실을 명백히 하여 죄 있는 자를 빠짐없이 처벌하도록 하자는 원리로서 "열 사람의 범인이 있으면 열 사람 모두를 처벌하여야 한다."라고 표현이 된다.

(2) 소극적 실체진실주의

죄 없는 자를 유죄로 하여서는 안 된다는 원리로서 "열 사람의 범인을 놓치는 한이 있더라도 한 사람의 죄 없는 자를 벌해서는 안 된다."라고 표현이 된다.

(3) 형사소송법의 태도

현행 형사소송법은 무죄추정의 원칙(헌법 제27조 제4항), 의심스러울 때에는 피고인의 이익으로(in dubio pro reo), 검사의 거증책임 부담 등의 원칙이 지배하므로 **소극적 실체진실주의가 더 강조가 된다는 것이 통설과 판례의 입장이다.**

> **판례 | 실체적 진실주의에 대한 형사소송법의 입장(= 소극적 실체진실주의)**
>
> 무죄추정의 원칙을 규정하고 있는 헌법 제27조 제4항을 종합하면 형사재판절차에는 **소극적 진실주의가 헌법적으로 보장**되어 있음을 인정할 수 있다(헌재 1998.12.24, 94헌바46).

3. 제도적 구현

실체적 진실주의는 형사소송법의 지도이념으로 형사소송제도의 대부분은 실체적 진실발견을 그 목적으로 하고 있다.

(1) 수사절차

사실인정에 필요한 증거의 확보는 진실발견의 전제요건이다. 형사소송법은 증거의 수집·보전을 위하여 수사기관에 임의수사(피의자신문·참고인조사 등)와 강제수사(압수·수색·검증 등)의 권한을 인정하고 있고 기타 증거보전이나 증인신문청구제도도 규정하고 있다.

(2) 공판절차

① **증거조사**: 각종 증거조사 절차규정은 사실인정을 위한 직·간접적인 제도에 해당한다. 또한 당사자의 입증이 불충분한 경우 진실발견을 위하여 법원은 피고인 또는 증인을 신문할 수 있고 또한 직권으로 증거를 조사할 수도 있다.
② **증거법칙**: 객관적 진실발견은 합리적인 사실인정을 전제로 한다. 이를 위하여 형사소송법은 증거법의 기본원칙인 증거재판주의와 자유심증주의를 비롯하여 자백배제법칙, 위법수집증거배제법칙, 자백의 보강법칙, 전문법칙, 탄핵증거 등의 증거법칙을 규정하고 있다.

(3) 상소와 재심

오판이 있는 경우에 그를 시정하기 위하여 미확정 재판에 대하여는 상소를, 확정재판에 대하여는 재심을 인정하고 있다.

4. 실체적 진실주의의 한계

(1) 다른 형사소송법 이념에 의한 제약
실체적 진실발견은 적정절차 및 신속한 재판의 원칙이라는 다른 형사소송법 이념에 의하여 제약을 받는다. 진술거부권, 위법수집증거배제법칙, 자백배제법칙 등은 적정절차에 의한 제약에 해당하고, 구속기간 제한, 판결선고기간 제한 등은 신속한 재판의 원칙에 의한 제약에 해당한다.

(2) 사실상의 제약
실체적 진실주의에서 추구하는 진실은 객관적 진실이지만 이러한 객관적 진실이 '절대적 진실'을 의미하는 것은 아니라 인간능력의 한계와 제도적 제약을 전제로 발견 가능한 '상대적 진실'을 의미한다. 법관도 사람인 이상 절대적 진실발견은 불가능하므로 법관이 사실을 인정함에 있어 '합리적 의심의 여지가 없는 고도의 개연성'으로 만족할 수밖에 없다.

(3) 초소송법적 이익에 의한 제약
실체적 진실발견은 초소송법적 이익 예컨대 군사상·공무상·업무상 비밀에 의한 압수·수색의 제한(제110조 내지 제112조), 증인거부권(제147조), 증언거부권(제148조, 제149조) 등에 의하여 제약을 받는다.

02 적정절차(適正節次)

1. 의의
'적정절차'란 헌법정신을 구현한 공정한 법정절차(法定節次)에 의하여 형벌권이 실현되어야 한다는 원칙을 말한다. 적법절차(適法節次)의 원칙이라고도 한다. 헌법 제12조 제1항은 "누구든지 법률과 적법한 절차에 의하지 아니하고는 처벌·보안처분 또는 강제노역을 받지 아니한다."라고 규정하여 적법절차의 원칙을 선언하고 있다.

> **판례 | 적법절차의 의의와 적용범위**
>
> 1 헌법 제12조 제1항의 '적법절차'의 의의
> **적법절차의 원칙은 법률이 정한 형식적 절차와 실체적 내용이 모두 합리성과 정당성을 갖춘 적정한 것이어야 한다는 실질적 의미를 지니고 있는 것으로서** 특히 형사소송절차와 관련시켜 적용함에 있어서는 형사소송절차의 전반을 기본권 보장의 측면에서 규율하여야 한다는 기본원리를 천명하고 있는 것으로 이해하여야 한다(헌재 1997.3.27, 96헌가11). 14. 국가7급
>
> 2 헌법 제12조 제1항의 '적법절차'의 적용범위
> 헌법 제12조 제1항 후문과 제3항에 규정된 **적법절차의 원칙은 형사절차상의 제한된 범위뿐만 아니라 국가작용으로서 모든 입법 및 행정작용에도 광범위하게 적용된다**(헌재 2009.6.25, 2007헌마451). 16. 경찰승진, 21. 경찰간부

2. 내용

(1) 공정한 재판의 원칙
공정한 재판의 원칙이란 독립된 법관에 의하여 정의와 형평에 맞는 재판을 해야한다는 원칙을 말한다. 이는 공평한 법원의 구성, 피고인의 방어권 보장, 무기평등의 원칙을 그 내용으로 한다.

> **판례**
>
> 1. **공정한 재판의 의의**
>   공정한 재판을 받을 권리 속에는 신속하고 공개된 법정의 법관의 면전에서 모든 증거자료가 조사·진술되고 이에 대하여 피고인이 공격·방어할 수 있는 기회가 보장되는 재판, 즉 원칙적으로 당사자주의와 구두변론주의가 보장되어 당사자가 공소사실에 대한 답변과 입증 및 반증하는 등 **공격·방어권이 충분히 보장되는 재판을 받을 권리가 포함되어 있다**(헌재 1998.12.24, 94헌바46). 16. 국가9급
>
> 2. **검사가 증인으로 채택된 수감자를 거의 매일 검사실로 소환하여 피고인측 변호인이 접근하는 것을 차단하는 등의 조치가 공정한 재판을 받을 권리를 침해하는지의 여부(적극)**
>   검사이든 피고인이든 공평하게 증인에 접근할 수 있도록 기회가 보장되지 않으면 안되며, **검사와 피고인 쌍방 중 어느 한편이 증인과의 접촉을 독점하거나 상대방의 접근을 차단하도록 허용한다면 이는 상대방의 공정한 재판을 받을 권리를 침해하는 것**이 되고 구속된 증인에 대한 편의제공 역시 그것이 일방당사자인 검사에게만 허용된다면 그 증인과 검사와의 부당한 인간관계의 형성이나 회유의 수단 등으로 오용될 우려가 있고 또 거꾸로 그러한 편의의 박탈 가능성이 증인에게 심리적 압박 수단으로 작용할 수도 있으므로 접근차단의 경우와 마찬가지로 공정한 재판을 해하는 역할을 할 수 있다(대판 2002.10.8, 2001도3931)(同旨 헌재 2001.8.30, 99헌마496). 15·22. 경찰승진, 15·18. 경찰간부

(2) 비례의 원칙

강제처분을 함에 있어서 그에 의하여 달성하려는 공익과 그에 의하여 침해되는 사익 사이에 정당한 균형관계가 이루어져야 한다는 원칙을 말한다. 예를 들어 경범죄처벌법 위반과 같은 경미사건 피의자를 수사기관이 장기간 구속수사하는 것은 비례의 원칙에 반하여 허용되지 않지만, 도망의 염려가 있는 강도살인 피의자나 또는 증거인멸의 염려가 있는 강간치상 피의자를 구속수사하는 것은 허용된다고 하지 않을 수 없다.

(3) 피고인 보호의 원칙

법원 또는 수사기관이 피의자나 피고인의 법적 이익을 보호해 주기 위하여 각종 권리행사를 고지해 주는 것을 말한다. 변호인선임권의 고지(제72조, 제200조의5, 제209조, 제213조의2), 진술거부권의 고지(제244조의3, 제283조의2 제2항), 상소에 대한 고지(제324조) 등이 이에 해당한다.

03 신속한 재판의 원칙

1. 의의

형사절차는 신속하게 진행되어야 하며 부당하게 지연시켜서는 안 된다는 원칙을 말한다. 헌법 제27조 제3항은 "모든 국민은 신속한 재판을 받을 권리를 가진다. 형사피고인은 상당한 이유가 없는 한 지체 없이 공개재판을 받을 권리를 가진다."라고 규정하여 신속한 재판을 받을 권리를 국민의 기본권으로 보장하고 있다.

> **판례 | 신속한 재판의 의의 및 필요성**
>
> 1. '**신속한 재판**'이라 함은 공정하고 적정한 재판을 하는 데 필요한 기간을 넘어 **부당하게 지연됨이 없는 재판**을 말한다(헌재 2009.7.30, 2007헌마732).

2 신속한 재판을 받을 권리는 주로 피고인의 이익을 보호하기 위하여 인정된 기본권이지만 동시에 **실체적 진실발견, 소송경제, 재판에 대한 국민의 신뢰와 형벌목적의 달성과 같은 공공의 이익**에도 근거가 있기 때문에 어느 면에서는 이중적인 성격을 갖고 있다고 할 수 있어 형사사법체제 자체를 위하여서도 아주 중요한 의미를 갖는 기본권이다(헌재 1995.11.30, 90헌마44). 20. 경찰채용·국가7급, 21. 경찰간부, 22. 경찰승진

2. 제도적 구현

(1) 수사와 공소제기의 신속을 위한 제도

검사에 대한 수사권 집중(제196조), 수사기관의 구속기간 제한(제202조, 제203조), 공소시효(제249조), 기소편의주의(제247조) 등이 이에 해당한다.

(2) 공판절차의 신속을 위한 제도

공판준비절차(제266조 내지 제274조), 심판범위의 한정(제254조), 궐석재판제도(제277조, 제277조의2, 소송촉진법 제23조 등), 집중심리주의(제267조의2), 법원의 구속기간 제한(제92조), 증거동의(제318조), 판결선고기간의 제한(제318조의4, 소송촉진법 제21조, 공직선거법 제270조), 상소기간의 제한(제358조, 제374조, 제405조) 등이 이에 해당한다. 다만, 판례에 의하면 **법원의 구속기간의 제한**은 **신속한 재판의 구현제도에 해당하지 아니한다**.

> **판례 | 법원의 구속기간 제한에 관한 형사소송법 제92조 제1항의 취지(= 적정절차의 보장)**
>
> **형사소송법 제92조 제1항**은 미결구금의 부당한 장기화로 인하여 **피고인의 신체의 자유가 침해되는 것을 방지하기 위한 목적**에서 미결구금기간의 한계를 설정하고 있는 것이지 신속한 재판의 실현 등을 목적으로 법원의 재판기간 내지 심리기간 자체를 제한하려는 규정이라 할 수는 없다(헌재 2001.6.28, 99헌가14). 14. 경찰승진, 16. 경찰간부

(3) 재판의 신속을 위한 특수한 절차

간이공판절차(제286조의2), 약식절차(제448조), 전자약식절차(약식전자문서법), 즉결심판절차(즉결심판법) 등이 이에 해당한다.

> **형사소송법**
>
> 제202조【사법경찰관의 구속기간】사법경찰관이 피의자를 구속한 때에는 **10일** 이내에 피의자를 검사에게 인치하지 아니하면 석방하여야 한다.
>
> 제203조【검사의 구속기간】검사가 피의자를 구속한 때 또는 사법경찰관으로부터 피의자의 인치를 받은 때에는 **10일** 이내에 공소를 제기하지 아니하면 석방하여야 한다.
>
> 제205조【구속기간의 연장】① 지방법원판사는 **검사**의 신청에 의하여 수사를 계속함에 상당한 이유가 있다고 인정한 때에는 10일을 초과하지 아니하는 한도에서 제203조의 **구속기간의 연장을 1차에 한하여 허가**할 수 있다.
> ② 전항의 신청에는 구속기간의 연장의 필요를 인정할 수 있는 자료를 제출하여야 한다.
>
> ✎ 위는 수사기관의 구속기간이고, 아래는 법원의 구속기간이다.
>
> 제92조【구속기간과 갱신】① 구속기간은 **2개월**로 한다.
> ② 제1항에도 불구하고 특히 구속을 계속할 필요가 있는 경우에는 심급마다 **2개월 단위로 2차**에 한하여 **결정**으로 갱신할 수 있다. 다만, **상소심**은 피고인 또는 변호인이 신청한 증거의 조사, 상소이유를 보충하는 서면의 제출 등으로 추가 심리가 필요한 부득이한 경우에는 **3차**에 한하여 **갱신**할 수 있다.

③ 제22조, 제298조 제4항, 제306조 제1항 및 제2항의 규정에 의하여 공판절차가 정지된 기간 및 공소제기 전의 체포·구인·구금 기간은 제1항 및 제2항의 기간에 산입하지 아니한다.

형사소송규칙
제98조【구속기간연장기간의 계산】 구속기간연장허가결정이 있는 경우에 그 **연장기간**은 법 제203조의 규정에 의한 **구속기간만료 다음 날로부터 기산**한다.

3. 신속한 재판의 침해와 그 구제

(1) 재판지연의 판단기준

재판의 지연은 지연의 기간·지연의 이유·피고인의 권리주장 유무·피고인이 입은 불이익 등 제반사정을 고려하여 구체적·개별적으로 판단하여야 한다.

> **판례 | 신속한 재판을 받을 권리가 침해되었다고 볼 수 없는 경우**
>
> 1 **위헌제청신청을 하였는데도 불구하고** 재판부 구성원의 변경, 재판의 전제성과 관련한 본안심리의 필요성, 청구인에 대한 송달불능 등을 이유로 법원이 재판을 하지 않다가 **5개월이 지나서야 그 신청을 기각했다**고 하더라도 피청구인(부산지방법원 제1형사부)이 위헌제청신청사건에 대한 재판을 특별히 지연시켰다고 볼 수 없다(헌재 1993.11.25, 92헌마169). 14. 경찰승진
> 2 구속사건에 대해서는 법원이 구속기간 내에 재판을 하면 되는 것이고 **구속만기 25일을 앞두고 제1회 공판이 있었다** 하여 헌법에 정한 신속한 재판을 받을 권리를 침해하였다 할 수 없다(대판 1990.6.12, 90도672). 15·17. 경찰간부, 18·20. 경찰채용
> 3 검사와 피고인 쌍방이 항소한 경우에 **1심선고 형기 경과 후 2심공판이 개정**되었다고 하여 이를 위법이라 할 수 없고 신속한 재판을 받을 권리를 박탈한 것이라고 할 수 없다(대판 1972.5.23, 72도840). 15. 경찰간부, 18. 경찰채용, 20. 해경채용

(2) 재판지연에 대한 구제

형사소송법에는 재판지연에 대한 구체적인 법률효과는 규정되어 있지 않고 또한 이를 소송조건으로 볼 수도 없다. 15. 경찰간부 따라서 **재판이 부당하게 지연된 경우** 공소기각판결이나 면소판결로서 소송을 종결시킬 수는 없고 **양형에서 고려할 수 있을 뿐이라는 것이 일반적인 견해이다.** 16. 경찰간부

제2절 형사소송의 기본구조

01 소송구조론

소송구조론이란 소송의 주체가 누구이고 소송주체 사이의 관계를 어떻게 구성할 것인가에 관한 이론을 말한다. 소송구조는 소추기관과 재판기관의 분리 여부에 따라 규문주의(糾問主義)와 탄핵주의(彈劾主義)로 구분이 된다. 18. 국가9급 그리고 탄핵주의는 다시 소송에서 주도적 역할을 누가 하느냐에 따라 직권주의(職權主義)와 당사자주의(當事者主義)로 구분이 된다. 18. 국가7급

02 규문주의와 탄핵주의

1. 규문주의

규문주의란 소추기관과 재판기관이 분리되어 있지 않고 규문판사 스스로 수사를 개시하여 심리·재판을 하는 형사절차를 말한다. 소추기관이 없고 형사절차는 '소송'의 구조를 취하지도 않았으며, 피고인은 소송주체가 아니라 단순한 심리의 객체에 불과하였다.

2. 탄핵주의

탄핵주의란 소추기관과 재판기관이 분리되어 소추기관의 공소제기에 의하여 재판기관인 법원이 심리·재판을 하는 형사절차를 말한다. 불고불리(不告不理)의 원칙이 지배하고 피고인은 소송주체로서의 지위가 인정된다. 또한 피고인은 무죄추정을 받게되어 자기의 정당한 이익을 방어할 수 있는 지위를 갖게 되고, 소추자는 독자적으로 수집된 증거에 의하여 피고인의 유죄를 입증하는 것을 그 특징으로 한다.

03 직권주의와 당사자주의

1. 직권주의

(1) 의의

직권주의란 법원이 소송(공판심리)에서의 **주도적 역할**을 하는 소송구조를 말한다. 대륙법계는 직권주의를 원칙으로 한다.

(2) 내용

법원은 검사 또는 피고인의 주장·청구에 구속되지 않고 직권으로 증거를 수집·조사하고(직권탐지주의), 소송물이 법원의 지배하에 놓이게 되므로 법원이 직권으로 사건을 심리하게 된다(직권심리주의).

(3) 장점과 단점 18. 국가7급·국가9급

① 장점
  ㉠ 법원이 소송에서 주도적 역할을 담당하므로 실체적 진실발견에 적합하다.
  ㉡ 심리의 능률과 신속을 도모할 수 있다.
  ㉢ 법원이 후견적 입장에서 피고인의 이익을 보호할 수 있다.
  ㉣ 형사절차의 공정성을 담보하여 소송의 스포츠화를 방지할 수 있다.
② 단점
  ㉠ 사건심리가 법원의 자의와 독선에 빠질 위험이 있다.
  ㉡ 법원이 제3자로서의 공정성을 상실할 우려가 있다.
  ㉢ 피고인이 실질적인 방어권을 행사하기보다는 심리의 객체로 전락될 위험이 있다.

2. 당사자주의

(1) 의의

당사자주의란 당사자, 즉 **검사와 피고인에게 소송의 주도권을 인정**하여 당사자 사이의 공격과 방어에 의하여 심리가 진행되고 법원은 제3자의 입장에서 양당사자의 주장과 입증을 판단하는 소송구조를 말한다. 영미법계는 당사자주의를 원칙으로 한다.

(2) 내용
소송의 진행이 당사자의 주도 아래 이루어지므로 증거의 수집과 제출은 당사자에게 맡겨지고 또한 심리도 당사자의 공격과 방어의 형태로 진행된다.

(3) 장점과 단점 18. 국가7급
① 장점
  ㉠ 소송결과에 직접 이해관계가 큰 당사자의 적극적인 입증활동으로 실체적 진실발견에 적합하다.
  ㉡ 피고인의 방어권 행사가 충분히 보장된다.
  ㉢ 법원은 제3자적 입장에서 공정한 재판을 할 수 있다.
② 단점
  ㉠ 심리의 능률·신속을 저해할 위험이 있다.
  ㉡ 변호인 없는 피고인에게 오히려 불리하게 작용할 위험이 있다.
  ㉢ 국가형벌권의 행사가 당사자의 타협에 의하여 좌우되고 소송의 스포츠화 내지 합법적 도박을 초래할 위험이 있다.

3. 현행 형사소송법의 기본구조

탄핵주의를 취하는 현행 형사소송법의 기본구조에 관하여 학설로서 ① 순수한 당사자주의라는 견해, ② 당사자주의를 기본구조로 하면서 직권주의를 보충하고 있다는 견해, ③ 직권주의를 기본구조로 하면서 당사자주의를 보충하고 있다는 견해 등이 대립한다. **판례는 현행 형사소송법 기본구조와 관련하여 기본적으로 당사자주의를 취하고 있다고 판시하고 있다.**

> **판례 | 현행 형사소송의 기본구조(= 기본적으로 당사자주의)**
>
> 1 우리나라 형사소송법은 그 해석상 소송절차의 전반에 걸쳐 **기본적으로 당사자주의 소송구조를 취하고 있는 것으로 이해된다**(헌재 1995.11.30, 92헌마44). 21. 경찰간부
> 2 형사소송법은 **당사자주의를 그 기본 골격으로 하면서** 한편으로는 직권주의적 규정을 아울러 두고 있다(대판 1983.3.8, 82도3248). 20. 국가7급

(1) 당사자주의적 요소 18. 국가9급
공소사실의 특정 요구(제254조 제4항), 공소장변경제도(제298조 제1항), 공소장일본주의(규칙 제118조 제2항), 공소장부본의 송달(제266조), 1회 공판기일 유예기간(제269조), 당사자의 모두진술(제285조, 제286조), 당사자의 증거신청권(제294조), 증거조사 참여권(제121조, 제163조, 제176조 등), 증인에 대한 교호신문제도(제161조의2 제1항), 피고인신문에 앞선 증거조사(제290조, 제296조의2) 등이 이에 해당한다. 다만, 판례는 공소장변경제도는 직권주의요소라는 입장이다.

> **판례 | 공소장변경제도(직권주의적 요소)**
>
> 형사소송법상 인정되는 공소장변경제도는 실체적 진실발견이라는 형사소송이념을 실현하기 위한 **직권주의적 요소로서** 형사소송법이 절차법으로서 가지는 소송절차의 발전적·동적 성격과 소송경제의 이념 등을 반영하고 있다[대판 2009.10.22, 2009도7436(전합)]. 22. 경찰채용

(2) 직권주의적 요소 18. 국가9급

피고인신문제도(제296조의2), 법원의 직권증거조사(제295조), 법원의 공소장변경요구(제298조 제2항), 증거동의에 대한 법원의 진정성 조사(제318조 제1항), 기타 법원의 소송행위가 이에 해당한다.

제3절 형사소송의 기본개념정리

☑ SUMMARY | 각종 연령의 기준 ★

구분	연령
미성년자(未成年者), 소년(少年)	만 19세 미만의 자(민법 제4조, 소년법 제2조)
아동·청소년(兒童·靑少年)	만 19세 미만의 자. 다만, 19세에 도달하는 해의 1월 1일을 맞이한 자는 제외(청소년성보호법 제2조 제1호)
선서무능력자(宣誓無能力者)	만 16세 미만의 자(형사소송법 제159조 제1호)
형사미성년자(刑事未成年者)	만 14세 미만의 자(형법 제9조)

☑ SUMMARY | 행위무능력자와 그 법정대리인 ★★

구분	의의	법정대리인
미성년자	만 19세 미만의 사람	친권자(부 또는 모)
피한정후견인 (과거 한정치산자)	질병, 장애, 노령 그 밖의 사유로 인한 정신적 제약으로 사무를 처리할 능력이 부족한 사람(법원이 심판)	규정 없음
피성년후견인 (과거 금치산자)	질병, 장애, 노령 그 밖의 사유로 인한 정신적 제약으로 사무를 처리할 능력이 지속적으로 결여된 사람(법원이 심판)	성년후견인(법원이 선임)

> **민법**
>
> **제4조 【성년】** 사람은 19세로 성년에 이르게 된다.
>
> **제9조 【성년후견개시의 심판】** ① 가정법원은 질병, 장애, 노령, 그 밖의 사유로 인한 정신적 제약으로 사무를 처리할 능력이 지속적으로 결여된 사람에 대하여 본인 (중략) 등의 청구에 의하여 성년후견개시의 심판을 한다.
>
> **제12조 【한정후견개시의 심판】** ① 가정법원은 질병, 장애, 노령, 그 밖의 사유로 인한 정신적 제약으로 사무를 처리할 능력이 부족한 사람에 대하여 본인 (중략) 등의 청구에 의하여 한정후견개시의 심판을 한다.
>
> **제911조 【미성년자인 자의 법정대리인】** 친권을 행사하는 부 또는 모는 미성년자인 자의 법정대리인이 된다.
>
> **제929조 【성년후견심판에 의한 후견의 개시】** 가정법원의 성년후견개시심판이 있는 경우에는 그 심판을 받은 사람의 성년후견인을 두어야 한다.
>
> **제938조 【후견인의 대리권 등】** ① 후견인은 피후견인의 법정대리인이 된다.
>
> ✐ 위 조항은 행위무능력자와 법정대리인에 관한 규정이고, 아래 조항은 가족의 범위에 관한 규정이다.
>
> **제779조 【가족의 범위】** ① 다음의 자는 가족으로 한다.
>   1. 배우자, 직계혈족 및 형제자매
>   2. 직계혈족의 배우자, 배우자의 직계혈족 및 배우자의 형제자매
>   ② 제1항 제2호의 경우에는 생계를 같이 하는 경우에 한한다.
>
> ✐ 아래 조항은 친족 등에 관한 규정이다.

제767조【친족의 정의】배우자, 혈족 및 인척을 친족으로 한다.

제768조【혈족의 정의】자기의 직계존속과 직계비속을 직계혈족이라 하고 자기의 형제자매와 형제자매의 직계비속, 직계존속의 형제자매 및 그 형제자매의 직계비속을 방계혈족이라 한다.

제769조【인척의 계원】혈족의 배우자, 배우자의 혈족, 배우자의 혈족의 배우자를 인척으로 한다.

제777조【친족의 범위】친족관계로 인한 법률상 효력은 이 법 또는 다른 법률에 특별한 규정이 없는 한 다음 각 호에 해당하는 자에 미친다.
1. 8촌 이내의 혈족
2. 4촌 이내의 인척
3. 배우자

SUMMARY | 각종 신청·청구권자 등 ★★★

구분	신청·청구권자 등	조문
변호인선임	피의자 또는 피고인 / 법정대리인, 배우자, 직계친족, 형제자매	제30조
보조인	법정대리인, 배우자, 직계친족, 형제자매	제29조 제1항
구속취소청구	① 검사(피고인의 경우에만) ② 피의자 또는 피고인 / 변호인 / 법정대리인, 배우자, 직계친족, 형제자매	제93조
체포·구속적부심사청구	피의자 / 변호인 / 법정대리인, 배우자, 직계친족, 형제자매, 가족, 동거인, 고용주	제214조의2 제1항
보석청구	피고인 / 변호인 / 법정대리인, 배우자, 직계친족, 형제자매, 가족, 동거인, 고용주	제94조

SUMMARY | 일정한 기준이 되는 법정형 등 ★★★

구분	기준이 되는 형	비고
즉결심판청구(즉결심판법 제2조)	20만원 이하의 벌금, 구류 또는 과료에 처할 사건	선고형
약식명령청구(제448조)	벌금, 과료 또는 몰수에 처할 사건	
피고인 불출석 허가(제277조 제3호)	장기 3년 이하의 징역이나 금고, 다액 500만원을 초과하는 벌금 또는 구류에 해당하는 사건	법정형
긴급체포 대상(제200조의3 제1항)	사형, 무기 또는 장기 3년 이상의 징역이나 금고에 해당하는 사건	
필요적 보석의 예외(제95조 제1호)	사형, 무기 또는 장기 10년이 넘는 징역이나 금고에 해당하는 사건	
궐석재판을 할 수 없음(소송촉진법 제23조)	사형, 무기 또는 장기 10년이 넘는 징역이나 금고에 해당하는 사건	
지방법원 합의부 관할 및 국민참여재판 대상 (법원조직법 제32조 제1항 제3호, 국민참여재판법 제5조 제1항)	사형, 무기 또는 단기 1년 이상의 징역이나 금고에 해당하는 사건 (예외 있음)	
필요적 변호(제33조 제1항 제6호)	사형, 무기 또는 단기 3년 이상의 징역이나 금고에 해당하는 사건	
9인의 배심원 필요(국민참여재판법 제13조 제1항)	사형 또는 무기형에 해당하는 사건(나머지 사건은 원칙적으로 7인의 배심원 필요)	
소년에 대하여 정기형 선고(소년법 제60조 제1항)	사형 또는 무기형을 선택한 사건(유기형을 선택한 사건은 부정기형 선고)	선택형
사실오인 또는 양형부당을 상고이유로 할 수 있음 (제383조 제4호)	사형, 무기 또는 10년 이상의 징역이나 금고가 선고된 사건	선고형
상소포기 제한(제349조)	사형 또는 무기징역이나 무기금고가 선고된 사건	

SUMMARY | 각종 의무위반자에 대한 제재 ★★★

구분	제재	불복
보석조건을 위반한 피고인(제102조 제3항)	1,000만원 이하의 과태료 또는 20일 이내의 감치	즉시항고 (재판의 집행정지 ○)
출석보증서를 조건으로 석방된 피고인이 기일에 불출석한 경우 그 출석보증인(제100조의2 제1항)	500만원 이하의 과태료(《주의》 감치 ×) 14. 경찰채용	
소환장을 송달받고 출석하지 아니한 증인(제151조)	500만원 이하의 과태료, 과태료 재판을 받고도 다시 출석하지 아니한 때에는 7일 이내의 감치	즉시항고 (재판의 집행정지 ×)
출석하지 아니하거나 선서를 거부하거나 질문서에 거짓기재 등을 한 배심원 또는 예비배심원 (국민참여재판법 제60조)	200만원 이하의 과태료	즉시항고 (재판의 집행정지 ○)
법정내외에서 법원의 심리를 방해하거나 재판의 위신을 현저하게 훼손한 자(법원조직법 제61조)	100만원 이하의 과태료 또는 20일 이내의 감치에 처하거나 이를 병과	
선서나 증언을 거부한 증인(제161조)	50만원 이하의 과태료	

SUMMARY | 각종 소송행위의 취소·취하시기 ★★★

구분	내용
제1심 판결선고 전까지	① 친고죄에 있어 고소의 취소(제232조 제1항) ② 전속고발범죄에 있어 고발의 취소(대판 1957.3.29, 57도58) ③ 반의사불벌죄에 있어 처벌희망 의사표시의 철회(제232조 제3항) ④ 공소의 취소(제255조 제1항) ⑤ 재심청구의 취하(다수설) ⑥ 약식명령 또는 즉결심판에 대한 정식재판청구의 취하(제454조, 즉결심판법 제14조 제4항)
기타	① 피의자신문조서의 성립의 진정 인정진술의 번복: 증거조사 완료 전까지(대판 2008.7.10, 2007도7760) ② 증거동의의 철회: 증거조사 완료 전까지(대판 2011.3.10, 2010도15977) (《주의》 구두변론종결시까지 증거동의의 철회가 가능하다. ×)

SUMMARY | 각종 소송행위의 신청·청구시기 ★★★

구분	내용
신청·청구 시기	① 국민참여재판의 신청: 제1회 공판기일이 열리기 전까지(대결 2009.10.23, 2009모1032) ② 토지관할 위반신청: (제1심의) 피고사건에 대한 진술 전까지(제320조 제2항) ③ 증거보전청구: (제1심의) 제1회 공판기일 전까지(제184조 제1항) ④ 증인신문청구: (제1심의) 제1회 공판기일 전까지(제221조의2 제1항) ⑤ 공소장일본주의 위반에 관한 이의신청: (제1심의) 증거조사절차 완료 전까지[대판 2009.10.22, 2009도7436 (전합)] ⑥ 공소장변경허가신청: (제1심과 제2심의) 원칙적으로 변론종결 전까지(대판 2007.6.29, 2007도984) ⑦ 국선변호인선임청구: (심급불문) 원칙적으로 변론종결 전까지(대판 1983.10.11, 83도2117) ⑧ 기피신청: (심급불문) 판결선고 전까지(다수설)

✅ SUMMARY | 상소 등의 제기기간 ★★★

구분	내용

제기기간	① 항소·상고: **7일**(제358조, 제374조)
	② (일반적인) 즉시항고: **7일**(제405조)
	③ 배상명령에 대한 즉시항고: **7일**(소송촉진법 제33조 제5항)
	④ 형사보상결정에 대한 즉시항고: **1주일**(형사보상법 제20조 제1항)
	⑤ 보통항고: 원심결정을 취소할 실익이 있는 한 기간제한 없음(제404조)
	⑥ 준항고
	    ㉠ 법관 재판에 대한 준항고: **7일**(제416조 제3항)
	    ㉡ 수사기관 처분에 대한 준항고: **명문의 규정 없음**
	⑦ 증거보전청구 기각결정에 대한 항고: **3일**(제184조 제4항)
	⑧ 소년보호처분의 결정에 대한 항고: **7일**(소년법 제43조 제2항)
	⑨ 약식명령·즉결심판에 대한 정식재판청구: **7일**(제453조, 즉결심판법 제14조)
	⑩ 재심청구: 기간제한 없음
	⑪ 비상상고: 기간제한 없음

해커스경찰
police.Hackers.com

제2편 소송주체와 일반이론

2025 해커스경찰
갓대환 형사법
형사소송법(공판)

제1장 소송주체와 소송관계인
제2장 소송주체와 소송조건

제1장 소송주체와 소송관계인

검사가 공소를 제기하면 피고사건에 대한 법원에의 소송계속이 발생하고 형사절차는 법원·검사·피고인의 활동에 의한 소송의 형태를 띠며 진행이 된다. 소송주체란 소송법상 권리의무의 주체로서 **법원·검사·피고인**을 말한다(**소송의 3주체**). 법원은 심판권의 주체이고 검사는 공소권의 주체이며 피고인은 방어권의 주체이다. **검사와 피고인을 당사자**라고 한다. 또한 검사의 보조자로서 사법경찰관리가 있고, 피고인의 보조자로는 변호인·대리인·보조인이 있다. 당사자와 보조자를 합하여 소송관계인이라고 한다. 그 외에도 소송에 대하여 적극적인 형성력 없이 관여하는 고소인·고발인·증인·감정인 등을 소송관여자라고 한다. 이하에서는 소송주체와 소송관계인 중 법원·검사·피고인·변호인·보조인을 설명하고, 기타 소송관계인은 해당 부분에서 설명하기로 한다.

제1절 법원(法院)

01 법원의 의의

1. 법원의 의의

(1) 국법상 의미의 법원

① **의의**: 국법상 의미의 법원이란 사법행정상 의미에 있어서의 법원을 말하는데 이는 '관청(官廳)으로서의 법원'과 '관서(官署)로서의 법원'으로 구분이 된다. 전자는 사법행정상 의사표시 주체로서의 의미를 가지지만, 후자는 그 자체로는 아무런 권한이 없는 법관과 전직원을 포괄하는 사법행정상 단위에 불과하다. 법원조직법상 '법원'이라고 할 때에는 보통 이 의미의 법원을 말한다.

② **종류**: 국법상 의미의 법원에는 일반법원과 특별법원이 있다.

  ㉠ **일반법원**: 일반법원에는 대법원·고등법원·특허법원·지방법원·행정법원·가정법원이 있다. 지방법원 및 가정법원의 사무를 일부를 처리하게 하기 위하여 그 관할구역안에 지원과 가정지원, 시·군법원을 둘 수 있다(헌법 제101조, 법원조직법 제3조). 형사재판은 대법원·고등법원·지방법원(지원)·시군법원이 담당한다.

  ㉡ **특별법원**: 특별법원은 군인 등에 대한 군사재판을 관할하기 위하여 설치가 되는데, 이에는 대법원의 하급심으로 고등군사법원과 보통군사법원이 있다(헌법 제110조, 군사법원법 제5조).

> **형사소송법**
> 제16조의2【사건의 군사법원 이송】법원은 공소가 제기된 사건에 대하여 군사법원이 재판권을 가지게 되었거나 재판권을 가졌음이 판명된 때에는 결정으로 사건을 재판권이 있는 같은 심급의 군사법원으로 이송한다. 이 경우에 이송 전에 행한 소송행위는 이송 후에도 그 효력에 영향이 없다.

(2) 소송법상 의미의 법원(수소법원)

소송법상 의미의 법원이란 구체적 사건에 대하여 재판권을 행사하는 법원을 말한다. 국법상 의미의 법원 안에는 많은 소송법상 의미의 법원이 있다. **형사소송법상 '법원'이라고 할 때에는 보통 이 의미의 법원을 말한다.** 소송법상 의미의 법원에는 단독판사와 합의부가 있다. 수소법원(受訴法院)이란 검사로부터 공소제기를 받은 단독판사 또는 합의부를 말하고, 대체로 소송법상 의미의 '법원'과 같은 의미로 볼 수 있다. 경찰서장으로부터 즉결심판의 청구를 받은 시·군법원 등의 판사도 일종의 수소법원이라고 할 수 있다.

☑ **SUMMARY** | 고등법원·지방법원과 그 지원의 관할구역(각급법원의 설치와 관할구역에 관한 법률 제4조)

고등법원	지방법원	지원	관할구역
서울	서울중앙		서울특별시 종로구·중구·강남구·서초구·관악구·동작구
	서울동부		서울특별시 성동구·광진구·강동구·송파구
	서울남부		서울특별시 영등포구·강서구·양천구·구로구·금천구
	서울북부		서울특별시 동대문구·중랑구·성북구·도봉구·강북구·노원구
	서울서부		서울특별시 서대문구·마포구·은평구·용산구
	의정부		의정부시·동두천시·양주시·연천군·포천시·강원도 철원군
		고양	고양시·파주시
		남양주	남양주시·구리시·가평군
	인천		인천광역시
		부천	부천시·김포시
	춘천		춘천시·화천군·양구군·인제군·홍천군
		강릉	강릉시·동해시·삼척시
		원주	원주시·횡성군
		속초	속초시·양양군·고성군
		영월	태백시·영월군·정선군·평창군
대전	대전		대전광역시·세종특별자치시·금산군
		홍성	보령시·홍성군·예산군·서천군
		공주	공주시·청양군
		논산	논산시·계룡시·부여군
		서산	서산시·당진시·태안군
		천안	천안시·아산시
	청주		청주시·진천군·보은군·괴산군·증평군
		충주	충주시·음성군
		제천	제천시·단양군
		영동	영동군·옥천군
대구	대구		대구광역시 중구·동구·남구·북구·수성구·영천시·경산시·칠곡군·청도군
		서부	대구광역시 서구·달서구·달성군, 성주군·고령군
		안동	안동시·영주시·봉화군
		경주	경주시
		포항	포항시·울릉군
		김천	김천시·구미시
		상주	상주시·문경시·예천군
		의성	의성군·군위군·청송군
		영덕	영덕군·영양군·울진군

부산	부산		부산광역시 중구·동구·영도구·부산진구·동래구·연제구·금정구
		동부	부산광역시 해운대구·남구·수영구·기장군
		서부	부산광역시 서구·북구·사상구·사하구·강서구
	울산		울산광역시·양산시
	창원		창원시 의창구·성산구·진해구·김해시
		마산	창원시 마산합포구·마산회원구·함안군·의령군
		통영	통영시·거제시·고성군
		밀양	밀양시·창녕군
		거창	거창군·함양군·합천군
		진주	진주시·사천시·남해군·하동군·산청군
광주	광주		광주광역시·나주시·화순군·장성군·담양군·곡성군·영광군
		목포	목포시·무안군·신안군·함평군·영암군
		장흥	장흥군·강진군
		순천	순천시·여수시·광양시·구례군·고흥군·보성군
		해남	해남군·완도군·진도군
	전주		전주시·김제시·완주군·임실군·진안군·무주군
		군산	군산시·익산시
		정읍	정읍시·부안군·고창군
		남원	남원시·장수군·순창군
	제주		제주시·서귀포시
수원	수원		수원시·오산시·용인시·화성시
		성남	성남시·하남시·광주시
		여주	이천시·여주시·양평군
		평택	평택시·안성시
		안산	안산시·광명시·시흥시
		안양	안양시·과천시·의왕시·군포시

2. 법원의 구성과 여러 형태의 법관(판사)

단독판사와 합의부를 합하여 소송법상 의미의 법원(수소법원)이라고 할 수 있다. 재판장·수명법관·수탁판사는 수소법원과 직접·간접으로 관련되는 법관이고, 수임판사는 수소법원과는 독립된 법관이다.

(1) 단독판사(單獨判事)

1인의 법관으로 구성된 법원으로 제1심은 원칙적으로 단독판사가 관할한다(법원조직법 제7조).

(2) 합의부(合議部)

3인 이상의 법관으로 구성된 법원으로 제1심은 예외적으로 합의부가 관할하고, 제2심과 제3심은 언제나 합의부가 관할한다. 제1심과 제2심은 3인의 법관으로 구성된 합의부가 심판하고, 제3심은 3인 이상의 대법관 또는 대법관 전원의 3분의2 이상으로 구성된 합의부가 심판한다(법원조직법 제7조).

(3) 재판장(裁判長)

재판장이란 법원이 합의부인 경우 그 구성원 중 1인을 말한다. 재판장 이외의 합의부구성 법관을 합의부원 또는 배석판사라고 한다. 재판장은 소송지휘권과 법정경찰권 등을 행사한다(제279조, 제281조). **재판장은 소송절차 진행에 관하여는 다른 합의부원보다 우월한 권한을 가지지만, 사건의 심리·재판과 합의에 관하여는 다른 합의부원과 권한이 동등하다.** 14. 국가9급

(4) 수명법관(受命法官)

수명법관이란 합의부 법원이 그 구성원인 법관에게 특정한 소송행위를 하도록 명한 경우 그 명을 받은 법관을 말한다. 압수·수색 또는 법정 외 증인신문 등을 명받은 법관이 이에 해당한다(제136조, 제167조 등).

(5) 수탁판사(受託判事)

수탁판사란 어떤 법원이 다른 법원의 법관에게 특정한 소송행위를 하도록 촉탁(嘱託)한 경우에 그 촉탁을 받은 법관을 말한다. 촉탁받은 법관은 일정한 경우 다른 법원의 법관에게 다시 전촉(轉嘱)할 수 있는데 이렇게 전촉받은 법관도 역시 수탁판사에 해당한다. 압수·수색 또는 법정 외 증인신문 등을 촉탁·전촉받은 법관이 이에 해당한다(제136조, 제167조 등).

(6) 수임판사(受任判事)

수임판사란 수소법원과 독립하여 소송법상 일정한 권한을 행사하는 개개의 법관을 말한다. 14. 국가9급 수사단계에서 **각종 영장을 발부하는 판사**(제201조 등), **증거보전**을 행하는 판사(제184조), **증인신문**을 행하는 판사(제221조의2), **피의자에 대하여 감정유치처분**을 행하는 판사(제221조의3) 등이 이에 해당한다.

02 제척·기피·회피

1. 의의

(1) 개념

법관이 구체적 사건에 있어서 소송관계인과 개인적 특수관계 또는 선입관 등이 있다면 법관도 사람인 이상 재판은 불공평해 질 수밖에 없다. 이에 불공평한 재판을 할 염려가 있는 법관을 직무집행에서 배제시킬 필요가 있는데 이 제도가 바로 제척·기피·회피이다.

(2) 적용절차

① 제척·기피·회피제도는 통상의 공판절차 이외에도 **약식절차나 즉결심판절차에서도 적용**되고 재심심판절차에서도 적용된다.
② 재정신청절차에서도 적용되는지 여부에 관하여 재판의 공정을 이유로 이를 긍정하는 견해가 다수설의 입장이다. 또한 증거보전절차나 참고인에 대한 증인신문절차에서도 적용되는지 여부에 관하여 역시 견해대립은 있으나, 그 절차에서 작성된 조서에 절대적 증거능력이 인정된다는 점을 근거로 이를 긍정하는 견해가 다수설의 입장이다.

(3) 적용대상

제척·기피·회피는 우선 피고사건의 심판을 담당하는 법관을 염두하고 마련된 제도이나 형사소송법은 재판의 공정성에 영향을 미칠 우려가 있는 수명법관과 수탁판사는 물론 **법원사무관 등, 통역인, 배심원 및 전문심리위원에 대해서도 이를 확대적용**하고 있다(제19조, 제25조, 제279조의5). 또한 검사에게도 이를 준용할 수 있는가에 관하여 견해가 대립하고 있다. 검사에게도 제척·기피·회피제도를 입법적으로 도입하자는 주장이 있으나 판례는 부정적인 입장이다.

> ⚖️ **판례 | 범죄 피해자인 검사 또는 압수·수색영장의 집행에 참여한 검사가 관여한 수사의 적법 여부 (적극)**
>
> 범죄의 피해자인 검사가 그 사건의 수사에 관여하거나, 압수·수색영장의 집행에 참여한 검사가 다시 수사에 관여하였다는 이유만으로 바로 그 수사가 위법하다거나 그에 따른 참고인이나 피의자의 진술에 임의성이 없다고 볼 수는 없다(대판 2013.9.12, 2011도12918). 19. 경찰승진

2. 제척(除斥)

> **형사소송법**
> **제17조【제척의 원인】** 법관은 다음 경우에는 직무집행에서 제척된다.
> 1. 법관이 피해자인 때
> 2. 법관이 피고인 또는 피해자의 친족 또는 친족관계가 있었던 자인 때
> 3. 법관이 피고인 또는 피해자의 법정대리인, 후견감독인인 때
> 4. 법관이 사건에 관하여 증인, 감정인, 피해자의 대리인으로 된 때
> 5. 법관이 사건에 관하여 피고인의 대리인, 변호인, 보조인으로 된 때
> 6. 법관이 사건에 관하여 검사 또는 사법경찰관의 직무를 행한 때
> 7. 법관이 사건에 관하여 전심재판 또는 그 기초되는 조사, 심리에 관여한 때
> 8. 법관이 사건에 관하여 피고인의 변호인이거나 피고인·피해자의 대리인인 법무법인, 법무법인(유한), 법무조합, 법률사무소, 「외국법자문사법」 제2조제9호에 따른 합작법무법인에서 퇴직한 날부터 2년이 지나지 아니한 때 22. 법원9급
> 9. 법관이 피고인인 법인·기관·단체에서 임원 또는 직원으로 퇴직한 날부터 2년이 지나지 아니한 때

(1) 의의

제척이란 구체적 사건의 심판에서 법관이 **불공평한 재판을 할 우려가 현저한 경우**를 유형적(類型的)으로 정해 놓고 그 사유에 해당하는 법관을 직무집행에서 **당연히 배제시키는** 제도를 말한다. 제척의 효과는 법률의 규정에 의하여 당연히 발생한다.

> ⚖️ **판례 |**
>
> '불공정한 재판을 할 염려가 있는 때'라고 함은 당사자가 불공평한 재판이 될지도 모른다고 추측할 만한 **주관적인 사정이 있는 때를 말하는 것이 아니라** 통상인의 판단으로서 법관과 사건과의 관계상 불공평한 재판을 할 것이라는 의혹을 갖는 것이 합리적이라고 인정할 만한 **객관적인 사정이 있는 때를 말한다**(대결 2001.3.21, 2001모2)(《주의》 주관적인 사정이 있는 때를 말한다. ×).

(2) 제척의 사유(제17조)

형사소송법 제17조에 규정된 제척의 사유는 유형적 열거이다. 따라서 법관이 아무리 불공평한 재판을 할 염려가 있어도 제17조 각 호의 사유에 해당하지 않으면 제척되지 아니한다.
① **법관이 피해자인 때(제1호):** 피해자는 **직접피해자에 한정**이 된다. 15. 경찰채용 간접피해자를 포함시킬 경우에는 피해자의 범위가 불분명해지기 때문이다. 직접피해자인 이상 보호법익의 주체는 물론 행위의 객체도 포함이 된다(《주의》 간접피해자도 포함된다. ×).

② 법관이 피고인 또는 피해자의 친족 또는 친족관계가 있었던 자인 때(제2호): 친족의 범위는 민법에 의하여 정해진다. 친구, 애인 또는 사실혼 관계에 있는 자는 친족에 해당하지 않으므로 기피사유는 될 수 있어도 제척사유는 될 수 없다.

> **판례 | 피해자의 사실혼 배우자인 것이 제척사유에 해당하는지의 여부(소극)**
>
> 사실혼 관계에 있는 사람은 민법 소정의 친족이라고 할 수 없어 형사소송법 제17조 제2호에서 말하는 친족에 해당하지 않으므로 **통역인이 피해자의 사실혼 배우자라고 하여도 통역인에게 제척사유가 있다고 할 수 없다**(대판 2011.4.14, 2010도13583). 15. 경찰채용, 16. 변호사, 17. 국가9급

③ 법관이 피고인 또는 피해자의 법정대리인·후견감독인인 때(제3호): 법정대리인이란 민법상 미성년자의 친권자나 피성년후견인의 후견인을 말한다(민법 제911조, 제938조 제1항). 후견감독인은 민법 제940조의2 이하에 규정되어 있다.

④ 법관이 사건에 관하여 증인·감정인·피해자의 대리인으로 된 때(제4호): '사건'이란 당해 형사사건을 말하며 피고사건은 물론 피의사건도 포함된다. '증인·감정인으로 된 때'는 **실제로 증언·감정을 한 경우**를 말하므로 단순히 증인·감정인으로 신청받은 경우는 이에 해당하지 않는다. 또한 수사단계에서 참고인으로 조사를 받았거나 감정위촉을 받은 경우도 이에 해당하지 아니한다. 피해자의 대리인이란 고소대리인 또는 재정신청대리인이 된 경우를 말한다.

> **판례 | '증인으로 된 때'에 해당하여 통역인이 제척되는 경우**
>
> **통역인이 사건에 관하여 증인으로 증언한 때에는 직무집행에서 제척되고, 제척사유가 있는 통역인이 통역한 증인의 증인신문조서는 유죄 인정의 증거로 사용할 수 없다**(대판 2011.4.14, 2010도13583). 16. 변호사, 16·17. 국가9급, 17. 경찰간부

⑤ 법관이 사건에 관하여 피고인의 대리인·변호인·보조인으로 된 때(제5호): 대리인에는 임의대리인은 물론 특별대리인도 포함되고 법인인 피고인의 대표도 포함된다. 변호인에는 사선변호인은 물론 국선변호인도 포함된다.

⑥ 법관이 사건에 관하여 검사 또는 사법경찰관의 직무를 행한 때(제6호): 법관이 임용되기 전에 검사 또는 사법경찰관으로서 당해 사건에 관하여 수사·소추 등을 행한 경우를 말한다.

> **판례 | '법관이 사건에 관하여 사법경찰관의 직무를 행한 때'에 해당하지 않는 경우**
>
> 선거관리위원장으로서 공직선거법 위반 혐의사실에 대하여 수사기관에 수사의뢰를 한 법관이 당해 형사피고사건의 재판을 하는 경우 그것이 적절하다고는 볼 수 없으나 형사소송법 제17조 제6호의 제척 원인인 **'법관이 사건에 관하여 사법경찰관의 직무를 행한 때'에 해당한다고 할 수 없다**(대판 1999.4.13, 99도155). 17. 경찰승진·국가9급, 18. 법원9급

⑦ 법관이 사건에 관하여 전심재판 또는 그 기초되는 조사, 심리에 관여한 때(제7호)
  ㉠ **전심재판(前審裁判) 관여**: '전심재판'이란 상소에 의하여 불복이 신청된 재판을 의미한다. 즉, 제2심에 있어서는 제1심이, 제3심에 있어서는 제2심 또는 제1심이 전심이 된다. 재판은 종국재판을 말하며 종국재판인 이상 판결이든 결정이든 불문한다.

> **판례 |**
>
> **1 '전심'의 의미**
>   '법관이 사건에 관하여 전심재판 또는 그 기초되는 조사심리에 관여한 때'의 사건에 관한 '**전심**'이라 함은 **불복신청을 한 당해 사건의 전심**을 말한다(대결 1982.11.15, 82모11).
>
> **2 '전심재판에 관여한 때'에 해당하여 법관이 제척되는 경우**
>   ① **약식명령**을 한 판사가 그 정식재판 절차의 **항소심판결**에 관여함은 '법관이 사건에 관하여 전심재판 또는 그 기초되는 조사, 심리에 관여한 때'에 해당하여 제척의 원인이 된다(대판 2011.4.28, 2011도17). 14. 경찰간부, 15 · 17 · 20. 변호사, 16 · 17. 국가9급, 21. 경찰간부, 22. 소방간부, 22. 해경간부
>   ② [1] **약식명령**을 발부한 법관이 그 정식재판 절차의 **항소심판결**에 관여함은 법관이 사건에 관하여 전심재판 또는 그 기초되는 조사심리에 관여한 때에 해당하여 제척, 기피의 원인이 되나 [2] 제척 또는 기피되는 재판은 불복이 신청된 당해 사건의 판결절차를 말하는 것이므로 약식명령을 발부한 법관이 그 정식재판 절차의 항소심 공판에 관여한 바 있어도 후에 경질되어 그 판결에는 관여하지 아니한 경우는 전심재판에 관여한 법관이 불복이 신청된 당해 사건의 재판에 관여하였다고 할 수 없다(대판 1985.4.23, 85도281). 16. 국가9급, 18. 경찰채용
>
> **3 '전심재판에 관여한 때'에 해당하지 않아 법관이 제척되지 않는 경우**
>   ① **약식명령**을 발부한 법관이 정식재판절차의 **제1심판결**에 관여하였다고 하여 제척의 원인이 된다고 볼 수는 없다(대판 2002.4.12, 2002도944). 14 · 21. 변호사, 14 · 17. 경찰승진, 16. 경찰간부, 16 · 17 · 18. 국가9급, 22. 해경간부, 14. 변호사사례
>   ② 법관이 **재심청구의 목적이 되는 확정판결**에 관여하였다 하여도 그 **재심청구사건**에서는 제척되지 아니한다(대결 1964.6.22, 64모16). 17. 국가9급, 19. 경찰간부
>   ③ **환송판결 전의 원심**에 관여한 재판관이 **환송 후의 원심** 재판관으로 관여하였다고 하여도 군법회의법 제48조나 형사소송법 제17조에 위배된다고 볼 수 없다(대판 1979.2.27, 78도3204). 16. 변호사 · 경찰간부, 17. 경찰채용, 18. 법원9급, 22. 소방간부
>   ④ 형사소송법 제400조에 의한 **판결정정신청사건**에 있어서 **상고법원**은 동법 제17조에서 말하는 전심에 해당하지 않는다(대판 1967.1.18, 66초67).

ⓒ 전심재판(前審裁判)의 기초되는 조사심리에 관여: 법관이 사건에 관하여 그 기초되는 조사에 관여한 때라 함은 전심재판의 내용 형성에 사용된 자료의 수집 · 조사에 관여하여 **그 결과가 전심재판의 사실인정 자료로 쓰여진 경우**를 말한다.

> **판례 |**
>
> **1 '전심재판의 기초되는 조사, 심리에 관여한 때'의 의미**
>   제척 원인인 '**법관이 사건에 관하여 그 기초되는 조사에 관여한 때**'라 함은 **전심재판의 내용 형성에 사용될 자료의 수집 · 조사에 관여하여 그 결과가 전심재판의 사실인정 자료로 쓰여진 경우**를 말한다(대판 1999.4.13, 99도155).
>
> **2 '전심재판의 기초되는 조사심리에 관여한 때'에 해당하여 법관이 제척되는 경우**
>   **제1심판결**에서 피고인에 대한 유죄의 증거로 사용된 증거를 조사한 판사는 전심재판의 기초가 되는 조사, 심리에 관여하였다 할 것이고 그와 같이 전심재판의 기초가 되는 조사, 심리에 관여한 판사는 직무집행에서 제척되어 **항소심** 재판에 관여할 수 없다(대판 1999.10.22, 99도3534). 17. 국가9급, 18. 법원9급, 22. 소방간부

3 '전심재판의 기초되는 조사심리에 관여한 때'에 해당하지 않아 법관이 제척되지 않는 경우
① 고발인의 피고인에 대한 고발사실 중 **검사가 불기소한 부분에 관한 재정신청사건에 관여하여 이를 기각한 법관들이**, 고발인의 고발사실 중 **공소가 제기된 사건의 항소심에서 재판장과 주심판사로 관여한 경우**라도 형사소송법 제17조 제7호에 정한 '법관이 사건에 관하여 전심재판 또는 그 기초되는 조사, 심리에 관여한 때'에 해당한다고 볼 수 없다(대판 2014.1.16, 2013도10316). 18. 경찰채용, 22. 법원9급
② 원심 합의부원인 법관이 **원심 재판장에 대한 기피신청 사건의 심리와 기각결정에 관여**한 사실이 있다고 하더라도 이를 '법관이 사건에 관하여 그 기초되는 조사, 심리에 관여한 때'에 해당한다고 볼 수는 없다(대판 2010.12.9, 2007도10121). 22. 법원9급
③ **원심법원**이 제1심의 담당 법관에 대한 **기피신청기각결정에 대한 즉시항고 사건을 심리하여 기각결정**을 한 사실이 있다고 하더라도 이를 '그 기초되는 조사, 심리에 관여한 때'에 해당한다고 볼 수는 없다(대판 2001.12.24, 2001도5126).
④ 법관이 **구속적부심사에 관여**한 것은 '법관이 사건에 관하여 전심재판 또는 그 기초되는 조사, 심리에 관여한 때'에 해당한다고 볼 수 없다(대판 2004.10.28, 2004도5710). 16. 변호사
⑤ 담당 법관이 피고인에 대한 **구속영장발부에 있어서 심문을 담당**하였다고 하여 그것이 법관이 사건에 관하여 전심재판 또는 그 기초가 되는 조사·심리에 관여한 제척사유에 해당한다고 볼 수 없다(대판 2002.12.10, 2001도7095).
⑥ 법관이 **수사단계에서 피고인에 대하여 구속영장을 발부**한 경우는 '법관이 사건에 관하여 전심재판 또는 그 기초되는 조사, 심리에 관여한 때'에 해당된다고 볼 수 없다(대판 1989.9.12, 89도612). 14. 경찰승진, 18. 법원9급, 22. 소방간부
⑦ 법관이 선거관리위원장으로서 공직선거법 위반 혐의사실에 대하여 **수사기관에 수사의뢰를 하고** 그 후 당해 형사피고사건의 항소심 재판을 하는 경우 '법관이 사건에 관하여 그 기초되는 조사에 관여한 때'에 해당한다고 볼 수는 없다(대판 1999.4.13, 99도155). 17. 경찰승진·국가9급, 18. 법원9급
⑧ 공소제기 전에 검사의 **증거보전청구에 의하여 증인신문**을 한 법관은 전심재판 또는 기초되는 조사, 심리에 관여한 법관이라고 할 수 없다(대판 1971.7.6, 71도974)(《주의》 판례에 의할 때 증거보전청구에 의하여 증인신문을 한 법관은 제척사유에 해당한다. ×). 14·16. 경찰간부, 17. 경찰채용, 22. 법원9급, 22. 해경간부

(3) 제척의 효과

제척의 사유가 있는 법관은 법률의 규정에 의하여 직무집행에서 당연히 배제가 된다. 법관이나 당사자가 그 사유를 알 필요도 없고 또한 당사자의 신청도 필요 없다.

3. 기피(忌避)

> **형사소송법**
> 제18조【기피의 원인과 신청권자】① 검사 또는 피고인은 다음 경우에 법관의 기피를 신청할 수 있다.
> 1. 법관이 전조 각호의 사유(**제척사유**)에 해당되는 때
> 2. 법관이 **불공평한 재판을 할 염려**가 있는 때
> ② 변호인은 피고인의 명시한 의사에 반하지 아니하는 때에 한하여 법관에 대한 기피를 신청할 수 있다.
> 제19조【기피신청의 관할】① 합의법원의 법관에 대한 기피는 그 법관의 소속법원에 신청하고 **수명법관, 수탁판사 또는 단독판사에 대한 기피는 당해 법관에게 신청**하여야 한다.
> ② 기피사유는 신청한 날로부터 3일 이내에 서면으로 소명하여야 한다.
> 제20조【기피신청기각과 처리】① 기피신청이 **소송의 지연을 목적으로 함이 명백**하거나 제19조의 규정에 위배된 때에는 신청을 받은 **법원 또는 법관은 결정으로 이를 기각**한다.
> ② 기피당한 법관은 전항의 경우를 제한 외에는 지체 없이 기피신청에 대한 의견서를 제출하여야 한다.

③ 전항의 경우에 기피당한 법관이 기피의 신청을 이유있다고 인정하는 때에는 그 결정이 있은 것으로 간주한다.

제21조【기피신청에 대한 재판】① 기피신청에 대한 재판은 기피당한 **법관의 소속법원 합의부**에서 결정으로 하여야 한다.
② 기피당한 법관은 전항의 결정에 관여하지 못한다.
③ 기피당한 판사의 소속법원이 합의부를 구성하지 못하는 때에는 직근 상급법원이 결정하여야 한다.

제22조【기피신청과 소송의 정지】기피신청이 있는 때에는 제20조 제1항의 경우를 제한 외에는 **소송진행을 정지**하여야 한다. 단, 급속을 요하는 경우에는 예외로 한다.

제23조【기피신청기각과 즉시항고】① 기피신청을 기각한 결정에 대하여는 즉시항고를 할 수 있다.
② 제20조 제1항의 기각결정에 대한 즉시항고는 재판의 집행을 정지하는 효력이 없다.

제25조【법원사무관 등에 대한 제척·기피·회피】① 본장의 규정은 제17조 제7호의 규정을 제한 외에는 법원서기관·법원사무관·법원주사 또는 법원주사보(이하 '법원사무관 등'이라 한다)와 통역인에 준용한다.
② 전항의 **법원사무관 등과 통역인에 대한 기피재판은 그 소속법원**이 결정으로 하여야 한다. 단, 제20조 제1항의 결정은 기피당한 자의 소속법관이 한다.

형사소송규칙

제9조【기피신청의 방식 등】① 법 제18조의 규정에 의한 기피신청을 함에 있어서는 기피의 원인되는 사실을 구체적으로 명시하여야 한다.
② 제1항에 위배된 기피신청의 처리는 법 제20조 제1항의 규정에 의한다.

(1) 의의

기피란 법관이 제척의 사유가 있음에도 재판에 관여하거나 기타 불공평한 재판을 할 염려가 있는 경우에 **당사자의 신청**에 의한 **법원의 결정**으로 당해 법관을 직무집행에서 배제시키는 제도를 말한다. 기피는 제척의 형식적 경직성을 완화하여 제척을 보충하는 제도라고 할 수 있다.

(2) 기피의 사유(제18조 제1항)

① 법관이 제척의 사유에 해당되는 때(제1호): 제척사유를 기피사유로 규정한 것은 제척사유의 존부가 불분명하거나 법원이 이를 간과한 경우 법원에 대하여 제척사유의 존부를 심사하도록 의무를 부과하는데 그 의의가 있다.

② 법관이 **불공평한 재판을 할 염려가 있는 때**(제2호): 이는 기피사유의 핵심으로서 '통상인의 판단으로서 법관과 사건과의 관계상 불공평한 재판을 할 것이라는 의혹을 갖는 것이 **합리적이라고 인정할 만한 객관적인 사정**이 있는 때'를 말한다. 친구·애인 등 개인적 친분관계 또는 불공평한 재판진행 등이 기피사유가 될 수 있으나 결국 기피사유에 해당하는지 여부는 구체적·개별적으로 판단할 수밖에 없다.

> **판례 |**
>
> 1 기피사유인 '불공정한 재판을 할 염려가 있는 때'의 의미
> '불공정한 재판을 할 염려가 있는 때'라고 함은 당사자가 불공평한 재판이 될지도 모른다고 추측할 만한 주관적인 사정이 있는 때를 말하는 것이 아니라 통상인의 판단으로서 **법관과 사건과의 관계상 불공평한 재판을 할 것이라는 의혹을 갖는 것이 합리적이라고 인정할 만한 객관적인 사정이 있는 때**를 말한다(대결 2001.3.21. 2001모2). 15. 경찰채용, 16. 경찰승진·국가9급

2 기피의 사유가 되는 경우

법관이 심리 중 **피고인으로 하여금 유죄를 예단하는 취지로 미리 법률판단**을 한 때에는 경우에 따라서 불공평한 재판을 할 염려가 있는 경우에도 해당될 수 있다(대결 1974.10.16, 74모68).

3 기피의 사유가 되지 않는 경우

① 검사의 피고인에 관한 **공소장변경허가신청에 대하여 불허가결정**을 한 사유만으로 재판의 공평을 기대하기 어려운 객관적인 사정이 있다고 보기 어렵다(대결 2001.3.21, 2001모2).
② 피고인의 소송기록열람신청에 대하여 국선변호인이 선임되어 있으니 **국선변호인을 통하여 소송기록의 열람 및 등사신청을 하도록 알려준 것**을 가리켜 재판장의 부당한 소송지휘라고 볼 수 없다(대결 1996.2.9, 95모93).
③ 재판부가 당사자의 **증거신청을 채택하지 아니하거나 이미 한 증거결정을 취소**하였다 하더라도 그러한 사유만으로는 재판의 공평을 기대하기 어려운 객관적인 사정이 있다고 할 수 없다(대결 1995.4.3, 95모10). 14. 경찰승진, 15. 경찰채용, 16. 변호사, 18. 국가7급, 19. 경찰간부, 19. 국가9급
④ 재판장이 피고인의 증인신문권의 본질적인 부분을 침해하였다고 볼 만한 아무런 소명자료가 없다면, 재판장이 **피고인의 증인에 대한 신문을 제지**한 사실이 있다는 것만으로는 불공평한 재판을 할 것이라는 의혹을 갖는 것이 합리적이라고 인정할 만한 객관적인 사정이 있는 경우에 해당한다고 볼 수 없다(대결 1995.4.3, 95모10).
⑤ 재판장이 변호인에 대하여 그 신청의 증인에 대한 증인신문사항의 제출을 명하고, 재판부가 그 **신문사항의 미제출을 이유로 증인채택결정을 취소**한 것은 적법한 조치이므로 이를 위법 또는 부당하다고 할 수 없다(대결 1994.11.3, 94모73).

(3) 기피신청의 절차

① **신청권자**: 기피는 **검사 또는 피고인**이 신청할 수 있다. **변호인도 피고인의 명시한 의사에 반하지 않는 한 이를 신청**할 수 있다(제18조). 16·19. 국가9급, 19. 경찰간부 변호인의 기피신청권은 독립대리권이다.
② **기피신청 대상**: 기피신청의 대상은 불공평한 재판을 할 염려가 있다고 판단되는 법관이다. 재판부 자체에 대한 기피신청은 인정되지 아니한다. 또한 이미 당해 사건의 직무집행에서 배제되어 있는 법관도 기피신청의 대상이 될 수 없다.
③ **기피신청의 방법**: 기피신청은 서면 또는 구두로 할 수 있다(규칙 제176조 제1항). **합의부 법관**에 대한 기피는 그 법관 **소속법원에 신청**하고, **수명법관·수탁판사·단독판사**에 대한 기피는 **당해 법관에게** 신청하여야 한다(제19조 제1항). 17. 경찰승진 기피사유는 신청한 날로부터 **3일** 이내에 **서면으로 소명**하여야 하고 기피의 원인이 되는 사실을 구체적으로 명시하여야 한다(동조 제2항, 규칙 제9조 제1항)(《주의》 서면 또는 구술로 서명 ×). 17. 경찰승진·경찰채용 기피신청은 명문의 규정은 없으나 판결선고 전까지 할 수 있다는 것이 다수설의 입장이다. 또한 기피신청은 이에 대한 법원의 결정이 있을 때까지 취하할 수 있다.

(4) 기피신청의 재판

① **간이기각결정**: 기피신청이 소송의 지연을 목적으로 함이 명백하거나 기피신청이 부적법한 때(관할권이 없는 법원에 신청한 경우, 3일 이내에 기피사유를 소명하지 않은 경우, 기피의 원인이 되는 사실을 구체적으로 명시하지 않은 경우, 해석상 신청권자 아닌 자가 신청하는 경우 등)에는 신청을 받은 법원 또는 법관은 결정으로 이를 기각한다(제20조 제1항, 규칙 제9조 제2항). 14. 국가9급, 17·18. 경찰채용, 19. 경찰간부 간이기각결정에 대하여도 즉시항고할 수 있으나 **재판의 집행이 정지되지 아니한다**(제23조 제2항)(《주의》 간이기각결정에 대하여 즉시항고 할 수 있고 재판의 집행이 정지된다. ×). 14. 국가7급·국가9급, 17. 경찰채용, 19. 경찰간부

> **판례 | 간이기각결정에 관한 형사소송법 제20조 제1항이 헌법에 위반되는지의 여부(소극)**
>
> 소송의 지연을 목적으로 함이 명백한 경우에 신청을 받은 법원 또는 법관이 이를 기각할 수 있도록 규정한 **형사소송법 제20조 제1항**의 규정은 기피신청의 남용을 방지하여 형사소송절차의 신속성의 실현이라는 공익을 달성하고자 하는 것으로서 **헌법에 위반된다고 할 수 없다**(대판 2008.12.24, 2006도1427).
> 15·16. 경찰간부, 18. 경찰채용

② **의견서의 제출**: 기피당한 법관은 간이기각결정의 경우를 제외하고는 지체 없이 기피신청에 대한 의견서를 제출하여야 한다(제20조 제2항). 이 경우에 기피당한 법관이 기피의 신청을 이유 있다고 인정하는 때에는 기피신청 인용결정이 있은 것으로 간주한다(동조 제3항).

③ **기피신청사건의 관할**: 기피신청에 대한 재판은 기피당한 법관 **소속법원 합의부**에서 결정으로 하여야 한다. 기피당한 법관은 기피에 관한 결정에 관여하지 못한다. 기피당한 법관의 소속법원이 합의부를 구성하지 못하는 때에는 직근 상급법원이 결정하여야 한다(제21조). 14. 경찰승진, 16. 경찰간부, 18. 국가9급

④ **소송진행의 정지**: 기피신청이 있는 때에는 **간이기각결정의 경우**와 **급속을 요하는 경우를 제외**하고는 **소송진행을 정지**하여야 한다(제22조). 19. 국가9급

> **판례 |**
>
> 1 기피신청이 있을 때에 정지되는 '소송진행'의 의미와 정지되지 않는 소송진행
>   ① 기피신청이 있는 경우 정지되는 소송진행에 '**판결의 선고**'는 **포함되지 아니하므로** 피고인이 변론종결 뒤 재판부에 대한 기피신청을 하였지만 원심이 소송진행을 정지하지 아니하고 판결을 선고한 것은 정당하다(대판 2002.11.13, 2002도4893). 16. 국가7급·국가9급
>   ② 기피신청이 있는 경우에 정지될 소송진행에는 '**판결선고**'는 **포함되지 아니하는 것**이고 그와 같이 이미 종국판결이 선고되어 버리면 그 담당 재판부를 사건 심리에서 배제하고자 하는 기피신청은 그 목적의 소멸로 재판을 할 이익이 상실되어 부적법하게 된다(대결 1995.1.9, 94모77).
>   ③ 기피신청이 있는 경우에 **정지될 소송진행**은 그 피고사건의 실체적 재판에의 도달을 목적으로 하는 본안의 소송절차를 말하고 '판결의 선고'는 이에 해당되지 않는다(대결 1987.5.28, 87모10).
>   ④ 정지하여야 할 소송절차란 실체재판에의 도달을 직접의 목적으로 하는 본안의 소송절차를 말하며 '**구속기간의 갱신절차**'는 이에 포함되지 아니한다(대결 1987.2.3, 86모57).
> 2 기피신청을 받은 법관이 소송진행을 정지하지 않고 한 소송행위의 효력(= 무효)
>   기피신청을 받은 법관이 본안의 소송절차를 정지하지 않은 채 그대로 소송을 진행하여서 한 소송행위는 그 효력이 없고, 이는 그 후 그 기피신청에 대한 기각결정이 확정되었다고 하더라도 마찬가지이다(대판 2012.10.11, 2012도8544). 15·16·19.국가9급, 16. 변호사, 18. 경찰채용, 19. 경찰승진·국가7급, 20. 경찰간부

⑤ **기피신청에 대한 재판**
  ㉠ **기피신청 기각결정**: 기피신청이 이유 없다고 인정하는 때에는 결정으로 기피신청을 기각한다. **기각결정**에 대하여는 **즉시항고** 할 수 있다(제23조 제1항). 16. 변호사, 17. 경찰승진, 18. 국가9급
  ㉡ **기피신청 인용결정**: 기피신청이 이유 있다고 인정할 때에는 결정으로 기피당한 법관을 당해 사건의 절차에서 배제시키는 결정을 한다. **인용결정**은 판결 전 소송절차에 관한 결정이므로 이에 대하여는 **항고하지 못한다**(제403조 제1항). 18. 국가9급

(5) 기피의 효과

기피신청이 이유 있다는 결정이 있는 때에는 법관은 당해 사건의 직무집행에서 배제된다. 그 법관이 재판에 관여한 때에는 상소의 이유가 된다(제361조의5 제7호, 제383조 제1호). 14. 국가9급

4. 회피(回避)

(1) 의의

회피란 법관 스스로 기피원인이 있다고 판단하는 때, 즉 제척의 사유 기타 불공평한 재판을 할 염려가 있다고 판단하는 때에 자발적으로 직무집행에서 탈퇴하는 제도를 말한다(제24조 제1항). 15. 경찰채용, 16. 변호사

(2) 회피의 절차

회피는 소속법원에 서면으로 신청하여야 한다(제24조 제2항). 회피신청에 대한 재판에 관하여는 기피에 관한 규정이 준용된다(동조 제3항).

5. 법원사무관 등에 대한 제척·기피·회피

(1) 의의

법원사무관 등과 통역인에도 **제척·기피·회피 제도가 준용**된다(제25조 제1항). 이들은 간접적으로 재판의 공정성에 영향을 미칠 염려가 있기 때문이다. 다만, 이들은 직무의 성질상 재판에 관여할 수 없으므로 '전심재판 또는 그 기초되는 조사심리에 관여한 때(제17조 제7호)'는 이들에게 준용되지 아니한다. 또한 재판의 공정성에 영향을 미칠 염려가 있는 전문심리위원에도 제척·기피 제도가 준용된다(제279조의5).

(2) 기피재판의 관할

법원사무관 등과 통역인에 대한 기피재판은 그 소속법원이 결정으로 하여야 한다. 단, 간이기각결정은 기피당한 자의 소속법관이 한다(제25조 제2항). 18. 국가9급

03 법원의 관할(管轄)

1. 의의

(1) 개념

전국에서 발생하는 모든 형사사건을 1개의 법원이 처리하는 것은 불가능하므로 재판권은 여러 기준으로 각 법원에 분배된다. 관할이란 이러한 각 법원에 대한 재판권의 분배, 즉 특정법원이 특정사건을 재판할 수 있는 권한을 말한다.

(2) 재판권과의 구별

재판권이란 대한민국 전체 법원의 일반적·추상적 심판권을 의미하는 국법상의 개념임에 반하여, 관할권이란 재판권을 전제로 특정사건에 대하여 특정법원이 재판권을 행사할 수 있는 구체적 한계를 정하는 소송법상의 개념이다. 재판권과 관할권 모두 형식적 소송조건이지만 재판권이 없으면 공소기각판결이 선고되고(제327조 제1호) 관할권이 없으면 관할위반판결이 선고된다(제319조).

2. 관할의 종류

(1) 사건관할(事件管轄)·직무관할(職務管轄)
관할은 피고사건 자체의 심판에 관한 사건관할과 특수절차(재심·비상상고·재정신청 등)의 심판에 관한 직무관할로 구별된다. 보통 '관할'이라고 할 때에는 사건관할을 의미한다.

(2) 법정관할(法定管轄)·재정관할(裁定管轄)
사건관할은 다시 법률의 규정에 의하여 정해지는 법정관할과 법원의 재판을 통해서 정해지는 재정관할이 있다. **법정관할**은 다시 **고유관할**과 **관련사건관할**이 있고, 고유관할에는 토지관할·사물관할·심급관할이 있다. **재정관할**에는 **관할의 지정과 이전**이 있다.

☑ SUMMARY |

구분	내용				
사건관할	피고사건 자체의 심판에 관한 관할	법정관할	법률의 규정에 의하여 정해지는 관할	고유관할	토지관할, 사물관할, 심급관할
				관련사건관할	고유관할과 관련해서 인정되는 관할
		재정관할	법원의 재판을 통해서 정해지는 관할(예 관할의 지정과 이전)		
직무관할	특수절차의 심판에 관한 관할(예 재심, 비상상고, 재정신청, 형사보상에서의 관할 등)				

3. 법정관할

(1) 토지관할(土地管轄)
① **의의**: 토지관할이란 동등법원 사이에 있어 지역적·장소적 관계에 의한 제1심법원의 관할의 분배를 말한다. 재판적(裁判籍)이라고도 한다. **토지관할의 결정기준은 우열이 없으므로** 하나의 피고사건에 관하여 수개의 법원이 토지관할을 가질 수 있다.

② **토지관할의 결정기준(제4조)** 15. 법원9급·경찰간부, 17. 경찰채용
  ㉠ **범죄지(제1항)**: 범죄지란 범죄사실의 전부 또는 일부가 발생한 장소를 말한다.
  ㉡ **피고인의 주소·거소·현재지(제1항)**: 주소(住所)란 생활의 근거가 되는 곳을 말하고, 거소(居所)란 어느 정도 계속적으로 거주하지만 아직 주소의 단계에는 이르지 못한 곳을 말한다(민법 제18조, 제19조). 현재지(現在地)란 **임의 또는 적법한 강제에 의하여 피고인이 현재 있는 장소**를 말한다. 따라서 불법 연행장소는 현재지에 포함되지 아니한다.
  ㉢ **선박·항공기의 특칙(제2항·제3항)**: 국외에 있는 대한민국의 선박·항공기 내에서 범한 죄에 관하여는 위의 기준 외에도 선적지(船籍地)·기적지(機籍地) 및 범죄 후의 선착지·기착지도 토지관할의 결정기준이 된다. 14. 국가9급, 19. 해경간부

⚖ 판례 |

1 지방법원 본원과 지방법원 지원의 관계(= 토지관할의 분배)
제1심 형사사건에 관하여 **지방법원 본원과 지방법원 지원**은 소송법상 별개의 법원이자 각각 일정한 토지관할 구역을 나누어 가지는 대등한 관계에 있으므로 지방법원 본원과 지방법원 지원 사이의 관할의 분배도 지방법원 내부의 사법행정사무로서 행해진 지방법원 본원과 그 지원 사이의 **단순한 사무분배에 그치는 것이 아니라 소송법상 토지관할의 분배에 해당한다**(대판 2015.10.15, 2015도1803).
19. 해경간부·법원9급·경찰채용

2 토지관할 관련 판례

① [1] 형사소송법 제4조 제1항에 규정된 '현재지'라고 함은 공소제기 당시 피고인이 현재한 장소로서 임의에 의한 현재지뿐만 아니라 적법한 강제에 의한 현재지도 이에 해당한다. [2] 소말리아 해적인 피고인들에 대한 체포·구금·인도 등이 적법한 절차에 따라 이루어져 피고인들이 현재 부산구치소에 구금되어 있으므로 형사소송법 제4조 제1항에 따라 **부산지방법원에 토지관할이 있다** (대판 2011.12.22, 2011도12927). 14·20. 국가9급, 14·16·20. 경찰채용, 16. 국가7급, 18. 변호사, 19. 해경간부·법원9급

② 형사소송법 제4조 제1항은 토지관할을 범죄지, 피고인의 주소, 거소 또는 현재지로 하고 있으므로 **제1심법원이 피고인의 현재지인 이상**, 그 범죄지나 주소지가 아니더라도 그 판결에 **토지관할 위반의 위법은 없다**(대판 1984.2.28, 83도3333). 14. 국가7급·국가9급, 22. 법원9급, 22. 변호사

3 토지관할이 인정되지 않는 경우

[1] 형사소송법 제4조에 의하여 지방법원 본원에 제1심 토지관할이 인정된다고 볼 특별한 사정이 없는 한, 지방법원 지원에 제1심 토지관할이 인정된다는 사정만으로 당연히 지방법원 본원에도 제1심 토지관할이 인정된다고 볼 수는 없다. [2] 피고인의 범죄지인 전라남도 진도군은 광주지방법원 해남지원의 관할에 속하므로 검사가 광주지방법원 본원에 공소를 제기한 사건에 관하여, 원심이 제1심 **토지관할은 광주지방법원 해남지원에만 있을 뿐이고, 지방법원 지원의 관할구역이 당연히 지방법원 본원의 관할구역에 포함된다고 해석할 수 없다**는 이유를 들어 관할위반의 선고를 한 제1심판결을 그대로 유지한 것은 정당하다(대판 2015.10.15, 2015도1803). 19. 법원9급, 20. 국가9급

(2) 사물관할(事物管轄) - 제1심

① **의의**: 사물관할이란 사건의 경중(輕重)이나 성질(性質)에 의한 제1심법원의 관할 분배를 말한다. 사물관할에는 단독판사와 합의부가 있다.

② **단독판사 관할**: 제1심은 **원칙적으로 단독판사 관할**이다(법원조직법 제7조 제4항). 즉결심판은 지방법원(지원) 또는 시·군법원 '판사'가 하는데 이 역시 사물관할의 일종이다.

③ **합의부 관할**: 제1심이라도 다음과 같은 경우에는 예외적으로 합의부가 관할한다(법원조직법 제7조 제5항, 제32조).

  ㉠ 합의부에서 심판할 것으로 **합의부가 결정**한 사건(재정합의사건)
  ㉡ **사형·무기 또는 단기 1년 이상**의 징역·금고에 해당하는 사건과 이와 동시에 심판할 공범사건. 다만, 다음 사건은 예외적으로 단독판사가 관할한다.

  > ⓐ 형법 제331조(특수절도), 제332조(상습특수절도)
  > ⓑ 특정범죄가중법 제5조의3 제1항(도주차량운전), 제5조의4 제1항(상습절도), 제4항(상습장물취득), 제5조의11(위험운전치사) 위반 20. 경찰채용
  > ⓒ 폭력행위처벌법 제2조 제1항·제3항, 제3조 제1항, 제6조, 제9조 위반
  > ⓓ 병역법 위반
  > ⓔ 보건범죄단속법 제5조(부정의료업자처벌) 위반
  > ⓕ 부정수표단속법 제5조(수표위조변조) 위반
  > ⓖ 도로교통법 제148조의2 제1항(2회 이상 음주운전), 제2항(음주측정거부), 제3항 제1호(0.2% 이상 음주운전)·제2호(0.08% 이상 0.2% 미만 음주운전)

  ㉢ **지방법원판사에 대한 제척·기피사건** 15. 경찰간부
  ㉣ 다른 법률에 의하여 지방법원합의부의 권한에 속하는 사건
    ⓐ 형사보상사건(형사보상법 제14조 제1항)
    ⓑ 선거법과 그 공범사건(공직선거법 제269조) 등

> **판례 | 사물관할 관련 판례**
>
> 1. **보증금몰수사건**은 그 성질상 당해 형사본안 사건의 기록이 존재하는 법원 또는 그 기록을 보관하는 검찰청에 대응하는 법원의 토지관할에 속하고, 그 법원이 지방법원인 경우에 있어서 **사물관할은 지방법원 단독판사**에게 속한다(대결 2002.5.17, 2001모53). 15. 국가9급, 16. 국가7급, 17. 경찰승진
> 2. 법원조직법 제32조 제1항 제1호에 의하면 지방법원 합의부는 합의부에서 심판할 것으로 합의부가 결정한 사건을 제1심으로 심판할 수 있도록 규정되어 있는바 **지방법원 합의부가 피고인이 범한 각 죄를 합의부에서 심판할 것으로 결정**하였음을 인정할 수 있으므로 **지방법원 합의부가 제1심으로 심판한 것은 적법**하다(대판 1994.2.8, 93도3335).
> 3. **상습특수절도를 목적으로 한 범죄단체조직 사건**도 그 목적한 죄인 상습특수절도죄에 관한 사건에 준하여 **단독판사가 심판**하여야 하는 것으로 해석함이 타당하다(대판 1980.8.19, 79도1345).

(3) **심급관할(審級管轄) - 제2심·제3심**

① **의의**: 심급관할이란 상소관계에 있어서의 관할, 즉 상소심법원의 심판권을 말한다.

② **판결에 대한 상소**

  ㉠ **항소**: 지방법원(지원) 단독판사의 판결에 대한 항소사건은 **지방법원본원 합의부**가 관할하고, 지방법원(지원) 합의부의 판결에 대한 항소사건은 **고등법원**이 관할한다(제357조). 15. 경찰간부, 18. 변호사

  ㉡ **상고**: 항소심판결에 대한 상고사건과 제1심판결에 대한 비약적 상고사건은 대법원이 관할한다(제371조, 제372조).

③ **결정에 대한 상소**

  ㉠ **일반항고**: 지방법원(지원) 단독판사의 결정에 대한 항고사건은 지방법원본원 합의부가 관할하고, 지방법원 합의부의 결정에 대한 항고사건은 고등법원이 관할한다(법원조직법 제28조, 제32조). 15. 경찰간부

  ㉡ **재항고(특별항고)**: 고등법원·항소법원·항고법원의 결정에 대한 재항고사건은 대법원이 관할한다(제415조, 법원조직법 제14조).

☑ SUMMARY | 사물관할과 심급관할 ★★★

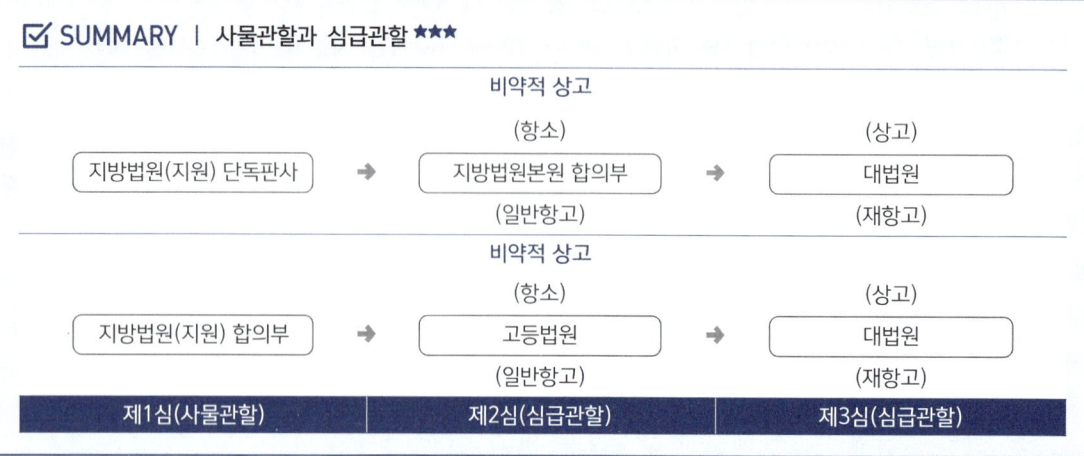

(4) 관련사건 관할

① **의의**: 관련사건이란 관할이 인정된 하나의 사건을 전제로 그 사건과 주관적 또는 객관적 관련성이 인정되는 사건을 말한다. 형사소송법은 고유관할을 수정하여 원래 관할이 없는 법원도 관련사건임을 이유로 관할권을 인정하고 있다.

② **관련사건의 정의(제11조)** 16. 경찰간부
   ㉠ **1인이 범한 수죄(제1호)**: 형법상 **실체적 경합범**이 이에 해당한다. 상상적 경합범은 형사소송법상 일죄이므로 제외된다. 포괄일죄도 일죄이므로 관련사건이 아니다.
   ㉡ **수인이 공동으로 범한 죄(제2호)**: 광의의 공범을 말하는 것으로 **임의적 공범·필요적 공범을 불문**한다.
   ㉢ **수인이 동시에 동일장소에서 범한 죄(제3호)**: 형법상 **동시범**이 이에 해당한다.
   ㉣ **범인은닉죄·증거인멸죄·위증죄·허위감정통역죄·장물에 관한 죄와 그 본범의 죄(제4호)**

③ **관련사건의 병합관할(관할의 확장)**: 관련사건 일부에 대하여 관할권이 있는 법원은 관련사건 전부에 대해서도 관할권이 인정된다.
   ㉠ **토지관할의 병합관할**: 토지관할을 달리하는 수개의 사건이 관련된 때에는 1개의 사건에 관하여 관할권 있는 법원은 다른 사건까지 관할할 수 있다(제5조).
   ㉡ **사물관할의 병합관할**: 사물관할을 달리하는 수개의 사건이 관련된 때에는 법원합의부는 병합관할한다(제9조).

> **판례 | 관련사건 관할이 병합기소나 병합심리를 전제로 하는지의 여부(소극)**
>
> 형사소송법 제5조에 정한 **관련사건의 관할**은 이른바 **고유관할사건 및 그 관련사건이 반드시 병합기소되거나 병합되어 심리될 것을 전제요건으로 하는 것은 아니고** 고유관할사건 계속 중 고유관할 법원에 관련사건이 계속된 이상 그 후 양 사건이 병합되어 심리되지 아니한 채 고유사건에 대한 심리가 먼저 종결되었다 하더라도 관련사건에 대한 관할권은 여전히 유지된다고 볼 것이다(대판 2008.6.12, 2006도8568). 14·17. 경찰승진, 15. 국가9급, 19. 법원9급, 19·20. 경찰채용, 20. 국가7급

④ **관련사건의 병합심리**
   ㉠ **토지관할의 병합심리 - 당사자의 신청에 의함, 사물관할이 동일함을 전제로 함**: 토지관할을 달리하는 수개의 관련사건이 각각 다른 법원에 계속된 때에는 **공통되는 직근 상급법원**은 검사 또는 피고인의 신청에 의하여 결정으로 1개 법원으로 하여금 병합심리하게 할 수 있다(제6조). 15·21. 법원9급, 17. 경찰채용, 18. 경찰간부 이는 **사물관할이 동일한 사건에 대해서만 인정**이 된다. 법원은 토지관할의 병합심리신청이 제기된 경우에는 그 신청에 대한 결정이 있기까지 소송절차를 정지하여야 한다. 다만, 급속을 요하는 경우에는 그러하지 아니하다(규칙 제7조).

> **판례 |**
>
> 1 관련사건이 마산지방법원 항소부와 부산고등법원에 각각 계속된 경우에 '토지관할 병합심리'가 가능한지의 여부(소극)
>
> 형사소송법 제6조는 토지관할을 달리하는 수개의 관련사건이 각각 다른 법원에 계속된 때에는 공통되는 직근 상급법원은 검사 또는 피고인의 신청에 의하여 결정으로 1개 법원으로 하여금 병합심리하게 할 수 있다고 규정하고 있는데 여기서 말하는 '**각각 다른 법원**'이란 **사물관할은 같으나 토지관할을 달리 하는 동종, 동등의 법원**을 말하는 것이므로 사건이 각각 계속된 **마산지방법원 항소부와 부**

> 산고등법원은 심급은 같을지언정 사물관할을 같이하지 아니하여 여기에 해당하지 아니한다(대결 1990.5.23, 90초56). 14. 변호사, 14·20. 국가7급
>
> ② 토지관할 병합심리신청 사건의 관할법원
> 토지관할을 달리하는 수개의 제1심법원들에 관련사건이 계속된 경우에 **그 소속 고등법원이 같은 경우에는 그 고등법원이**, **그 소속 고등법원이 다른 경우에는 대법원**이 위 제1심법원들의 공통되는 직근 상급법원으로서 **토지관할 병합심리 신청사건의 관할법원**이 된다[대결 2006.12.5, 2006초기335(전합)]. 15. 경찰채용, 16. 국가7급, 17. 국가9급, 19. 법원9급, 20. 변호사, 21. 경찰간부

ⓒ 사물관할의 병합심리 - 법원의 직권에 의함, 사물관할이 다른 것을 전제로 함
ⓐ 사물관할을 달리하는 수개의 관련사건이 각각 법원합의부와 단독판사에 계속된 때에는 **합의부는 결정**으로 단독판사에 속한 사건을 **병합하여 심리**할 수 있다(제10조). 14. 경찰채용, 17. 국가9급, 17·21. 법원9급, 17·18. 경찰승진 사물관할의 병합심리는 관련사건이 법원합의부와 단독판사에 계속된 각 사건이 **토지관할을 달리하는 경우에도 이를 적용한다**(규칙 제4조 제1항).
ⓑ 사물관할을 달리 하는 수개의 관련 항소사건이 각각 고등법원과 지방법원본원 합의부에 계속된 때에는 **고등법원은 결정**으로 지방법원본원 합의부에 계속한 사건을 **병합하여 심리**할 수 있다. 수개의 관련 항소사건이 토지관할을 달리하는 경우에도 위와 같다(규칙 제4조의2). 16·21. 법원9급

⑤ **병합된 심리의 분리**: 토지관할을 달리하는 수개의 관련사건이 동일법원에 계속된 경우에 **병합심리의 필요가 없는 때에는 법원은 결정으로 이를 분리하여 관할권 있는 다른 법원에 이송할 수 있다**(제7조). 14·15. 경찰채용, 18. 경찰승진 합의부가 단독판사의 사물관할에 속하는 사건을 병합심리 하는 경우에 병합심리의 필요성이 없으면 결정으로 관할권 있는 단독판사에게 이송할 수 있다.

4. 재정관할

재정관할이란 법원의 재판에 의하여 정해지는 관할을 말한다. 이에는 관할의 지정과 이전이 있다.

(1) 관할의 지정(指定)
① 의의: 관할의 지정이란 **관할법원이 없거나 관할법원이 명확하지 않은 경우** 상급법원이 사건을 **심판할 법원을 지정**하는 것을 말한다.
② 관할지정의 사유(제14조)
  ㉠ 법원의 관할이 명확하지 아니한 때(제1호)
  ㉡ 관할위반을 선고한 재판이 확정된 사건에 관하여 다른 관할법원이 없는 때(제2호)
③ 절차
  ㉠ **검사는** 관계있는 제1심법원에 공통되는 바로 위의 상급법원에 관할지정을 **신청하여야 한다**(제14조) (《주의》 검사·피고인은 신청하여야 한다. ×). 14. 경찰채용, 18. 경찰승진 관할지정신청은 그 사유를 기재한 신청서를 바로 위의 상급법원에 제출하여야 하고, 공소제기 후 관할지정을 신청하는 때에는 즉시 공소를 접수한 법원에 통지하여야 한다(제16조).
  ㉡ 신청을 받은 직근 상급법원은 신청이 이유 있다고 인정하면 관할법원을 정하는 결정을 하고, 그렇지 않을 경우에는 신청기각결정을 한다.
  ㉢ 법원은 관할지정신청이 제기된 경우에는 그 신청에 대한 결정이 있기까지 소송절차를 정지하여야 한다. 다만, 급속을 요하는 경우에는 그러하지 아니하다(규칙 제7조).

(2) 관할의 이전(移轉)

① **의의**: 관할의 이전이란 관할법원이 **재판권을 행사할 수 없거나 재판의 공평을 유지하기 어려운 경우 당사자의 신청**에 의한 법원의 결정으로 사건을 **관할권 없는 다른 법원으로 옮기는 것**을 말한다.

② 관할이전의 사유(제15조)
  ㉠ 관할법원이 법률상의 이유 또는 특별한 사정으로 재판권을 행할 수 없는 때(제1호)
  ㉡ 범죄의 성질, 지방의 민심, 소송의 상황 기타 사정으로 재판의 공평을 유지하기 어려울 염려가 있는 때(제2호)

> **⚖ 판례 | 관할이전의 사유가 되지 않는 경우**
>
> 1 법원이 검사의 **공소장변경을 허가**한 경우(대결 1984.7.24, 84초45,84노417)
> 2 유죄판결에 불복하여 상고를 제기한 피고인을 **교도소 소장이 검사의 이송지휘도 없이 다른 교도소로 이송처분**한 경우(대결 1983.7.5, 83초20)
> 3 피고인이 **법관에 대하여 기피신청**을 하였고 또 위 사건에서 **위증을 한 증인에 대하여 대검찰청에 고소를 제기하여 대검찰청에서 이들을 조사**하고 있는 경우(대결 1982.12.17, 82초50)

③ 절차
  ㉠ **검사**는 관할이전의 사유가 있으면 직근 상급법원에 관할이전을 **신청하여야 한다. 피고인도** 이 **신청을 할 수 있다**(제15조). 14. 변호사, 17. 경찰승진 관할이전신청은 그 사유를 기재한 신청서를 직근 상급법원에 제출하여야 하고, 공소제기 후 관할이전을 신청하는 때에는 즉시 공소를 접수한 법원에 통지하여야 한다(제16조).
  ㉡ 신청을 받은 직근 상급법원은 신청이 이유 있다고 인정하면 관할이전의 결정을 하고, 그렇지 않을 경우에는 신청기각결정을 한다.
  ㉢ 법원은 관할이전신청이 제기된 경우에는 그 신청에 대한 결정이 있기까지 소송절차를 정지하여야 한다. 다만, 급속을 요하는 경우에는 그러하지 아니하다(규칙 제7조).

5. 관할의 경합(競合)

(1) 의의

법원의 관할은 여러 기준에 의하여 정해지기 때문에 '**동일사건**'에 대하여 둘 이상의 법원이 관할권을 가지고 또한 이중으로 기소가 되는 경우가 있는데 이를 관할의 경합이라고 한다. 이런 경우 이중심리(二重審理)나 모순판결(矛盾判決)을 방지하기 위하여 형사소송법은 일정한 우선순위의 원칙을 규정하고 있다.

(2) 우선순위의 원칙

① **사물관할의 경합**: '**동일사건**'이 **사물관할을 달리하는 수개의 법원에 계속**된 때에는 **법원합의부가 심판**한다(제12조). 이를 합의부 우선의 원칙이라 한다.
② **토지관할의 경합**: '**동일사건**'이 사물관할이 같은 **여러 개의 법원에 계속**된 때에는 **먼저 공소를 받은 법원이 심판**한다. 단, 각 법원에 공통되는 바로 위의 상급법원은 검사 또는 피고인의 신청에 의하여 결정으로 뒤에 공소를 받은 법원으로 하여금 심판하게 할 수 있다(제13조). 이를 **선착수(先着手) 우선의 원칙**이라 한다(《주의 공통되는 직근 상급법원이 결정된다. ×). 14·17. 경찰승진, 15. 법원9급, 17. 경찰채용, 18. 경찰간부

(3) 관할경합의 효과

관할의 경합으로 **심판을 할 수 없는 법원은 공소기각결정**을 고지하여야 한다(제328조 제1항 제3호). 17. 국가9급 그러나 후순위 법원이 이를 간과하고 판결을 선고하고 이것이 확정된 경우 선순위 법원은 면소판결을 선고하여야 한다(제326조 제1호). 동일사건이 수개의 법원에서 모두 확정된 경우 나중에 확정된 판결은 무효가 된다는 것이 통설의 입장이다.

6. 관할권부존재의 효과

토지관할은 공소제기시에 존재하면 족하며 또한 공소제기시에 이를 결하더라도 뒤에 구비되면 관할의 하자는 치유된다. 그러나 **사물관할은 공소제기시부터 재판종결시까지의 전 과정**을 통하여 구비되어야 한다.

(1) 관할위반판결의 선고

관할은 소송조건으로 법원은 직권으로 관할을 조사하여야 한다(제1조). 16·17. 법원9급, 18. 경찰간부 피고사건이 법원의 관할에 속하지 아니한 때에는 **판결로써 관할위반의 선고**를 하여야 한다(제319조)(《주의》 관할위반 결정 X). 14·18. 경찰간부 관할이 없으면 관할위반판결을 선고하여야 하며 임의적으로 관할권 있는 법원으로 이송결정을 할 수 없다.

(2) 예외

① **토지관할**: **토지관할**에 관하여 법원은 **피고인의 신청**이 없으면 관할위반판결을 선고할 수 없다(제320조 제1항). 14. 경찰간부, 17. 법원9급, 19. 경찰채용 피고인의 관할위반신청은 피고사건에 대한 진술 전에 해야 한다(동조 제2항). 15. 법원9급

② **관할구역 외 직무행사**: 법원은 사실발견을 위하여 필요하거나 긴급을 요하는 때에는 관할구역 외에서 직무를 행하거나 사실조사에 필요한 처분을 할 수 있다. 이는 수명법관도 동일하다(제3조). 16. 국가7급

(3) 관할위반 소송행위의 효과

소송행위는 관할위반인 경우에도 그 효력에는 영향이 없다(제2조). 15. 경찰채용 따라서 관할위반판결을 선고한 법원이 작성한 공판조서·증인신문조서 등은 여전히 증거가 될 수 있다. 또한 관할권이 없는 법원에 대한 공소제기도 공소시효를 정지시키는 효력이 있다.

(4) 관할위반과 상소

관할을 위반하여 선고한 판결은 절대적 항소이유와 상고이유가 된다(제361조의5 제3호, 제383조 제1호). 관할위반의 재판이 법률에 위반됨을 이유로 원심판결을 파기하는 때에는 판결로써 사건을 원심법원 또는 제1심법원으로 환송하여야 하고(제366조, 제395조) 관할인정이 법률에 위반됨을 이유로 원심판결을 파기하는 때에는 판결로써 사건을 관할법원에 이송하여야 한다(제367조, 제394조). 14. 법원9급, 17. 국가7급

7. 사건의 이송

사건의 이송이란 수소법원이 소송계속 중인 사건을 다른 법원이 심판하도록 소송계속을 이전시키는 것을 말한다.

(1) 현재지 관할법원 이송

법원은 피고인이 그 관할구역 내에 현재하지 아니하는 경우에 특별한 사정이 있으면 결정으로 사건을 피고인의 **현재지를 관할하는 동급법원에 이송할 수 있다**(제8조 제1항). 15. 법원9급, 17. 경찰채용

(2) 합의부 이송

단독판사의 관할사건이 **공소장변경**에 의하여 **합의부 관할사건으로 변경**된 경우에는 법원은 결정으로 **관할권이 있는 법원에 이송한다**(제8조 제2항)(《주의》 단독판사가 실체판단을 할 수 있다. ×). 14. 변호사·법원9급, 15. 경찰채용, 17. 국가7급·국가9급

> **판례 |**
>
> 1 항소심에서 공소장변경에 의하여 단독판사 관할사건이 합의부 관할사건으로 된 경우, 항소심이 취해야 할 조치(= 고등법원으로 이송)
> 항소심에서 공소장변경에 의하여 단독판사의 관할사건이 합의부 관할사건으로 된 경우에도 법원은 사건을 관할권이 있는 법원에 이송하여야 하고 항소심에서 변경된 위 합의부 관할사건에 대한 **관할권이 있는 법원은 고등법원**이라고 봄이 상당하다(대판 1997.12.12, 97도2463). 14. 변호사, 14·18. 경찰승진, 15. 경찰채용, 16. 법원9급, 18. 경찰간부, 19. 해경간부·국가9급, 13. 변호사시례
>
> 2 제1심에서 합의부 관할사건에 관하여 단독판사 관할사건으로 죄명, 적용법조를 변경하는 공소장변경허가신청서가 제출된 경우, 합의부가 취해야 할 조치(= 실체재판)
> (제1심에서 합의부 관할사건에 관하여 단독판사 관할사건으로 죄명, 적용법조를 변경하는 공소장변경허가신청서가 제출된 경우) 합의부는 공소장변경허가결정을 하였는지에 관계없이 사건의 실체에 들어가 심판하였어야 하고 사건을 단독판사에게 재배당할 수 없는데도, 사건을 재배당받은 제1심 및 원심(지방법원 합의부)이 사건에 관한 실체 심리를 거쳐 심판한 조치는 관할권이 없는데도 이를 간과하고 실체판결을 한 것으로서 소송절차에 관한 법령을 위반한 잘못이 있다(대판 2013.4.25, 2013도1658). 14. 국가7급, 15·20·22. 국가9급, 15·17. 법원9급, 15·18. 경찰간부, 18. 경찰승진, 18·22. 변호사

(3) 군사법원 이송

법원은 공소가 제기된 사건에 대하여 군사법원이 재판권을 가지게 되었거나 재판권을 가졌음이 판명된 때에는 결정으로 사건을 재판권이 있는 같은 심급의 군사법원으로 이송한다. 이 경우에 이송 전에 행한 소송행위는 이송 후에도 그 효력에 영향이 없다(제16조의2). 14·17. 법원9급, 15. 국가9급 이는 군사법원에서 일반법원으로 이송하는 경우에도 동일하다(군사법원법 제2조 제3항).

> **판례 |** 일반 국민이 범한 수개의 죄 중 '군사법원에서 재판권을 가지는 군형법상 범죄'와 '일반범죄'가 경합범 관계에 있다고 보아 하나의 사건으로 기소된 경우, 재판권의 소재(= 군형법상 범죄는 군사법원, 일반범죄는 일반법원)
>
> 일반 국민이 범한 수개의 죄 가운데 특정 군사범죄와 그 밖의 일반 범죄가 형법 제37조 전단의 경합범 관계에 있다고 보아 하나의 사건으로 기소된 경우, 특정 군사범죄에 대하여는 군사법원이 전속적인 재판권을 가진다고 보아야 하므로 일반 법원은 이에 대하여 재판권을 행사할 수 없다. 반대로 그 밖의 일반 범죄에 대하여 군사법원이 재판권을 행사하는 것도 허용될 수 없다[대결 2016.6.16, 2016초기318 (전합)]. 17. 국가7급, 19·20. 경찰채용, 20. 국가9급

(4) 국민참여재판 관할법원 이송

피고인이 국민참여재판을 원하는 의사를 표시한 경우 **지방법원 지원 합의부**가 배제결정을 하지 아니하는 경우에는 **국민참여재판절차 회부결정**을 하여 사건을 **지방법원 본원 합의부로 이송하여야 한다**(국민참여재판법 제10조 제1항). 14. 변호사·법원9급

(5) 보호사건 송치

① 법원은 소년에 대한 피고사건을 심리한 결과 보호처분에 해당할 사유가 있다고 인정하면 결정으로 사건을 **관할 소년부에 송치하여야 한다**(소년법 제50조). 14. 변호사·경찰간부
② 법원은 가정폭력행위자에 대한 피고사건을 심리한 결과 보호처분을 하는 것이 적절하다고 인정하는 경우에는 결정으로 사건을 가정보호사건의 관할법원에 송치할 수 있다(가정폭력처벌법 제12조).
③ 법원은 성매매 사건의 심리결과 보호처분을 하는 것이 적절하다고 인정할 때에는 결정으로 사건을 보호사건의 관할법원에 송치할 수 있다(성매매처벌법 제12조 제2항).

(6) 기타

토지관할 병합심리결정에 의한 사건의 이송, 사물관할 병합심리결정에 의한 사건의 이송, 관할의 지정 또는 관할의 이전에 의한 사건의 이송, 상소심의 파기이송 등이 있다.

> **판례 |** 단독판사 관할 피고사건의 항소사건이 지방법원 합의부에 계속 중일 때 치료감호가 청구된 경우, 치료감호사건과 피고사건의 관할법원(= 고등법원)
>
> 치료감호법 제3조 제2항, 제4조 제5항, 제12조 제2항의 내용을 종합해 보면, 단독판사 관할 피고사건의 항소사건이 지방법원 합의부나 지방법원지원 합의부에 계속 중일 때 그 변론종결시까지 청구된 **치료감호사건의 관할법원은 고등법원이고, 피고사건의 관할법원도 치료감호사건의 관할을 따라 고등법원**이 된다. 따라서 치료감호사건이 지방법원이나 지방법원지원에 청구되어 피고사건 항소심을 담당하는 합의부에 배당된 경우 그 합의부는 치료감호사건과 피고사건을 모두 고등법원에 이송하여야 한다(대판 2009.11.12, 2009도6946,2009감도24). 14. 국가7급, 15. 국가9급

제2절 검사(檢事)

01 검사의 의의와 성격

1. 검사의 의의

검사는 검찰권을 행사하는 단독제 국가기관을 말한다. 수사권, 공소권, 형집행권 등은 검찰권의 핵심을 이룬다. 검사는 수사에서 형집행에 이르기까지 형사절차 전반에 걸쳐 적극적이고 능동적으로 관여하는 형사절차의 주역(主役)이라고 할 수 있다. 검사는 공익의 대표자로서 다음의 직무와 권한이 있다(검찰청법 제4조 제1항).

> ① 범죄수사·공소제기와 그 유지에 필요한 사항
> ② 범죄수사에 관한 특별사법경찰관리의 지휘·감독
> ③ 법원에 대한 법령의 정당한 적용의 청구
> ④ 재판집행의 지휘·감독
> ⑤ 국가를 당사자 또는 참가인으로 하는 소송과 행정소송의 수행 또는 그 수행에 관한 지휘·감독
> ⑥ 다른 법령에 의하여 그 권한에 속하는 사항

> **📖 판례 | 검사의 직무**
>
> 1 검사는 **사법경찰관리 및 특별사법경찰관리를 지휘·감독**하며 수사의 결과 **공소제기 여부를 독점적으로 결정**하고, 공판절차에서는 피고인에 대립되는 **당사자로서 법원에 대하여 법령의 정당한 적용을 청구**하고, 재판이 확정된 때에는 **형의 집행을 지휘·감독**하는 광범위한 권한을 가진 국가기관이다(헌재 1995.6.29, 93헌바45).
> 2 검사는 **행정기관이면서도 동시에 사법기관인 이중의 성격**을 가진 기관이며 오로지 진실과 법령에 따라 직무를 수행하여야 할 의무를 가지고 있는 **준사법기관**이다(헌재 1995.6.29, 93헌바45).

2. 검사의 성격

검사는 행정부인 법무부에 소속된 행정기관으로 법관과 같이 사법부에 소속된 사법기관은 아니다. 그러나 검사의 검찰권 행사는 사법권 발동을 촉구하고 형사사법절차에 중대한 영향을 미치게 되므로 일반 행정기관과는 그 성격에 있어 차이가 난다. 사법권 행사의 적정을 기하기 위해서 검사는 사법기관은 아니지만 사법기관인 법관에 준하여 검찰권을 행사하여야 한다. 검사는 행정기관이면서도 동시에 사법기관으로 준사법기관(準司法機關)으로서의 성격을 가진다는 것이 통설과 판례의 입장이다.

(1) 검사의 사법기관적 성격

① **단독제**: 검사는 자기의 책임과 명의로 검찰권을 행사하는 단독제 관청으로 합의제는 존재하지 아니한다. 즉, 검사는 검찰총장·검사장 등의 보조기관이 아니고 각자가 독자적으로 검찰권을 행사하게 된다. 따라서 상사의 명령에 위반한 검사의 처분이나 상사의 결재를 받지 아니한 검사의 처분도 대외적으로 그 효력에는 영향이 없다. 14. 경찰간부, 22. 해경간부

② **법관에 준하는 자격과 신분보장**: 검사의 자격은 법관의 자격에 준하고 또한 검사에게 법관에 준하는 신분보장을 해주고 있다(검찰청법 제29조, 제37조).

③ **검사의 처분에 대한 특수한 불복방법**: 검사의 수사종결 기타 처분에 대하여 행정소송은 인정되지 아니하고 그 대신 검찰항고·재정신청·헌법소원·준항고 등의 특수한 불복방법이 인정된다.

> **📖 판례 | 검사의 불기소처분 또는 공소제기 등에 대하여 행정소송을 제기할 수 있는지의 여부(소극)**
>
> 1 검사의 불기소처분이나 그에 대한 항고 또는 재항고결정에 대하여는 **행정소송을 제기할 수 없다**(대판 1989.10.10, 89누2271).
> 2 검사의 공소에 대하여는 형사소송절차에 의하여서만 이를 다툴 수 있고 **행정소송의 방법으로 공소의 취소를 구할 수는 없다**(대판 2000.3.28, 99두11264).

(2) 검사의 행정기관적 성격

① **법무부소속 공무원**: 검사의 임명과 보직은 법무부장관의 제청으로 대통령이 한다(검찰청법 제34조).

② **상급자의 지휘·감독권**: 검사는 검찰사무에 관하여 소속 상급자의 지휘·감독에 따른다(검찰청법 제7조 제1항). 16. 경찰간부, 22. 해경간부 이는 헌법과 법률에 의하여 '그 양심에 따라 독립하여' 심판하는 법관과의 차이점에 해당한다.

③ **법무부장관의 지휘·감독권**: 법무부장관은 검찰사무의 최고 감독자로서 일반적으로 검사를 지휘·감독하고, 구체적 사건에 대해서는 검찰총장만을 지휘·감독한다(검찰청법 제8조).

④ **검사의 처분에 기판력 불인정**: 검사의 처분 특히 불기소처분에는 기판력 또는 일사부재리효력이 인정되지 아니한다. 따라서 혐의 없음 불기소처분을 한 후 수사를 재기하여 공소를 제기하여도 위법한 것은 아니다.

> **판례 | 검사의 불기소처분에 기판력이 발생하는지의 여부(소극)**
>
> 1 검사의 불기소처분에는 확정재판에 있어서의 확정력과 같은 효력이 없어 일단 불기소처분을 한 후에도 공소시효가 완성되기 전이면 **언제라도 공소를 제기할 수 있다**(대판 2009.10.29, 2009도6614).
>   14·16. 경찰채용, 16·18. 경찰승진, 18·19. 경찰간부
> 2 일사부재리의 효력은 확정재판이 있을 때에 발생하는 것이므로 **검사가 일차 무혐의결정을 하였다가 다시 공소를 제기**하였다 하여도 이를 두고 일사부재리의 원칙에 위배하는 등의 법리오해가 있다 할 수 없다(대판 1988.3.22, 87도2678).
> 3 검사가 절도죄에 관하여 일단 **기소유예의 처분**을 한 것을 그 후 다시 재기하여 기소하였다 하여도 기소의 효력에 아무런 영향이 없는 것이고, 법원이 그 기소사실에 대하여 유죄판결을 선고하였다 하여 그것이 일사부재리의 원칙에 반하는 것이라 할 수 없다(대판 1983.12.27, 83도2686).
> 4 **무혐의 불기소처분된 사건에 대하여 다시 기소**할 수 있음은 법리상 명백하여 일사부재리의 원칙에 위반된 것이라고 할 수 없고 **동일한 사건으로 재구속되었다 할지라도 그것만으로 공소제기 자체가 무효라고 할 수 없다**(대판 1966.11.22, 66도1288).

3. 검사의 자격과 신분보장

(1) 검사의 임명과 직급

검사는 사법시험에 합격하여 사법연수원의 소정과정을 마친 자 또는 변호사의 자격이 있는 자 중에서 임명한다(검찰청법 제29조). 검사의 임명 및 보직은 법무부장관의 제청으로 대통령이 행한다. 이 경우 법무부장관은 검찰총장의 의견을 들어 검사의 보직을 제청한다(검찰청법 제34조 제1항). 대통령이 법무부장관의 제청으로 검찰총장을 임명할 때에는 국회의 인사청문을 거쳐야 한다(동조 제2항). 검사의 직급은 검찰총장과 검사로 구분한다(검찰청법 제6조).

(2) 검사의 신분보장

검사는 탄핵 또는 금고 이상의 형을 받거나 징계처분 또는 적격심사에 의하지 아니하면 파면·퇴직·정직 또는 감봉의 처분을 받지 아니한다(검찰청법 제37조). 검사가 중대한 심신상의 장애로 인하여 직무를 수행할 수 없을 때에는 대통령은 법무부장관의 제청에 의하여 그 검사에 대하여 퇴직을 명할 수 있다(검찰청법 제39조의2).

(3) 검사의 직무대리

검찰총장은 사법연수원장의 요청에 의하여 사법연수생으로 하여금 일정한 기간을 정하여 지방검찰청(지청) 검사의 직무를 대리할 것을 명할 수 있다(검찰청법 제32조 제1항). 검찰총장은 필요하다고 인정하는 경우에는 검찰수사서기관·검찰사무관·수사사무관 또는 마약수사사무관으로 하여금 지방검찰청(지청) 검사의 직무를 대리하게 할 수 있다(동조 제2항). **검사의 직무를 대리하는 자**는 법원조직법에 의한 **합의부의 심판사건은 처리하지 못한다**(동조 제3항).

> **판례 | 검사 직무대리자의 수사의 범위**
>
> 1. 혐의 없음 의견으로 송치된 단독판사 관할사건인 특정경제범죄법 위반(알선수재)과 관련하여 사법연수생인 검사직무대리가 작성한 피의자신문조서는 공소제기 이후에 비록 재정합의사건이 되었다고 하더라도 증거능력이 인정될 수 있다(대판 2012.6.28, 2012도3927).
> 2. 사법연수생인 검사 직무대리가 검찰총장으로부터 명받은 범위 내에서 법원조직법에 의한 **합의부의 심판사건에 해당하지 아니하는 사건**에 관하여 검사의 직무를 대리하여 피고인에 대한 피의자신문조서를 작성할 경우 그 피의자신문조서는 형사소송법 제312조 제1항의 요건을 갖추고 있는 한 당해 지방검찰청 또는 지청 검사가 작성한 피의자신문조서와 마찬가지로 그 증거능력이 인정된다(대판 2010.4.15, 2010도1107). 14·15. 경찰간부
> 3. 검사직무대리자는 법원조직법에 규정된 합의부의 심판사건에 관하여서는 기소, 불기소 등의 최종적 결정을 할 수 없음은 물론 수사도 할 수 없으므로 **검사직무대리자가 작성한 합의부사건(살인죄)의 피고인에 대한 피의자신문조서는 증거로 할 수 없다**(대판 1978.2.28, 78도49).

02 검찰청(檢察廳)

1. 의의

검찰청은 검사의 사무를 총괄하는 기관이다. 검사는 단독제 관청이므로 검찰청은 검사의 검찰사무를 통할할 뿐 그 자체로서는 아무런 권한도 인정되지 않는 행정조직상 단위에 불과하다.

2. 조직

검찰청은 대검찰청·고등검찰청·지방검찰청으로 구성되며, 각각 대법원·고등법원·지방법원에 대응하여 설치한다. 지방법원지원이 설치된 지역에는 이에 대응하여 지방검찰청지청을 둘 수 있다. 각급 검찰청 및 지청의 관할구역은 각급 법원과 지방법원지원의 관할구역에 의한다(검찰청법 제3조).

03 검찰사무에 관한 지휘·감독

1. 검찰사무에 관한 지휘·감독

검사는 검찰사무에 관하여 소속 상급자의 지휘·감독에 따른다(검찰청법 제7조 제1항). **검사는 구체적 사건과 관련된 지휘·감독의 적법성 또는 정당성 여부에 대하여 이견이 있는 때에는 이의를 제기할 수 있다**(동조 제2항).

2. 직무의 위임·이전·승계 등

(1) 직무의 위임·이전·승계
① **직무위임권**: 검찰총장, 각급 검찰청의 검사장 및 지청장은 소속검사로 하여금 그 권한에 속하는 직무의 일부를 처리하게 할 수 있다(검찰청법 제7조의2 제1항).
② **직무승계권·직무이전권**: 검찰총장과 각급 검찰청의 검사장 및 지청장은 소속검사의 직무를 자신이 처리하거나, 다른 검사로 하여금 처리하게 할 수 있다(동조 제2항). 15. 국가9급, 22. 해경간부 전자를 직무승계권이라고 하고 후자를 직무이전권이라고 한다.

(2) 차장검사의 직무대리권

각 검찰청의 차장검사는 소속장에게 사고가 있을 때에는 특별한 수권(授權) 없이도 그 직무를 대리하는 권한을 가진다(검찰청법 제13조 등).

3. 관련 문제

(1) 검사교체의 효과

검사가 검찰사무의 취급도중에 교체되더라도 그가 행한 행위의 소송법상 효력에는 영향이 없다. 따라서 검사의 교체가 있더라도 **수사절차나 공판절차를 갱신할 필요가 없다.** 이는 판사가 경질되면 공판절차를 갱신해야 하는 것과는 다르다(형사소송법 제301조). 22. 해경간부

(2) 검사에 대한 제척·기피 인정 여부

검사에 대하여 제척·기피제도가 준용되는지 여부에 관하여 견해가 대립한다. ① ㉠ 검사는 공익의 대표자로서 국가형벌권이 적정하게 실현되도록 할 책무를 가지고 있고, ㉡ 검찰권 행사에 대한 국민의 신뢰를 확보하기 위하여 이를 긍정하는 견해도 있다. 그러나 ② ㉠ 검사는 당사자이기 때문에 (마치 검사가 피고인을 기피신청할 수 없는 것처럼) 당사자인 피고인이 당사자인 검사에 대한 기피신청권을 인정하기는 어렵고, ㉡ 당사자인 검사를 교체해야 할 필요성이 법관처럼 절실하지 않다는 점 등을 근거로 이를 부정하는 견해가 다수설의 입장이다.

> **판례** | 피해자인 검사 또는 압수·수색영장의 집행에 참여한 검사가 관여한 수사의 적법 여부 (적극)
>
> 범죄의 피해자인 검사가 그 사건의 수사에 관여하거나, 압수·수색영장의 집행에 참여한 검사가 다시 수사에 관여하였다는 이유만으로 바로 그 수사가 위법하다거나 그에 따른 참고인이나 피의자의 진술에 임의성이 없다고 볼 수는 없다(대판 2013.9.12, 2011도12918).

04 검사의 소송법상의 지위

1. 검사의 지위

(1) 수사의 주재자

① **수사권**: 검사는 범죄의 혐의가 있다고 사료하는 때에는 범인, 범죄사실과 증거를 수사한다(형사소송법 제196조). 검사는 피의자신문, 참고인조사 등의 임의수사는 물론 체포·구속, 압수·수색 등의 강제수사를 할 수 있다. 다만, 검사가 수사를 개시할 수 있는 범죄는 검찰청법상의 제한이 있다.

> 제14조【검사의 직무】 ① 검사는 공익의 대표자로서 다음 각호의 직무와 권한이 있다.
> 1. 범죄수사, 공소의 제기 및 그 유지에 필요한 사항. 다만, 검사가 수사를 개시할 수 있는 범죄의 범위는 다음 각 목과 같다.
>   가. **부패범죄, 경제범죄** 등 대통령령으로 정하는 중요 범죄
>   나. 경찰공무원(다른 법률에 따라 사법경찰관리의 직무를 행하는 자를 포함한다) 및 고위공직자범죄수사처 소속 공무원(「고위공직자범죄수사처 설치 및 운영에 관한 법률」에 따른 파견 공무원을 포함한다)이 범한 범죄
>   다. 가목·나목의 범죄 및 사법경찰관이 송치한 범죄와 관련하여 인지한 각 해당 범죄와 직접 관련성이 있는 범죄

> **검사의 수사개시 범죄 범위에 관한 규정**
>
> 제2조【중요 범죄】「검찰청법」(이하 "법"이라 한다) 제4조 제1항 제1호 가목에서 "부패범죄, 경제범죄 등 대통령령으로 정하는 중요 범죄"란 다음 각 호의 범죄를 말한다.
> 1. 부패범죄: 다음 각 목의 어느 하나에 해당하는 범죄로서 별표 1에 규정된 죄
>   가. 사무의 공정을 해치는 불법 또는 부당한 방법으로 자기 또는 제3자의 이익이나 손해를 도모하는 범죄
>   나. 직무와 관련하여 그 지위 또는 권한을 남용하는 범죄
>   다. 범죄의 은폐나 그 수익의 은닉에 관련된 범죄
> 2. 경제범죄: 생산·분배·소비·고용·금융·부동산·유통·수출입 등 경제의 각 분야에서 경제질서를 해치는 불법 또는 부당한 방법으로 자기 또는 제3자의 경제적 이익이나 손해를 도모하는 범죄로서 별표 2에 규정된 죄
> 3. 다음 각 목의 어느 하나에 해당하는 죄
>   가. 무고·도주·범인은닉·증거인멸·위증·허위감정통역·보복범죄 및 배심원의 직무에 관한 죄 등 국가의 사법질서를 저해하는 범죄로서 별표 3에 규정된 죄
>   나. 개별 법률에서 국가기관으로 하여금 검사에게 고발하도록 하거나 수사를 의뢰하도록 규정된 범죄

② **수사협력권과 수사지휘권**: 검사와 사법경찰관은 수사, 공소제기 및 공소유지에 관하여 서로 **협력하여야 한다**(형사소송법 제195조). '사법경찰관'이란 형사소송법 제197조 제1항에 규정된 일반사법경찰관을 말한다. 검사는 사법경찰관에 대하여 보완수사요구, 시정조치요구, 경합사건 송치요구, 재수사요청 등의 권한을 행사할 수 있다(제197조의2, 제197조의3, 제197조의4, 제245조의8 등). 검사는 사법경찰관의 직무를 행하는 **검찰청 직원과 특별사법경찰관을 지휘한다**(제245조의9 제2항, 제245조의10 제2항·제4항).

③ **수사종결권**: 공소의 제기 여부를 결정하는 수사종결권은 원칙적으로 검사에게 있다(제246조). 사법경찰관은 1차적 수사종결권을 행사하고, 검사는 2차적 수사종결권을 행사한다(제245조의5, 제246조 등).

(2) 당사자(공소권의 주체)

검사는 공소제기의 독점자이며 공소유지의 담당자이다. 공소제기의 독점자이므로 공소제기권·공소취소권 등을 가지며 공소유지의 담당자로 피고인에 대립하는 당사자의 지위에서 형사소송을 형성하고 법원에 법령의 정당한 적용을 청구할 권한을 가진다.

(3) 재판집행 지휘자

재판의 집행은 검사가 지휘한다(제460조). 다만, 예외적으로 일정한 경우 재판장·수명법관·수탁판사가 재판의 집행을 지휘할 수 있는 경우도 있다(제81조, 제115조, 제460조).

2. 검사의 의무

(1) 검사의 권한

검사에게 인정되는 각종 권한은 동시에 검사의 의무가 된다. 따라서 검사는 수사의무, 공소제기와 유지의 의무, 재판집행지휘 의무 등을 부담한다.

(2) 객관의무(客觀義務)
   ① 의의: 검사는 피고인에 대립되는 당사자이지만 동시에 **공익의 대표자**이자 **준사법기관**으로서 항상 진실과 정의에 따라 검찰권을 행사하여야 하는데, 이를 검사의 **객관의무**라고 한다. 객관의무에 근거하여 검사는 피고인의 이익을 위해서라도 활동을 하여야 한다.
   ② 내용: 피의자신문시 이익사실 진술기회부여, **피고인의 이익을 위한 상소**와 **재심청구**, 피고인의 이익을 위한 검찰총장의 비상상고, 검사의 고소권자지정 등이 이에 해당한다.

> **판례 | 검사의 객관의무**
> 1 검사는 공익의 대표자로서 실체적 진실에 입각한 국가 형벌권의 실현을 위하여 공소제기와 유지를 할 의무뿐만 아니라 그 과정에서 피고인의 정당한 이익을 옹호하여야 할 의무가 있다. 그리고 **법원이 피고인의 권리를 실질적으로 보장하기 위하여 마련되어 있는 형사소송법 등 관련 법령에 근거하여 검사에게 어떠한 조치를 이행할 것을 명하였고**, 관련 법령의 해석상 그러한 법원의 결정에 따르는 것이 당연하고 그와 달리 해석될 여지가 없는 경우라면 법에 기속되는 **검사로서는 법원의 결정에 따라야 할 직무상 의무도 있다**(대판 2012.11.15, 2011다48452).
> 2 검사는 공익의 대표자로서 실체적 진실에 입각한 국가 형벌권의 실현을 위하여 공소제기와 유지를 할 의무뿐만 아니라 그 과정에서 피고인의 정당한 이익을 옹호하여야 할 의무를 진다고 할 것이고 따라서 **검사가 수사 및 공판과정에서 피고인에게 유리한 증거를 발견하게 되었다면 피고인의 이익을 위하여 이를 법원에 제출하여야 한다**(대판 2002.2.22, 2001다23447). 15. 국가9급
> 3 검사는 소추와 공소유지를 담당하는 당사자로서의 지위 외에도 공익의 대표자로서의 지위에서 피고인의 정당한 이익을 옹호해야 할 의무도 지고 있으므로 진실을 발견하고 적법한 법의 운용을 위하여 **피고인에게 불리한 증거에 대하여는 상대방에게 방어의 기회를 부여하고, 피고인에게 유리한 증거에 대하여는 이를 상대방이 이용할 수 있도록 하여 주어야 한다**(헌재 1997.11.27, 94헌마60).

(3) 인권옹호의무
   ① 의의: 검사는 준사법기관으로 인권옹호에 관한 직무를 행한다. 검사는 피의자·피고인의 기본권과 소송법적 권리를 보장하고, 경찰권력을 통제하는 역할을 담당하는 국가기관이기 때문이다.
   ② **체포·구속장소감찰제도**: 지방검찰청 검사장 또는 지청장은 불법체포·구속의 유무를 조사하기 위하여 검사로 하여금 매월 1회 이상 관하 수사관서의 체포·구속장소를 감찰하게 하여야 한다. 감찰하는 검사는 체포·구속된 자를 심문하고 관련 서류를 조사하여야 한다(제198조의2 제1항). 17. 경찰채용 검사는 적법한 절차에 의하지 아니하고 체포·구속된 것이라고 의심할 만한 상당한 이유가 있는 경우에는 즉시 체포·구속된 자를 석방하거나 사건을 검찰에 송치할 것을 명하여야 한다(동조 제2항).

제3절 피고인(被告人)

01 의의와 종류

1. 의의

(1) 개념

피고인이란 검사에 의하여 형사책임을 져야 할 자로 공소가 제기된 자를 말한다. 이외에도 **경찰서장에 의하여 즉결심판이 청구된 자도 피고인**에 해당된다. 재심심판절차에서 재심을 받고 있는 자도 역시 피고인에 해당한다. 특히 이를 재심피고인이라고 한다. 최소한의 형식을 갖추어 공소가 제기되어 소송계속이 발생하면 그 상대방은 피고인이 된다. 따라서 공소제기의 유효 여부, 진범인지의 여부, 당사자능력과 소송능력 유무 등을 불문한다.

(2) 구별개념

피고인은 공소제기 이후 판결확정 전까지의 개념이므로 공소제기 전에 수사기관으로부터 수사를 받고 있는 피의자(被疑者)와 구별이 되고 또한 판결이 확정되어 형집행을 받고 있는 수형자(受刑者)와도 구별이 된다.

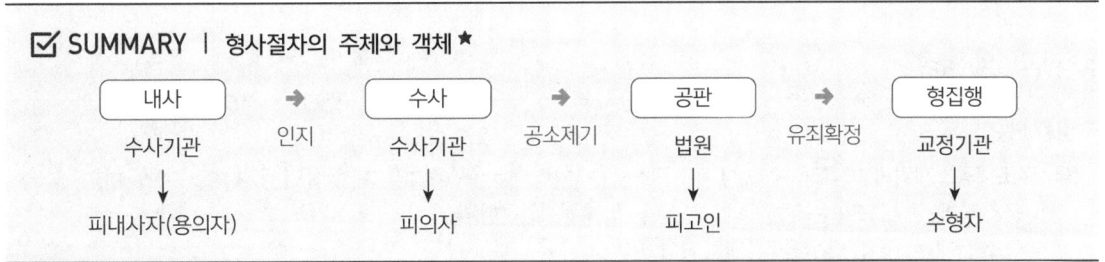

2. 피고인의 종류

(1) 단독피고인 · 공동피고인

단독피고인이란 단독으로 심판을 받는 피고인을 말하고, 공동피고인이란 동일한 소송절차에서 심판을 받고 있는 수인의 피고인을 말한다. 공동피고인 한 사람에 대하여 다른 피고인을 상피고인(相被告人)이라 부른다. 동일한 소송절차에서 심판을 받으면 족하므로 **공범 또는 관련사건인지의 여부를 불문하고 공동피고인이 될 수 있다**. 따라서 공범이 아닌 공동피고인도 얼마든지 존재할 수 있다. 공동피고인은 단지 심리의 병합으로 인하여 수개의 사건이 동일한 법원에 계속된 것에 불과하므로 소송관계는 피고인마다 개별적으로 존재한다. 따라서 **공동피고인 1인에 대하여 발생한 사유**는 다른 공동피고인에게 그 **효력이 미치지 않는다**. 다만, 이에 대한 예외로서 피고인을 위하여 원심판결을 파기하는 경우에 **파기의 이유가** 상소한 공동피고인에게 **공통**되는 때에는 **그 공동피고인에 대하여도 원심판결을 파기하여야 한다** (제364조의2, 제392조). 17. 국가7급

(2) 일반피고인 · 재심피고인

일반피고인이란 통상의 공판절차에서 심판을 받고 있는 피고인을 말하고, 재심피고인이란 유죄의 확정판결을 받았으나 그 판결의 중대한 사실오인을 이유로 재심을 청구하여 재심심판을 받고 있는 피고인을 말한다. 일반피고인이 공판심리 도중 심신상실이 되면 공판절차가 정지되고(제306조 제1항) 또한 사망하면 공소기각결정이 고지된다(제328조 제1항 제2호). 그러나 재심피고인의 경우에는 심신상실 또는 사망이 재심심판절차 진행에 영향을 주지 아니한다(제438조 제2항).

(3) 불구속피고인 · 구속피고인

이는 피고인의 구속 여부를 기준으로 한 분류이다. 구속 여부에 따라 소환의 방법, 궐석재판의 가부 등 소송절차 진행에 있어 차이가 있다. 보석청구권 · 구속취소청구권 등의 소송법상 권리는 구속피고인에게만 인정이 된다.

(4) 성년피고인 · 소년피고인

성년피고인은 만 19세 이상의 피고인을 말하고 소년피고인이란 만 **19세 미만**의 피고인을 말한다. 연령의 기준은 사실심판결선고시이다. 성년피고인의 경우에는 형사소송법이 적용되지만 소년피고인의 경우에는 특별법인 소년법이 우선적으로 적용된다. 소년피고인의 경우 부정기형 선고, 사형 · 무기형의 완화 등의 특칙이 있다.

3. 피고인의 특정

> **형사소송법**
> 제254조【공소제기의 방식과 공소장】① 공소를 제기함에는 공소장을 관할법원에 제출하여야 한다.
> ② 공소장에는 피고인수에 상응한 부본을 첨부하여야 한다.
> ③ 공소장에는 다음 사항을 기재하여야 한다.
> 1. 피고인의 성명 기타 피고인을 특정할 수 있는 사항
> 2. 죄명
> 3. 공소사실
> 4. 적용법조

(1) 문제의 제기

공소장에는 피고인의 성명 기타 피고인을 특정할 수 있는 사항을 기재하여야 하는데(제254조 제3항), 통상적인 경우에는 공소장에 기재되어 있는 자가 피고인으로 공판정에 출석하여 재판을 받게 된다. 그러나 일정한 원인으로 ① 검사가 의도하지도 않은 자가 공소장에 피고인으로 기재되거나(성명모용), ② 공소장기재는 정확하지만 공소장에 기재되지 않은 다른 자가 공판정에서 피고인처럼 재판을 받는 경우(위장출석)가 발생할 수도 있다.

(2) 성명모용(姓名冒用)

① 의의: 수사절차에서 수사를 받는 피의자 甲(모용자)이 乙(피모용자)의 성명을 모용함으로써 공소장에 피고인이 乙로 기재가 되어 그대로 공소(특히 약식명령청구)가 제기되는 경우를 말한다. 이 경우에는 공판정에 甲(모용자)이 출석하는가, 乙(피모용자)이 출석하는가에 따라 해결방법이 달라진다.

② 甲(모용자)이 공판정에 출석한 경우의 처리
   ㉠ 공소제기의 효력이 미치는 인적 범위와 피고인 특정: 이 경우에는 **공소제기의 효력은 모용자(甲)에게만 미치고** 피모용자(乙)에게는 미치지 아니한다. 당연히 모용자 甲만 피고인이고, 피모용자 乙은 피고인이 아니다.

- ⓒ **검사가 취해야 할 조치**: 공소장에 기재된 피모용자 성명 '乙'은 공소장기재의 착오에 불과하므로 검사는 **공소장정정**(公訴狀訂定)으로 모용관계를 바로 잡으면 족하다. 이는 심판대상을 변경하는 것이 아니므로 공소장변경의 절차를 거칠 필요도 없고 또한 **법원의 허가도 필요하지 아니하다**(《주의》 공소장변경의 절차를 거친다. ×).
- ⓒ **공소장정정이 이루어지지 않은 경우 법원이 취해야 할 조치**: 그러나 만약 검사가 피고인표시를 정정하여 **모용관계를 바로잡지 아니한 경우**에는 외형상 피모용자 乙을 상대로 공소가 제기된 것으로 되어 있는데, 이는 형사소송법 제254조 규정에 위반하여 무효이므로 법원은 **공소기각판결**을 선고하여야 한다(제327조 제2호).

> **판례 | 성명모용에 있어 모용자가 공판정에 출석하였을 때의 처리방법**
>
> [1] 피의자가 다른 사람의 성명을 모용한 탓으로 공소장에 피모용자가 피고인으로 표시되었다 하더라도 이는 당사자의 표시상의 착오일 뿐이고 검사는 모용자에 대하여 공소를 제기한 것이므로 **모용자가 피고인이 되고 피모용자에게 공소의 효력이 미친다고 할 수 없고**, 이와 같은 경우 **검사는 공소장의 인적 사항의 기재를 정정**하여 피고인의 표시를 바로잡아야 하는 것인바 이는 피고인의 표시상의 착오를 정정하는 것이지 **공소장을 변경하는 것이 아니므로** 형사소송법 제298조에 따른 공소장변경의 절차를 밟을 필요가 없고 법원의 허가도 필요로 하지 아니한다. [2] 검사가 공소장의 피고인 표시를 정정하여 **모용관계를 바로잡지 아니한 경우**에는 외형상 피모용자 명의로 공소가 제기된 것으로 되어 있어 공소제기의 방식이 형사소송법 제254조의 규정에 위반하여 무효라 할 것이므로 법원은 **공소기각의 판결**을 선고하여야 하고, 검사가 피고인 표시를 바로잡은 경우에는 처음부터 모용자에 대한 공소의 제기가 있었고 피모용자에 대한 공소의 제기가 있었던 것이 아니므로 법원은 모용자에 대하여 심리하고 재판을 하면 되지 원칙적으로 피모용자에 대하여 심판할 것이 아니다(대판 1993.1.19, 92도2554). 14·16·18. 국가9급, 15 경찰채용, 16·19. 경찰간부, 17. 변호사사례

③ 乙(피모용자)이 공판정에 출석한 경우의 처리
- ⓒ 乙(피모용자)이 공판정에 출석하는 이유: 검사가 약식명령청구서(공소장)에 피고인을 피모용자의 성명인 乙로 기재하여 법원에 약식명령을 청구한 경우에 이러한 문제가 발생한다. 약식명령의 청구를 받은 법원은 서면심리로 재판을 하기 때문에 모용관계를 알지 못하고 약식명령서를 그대로 피모용자인 乙에게 송달하게 된다. 약식명령을 송달받은 피모용자 乙은 이에 불복하여 정식재판을 청구하여 乙이 공판정에 출석하게 된다.
- ⓒ 공소제기의 효력이 미치는 인적 범위와 피고인 특정: 이 경우에도 공소제기의 효력은 甲에게만 미치고 乙에게는 미치지 아니한다. 따라서 '진정·실질적 피고인'은 모용자인 甲이 되고, 피모용자인 乙은 피고인이라고 할 수 없으나 乙도 공판정에 출석하여 심리를 받는 등 사실상의 소송계속이 발생했다는 의미에서 '부진정·형식적 피고인'이라고 할 수 있다.
- ⓒ 乙(피모용자)에게 법원이 취해야 할 조치: 피모용자 乙은 형사처벌을 받을 이유가 없으므로 법원은 乙을 구제해 주어야 한다. 법원은 피모용자 乙에게 적법한 공소의 제기가 없었음을 밝혀주고 형사절차에서 乙을 해방시켜 주기 위하여 형사소송법 제327조 제2호를 유추적용하여 **공소기각판결을 선고**해야 한다.
- ⓔ 甲(모용자)에게 법원이 취해야 할 조치: 모용자 甲은 공소가 제기된 진정·실질적 피고인이지만 아직 재판서(약식명령서)를 송달받지 못했으므로 **약식명령서를 甲에게 송달**해야 한다. 이를 위해 검사는 **공소장 피고인표시를 정정**하고 법원은 이에 따라 약식명령서의 **피고인표시를 정정**하여 **본래의 '약식명령'과 함께 이 '경정결정'을 모용자 甲에게 송달**하여야 한다. 송달받은 후 7일 이내에 정식재판청구를 하지 않으면 당연히 약식명령은 확정된다.

> **판례 | 성명모용에 있어 피모용자가 공판정에 출석하였을 때의 처리방법**
>
> [1] 피모용자가 약식명령을 송달받고 이에 대하여 정식재판의 청구를 하여 피모용자를 상대로 심리를 하는 과정에서 성명모용 사실이 발각되고 검사가 공소장을 정정하는 등 사실상의 소송계속이 발생하고 형식상 또는 외관상 피고인의 지위를 갖게 된 경우에는 법원으로서는 **피모용자에게 적법한 공소의 제기가 없었음을** 밝혀주는 의미에서 형사소송법 제327조 제2호를 유추적용하여 **공소기각의 판결**을 함으로써 피모용자의 불안정한 지위를 명확히 해소해 주어야 할 것이지만 [2] 진정한 피고인인 모용자에게는 아직 약식명령의 송달이 없었다고 할 것이므로 **검사는 공소장에 기재된 피고인표시를 정정하고 법원은 이에 따라 약식명령의 피고인표시를 정정하여 본래의 약식명령과 함께 이 경정결정을 모용자인 피고인에게 송달**하면 이때야 비로소 위 약식명령은 적법한 송달이 있다고 볼 것이고, 이에 대하여 소정의 기간 내에 정식재판의 청구가 없으면 이 약식명령은 확정된다(대판 1997.11.28, 97도2215). 14·18·20. 국가9급, 15. 경찰채용, 22. 소방간부

④ **판결이 확정된 경우의 처리**: 성명모용 상태로 판결이 확정되어도 그 판결의 효력은 모용자인 甲에게만 미치고 피모용자인 乙에게는 미치지 아니한다. 따라서 甲만 형집행을 받고 乙은 형집행을 받지 아니한다.

다만, 전과기록에 여전히 피모용자 乙 성명이 기재되어 乙이 불이익을 받을 염려가 있다. 이 경우 乙의 구제방법으로 ㉠ 중대한 사실오인을 이유로 재심을 청구하여 구제받을 수 있다는 재심설(再審說), ㉡ 심판의 법령 위반을 이유로 검찰총장이 비상상고를 신청하여 구제하여야 한다는 비상상고설(非常上告說), ㉢ 검사에게 신청하여 전과를 말소하면 족하다는 전과말소설(前科抹消說)이 대립하고 있다. **전과말소설이 다수설**의 입장이다.

(3) 위장출석(僞裝出席)

① **의의**: 수사당시 공소장에는 검사가 피고인으로 삼은 甲의 인적사항이 기재되어 있음에도 불구하고 타인인 乙이 출석하여 재판을 받는 경우를 말한다.

② **공소제기의 효력이 미치는 인적 범위**: 이 경우 공소제기의 효력은 甲에게만 미치고 乙에게는 미치지 아니한다. 따라서 甲만 피고인이고 위장출석자인 乙은 피고인이 아니지만 乙도 마치 피고인처럼 행위를 한다는 의미에서 '부진정·형식적 피고인'이 된다.

③ **위장출석자의 배제방법**

㉠ **인정신문 단계**: 위장출석 사실이 인정신문 단계에서 밝혀진 경우 乙을 퇴정시키고 甲을 소환하여 절차를 진행하면 된다.

㉡ **사실심리 단계**: 위장출석 사실이 사실심리 단계에서 밝혀진 경우 공소기각판결로서 乙을 절차에서 배제시키고(제327조 제2호), (진정) 피고인인 甲에 대하여 절차를 진행하면 된다. 이 경우 다시 甲을 상대로 공소제기를 할 필요는 없다.

㉢ **판결선고 후 확정 전 단계**: 乙에게 판결이 선고된 경우 이는 항소 또는 상고의 이유가 된다. 상소심에서도 역시 공소기각판결로서 乙을 절차에서 배제시킨다. 이 경우 역시 甲을 상대로 다시 공소제기를 할 필요가 없이 제1심 절차를 진행하면 된다.

④ **판결이 확정된 경우의 처리**: 판결의 효력은 위장출석자인 乙에게 미치고 (진정) 피고인인 甲에게는 미치지 아니한다. 乙의 구제방법으로 ㉠ 중대한 사실오인을 이유로 재심을 청구하여 구제받을 수 있다는 재심설(再審說), ㉡ 심판의 법령 위반을 이유로 검찰총장이 비상상고를 신청하여 구제하여야 한다는 비상상고설(非常上告說)이 있다. 재심설이 다수설의 입장이다.

02 피고인의 소송법상 지위

1. 당사자로서의 지위

(1) 수동적 당사자인 피고인

피고인은 소송주체로서 검사와 함께 당사자에 해당한다. 피고인은 검사의 공격에 대하여 자기를 방어하는 수동적 당사자라고 할 수 있다. 당사자로서의 지위는 피고인의 가장 주된 지위이다.

(2) 피고인의 방어권과 참여권

① **방어권**: 피고인은 당사자로서 검사와 대등한 지위에서 공격·방어를 할 수 있도록 각종 방어권을 보장하고 있다.
  ㉠ **방어준비를 위한 권리**: 공소사실의 특정요구(제254조 제4항), 공소장변경(제298조), 제1회 공판기일의 유예기간(제269조), 공판기일의 변경신청권(제270조), 공판조서 열람·등사권(제55조) 등이 이에 해당한다.
  ㉡ **진술거부권과 진술권**: 진술거부권(제283조의2), 진술거부권고지(제283조의2), 진술권(제286조) 등은 무기평등의 원칙을 실현하는 수단이 된다.
  ㉢ **증거조사에 있어서의 방어권**: 증거조사에 있어서 증거신청권(제294조), 의견진술권(제293조), 증인신문권(제161조의2) 등이 이에 해당한다.
  ㉣ **방어능력의 보충**: 변호인선임권·변호인선임의뢰권(제30조, 제90조), 접견교통권(제34조, 제89조), 국선변호인제도(제33조, 제282조) 등이 이에 해당한다.

② **참여권**: 참여권이란 당사자로서 소송절차를 형성하는 권리로서 방어권 행사의 전제가 되며 소송절차의 공정성을 보장해 준다.
  ㉠ **법원구성에 관한 권리**: 기피신청권(제18조), 관할이전신청권(제15조), 관할위반신청권(제320조) 등이 이에 해당한다.
  ㉡ **증거조사 참여권**: 증인신문 등에의 참여권(제163조 등), 공판준비절차에서의 증거조사(제273조), 증거보전청구권(제184조) 등이 이에 해당한다.
  ㉢ **강제처분에의 참여권**: 압수·수색영장 집행에의 참여권(제121조) 등이 이에 해당한다.

☑ SUMMARY | 피의자의 권리 vs 피고인의 권리 ★

구분	피의자	피고인
공통적인 권리	① 무죄추정권(헌법 제27조 제4항) ② 고문을 받지 아니할 권리와 진술거부권(헌법 제12조 제2항) ③ 변호인선임권 및 변호인의 조력을 받을 권리(헌법 제12조 제4항) ④ 접견교통권(제34조) ⑤ 구속취소청구권(제93조, 제209조) ⑥ 압수·수색·검증영장 집행에의 참여권(제121조, 제219조) ⑦ 증거보전청구권(제184조) ⑧ 형사보상청구권(형사보상법 제2조) 등	
개별적인 권리	① 체포·구속적부심사청구권(제214조의2) ② 영장실질심사를 받을 권리(제201조의2) 등	① 기피신청권(제18조) ② 관할이전신청권(제15조) ③ 관할위반신청권(제320조) ④ 보석청구권(제94조) ⑤ 증거신청권(제294조) ⑥ 상소권(제338조) ⑦ 정식재판청구권(제453조 등) ⑧ 소송서류 열람·복사권(제35조, 제266조의3) 등

2. 증거방법으로서의 지위

(1) 의의
피고인은 소송주체로서 당사자로서의 지위를 가지지만 동시에 증거방법이 된다. 다만, 증거방법으로서의 지위는 당사자로서의 지위에 지장을 주지 않는 범위 내에서 인정되는 보조적 지위에 불과하다.

(2) 내용
① **인적 증거방법**: 형사소송법상 피고인신문이 허용되고 이러한 신문을 통하여 피고인이 임의로 행한 진술 또는 자백은 피고인에게 유리하거나 불리한 증거가 될 수 있다. 그러나 피고인이 인적 증거방법으로서의 지위를 갖는다고 하더라도 자기 사건에 있어서 제3자가 아니므로 **피고인은 증인적격이 부정**된다는 것이 통설과 판례의 입장이다(헌재 2001.11.29, 2001헌바41). 14. 변호사
② **물적 증거방법**: 피고인의 신체가 검증의 대상이 되거나 감정의 대상이 될 수 있다.

3. 절차의 대상으로서의 지위

피고인은 소환·구속, 압수·수색 등 강제처분의 대상이 된다. 따라서 피고인은 적법한 소환·구속에 응하여야 하며, 신체 또는 물건에 대한 압수·수색을 거부할 수 없다.

03 무죄추정의 원칙(無罪推定原則)

1. 의의

형사절차에서 피의자 또는 피고인은 유죄판결이 확정될 때까지는 무죄로 추정된다는 원칙을 말한다. 14. 국가9급, 15. 경찰채용, 15·16. 경찰승진, 18. 경찰간부 **헌법 제27조 제4항과 형사소송법 제275조의2는 "(형사)피고인은 유죄의 판결이 확정될 때까지는 무죄로 추정된다."라고 하여** 무죄추정을 국민의 기본권으로 규정하고 있다(《주의》 유죄의 선고시까지 무죄로 추정된다. ×).

2. 내용

(1) 주체
무죄추정은 피고인은 물론 피의자에게도 인정이 된다. 헌법과 형사소송법에서는 피고인에 대해서만 규정하고 있으나, 피고인이 무죄로 추정되는 이상 피고인보다 전단계(前段階)에 있는 피의자도 당연히 무죄로 추정된다. 15. 경찰간부

(2) 시간적 범위
무죄추정은 유죄판결의 '**확정시**'까지이다. 따라서 제1심이나 제2심에서 유죄판결이 선고되었다고 하더라도 그것이 확정되지 않는 이상 무죄의 추정은 깨지지 않는다. 유죄판결이 아닌 면소판결 또는 공소기각재판 등은 확정되어도 무죄추정은 깨지지 아니한다.

(3) 무죄추정의 내용(제도적 표현)
① **인신구속의 제한**: 무죄추정은 인신구속의 제한원리가 되어 피의자·피고인에 대한 수사나 재판은 불구속으로 하는 것이 원칙이다(제198조 제1항). 또한 이미 구속이 되었더라도 접견교통권이나 보석 등을 인정하여 구속 이외에 불필요한 고통을 가해서는 안 된다.

② **의심스러울 때에는 피고인의 이익으로**(in dubio pro reo): 무죄추정의 원칙상 피고인에 대하여 유죄판결을 하기 위해서는 법관은 합리적 의심의 여지가 없는 확신을 가져야 하며, 법관이 유죄에 대한 확신을 가질 수 없을 때에는 피고인에게 유리하게 무죄판결을 선고하여야 한다. 무죄추정의 원칙에 의하여 형사소송에서 **거증책임은 원칙적으로 검사가 부담**한다.

③ **불이익한 처우의 금지**: 무죄추정의 원칙상 유죄의 예단방지를 위하여 공소장일본주의가 규정되어 있고(규칙 제118조 제2항), 피고인에 대하여 고문을 하거나 진술을 강요하는 것은 금지가 된다(헌법 제12조 제2항). 또한 피고인에 대하여 위압적·모욕적 신문을 하거나 반말을 사용하는 것은 금지된다. 왜냐하면 무죄로 추정되기 때문이다.

판례 Ⅰ

1 무죄추정의 원칙의 내용

① 무죄추정의 원칙은 수사를 하는 단계뿐만 아니라 판결이 확정될 때까지 형사절차와 형사재판 전반을 이끄는 대원칙으로서 **'의심스러우면 피고인의 이익으로'라는 오래된 법언에 내포된 이러한 원칙은 우리 형사법의 기초를 이루고 있다**(대판 2017.10.31, 2016도21231).

② **무죄추정의 원칙**은 형사절차와 관련하여 아직 공소가 제기되지 아니한 피의자는 물론 비록 공소가 제기된 피고인이라 할지라도 **유죄의 판결이 확정될 때까지는 원칙적으로 죄가 없는 자로 다루어져야 하고, 그 불이익은 필요최소한에 그쳐야 한다는 원칙**을 말한다(헌재 1997.5.29, 96헌가17). 14. 법원9급, 15. 경찰간부

③ 유죄의 확정판결이 있을 때까지 국가의 수사권은 물론 공소권·재판권·행형권 등의 행사에 있어서 피의자 또는 피고인은 무죄로 추정되고 그 신체의 자유를 해하지 아니하여야 한다는 **무죄추정의 원칙**은 인간의 존엄성을 기본권질서의 중심으로 보장하고 있는 헌법질서 내에서 형벌작용의 필연적인 기속원리가 될 수밖에 없고, 이러한 원칙이 제도적으로 표현된 것으로는 **공판절차의 입증단계에서 거증책임을 검사에게 부담시키는 제도, 보석 및 구속적부심 등 인신구속의 제한을 위한 제도 그리고 피의자 및 피고인에 대한 부당한 대우 금지 등**이 있다(헌재 2001.11.29, 2001헌바41).

④ 미결구금은 헌법상 무죄추정의 원칙에 반하여 신체의 자유라는 중요한 기본권을 제한하는 것이므로 수사의 필요상 또는 재판절차의 진행상 불가피하게 피고인을 구금하더라도 헌법 제12조의 적법절차의 원칙에 따라 **신체의 자유의 본질적인 내용을 침해하지 않아야 할 뿐 아니라 과잉금지원칙에 반하지 아니하는 정당한 한도 내로 제한**되어야 한다(헌재 2009.6.25, 2007헌바25).

2 무죄추정 내지 적법절차 원칙 등 헌법에 위반되는 경우

① 형법 제57조 제1항에 따라 법원이 재량에 의하여 **미결구금일수 중 일부를 형기에 산입하지 않을 수 있도록 한 경우**(헌재 2009.6.25, 2007헌바25) 14·16. 법원행시, 16. 경찰간부

② 국가보안법 제19조가 제7조(찬양·고무 등), 제10조(불고지)의 범죄에 대하여 **형사소송법상의 수사기관에 의한 구속기간 30일보다 20일이나 많은 50일을 인정**한 경우(헌재 1992.4.14, 90헌마82) 17. 경찰간부

③ 군사법원법이 적용되는 범죄에 대하여 군사법경찰관의 구속기간을 **형사소송법상의 사법경찰관에 의한 구속기간 10일보다 10일이나 많은 20일을 인정**한 경우(헌재 2003.11.27, 2002헌마193) 15. 경찰간부

④ 피의자에게 도주·폭행·소요 또는 자해 등의 우려가 없었고 수사 검사도 피의자에 대한 계구의 해제를 요청하였음에도 불구하고, 계호교도관이 이를 거절하고 피의자로 하여금 **수갑 및 포승을 계속 사용한 채 피의자조사를 받도록 한 경우**(헌재 2005.5.26, 2001헌마728)

⑤ 피의자가 도주를 하거나 소요, 폭행 또는 자해를 할 위험이 있었다고 인정하기 어려움에도 불구하고, 여러 날 장시간에 걸쳐 피의자가 검사 조사실에서 피의자신문을 받는 동안 **교도관이 수갑과 포승으로 계속 피의자의 신체를 결박해 둔 경우**(헌재 2005.5.26, 2004헌마49) 21. 경찰간부

⑥ 교도소장이 총 392일(가죽수갑 388일) 동안 교도소에 수용되어 있는 피고인에게 상시적으로 **양팔을 사용할 수 없도록 금속수갑과 가죽수갑을 착용하게 한 경우**(헌재 2003.12.18, 2001헌마163)

⑦ 미결수용자가 수감되어 있는 동안 수사 또는 재판을 받을 때에 사복(私服)을 입지 못하게 하고 **재소자용 의류**를 입게 한 경우(헌재 1999.5.27, 97헌마137,98헌마5) 14. 변호사
⑧ **형사재판의 피고인**으로 출석하는 수형자에 대하여 (형집행법 제88조가 사복착용에 관한 형집행법 제82조를 준용하지 않아) **교정시설에서 지급하는 의류**를 입게 한 경우(헌재 2015.12.23, 2013헌마712)
⑨ **지방자치단체의 장**이 금고 이상의 형의 선고를 받은 경우 부단체장으로 하여금 그 권한을 **대행**하도록 한 경우(헌재 2010.9.2, 2010헌마418) 15. 경찰간부, 16. 경찰승진
⑩ 형사사건으로 기소된 국가공무원을 구 국가공무원법에 의하여 **필요적으로 직위해제**를 할 수 있도록 규정한 경우(헌재 1998.5.28, 96헌가12) 14. 법원행시, 18. 경찰간부
⑪ 형사사건으로 기소된 교원을 구 사립학교법에 의하여 **필요적으로 직위해제**를 할 수 있도록 규정한 경우(헌재 1994.7.29, 93헌가3) 15. 경찰채용, 16. 경찰승진
⑫ 형사사건으로 기소된 변호사에 대하여 **법무부장관의 일방적인 명령에 의하여 그 업무가 정지**되도록 규정한 경우(헌재 1990.11.19, 90헌가48) 16. 법원행시
⑬ 공정거래위원회의 고발조치 등으로 장차 형사절차 내에서 진술을 해야 할 행위자에게 사전에 **이와 같은 법위반사실의 공표**를 하게 하는 경우(헌재 2002.1.31, 2001헌바43) 14. 법원9급
⑭ 구 소송촉진법(1998.1.13. 법률 제5507호로 개정되기 전의 것)에 의하여 **자기에게 아무런 책임 없는 사유로 출석하지 못한 피고인**에 대하여 별다른 증거조사도 없이 곧바로 **유죄판결을 선고**할 수 있도록 한 경우(헌재 1998.7.16, 97헌바22)
⑮ 관세법상 몰수할 것으로 인정되는 물품을 압수한 경우에 있어서 범인이 당해 관서에 출두하지 아니하거나 또는 범인이 도주하여 그 물품을 압수한 날로부터 4월을 경과한 때에 **당해 물품을 별도의 재판이나 처분 없이 국고에 귀속**토록 한 경우(헌재 1997.5.29, 96헌가17)

3 무죄추정 내지 적법절차 원칙 등 헌법에 위반되지 않는 경우

① 피고인에게 구속의 사유가 있어 구속영장이 발부, 집행되어 그의 신체의 자유가 제한된 경우(**파기환송을 받은 법원이 구속을 계속할 사유가 있다고 판단하여 구속기간을 갱신하고 피고인을 계속 구속한 경우**)(대판 2001.11.30, 2001도5225)(同旨 대판 2001.11.30, 2001도5225) 14. 국가9급, 15. 경찰채용·국가9급, 15·16·17. 경찰승진, 18. 경찰간부, 21. 법원9급, 22. 해경간부
② 국가보안법 제19조가 제3조(반국가단체의 구성 등), 제5조(자진지원·금품수수), 제8조(회합·통신 등), 제9조(편의제공)의 범죄에 대하여 형사소송법상의 수사기관에 의한 **구속기간 30일보다 20일이나 많은 50일을 인정**한 경우(헌재 1997.6.26, 96헌가8)
③ 구속된 피의자의 도주·항거 등을 억제하는데 필요하다고 인정할 상당한 이유가 있어 수사기관이 **필요한 한도 내에서 포승이나 수갑을 사용**한 경우(대판 1996.5.14, 96도561) 15. 경찰간부
④ 강간상해의 범죄사실 등으로 징역 13년을 선고받아 형집행 중인 수형자를 교도소장이 **다른 교도소로 이송함에 있어 4시간 정도에 걸쳐 상체승의 포승과 앞으로 수갑 2개를 채운 경우**(헌재 2012.7.26, 2011헌마426) 14. 변호사
⑤ 미결수용자가 수감되어 있는 동안 구치소 등 수용시설 안에서 사복(私服)을 입지 못하게 하고 **재소자용 의류**를 입게 한 경우(헌재 1999.5.27, 97헌마137,98헌마5) 14. 변호사
⑥ **민사재판의 당사자**로 출석하는 수형자에 대하여 (형집행법 제88조가 사복착용에 관한 형집행법 제82조를 준용하지 않아) **교정시설에서 지급하는 의류**를 입게 한 경우(헌재 2015.12.23, 2013헌마712)
⑦ **지방자치단체의 장**이 공소제기된 후 구금상태에 있는 경우 부단체장이 그 권한을 **대행**하도록 한 경우(헌재 2011.4.28, 2010헌마474) 16. 변호사, 19. 경찰간부
⑧ 형사사건으로 기소된 국가공무원을 구 국가공무원법에 의하여 **임의적으로 직위해제**를 할 수 있도록 규정한 경우(헌재 2006.5.25, 2004헌바12) 14. 변호사, 18. 경찰간부
⑨ 유죄의 확정판결을 받기 전에 공무원의 징계혐의사실을 인정하여 **징계처분을 한 경우**(대판 1986.6.10, 85누407) 14. 국가9급, 15. 경찰승진·경찰간부, 22. 해경간부
⑩ 수사기관 및 구치소 당국이 피의자에 대하여 '사건명'이라는 용어를 사용하지 않고 **'죄명'이라는 용어를 사용**한 경우(헌재 2005.3.8, 2005헌마169)

⑪ 구치소와 치료감호시설에 **수용 중인 자를 국민기초생활보장법상 급여의 지급 대상에서 제외한 경우**(헌재 2012.2.23, 2011헌마123)
⑫ **피고인이 교도소에 수용된 때에 국민건강보험급여를 정지하도록 규정한 경우**(헌재 2005.2.24, 2003헌마31) 14. 국가7급, 16·17. 경찰승진, 20. 경찰간부
⑬ 구치소장이 수용자와 그 배우자의 **접견내용을 녹음하여 검찰청 검사장에게 그 접견녹음파일을 제공한 경우**(헌재 2012.12.27, 2010헌마153)
⑭ 경찰청장이 이미 수집되어 있는 **지문정보를 보관전산화하여 범죄수사 목적에 이용한 경우**(헌재 2005.5.26, 99헌마513,2004헌마190) 14. 법원9급, 14·15. 경찰승진, 18. 경찰간부
⑮ 법관이 아닌 **사회보호위원회가 치료감호의 종료 여부를 결정하도록 한 경우**(헌재 2005.2.3, 2003헌바1) 14. 경찰승진, 18. 경찰간부, 19 경찰채용
⑯ 치료감호의 요건을 사법적 판단에 맡기면서 **사회보호위원회로 하여금 감호기간을 정하도록 한 경우**(대판 1987.5.12, 87감도50) 15. 경찰승진
⑰ 형사소송법 제146조에 의하여 **수사 담당 경찰공무원을 증인으로 신문하는 경우**(헌재 2001.11.29, 2001헌바41)
⑱ 원진술자가 사망, 질병 등으로 진술을 할 수 없는 때에 예외적으로 증거능력을 인정하도록 **형사소송법 제314조가 규정한 경우**(헌재 1998.9.30, 97헌바51) 14. 국가7급, 16. 경찰간부
⑲ **관세법에 대하여 통고처분만으로 벌금이 과해지고 납부하면 형이 확정되는 것으로 보아**, 통고처분을 행정심판이나 행정소송의 대상에서 제외한 경우(헌재 1998.5.28, 96헌바4) 16. 변호사
⑳ 공소장의 공소사실 첫머리에 피고인이 전에 받은 **'소년부송치처분'과 '직업 없음'을 기재한 경우**(대판 1990.10.16, 90도1813) 14·18. 경찰간부, 15. 경찰채용, 16·17. 경찰승진, 20. 국가7급, 22. 해경간부

4 인격권 내지 신체의 자유 등을 침해하여 헌법에 위반되는 경우

① (모자, 마스크 등으로 피의자의 얼굴을 가리는 등 피의자의 신원이 노출되지 않도록 하는 조치를 취하지 않은 채) 경찰관이 기자들에게 **피의자가 경찰서 내에서 수갑을 차고 얼굴을 드러낸 상태에서 조사받는 모습을 촬영할 수 있도록 허용한 경우**(헌재 2014.3.27, 2012헌마652) 14. 법원행시, 16. 변호사
② 피의자들이 유치장에 재수용되는 과정에서 흉기 등 위험물이나 반입금지물품을 소지·은닉할 가능성이 극히 낮았음에도 불구하고 **피의자들의 옷을 전부 벗긴 상태에서 앉았다 일어서기를 3회씩 반복하게 하는 신체수색**을 한 경우(헌재 2002.7.18, 2000헌마327) 15·16. 경찰승진, 17. 경찰채용
③ 경찰서 유치장에 수용되어 있는 동안 차폐시설이 불충분하여 사용과정에서 신체부위가 다른 유치인들 및 경찰관들에게 관찰될 수 있고 **냄새가 유출되는 실내화장실을 사용하도록 수용자에게 강제**한 경우(헌재 2001.7.19, 2000헌마546)
④ 금치처분을 받은 자에 대하여 집필의 목적과 내용 등을 묻지 않고 **일체의 집필행위를 금지시킨 경우**(헌재 2005.2.24, 2003헌마289) 14. 경찰승진
⑤ **금치처분을 받은 수형자에 대하여 절대적으로 운동을 금지시킨 경우**(헌재 2004.12.16, 2002헌마478)
⑥ 금치처분을 받은 수용자에게 **30일 이내의 실외운동 정지**를 하는 경우(헌재 2016.5.26, 2014헌마45)

5 인격권 내지 신체의 자유 등을 침해하지 않아 헌법에 위반되지 않는 경우

① 교도소장이 '외부 재판에 출정할 때 운동화를 착용하게 해달라'라는 수형자의 신청을 불허한 경우 **(고무신 착용을 강제한 경우)**(헌재 2011.2.24, 2009헌마209) 14. 법원행시
② **구치소 또는 교도소에 수용된 자에 대하여** 행형법 규정에 따라 **소변을 받아 제출하도록 하는 경우**(헌재 2006.7.27, 2005헌마277) 14. 경찰승진, 16. 법원행시, 17. 경찰간부
③ 수용자가 구치소 및 교도소에 수용되는 과정에서 알몸 상태로 가운만 입고 전자영상장비에 의한 신체검사기에 올라가 다리를 벌리고 용변을 보는 자세로 **쪼그려 앉아 항문 부위에 대한 검사를 받게 한 경우**(헌재 2011.5.26, 2010헌마775) 17. 경찰승진

④ 수용자가 속옷까지 탈의를 하고 돌아서서 상체를 숙인 후 양손으로 **둔부를 벌려 항문을 보이게 하는 신체검사**를 받게 한 경우. 다만, 사람들은 볼 수 없는 차단된 공간에서 같은 성별의 교도관과 1 대 1의 상황에서 짧은 시간 내에 손가락이나 다른 도구의 사용 없이 시각적으로만 항문을 보이게 하였음(헌재 2006.6.29, 2004헌마826)

⑤ 금치처분을 받은 수형자에 대하여 **접견이나 서신의 수발을 제한**한 경우(헌재 2004.12.16, 2002헌마478)

⑥ 금치처분을 받은 수용자에게 **30일 이내의 공동행사 참가 정지, 30일 이내의 텔레비전 시청제한, 30일 이내의 자비구매물품 사용제한**하는 경우(헌재 2016.5.26, 2014헌마45)

04 진술거부권(陳述拒否權)

1. 의의

진술거부권이란 피고인 또는 피의자가 **공판절차 또는 수사절차**에서 **법원이나 수사기관의 신문**에 대하여 **진술을 거부할 수 있는 권리**를 말한다. 헌법은 제12조 제2항에서 "모든 국민은 고문을 받지 아니하며 형사상 자기에게 불리한 진술을 강요당하지 아니한다."라고 규정하고 있고, 형사소송법은 제283조의2 제1항에서 "피고인은 **진술하지 아니하거나 개개의 질문에 대하여 진술을 거부할 수 있다.**"라고 규정하고 있다. 진술거부권은 묵비권(黙秘權)이라고도 하며 이는 자기부죄거부특권(自己負罪拒否特權)에서 유래가 된다.

> **판례 ㅣ**
>
> 1 진술거부권의 인정취지
> **진술거부권**을 국민의 기본적 권리로 보장하는 것은 첫째, 피고인 또는 피의자의 인권을 실체적 진실발견이나 사회정의의 실현이라는 국가이익보다 우선적으로 보호함으로써 **인간의 존엄성과 가치를 보장**하고 나아가 비인간적인 **자백의 강요와 고문을 근절**하려는데 있고, 둘째, 피고인 또는 피의자와 검사 사이에 **무기평등을 도모**하여 공정한 재판의 이념을 실현하려는 데 있다(헌재 1997.3.27, 96헌가11). 14. 국가9급, 15·20. 경찰채용, 16·19. 경찰승진, 18. 경찰간부
>
> 2 진술거부권의 보장 영역
> **진술거부권**은 현재 피의자나 피고인으로서 수사 또는 공판절차에 계속 중인 자 뿐만 아니라 장차 피의자나 피고인이 될 자에게도 보장되며 **형사절차뿐 아니라 행정절차나 국회에서의 조사절차 등에서도 보장된다**. 또한 진술거부권은 고문 등 폭행에 의한 강요는 물론 법률로써도 진술을 강요당하지 아니함을 의미한다(헌재 1997.3.27, 96헌가11). 15·16·21. 경찰채용, 18. 경찰간부, 22. 국가9급, 22. 해경간부

2. 내용

(1) 진술거부권의 주체

헌법 제12조 제2항은 '모든 국민'에게 진술거부권을 보장하고 있으므로 진술거부권 행사주체에는 제한이 없다. 형사소송과 관련하여 검토하면 피고인·피의자에게 당연히 진술거부권이 인정이 된다. 이외에도 의사무능력자인 피의자·피고인의 법정대리인이나 법인인 피고인의 대표도 진술거부권을 가진다. 15·16. 경찰승진 외국인에게도 인정이 된다.

(2) 진술거부권의 내용

① **진술 '강요의 금지'**: 진술거부권은 형벌 기타 제재에 의한 진술강요의 금지를 본질적 내용으로 한다. 따라서 진술을 거부한다고 하여 형벌이나 과태료 등을 부과할 수 없고, 진술을 강요하기 위한 고문은 허용되지 아니한다.

> **판례**
>
> **1 형사상 자기에 불리한 진술을 법률로써 강요할 수 있는지의 여부(소극)**
> 진술거부권은 형사상 자기에게 불리한 내용의 진술을 강요당하지 아니하는 것이므로 **고문 등 폭행에 의한 강요는 물론 법률로서도 진술을 강제할 수 없으므로**, 만일 법률이 범법자에게 자기의 범죄사실을 반드시 신고하도록 명시하고 그 미신고를 이유로 처벌하는 벌칙을 규정하는 것은 헌법상 보장된 국민의 기본권인 진술거부권을 침해하는 것이 된다(대판 2015.5.28, 2015도3136). 17. 경찰간부, 17·18·21. 경찰채용
>
> **2 형사상 자기에 불리한 진술을 강요하는 법률을 제한적으로 해석한 경우**
> ① '새마을금고나 새마을금고중앙회의 임직원 또는 청산인이 **검사원의 질문에 거짓으로 진술한 경우 3년 이하의 징역이나 500만원 이하의 벌금에 처한다**'라는 새마을금고법 처벌규정은 새마을금고의 임직원이 장차 **특정경제범죄법에 규정된 죄로 처벌받을 수도 있는 사항에 관한 질문을 받고 거짓 진술을 한 경우에는 특별한 사정이 없는 한 적용되지 않는다고 해석하여야 한다.** 이러한 경우까지 항상 처벌될 수 있다고 본다면, 이는 실질적으로 장차 형사피의자나 피고인이 될 가능성이 있는 자로 하여금 수사기관 앞에서 자신의 형사책임을 자인하도록 강요하는 것과 다르지 않기 때문이다(대판 2015.5.28, 2015도3136). 19. 경찰승진
> ② **교통사고를 일으킨 운전자에게 신고의무를 부담시키고 있는 도로교통법 제50조 제2항, 제111조 제3호**(개정법 제54조 제2항, 제154조 제4호)는 피해자의 구호 및 교통질서의 회복을 위한 조치가 필요한 범위내에서 교통사고의 객관적 내용만을 신고하도록 한 것으로 해석하고 **형사책임과 관련되는 사항에는 적용되지 아니하는 것으로 해석하는 한 헌법에 위반되지 아니한다**(헌재 1990.8.27, 89헌가118). 14. 국가9급, 17. 경찰채용, 22. 해경간부
>
> **3 수사기관에 진실만을 진술할 의무를 가지는지 여부(소극)**
> 피의자에게는 진술거부권과 자기에게 유리한 진술을 할 권리와 유리한 증거를 제출할 권리가 있지만, **수사기관에 대하여 진실만을 진술하여야 할 의무가 있는 것은 아니다**(대판 2020.2.13, 2019도12194 드루킹 댓글조작 사건). 21. 경찰채용

② **'진술'의 의미와 범위**

㉠ **진술의 의미**: '진술'이라 함은 생각이나 지식, 경험사실을 정신작용의 일환인 언어를 통하여 표출하는 것을 말한다. 진술인 이상 구두에 의한 진술은 물론 서면에 의한 진술도 포함된다. 따라서 진술서 작성·제출을 강요하는 것은 허용되지 않는다. 다만, 진술이 아닌 것에는 진술거부권이 미치지 아니한다. **지문·족형(足形)의 채취, 신체검사, 음주의 측정, 사진촬영 등은 거부할 수 없다.**

㉡ **진술의 범위**: **헌법** 제12조 제2항은 형사상 자기에게 **불리한 진술**의 강요를 금지하고 있으나, **형사소송법**은 **불리한 진술에 국한하고 있지 않으므로** 피의자·피고인이 거부할 수 있는 진술은 **유리·불리를 불문**한다(제283조의2, 제244조의3). 수사기관이나 재판장의 **인정신문에 대하여도 당연히 진술을 거부할 수 있다.** 형사소송법은 헌법상 진술거부권의 범위를 확장시키고 있다.

> **판례 |**
>
> 1 음주측정을 강제하는 것이 진술거부권을 침해하는 것인지의 여부(소극)
>   주취운전의 혐의자에게 호흡측정기에 의한 **주취 여부의 측정에 응할 것을 요구**하고 이에 불응할 경우에는 도로교통법 제150조 제2호에 따라 **처벌**한다고 하여도 이를 형사상 불리한 '진술'을 비인간적으로 강요하는 것에 해당한다고 볼 수는 없으므로 도로교통법의 위 조항들이 **자기부죄금지의 원칙을 규정한 헌법 제12조 제2항에 위반된다고 할 수 없다**(대판 2009.9.24, 2009도7924). 14·15·17·18. 경찰채용, 15. 경찰승진, 17. 법원9급
>
> 2 도로교통법 제50조 제2항, 제111조 제3호가 헌법에 위반되는지의 여부(한정합헌)
>   교통사고를 일으킨 운전자에게 신고의무를 부담시키고 있는 도로교통법 제50조 제2항, 제111조 제3호는 피해자의 구호 및 교통질서의 회복을 위한 조치가 필요한 범위 내에서 교통사고의 객관적 내용만을 신고하도록 한 것으로 해석하고 **형사책임과 관련되는 사항에는 적용되지 아니하는 것으로 해석하는 한** 헌법에 위반되지 아니한다(헌재 1990.8.27, 89헌가118).
>
> 3 진술거부권에 관한 헌법 제12조 제2항에 위반되지 않는 경우
>   ① 정치자금의 수입지출에 관한 내역을 **회계장부에 허위 기재**하거나 관할 선거관리위원회에 **허위 보고한 정당의 회계책임자를 처벌**하는 정치자금에 관한 법률 규정(헌재 2005.12.22, 2004헌바25)
>   ② 정치자금의 수입지출에 관한 **명세서, 영수증 및 회계장부를 보존하지 않은 정당의 회계책임자를 처벌**하는 정치자금에관한법률 규정(헌재 2005.12.22, 2004헌바25) 14. 변호사
>   ③ **선거비용지출보고서를 허위로 제출하는 경우 처벌**하는 공직선거법 규정(대판 1999.4.9, 98도1432)
>   ④ **불고지죄를 처벌**하는 국가보안법 규정(헌재 1998.7.16, 96헌바35)
>   ⑤ **사고운전자가 피해자를 구호하는 등의 조치를 취하지 아니하고 도주하는 경우 가중처벌**하는 특정범죄가중법 규정(헌재 1997.7.16, 95헌바2,97헌바27)
>   ⑥ **근무이탈자 복귀명령 위반행위를 명령위반죄로 처벌**하는 군형법 규정(헌재 1995.5.25, 91헌바20)

(3) 진술거부권의 고지

> **형사소송법**
>
> 제244조의3 【진술거부권 등의 고지】 ① 검사 또는 사법경찰관은 피의자를 신문하기 전에 다음 각 호의 사항을 알려주어야 한다.
>   1. 일체의 진술을 하지 아니하거나 개개의 질문에 대하여 진술을 하지 아니할 수 있다는 것
>   2. 진술을 하지 아니하더라도 불이익을 받지 아니한다는 것
>   3. 진술을 거부할 권리를 포기하고 행한 진술은 **법정에서 유죄의 증거로 사용될 수 있다는 것**
>   4. 신문을 받을 때에는 변호인을 참여하게 하는 등 변호인의 조력을 받을 수 있다는 것
>
> 제283조의2 【피고인의 진술거부권】 ① 피고인은 진술하지 아니하거나 개개의 질문에 대하여 진술을 거부할 수 있다.
>   ② 재판장은 피고인에게 제1항과 같이 진술을 거부할 수 있음을 고지하여야 한다.

① **의의**: 피의자·피고인의 진술거부권 행사를 실질적으로 보장해 주기 위하여 수사기관 또는 재판장은 피의자나 피고인을 신문하기 전에 미리 진술을 거부할 수 있음을 알려주어야 한다(제244조의3, 제283조의2 제2항).

② **고지의 방법**: 진술거부권은 신문 전에 피의자·피고인에게 적극적·명시적으로 고지해 주어야 한다. 고지는 매 신문시마다 할 필요는 없지만, 신문이 상당기간 중단되었다가 다시 신문하거나 또는 (수사관의 교체 또는 공판절차의 갱신 등으로) **신문자가 바뀐 경우에는 다시 고지**하여야 한다(규칙 제144조 등). 16. 경찰채용, 18. 경찰승진·법원9급, 22. 법원9급

③ **불고지의 효과**: 진술거부권을 고지하지 않은 것은 진술거부권 침해가 된다. 진술거부권을 고지하지 아니하고 얻은 자백 또는 진술은 증거능력이 부정된다. 증거능력을 부정하는 근거에 관하여 ㉠ **위법수집증거배제법칙**에 의하여 **증거능력이 부정**된다는 견해(판례)와, ㉡ 자백배제법칙에 의하여 증거능력이 부정된다는 견해(다수설)가 대립한다.

판례

1 진술거부권 고지의 대상이 되는 피의자 지위의 판단 방법

① 수사기관에 의한 **진술거부권 고지의 대상이 되는 피의자의 지위**는 수사기관이 범죄인지서를 작성하는 등의 형식적인 사건수리절차를 거치기 전이라도 **조사대상자에 대하여 범죄의 혐의가 있다고 보아 실질적으로 수사를 개시하는 행위를 한 때에 인정되는 것으로 봄이 상당하다.** 특히 조사대상자의 진술내용이 단순히 제3자의 범죄에 관한 경우가 아니라 자신과 제3자에게 공동으로 관련된 범죄에 관한 것이거나 제3자의 피의사실 뿐만 아니라 자신의 피의사실에 관한 것이기도 하여 그 실질이 피의자신문조서의 성격을 가지는 경우에 수사기관은 그 진술을 듣기 전에 미리 진술거부권을 고지하여야 한다(대판 2015.10.29, 2014도5939). 16. 국가9급, 16·18·21. 경찰간부, 16·18. 경찰채용, 17. 변호사, 19. 해경승진·경찰승진

② 피의자의 지위에 있지 아니한 자에 대하여는 진술거부권이 고지되지 아니하였다 하더라도 그 진술의 증거능력을 부정할 것은 아니다(대판 2024.5.30, 2020도9370 **성매매업소 기습단속 사건**).

2 피의자에게 진술거부권을 고지하지 아니하고 얻은 진술의 증거능력 유무(소극)

형사소송법이 보장하는 피의자의 진술거부권은 헌법이 보장하는 형사상 자기에 불리한 진술을 강요당하지 않는 자기부죄거부의 권리에 터잡은 것이므로 수사기관이 피의자를 신문함에 있어서 **피의자에게 미리 진술거부권을 고지하지 않은 때에는 그 피의자의 진술은 위법하게 수집된 증거로서 진술의 임의성이 인정되는 경우라도 증거능력이 부인되어야 한다**(대판 2011.11.10, 2010도8294). 13·14·15·16. 변호사, 14·15·17. 경찰채용, 14·17·18. 경찰간부·법원9급, 15·16·17·18. 경찰승진, 16. 국가9급

3 피의자에게 진술거부권을 고지하지 아니하고 얻은 진술의 증거능력을 부정한 구체적 사례

① 甲은 외국인투자촉진법에 의한 신고와 관련하여 허위의 서류를 제출한 직접 당사자이고, 피고인 乙은 이를 대행해 준 사람인데, 검사가 사전조사를 거쳐 **허위의 외국인투자라는 정황들을 포착한 후에 甲을 참고인으로 소환하여 진술거부권을 고지하지 않은 채 참고인진술조서를 작성**한 경우(대판 2011.11.10, 2010도8294)

② 甲에 대하여 검사가 국가보안법 위반죄로 구속영장을 발부받아 피의자신문을 한 다음, 구속 기소한 후 다시 **甲을 소환하여 진술거부권을 고지하지 않은 채 공범 乙들과의 조직구성 및 활동 등에 관한 신문을 하면서 진술조서를 작성**한 경우(대판 2009.8.20, 2008도8213) 14. 경찰채용, 16. 국가7급, 20. 경찰승진

③ 검사가 **진술거부권을 고지하지 않은 채 피의자인 甲과 사건에 관하여 대화하는 내용과 장면을 비디오테이프로 녹화**한 경우(대판 1992.6.23, 92도682) 20. 경찰채용

4 참고인 또는 피내사자에게 진술거부권을 고지하지 아니하고 얻은 진술의 증거능력 유무(적극)

수사기관에 의한 진술거부권 고지 대상이 되는 피의자 지위는 수사기관이 조사대상자에 대한 범죄혐의를 인정하여 수사를 개시하는 행위를 한 때 인정되는 것으로 보아야 한다. 따라서 이러한 **피의자 지위에 있지 아니한 자에 대하여는 진술거부권이 고지되지 아니하였더라도 진술의 증거능력을 부정할 것은 아니다**(대판 2011.11.10, 2011도8125). 14·22. 변호사, 14·16·17·21. 법원9급, 15. 국가7급, 15·16. 경찰채용, 16·18. 경찰승진, 18. 국가9급

> 5 참고인에게 진술거부권을 고지하지 아니하고 얻은 진술의 증거능력을 부정하지 않은 구체적 사례
> (피고인들의 필로폰 수입에 관한 범의를 명백하게 하기 위하여) 乙에게서 필로폰이 들어 있는 곡물포대를 건네받아 피고인들에게 전달하는 역할을 한 **참고인 甲을 검찰이 조사하면서 진술거부권을 고지하지 않고 진술조서를 작성한 경우**. 다만, 甲은 검찰 조사를 받을 당시 또는 그 후라도 검사가 범죄혐의를 인정하고 수사를 개시하여 피의자 지위에 있게 되었다고 단정할 수 없었음(대판 2011.11.10, 2011도8125) 14. 경찰채용, 17. 경찰간부

④ '**진술거부권 고지**'에 관한 명문의 규정이 없는 경우: 진술거부권이 보장되는 절차에서 진술거부권 고지에 관한 명문의 규정이 없는 경우, 수사기관이나 조사자에게는 그 고지의무가 없다는 것이 판례의 입장이다.

> ⚖ **판례**
>
> 1 진술거부권을 고지받을 권리가 헌법 제12조 제2항에 의하여 바로 도출되는지의 여부(소극)
> 진술거부권이 보장되는 절차에서 **진술거부권을 고지받을 권리가 헌법 제12조 제2항에 의하여 바로 도출된다고 할 수는 없고, 이를 인정하기 위해서는 입법적 뒷받침이 필요하다**(대판 2014.1.16, 2013도5441). 14·16. 국가9급, 15·18. 경찰간부, 17. 법원9급
>
> 2 선거관리위원회의 위원이나 직원이 미리 진술거부권을 고지하지 않은 경우, 그 과정에서 작성·수집된 문답서의 증거능력 유무(적극)
> [1] 구 공직선거법(2013.8.13. 법률 제12111호로 개정되기 전의 것)은 제272조의2에서 선거범죄 조사와 관련하여 선거관리위원회 위원·직원이 관계자에게 질문·조사를 할 수 있다고 규정하면서도 **진술거부권의 고지에 관하여는 별도의 규정을 두지 않았고**, 수사기관의 피의자에 대한 진술거부권 고지를 규정한 형사소송법 제244조의3 제1항이 구 공직선거법상 선거관리위원회 위원·직원의 조사절차에 당연히 유추적용된다고 볼 수도 없다. [2] 결국 구 공직선거법 시행 당시 **선거관리위원회 위원·직원이 선거범죄 조사와 관련하여 관계자에게 질문을 하면서 미리 진술거부권을 고지하지 않았다고 하여** 단지 그러한 이유만으로 그 조사절차가 위법하다거나 그 과정에서 작성·수집된 선거관리위원회 문답서의 증거능력이 당연히 부정된다고 할 수는 없다(대판 2014.1.16, 2013도5441). 15. 경찰간부, 22. 국가9급

3. 진술거부권의 효과(보장책)

(1) 증거능력 부정

진술거부권을 침해하여 얻은 자백이나 진술은 증거능력이 부정된다. 자백의 강요와 고문, 상대방의 동의 없는 거짓말탐지기 사용, 마취분석 등은 진술거부권 침해에 해당한다.

(2) 불이익추정의 금지

진술거부권의 행사를 피고인이나 피의자에게 불리한 간접증거로 하거나 이를 근거로 유죄추정을 하는 것은 허용되지 않는다. 이러한 의미에서 진술거부권 행사는 자유심증주의에 대한 예외에 해당한다.

(3) 양형에서의 고려 여부

진술거부권 행사를 양형에서 고려할 수 있는가에 관하여 견해가 대립하나 자백하여 개전(改悛)의 정을 표시한 자와 진술거부권을 행사한 자를 동일하게 처벌하는 것은 불합리하므로 이를 긍정하는 적극설이 다수설의 입장이다. **판례는 진술거부권 행사를 원칙적으로 가중적 양형사유로 삼을 수 없으나 일정한 경우에는 예외적으로 가중적 양형사유로 삼을 수 있다**는 입장이다.

> **판례 | 피고인이 진술을 거부하거나 거짓 진술을 하는 것을 가중적 양형의 조건으로 참작할 수 있는지의 여부(= 예외적 가능)**
>
> [1] 형사소송절차에서 피고인은 방어권에 기하여 범죄사실에 대하여 진술을 거부하거나 거짓 진술을 할 수 있고, 이 경우 범죄사실을 단순히 부인하고 있는 것이 죄를 반성하거나 후회하고 있지 않다는 인격적 비난 요소로 보아 가중적 양형의 조건으로 삼는 것은 결과적으로 피고인에게 자백을 강요하는 것이 되어 허용될 수 없다고 할 것이나 [2] 그러한 태도나 행위가 피고인에게 보장된 방어권 행사의 범위를 넘어 **객관적이고 명백한 증거가 있음에도 진실의 발견을 적극적으로 숨기거나 법원을 오도하려는 시도에 기인한 경우에는 가중적 양형의 조건으로 참작될 수 있다**(대판 2012.1.12, 2011도14083). 14. 국가9급, 14·17·18. 경찰채용, 18. 법원9급, 19. 경찰승진, 20. 변호사

05 서류 등의 열람·등사권

피의자나 피고인의 서류 등에 대한 열람·등사는 변론준비와 방어권 행사를 위하여 매우 중요한 권리이다.

1. 공소제기 전 서류 등의 열람·등사

수사 비공개의 원칙에 의하여 공소제기 전의 **수사서류에 대한 열람·등사는 인정되지 않는 것이 원칙**이다. 수사서류를 공개하면 피의자가 도망을 가거나 증거를 인멸할 위험이 커지기 때문이다. 다만, 아래와 같은 절차에서는 **예외적으로 열람·등사가 인정**된다.

> **형사소송규칙**
>
> **제96조의21【구속영장청구서 및 소명자료의 열람】** ① 피의자 심문에 참여할 변호인은 지방법원판사에게 제출된 구속영장청구서 및 그에 첨부된 **고소·고발장, 피의자의 진술을 기재한 서류와 피의자가 제출한 서류를 열람할 수 있다.** 15. 경찰승진, 22. 해경간부
> ② 검사는 증거인멸 또는 피의자나 공범 관계에 있는 자가 도망할 염려가 있는 등 수사에 방해가 될 염려가 있는 때에는 지방법원 판사에게 제1항에 규정된 서류(구속영장청구서는 제외한다)의 열람 제한에 관한 의견을 제출할 수 있고, 지방법원 판사는 검사의 의견이 상당하다고 인정하는 때에는 그 전부 또는 일부의 열람을 제한할 수 있다.
> ③ 지방법원판사는 제1항의 열람에 관하여 그 일시, 장소를 지정할 수 있다.
>
> **제104조의2【준용규정】** 제96조의21의 규정은 체포·구속의 적부심사를 청구한 피의자의 변호인에게 이를 준용한다. 17. 법원9급
>
> **제101조【체포·구속적부심사청구권자의 체포·구속영장등본 교부청구 등】** 구속영장이 청구되거나 체포 또는 구속된 피의자, 그 변호인, 법정대리인, 배우자, 직계친족, 형제자매나 동거인 또는 고용주는 긴급체포서, 현행범인체포서, 체포영장, 구속영장 또는 그 청구서를 보관하고 있는 검사, 사법경찰관 또는 법원사무관 등에게 그 등본의 교부를 청구할 수 있다.

> **판례 | 수사서류에 대한 열람·등사가 인정되는 경우**
>
> 1 고소로 시작된 형사피의사건의 **구속적부심절차에서 피구속자의 변호를 맡은 변호인은 고소장과 피의자신문조서의 내용을 알 권리가 있는 것**이고 따라서 청구인인 변호인은 정당한 이해관계를 가진 자로서 그 알 권리를 행사하여 피청구인(경찰서장)에게 위 서류들의 공개를 청구할 권리가 있다(헌재 2003.3.27, 2000헌마474). 14·16. 경찰승진, 16. 경찰채용, 18. 경찰간부
> 2 법무법인 소속 변호사의 지시로 법무법인 직원이 구금된 피의자의 변호인선임서를 경찰서에 제시하며 **체포영장에 대한 등사신청을** 하였으나, **담당 경찰관이 '변호사가 직접 와서 신청하라'고 말하면서 등사를 거부한 것은 변호인의 체포영장에 대한 열람등사청구권을 침해하는 것으로 위법하다**(대판 2012.9.13, 2010다24879).

2. 공소제기 후 '법원에 제출되지 않은' 서류 등의 열람·등사(증거개시)

공소제기 후라도 검사 또는 피고인이 법원에 제출하지 않은 서류에 대해서는 **증거개시라는 형태로 열람·등사를 인정**하고 있다. 증거개시는 공판준비절차의 한 내용에 들어간다.

> **형사소송법**
>
> 제266조의3【공소제기 후 검사가 보관하고 있는 서류 등의 열람·등사】① 피고인 또는 변호인은 검사에게 공소제기된 사건에 관한 서류 또는 물건(이하 '서류 등'이라 한다)의 목록과 공소사실의 인정 또는 양형에 영향을 미칠 수 있는 다음 서류 등의 열람·등사 또는 서면의 교부를 신청할 수 있다. 다만, **피고인에게 변호인이 있는 경우에는 피고인은 열람만을 신청할 수 있다.** 14·16·17. 경찰간부, 14·15·16·17. 경찰채용, 15·17. 경찰승진, 16·17. 법원9급, 22. 국가7급, 13. 변호사
> 1. 검사가 증거로 신청할 서류 등
> 2. 검사가 증인으로 신청할 사람의 성명·사건과의 관계 등을 기재한 서면 또는 그 사람이 공판기일 전에 행한 진술을 기재한 서류 등
> 3. 제1호 또는 제2호의 서면 또는 서류 등의 증명력과 관련된 서류 등
> 4. 피고인 또는 변호인이 행한 법률상·사실상 주장과 관련된 서류 등(관련 형사재판확정기록, **불기소처분기록 등을 포함한다**)
> ② 검사는 국가안보, 증인보호의 필요성, 증거인멸의 염려, 관련사건의 수사에 장애를 가져올 것으로 예상되는 구체적인 사유 등 열람·등사 또는 서면의 교부를 허용하지 아니할 상당한 이유가 있다고 인정하는 때에는 열람·등사 또는 서면의 교부를 거부하거나 그 범위를 제한할 수 있다. 16. 경찰간부, 17. 경찰채용
> ③ 검사는 열람·등사 또는 서면의 교부를 거부하거나 그 범위를 제한하는 때에는 지체 없이 그 이유를 **서면으로 통지하여야 한다.** 14·18. 경찰간부, 14·16·17. 경찰채용, 17. 경찰승진
> ④ 피고인 또는 변호인은 검사가 제1항의 신청을 받은 때부터 48시간 이내에 제3항의 통지를 하지 아니하는 때에는 제266조의4 제1항의 신청을 할 수 있다.
> ⑤ 검사는 제2항에도 불구하고 서류 등의 목록에 대하여는 **열람 또는 등사를 거부할 수 없다.** 14·16·18. 경찰간부, 16·17·21. 경찰채용, 16. 법원9급, 17. 경찰승진, 18. 국가9급, 22. 국가7급, 13. 변호사
> ⑥ 제1항의 서류 등은 도면·사진·녹음테이프·비디오테이프·컴퓨터용디스크, 그 밖에 정보를 담기 위하여 만들어진 물건으로서 문서가 아닌 특수매체를 포함한다. 이 경우 특수매체에 대한 등사는 필요 최소한의 범위에 한한다. 16. 경찰채용, 17·18. 경찰간부, 13. 변호사

제266조의4 【법원의 열람·등사에 관한 결정】 ① 피고인 또는 변호인은 검사가 서류 등의 열람·등사 또는 서면의 교부를 거부하거나 그 범위를 제한한 때에는 법원에 그 서류 등의 열람·등사 또는 서면의 교부를 허용하도록 할 것을 신청할 수 있다. 16. 법원9급, 17. 경찰채용, 18. 국가9급

② 법원은 제1항의 신청이 있는 때에는 열람·등사 또는 서면의 교부를 허용하는 경우에 생길 폐해의 유형·정도, 피고인의 방어 또는 재판의 신속한 진행을 위한 필요성 및 해당 서류 등의 중요성 등을 고려하여 검사에게 열람·등사 또는 서면의 교부를 허용할 것을 명할 수 있다. 이 경우 열람 또는 등사의 시기·방법을 지정하거나 조건·의무를 부과할 수 있다.

③④ <생략>

⑤ 검사는 제2항의 열람·등사 또는 서면의 교부에 관한 법원의 결정을 지체 없이 이행하지 아니하는 때에는 해당 증인 및 서류 등에 대한 증거신청을 할 수 없다. 14. 경찰채용, 14·15·16·18. 경찰간부, 17. 경찰승진, 18. 국가9급, 22. 국가7급

제266조의11 【피고인 또는 변호인이 보관하고 있는 서류 등의 열람·등사】 ① 검사는 피고인 또는 변호인이 공판기일 또는 공판준비절차에서 **현장부재·심신상실 또는 심신미약** 등 법률상·사실상의 주장을 한 때에는 피고인 또는 변호인에게 다음 서류 등의 열람·등사 또는 서면의 교부를 요구할 수 있다. 14. 경찰채용, 17. 경찰간부·국가7급, 22. 국가9급, 22. 국가7급

1. 피고인 또는 변호인이 증거로 신청할 서류 등

2.~4. <생략>

② 피고인 또는 변호인은 검사가 제266조의3 제1항에 따른 서류 등의 열람·등사 또는 서면의 교부를 거부한 때에는 제1항에 따른 서류 등의 열람·등사 또는 서면의 교부를 거부할 수 있다. 다만, 법원이 제266조의4 제1항에 따른 신청을 기각하는 결정을 한 때에는 그러하지 아니하다. 16. 법원9급, 22. 국가9급, 22. 국가7급

③ 검사는 피고인 또는 변호인이 제1항에 따른 요구를 거부한 때에는 법원에 그 서류 등의 열람·등사 또는 서면의 교부를 허용하도록 할 것을 신청할 수 있다.

④ 제266조의4 제2항부터 제5항까지의 규정은 제3항의 신청이 있는 경우에 준용한다.

⑤ 제1항에 따른 서류 등에 관하여는 제266조의3 제6항을 준용한다.

판례 |

1 법원의 열람·등사 허용결정에 대하여 불복할 수 있는지의 여부(= 소극)

① **법원이 검사에게 수사서류 등의 열람·등사 또는 서면의 교부를 허용할 것을 명한 결정**은 피고사건 소송절차에서의 증거개시와 관련된 것으로서 '**판결 전의 소송절차에 관한 결정**'에 해당한다 할 것인데, 위 결정에 대하여는 즉시항고에 관한 규정을 두고 있지 않으므로 형사소송법 제402조에 의한 항고의 방법으로 불복할 수 없다(대결 2013.1.24, 2012모1393). 14. 경찰채용, 15·20. 국가7급

② 형사소송법 제266조의4는 검사의 열람·등사 거부처분에 대하여 법원이 그 허용 여부를 결정하도록 하면서도 법원의 열람·등사 허용결정에 대하여 집행정지의 효력이 있는 즉시항고로 불복할 수 있는 명문의 규정을 두고 있지 않으므로 **법원의 열람·등사 허용결정은 그 결정이 고지되는 즉시 집행력이 발생한다**(대판 2012.11.15, 2011다48452). 15. 국가7급, 22. 경찰간부

2 변호인의 수사서류 열람·등사권의 의의 등

피고인의 신속·공정한 재판을 받을 권리 및 변호인의 조력을 받을 권리는 헌법이 보장하고 있는 기본권이고, **변호인의 수사서류 열람·등사권은 피고인의 신속·공정한 재판을 받을 권리 및 변호인의 조력을 받을 권리라는 헌법상 기본권의 중요한 내용이자 구성요소이며 이를 실현하는 구체적인 수단이 된다.** 따라서 변호인의 수사서류 열람·등사를 제한함으로 인하여 결과적으로 피고인의 신속·공정한 재판을 받을 권리 또는 변호인의 충분한 조력을 받을 권리가 침해된다면 이는 헌법에 위반되는 것이다(헌재 2010.6.24, 2009헌마257).

3 법원의 열람·등사 허용결정을 이행하지 않는 검사의 조치가 피고인의 헌법상 기본권을 침해하는지의 여부 (적극)

① (증거개시절차에 있어) **법원의 열람·등사 허용결정에도 불구하고 검사가 이를 신속하게 이행하지 아니하는 경우에는** 해당 증인 및 서류 등을 증거로 신청할 수 없는 불이익을 받는 것에 그치는 것이 아니라, 그러한 **검사의 거부행위는 피고인의 열람·등사권을 침해하고, 나아가 피고인의 신속·공정한 재판을 받을 권리 및 변호인의 조력을 받을 권리까지 침해하게 되는 것이다**(헌재 2017.12.28, 2015헌마632). 15. 국가7급, 18. 국가9급

② (증거개시절차에 있어) **검사가 법원의 수사서류 열람·등사 허용결정 이후 해당 수사서류에 대한 열람은 허용하고 등사만을 거부한 경우**, 변호인이 수사서류를 열람은 하였지만 등사가 허용되지 않는다면 변호인은 형사소송절차에서 피고인들에게 유리한 수사서류의 내용을 법원에 현출할 수 있는 방법이 없어 불리한 지위에 놓이게 되고, 그 결과 피고인들을 충분히 조력할 수 없음이 명백하므로 **검사가 수사서류에 대한 등사만을 거부하였다 하더라도 피고인들의 신속·공정한 재판을 받을 권리 및 변호인의 조력을 받을 권리가 침해되었다고 보아야 한다**(헌재 2017.12.28, 2015헌마632).

3. 공소제기 후 '법원에 제출된' 서류 등의 열람·복사

공소제기 후에 검사 또는 피고인이 법원에 제출한 서류에 대해서는 **당연히 열람·등사가 인정**된다. 이들 서류는 피고인뿐만 아니라 피해자에게도 인정된다.

> **형사소송법**
>
> 제35조【서류·증거물의 열람·복사】① 피고인과 변호인은 소송계속 중의 관계 서류 또는 증거물을 열람하거나 복사할 수 있다. 15. 경찰채용, 17. 국가7급·법원9급, 22. 해경간부
> ② 피고인의 법정대리인, 제28조에 따른 특별대리인, 제29조에 따른 보조인 또는 피고인의 배우자·직계친족·형제자매로서 피고인의 위임장 및 신분관계를 증명하는 문서를 제출한 자도 제1항과 같다. 15. 국가9급
> ③ 재판장은 피해자, 증인 등 사건관계인의 생명 또는 신체의 안전을 현저히 해칠 우려가 있는 경우에는 제1항 및 제2항에 따른 열람·복사에 앞서 사건관계인의 성명 등 개인정보가 공개되지 아니하도록 보호조치를 할 수 있다. 17. 경찰채용·국가7급
> ④ 제3항에 따른 개인정보 보호조치의 방법과 절차, 그 밖에 필요한 사항은 대법원규칙으로 정한다.
>
> ✎ 위 형사소송법 규정은 피고인의 열람·복사권에 관한 조항이고, 아래 규정은 피해자의 열람·등사에 관한 조항이다.
>
> 제294조의4【피해자 등의 공판기록 열람·등사】① 소송계속 중인 사건의 피해자(피해자가 사망하거나 그 심신에 중대한 장애가 있는 경우에는 그 배우자·직계친족 및 형제자매를 포함한다), 피해자 본인의 법정대리인 또는 이들로부터 위임을 받은 피해자 본인의 배우자·직계친족·형제자매·변호사는 소송기록의 열람 또는 등사를 재판장에게 신청할 수 있다. 14. 국가9급, 15. 경찰승진, 15·21. 경찰채용, 16·17. 경찰간부, 17. 국가7급·법원9급, 22. 해경간부
> ② 재판장은 제1항의 신청이 있는 때에는 지체 없이 검사, 피고인 또는 변호인에게 **그 취지를 통지하여야 한다**.
> ③ 재판장은 피해자 등의 권리구제를 위하여 필요하다고 인정하거나 그 밖의 정당한 사유가 있는 경우 범죄의 성질, 심리의 상황, 그 밖의 사정을 고려하여 상당하다고 인정하는 때에는 열람 또는 등사를 허가할 수 있다. 15. 법원9급
> ④ 재판장이 제3항에 따라 등사를 허가하는 경우에는 등사한 소송기록의 **사용목적을 제한**하거나 적당하다고 인정하는 **조건을 붙일 수 있다**. 15. 국가9급

⑤ 제1항에 따라 소송기록을 열람 또는 등사한 자는 열람 또는 등사에 의하여 알게 된 사항을 사용함에 있어서 부당히 관계인의 명예나 생활의 평온을 해하거나 수사와 재판에 지장을 주지 아니하도록 하여야 한다.
⑥ 제3항 및 제4항에 관한 재판에 대하여는 **불복할 수 없다.** 15. 국가9급, 15·21. 경찰채용

4. 판결확정 후 서류 등의 열람 · 등사

판결확정 후에 일반 국민의 알권리 보장 차원에서 아래와 같은 **확정기록에 대한 열람 · 등사를 인정**하고 있다.

형사소송법

제59조의2【재판확정기록의 열람 · 등사】 ① **누구든지** 권리구제 · 학술연구 또는 공익적 목적으로 재판이 확정된 사건의 소송기록을 보관하고 있는 검찰청에 그 소송기록의 **열람 또는 등사를 신청할 수 있다.** 17. 국가7급, 18. 법원9급
② 검사는 다음 각 호의 어느 하나에 해당하는 경우에는 소송기록의 전부 또는 일부의 **열람 또는 등사를 제한할 수 있다.** 다만, 소송관계인이나 이해관계 있는 제3자가 열람 또는 등사에 관하여 **정당한 사유가 있다고 인정되는 경우에는 그러하지 아니하다.** 18. 법원9급
1. 심리가 비공개로 진행된 경우
2.~7. <생략>
③ 검사는 제2항에 따라 소송기록의 열람 또는 등사를 제한하는 경우에는 신청인에게 그 사유를 명시하여 통지하여야 한다.
④ 검사는 소송기록의 보존을 위하여 필요하다고 인정하는 경우에는 그 소송기록의 등본을 열람 또는 등사하게 할 수 있다. 다만, **원본의 열람 또는 등사가 필요한 경우에는 그러하지 아니하다.** 22. 법원9급
⑤ <생략>
⑥ 제1항에 따라 소송기록의 열람 또는 등사를 신청한 자는 열람 또는 등사에 관한 검사의 처분에 불복하는 경우에는 당해 기록을 보관하고 있는 **검찰청에 대응한 법원에 그 처분의 취소 또는 변경을 신청할 수 있다.**
⑦ 제418조 및 제419조는 제6항의 불복신청에 관하여 준용한다.

✎ 위 형사소송법 규정은 검찰청에 대한 열람 · 등사권 조항이고, 아래 규정은 법원에 대한 열람 · 등사권 조항이다.

제59조의3【확정 판결서 등의 열람 · 복사】 ① 누구든지 판결이 확정된 사건의 판결서 또는 그 등본, 증거목록 또는 그 등본, 그 밖에 검사나 피고인 또는 변호인이 법원에 제출한 서류 · 물건의 명칭 · 목록 또는 이에 해당하는 정보(이하 '판결서 등'이라 한다)를 보관하는 법원에서 열람 및 복사(인터넷 그 밖의 전산정보처리시스템을 통한 전자적 방법을 포함한다. 이하 이 조에서 같다)할 수 있다. 다만, 다음 각 호의 어느 하나에 해당하는 경우에는 판결서 등의 열람 및 복사를 제한할 수 있다. 18·22. 법원9급
1. 심리가 비공개로 진행된 경우
2.~5. <생략>
② 법원사무관 등이나 그 밖의 법원공무원은 제1항에 따른 열람 및 복사에 앞서 판결서 등에 기재된 성명 등 개인정보가 공개되지 아니하도록 대법원규칙으로 정하는 보호조치를 하여야 한다. 18. 법원9급
③ 제2항에 따른 개인정보 보호조치를 한 법원사무관 등이나 그 밖의 법원공무원은 고의 또는 중대한 과실로 인한 것이 아니면 제항에 따른 열람 및 복사와 관련하여 민사상 · 형사상 책임을 지지 아니한다. 18. 법원9급, 22. 법원9급
④ 열람 및 복사에 관하여 정당한 사유가 있는 소송관계인이나 이해관계 있는 제3자는 제1항 단서에도 불구하고 제1항에 따른 법원사무관 등이나 그 밖의 법원공무원에게 판결서 등의 열람 및 복사를 신청할 수 있다. 이 경우 법원사무관 등이나 그 밖의 법원공무원의 열람 및 복사에 관한 처분에 불복하는 경우에는 제1항에 따른 법원에 처분의 취소 또는 변경을 신청할 수 있다.
⑤ 제4항의 불복신청에 대하여는 제417조 및 제418조를 준용한다.

> **판례 | 형사소송법 제59조의2에서 정한 '재판이 확정된 사건의 소송기록'의 의미와 불복방법**
>
> [1] 형사소송법 제59조의2의 '재판이 확정된 사건의 소송기록'이란 특정 형사사건에 관하여 법원이 작성하거나 검사, 피고인 등 소송관계인이 작성하여 법원에 제출한 서류들로서 **재판확정 후 담당 기관이 소정의 방식에 따라 보관하고 있는 서면의 총체라 할 수 있고,** 위와 같은 방식과 절차에 따라 보관되고 있는 이상 해당 형사사건에서 증거로 채택되지 아니하였거나 그 범죄사실과 직접 관련되지 아니한 서류라고 하여 재판확정기록에 포함되지 않는다고 볼 것은 아니다. [2] **형사재판확정기록에 관해서는** 형사소송법 제59조의2에 따른 열람·등사신청이 허용되고 그 거부나 제한 등에 대한 불복은 **준항고에 의하며,** 형사재판확정기록이 아닌 **불기소처분으로 종결된 기록(이하 '불기소기록'이라 한다)에 관해서는** 정보공개법에 따른 정보공개청구가 허용되고 그 거부나 제한 등에 대한 불복은 **항고소송절차에 의한다**(대판 2022.2.11. 2021모3175 **약식명령 수사기록 사건**).

06 당사자능력과 소송능력

1. 당사자능력

(1) 의의

당사자능력이란 소송법상 **당사자가 될 수 있는 일반적·추상적 능력**을 말한다. 당사자에는 검사와 피고인이 있으나 검사의 자격과 지위는 법률로 규정되어 있기 때문에 당사자능력은 피고인에 대해서만 문제가 된다.

(2) 당사자능력이 있는 자

① **자연인(自然人)**: 살아 있는 사람, 즉 자연인은 연령이나 책임능력 유무를 불문하고 언제나 당사자능력을 가진다. 따라서 형사미성년자나 심신상실자라도 당사자능력을 가진다. 자연인이 아닌 태아나 사망자는 당사자능력이 없다.

② **법인(法人)**: 법인에 대한 처벌규정이 있는 경우 법인도 당연히 당사자능력을 가진다. 법인에 대한 처벌규정이 없는 경우에 견해가 대립하지만 당사자능력이란 당사자가 될 수 있는 '일반적·추상적' 능력을 말하므로 긍정설이 다수설의 입장이다. 당사자능력이 없다는 견해는 공소기각결정을 하고, 당사자 능력이 있다는 견해는 처벌규정이 없으므로 무죄판결을 선고해야 한다는 입장이다.

(3) 당사자능력의 소멸과 효과

① **당사자능력 소멸시기**: 자연인은 사망으로 당사자능력이 소멸하고, 법인은 더 이상 존속하지 아니하게 되었을 때(합병시 또는 해산시)에 당사자능력이 소멸한다.

> **판례 | 공판계속 중에 청산종료의 등기가 경료된 법인의 당사자능력 유무(적극)**
>
> 1 피고인 법인의 법인세체납은 피고인 법인의 존속 중에 있었던 일이고 이러한 **법인세체납이 완전히 정리되지 아니하여 공소제기**되어 그 피고사건의 법원공판계속 중에 비록 피고인법인의 청산종료의 등기가 경료되었다고 하더라도 그 피고사건이 종결되지 아니하는 동안 피고인 법인의 청산사무는 **종료된 것이라 할 수 없고 형사소송법상 법인의 당사자능력도 그대로 존속한다**고 해석함이 상당하다(대판 1986.10.28, 84도693). 17. 경찰간부, 18. 경찰채용
> 2 법인에 대한 청산종결 등기가 되었더라도 청산사무가 종결되지 않는 한 그 범위 내에서는 청산법인으로 존속한다. **법인의 해산 또는 청산종결 등기 이전에 업무나 재산에 관한 위반행위가 있는 경우에는** 청산종결 등기가 된 이후 위반행위에 대한 수사가 개시되거나 공소가 제기되더라도 그에 따른 수사나 재판을 받는 일은 법인의 청산사무에 포함되므로 **그 사건이 종결될 때까지 법인의 청산사무는 종료되지 않고 형사소송법상 당사자능력도 그대로 존속한다**(대판 2021.6.30, 2018도14261 무등록 투자일임업 사건). 21. 경찰채용, 22. 국가7급

② 당사자능력 소멸의 효과: 당사자능력은 형식적 소송조건으로 법원은 이를 직권으로 조사하여야 한다. 피고인에게 **당사자능력이 없는 때에는 공소기각재판**을 하여야 한다.
  ㉠ 소송계속 중 당사자능력 소멸: 소송계속 중에 당사자능력이 소멸한 경우, 즉 피고인이 사망하거나 피고인인 법인이 존속하지 아니하게 되었을 때에는 공소기각결정을 고지해야 한다(제328조 제1항 제2호).
  ㉡ 공소제기 전 당사자능력 소멸: 공소제기 당시 이미 당사자능력이 없는 경우에는 ⓐ 제327조 제2호에 의하여 공소기각판결을 해야한다는 견해와, ⓑ 제328조 제1항 제2호를 유추적용하여 공소기각결정을 해야한다는 견해(다수설)가 대립한다.

> **판례 | 합병으로 소멸한 법인이 양벌규정에 따라 부담하던 형사책임이 합병 후 존속회사에 승계되는지의 여부(소극)**
>
> 양벌규정에 의한 법인의 처벌은 어디까지나 형벌의 일종으로서 행정적 제재처분이나 민사상 불법행위 책임과는 성격을 달리하는 점, 형사소송법 제328조가 '피고인인 법인이 존속하지 아니하게 되었을 때'를 공소기각결정의 사유로 규정하고 있는 것은 형사책임이 승계되지 않음을 전제로 한 것이라고 볼 수 있는 점 등에 비추어 보면, **합병으로 인하여 소멸한 법인이 그 종업원 등의 위법행위에 대해 양벌규정에 따라 부담하던 형사책임은** 그 성질상 이전을 허용하지 않는 것으로서 **합병으로 인하여 존속하는 법인에 승계되지 않는다**(대판 2007.8.23, 2005도4471). 15. 국가9급

③ 재심절차의 특칙: 유죄의 선고를 받은 자가 **사망하더라도 재심청구는 허용**이 되고(제424조 제4호) 또한 재심심판절차에서 **재심피고인이 사망하더라도** 법원은 공소기각결정을 해서는 안되고 **그대로 재심심판절차를 진행**하여야 한다(제438조 제2항). 15. 변호사, 17. 경찰간부

2. 소송능력

(1) 의의

소송능력이란 피고인으로서 유효하게 소송행위를 할 수 있는 정신능력을 말한다. 즉, 피고인이 자기의 소송상의 지위와 이해관계를 이해하고 이에 따라 방어행위를 할 수 있는 의사능력을 의미한다. 이는 피해자 등 제3자의 경우에도 동일하게 적용되는 개념이다. 소송능력은 소송조건은 아니며 소송행위의 유효요건일 뿐이다.

> ⚖️ **판례 |**
>
> **1 소송능력의 의의**
> 형사소송법상 **소송능력이라 함은 소송당사자가 유효하게 소송행위를 할 수 있는 능력**, 즉 피고인 또는 피의자가 자기의 소송상의 지위와 이해관계를 이해하고 이에 따라 방어행위를 할 수 있는 의사능력을 의미한다. 의사능력이 있으면 소송능력이 있다는 원칙은 피해자 등 제3자가 소송행위를 하는 경우에도 마찬가지라고 보아야 한다[대판 2009.11.19, 2009도6058(전합)].
>
> **2 소송능력이 인정되는 경우**
> ① 피해자가 처벌희망 의사표시를 철회할 당시 나이가 14세 10개월이었더라도 그 **철회의 의사표시가 의사능력이 있는 상태에서 행해졌다면 법정대리인의 동의가 없었더라도 유효하다**[대판 2009.11.19, 2009도6058(전합)]. 13·14·22. 변호사, 15. 국가9급, 15·20. 경찰채용, 22. 국가7급
> ② 피고인은 상고를 포기할 당시 **소송능력이 있었다고** 보여지고 따라서 그의 상고포기는 유효하다(대판 1992.4.14, 92감도10).
> ③ 피고인의 출정이 있고 또한 **피고인이 중요이해를 변식하고 그에 따라 상당한 방어권 행사를 할 수 있는 능력이 있다고** 인정되는 경우에는 공판절차를 정지할 필요가 없다(대판 1983.3.8, 82도2873).
>
> **3 소송능력이 인정되지 않는 경우**
> ① **교통사고의 피해자가 의식을 회복하지 못하고 있는 이상** 피해자에게 반의사불벌죄에서 처벌희망 여부에 관한 의사표시를 할 수 있는 **소송능력이 있다고 할 수 없다**(대판 2013.9.26, 2012도568).
> ② 음주운전과 관련한 도로교통법 위반죄의 범죄수사를 위하여 미성년자인 피의자의 혈액채취가 필요한 경우에도 피의자에게 의사능력이 있다면 피의자 본인만이 혈액채취에 관한 유효한 동의를 할 수 있고, **피의자에게 의사능력이 없는 경우에도 명문의 규정이 없는 이상 법정대리인이 피의자를 대리하여 동의할 수는 없다**(대판 2014.11.13, 2013도1228). 15. 국가9급, 15·17·20. 경찰채용, 16. 경찰간부, 17. 경찰승진·국가7급, 18·21. 변호사, 18·20. 법원9급, 22. 국가7급

(2) **소송능력 흠결의 효과**
① **소송행위의 무효**: 소송능력은 소송행위의 유효요건이므로 소송능력이 없는 자의 소송행위는 원칙적으로 무효이다.
② **공판절차정지**: 피고인이 사물의 변별 또는 의사의 결정을 할 능력이 없는 상태에 있는 때에는 법원은 **검사와 변호인의 의견을 들어서** 결정으로 그 상태가 계속하는 기간 **공판절차를 정지**하여야 한다(제306조 제1항).
③ **공판절차정지의 예외**
  ㉠ **무죄, 면소, 형의 면제 또는 공소기각의 재판을 할 경우**: 피고사건에 대하여 무죄, 면소, 형의 면제 또는 공소기각의 재판을 할 것이 명백한 때에는 피고인에게 소송능력이 없는 경우에도 피고인의 출정 없이 재판할 수 있다(제306조 제4항).
  ㉡ **의사무능력자의 소송행위 대리**: 형법 제9조 내지 제11조 규정의 적용을 받지 아니하는 범죄사건(담배사업법 제31조)에 관하여 피고인 또는 피의자가 의사능력이 없는 때에는 그 법정대리인이 소송행위를 대리한다(제26조). 16. 국가9급 법정대리인이 없는 경우에는 법원이 특별대리인을 선임하여야 하고, 특별대리인은 피고인 또는 피의자를 대리하여 소송행위를 할 자가 있을 때까지 그 임무를 행한다(제28조).
  ㉢ **피고인인 법인의 대표**: 피고인 또는 피의자가 법인인 때에는 그 대표자가 소송행위를 대표한다(제27조 제1항). 수인이 공동하여 법인을 대표하는 경우에도 **소송행위에 관하여는 각자가 대표한다**(동조 제2항).(**주의** 소송행위도 공동하여 대표한다. ×). 20. 경찰간부 대표가 없는 경우에는 법원이 특별대리인을 선임하여야 하고, 특별대리인은 피고인 또는 피의자를 대표하여 소송행위를 할 자가 있을 때까지 그 임무를 행한다(제28조).

④ **재심절차의 특칙**: 회복할 수 없는 심신장애인을 위하여 재심청구가 있거나, 재심피고인이 회복할 수 없는 심신장애인이 되어도 법원은 공판절차를 정지해서는 아니하고 그대로 재심심판절차를 진행하여야 한다(제438조 제2항).

제4절 변호인(辯護人)

01 의의

변호인은 피의자·피고인의 방어권을 보충하는 것을 임무로 하는 보조자를 말한다. 변호인은 소송주체는 아니고 피의자·피고인의 보조자이다. 변호인제도는 법률지식과 경험을 가진 법률전문가로 하여금 피의자·피고인을 보조하게 하여 검사와 대등한 상태에서 재판을 받게 함으로써 무기평등(武器平等)의 원칙을 실현하고 공정한 재판의 이념을 실현하는 기능을 한다.

02 변호인의 선임

1. 사선변호인(私選辯護人)

(1) 의의

사선변호인이란 피의자·피고인 등 사인(私人)이 선임하는 변호인을 말한다.

(2) 선임권자

고유의 변호인 선임권자는 **피의자·피고인**이다(제30조 제1항). 피의자·피고인의 **법정대리인·배우자·직계친족·형제자매**는 독립하여 변호인을 선임할 수 있다(동조 제2항). 14. 경찰채용 '독립하여'는 피의자·피고인의 **명시한 의사에 반해서도 변호인을 선임할 수 있다**는 의미로서 본인의 의사에 반한 변호인 선임도 본인에게 효력이 있다.

> **판례 | 변호인 선임권자(= 형사소송법 제27조 제1항 및 제30조에 규정된 자에 한정)**
>
> [1] 변호인을 선임할 수 있는 자는 피고인 및 피의자와 형사소송법 제30조 제2항에 규정된 자에 한정되는 것이고 피고인 및 피의자로부터 그 선임권을 위임받은 자가 피고인이나 피의자를 대리하여 변호인을 선임할 수는 없는 것이므로 [2] 피고인이 법인인 경우에는 형사소송법 제27조 제1항 소정의 **대표자가 피고인인 당해 법인을 대표하여 피고인을 위한 변호인을 선임**하여야 하며, 대표자가 제3자에게 변호인선임을 위임하여 제3자로 하여금 변호인을 선임하도록 할 수는 없다(대결 1994.10.28, 94모25). 17. 경찰채용, 18. 국가9급

(3) 변호인의 자격과 수

변호인은 변호사 중에서 선임하여야 한다. 단, 대법원 이외의 법원은 특별한 사정이 있으면 변호사 아닌 자를 변호인으로 선임함을 허가할 수 있다(제31조). 17. 경찰채용 이를 특별변호인이라고 한다. 피의자·피고인이 선임할 수 있는 변호인 수에는 제한이 없다. 15. 경찰채용, 16. 경찰간부 다만, 형사소송법은 송달의 편의를 위하여 후술하는 **(6)의 대표변호인 제도**를 규정하고 있다.

(4) 선임의 방식과 성질

변호인선임은 심급마다 선임자와 변호인이 연명날인(連名捺印)한 서면, 즉 변호인선임신고서를 법원 또는 수사기관에 제출함으로써 이루어진다. **공소제기 전에는 수사기관에 제출**하여야 하고, **공소제기 후에는 법원에 제출**하여야 한다.

> **판례**
>
> 1 변호인선임의 방식(= 변호인선임신고서 '원본'의 제출)
>   **변호인선임신고서**는 특별한 사정이 없는 한 원본을 의미한다고 할 것이고 사본은 이에 해당하지 않는다(대결 2005.1.20, 2003모429).
>
> 2 변호인선임신고서를 제출하지 않는 경우, 변호인 명의의 소송행위의 효력(무효)
>   **변호인선임신고서를 제출하지 않은 변호인이 변호인 명의로 재항고장을 제출한 경우**, 그 재항고장은 적법·유효한 **재항고로서의 효력이 없다**(대결 2017.7.27, 2017모1377). 18. 국가7급, 20. 경찰간부·경찰채용
>
> 3 사선변호인 선임과 국선변호인 선정의 법적 성질
>   **사선변호인의 선임**은 피고인 등 변호인 선임권자와 변호인의 **사법상 계약**으로 이루어지는 반면 **국선변호인의 선정은 법원의 재판행위**이므로, 양자는 그 성질이 다르다[대판 2018.11.22, 2015도10651(전합)].
>
> 4 변호사법상 수임제한 규정을 위반한 선임 행위의 효력(유효)
>   피고인이 스스로 선임한 사선변호인에게 변호사법상 **수임제한 규정을 위반한 위법**이 있다고 하더라도 다른 특별한 사정이 없는 한, 그 **소송절차가 무효로 된다고 볼 수 없다**(대판 2009.2.26, 2008도9812). 19. 국가7급, 20. 경찰채용

(5) 선임의 효력

① 사건과의 관계
  ㉠ 사건대리의 원칙: 선임의 효력은 공소사실의 동일성이 인정되는 사건 전부 그리고 그 소송절차 전부에 미치는 것이 원칙이다.
  ㉡ 예외: 하나의 사건에 관하여 한 변호인선임은 동일법원의 동일피고인에 대하여 **병합된 다른 사건에 관하여도 그 효력이 있다**. 다만, 피고인 또는 변호인이 이와 다른 의사표시를 한 때에는 그러하지 아니하다(규칙 제13조).

> **판례** | 국선변호인 선정의 효력이 이후 병합된 다른 사건에도 미치는지의 여부(적극)
>
> **국선변호인 선정의 효력은 선정 이후 병합된 다른 사건에도 미치는 것이므로** 항소심에서 국선변호인이 선정된 이후 변호인이 없는 다른 사건이 병합된 경우에는 형사소송법 제361조의2, 형사소송규칙 제156조의2의 규정에 따라 항소법원은 지체 없이 국선변호인에게 병합된 사건에 관한 소송기록접수통지를 함으로써 국선변호인이 통지를 받은 날로부터 기산한 소정의 기간 내에 피고인을 위하여 항소이유서를 작성·제출할 수 있도록 하여 변호인의 조력을 받을 피고인의 권리를 보호하여야 한다(대판 2010.5.27, 2010도3377). 16. 국가7급, 17·19. 법원9급, 22. 해경간부

② 심급과의 관계

> **형사소송법**
> 제32조【변호인선임의 효력】① 변호인의 선임은 심급마다 변호인과 연명날인한 서면으로 제출하여야 한다.
> ② 공소제기전의 변호인선임은 제1심에도 그 효력이 있다.

> **형사소송규칙**
> 제158조【변호인선임의 효력】원심법원에서의 변호인선임은 법 제366조 또는 법 제367조의 규정에 의한 환송 또는 이송이 있은 후에도 효력이 있다.

㉠ 심급대리의 원칙: 변호인선임은 당해 심급에 한하여 효력이 있다(제32조 제1항). 16. 경찰간부 여기서 '심급'이란 판결선고시까지가 아니라 상소에 의하여 **이심(移審)의 효력이 발생하는 때까지를 의미**한다. 따라서 상소가 제기되면 원심법원에서의 변호인선임은 그 효력을 상실한다.

㉡ 예외
  ⓐ 공소제기 전의 변호인선임은 제1심에도 그 효력이 있다(제32조 제2항, 제201조의2 제8항). 15. 변호사, 15·17. 경찰채용, 16. 경찰간부, 22. 해경간부
  ⓑ 제1심법원에서의 변호인선임은 **항소심의 파기환송·파기이송이 있은 후에도 그 효력이 있다**(규칙 제158조). 15. 변호사

> **판례** | 항소심에서의 변호인선임이 상고심의 파기환송이 있은 후에도 효력이 있는지의 여부(적극)
> 상고심의 환송 전 원심에서 선임된 변호인의 변호권은 **사건이 환송된 뒤에는 항소심에서 다시 생긴다** (대판 1968.2.27, 68도64). 15. 변호사, 16. 법원9급

(6) 대표변호인 제도

① 의의: 피고인에게 수인의 변호인이 있는 때에는 재판장은 직권 또는 피고인·변호인의 신청에 의하여 **3인 이하의 대표변호인을 지정**할 수 있고 그 **지정을 철회·변경할 수 있다**(제32조의2 제1항 내지 제3항).(《주의》 3인 이하의 변호인을 지정할 수 있다. ×). 위의 내용은 피의자에게 수인의 변호인이 있는 경우 검사가 대표변호인을 지정하는 경우에 이를 준용한다(제32조 제5항). 19. 경찰채용

② 대표변호인의 효과: 대표변호인에 대한 통지 또는 서류의 송달은 변호인 전원에 대하여 효력이 있다(제32조 제4항). 공판정에서의 변론 기타 소송행위는 대표변호인 외에도 모든 변호인이 다 할 수 있다.

2. 국선변호인(國選辯護人)

(1) 의의

국선변호인이란 법원에 의하여 선정된 변호인을 말한다. 국선변호인제도는 사선변호인제도를 보충하는 제도이자 피고인의 방어권을 강화하기 위한 제도이다. 국선변호인은 사선변호인이 없는 경우에만 선정되고 또한 국선변호인이 선정되어 있더라도 사후에 사선변호인이 선임되면 국선변호인 선정을 취소하여야 한다.

> **⚖ 판례 | 변호인의 조력을 받을 권리의 의미 등**
>
> 헌법상 보장되는 '변호인의 조력을 받을 권리'는 변호인의 '충분한 조력'을 받을 권리를 의미하므로 일정한 경우 피고인에게 국선변호인의 조력을 받을 권리를 보장하여야 할 국가의 의무에는 형사소송절차에서 단순히 국선변호인을 선정하여 주는 데 그치지 않고 한 걸음 더 나아가 피고인이 국선변호인의 실질적인 조력을 받을 수 있도록 필요한 업무 감독과 절차적 조치를 취할 책무까지 포함된다[대결 2012.2.16, 2009모1044(전합)]. 16·22. 국가7급, 16·20. 국가9급, 22. 법원9급

(2) 국선변호인 선정사유

① 공소제기 전 절차
  ㉠ 체포·구속적부심사를 청구한 피의자에게 제33조의 사유가 있는 경우에는 법원은 국선변호인을 선정하여야 한다(제214조의2 제10항). 18. 변호사·법원9급
  ㉡ 구속 전 피의자심문에 있어 심문할 피의자에게 변호인이 없는 때에는 지방법원판사는 직권으로 **변호인을 선정하여야 한다**(제201조의2 제8항, 규칙 제16조 제1항). 14·18. 국가9급, 15·17·18. 변호사, 15. 법원9급, 15·18. 경찰간부, 17·18. 경찰승진, 18. 경찰채용

> **⚖ 판례 | 집행유예취소 청구사건에서도 국선변호인제도가 인정되는지의 여부(소극)**
>
> 국선변호인 제도는 구속영장실질심사, 체포·구속적부심사의 경우를 제외하고는 공판절차에서 피고인의 지위에 있는 자에게만 인정되고 **집행유예의 취소 청구사건의 심리절차에서는 인정되지 않는다**(대결 2019.1.4, 2018모3621).

② 일반공판절차(필요적 변호사건)

> **형사소송법**
>
> 제33조 【국선변호인】 ① 다음 각 호의 어느 하나에 해당하는 경우에 변호인이 없는 때에는 법원은 직권으로 변호인을 선정하여야 한다.
> 1. 피고인이 **구속**된 때
> 2. 피고인이 **미성년자**인 때
> 3. 피고인이 **70세 이상**인 때
> 4. 피고인이 **듣거나 말하는 데 모두 장애가 있는 사람**인 때
> 5. 피고인이 **심신장애의 의심**이 있는 때
> 6. 피고인이 **사형, 무기 또는 단기 3년 이상의 징역이나 금고**에 해당하는 사건으로 기소된 때
> ② 법원은 피고인이 빈곤이나 그 밖의 사유로 변호인을 선임할 수 없는 경우에 피고인의 **청구가 있는 때**에는 변호인을 선정하여야 한다.
> ③ 법원은 피고인의 나이·지능 및 교육 정도 등을 참작하여 **권리보호를 위하여 필요**하다고 인정하는 때에는 피고인의 **명시적 의사에 반하지 아니하는 범위 안에서** 변호인을 선정하여야 한다.
>
> 제282조 【**필요적 변호**】 제33조 제1항 각 호의 어느 하나에 해당하는 사건 및 같은 조 제2항·제3항의 규정에 따라 변호인이 선정된 사건에 관하여는 변호인 없이 개정하지 못한다. 단, 판결만을 선고할 경우에는 예외로 한다.
>
> 제283조 【국선변호인】 제282조 본문의 경우 변호인이 출석하지 아니한 때에는 법원은 직권으로 변호인을 선정하여야 한다.

㉠ 법원은 피고인이 ⓐ **구속**된 때, ⓑ **미성년자**인 때, ⓒ **70세 이상**인 때, ⓓ **농아자**인 때, ⓔ **심신장애**의 의심이 있는 때, ⓕ **사형, 무기 또는 단기 3년 이상**의 징역이나 금고에 해당하는 사건으로 기소된 때에 변호인이 없는 때에는 직권으로 변호인을 선정하여야 한다(제33조 제1항)(《주의》 사형, 무기, 장기 3년 이상 ×). 15·16·19. 경찰승진

㉡ 법원은 피고인이 **빈곤** 그 밖의 사유로 변호인을 선임할 수 없는 경우에 피고인의 **청구가 있는 때**에는 변호인을 선정하여야 한다(제33조 제2항). 16·18. 경찰승진

㉢ 법원은 피고인의 연령·지능 및 교육 정도 등을 참작하여 **권리보호를 위하여 필요하다고 인정**하는 때에는 **피고인의 명시적 의사에 반하지 아니하는 범위 안**에서 변호인을 선정하여야 한다(제33조 제3항). 18·19. 경찰승진

판례 ⅼ

1 '피고인이 구속된 때' 관련 판례
형사소송법 제33조 제1항 제1호의 '피고인이 구속된 때'란 피고인이 해당 형사사건에서 구속되어 재판을 받고 있는 경우에 한정된다고 볼 수 없고, 피고인이 별건으로 구속영장이 발부되어 집행되거나 다른 형사사건에서 유죄판결이 확정되어 그 판결의 집행으로 구금 상태에 있는 경우 또한 포괄하고 있다고 보아야 한다[대판 2024.5.23, 2021도6357(전합)]. 24. 국가7급

2 형사소송법 제33조 제2항·제3항 관련 판례
① [1] 법원은 피고인으로부터 형사소송법 제33조 제2항에 의한 국선변호인 선정청구가 있는 경우 또는 직권으로 소송기록과 소명자료를 검토하여 피고인이 형사소송법 제33조 제2항 또는 제3항에 해당한다고 인정되는 경우 즉시 국선변호인을 선정하고, 소송기록에 나타난 자료만으로 그 해당 여부가 불분명한 경우에는 제1회 공판기일의 심리에 의하여 국선변호인의 선정 여부를 결정할 것이며, [2] 제1심에서 피고인의 청구 또는 직권으로 국선변호인이 선정되어 공판이 진행된 경우에는 **항소법원은 특별한 사정변경이 없는 한 국선변호인을 선정함이 바람직하다**(대판 2013.7.11, 2013도351). 15. 국가9급, 20. 법원9급

② [1] 형사소송법 제33조 제1항 각 호에 해당하는 경우가 아닌 한 법원으로서는 권리보호를 위하여 필요하다고 인정하지 않으면 국선변호인을 선정하지 않을 수 있을 뿐만 아니라, 국선변호인의 선정 없이 공판심리를 하더라도 피고인의 방어권이 침해되어 판결에 영향을 미쳤다고 인정되지 않는 경우에는 형사소송법 제33조 제3항을 위반한 잘못이 없다. [2] 다만, 피고인에 대하여 제1심법원이 집행유예를 선고하였으나 검사만이 양형부당을 이유로 항소한 경우 항소심이 변호인이 선임되지 않은 피고인에 대하여 검사의 양형부당 항소를 받아들여 형을 선고하는 경우에는 **판결선고 후 피고인을 법정구속한 뒤에 비로소 국선변호인을 선정하는 것보다는, 피고인의 권리보호를 위해 판결선고 전 공판심리 단계에서부터 형사소송법 제33조 제3항에 따라 피고인의 명시적 의사에 반하지아니하는 범위 안에서 국선변호인을 선정해 주는 것이 바람직하다**(대판 2016.11.10, 2016도7622). 19. 국가9급, 19. 변호사

3 '빈곤 그 밖의 사유' 관련 판례
① 피고인이 원심 **변론종결시까지 국선변호인 선정을 청구한 일이 없다면** 국선변호인을 선정함이 없이 진행한 공판절차는 위법이라고 할 수 없다(대판 1983.10.11, 83도2117).
② 피고인이 '지체(척추) 4급 장애인으로서 **국민기초생활수급자에 해당한다'는 소명자료를 첨부하여 국선변호인 선정청구**를 하였음에도 원심이 국선변호인을 선정하지 아니한 채 공판심리를 진행한 것은 판결에 영향을 미친 위법이 있다(대판 2011.3.24, 2010도18103).

③ 피고인이 탄원서에서 **경제적 어려움으로 인하여 변호인을 선임할 수 없다는 이유로** 증인의 위증을 밝히기 위한 은행구좌 및 자금경로의 조사와 증인신문 및 감정신청을 위하여 **국선변호인 선임신청**을 법원에 하였음에도 법원이 피고인의 위 신청에 대하여 아무런 결정을 하지 아니한 것은 위법하다(대판 1995.2.28, 94도2880).

④ **피고인이 빈곤을 사유로 한 국선변호인 선정청구를 하였음**에도, 원심이 국선변호인 선정청구에 대하여 아무런 결정도 하지 아니한 채 피고인만 출석한 상태에서 공판기일을 진행하여 실질적 변론과 심리를 모두 마치고 난 뒤에야 국선변호인 선정청구를 기각하는 결정을 고지한 뒤 피고인의 항소를 기각하는 판결을 선고한 것은 위법하다(대판 2013.7.11, 2012도16334). 18. 국가9급, 19. 법원9급, 22. 해경간부

⑤ 피고인이 빈곤 기타 사유로 변호인을 선임할 수 없는 때에 국선변호인을 선정하는 것은 피고인의 청구가 있는 경우에 한하는 것이고, **법원으로서는 피고인에게 국선변호인 선정청구를 할 수 있음을 고지하여야 할 의무가 있는 것도 아니다**(대판 1994.10.25, 94도1467).

⑥ 국선변호인선임청구를 기각한 결정은 판결 전의 소송절차이므로 그 결정에 대하여 즉시항고를 할 수 있는 근거가 없는 이상 그 결정에 대하여는 **재항고도 할 수 없다**(대결 1993.12.3, 92모49). 16. 국가7급, 19. 경찰승진, 20. 법원9급

⑦ 국선변호인제도는 구속적부심을 제외하고는 공판절차에서 피고인에게만 인정되는 것으로서 **공판절차가 아닌 재심개시결정 전의 절차에서 국선변호인 선임청구를 할 수 없는 것이므로** 재심청구인의 국선변호인 선임청구를 기각한 것은 적법하다(대결 1993.12.3, 92모49). 15. 경찰승진, 17. 경찰간부, 21. 경찰채용

4 형사소송법 제33조 제1항 제5호에서 정한 '피고인이 심신장애의 의심이 있는 때'

형사소송법 제33조 제1항 제5호에서 정한 '피고인이 심신장애의 의심이 있는 때'란 **진단서나 정신감정 등 객관적인 자료에 의하여 피고인의 심신장애 상태를 확신할 수 있거나 그러한 상태로 추단할 수 있는 근거가 있는 경우는 물론**, 범행의 경위, 범행의 내용과 방법, 범행 전후 과정에서 보인 행동 등과 아울러 피고인의 연령·지능·교육 정도 등 소송기록과 소명자료에 드러난 제반 사정에 비추어 피고인의 의식상태나 사물에 대한 변별능력, 행위통제능력이 결여되거나 저하된 상태로 의심되어 피고인이 공판심리단계에서 효과적으로 방어권을 행사하지 못할 우려가 있다고 인정되는 경우를 포함한다(대판 2019.9.26, 2019도8531 **또라이 피고인 사건**). 20. 법원9급, 21. 경찰간부, 22. 국가7급

5 '권리보호를 위해서 필요한 때' 관련 판례

① **피고인이 3급 청각(청력)장애인**으로서 공판기일에서의 구술로 진행되는 변론과정이나 증거서류의 낭독 등 증거조사과정에서 방어권을 행사함에 있어 상당한 곤란을 겪는 정도인 경우, 법원으로서는 형사소송법 제33조 제3항의 규정을 준용하여 **피고인의 명시적 의사에 반하지 아니하는 범위 안에서 국선변호인을 선정하여 방어권을 보장해 줄 필요가 있다** 할 것이다(대판 2010.6.10, 2010도4629). 15. 경찰채용, 16. 국가7급

② **피고인이 2급 시각장애인**인 경우 법원은 형사소송법 제33조 제3항의 규정을 적용하여 그 시각장애의 정도를 비롯하여 연령·지능·교육 정도 등을 확인한 다음, **피고인의 명시적 의사에 반하지 아니하는 범위 안에서 국선변호인을 선정하는 절차를 취하여야 한다**(대판 2014.8.28, 2014도4496)(同旨 대판 2010.4.29, 2010도881). 19. 법원9급, 20. 경찰채용, 22. 해경간부

6 즉결심판을 받은 피고인이 정식재판청구를 함으로써 공판절차가 개시된 경우 형사소송법 제283조가 적용되는지의 여부(적극)

즉결심판을 받은 피고인이 정식재판청구를 함으로써 공판절차가 개시된 경우에는 통상의 공판절차와 마찬가지로 국선변호인의 선정에 관한 형사소송법 제283조의 규정이 적용된다(대판 1997.2.14, 96도3059). 16. 국가9급, 22. 해경간부, 22. 국가7급

7 필요적 변호사건에서 변호인 없이 이루어진 공판절차에서의 소송행위 효력(무효)
  ① 필요적 변호사건에 해당하는 사건에서 제1심의 공판절차가 변호인 없이 이루어져 증거조사와 피고인신문 등 심리가 이루어졌다면, 그와 같은 위법한 공판절차에서 이루어진 증거조사와 피고인신문 등 일체의 소송행위는 모두 무효이다(대판 2011.9.8, 2011도6325). 14. 국가9급, 22. 국가7급
  ② 필요적 변호사건의 공판절차가 변호인 없이 피해자에 대한 증인신문 등 심리가 이루어진 경우 그와 같은 위법한 공판절차에서 이루어진 피해자에 대한 증인신문 등 일체의 소송행위는 모두 무효이다(대판 2008.6.12, 2008도2621). 15·18. 국가7급, 19. 경찰간부
  ③ 필요적 변호사건에 관하여 변호인 없이 변론을 진행하였다면 그 소송절차는 위법이라 할 것이고, 이러한 위법한 소송절차에서 취한 증거절차 또한 위법인 것이므로 이 위법은 그 후에 변호인이 선임되어 변론이 진행되었다 하더라도 그 사실만으로써 곧 그 위법이 치유될 수는 없다(대판 1973.9.25, 73도1895).
  ④ 피고인이 필요적 변호사건인 A죄(폭력행위처벌법 위반)로 기소된 후 B죄(사기죄)의 약식명령에 대해 정식재판을 청구하여 제1심에서 모두 유죄판결을 받고 항소하였는데, 원심이 국선변호인을 선정하지 아니한 채 두 사건을 병합·심리하여 항소기각판결을 선고한 경우, 변호인의 관여 없이 공판절차를 진행한 위법은 필요적 변호사건이 아닌 사기죄 부분에도 미치며 이는 사기죄 부분에 대해 별개의 벌금형을 선고하였더라도 마찬가지이다(대판 2011.4.28, 2011도2279).

8 필요적 변호사건에서 변호인 없이 공판절차가 진행되어 그 공판절차가 위법하게 된 경우, 그 이전에 적법하게 이루어진 소송행위의 효력(유효)
  필요적 변호사건에서 변호인이 없거나 출석하지 아니한 채 공판절차가 진행되었기 때문에 그 공판절차가 위법한 것이라 하더라도 그 절차에서의 소송행위 외에 다른 절차에서 적법하게 이루어진 소송행위까지 모두 무효로 된다고 볼 수는 없다(대판 1990.6.8, 90도646).

9 필요적 변호사건에서 공판절차가 변호인 없이 이루어진 경우, 상소심이 취해야 할 조치(= 항소심은 파기자판, 상고심은 파기환송)
  ① 필요적 변호사건에 해당하는 사건에서 제1심의 공판절차가 변호인 없이 이루어진 경우 그와 같은 위법한 공판절차에서 이루어진 소송행위는 무효이므로 이러한 경우 항소심으로서는 변호인이 있는 상태에서 소송행위를 새로이 한 후 위법한 제1심판결을 파기하고 항소심에서의 진술 및 증거조사 등 심리결과에 기하여 다시 판결하여야 한다(대판 2008.6.12, 2008도2621). 16. 국가9급
  ② 원심(제2심)은 사선변호인이 없는 사건에 있어 직권으로 변호인을 선정하지 아니한 채 개정하여 사건을 심리하였음이 기록상 명백하고, 이와 같이 위법한 공판절차에서 이루어진 소송행위는 무효라 할 것이므로 결국 원심판결은 파기를 면할 수 없다(대판 2006.1.13, 2005도5925).

10 필요적 변호사건 관련 판례
  ① 피고인 甲의 죄는 뇌물공여죄로 그 법정형이 5년 이하의 징역 또는 2천만원 이하의 벌금이어서 필요적 변호사건에 해당하지 아니하고, 필요적 변호사건에 해당하는 특정경제범죄법 위반죄로 기소된 피고인 乙과 같이 하나의 사건으로 기소되어 재판을 받았다고 하여 피고인 甲에 대한 사건이 필요적 변호사건으로 되는 것은 아니다(대판 2004.3.26, 2003도8077).
  ② 필요적 변호사건에서 변호인 없이 개정하여 심리를 진행하고 판결한 것은 소송절차의 법령위반에 해당하지만, 피고인의 이익을 위하여 만들어진 필요적 변호의 규정 때문에 피고인에게 불리한 결과를 가져오게 할 수는 없으므로 그와 같은 법령위반은 무죄판결에 영향을 미친 것으로는 되지 아니한다(대판 2003.3.25, 2002도5748). 20. 경찰승진, 22. 해경간부
  ③ 상소심에서도 사건이 형사소송법 제282조에 따라 변호인 없이 개정하지 못하는 때에 해당하는지의 여부를 결정함에 있어서는 공소사실로 된 죄의 법정형이 그 기준이 되고, 다만 필요적 변호가 있어야 할 사건이라도 하급심에서 공소사실 중 일부만이 유죄로 인정되고 유죄 부분만이 상소되어 그 범죄사실이 변호인 없이 개정할 수 있는 사건에 해당하게 된 경우라면 필요적 변호사건으로 취급되지 아니할 뿐이다(대판 2003.3.25, 2002도5748).

④ **필요적 변호사건**에 있어서 선임된 사선변호인에 대한 기일통지를 하지 아니함으로써 **사선변호인의 출석 없이** 제1회 공판기일을 진행하였더라도 그 공판기일에 **국선변호인이 출석**하였다면 변호인 없이 재판한 잘못이 있다 할 수 없다(대판 1990.9.25, 90도1571). 20. 경찰채용

③ **공판준비기일**: 법원은 **공판준비기일**이 지정된 사건에 관하여 변호인이 없는 때에는 직권으로 변호인을 선정하여야 한다(제266조의8 제4항). 14. 국가9급, 15. 법원9급, 16·17·18. 경찰승진, 17. 경찰채용

④ **재심절차**: 사망자나 회복할 수 없는 심신장애인을 위하여 **재심의 청구**가 있는 때 또는 유죄의 선고를 받은 자가 재심의 판결 전에 사망하거나 회복할 수 없는 심신장애인이 된 때에 재심청구인이 변호인을 선임하지 아니하면 재판장은 직권으로 변호인을 선임하여야 한다(제438조).

⑤ **국민참여재판**: **국민참여재판**에 관하여 변호인이 없는 때에는 법원은 직권으로 변호인을 선정하여야 한다(국민참여재판법 제7조). 15. 경찰승진, 15·16. 법원9급, 16·18. 경찰간부, 18. 변호사

⑥ **전자장치 부착명령 청구사건**: 형사소송법 제282조 및 제283조(국선변호사건 또는 필요적 변호사건 규정)는 특정 범죄자에 대한 위치추적 전자장치부착 등에 관한 법률에 의한 부착명령 청구사건에 관하여 준용한다(동법 제11조).

⑦ **성충동 약물치료명령 청구사건**: 형사소송법 제282조 및 제283조(국선변호사건 또는 필요적 변호사건 규정)는 성폭력범죄자의 성충동 약물치료에 관한 법률에 의한 약물치료명령 청구사건에 관하여 준용한다(동법 제12조).

⑧ **치료감호청구사건**: 형사소송법 제282조 및 제283조의 규정(국선변호사건 또는 필요적 변호사건 규정)은 치료감호청구사건에 이를 준용한다(치료감호법 제15조 제2항).

⑨ **군사재판**: 군사재판을 받는 피고인에게 변호인이 없는 때에는 군사법원은 직권으로 변호인을 선정하여야 한다(군사법원법 제62조).

(3) 국선변호인의 자격 및 수

① **국선변호인의 자격**: 국선변호인은 법원의 관할구역 안의 변호사·공익법무관(법무부와 검찰청에서 근무하는 공익법무관 제외)·사법연수생 중에서 이를 선정한다(규칙 제14조 제1항). 법원의 관할구역 안에 변호사·공익법무관·사법연수생이 없거나 기타 부득이한 때에는 인접한 법원의 관할구역 안의 변호사·공익법무관·사법연수생 중에서 이를 선정할 수 있다(동조 제2항). 법원은 위와 같은 변호사·공익법무관·사법연수생이 없거나 기타 부득이한 때에는 법원의 관할구역 안에서 거주하는 변호사 아닌 자 중에서 이를 선정할 수 있다(동조 제3항).

> **판례** | 제1심에서 변호사 아닌 법원사무관을 국선변호인으로 선임할 수 있는지의 여부(적극)
>
> 국선변호인으로 변호사 아닌 **법원사무관을 변호인으로 선임**하였다 하여 위법됨이 없을 뿐 아니라 헌법위반이 될 리도 없다(대판 1974.8.30, 74도1965).

② **국선변호인의 수**: 국선변호인은 원칙적으로 **피고인마다 1인**을 선정한다. 다만, 사건의 특수성에 비추어 필요하다고 인정할 때에는 1인의 피고인에게 수인의 국선변호인을 선정할 수 있고, 피고인 수인 간에 **이해가 상반되지 아니할 때**에는 그 수인의 피고인을 위하여 **동일한 국선변호인을 선정할 수 있다**(규칙 제15조). 18. 경찰승진

> **판례 | 공동변호금지에 관한 '형사소송규칙 제15조 제2항'에 위반되는 경우**
>
> 1 공범관계에 있지 않은 공동피고인들 사이에서도 공소사실의 기재 자체로 보아 **어느 피고인에 대한 유리한 변론이 다른 피고인에 대하여는 불리한 결과를 초래하는 사건**에 있어서는 공동피고인들 사이에 이해가 상반된다고 할 것이어서 그 공동피고인들에 대하여 선정된 동일한 국선변호인이 공동피고인들을 함께 변론한 경우에는 형사소송규칙 제15조 제2항에 위반된다고 할 것이다(대판 2000.11.24, 2000도4398). 17. 법원9급, 18. 국가9급, 19. 경찰간부
>
> 2 이해가 상반된 피고인들 중 어느 피고인이 특정 법무법인을 변호인으로 선임하고, 해당 법무법인이 담당변호사를 지정하였을 때, 법원이 담당변호사 중 1인 또는 수인을 다른 피고인을 위한 국선변호인으로 선정한다면, 국선변호인으로 선정된 변호사는 이해가 상반된 피고인들 모두에게 유리한 변론을 하기 어렵다. 결국 이로 인하여 다른 피고인은 국선변호인의 실질적 조력을 받을 수 없게 되었다고 보아야 하고, 따라서 **위와 같은 국선변호인 선정은 국선변호인의 조력을 받을 피고인의 권리를 침해하는 것이다**(대판 2015.12.23, 2015도9951). 18·20. 법원9급, 20. 국가7급·경찰승진

(4) 국선변호인 선정의 취소와 국선변호인 사임

① 선정의 취소

㉠ 필요적 취소: 법원 또는 지방법원 판사는 ⓐ 피고인·피의자에게 **변호인이 선임**된 때, ⓑ 국선변호인이 그 **자격을 상실**한 때, ⓒ 법원 또는 지방법원 판사가 **국선변호인의 사임을 허가**한 때에는 국선변호인 선정을 취소하여야 한다(규칙 제18조 제1항).

㉡ 임의적 취소: 법원 또는 지방법원 판사는 ⓐ 국선변호인이 그 직무를 **성실하게 수행하지 아니하는 때**, ⓑ 피고인 또는 피의자의 **국선변호인 변경신청이 상당**하다고 인정하는 때, ⓒ 그 밖에 국선변호인의 선정결정을 취소할 **상당한 이유**가 있는 때에는 국선변호인의 선정을 취소할 수 있다(규칙 제18조 제2항).

② 사임: 국선변호인은 ㉠ 질병 또는 장기여행으로 인하여 국선변호인의 **직무를 수행하기 곤란할 때**, ㉡ 피고인·피의자로부터 폭행, 협박 또는 모욕을 당하여 **신뢰관계를 지속할 수 없을 때**, ㉢ 피고인·피의자로부터 **부정한 행위를 할 것을 종용받았을 때**, ㉣ 그 밖에 국선변호인으로서의 직무를 수행하는 것이 어렵다고 인정할 만한 **상당한 사유**가 있을 때에는 법원 또는 지방법원 판사의 허가를 얻어 사임할 수 있다(규칙 제20조).

03 변호인의 지위와 권한

1. 변호인의 지위

(1) 보호자적(保護者的) 지위

변호인은 피고인의 정당한 법적 이익을 보호해 주는 보호자로서 이것이 변호인의 주된 지위이고 변호인제도의 존재이유이다. 변호인은 보호자적 지위에서 피고인의 이익을 위하여 경우에 따라서는 피고인의 의사에 종속되지 아니하고 자신의 권한을 행사한다.

(2) 공익적(公益的) 지위

변호인은 피고인의 보호자이지만 그가 보호하는 이익은 피고인의 '정당한 이익'에 한정이 된다. 따라서 피고인의 방어권 남용에 협조하거나 자신의 변호권을 남용해서는 안된다. 변호사(변호인)는 그 직무를 수행할 때에 진실을 은폐하거나 거짓 진술을 하여서는 아니되는 진실의무를 부담한다(변호사법 제24조 제2항). 이를 변호인의 공익적 지위라고 한다. 다만, 이러한 진실의무는 소극적인 것에 그치는 것이므로 적극적으로 진실발견에 협력할 필요는 없다. 따라서 피고인의 자백을 촉구하거나 피고인에게 불

리한 증거를 발견해도 이를 제출할 의무는 없다. 또한 변호인은 피고인이 유죄임을 안 경우에도 무죄의 변론을 할 수 있다.

> **판례 |**
>
> **1 변호인의 진실의무에 위반되지 않는 경우**
> 변호사인 변호인에게는 변호사법이 정하는 바에 따라서 이른바 진실의무가 인정되는 것이지만 변호인이 신체구속을 당한 사람에게 법률적 조언을 하는 것은 그 권리이자 의무이므로 변호인이 적극적으로 피고인 또는 피의자로 하여금 허위진술을 하도록 하는 것이 아니라 단순히 **헌법상 권리인 진술거부권이 있음을 알려주고 그 행사를 권고하는 것**을 가리켜 **변호사로서의 진실의무에 위배되는 것이라고는 할 수 없다**(대결 2007.1.31, 2006모656). 14. 변호사, 17. 법원9급, 18. 경찰승진, 19. 해경채용
>
> **2 변호인의 진실의무에 위반되는 경우**
> [1] 형사변호인의 기본적인 임무가 피고인 또는 피의자를 보호하고 그의 이익을 대변하는 것이라고 하더라도 그러한 이익은 법적으로 보호받을 가치가 있는 정당한 이익으로 제한되고, 변호인이 의뢰인의 요청에 따른 변론행위라는 명목으로 수사기관이나 **법원에 대하여 적극적으로 허위의 진술을 하거나 피고인 또는 피의자로 하여금 허위진술을 하도록 하는 것은 허용되지 않는다.** [2] 변호인의 비밀유지의무는 변호인이 업무상 알게 된 비밀을 다른 곳에 누설하지 않을 소극적 의무를 말하는 것일 뿐, **진범을 은폐하는 허위자백을 적극적으로 유지하게 한 행위가 변호인의 비밀유지의무에 의하여 정당화될 수는 없다**(대판 2012.8.30, 2012도6027). 14. 경찰간부

2. 변호인의 권한

(1) 서론

변호인은 독립하여 소송행위를 할 수 있다. 단, 법률에 다른 규정이 있는 때에는 예외로 한다(제36조). 변호인에게는 피의자·피고인의 소송행위를 대리하는 권한인 대리권(代理權)과 변호인에게 인정되는 고유한 권한인 고유권(固有權)이 있다. 피의자·피고인의 권리가 소멸하는 경우에 변호인의 대리권은 소멸하지만, 변호인의 고유권은 그대로 존속한다는 점에서 양자는 차이가 있다.

(2) 대리권

① 의의: 변호인은 피의자·피고인이 할 수 있는 소송행위로서 성질상 대리가 허용되는 모든 소송행위에 대하여 포괄적 대리권을 가진다. 이에는 피고인의 의사에 반해서 행사할 수 있는 독립대리권과 피고인의 의사에 종속되는 종속대리권이 있다.

② 독립대리권
　㉠ '명시한 의사에 반해서' 행사할 수 있는 권리: **체포·구속취소청구(제93조), 보석의 청구(제94조), 증거보전의 청구(제184조), 증거조사에 대한 이의신청(제296조 제1항), 재판장 처분에 대한 이의신청(제296조 제1항)** 등이 이에 해당한다.
　㉡ 명시한 의사에는 반할 수 없으나 '묵시적 의사에 반해서' 행사할 수 있는 권리: **기피신청(제18조 제2항), 상소의 제기(제341조), 증거동의**(대판 2013.3.28, 2013도3)가 이에 해당한다.

③ 종속대리권: 피고인의 의사에 종속되어 행사하는 대리권으로 **상소의 취하(제349조), 관할이전신청(제15조), 관할위반신청(제320조)** 등이 이에 해당한다.

(3) 고유권
① **의의**: 고유권이란 변호인의 권리로 특별히 규정된 것 중 성질상 대리권으로 볼 수 없는 것을 말한다. 이에는 변호인만 가지는 권리와 피고인과 중복해서 가지는 권리가 있다.
② **변호인만 가지는 권리(협의의 고유권)**: **피의자·피고인과의 접견교통권**(제34조), **피고인신문권**(제296조의2), **상고심에서의 변론권**(제387조) 등이 이에 해당한다.
③ **피고인과 중복해서 가지는 권리**: 서류 등 열람복사권(제35조, 제266조의3), 공판기일출석권(제275조), 압수·수색에의 참여권(제145조, 제121조), 증인신문권(제161조의2), 최종의견진술권(제303조) 등이 이에 해당한다.

제5절 보조인

1. 의의

보조인이란 피의자·피고인과 일정한 신분관계에 있는 자로서 변호인 이외의 보조자를 말한다. 변호인과 보조인 모두 피고인의 보조자이지만, 변호인은 법률전문가로서 피고인과의 위임계약을 근거로 피고인을 보조하지만 보조인은 신분관계로 인한 자발적 보조라는 점에서 차이가 있다.

2. 보조인의 자격과 권한

(1) 보조인의 자격

피의자·피고인의 **법정대리인·배우자·직계친족·형제자매**는 보조인이 될 수 있다(제29조 제1항). 보조인이 될 수 있는 자가 없거나 장애 등의 사유로 보조인으로서 역할을 할 수 없는 경우에는 피고인 또는 피의자와 **신뢰관계 있는 자**가 보조인이 될 수 있다(동조 제2항). 보조인이 되고자 하는 자는 심급별로 그 취지를 신고하여야 한다(동조 제3항).

(2) 보조인의 권한

보조인은 독립하여 피의자·피고인의 명시한 의사에 반하지 아니하는 소송행위를 할 수 있다. 단, 법률에 다른 규정이 있는 때에는 예외로 한다(제29조 제3항). 보조인은 피고인·피의자의 보조자이지만 변호인과 같은 광범위한 권한이 인정되지 아니한다.

제2장 소송주체와 소송조건

제1절 소송행위의 의의와 종류

01 소송행위의 의의

소송행위란 소송절차를 형성하는 소송주체나 소송관계인 등의 행위로서 일정한 소송법적 효과가 발생하는 행위를 말한다.

02 소송행위의 종류

(1) 주체에 의한 분류
① **법원의 소송행위**: 법원이 행하는 소송행위를 말한다(예 피고사건에 대한 심리와 재판, 강제처분, 증거조사 등 및 재판장·수명법관·수탁판사·수임판사·법원사무관 등의 소송행위).
② **당사자의 소송행위**: 당사자인 검사와 피고인이 행하는 소송행위를 말한다(예 각종 청구와 신청, 입증, 진술 및 피고인의 소송행위에 준하는 피고인의 변호인·대리인·보조인의 소송행위 등).
③ **제3자의 소송행위**: 법원 또는 당사자가 아닌 제3자의 소송행위를 말한다(예 고소인의 고소, 증인의 증언, 감정인의 감정 등).

(2) 기능에 의한 분류
① **취효적(取效的) 소송행위 - 효과요구 소송행위**: 행위 자체만으로는 행위자가 원하는 효과가 발생하지 않고, 법원의 재판이 있을 때 비로소 법적 효과가 발생하는 소송행위를 말한다(예 기피신청, 관할위반신청, 관할이전신청, 공소의 제기 등).
② **여효적(與效的) 소송행위 - 효과부여 소송행위**: 법원의 행위와 관계없이 행위 그 자체만으로 일정한 법적 효과가 발생하는 소송행위를 말한다(예 상소의 취하·포기, 고소의 취소 등).

(3) 성질에 의한 분류
① **법률행위적 소송행위**: 일정한 소송법적 효과를 지향하는 의사표시를 요소로 하는 소송행위를 말한다(예 공소의 제기, 법원의 재판, 상소의 제기 등).
② **사실행위적 소송행위**: 행위자의 의사와 관계없이 소송법적 효과가 발생하는 소송행위를 말한다. 이에는 논고·구형·변론·증언·감정 등과 같은 표시행위가 있고, 체포·구속, 압수·수색영장집행 등과 같은 순수한 사실행위가 있다.

(4) 목적에 의한 분류
① **실체형성행위**: 실체면의 형성, 즉 피고사건에 대한 법관의 심증형성을 직접 목적으로 하는 소송행위를 말한다. 쉽게 말해 피고인이 유죄인가 무죄인가를 판단하기 위하여 필요한 행위를 말한다(예 검증, 증인의 증언, 피고인의 자백·진술, 당사자의 변론 등).
② **절차형성행위**: 형사절차를 진행시키는 소송행위를 말한다(예 공소의 제기, 증거조사신청, 기피신청, 상소의 제기, 공판기일의 지정 등)(주의 증거조사 ×).

제2절 소송행위의 일반적 요소

01 소송행위의 주체

1. 소송행위 적격(適格)
소송행위의 주체가 자신의 이름으로 소송행위를 할 수 있는 자격을 소송행위 적격이라고 한다.

2. 소송행위의 대리

(1) 의의
소송행위의 **대리**란 본인 이외의 **제3자가 본인을 위하여 소송행위를 하고 그 효과가 본인에게 직접 미치도록 하는 것**을 말한다. 검사나 법원의 소송행위 대리는 인정되지 아니하므로 소송행위의 대리는 피고인·피의자 또는 제3자의 소송행위에 대하여만 문제가 된다.

(2) 허용범위
① 명문의 규정이 있는 경우
   ㉠ 포괄적으로 대리가 인정되는 경우: 의사무능력자의 소송행위 대리(제26조), 법인의 대표(제27조), 변호인·보조인에 의한 소송행위 대리(제36조, 제29조), 경미사건 등에 있어 소송행위 대리(제277조)가 이에 해당한다. 22. 해경승진
   ㉡ 개별적으로 대리가 인정되는 경우: 변호인선임의 대리(제30조), 체포·구속적부심사청구의 대리(제214조의2), 고소·고소취소의 대리(제236조), 재정신청의 대리(제264조), 상소의 대리(제341조) 등이 이에 해당한다. 22. 해경승진
② 명문의 규정이 없는 경우: 명문의 규정이 없는 경우에도 소송행위 대리가 인정될 수 있는지 여부에 관하여 소송행위는 일신전속적(一身專屬的) 성격이 강하고, 형사소송에 있어서는 형식적 확실성이 요구된다는 점을 근거로 이를 부정하는 것이 다수설과 판례의 입장이다. 따라서 **고발, 자수, 자백, 증언, 감정의 대리는 허용되지 아니한다.** 22. 해경승진

> **판례 | 고발의 대리가 허용되는지의 여부(소극)**
>
> 고발은 피해자 본인 및 고소권자를 제외하고는 누구나 할 수 있는 것이어서 **고발의 대리는 허용되지 않는다**(대판 1989.9.26, 88도1533). 14. 경찰승진

02 소송행위의 방식

1. 소송행위의 방식

(1) 의의
형사절차의 형식적 확실성과 피고인의 방어권을 보장하기 위하여 법률이 규정한 소송행위의 개별적 방식을 말하는데 이에는 구두주의(口頭主義)와 서면주의(書面主義)가 있다.

(2) 구두주의와 서면주의
① **구두주의**: 소송행위를 구두로 행하게 하는 주의로서 표시내용이 신속·선명하고 표시자와 표시가 일치한다는 장점이 있다. **실체형성행위**의 원칙적인 방식이다.

② **서면주의**: 소송행위를 서면으로 행하게 하는 주의로서 소송행위를 내용적·절차적으로 명확히 하여 장래의 분쟁을 방지할 수 있고 소송행위를 신중하게 할 수 있다는 장점이 있다. 형식적 확실성이 요구되는 **절차형성행위**의 원칙적인 방식이다.

(3) 현행법상 소송행위의 방식 14. 국가7급
① **구두주의**: 검사와 피고인의 모두진술(제285조, 제286조), 피고인신문(제296조의2), 증인신문(제161조의2), 검사와 피고인의 최후진술(제302조, 제303조) 등의 실체형성행위와 인정신문(제284조), 진술거부권 고지(제283조의2 제2항), 불필요한 변론의 제한(제299조), 퇴정명령(제330조) 등의 소송지휘권 행사에는 구두주의가 적용된다.
② **서면주의**: 공소의 제기(제254조), 영장의 청구·발부(규칙 제93조, 제75조), 상소의 제기(제343조), 상소권회복청구(제346조), 변호인선임(제32조), 불기소처분 통지 및 이유통지(제258조, 제259조), 재정신청(제260조), 증거보전청구(규칙 제92조), 증인신문청구(제221조의2) 등에는 서면주의가 적용된다.
③ **구두주의 또는 서면주의**: **고소·고발과 그 취소**(제237조, 제239조), **공소의 취소**(제255조), 공소장변경(규칙 제142조), 상소의 포기·취하(제352조), 기피신청(제18조), 증거조사신청과 이의신청(제294조, 제296조) 등은 구두 또는 서면으로 할 수 있다. 이외에도 법원 또는 판사에 대한 신청 기타 진술은 특별한 규정이 없으면 서면 또는 구술로 할 수 있다(규칙 제176조 제1항)(**주의** 공소제기와 공소취소는 반드시 서면으로 하여야 한다. ×).

2. 소송서류

(1) 의의
소송서류란 특정한 소송과 관련하여 작성된 일체의 서류를 말한다. 법원이 작성한 서류는 물론 소송관계인이 작성하여 법원에 제출한 서류도 이에 포함된다. 소송서류는 공판개정 전에는 공익상 필요 기타 상당한 이유가 없으면 공개하지 못한다(제47조).

(2) 소송서류의 분류
① 성질에 의한 분류
  ㉠ **의사표시적 문서**: 일방적인 의사표시를 내용으로 하는 문서로서 공소장, 변호인선임계, 재판서 등이 이에 해당한다. 의사표시적 문서는 당해 사건에 있어 증거능력이 없다.

> **판례 | 공소장의 증거능력 유무(소극)**
> **검사의 공소장**은 법원에 대하여 형사재판을 청구하는 서류로서 그 기재내용이 실체적 사실인정의 **증거자료가 될 수는 없다**(대판 1978.5.23, 78도575). 15·16. 경찰승진

  ㉡ **보고적 문서**: 일정한 사실의 보고를 내용으로 하는 문서로서 검증조서, 공판조서, 피의자신문조서, 참고인진술조서 등이 이에 해당한다. 보고적 문서는 일정한 요건을 갖추면 증거능력이 인정된다(제311조 내지 제315조).
② 작성자에 의한 분류
  ㉠ **공무원의 서류**: 공무원이 작성하는 서류에는 법률에 다른 규정이 없는 때에는 작성 연월일과 소속공무소를 기재하고 기명날인 또는 서명하여야 한다(제57조 제1항). 서류에는 간인하거나 이에 준하는 조치를 하여야 한다(동조 제2항).

> **⚖️ 판례 | 검사의 기명·날인 등이 없는 서류의 효력(= 무효)**
>
> 1. 검사의 기명날인 또는 서명이 없는 상태로 제출된 공소장은 형사소송법 제57조 제1항에 위반된 서류라 할 것이고, 이와 같이 법률이 정한 형식을 갖추지 못한 공소장 제출에 의한 공소의 제기는 특별한 사정이 없는 한 그 절차가 법률의 규정에 위반하여 **무효인 때에 해당한다**. 다만, 이 경우 공소를 제기한 검사가 공소장에 기명날인 또는 서명을 추완하는 등의 방법에 의하여 **공소의 제기가 유효하게 될 수 있다**(대판 2012.9.27, 2010도17052). 17·18. 국가9급, 20. 경찰채용, 22. 법원9급
> 2. 검사 작성의 피의자신문조서에 작성자인 **검사의 서명·날인이 되어 있지 아니한 경우** 그 피의자신문조서는 공무원이 작성하는 서류로서의 요건을 갖추지 못한 것으로서 형사소송법 제57조 제1항에 위반되어 **무효이고 따라서 이에 대하여 증거능력을 인정할 수 없다**(대판 2001.9.28, 2001도4091).
> 3. 공소장에 검사의 간인이 없더라도 그 공소장의 형식과 내용이 연속된 것으로 일체성이 인정되고 동일한 검사가 작성하였다고 인정되는 한 그 공소장을 형사소송법 제57조 제2항에 위반되어 효력이 없는 서류라고 할 수 없다. 이러한 공소장 제출에 의한 공소제기는 그 절차가 법률의 규정에 위반하여 무효인 때에 해당한다고 할 수 없다(대판 2021.12.30, 2019도16259 **간인누락 공소장 사건**). 22. 법원9급

    ⓒ 비공무원의 서류: 공무원 아닌 자가 작성하는 서류에는 연월일을 기재하고 기명날인 또는 서명하여야 한다. 인장이 없으면 지장으로 한다(제59조).

> **⚖️ 판례 | 구 형사소송법 제59조에 위반한 서류(기명날인이 없는 서류)**
>
> 피고인이 즉결심판에 대하여 제출한 정식재판청구서에 **피고인의 자필로 보이는 이름이 기재되어 있고 그 옆에 서명이 되어 있어** 위 서류가 작성자 본인인 피고인의 진정한 의사에 따라 작성되었다는 것을 명백하게 확인할 수 있다면, 피고인의 인장이나 지장이 찍혀 있지 않다고 하더라도 해당 정식재판청구는 적법하다고 보아야 한다(대판 2019.11.29, 2017모3458 **정식재판청구서 자필·서명 사건**). 22. 국가7급

(3) 조서(調書)

① 의의: 조서란 보고적 문서 중 일정한 절차·사실을 인증하기 위하여 작성된 공권적 문서를 말한다. 공판조서, 진술조서, 압수·수색조서, 검증조서 등이 이에 해당한다.

② 조서의 작성방법과 기재요건: 조서의 작성방법과 기재요건: 피고인·피의자·증인·감정인·통역인·번역인을 신문하는 때에는 참여한 법원사무관 등이 그 진술 등을 기재하여 조서를 작성하여야 한다(제48조 제1항·제2항). 조서는 진술자에게 읽어 주거나 열람하게 하여 기재 내용이 정확한지를 물어야 한다. 진술자가 조서에 대하여 추가, 삭제 또는 변경의 청구를 한 때에는 그 진술내용을 조서에 기재하여야 한다(제48조 제3항제·4항). 공판조서 및 **공판기일외의 증인신문조서에는 제48조 제3항 내지 제7항의 규정에 의하지 아니한다.** 단, 진술자의 청구가 있는 때에는 그 진술에 관한 부분을 읽어주고 증감변경의 **청구가 있는 때에는 그 진술을 기재하여야 한다**(제52조). 22. 국가7급 검증·압수·수색에 관하여는 조서를 작성하여야 한다(제49조 제1항). 조서에는 서면, 사진, 속기록, 녹음물, 영상녹화물, 녹취서 등 법원이 적당하다고 인정한 것을 인용하고 소송기록에 첨부하거나 전자적 형태로 보관하여 조서의 일부로 할 수 있다(규칙 제29조). 14. 경찰간부

③ 공판조서
    ㉠ **공판조서의 의의**: 공판조서란 공판기일의 소송절차가 법정의 방식에 따라 적법하게 행하여졌는지 여부를 확인하기 위하여 공판기일에 참여한 법원사무관 등이 작성하는 조서를 말한다(제51조 제1항). 18. 경찰승진

ⓒ 공판조서의 기재사항(제51조 제2항)

> ⓐ 공판을 행한 일시와 법원 22. 해경간부
> ⓑ 법관 · 검사 · 법원사무관 등의 관직 · 성명 22. 해경간부
> ⓒ 피고인 · 대리인 · 대표자 · 변호인 · 보조인 · 통역인의 성명 22. 해경간부
> ⓓ **피고인의 출석 여부**(《주의》 변호인의 출석 여부 ×, 검사의 출석 여부 ×) 22. 해경간부
> ⓔ 공개의 여부와 공개를 금한 때에는 그 이유
> ⓕ 공소사실의 진술 또는 그를 변경하는 서면의 낭독
> ⓖ 피고인에게 그 권리를 보호함에 필요한 진술의 기회를 준 사실과 그 진술한 사실
> ⓗ 제48조 제2항에 기재한 사항(피고인 · 피의자 · 증인 · 감정인 · 통역인 · 번역인의 진술 등)
> ⓘ 증거조사를 한 때에는 증거될 서류, 증거물과 증거조사의 방법
> ⓙ **공판정에서 행한 검증 또는 압수**
> ⓚ **변론의 요지**(《주의》 판결의 요지 ×)
> ⓛ 재판장이 기재를 명한 사항 또는 소송관계인의 청구에 의하여 기재를 허가한 사항
> ⓜ 피고인 또는 변호인에게 최종진술할 기회를 준 사실과 그 진술한 사실
> ⓝ 판결 기타의 재판을 선고 또는 고지한 사실

ⓒ **재판장 등의 기명날인 또는 서명**: 공판조서에는 재판장과 참여한 법원사무관 등이 기명날인 또는 서명하여야 한다(제53조 제1항).

판례 | 공판조서 등 관련 판례

1 당해 공판기일에 열석하지 아니한 판사가 재판장으로서 서명 · 날인한 공판조서는 적식의 공판조서라고 할 수 없어 이와 같은 공판조서는 소송법상 **무효**라 할 것이다(대판 1983.2.8, 82도2940). 18. 국가7급 · 법원9급
2 공판조서에 그 공판에 관여한 법관의 성명이 기재되어 있지 아니하다면 공판절차가 법령에 위반되어 **판결에 영향을 미친 위법**이 있다 할 것이다(대판 1970.9.22, 70도1312). 19. 법원9급

ⓔ **공판조서의 정리**: 공판조서는 각 공판기일 후 **신속히 정리**하여야 한다(제54조 제1항). 다음 회의 공판기일에 있어서는 전회의 공판심리에 관한 주요사항의 요지를 조서에 의하여 고지하여야 한다. 다만, 다음 회의 공판기일까지 전회의 공판조서가 정리되지 아니한 때에는 조서에 의하지 아니하고 고지할 수 있다(동조 제2항).

ⓕ **공판조서의 기재 변경청구 등**: 검사, 피고인 또는 변호인은 공판조서의 기재에 대하여 변경을 청구하거나 이의를 제기할 수 있다(제54조 제3항). 변경청구나 이의가 있는 때에는 그 취지와 이에 대한 재판장의 의견을 기재한 조서를 당해 공판조서에 첨부하여야 한다(동조 제4항).

ⓖ **공판조서에 대한 열람 · 등사권**: 피고인은 공판조서의 열람 · 등사를 청구할 수 있고 피고인이 공판조서를 읽지 못하는 때에는 **공판조서의 낭독을 청구**할 수 있다(제55조 제1항 · 제2항). **이 청구에 응하지 아니한 때에는 그 공판조서를 유죄의 증거로 할 수 없다**(제55조 제3항).

판례 |

1 피고인의 공판조서 열람 · 등사청구권이 침해된 경우 그 공판조서의 증거능력 유무(소극)
피고인의 공판조서에 대한 열람 또는 등사청구에 법원이 불응하여 피고인의 열람 또는 등사청구권이 침해된 경우에는 그 공판조서를 유죄의 증거로 할 수 없을 뿐만 아니라 공판조서에 기재된 당해 피고인이나 증인의 진술도 증거로 할 수 없다(대판 2012.12.27, 2011도15869). 14 · 21. 경찰간부, 18. 경찰승진 · 법원9급, 19. 변호사

② 피고인이 원하는 시기에 공판조서를 열람·등사하지 못하였더라도 변론종결 전에는 이를 하였던 경우 그 공판조서의 증거능력 유무(= 원칙적 적극)

비록 피고인이 차회 공판기일 전 등 원하는 시기에 공판조서를 열람·등사하지 못하였다 하더라도 그 **변론종결 이전에 이를 열람·등사한 경우**에는 그 열람·등사가 늦어짐으로 인하여 피고인의 방어권 행사에 지장이 있었다는 등의 특별한 사정이 없는 한 피고인의 공판조서의 열람·등사청구권이 침해되었다고 볼 수 없어 그 **공판조서를 유죄의 증거로 할 수 있다**(대판 2007.7.26, 2007도3906). 15. 국가9급, 19. 변호사

ⓐ **공판조서의 증명력**: 공판기일의 소송절차로서 **공판조서에 기재된 것은 그 조서만으로써 증명**한다(제56조). 이를 공판조서의 **절대적 증명력(배타적 증명력)**이라고 한다.

④ 공판정에서의 속기·녹음·영상녹화
　㉠ 법원은 검사, 피고인 또는 변호인의 신청이 있는 때에는 특별한 사정이 없는 한 공판정에서의 심리의 전부 또는 일부를 속기사로 하여금 속기하게 하거나 녹음장치 또는 영상녹화장치를 사용하여 녹음 또는 영상녹화(녹음이 포함된 것을 말한다)하여야 하며, 필요하다고 인정하는 때에는 직권으로 이를 명할 수 있다(제56조의2 제1항). 18. 경찰채용
　㉡ 법원은 속기록·녹음물 또는 영상녹화물을 공판조서와 **별도로 보관**하여야 한다(제56조의2 제2항).
　㉢ 속기록, 녹음물, 영상녹화물 또는 녹취서는 전자적 형태로 이를 보관할 수 있으며, 재판이 **확정되면 폐기**한다. 다만, 속기록, 녹음물, 영상녹화물 또는 녹취서가 조서의 일부가 된 경우에는 그러하지 아니하다(규칙 제39조)(《주의》 선고되면 폐기한다. ×). 14. 경찰간부

(4) 소송서류의 송달

> **형사소송법**
> **제62조【검사에 대한 송달】** 검사에 대한 송달은 서류를 소속검찰청에 송부하여야 한다.
> **제60조【송달받기 위한 신고】** ① 피고인, 대리인, 대표자, 변호인 또는 보조인이 법원 소재지에 서류의 송달을 받을 수 있는 주거 또는 사무소를 두지 아니한 때에는 법원 소재지에 주거 또는 사무소 있는 자를 송달영수인으로 선임하여 연명한 서면으로 신고하여야 한다.
> ② 송달영수인은 송달에 관하여 본인으로 간주하고 그 주거 또는 사무소는 본인의 주거 또는 사무소로 간주한다. 21. 법원9급
> ③ 송달영수인의 선임은 같은 지역에 있는 각 심급법원에 대하여 효력이 있다.
> ④ 전3항의 규정은 신체구속을 당한 자에게 적용하지 아니한다.
> **제61조【우체에 부치는 송달】** ① 주거, 사무소 또는 송달영수인의 선임을 신고하여야 할 자가 그 신고를 하지 아니하는 때에는 법원사무관 등은 서류를 우체에 부치거나 기타 적당한 방법에 의하여 송달할 수 있다.
> ② 서류를 우체에 부친 경우에는 도달된 때에 송달된 것으로 간주한다. 22. 국가7급
> **제63조【공시송달의 원인】** ① 피고인의 주거, 사무소와 현재지를 알 수 없는 때에는 공시송달을 할 수 있다.
> ② 피고인이 재판권이 미치지 아니하는 장소에 있는 경우에 다른 방법으로 송달할 수 없는 때에도 전항과 같다.
> **제64조【공시송달의 방식】** ① 공시송달은 대법원규칙의 정하는 바에 의하여 법원이 명한 때에 한하여 할 수 있다.
> ② 공시송달은 법원사무관 등이 송달할 서류를 보관하고 그 사유를 법원 게시장에 공시하여야 한다.
> ③ 법원은 전항의 사유를 관보나 신문지상에 공고할 것을 명할 수 있다.
> ④ 최초의 공시송달은 제2항의 공시를 한 날로부터 **2주일을 경과하면 그 효력**이 생긴다. 단, 제2회 이후의 공시송달은 **5일을 경과하면 그 효력**이 생긴다.
> **제65조【민사소송법의 준용】** 서류의 송달에 관하여 법률에 다른 규정이 없는 때에는 민사소송법을 준용한다.

① **검사에 대한 송달**: 검사에 대한 송달은 서류를 소속검찰청에 송부하여야 한다(제62조). 17. 법원9급, 19. 경찰간부
② **피고인에 대한 송달**
　㉠ **교부송달**: 송달은 특별한 규정이 없으면 송달받을 사람에게 서류의 등본 또는 부본을 교부하여야 한다(민사소송법 제178조 제1항, 형사소송법 제65조).
　㉡ **송달영수인 제도**: 피고인 등이 법원 소재지에 서류의 송달을 받을 수 있는 주거 또는 사무소를 두지 아니한 때에는 **법원 소재지에 주거 또는 사무소 있는 자를 송달영수인으로 선임**하여 연명한 서면으로 신고하여야 하고(제60조 제1항), 송달영수인은 송달에 관하여 본인으로 간주하고 그 주거 또는 사무소는 본인의 주거 또는 사무소로 간주한다(동조 제2항). 다만, **송달영수인 제도는 신체구속을 당한 자에게 적용하지 아니한다**(동조 제4항). 주거·사무소·송달영수인의 선임을 신고하여야 할 자가 그 신고를 하지 아니하는 때에는 법원사무관 등은 서류를 우체에 부치거나 기타 적당한 방법에 의하여 송달할 수 있고 서류를 우체에 부친 경우에는 **도달된 때에 송달된 것으로 간주**한다(제61조). 15·16. 법원9급, 19. 경찰간부, 22. 국가7급

> **판례 | 형사소송법 제60조 제4항이 규정한 '신체구속을 당한 자'의 의미**
>
> 형사소송법 제60조 제4항이 규정한 **'신체구속을 당한 자'**라 함은 그 사건에서 신체를 구속당한 자를 가리키는 것이요, **다른 사건으로 신체구속을 당한 자는 여기에 해당되지 아니한다**(대결 1976.11.10, 76모69).

　㉢ **재감자(在監者) 송달**: 교도소·구치소 또는 국가경찰관서의 유치장에 체포·구속 또는 유치된 사람에게 할 송달은 교도소·구치소 또는 국가경찰관서의 장에게 한다(제65조, 민사소송법 제182조). 15·17. 법원9급

> **판례 | 교도소·구치소에 구속된 자에 대한 송달 방법(= 소장에게 송달)**
>
> 1. 교도소 또는 구치소에 구속된 자에 대한 송달은 그 소장에게 송달하면 구속된 자에게 전달된 여부와 관계없이 효력이 생기는 것이다(대판 1995.1.12, 94도2687). 14. 국가7급, 14·19. 경찰간부, 15. 국가9급, 16·21. 법원9급
> 2. 재판을 받는 자가 구치소에 수용되어 있는 경우 **재판서등본이 모사전송의 방법으로 구치소장에게 송부되었다면** 재판서등본이 구치소장에게 송부된 때 그 재판이 고지되었다고 보아야 한다(대결 2004.8.12, 2004모208).
> 3. 재감자에 대한 재심기각결정의 송달을 교도소 등의 장에게 하지 아니하였다면 부적법하여 무효이고 즉시항고 제기기간의 기산일을 정하게 되는 송달 자체가 부적법한 이상 재감자인 피고인이 재심기각결정이 고지된 사실을 다른 방법으로 알았다고 하더라도 송달의 효력은 여전히 발생하지 않는다(대결 2009.8.20, 2008모630). 15. 국가9급, 17. 국가7급
> 4. 수소법원이 송달을 실시함에 있어 **당사자 또는 소송관계인의 수감사실을 모르고 종전의 주·거소에 하였다고 하여도 마찬가지로서 송달의 효력은 발생하지 않는다**고 할 것이며, 송달 자체가 부적법한 이상 당사자가 약식명령이 고지된 사실을 다른 방법으로 알았다고 하더라도 송달의 효력은 여전히 발생하지 아니한다고 할 것이다(대결 1995.6.14, 95모14). 16. 법원9급
> 5. 피고인이 구치소나 교도소 등에 수감 중에 있는 경우는 형사소송법 제63조 제1항에 규정된 '피고인의 주거, 사무소, 현재지를 알 수 없는 때'나 소송촉진법 제23조에 규정된 '피고인의 소재를 확인할 수 없는 경우'에 해당한다고 할 수 없으므로, 법원이 **수감 중인 피고인에 대하여 공소장부본과 피고인소환장 등을 종전 주소지 등으로 송달한 경우는 물론 공시송달의 방법으로 송달하였더라도 이는 위법하다**. 따라서 법원은 주거, 사무소, 현재지 등 소재가 확인되지 않는 피고인에 대하여 공시송달을 할 때에는 검사에게 주소보정을 요구하거나 기타 필요한 조치를 취하여 **피고인의 수감 여부를 확인할 필요가 있다**(대판 2013.6.27, 2013도2714). 20. 법원9급

6 항소심이 소송기록접수통지서를 송달하면서 송달받을 사람을 서울구치소에 재감 중인 피고인으로 하였고 서울구치소 서무계원이 이를 수령한 사실이 있을 뿐인 경우, 이 송달은 적법한 것이 아니어서 **효력이 없다**(대판 2017.9.22, 2017모1680). 20. 법원9급

ㄹ **보충송달**: 근무장소 외의 송달할 장소에서 송달받을 사람을 만나지 못한 때에는 그 사무원, 피용자 또는 동거인으로서 사리를 분별할 지능이 있는 사람에게 서류를 교부할 수 있다(제65조, 민사소송법 제186조 제1항).

> **판례 |**
>
> 1 보충송달에 있어 송달을 받을 자
> 피고인의 동거가족에게 서류가 교부되고 그 동거가족이 사리를 변식할 지능이 있는 이상 피고인이 그 서류의 내용을 알지 못한 경우에도 송달의 효력이 있고, 사리를 변식할 지능이 있다고 하기 위하여는 사법제도 일반이나 소송행위의 효력까지 이해할 필요는 없더라도 송달의 취지를 이해하고 영수한 서류를 수송달자에게 교부하는 것을 기대할 수 있는 정도의 능력이 있으면 족하다 할 것이다(대결 2003.9.22, 2003모300).
>
> 2 적법한 보충송달에 해당하는 경우
> ① 피고인과 동거하는 그 모(母)에게 항소사건 소송기록접수통지서를 송달한 경우. 다만, 서류수령 당시 모는 만 59세로서 문맹이고 관절염, 골다공증으로 인하여 거동이 불편한 상태이었음(대결 2000.2.14, 99모225)
> ② 피고인과 동거하는 그 아들에게 항소사건 소송기록접수통지서를 송달한 경우. 다만, 서류수령 당시 아들은 10세 남짓이었음(대결 1996.6.3, 96모32)
> ③ 피고인과 동거하는 그 딸에게 항소사건 소송기록접수통지서를 송달한 경우. 다만, 서류수령 당시 딸은 8세 4월 남짓이었음(대결 1995.8.16, 95모20)
>
> 3 부적법한 보충송달에 해당하는 경우
> ① 피고인 甲의 배우자 乙이 거주지에서 항소사건 소송기록접수통지서를 송달받았지만 당시 피고인 甲이 이미 호주로 출국하여 2년 이상 외국에서 계속 머물면서 **乙과 함께 생활하지 않고 있었던 경우**(대결 2018.3.29, 2018모642)
> ② 인신보호법상 구제신청에 대한 제1심의 기각결정을 재항고인 甲이 수용되어 있는 인천상정병원의 주소지에서, 그 **병원 직원으로 보이는 乙에게 송달한 경우**(대결 2011.6.14, 2011인마1)
> ③ (수령대리권이 있거나 사리를 변식함에 족한 생계를 같이하는 동거인이 아닌) 피고인의 집주인에게 소송기록접수통지서를 송달한 경우(대결 1983.12.30, 83모53)
> ④ 피고인이 주민등록상의 신고와 같이 **주거지를 변경한 이후에 종전 주거지에 사는 피고인의 모(母)**에게 소송기록접수통지서를 송달한 경우(대판 1997.6.10, 96도2814) 19. 경찰간부

ㅁ **공시송달**: 피고인의 주거·사무소·현재지를 알 수 없는 때 또는 피고인이 재판권이 미치지 아니하는 장소에 있는 경우에 다른 방법으로 송달할 수 없는 때에는 공시송달을 할 수 있다(제63조). 15. 법원9급 법원은 공시송달의 사유가 있다고 인정한 때에는 직권으로 결정에 의하여 공시송달을 명한다(제64조 제1항, 규칙 제43조). 공시송달은 법원사무관 등이 송달할 서류를 보관하고 그 사유를 법원 게시장에 공시하여야 한다(제64조 제2항). 15. 경찰간부, 17. 국가7급 또한 법원은 공시송달의 사유를 관보나 신문지상에 공고할 것을 명할 수 있다(동조 제3항). 17. 국가7급 **최초의 공시송달은 공시를 한 날로부터 2주일이 경과하면 그 효력**이 생긴다. 단, **제2회 이후의 공시송달은 5일이 경과하면 그 효력**이 생긴다(동조 제4항). 15. 경찰채용, 15·18. 경찰간부, 17. 법원9급, 22. 국가7급

판례 |

1 부적법한 공시송달에 해당하는 경우 I
① 항소이유서에 제1심판결 기재 주거지와 다른 송달장소가 기재되어 있음에도 법원이 제1심판결에 기재된 주소로만 송달해 보고 송달불능이 되자 곧바로 공시송달을 한 경우(대판 2004.2.12, 2003도6081)
② 기록 곳곳에 '대구 중구 남산4동 소재 아파트'가 피고인의 실제 주거로 기재되어 있음에도 불구하고, 위 아파트에 대하여 한 번도 소환장을 보내거나 소재탐지 등의 조치를 취한 바 없이 (주민등록상 주소지로 한 소환장의 송달불능을 이유로) 공시송달을 한 경우(대판 1999.12.24, 99도3784)
③ 주민등록상의 주소지로 우송한 소송기록접수통지서 등이 송달불능되자 법원이 **기록에 나타난 실제로 거주한 주소로 송달**을 하거나 **전화**로 확인하여 보는 등 피고인이 송달받을 수 있는 장소를 찾아보도록 시도하지도 않고 곧바로 공시송달을 한 경우(대판 1997.9.26, 97도1371)
④ (제1심판결문상의 피고인의 주거지이고 피고인의 주민등록표상의 주소가 실제로 있는데도) **우편집배원의 피고인의 주거를 알 수 없다는 송달불능보고서만으로 피고인의 주거를 알 수 없다고 단정**하여 공시송달을 한 경우(대결 1991.1.25, 90모70)

2 부적법한 공시송달에 해당하는 경우 II
① 공소장에 피고인의 사무소(서울 강서구 화곡동 소재 오페라 단란주점) 주소가 기재되어 있음에도 불구하고 주거지로 우송한 소송기록접수통지서가 송달불능되자 곧바로 공시송달을 한 경우(대결 1996.8.22, 96모59)
② 공소장에 피고인의 사무소(부산시 해운대구 소재 만석상운 추레라) 소재지가 기재되어 있는데도 주거지에 우송한 소송기록수리통지서 등이 이사불명으로 송달불능되었다는 이유로 곧바로 공시송달을 한 경우(대판 1990.9.25, 90도922)
③ 피고인에 대한 **피의자신문조서** 등에 피고인의 사무소(부산시 동구 초량동 소재 부일관광)가 나타나 있는데도 공소장에 기재된 피고인의 주거지로 약식명령서를 송달하였다가 수취인불명 등으로 송달이 불능되자 곧바로 공시송달을 한 경우(대결 1986.2.27, 85모6)

3 부적법한 공시송달에 해당하는 경우 III
① 피고인에 대한 경찰 피의자신문조서 및 제1심에서 피고인이 제출한 의견서에 피고인의 **휴대전화번호가 기재되어 있었음에도 피고인의 휴대전화로 피고인과의 전화통화를 시도하여 보지도 않고** 공시송달을 한 경우. 다만, 피고인이 법원에 거주지 변경신고를 하지 않아 그로 인하여 송달이 되지 아니하자 법원이 공시송달을 한 것이었음(대판 2010.1.28, 2009도12430) 22. 국가7급
② (공소장에 피고인의 주거로 기재된 장소로의 송달은 이미 2회에 걸쳐 이사불명으로 송달불능된 바 있었으므로) **피고인의 휴대전화로 전화하여 서류를 송달받을 수 있는 장소를 확인**하는 등의 시도를 하지 않고 곧장 공시송달을 한 경우(대판 2012.1.12, 2011도15236)
③ 피고인이 검찰에서 **자신의 휴대전화번호로 '010-3320-1161' 및 사위 A의 휴대전화번호를 진술**하고 있는데도 각 전화번호로 연락하여 송달받을 장소를 확인하여 보는 등의 시도를 하지 않은 채 곧장 공시송달을 한 경우(대판 2010.7.29, 2010도6823)

4 부적법한 공시송달에 해당하는 경우 IV
(구속된 피고인에 대하여) 법원이 검사에게 주소보정을 요구하거나 기타 필요한 조치를 취하는 등 **피고인의 수감 여부를 확인하지 않고 소재를 알 수 없다는 이유로** 곧바로 공시송달을 한 경우(대판 2013.6.27, 2013도2714) 17. 국가7급

5 공시송달이 부적법한 경우에도 송달의 효력이 있는지의 여부(적극)
공시송달의 요건에 흠결이 있는 경우라도 법원이 명하여 그 절차가 취하여진 이상 **송달로서는 유효하다** 할 것이므로 공시송달을 한 날로부터 2주일을 경과하면 송달의 효력이 생긴다(대결 1986.2.27, 85모6).

6 소재탐지불능보고서의 접수가 소송촉진법상의 송달불능보고서의 접수로 볼 수 있는지 여부(적극)

소송촉진 등에 관한 특례법 제23조와 같은 법 시행규칙 제19조 제1항에 의하면, 피고인의 소재를 확인하기 위하여 필요한 조치를 취하였음에도 불구하고 피고인에 대한 송달불능보고서가 접수된 때로부터 6월이 경과하도록 피고인의 소재가 확인되지 아니한 때에 비로소 공시송달의 방법에 의하도록 하고 있는데, 피고인 주소지에 피고인이 거주하지 아니한다는 이유로 구속영장이 여러 차례에 걸쳐 집행불능되어 반환된 바 있었다고 하더라도 이를 소송촉진 등에 관한 특례법이 정한 '송달불능보고서의 접수'로 볼 수는 없다. 반면에 소재탐지불능보고서의 경우는 경찰관이 직접 송달 주소를 방문하여 거주자나 인근 주민 등에 대한 탐문 등의 방법으로 피고인의 소재 여부를 확인하므로 송달불능보고서보다 더 정확하게 피고인의 소재 여부를 확인할 수 있기 때문에 송달불능보고서와 동일한 기능을 한다고 볼 수 있으므로 **소재탐지불능보고서의 접수는 소송촉진 등에 관한 특례법이 정한 '송달불능보고서의 접수'로 볼 수 있다**(대결 2014.10.16, 2014모1557). 20. 법원9급, 22. 국가7급

7 제1심이 위법한 공시송달로 피고인을 소환한 후 피고인의 출석 없이 재판한 경우, 항소심이 취해야 할 조치

[1] 제1심이 공소장부본을 피고인 또는 변호인에게 송달하지 아니한 채 공판절차를 진행하였다면 이는 소송절차에 관한 법령을 위반한 경우에 해당한다. 이러한 경우에도 피고인이 제1심법정에서 이의함이 없이 공소사실에 관하여 **충분히 진술할 기회를 부여받았다면 판결에 영향을 미친 위법이 있다고 할 수 없으나**, 제1심이 공시송달의 방법으로 피고인을 소환하여 피고인이 공판기일에 출석하지 아니한 가운데 제1심의 절차가 진행되었다면 그와 같은 위법한 공판절차에서 이루어진 소송행위는 효력이 없으므로, 이러한 경우 항소심은 피고인 또는 변호인에게 공소장부본을 송달하고 적법한 절차에 의하여 소송행위를 새로이 한 후 항소심에서의 진술과 증거조사 등 심리결과에 기초하여 다시 **판결하여야 한다.** 15. 경찰채용 · 법원9급

[2] 제1심이 (공소장부본을 피고인 또는 변호인에게 송달하지 아니한 채) 공시송달의 방법으로 피고인을 소환하여 피고인이 공판기일에 출석하지 아니한 가운데 제1심의 절차가 진행되었다면 그와 같은 위법한 공판절차에서 이루어진 소송행위는 효력이 없으므로, 이러한 경우 **항소심은 피고인 또는 변호인에게 공소장부본을 송달하고 적법한 절차에 의하여 소송행위를 새로이 한 후 항소심에서의 진술과 증거조사 등 심리결과에 기초하여 다시 판결하여야 한다**(대판 2014.4.24, 2013도9498). 15. 경찰채용, 18 · 19. 국가9급, 20. 법원9급 · 국가7급

03 소송행위의 일시와 장소

1. 소송행위의 일시

소송행위의 일시에는 기일(期日)과 기간(期間)이 있다.

(1) 기일

기일이란 소송행위를 하기로 법률 또는 재판에 의하여 정해진 때를 말한다. 공판기일 · 증인신문기일 · 검증기일 등이 이에 해당한다.

(2) 기간

① 의의: 기간이란 시기와 종기가 법률 또는 재판에 의하여 정해진 시간의 길이를 말한다.

② 기간의 종류

㉠ **행위기간과 불행위기간**: 행위기간(行爲期間)이란 일정한 기간 내에 적법하게 소송행위를 할 수 있는 기간을 말하는데 **고소기간, 상소제기기간** 등이 이에 해당한다. 불행위기간(不行爲期間)이란 일정한 기간 내에는 소송행위를 할 수 없는 기간을 말하는데 **제1회 공판기일의 유예기간**(제269

조) 등이 이에 해당한다.
- ⓒ 법정기간과 재정기간: 법정기간(法定期間)이란 기간의 길이가 법률로 정해져 있는 것을 말하는데 구속기간, 상소제기기간 등 대부분이 이에 해당한다. 재정기간(裁定期間)이란 기간의 길이가 재판에 의하여 정해지는 것을 말하는데 **감정유치기간, 영장의 유효기간** 등이 이에 해당한다.
- ⓒ 효력기간과 훈시기간(법정기간의 분류): 효력기간(效力期間)이란 기간경과 후에 행한 소송행위가 무효로 되는 경우로서 연장이 허용되지 않는 기간을 말한다. 고소기간, 상소기간 등이 이에 해당한다. 훈시기간(訓示期間)이란 기간경과 후에 소송행위를 하더라도 그 효력에 영향이 없는 기간을 말한다.

> **판례 | 훈시기간에 해당하는 경우**
>
> 1. 고소·고발 사건에 관하여 3개월의 처리시한을 규정한 형사소송법 제257조는 훈시규정에 불과하여 위 규정으로부터 검사가 고소를 수리한 날로부터 3월 이내에 반드시 사건을 처리해야 할 법률상의 의무가 발생하는 것도 아니다(헌재 2009.7.14, 2009헌마343).
> 2. 형사소송법 제262조 제1항이 **20일 이내에 재정결정**을 하도록 규정한 것은 **훈시적 규정**에 불과하므로 그 기간이 지난 후에 재정결정을 하였다 하여 재정결정 자체가 위법한 것은 아니다(대결 1990.12.13, 90모58).
> 3. **구속취소의 결정기한(7일)**에 관한 형사소송규칙 제55조의 규정은 훈시규정이라고 할 것이므로 제1심 법원이 그 소정의 결정기한이 지난 뒤에 구속취소의 청구를 기각하는 결정을 하였다고 하여도 그 결정을 취소할 위법이 있다고 할 수는 없다(대결 2003.6.23, 2003모172).
> 4. **구속피고인에 대한 판결서등본 송부기간(14일)**은 강행규정이 아니라 훈시규정이므로 법원이 판결등본 송부기간 후에 피고인에게 판결등본을 송부하였다는 사유만으로는 적법한 상고이유가 될 수 없다(대판 1995.6.13, 95도826).
> 5. '**판결의 선고를 변론종결일로부터 14일 이내**에 하여야 하고 번잡한 사건이나 기타 **특별한 사정이 있는 때에도 21일을 초과할 수 없다**'고 규정한 형사소송규칙 제146조의 규정은 이른바 훈시적인 규정이다(대판 1993.11.26, 93도2505).
> 6. 구 형사소송에 관한 특별조치법 제2조 본문에서 "형사소송에 있어서 **법원은 제1심에서는 공소가 제기된 날로부터 6월내에, 항소심 및 상고심에서는 항소 또는 상고가 제기된 날로부터 각 4월내에 판결을 선고하여야 한다.**"고 규정하고 있음은 소론과 같으나 위 규정은 법원의 의무행위로 규정지은 것은 아니다(대판 1980.8.19, 79도1345).

③ 법정기간의 연장: 법정기간은 소송행위를 할 자의 주거·사무소의 소재지와 법원·검찰청 소재지와의 거리 및 교통통신의 불편정도에 따라 이를 연장할 수 있다(제67조). 소송행위를 할 자가 국내에 있는 경우 주거·사무소의 소재지와 법원·검찰청 소재지와의 거리에 따라 **해로는 100킬로미터, 육로는 200킬로미터**마다 각 1일을 부가한다. 그 거리의 **전부 또는 잔여가 기준에 미달**할지라도 **50킬로미터 이상**이면 1일을 부가한다(규칙 제44조 제1항).

(3) 기간의 계산

> **형사소송법**
>
> 제66조【기간의 계산】① 기간의 계산에 관하여는 시(時)로 계산하는 것은 즉시(卽時)부터 기산하고 일(日), 월(月) 또는 연(年)으로 계산하는 것은 초일을 산입하지 아니한다. 단, 시효와 구속기간의 초일은 시간을 계산하지 아니하고 1일로 산정한다.
> ② 연 또는 월로 정한 기간은 연 또는 월 단위로 계산한다.
> ③ 기간의 말일이 공휴일이거나 토요일이면 그날은 기간에 산입하지 아니한다. 다만, 시효와 구속기간에 관하여는 예외로 한다.

> **민법**
> 제160조【역에 의한 계산】① 기간을 주, 월 또는 년으로 정한 때에는 역서에 의하여 계산한다.
> ② 주, 월 또는 년의 처음으로부터 기간을 기산하지 아니한 때에는 최후의 주, 월 또는 년에서 그 기산일에 해당한 날의 전일로 기간이 만료한다.
> ③ 월 또는 년으로 정한 경우에 최종의 월에 해당일이 없는 때에는 그 월의 말일로 기간이 만료한다.

① **기간계산 법령**: 형사소송법 제66조는 기간의 계산에 관하여 규정하고 있다. 기간의 계산에 관하여 형사소송법에 규정되어 있지 않은 사항은 일반법인 민법에 따른다.

② **시(時) 단위의 계산**: 기간계산에 관하여는 시(時)로 계산하는 것은 즉시(卽時)부터 기산한다(제66조 제1항 본문).

③ **일(日)·월(月)·년(年) 단위의 계산**
   ㉠ '초일불산입'과 '공휴일불산입'의 원칙과 그 예외
      ⓐ 기간계산에 관하여는 일(日)·월(月)·년(年)으로써 계산하는 것은 초일을 산입하지 아니한다(제66조 제1항 본문). 18. 경찰간부 기간의 말일이 공휴일이거나 토요일이면 그날은 기간에 산입하지 아니한다(동조 제3항 본문). 14. 경찰간부, 17. 경찰승진
      ⓑ **시효와 구속기간의 초일은 시간을 계산하지 아니하고 1일로 산정**한다(제66조 제1항 단서). 16. 법원9급 **기간의 말일이 공휴일 또는 토요일이더라도 그 날 기간이 종료**하게 된다(동조 제3항 단서). 14. 경찰간부, 17. 경찰승진

> **⚖ 판례 | 임시공휴일도 형사소송법 제66조 제3항의 '공휴일'에 해당하는지의 여부(적극)**
>
> 형사소송법 제66조 제3항에서 기간의 말일이 공휴일인지 여부는 '공휴일'에 관하여 규정하고 있는 '관공서의 공휴일에 관한 규정' 제2조 각호에 해당하는지 여부에 따라 결정되고, 같은 조 제11호가 정한 '기타 정부에서 수시 지정하는 날'인 **임시공휴일 역시 공휴일에 해당한다**(대판 2021.1.14, 2020모3694 **임시공휴일 사건**). 22. 법원9급

   ㉡ 계산방법
      ⓐ 일(日)로써 계산하는 것은 자연적(自然的) 계산방법, 즉 그 일수만큼 수학적으로 계산한다. 일(日)로 정한 기간말일의 종료로 기간이 만료한다(민법 제159조).
      ⓑ 월(月) 또는 년(年)으로써 계산하는 기간은 역법적(曆法的) 계산방법, 즉 역서(曆書)에 따라 계산한다(제66조 제2항). 이는 1월 또는 1년이 며칠이든 불문하고 달력에 따라 정해진 대로 계산한다는 의미이다. 월 또는 년으로 정한 기간말일의 종료로 기간이 만료한다(민법 제159조).

2. 소송행위의 장소

공판기일의 소송행위는 원칙적으로 법원 건물 내에 있는 법정에서 행한다(법원조직법 제56조 제1항). 법원 외의 장소에서 개정할 필요가 있는 경우에는 법원장의 허가를 받아야 한다(동조 제2항).

제3절 소송행위의 가치판단과 소송조건

01 소송행위의 가치판단

1. 의의
소송행위의 가치판단이란 해석에 의하여 소송행위 내용을 확정한 후에 그 소송행위의 소송법적 효과를 판단하는 것을 말한다. 소송행위의 가치판단에는 성립·불성립, 적법·부적법, 이유 유무, 유효·무효 네 가지가 있다.

2. 소송행위의 성립·불성립

(1) 의의
소송행위가 소송행위로서의 형식과 외관을 갖추었는가에 대한 가치판단으로서 소송행위의 '형식과 외관'을 갖춘 경우를 성립이라고 하고 그렇지 못한 경우를 불성립이라 한다.

(2) 법적 효과
소송행위가 성립하면 설령 무효라 하더라도 방치할 수 없고 절차형성행위 특히 신청에 관하여는 법적 판단을 하여야 한다. 이에 비하여 불성립은 법원 및 소송관계인이 이를 무시·방치할 수 있고 별도의 법적 판단을 필요로 하지 않으며 또한 하자의 치유문제도 발생하지 아니한다.

> **판례 | 소송행위의 불성립과 무효의 차이점**
>
> 소송행위로서 요구되는 본질적인 개념요소가 결여되어 소송행위로 성립되지 아니한 경우에는 소송행위가 성립되었으나 무효인 경우와는 달리 하자의 치유문제는 발생하지 않으나 **추후 당해 소송행위가 적법하게 이루어진 경우에는 그때부터 위 소송행위가 성립된 것으로 볼 수 있다** 할 것이어서 이에 따른 조치를 취하여야 할 것이다(대판 2003.11.14, 2003도2735). 16. 변호사

> **형사소송법**
>
> **제254조 【공소제기의 방식과 공소장】** ① 공소를 제기함에는 공소장을 관할법원에 제출하여야 한다.
> ② 공소장에는 피고인수에 상응한 부본을 첨부하여야 한다.
> ③ 공소장에는 다음 사항을 기재하여야 한다.
> 1. 피고인의 성명 기타 피고인을 특정할 수 있는 사항
> 2. 죄명
> 3. 공소사실
> 4. 적용법조

판례 I

1 공소제기라는 소송행위의 성립요건 등

① 형사소송법이 공소제기에 관하여 서면주의와 엄격한 요식행위를 채용한 것은 앞으로 진행될 심판의 대상을 서면에 명확하게 기재하여 둠으로써 법원의 심판 대상을 명백하게 하고 피고인의 방어권을 충분히 보장하기 위한 것이므로, 서면인 공소장의 제출은 공소제기라는 소송행위가 성립하기 위한 본질적 요소라고 보아야 한다. 따라서 **서면인 공소장의 제출 없이 공소를 제기한 경우에는** 이를 허용하는 특별한 규정이 없는 한 **공소제기에 요구되는 소송법상의 정형을 갖추었다고 할 수 없어 소송행위로서의 공소제기가 성립되었다고 볼 수 없다**(대판 2016.12.15, 2015도3682). 17·18. 국가7급, 19. 해경간부·경찰승진

② 형사소송법이 공소의 제기에 관하여 서면주의와 엄격한 요식행위를 채용한 것은 공소의 제기에 의해서 법원의 심판이 개시되므로 심판을 구하는 대상을 명확하게 하고 피고인의 방어권을 보장하기 위한 것이다. 따라서 위와 같은 엄격한 형식과 절차에 따른 공소장의 제출은 공소제기라는 소송행위가 성립하기 위한 본질적 요소라고 할 것이므로, **공소의 제기에 있어서 현저한 방식위반이 있는 경우에는 공소제기의 절차가 법률의 규정에 위반하여 무효인 경우에 해당된다고 할 것**이고, 위와 같은 절차위배의 공소제기에 대하여 피고인과 변호인이 이의를 제기하지 아니하고 변론에 응하였다고 하여 그 하자가 치유되지는 않는다(대판 2009.2.26, 2008도11813). 14·18. 경찰간부, 17. 국가9급, 22. 국가9급

2 소송행위로서 성립하지 않은 경우

① 검사가 공소사실의 일부가 되는 범죄일람표를 컴퓨터 프로그램을 통하여 열어보거나 출력할 수 있는 전자적 형태의 문서로 작성한 후, **종이문서로 출력하여 제출하지 아니하고 위 전자적 형태의 문서가 저장된 저장매체 자체를 서면인 공소장에 첨부하여 제출한 경우에는**, 서면인 공소장에 기재된 부분에 한하여 공소가 제기된 것으로 볼 수 있을 뿐이고, **위 저장매체에 저장된 전자적 형태의 문서 부분까지 공소가 제기된 것이라고 할 수는 없다**. 이러한 형태의 공소제기를 허용하는 별도의 규정이 없을 뿐만 아니라, 위 저장매체나 전자적 형태의 문서를 공소장의 일부로서의 '서면'으로 볼 수도 없기 때문이다. 이는 위 전자적 형태의 문서의 양이 방대하여 그와 같은 방식의 공소제기를 허용해야 할 현실적 필요가 있다거나 피고인과 변호인이 이의를 제기하지 않고 변론에 응하였다고 하여 달리 볼 것도 아니다. 이러한 법리는 검사가 공소장변경허가신청서에 의한 **공소장변경허가를 구하면서 변경하려는 공소사실을 전자적 형태의 문서로 작성하여 그 문서가 저장된 저장매체를 첨부한 경우에도 마찬가지로 적용된다**(대판 2016.12.15, 2015도3682). 18. 경찰간부·경찰채용, 19. 국가7급, 22. 법원9급

② 검사가 구술에 의한 공소장변경허가신청을 하는 경우에도 변경하고자 하는 공소사실의 내용은 서면에 의하여 신청을 할 때와 마찬가지로 구체적으로 특정하여 진술하여야 하므로, **검사가 구술로 공소장변경허가신청을 하면서 변경하려는 공소사실의 일부만 진술하고 나머지는 전자적 형태의 문서로 저장한 저장매체를 제출하였다면, 공소사실의 내용을 구체적으로 진술한 부분에 한하여 공소장변경허가신청이 된 것으로 볼 수 있을 뿐이다.** 그 경우 저장매체에 저장된 전자적 형태의 문서는 공소장변경허가신청이 된 것이라고 할 수 없고, 법원이 그 부분에 대해서까지 공소장변경허가를 하였다고 하더라도 적법하게 공소장변경이 된 것으로 볼 수 없다(대판 2016.12.29, 2016도11138). 18. 변호사·국가7급, 20. 경찰채용

③ **즉결심판 청구기각의 결정이 있어 경찰서장이 관할 지방검찰청 또는 지청의 장에게 송치한 사건의 경우에는** 검사만이 공소를 제기할 수 있고 공소를 제기할 경우에는 검사는 공소장을 작성하여 법원에 제출하여야 할 것임에도 검사가 이를 **즉결심판에 대한 피고인의 정식재판청구가 있은 사건으로 오인하여 그 사건기록을 법원에 송부한 경우에는**, 공소제기의 본질적 요소라고 할 수 있는 검사에 의한 공소장의 제출이 없는 이상 기록을 법원에 송부한 사실만으로 공소제기가 성립되었다고 볼 수 없다(대판 2003.11.14, 2003도2735). 14·15. 국가9급, 17. 경찰채용, 18. 경찰승진, 21. 경찰간부, 22. 국가7급

> 3 소송행위로서 성립하였으나 무효인 경우
>
> 검사의 공소장변경허가신청서에는 필로폰매매 알선행위에 대한 공소사실과 이 사건 변경신청을 허가하여 달라는 취지의 문구만이 기재되어 있을 뿐 피고인의 성명 기타 피고인을 특정할 수 있는 사항, 적용법조 등이 기재되어 있지 않고, 변경신청서가 피고인 또는 변호인에게 송달되지 않았으며, 새로운 공소의 제기에 대한 사건번호의 부여 및 사건배당절차도 거치지 않은 사실이 인정되므로, 알선행위에 대한 공소의 제기는 형사소송법 제254조에 규정된 형식적 요건을 갖추지 못한 변경신청서에 기하여 이루어졌을 뿐만 아니라, 공소장부본 송달 등의 절차 없이 **공판기일에서 변경신청서로 공소장을 갈음한다는 검사의 구두진술에 의한 것이라서 그 공소제기의 절차에는 법률의 규정에 위반하여 무효라고 볼 정도의 현저한 방식위반이 있다고 봄이 상당하고** 피고인과 변호인이 그에 대하여 이의를 제기하지 않았다고 하여 그 하자가 치유된다고 볼 수는 없으므로 판결로써 공소기각의 선고를 하여야 한다(대판 2009.2.26, 2008도11813). 17. 경찰간부, 18. 국가7급

3. 소송행위의 적법·부적법

(1) 의의

소송행위의 성립을 전제로 소송행위가 법률의 규정에 합치되는가에 대한 가치판단이다.

(2) 법적 효과

효력규정에 위반한 행위는 부적법·무효가 되지만, 훈시규정에 위반한 행위는 부적법하지만 무효가 되는 것은 아니다.

4. 소송행위의 이유 유무

(1) 의의

소송행위가 적법할 것을 전제로 법률행위적 소송행위에 관하여 그 의사표시의 내용이 정당한가에 대한 가치판단이다. 취효적(효과요구) 소송행위에 관하여 이유 유무가 문제되며 여효적(효과부여) 소송행위에 관하여는 이것이 문제되지 아니한다.

(2) 법적 효과

이유가 있는 경우, 즉 소송행위의 실질적 내용이 타당성을 가진 경우에는 법원은 당사자가 원하는 효과를 발생시키는 재판을 하여야 한다. 이유가 없는 경우, 즉 소송행위의 실질적 내용이 타당성을 결한 경우에는 법원은 이유 없으므로 기각한다는 재판을 하여야 한다.

5. 소송행위의 유효·무효

(1) 의의

소송행위가 성립한 것을 전제로 소송행위의 본래적 효력을 인정할 것인가에 대한 가치판단이다. 소송행위의 유효요건을 구비하여 그 본래의 효력이 발생하는 경우를 유효라고 하고 유효요건을 구비하지 못하여 그 본래의 효력이 발생하지 않는 경우를 무효라고 한다.

> **판례**
>
> 1 착오에 의한 절차형성적 소송행위가 무효가 되기 위한 요건
>   착오에 의한 소송행위가 무효로 되기 위하여서는 첫째, **통상인의 판단을 기준으로 하여 만일 착오가 없었다면 그러한 소송행위를 하지 않았으리라고 인정되는 중요한 점(동기를 포함)에 관하여 착오가 있고** 둘째, **착오가 행위자 또는 대리인이 책임질 수 없는 사유로 인하여 발생하였으며** 셋째, **그 행위를 유효로 하는 것이 현저히 정의에 반한다고 인정될 것** 등 세가지 요건을 필요로 한다(대결 1992.3.13, 92모1). 14. 국가7급, 17. 경찰간부, 20. 변호사사례
>
> 2 착오에 의한 절차형성적 소송행위가 무효가 되지 않는 경우
>   ① 교도관이 내어 주는 **상소권포기서를 항소장으로 잘못 믿은 나머지** 피고인이 이를 확인하여 보지도 않고 서명·무인한 경우(대결 1995.8.17, 95모49) 19. 법원9급
>   ② 보호감호가 선고된 것으로 알고 일단 상고를 제기한 **피고인이 (보호감호청구가 기각되었다는) 교도관의 말과 판결선고결과보고서의 기재를 믿은 나머지** 판결등본 송달을 기다리지 않고 상고를 취하한 경우(대결 1992.3.13, 92모1) 20. 국가9급

(2) 무효(하자)의 치유

① **의의**: 무효의 치유란 무효인 소송행위가 사정변경에 의하여 유효한 소송행위가 될 수 있는가의 문제이다. 무효의 치유를 인정하는 이유는 절차유지의 원칙(節次維持原則)에 있다. 무효(하자)의 치유에는 공격방어방법의 소멸과 추완이 있고, 추완은 다시 단순추완과 보정적 추완이 있다.

② **공격방어방법의 소멸**: 이는 무효(하자)에 대하여 당사자의 이의신청이 없이 소송이 어느 단계에 이르면 무효(하자)가 치유되어 당사자가 이를 주장할 수 없는 경우를 말한다.
   ㉠ **책문권(責問權)의 포기**: 당사자가 상당한 시기 안에 이의를 제기하지 아니하면 토지관할 위반, 공소장부본 송달의 하자, 공판기일 유예기간의 하자, 공판기일 통지의 하자, 증인신문절차의 하자 등이 치유된다.
   ㉡ **판결의 확정**: 판결이 확정되면 심판절차의 하자가 있어도 재심 또는 비상상고의 비상구제절차에 의하지 않고는 이를 다툴 수 없다.

> **판례**
>
> 1 무효(하자)의 치유를 인정한 경우
>   ① 변호인이 없는 피고인을 일시 퇴정하게 하고 증인신문을 한 다음 피고인에게 실질적인 반대신문의 기회를 부여하지 아니하였지만, 그 다음 공판기일에서 재판장이 증인신문결과 등을 공판조서(증인신문조서)에 의하여 고지하였는데 피고인이 "변경할 점과 이의할 점이 없다."고 진술하여 **책문권 포기 의사를 명시한 경우**(대판 2010.1.14, 2009도9344) 15. 경찰채용, 18. 국가7급, 21. 변호사
>   ② 증거보전절차에서 판사가 증인신문을 함에 있어 그 일시와 장소를 피의자 및 변호인에게 미리 통지하지 아니하여 증인신문에 참여할 수 있는 기회를 주지 아니하였지만, 피고인과 변호인이 제1심 공판정에서 위 증인신문조서를 증거로 할 수 있음에 동의하여 **별다른 이의 없이** 적법하게 증거조사를 거친 경우(대판 1988.11.8, 86도1646) 18. 국가9급, 21. 경찰간부, 20. 변호사
>   ③ 전혀 다른 두 개의 사건에 대한 항소이유서가 마치 하나의 사건에 대한 항소이유서인 것처럼 하나로 작성되어 제출되었고 그 항소이유서에 별개의 두 사건의 피고인들이 하나의 사건의 공동피고인들인 것처럼 기재되어 있었으나, 그것이 두 개의 사건 중 어느 하나의 사건에 편철되고 그 사건의 피고인들에게 부본이 송달되어 **피고인들의 방어권 행사에 아무런 지장을 초래하지 아니한 채 정상적으로 소송절차가 진행**된 경우(대결 1998.2.10, 97모101) 14. 경찰간부

④ 공소장변경신청서의 부본이 공판정에서 교부되었다 하더라도 **피고인 등이 그 법정에서 변경된 공소사실에 대하여 충분히 변론한 경우**(대판 1995.2.17, 94도3297)
⑤ 공소장부본을 송달받은지 5일이 경과하지 아니한 그 닷새째 되는 날에 제1회 공판이 있었다고 하더라도 재심청구인이 공소범죄 사실에 관하여 **변호인의 도움을 받아 충분한 진술과 변론을 하였음이 명백한 경우**(대결 1982.6.8, 81모43) 22. 경찰간부
⑥ 법원이 피고인에게 증인신문의 시일과 장소를 미리 통지함이 없이 증인들의 신문을 시행하였지만, 그 후 동 증인 등의 신문결과를 동 증인 등에 대한 신문조서에 의하여 소송관계인에게 고지하였고, 이에 대하여 **피고인이나 변호인이 이의를 하지 않았다면 위의 하자는 책문권의 포기로 치유된다**(대판 1974.1.15, 73도2967). 22. 경찰간부
⑦ 법정외에서 증인신문을 실시함에 있어서 피고인에 대하여 통지하지 아니하여 참여 기회를 주지 않은 잘못이 있다고 하더라도 그 후 속개된 공판기일에서 피고인과 변호인이 그 증인신문조사에 대하여 별 의견이 없다고 진술하였다면 **그 잘못은 책문권의 포기로 치유된다**[대판 1980.5.20, 80도306(전합)] **10·26 사건**. 22. 변호사
⑧ 약식명령 청구사건을 공판절차에 의하여 심판할 경우 **공소장부본을 피고인에게 송달하지 않았다 하더라도 검사와 피고인이 공판기일에 출석하여 피고인을 신문하고 피고인도 이에 대하여 이의를 제기함이 없이 신문에 응하고 변론을 하였다면 이러한 하자는 모두 치유된다**(대판 2003.11.14, 2003도2735 **정신없는 검사 사건**). 22. 국가7급

2 무효(하자)의 치유를 인정하지 않은 경우
① 검사가 공소장변경허가신청서를 공소장에 갈음하는 것으로 **구두진술**하였고 또한 피고인과 변호인이 이에 대하여 이의를 제기하지 않은 경우(대판 2009.2.26, 2008도11813) 18. 국가7급
② 증거보전절차에서 판사가 **증인신문**을 함에 있어 그 일시와 장소를 피의자 및 변호인에게 미리 통지하지 아니하여 증인신문에 참여할 수 있는 기회를 주지 아니하였고 또 변호인이 제1심 공판기일에서 위 증인신문조서의 증거조사에 관하여 **이의신청을 한 경우**(대판 1992.2.28, 91도2337) 15. 경찰승진

③ 추완: 소송행위의 추완이란 법정기간이 경과한 후에 이루어진 소송행위에 대하여 그 기간 내에 행한 소송행위와 같은 효력을 인정하는 것을 말한다. 이에는 단순추완과 보정적 추완이 있다.
  ㉠ 단순추완: **법정기간이 경과한 후의 추완행위에 의하여 소송행위 자체가 유효**가 되는 경우를 말한다. 이에는 **상소권회복청구(제345조)**와 **정식재판청구권회복청구(제458조)**가 있다.
  ㉡ 보정적 추완: 추완에 의하여 **다른 소송행위의 하자를 보정**하는 것을 말한다. 형사절차의 동적·발전적 성격과 소송경제를 고려하여 보정적 추완을 인정하는 것에는 견해가 일치하나 그 인정범위에 대하여는 견해가 대립한다.
    ⓐ 변호인선임의 추완: 변호인선임 이전의 변호인으로서 행한 무효인 소송행위가 사후의 변호인선임에 의하여 유효로 되는가의 문제이다. 피고인의 이익을 보호하기 위하여 보정적 추완을 인정하자는 **긍정설**과 변호인선임이 가지는 소송법적 효과의 중요성과 절차의 동적·발전적 성격을 고려하여 보정적 추완을 부정하는 **부정설**이 대립한다. 판례는 부정설의 입장이다.

> **판례 | 변호인선임의 추완을 부정한 경우**
>
> 1 변호인선임서를 제출하지 아니한 채 상고이유서만을 제출하고 상고이유서 제출기간이 경과한 후에 변호인선임서를 제출하였다면 그 상고이유서는 적법·유효한 상고이유서가 될 수 없다. 이는 그 변호인이 원심 변호인으로서 원심법원에 상고장을 제출하였더라도 마찬가지이다(대판 2014.2.13, 2013도9605). 18. 경찰간부·국가9급, 21. 변호사사례
> 2 변호인선임신고서를 제출하지 아니한 변호인이 변호인 명의로 정식재판청구서만 제출하고 정식재판청구기간 경과 후에 비로소 변호인선임신고서를 제출한 경우 변호인 명의로 제출한 위 정식재판청구서는 적법·유효한 정식재판청구로서의 효력이 없다(대결 2005.1.20, 2003모429). 14·19. 국가7급, 15·17. 경찰간부, 19. 경찰승진, 21. 변호사사례
> 3 변호인선임계를 제출치 아니한 채 항소이유서만을 제출하고 동 이유서 제출기간 경과 후에 동 선임계를 제출하였다면 이는 적법·유효한 변호인의 항소이유서로 볼 수 없다(대결 1969.10.4, 69모68). 15. 변호사

ⓑ **고소·고발의 추완**: 친고죄나 전속고발범죄에 있어서 고소나 고발은 소송조건으로 이를 받지 아니한 채 제기한 공소는 무효이다. 고소·고발의 추완이란 이렇게 무효인 공소제기가 사후에, 즉 공소제기 이후의 고소나 고발을 받아 유효하게 되는가의 문제이다.

이에 관하여 ㉮ 피고사건이 친고죄인지 여부는 공소제기시에 판명되는 것이 아니라 공판절차 진행과정에서 판명되는 경우가 적지 않고, 추완을 부정하여 공소기각판결을 선고하고 이후 다시 공소를 제기하게 하는 것은 소송경제에 반한다는 점을 근거로 이를 긍정하는 견해도 있다. 그러나 ㉯ 친고죄에 있어서 공소제기는 고소가 있어야만 적법·유효하게 될 수 있고, 공소제기는 형식적 확실성이 중시되는 소송행위이며, 검사의 공소권을 규제하고 피고인의 절차해방이익을 강조하여 이를 부정하는 견해가 다수설의 입장이다. **판례도 고소·고발의 추완을 부정**하고 있다.

> **판례 |**
>
> 1 **고소·고발 추완의 인정 여부(소극)**
>   강간죄는 친고죄로서 피해자의 고소가 있어야 죄를 논할 수·있고 **기소 이후의 고소의 추완은 허용되지 아니한다** 할 것이며, 이는 비친고죄인 강간치사죄로 기소되었다가 친고죄인 강간죄로 공소장이 변경되는 경우에도 마찬가지라 할 것이다(대판 1982.9.14, 82도1504). 14. 국가7급, 14·15. 경찰간부, 17. 변호사, 19. 경찰승진
>   ✎ 취지만 유효
>
> 2 **고소·고발의 추완을 부정한 경우**
>   ① 세무공무원의 고발 없이 조세범칙사건의 **공소가 제기된 후에** 세무공무원이 고발을 한 경우(대판 1970.7.28, 70도942) 18·20. 경찰간부, 18. 국가9급, 19. 경찰승진
>   ② **강간치사죄의 공소사실을 강간죄로 변경한 후에** 이르러 비로소 피해자의 부(父)가 고소장을 제출한 경우(대판 1982.9.14, 82도1504)
>   ✎ 취지만 유효

02 소송조건

1. 의의
소송조건이란 형사절차의 허용조건, 즉 수사·공판·형집행의 허용조건을 말한다. '실체적 심판을 하기 위한 조건' 또는 '전체로서 형사소송이 발생·유지·존속하기 위한 기본조건'이라고도 한다.

2. 소송조건의 종류

(1) 일반적 소송조건과 특별소송조건
일반사건에 공통되는 소송조건을 일반적 소송조건(재판권, 관할권 등)이라고 하고, 특수한 사건에 대해서만 요구되는 소송조건을 특별소송조건(친고죄에 있어서의 고소 등)이라고 한다.

(2) 절대적 소송조건과 상대적 소송조건
법원이 직권으로 조사해야 하는 소송조건을 절대적 소송조건이라고 하고, 당사자의 신청이 있을 때 심사하는 소송조건을 상대적 소송조건(토지관할)이라고 한다.

(3) 적극적 소송조건과 소극적 소송조건
일정한 사실의 존재가 소송조건이 되는 것을 적극적 소송조건(예 재판권, 관할권 등)이라고 하고, 일정한 사실의 부존재가 소송조건이 되는 것을 소극적 소송조건(예 확정판결이 없을 것 등)이라고 한다.

(4) 형식적 소송조건과 실체적 소송조건
관할위반판결, 공소기각재판의 사유가 되는 것을 형식적 소송조건이라고 하고(제319조, 제327조, 제328조), **면소판결의 사유가 되는 것을 실체적 소송조건**이라고 한다(제326조).

3. 소송조건의 조사

(1) 직권조사의 원칙
소송조건은 형사절차의 허용조건으로 수사절차에서는 수사기관이, 공판절차에서는 법원이 원칙적으로 이를 직권으로 조사하여야 한다. 다만, 토지관할은 피고인이 신청이 있는 때에만 이를 심사할 수 있으므로 이에 대한 예외에 해당된다(제320조).

> **판례 | 소송조건이 법원의 직권조사사항인지의 여부(적극)**
>
> 1 법원은 검사가 공소를 제기한 범죄사실을 심판하는 것이지 고소권자가 고소한 내용을 심판하는 것이 아니므로 고소권자가 비친고죄로 고소한 사건이더라도 검사가 사건을 친고죄로 구성하여 공소를 제기하였다면 공소장변경절차를 거쳐 공소사실이 비친고죄로 변경되지 아니하는 한, 법원으로서는 **친고죄에서 소송조건이 되는 고소가 유효하게 존재하는지를 직권으로 조사·심리하여야 한다**(대판 2015.11.17, 2013도7987). 16·17·19·20. 경찰채용, 19·21. 경찰간부
>
> 2 반의사불벌죄에 있어서 **처벌불원의 의사표시의 부존재는 소극적 소송조건**으로서 직권조사사항이라 할 것이므로 당사자가 항소이유로 주장하지 아니하였다고 하더라도 원심은 이를 직권으로 조사·판단하여야 한다(대판 2009.12.10, 2009도9939). 15·18. 경찰채용, 17. 국가9급, 18. 법원9급, 19. 경찰승진
>
> 3 고발이 있어야 공소를 제기할 수 있는 범죄에서 그 고발은 적극적 소송조건으로서 직권조사사항에 **해당하므로 당사자가 항소이유로 주장하지 않았다고 하더라도 법원은 이를 직권으로 조사·판단하여야 한다**(대판 2014.7.10, 2014도224).

(2) 소송조건의 증명

소송조건은 소송법적 사실로서 자유로운 증명으로 족하다는 것이 통설과 판례의 입장이다.

4. 소송조건 흠결의 법적효과

(1) 불기소처분 또는 형식재판

검사는 수사절차에서 소송조건의 흠결을 발견한 경우에는 불기소처분을 해야한다. 소송조건의 흠결을 간과하고 검사가 공소를 제기한 경우 법원은 형식재판(면소판결·관할위반판결·공소기각재판)으로 소송을 종결시켜야 한다. 소송조건의 흠결이 있는 경우에 유무죄의 실체재판을 하는 것은 허용되지 아니한다.

(2) 소송조건 흠결의 경합

여러 소송조건의 흠결이 경합하는 경우에는 하자의 중대·명백성을 기준으로 공소기각결정, 공소기각판결, 관할위반판결, 면소판결 순으로 재판을 하여야 한다는 것이 통설의 입장이다.

> **⚖ 판례 |**
>
> **1 소송조건의 흠결이 있는 경우 법원이 취해야 할 조치(= 형식재판)**
> ① 제1심은 **공소는 공소시효가 완성된 후에 제기된 것**으로서 공소제기의 절차가 법률의 규정에 위반되어 무효인 때에 해당한다는 이유로 형사소송법 제327조 제2호에 따라 공소를 기각하였고, 원심은 이러한 제1심의 판단을 그대로 유지하였는바 '공소의 시효가 완성되었을 때'에는 판결로써 면소의 선고를 하여야 한다(대판 2010.5.13, 2010도1386).
> ② **범죄 후 법령의 개폐로 그 형이 폐지**되었을 경우에는 형사소송법 제326조에 의하여 실체적 재판을 하기에 앞서 면소판결을 하여야 할 것이므로 원심이 무죄로서의 실체적 재판을 한 것은 위법하여 파기를 면할 수 없다(대판 2010.7.15, 2007도7523).
> ③ 교통사고처리특례법 위반으로 공소가 제기된 사안에서 위반사실이 없음이 밝혀지는 한편 **공소기각판결의 사유가 존재**하는 경우 법원은 공소기각판결을 선고하여야 한다(대판 2004.11.26, 2004도4693). 22. 변호사
> ④ 무죄의 제1심판결에 대하여 검사가 항소하였으나 **공소기각의 사유가 있다**고 인정될 경우 항소심은 직권으로 판단하여 제1심판결을 파기하고 공소기각의 판결을 선고하여야 한다(대판 1994.10.14, 94도1818). 20. 국가9급
> ⑤ 강간치상죄는 강간죄의 결과적 가중범으로서 강간치상의 공소사실 중에는 강간죄의 공소사실도 포함되어 있는 것이어서 강간치상죄로 공소가 제기된 사건에 있어서 그 치상의 점에 관하여 증명이 없더라도 법원으로서는 공소장변경절차 없이 강간의 점에 대하여 심리판단할 수 있다고 할 것인데, 다만 이 경우에 있어서 **공소제기 전에 그 소추요건인 고소의 취소가 있었다면 형사소송법 제327조 제2호에 의하여 공소기각의 판결을 선고**하여야 할 것이지 범죄의 증명이 없다고 하여 무죄의 선고를 할 수는 없다(대판 2002.7.12, 2001도6777).
> ⑥ 강간치상죄로 공소제기가 된 사건에 있어서 그 치상의 점에 관하여 증명이 없더라도 강간의 점에 관하여 증명이 있으면 법원으로서는 강간의 점에 대하여 유죄인정을 할 수 있다 할 것인데, 다만 이 경우에 있어 **제1심판결선고 전에 그 소추요건인 고소의 취소**가 있었다면 **형사소송법 제327조 제5호에 의하여 공소기각의 판결을 선고**하여야 할 것이지 범죄의 증명이 없는 것으로 보아 무죄의 선고를 할 것은 아니다(대판 1988.3.8, 87도2673).

2 소송조건의 흠결이 치유되는 경우
① 친고죄에서 피해자의 고소가 없거나 고소가 취소되었음에도 친고죄로 기소되었다가 그 후 당초에 기소된 공소사실과 동일성이 인정되는 **비친고죄로 공소장변경이 허용된 경우 그 공소제기의 흠은 치유되고**, 친고죄로 기소된 후에 피해자의 고소가 취소되더라도 제1심이나 항소심에서 당초에 기소된 공소사실과 동일성이 인정되는 범위 내에서 다른 공소사실로 공소장을 변경할 수 있으며 이러한 경우 변경된 공소사실에 대하여 심리·판단하여야 하는데, **이는 반의사불벌죄에서 피해자의 처벌을 희망하지 아니하는 의사표시 또는 처벌을 희망하는 의사표시의 철회가 있는 경우에도 마찬가지**로 보아야 한다(대판 2011.5.13, 2011도2233). 14·16. 법원9급, 18. 경찰간부, 15. 변호사

② 피해자가 제1심에서 처벌불원의사를 표시한 후에도 항소심에서 공소사실을 폭행에서 상해로 변경하는 공소장변경을 할 수 있고, 이 경우 **항소심이 변경된 공소사실인 상해의 점에 대해 심리·판단한 것은 정당하다**(대판 2011.5.13, 2011도2233). 15. 변호사

③ 공갈죄의 수단으로서 한 협박은 공갈죄에 흡수될 뿐 별도로 협박죄를 구성하지 않으므로 그 범죄사실에 대한 피해자의 고소는 결국 공갈죄에 대한 것이라 할 것이어서 그 후 **고소가 취소**되었다 하여 공갈죄로 처벌하는 데에 아무런 장애가 되지 아니하며, 검사가 공소를 제기할 당시에는 그 범죄사실을 **협박죄로 구성하여 기소하였다 하더라도 그 후 공판 중에 공갈미수로 공소장변경이 허용된 이상 그 공소제기의 하자는 치유된다**(대판 1996.9.24, 96도2151). 14·18. 경찰간부, 18. 변호사·국가7급

police.Hackers.com

해커스경찰
police.Hackers.com

제3편 공판

제1장 공소의 제기
제2장 공판절차
제3장 재판

제1장 공소의 제기

제1절 기본원칙

01 공소제기와 공소권

1. 공소제기의 의의

공소란 검사가 법원에 대해 특정 형사사건의 심판을 구하는 **법률행위적 소송행위**를 말한다. 공소제기에 의하여 수사는 종결되고 사건은 공판절차로 넘어가게 된다. 따라서 공소제기는 수사의 종결과 법원에 의한 심판개시라는 이중의 의미를 가지고 있다.

2. 공소권과 공소권남용이론

(1) 공소권

공소권이란 공소를 제기하여 수행하는 검사의 권리로서 법원의 심판권 및 피고인의 방어권과 더불어 소송주체의 3대 기본 권리라고 할 수 있다. 공소권의 구체적 내용은 특정사건에 관한 구체적인 형벌권 존부의 확인, 즉 유죄·무죄의 실체재판을 청구하는 권리라고 할 수 있다.

(2) 공소권남용이론

공소권남용이란 **공소제기가 형식적으로 적법**하지만 **실질적으로는 위법·부당한 경우**를 말한다. 공소권남용이론이란 공소권남용이 있을 때 유무죄의 실체재판을 하지 말고 공소기각판결 등의 형식재판으로 소송을 종결하여 검사의 공소권을 규제하자는 이론이다.

> **판례 |**
>
> **1 공소권남용의 요건**
> ① 검사가 자의적으로 공소권을 행사하여 피고인에게 실질적인 불이익을 줌으로써 소추재량권을 현저히 일탈한 경우에는 이를 공소권의 남용으로 보아 공소제기의 효력을 부인할 수 있으나, 자의적인 공소권의 행사로 인정되려면 단순히 직무상의 과실에 의한 것만으로는 부족하고 적어도 그에 관한 미필적이나마 어떤 의도가 있음이 인정되어야 한다(대판 2014.8.20. 2011도468). 14. 경찰승진, 14·16. 경찰간부, 18. 국가9급·법원9급
> ② 검사에게는 범죄의 구성요건에 해당하는 경우에 피의자의 연령, 성행, 지능과 환경, 피해자에 대한 관계, 범행의 동기, 수단과 결과, 범행 후의 정황 등의 사항을 참작하여 **공소를 제기할 것인지의 여부를 결정할 수 있는 재량권이 부여되어 있는바**, 위와 같은 재량권의 행사에 따른 공소의 제기는 **소추재량권을 현저히 일탈하였다고 인정되지 않는 이상 공소권을 남용한 경우에 해당한다고 할 수 없다**(대판 2012.7.12. 2010도9349). 13. 변호사
>
> **2 공소권남용에 해당하는 경우**
> ① 피고인이 절취한 차량을 무면허로 운전하다가 적발되어 **절도 범행의 기소중지자로 검거되었음에도 무면허운전의 범행만이 기소되어 유죄의 확정판결을 받고 그 형의 집행 중 가석방되면서 다시 그 절도 범행의 기소중지자로 긴급체포되어 절도 범행과 이미 처벌받은 무면허운전의 일부 범행까지 포함하여 기소된 경우**(대판 2001.9.7. 2001도3026)

② 피고인이 중국에 거주하는 갑과 공모하여, 탈북자들의 북한 거주 가족에 대한 송금의뢰 등 중국으로 송금을 원하는 사람들로부터 피고인 등 명의의 계좌로 입금받은 돈을 갑이 지정·관리·사용하는 계좌로 재송금하는 방법으로 무등록 외국환업무를 영위하여 외국환거래법 위반으로 기소된 사안에서, 검사는 종전에 기소유예 처분을 하였다가 **4년여가 지난 시점에 다시 기소하였고, 종전 피의사실과 공소사실 사이에 이를 번복할 만한 사정변경이 없는 경우**(대판 2021.10.14, 2016도14772). 22. 국가7급

3 공소권남용에 해당하지 않는 경우 I

① 어떤 사람에 대하여 공소가 제기된 경우 그 공소가 제기된 사람과 **동일하거나 다소 중한 범죄구성요건에 해당하는 행위를 하였음에도 불기소된 사람이 있는 경우**(대판 2012.7.12, 2010도9349) 14. 경찰간부
② 검사가 공무원의 신분을 가진 **공범들 중 甲, 乙에 대해서는 기소를 하지 아니하고 피고인만 기소한 경우**(대판 2010.1.28, 2008도7312)
③ 검사가 새천년민주당 대통령후보 경선에 끝까지 참여한 다른 사람들의 위법한 정치자금 수수혐의에 대해서는 문제삼지 않으면서 **중도 사퇴한 피고인의 정치자금수수에 대해서만 공소를 제기한 경우**(대판 2006.12.22, 2006도1623) 20. 국가9급
④ 다른 기업인들도 피고인들과 같은 재산국외도피의 범행을 하였음에도 그 사람들은 처벌하지 아니하거나 가볍게 처벌하면서도 대우그룹의 임원들에 불과한 **피고인들에 대하여만 재산국외도피죄의 공동정범으로 공소를 제기한 경우**(대판 2005.4.29, 2002도7262)
⑤ 검사가 국세청의 고위 공무원들과 공모하여 기업들로부터 거액의 정치자금을 모금한 피고인들을 정치자금에 관한 법률 위반죄로 기소한 경우. 다만, 수사와 기소단계에서 **제15대 대통령 선거의 당선자측과 낙선자측을 불평등하게 취급하는 정치적인 고려가 있었음**(대판 2004.4.27, 2004도482)

4 공소권남용에 해당하지 않는 경우 II

① 검사가 피고인의 여러 범죄행위를 일괄하여 기소하지 아니하고 수사진행 상황에 따라 **여러 번에 걸쳐 나누어 분리기소한 경우**(대판 2007.12.27, 2007도5313) 14. 경찰승진
② **A사건(특수강도강간 등)에 대한 공소가 B사건(특수강도강간 등)의 항소심판결선고일 이후에야 제기되는 바람에 피고인이 A사건과 B사건을 병합하여 재판을 받지 못한 경우**(대판 2004.7.8, 2004도2189) 14. 경찰간부
③ 피고인에 대한 **관련 선행사건의 제1심판결이 선고된 후 항소심 재판을 받고 있을 때에 비로소 공소가 제기되어, 피고인이 관련사건과 병합하여 재판을 받지 못한 경우**(대판 2000.9.22, 2000도3160)
④ **공소가 종전사건(사기사건)의 항소심 판결선고 전에 제기되지 아니하여** 피고인이 관련사건과 병합하여 재판을 받지 못한 경우(대판 1998.7.10, 98도1273)
⑤ 1인이 범한 **다수의 범죄사실 중 그 일부에 대하여 검사가 먼저 기소한 결과 형이 분리되어 확정**된 경우(대판 1998.4.24, 98도248)

5 공소권남용에 해당하지 않는 경우 III

① 이른바 '선거쟁점'에 해당하는 사항에 대하여 과거부터 논란이 있었고 이와 관련한 정부 및 단체의 활동이 계속되어 왔음에도 검사가 **선거가 임박한 시점에서 그런 활동이 공직선거법에 저촉될 수 있다는** 중앙선거관리위원회의 유권해석을 존중하여 **공소를 제기한 경우**(대판 2011.10.27, 2011도9243)
② 검사가 공소를 제기한 후 **공소장을 2회에 걸쳐 변경한 경우**(대판 1995.9.15, 94도3336)
③ 피고인의 범죄사실 중 **일부(무고)에 대하여 검사의 일차 무혐의결정이 있었고, 이에 대하여 그 고소인이 항고 등 아무런 이의를 제기하지 않고 있다가 그로부터 약 3년이 지난 뒤에야 뒤늦게 다시 피고인을 동일한 혐의로 고소함에 따라 검사가 새로이 수사를 재기한 후 공소를 제기**한 경우(대판 1995.3.10, 94도2598)
④ 검사가 **사기죄에 대하여 약식명령의 청구를 한 다음 피고인이 약식명령의 고지를 받고 정식재판의 청구를 하여 그 사건이 제1심법원에 계속 중일 때 사기죄의 수단의 일부로 범한 사문서위조 및 동행사죄에 대하여 추가로 공소를 제기**한 경우(대판 1990.2.23, 89도2102) 18. 국가7급

⑤ 피고인이 배우자인 피해자에게 **상해를 가하였다는 범죄사실로 가정폭력처벌법 제37조 제1항 제1호의 불처분결정을 받아 확정된 후 약 2년 4개월 후 피해자가 피고인을 다시 고소하자, 검사가 같은 범죄사실에 대하여 공소를 제기한 경우**. 다만, 검사의 공소제기가 종전 가정보호사건의 확정된 불처분결정의 효력을 뒤집을 특별한 사정이 없음에도 불구하고, 단지 고소인의 개인적 감정에 영합하거나 이혼소송에서 유리한 결과를 얻게 할 의도만으로 이루어진 것이 아니었음(대판 2017.8.23, 2016도5423 **불처분결정 후 공소제기 사건**) 20. 경찰채용·법원9급

02 공소제기의 기본원칙

1. 국가소추주의(國家訴追主義)

국가소추주의란 공소제기의 권한을 국가기관에게 전담시키는 제도를 말한다. 형사소송법은 제246조에서 "공소는 검사가 제기하여 수행한다."라고 규정하고 있다. 이외에도 경찰서장의 즉결심판청구도 공소제기에 해당한다. 즉, 공소를 제기할 수 있는 자는 검사와 경찰서장에 한정이 되는데, 이들은 전부 국가기관이므로 형사소송법은 철저한 국가소추주의를 취하고 있다. 따라서 일반 사인은 어떠한 경우에도 소추하지 못한다.

2. 기소독점주의(起訴獨占主義)

(1) 의의

국가소추주의를 전제로 국가기관 중에서 특히 검사만이 공소권을 행사하는 것을 기소독점주의라 한다. 형사소송법 제246조 "공소는 검사가 제기하여 수행한다."는 국가소추주의와 함께 기소독점주의를 규정한 것이다.

(2) 기소독점주의의 장단점

기소독점주의는 공소제기의 공정성을 보장하고 국가적 입장에서 **공평하고 획일적인 소추를 할 수 있다는 장점**이 있다. 반면에 공소권 행사가 **검사의 자의와 독선에 빠질 위험**이 있고 **정치적 영향을 받아 공소권이 남용**될 수 있다는 **단점**이 있다.

(3) 기소독점주의의 예외

기소독점주의의 예외란 검사 이외의 국가기관이 공소제기를 하는 것을 말하는데, 이에는 **즉결심판청구**가 있다. 넓은 의미의 공소제기에 해당하는 즉결심판은 경찰서장이 관할법원에 이를 청구한다(즉결심판법 제3조 제1항).

3. 기소편의주의(起訴便宜主義)

(1) 의의

기소편의주의란 검사에게 형사소추와 관련하여 기소·불기소의 재량을 인정하는 제도를 말한다. 형사소송법은 제247조에서 "검사는 형법 제51조의 사항을 참작하여 공소를 제기하지 아니할 수 있다."라고 규정하여 **기소편의주의**를 채택하고 있다. 이에 비하여 기소법정주의란 수사결과 공소를 제기할 수 있는 혐의가 인정되고 소송조건을 구비한 때에는 반드시 공소를 제기해야 하는 제도를 말한다.

(2) 기소편의주의의 장단점

기소편의주의는 형사사법의 탄력성 있는 운영을 통해 구체적인 정의실현을 할 수 있고 형사정책적 고려에 의하여 범인에게 조기개선의 기회를 부여하며 불필요한 공소제기를 억제함으로써 소송경제를 도모할 수 있다는 장점이 있다. 반면 형사사법의 투명성을 해치고 법적 안정성을 해할 우려가 있다는 단점이 있다.

(3) 기소편의주의의 예외

재정신청절차에서 고등법원이 공소제기의 결정을 한 후 그 결정서 정본과 사건기록을 관할 지방검찰청 검사장 등에게 송부하면, 지방검찰청 검사장 등은 담당 검사를 지정하고 그 지정받은 검사는 공소를 제기하여야 한다(제262조). 이 경우 검사는 불기소처분을 할 수 없고 의무적으로 공소제기를 해야 하기 때문에 이는 **기소편의주의에 대한 예외**에 해당한다.

(4) 기소편의주의의 내용

① 기소유예의 인정: 형사소송법 제247조에 의한 불기소처분을 기소유예라 하고, 기소편의주의란 바로 이러한 기소유예를 인정하는 입법주의를 말한다. 검사는 범인의 연령·성행·지능·환경, 범행동기, 피해자에 대한 관계, 범행의 동기·수단·결과, 범행후의 정황수단을 고려하여 기소유예를 할 수 있다(제247조, 형법 제51조).

② 공소취소의 인정: 공소를 제기한 후에도 검사는 **공소취소**를 할 수 있는데 이를 **기소변경주의**라 한다. 기소변경주의는 기소편의주의의 논리적 귀결로서 표리일체의 관계에 있다.

4. 기소변경주의(起訴變更主義)

(1) 의의

공소취소란 검사가 공소제기를 철회하는 법률행위적 소송행위를 말한다. 공소취소를 인정하는 입법주의를 기소변경주의라 하고 이는 기소편의주의와 표리일체의 관계에 있다.

(2) 기소변경주의의 예외

검사는 고등법원의 공소제기결정에 따라 공소를 제기한 때에는 이를 취소할 수 없다(제264조의2). 14·16. 국가9급, 17. 변호사·경찰승진, 18. 경찰채용, 19. 경찰간부 공소제기결정에 따라 제기한 공소를 검사가 임의로 취소할 수 있도록 한다면 재정신청 제도의 취지가 몰각되기 때문이다.

(3) 공소사실의 철회(공소장변경)와의 구별

공소사실의 철회란 공소장변경의 한 내용으로 '**동일성이 인정되는**' 범죄사실 중 **일부를 철회**하는 것을 말한다(제298조 제1항). 이에 비하여 **공소취소**는 '**동일성이 인정되지 않는**' 수 개의 공소사실의 **전부 또는 일부를 철회**하는 것을 말한다(제255조 제1항).

✓ SUMMARY | 공소의 취소 vs 공소사실의 철회 ★

구분	공소의 취소	공소사실의 철회(공소장변경)
의의	동일성이 인정되지 않는 수 개의 공소사실의 전부 또는 일부를 철회하는 것	동일성이 인정되는 범죄사실 중 일부를 철회하는 것
사례	절도죄와 강간죄 중에서 절도죄 전부를 심판대상에서 제외하는 것	절도죄와 강간죄 중에서 절도죄의 절취물 중 일부를 심판대상에서 제외하는 것
시기	제1심판결선고 전까지	원칙적으로 사실심 변론종결 전까지

방식	① 서면. 다만, 공판정에서는 구술로 할 수 있음 ② 법원의 허가 불요	① 서면. 다만, 공판정에서는 피고인에게 이익이 되거나 피고인이 동의하는 경우 구술로 할 수 있음 ② 법원의 허가 필요
통지 또는 고지	검사는 7일 이내에 서면으로 고소인·고발인에게 그 취지를 통지해야 함	법원은 신속히 그 사유를 피고인 또는 변호인에게 고지해야 함
법원의 조치	절도죄에 대하여 공소기각결정 고지	절도죄에 대하여 실체재판
재기소 또는 추가의 제한	다른 중요한 증거의 발견	제한 없음

판례 |

[1] **실체적 경합관계에 있는 수개의 공소사실 중 일부를 소추대상에서 철회하는 절차(= 공소취소)**
공소장에 기재된 수개의 공소사실이 서로 동일성이 없고 실체적 경합관계에 있는 경우에 그 일부를 **소추대상에서 철회**하려면 공소장변경의 방식에 의할 것이 아니라 **공소의 일부취소절차에 의하여야 한다**. 19. 경찰간부·국가9급

[2] **검사가 공소취소의 취지가 담긴 공소장변경신청을 한 경우 법원이 취해야 할 조치(= 공소취소로 간주하여 공소기각결정 고지)**
실체적 경합관계에 있는 수개의 공소사실 중 어느 한 공소사실을 전부 철회하는 검찰관의 공판정에서의 구두에 의한 공소장변경신청이 있는 경우 이것이 그 부분의 공소를 취소하는 취지가 명백하다면 비록 공소취소신청이라는 형식을 갖추지 아니하였더라도 **이를 공소취소로 보아 공소기각결정을 하여야 할 것**이다(대판 1992.4.24, 91도1438). 14·21. 법원9급, 19·20. 경찰채용, 22. 경찰간부

(4) 공소취소의 절차

① **주체**: 공소취소는 **검사만**이 할 수 있다. 19. 경찰간부 피고인이나 법원은 공소취소를 할 여지가 없다.
② **공소취소의 사유**: 공소취소의 사유에는 법률상 제한이 없다. 14. 법원9급 공소제기 후에 사정변경으로 불기소처분을 하는 것이 상당하다고 인정되는 경우이면 족하다.
③ **공소취소의 방법과 시기**: 공소취소는 이유를 기재한 **서면**으로 하여야 한다. 단, 공판정에서는 **구술**로써 할 수 있다(제255조 제2항). 15. 경찰채용·법원9급, 16·19. 경찰간부 공소취소는 **제1심판결선고 전**까지 할 수 있다(동조 제1항)(《주의》 공소취소는 서면으로만 할 수 있다. ×). 14·15. 법원9급, 17. 경찰간부

판례 | 재심심판절차에서 공소취소를 할 수 있는지의 여부(소극)

제1심판결이 선고된 이상 동 판결이 확정되어 이에 대한 **재심소송절차가 진행 중**에 있다 하여도 공소취소를 할 수 없다(대판 1976.12.28, 76도3203). 14·16. 법원9급, 19. 해경간부·국가9급, 22. 경찰간부

④ **공소취소의 통지**: 공소를 취소한 경우에는 **7일** 이내에 서면으로 고소인·고발인에게 그 **취지를 통지**해 주어야 한다(제258조 제1항).

(5) 공소취소의 효과
① **공소기각결정**: 공소취소가 있으면 법원은 **공소기각결정**을 고지하여야 한다(제328조 제1항 제1호). 15. 법원9급
② **재기소의 제한**: 공소취소에 의한 공소기각의 결정이 확정된 때에는 공소취소 후 그 범죄사실에 대한 다른 중요한 증거를 발견한 경우에 한하여 다시 공소제기를 할 수 있다(제329조). 15·16. 법원9급, 16·17. 경찰간부 **다른 중요한 증거의 발견도 없이 다시 공소가 제기**되었을 때에는 법원은 **공소기각판결**을 선고하여야 한다(제327조 제4호). 18. 국가9급·법원9급, 19. 경찰간부

> **판례 I**
>
> 1 공소취소 후 재기소에 관한 규정인 형사소송법 제329조가 종전의 범죄사실을 변경하여 재기소하는 경우에도 적용되는지의 여부(적극)
> **형사소송법 제329조**는 '공소취소에 의한 공소기각의 결정이 확정된 때에는 공소취소 후 그 범죄사실에 대한 다른 중요한 증거를 발견한 경우에 한하여 다시 공소를 제기할 수 있다'고 규정하고 있는바, 이는 단순일죄인 범죄사실에 대하여 공소가 제기되었다가 공소취소에 의한 공소기각결정이 확정된 후 다시 종전 범죄사실 그대로 재기소하는 경우뿐만 아니라 **범죄의 태양, 수단, 피해의 정도, 범죄로 얻은 이익 등 범죄사실의 내용을 추가 변경하여 재기소하는 경우에도 마찬가지로 적용**된다(대판 2009.8.20, 2008도9634). 21. 법원9급
>
> 2 포괄일죄의 공소사실 일부를 철회하였다가 다른 중요한 증거의 발견도 없이 다시 추가할 수 있는지의 여부(적극)
> 공소사실의 동일성이 인정되지 아니하고 실체적 경합관계에 있는 수개의 공소사실의 전부 또는 일부를 철회하는 공소취소의 경우 그에 따라 공소기각의 결정이 확정된 때에는 그 범죄사실에 대하여는 형사소송법 제329조의 규정에 의하여 **다른 중요한 증거가 발견**되지 않는 한 재기소가 허용되지 아니하지만, 이와 달리 **포괄일죄로 기소된 공소사실 중 일부에 대하여 공소장변경의 방식으로 이루어지는 공소사실의 일부 철회의 경우에는 그러한 제한이 적용되지 아니한다**(대판 2004.9.23, 2004도3203). 20. 국가9급

제2절 공소제기의 방식과 효과

01 공소제기의 방식

> **형사소송법**
>
> **제254조【공소제기의 방식과 공소장】** ① 공소를 제기함에는 공소장을 관할법원에 제출하여야 한다.
> ② 공소장에는 피고인수에 상응한 부본을 첨부하여야 한다.
> ③ 공소장에는 다음 사항을 기재하여야 한다.
> 1. 피고인의 성명 기타 피고인을 특정할 수 있는 사항
> 2. 죄명
> 3. 공소사실
> 4. 적용법조
> ④ 공소사실의 기재는 범죄의 시일, 장소와 방법을 명시하여 사실을 특정할 수 있도록 하여야 한다.
> ⑤ 수개의 범죄사실과 적용법조를 **예비적 또는 택일적으로 기재**할 수 있다.

> **형사소송규칙**
>
> **제117조【공소장의 기재요건】** ① 공소장에는 법 제254조 제3항에 규정한 사항 외에 다음 각 호의 사항을 기재하여야 한다.
> 1. 피고인의 주민등록번호 등, 직업, 주거 및 등록기준지. 다만, 피고인이 법인인 때에는 사무소 및 대표자의 성명과 주소
> 2. 피고인이 구속되어 있는지 여부

1. 공소장의 제출

공소를 제기함에는 공소장을 관할법원에 제출하여야 한다(제254조 제1항). 공소장에는 피고인 수에 상응하는 공소장 부본을 첨부하여야 하고(동조 제2항), 법원은 지체 없이(늦어도 제1회 공판기일 전 5일까지) 공소장부본을 피고인 또는 변호인에게 송달하여야 한다(제266조). **공소의 제기는 엄격한 서면주의**가 지배한다. 따라서 서면이 아닌 구두나 전보 등에 의한 공소의 제기는 허용되지 아니한다. 공소제기는 **공소장이 법원에 도달할 때 그 효력이 발생**한다.

> **⚖ 판례 Ⅰ 공소제기의 효력 발생시기**
>
> **공소제기는 공소장이 법원에 도달할 때 그 효력이 발생**하므로 공소장의 제출일자와 법원직원이 접수인을 찍은 날짜가 다르다면 공소장 제출일자를 공소제기일로 보아야 하나 통상의 경우 공소장에 접수일로 찍혀 있는 날짜는 공소제기일로 추정된다(대판 2002.4.12, 2002도690).

2. 공소장의 기재사항

(1) 필요적 기재사항

공소장에는 피고인의 성명 기타 피고인을 특정할 수 있는 사항, 죄명, 공소사실 및 적용법조를 기재하여야 한다(제254조 제3항). 17. 경찰간부

① **피고인의 성명 기타 피고인을 특정할 수 있는 사항(제1호)**: 공소장에는 피고인의 성명 기타 피고인을 특정할 수 있는 사항을 기재하여야 한다. 피고인 특정은 공소제기의 유효요건이므로 피고인이 특정되지 아니하면 공소제기 절차가 법률의 규정에 위반하여 무효인 때에 해당하여 법원은 **공소기각판결을 선고**하여야 한다(제327조 제2호). 성명모용이나 위장출석의 경우는 피고인이 특정되지 않은 사례에 해당한다.

② **죄명(제2호)**: 죄명이란 범죄의 유형적 성질을 나타내는 명칭으로 적용법조의 기재와 함께 심판대상을 법률적으로 구성하는데 중요한 역할을 한다. 다만, 검사의 죄명 기재는 보조적 기능을 함에 그치므로 죄명표시에 오기가 있거나 누락이 되어도 피고인의 방어권 행사에 실질적인 불이익을 초래하지 않는 한 공소제기의 효력에는 영향이 없다.

③ **공소사실(제3호)**
  ㉠ **공소사실의 의의**: 공소사실이란 법원에 대하여 심판을 청구하는 범죄사실을 말한다. 공소사실의 기재는 범죄의 시일·장소·방법을 명시하여 사실을 특정할 수 있도록 하여야 한다(제254조 제4항). 15. 경찰간부
  ㉡ **공소사실 특정의 정도**: 공소사실의 특정을 요구하는 취지는 **법원의 심판대상을 명확히** 하고 **피고인의 방어권을 보장**하는데 있다. 공소사실은 가능하면 상세하게 기재하는 것이 피고인 보호관점에서 이상적이나, 공소사실의 특정을 엄격히 요구하게 되면 검사의 공소제기와 유지에 지나친 부담을 주게 된다.

ⓒ **공소사실 불특정의 효과**: 공소사실의 특정은 공소제기의 유효요건이므로 공소사실을 특정하지 아니하면 공소제기 절차가 법률의 규정에 위반하여 무효인 때에 해당하여 법원은 **공소기각판결**을 선고하여야 한다(제327조 제2호).

④ **적용법조(제4호)**: 적용법조는 죄명과 함께 공소사실의 법률적 평가에 있어서 중요한 역할을 한다. 적용법조는 공소사실에 적용할 형법각칙 또는 특별형법 뿐만 아니라 형법총칙상 미수·공범·부작위 등 관계 조문도 빠짐없이 기재하여야 한다. 다만, 적용법조의 기재에 오기나 누락이 있다고 할지라도 피고인의 방어권 행사에 **실질적인 불이익을 주지 않는 한 공소제기의 효력에는 영향이 없다.**

> **판례 | 적용법조 기재 관련**
>
> 공소장에 적용법조를 기재하는 이유는 **공소사실의 법률적 평가를 명확히 하여 공소의 범위를 확정하는 데 보조기능을 하도록 하고 피고인의 방어권을 보장하고자 함에 있을 뿐이고**, 법률의 해석 및 적용 문제는 법원의 전권이라 할 것이므로 공소사실이 아닌 어느 처벌조항을 준용할지에 관한 해석 및 판단에 있어서는 **법원은 검사의 공소장 기재 적용법조에 구속되지 않는다**(대판 2018.7.24, 2018도3443 **자전거 전도 사건**). 22. 경찰승진

⑤ **기타**: 공소장에는 피고인이 구속되어 있는지 여부를 기재하여야 한다(규칙 제117조 제1항 제2호). 이외에도 실무상 공소장에는 공소장이라는 표제, 검사의 기명날인·서명, 소속검찰청의 표시 및 관할 법원을 기재한다. 또한 형사소송법 제254조 제3항은 공소장의 필요적 기재사항을 규정한 것에 불과하고 그 이외 사항의 기재를 금지하는 것이 아니라는 것이 판례의 입장이다.

> **판례 | 검사의 기명날인 또는 서명이 없는 공소장에 의한 공소제기의 효력(무효)**
>
> **검사의 기명날인 또는 서명이 없는 상태로 제출된 공소장**은 형사소송법 제57조 제1항에 위반된 서류라 할 것이고, 이와 같이 법률이 정한 형식을 갖추지 못한 공소장 제출에 의한 공소의 제기는 특별한 사정이 없는 한 그 절차가 법률의 규정에 위반하여 **무효인 때에 해당한다**. 다만, 이 경우 공소를 제기한 **검사가 공소장에 기명날인 또는 서명을 추완**하는 등의 방법에 의하여 **공소의 제기가 유효하게 될 수 있다**(대판 2012.9.27, 2010도17052)(《주의》 공소제기의 하자는 치유되지 않는다. ×). 21. 경찰간부

> **판례 |**
>
> 1 **죄명의 특정정도**
> 　공소장에 수개의 공소사실에 대하여 그 죄명을 일괄표시하였다 하여도 공소사실을 보면 그 **죄명과 적용법조를 알아차릴 수 있는 경우에는 그 죄명과 적용법조가 특정되어 있지 않다 할 수 없고 그 방어권행사에 지장이 된다고도 할 수 없다**(대판 1969.9.23, 69도1219). 15. 국가7급
>
> 2 **공소장에 CD를 첨부한 경우 공소사실의 특정 여부의 판단**
> 　검사가 공소사실의 일부가 되는 범죄일람표를 컴퓨터 프로그램을 통하여 열어보거나 출력할 수 있는 전자적 형태의 문서로 작성한 후, 종이문서로 출력하여 제출하지 아니하고 위 **전자적 형태의 문서가 저장된 저장매체 자체를 서면인 공소장에 첨부하여 제출한 경우, 법원은 저장매체에 저장된 전자적 형태의 문서 부분을 고려함이 없이 서면인 공소장이나 공소장변경신청서에 기재된 부분만을 가지고 공소사실 특정 여부를 판단하여야 한다**. 만일 공소사실이 특정되지 아니한 부분이 있다면, 검사에게 석명을 구하여 특정을 요구하여야 하고, 그럼에도 검사가 이를 특정하지 않는다면 그 부분에 대해서는 공소를 기각할 수밖에 없을 것이다(대판 2016.12.15, 2015도3682). 21. 법원9급

3 공소사실의 특정을 요구하는 취지 등(= 심판대상의 한정 및 피고인의 방어권 보장)

[1] 형사소송법 제254조 제4항에서 범죄의 일시·장소와 방법을 명시하여 공소사실을 특정하도록 한 취지는 **법원에 대하여 심판의 대상을 한정**하고 **피고인에게 방어의 범위를 특정하여 그 방어권 행사를 용이하게 하기 위한 데 있는 것**이므로 [2] 공소제기된 범죄의 성격에 비추어 그 공소의 원인이 된 사실을 다른 사실과 구별할 수 있을 정도로 그 일시·장소·방법·목적 등을 적시하여 특정하면 족하고, 그 일부가 다소 불명확하더라도 그와 함께 적시된 다른 사항들에 의하여 그 공소사실을 특정할 수 있고, 그리하여 피고인의 방어권 행사에 지장이 없다면 공소제기의 효력에 영향이 없다(대판 2011.3.10, 2011도168 등). 14. 경찰채용, 19. 변호사

4 공소사실의 특정정도

① 공소사실의 특정방법을 정한 형사소송법 제254조 제4항에서 말하는 범죄의 **'시일'**은 이중기소나 시효에 저촉되지 않는 정도의 기재를 요하고 **'장소'**는 토지관할을 가름할 수 있는 정도의 기재를 필요로 하며 **'방법'**은 범죄의 구성요건을 밝히는 정도의 기재를 요하는 것이다(대판 2009.5.28, 2008도4665). 18. 법원9급, 19. 변호사

② 여러 범행이 실체적 경합관계에 있는 경우에는 다른 범행과 구별이 가능하도록 **범행별로 범죄의 시일, 장소와 방법을 명시**하여 범죄사실을 특정하여야 한다(대판 2013.7.26, 2011도1264). 20. 경찰채용

③ **포괄일죄**에 있어서는 그 일죄를 구성하는 개개의 행위에 대하여 구체적으로 특정하지 아니하더라도 그 전체 범행의 시기와 종기, 범행방법과 장소, 상대방, 범행횟수나 피해액의 합계 등을 명시하면 이로써 그 범죄사실은 특정되었다고 할 것이다(대판 2010.12.23, 2008도2182). 14·19. 변호사, 17·19. 국가7급, 18. 국가9급, 20·22 경찰간부

④ 포괄일죄의 공소사실에도 대표적인 특정 범죄사실 또는 당해 범죄의 구체적인 범행방법 등을 거시한 다음 전체 범행의 시기와 종기, 범행횟수 또는 피해액의 합계 및 피해자나 상대방 등을 명시함으로써 당해 구성요건을 충족하는 구체적인 사실이 기재되도록 하여야 할 것이다(대판 2009.7.23, 2008도5930).

⑤ 방조범의 공소사실을 기재함에 있어서는 그 전제가 되는 **정범의 범죄구성을 충족하는 구체적 사실을 기재하여야 한다**(대판 2001.12.28, 2001도5158). 14. 변호사·경찰채용, 16. 법원9급

5 공소사실이 특정된 경우(죄수 관련)

① "피고인은 1994.7.7. 12:13경 미도파 백화점 상계점 지하 1층 식품판매장에서 **피해자 A를 기망하여** 소천엽 1개를 대금 2,440원에, 소양 1개를 대금 1,201원에 판매하여 그 대금 상당액을 편취하였다."라는 공소사실(대판 1996.2.13, 95도2121) - 사기죄

② "피고인은 1980.1.19. 시간 미상경 주식회사 합동의 사무실에서 **A 명의**의 부가가치세 30,931원에 대한 확정신고서 1매를 위조하고, 이를 이리세무서에 제출하여 행사하였다."라는 공소사실(대판 1982.12.14, 82도1362) - 사문서위조 및 동행사죄

6 공소사실이 특정되지 않은 경우(죄수 관련) I

① "피고인들은 공동하여 성명불상 범종추측 승려 100여명의 전신을 손으로 때리고 떠밀며 발로 차서 위 **성명불상 피해자들에게 폭행을 각 가한 것이다.**"라는 공소사실(대판 1995.3.24, 95도22) - 폭력행위처벌법 위반

② "피고인들은 애드스파이더 다잡아 프로그램을 배포하여 그 프로그램이 설치된 각 컴퓨터에서는 넷피아닷컴, 유비즈커뮤니케이션 등 경쟁업체의 각 플러그인 프로그램이 정상적으로 작동되거나 설치되지 못하도록 하고 시작페이지를 고정시킴으로써 **컴퓨터 사용자들의 컴퓨터 사용에 관한 업무를 방해하였다.**"라는 공소사실(대판 2009.3.12, 2008도11187) - 컴퓨터 등 장애 업무방해죄 19. 국가9급

③ "피고인은 1992.9.1.경부터 1994.7.11.까지 사이에 미도파 백화점 상계점 지하 1층 식품판매장에서 **성명불상의 고객들에게** 가공일을 변작한 소양, 소천엽, 닭다리, 닭가슴살, 닭어깨살, 닭날개 등 소부산물 및 계육 등 1일 평균 10개, 대금 합계 25,000원 상당을 판매하여 그 대금 상당액을 편취하였다."라는 공소사실(대판 1996.2.13, 95도2121) - 사기죄 15. 국가9급, 20. 해경채용, 21. 경찰간부

④ "피고인은 전국기관차협의회 **회원들에 대하여** 불법파업을 하여 직무유기할 것을 결의하게 하고, 전국기관차협의회 회원 6,500여 명이 이에 따라 1994.6.23. 04:00경부터 불법파업에 돌입하게 하여 직무유기를 교사하였다."라는 공소사실(대판 1997.8.22, 95도984) - 직무유기교사죄 22. 해경간부

⑤ "피고인은 2007.4.경 내지 2007.6.경 사이에 알 수 없는 곳에서 엠디엠에이(MDMA, 일명 '엑스타시')를 알 수 없는 방법으로 투약하였다."라는 공소사실(**투약횟수의 기재가 없음**)(대판 2009.5.14, 2008도10914) - 마약류관리법 위반

⑥ "피고인은 2005.3.15.경부터 같은 해 4.10.경까지 사이 일시불상경 진해시내 일원에서 필로폰 불상량을 불상의 방법으로 **수회** 투약하였다."라는 공소사실(대판 2006.4.28, 2006도391) - 마약류관리법 위반

⑦ "피고인은 1988.1. 초순 일자 불상경부터 같은 해 12. 하순 일자 불상경까지 사이에 1회용 주사기로써 암페타민을 팔에 주사하는 방법으로 **수십 회에 걸쳐** 투입하였다."라는 공소사실(대판 1989.12.12, 89도2020) - 마약류관리법 위반

⑧ "피고인은 2001.2.부터 2002.6.까지 **보따리상을 통하여** 장뇌삼 9,398뿌리 외 **7종 시가 199,928,460원 상당품을 밀수입**하고, 2002.9.경부터 2003.2.경까지 **보따리상을 통하여** 중국산 장뇌삼 9,529뿌리 외 **3종 시가 160,673,000원 상당의 물품을 밀수입**하였다."라는 공소사실(대판 2007.1.11, 2004도3870) - 관세법 위반

⑨ "피고인은 1992.2.경부터 1996.6.7.경까지 피고인 경영의 기전사에서 성명불상자들이 관세를 포탈하여 반입한 로렉스 손목시계 9개 시가 합계 금 4,230만원 상당을 성명불상의 중간상인들로부터 **수회에 걸쳐** 구입하여 이를 취득하였다."라는 공소사실(대판 1999.1.26, 98도1480) - 관세법 위반 20. 경찰간부

7 공소사실이 특정되지 않은 경우(죄수 관련) Ⅱ

① "피고인은 1980.12. 일자 불상경부터 1981.9.5. 전일경까지 사이에 피해자를 협박하여 **약 20여회** 강간 또는 강제추행(택일적 공소사실)하였다."라는 공소사실(대판 1982.12.14, 82도2442) - 미성년자의제강간죄 또는 미성년자의제강제추행죄

② "피고인은 1980.1.19.부터 1.25.까지간에 **31명의 영업자들 명의의** 합계 2,680,674원에 해당하는 부가가치세 신고서를 각 위조하고, 각 작성일시에 이를 이리세무서에 제출하여 행사하였다."라는 공소사실(대판 1982.12.14, 82도1362) - 사문서위조 및 동행사죄

③ "피고인은 1995.9.경부터 1998.1.6.경까지 경기 고양시 소재 회사에서 자동차 동력 전달장치의 일종으로 해체가 금지되어 있는 자동차 부품인 등속조인트를 가공, 재생하여 판매할 목적으로 폐차된 자동차의 부품인 **등속조인트 약 2,918개** 시가 금 81,410,000원 상당을 분해하여 자동차의 장치를 무단 해체하였다."라는 공소사실(대판 1999.4.23, 98도4455) - 자동차관리법 위반

④ "피고인은 1992.11. 말경부터 1995.7.25.경까지 사이에 매월 타인 소유의 자동차 **10여대의 장치를** 해체하였다."라는 공소사실(대판 1996.9.10, 96도1544) - 자동차관리법 위반

⑤ 조세범처벌법 제11조의2 제4항 소정의 **무거래 세금계산서수수죄는 각 세금계산서마다 하나의 죄가 성립**하므로 세금계산서마다 그 공급가액이 공소장에 기재되어야 개개의 범죄사실이 구체적으로 특정되었다고 볼 수 있고, **세금계산서의 총 매수와 그 공급가액의 합계액이 기재되었다고 하여 공소사실이 특정되었다고 볼 수는 없다**(대판 2007.6.29, 2007도2076). - 조세범처벌법 위반 15. 국가9급

8 공소사실이 특정된 경우(포괄일죄 관련)

① "피고인은 **1996.9.30.부터 1997.5.30.경까지 사이에 피해자 경영의 서점에서** 서적외판원으로 근무하면서 군산 및 익산 등지에서 아동도서를 판매하고 수금한 금 1,050만원을 피해자를 위하여 업무상 보관하던 중 그 무렵 군산시내 일원에서 생활비 등으로 임의소비하여 이를 횡령하였다." 라는 공소사실(대판 1999.11.12, 99도2934) - 업무상횡령죄

② "피고인 甲은 **2002.5.26.부터 2002.6.1.까지의 교육출장기간 중에 수원시 등 법무연수원 인근 도시에서** 丙, 丁, 戊, 己 등 피고인 乙의 지인들을 통하여 1,000만원의 뇌물을 수수하고, 피고인 乙은 그와 같이 뇌물을 교부하였다."라는 공소사실(대판 2008.5.15, 2008도1097) - 수뢰죄 및 증뢰죄

③ "피고인은 성동등기소 조사계장으로 재임 중이던 **1977.4.15.경 동 등기소 사무실에서** 甲으로부터 극동아파트 보존등기신청사건을 접수처리함에 있어서 신속히 처리하여 달라는 부탁조로 **1건당 금 1,000원씩 도합 금 111,000원을 속칭 급행료라는 명목으로 교부받은 것을 비롯하여 같은 해 9.10.경까지 사이에 전후 7회에 걸쳐** 각종 등기사건을 접수처리하면서 甲으로부터 같은 명목으로 도합 금 828,000원을 교부받아 그 직무에 관하여 뇌물을 수수하였다."라는 공소사실(대판 1982.10.26, 81도1409) - 수뢰죄

④ "피고인은 **1971년 말경부터 1972년 말경까지 사이에 비밀 요정 등지에서** 금 120만원 상당의 향응을 제공받았다."라는 공소사실(대판 1975.7.22, 75도1680) - 수뢰죄

⑤ "피고인은 **1995.8.11.경부터 1995.9.6.까지 전국 연근해에서** 근해선망어선 제62 세길호를 타고 다니며 선망의 주요 부분의 망목 내경이 법령이 정한 **제한기준에 미달하는 25mm짜리 어망을 사용** 조업하였다."라는 공소사실(대판 1997.5.30, 97도414) - 수산자원보호령 위반

⑥ "피고인은 **1991.5.14. 14:00경 서울 중구 남대문로 5가 12의37 대신의원에서** A가 소개하여 준 B의 성기에 국소마취주사를 놓은 다음 표피를 절개한 후 그 안에 육질형 실리콘 1점을 집어넣고 봉합하는 수술을 하여 주고 그 대가로 금 9만원을 교부받은 것을 비롯하여, **같은 해 5. 초순경부터 10. 초순경까지 사이에** B외 약 20명을 상대로 그와 같은 수술을 하여준 다음 그 대가로 매회 금 9만원씩 교부받아 의료행위를 업으로 하였다."라는 공소사실(대판 1992.9.25, 92도1671) - 보건범죄단속법 위반

⑦ 포괄일죄인 **상습절도의 공소사실**에 관하여 그 범행의 모든 피해자 성명이 명시되지 아니하였다 하여 범죄사실이 특정되지 아니하였다고 볼 수 없는 것이다(대판 1992.9.14, 92도1532). - 특정범죄가중법 위반(절도)

⑧ '2006.12.14.경부터 2007.2.15.경까지 2회에 걸쳐 합계 5천만원을 받았다'는 포괄일죄의 공소사실로 공소제기된 경우 공소장에 피고인이 각 일시에 받은 구체적 금액을 특정하지 않았다는 사유를 들어 공소사실이 특정되지 않았다고 볼 수 없다(대판 2008.12.24, 2008도9414). - 변호사법 위반 15. 국가9급

⑨ 포괄일죄에 해당하는 **공직선거법상 기부행위제한 위반죄**의 범죄사실은 그 죄의 일부를 구성하는 개개의 기부행위에 대하여 구체적으로 특정하지 아니하더라도 그 기부행위의 전제가 된 선거, 전체 기부행위의 시기와 종기, 기부행위의 장소, 방법, 그 대상이 된 대략의 선거구민을 명시하면 이로써 특정되는 것이다(대판 2006.6.27, 2005도4177). - 공직선거법 위반

⑩ **무면허의료행위**는 그 범죄의 구성요건의 성질상 동 범행의 반복이 예상되는 것이므로 반복된 **수개의 행위는 포괄적으로 한 개의 범죄로 처단**되는 것으로 공소사실도 포괄적으로 기재한 것은 공소사실은 불특정의 위법을 저질렀다고 할 수 없다(대판 1984.2.28, 83도3313). - 보건범죄단속법 위반

9 공소사실이 특정되지 않은 경우(포괄일죄 관련)

① "피고인은 1970.12.28. 16시경에 전북 옥구군 온산면 지곡리 2구 A 집에 동인이 없는 틈을 타서 침입, 라디오 1대 시가 금 7,500원 상당을 훔친 것을 비롯하여 **그 후 4회에 걸쳐 상습적으로** 타인의 재물을 절취하였다."라는 공소사실(대판 1971.10.12, 71도1615) - 상습절도죄

② "피고인은 **1954.7.1.부터 1960.7.30.까지간에** 공동업체인 제주극장 수입금을 업무상 보관 중 10개 항목에 걸쳐 도합 금 785,687원을 임의소비하여 횡령하였다."라는 공소사실(대판 1962.6.20, 62도76) - 업무상횡령죄

③ "피고인 甲, 乙, 丙은 공모하여 1969.9.경부터 1969.12.경까지 주거 미상의 **각종 납품업자 수명이 수차에 걸쳐** 철도청 건설국 관리과 사무실에서 제공하는 현금 245,600원을 받아 그 직무에 관하여 뇌물을 수수하였다."라는 공소사실(대판 1971.2.9, 70도2585) - 수뢰죄

④ "피고인은 일정기간 동안 **손님들에게 눈썹문신, 아이라인, 입술문신을 시술해주고** 해당 시술료를 받는 영업을 하였다."라는 공소사실(대판 2009.7.23, 2008도5930) - 보건범죄단속법 위반

10 공소사실이 특정된 경우(마약류 관련)

① "피고인은 **2009.8.10.부터 2009.8.19.까지** 사이에 서울 또는 부산 이하 불상지에서 메스암페타민을 일정량 투약하였다."라는 공소사실(메스암페타민의 양성반응이 나온 소변의 채취일시, 메스암페타민의 투약 후 소변으로 배출되는 기간에 관한 자료와 피고인이 체포될 당시까지 거주 또는 왕래한 장소에 대한 피고인의 진술 등 기소 당시의 증거들에 의하여 범죄일시와 장소를 표시한 것이고, 피고인이 위 투약은 甲이 2009.8.19. 몰래 음료에 메스암페타민을 넣어서 생긴 것이므로 투약에 관한 정을 몰랐다는 취지로 변소하자 이에 대응하여 甲에 대한 수사기관의 수사와 제1심의 증거조사까지 이루어졌음)(대판 2010.8.26, 2010도4671)

② "피고인은 **1998.9. 초순 어느 날** 서울시내 불상지에서 불상의 방법으로 메스암페타민을 일정량 투약하였다."라는 공소사실(이중기소나 시효, 토지관할의 구분이 가능할 정도로 특정되어 있음)(대판 1999.9.3, 99도2666)

③ "피고인은 **1993.8. 중순 일자 불상경** 인천 이하 불상지에서 히로뽕을 1회용 주사기에 넣고 증류수에 희석시킨 후 자신의 팔에 주사하여 이를 투약한 것이다."라는 공소사실(피고인의 모발에서 메스암페타민 성분이 검출되어 있고, 검사가 기소 당시의 증거에 의하여 가능한 한 특정한 것임)(대판 1994.12.9, 94도1680)

④ "피고인은 甲과 공모하여 **2010년 1월에서 3월 사이** 일자불상 03:00경 서산시 소재 상호불상의 모텔에서, 甲이 불상의 경위로 소지한 필로폰 불상량을 일회용 주사기에 담아 생수로 희석한 다음 A(女, 17세)의 팔에 주사하였다."라는 공소사실(공소사실은 투약 대상인 A의 진술에 기초한 것이라는 점에서 피고인에 대한 모발 등의 감정결과에만 기초하여 공소사실을 기재한 경우와는 달리 볼 필요가 있고, 투약행위가 있었던 시기 전후하여 상당한 기간에는 공소사실의 구별을 곤란하게 하는 다른 유사한 내용의 투약행위가 존재할 가능성이 낮음)(대판 2014.10.30, 2014도6107)

11 공소사실이 특정되지 않은 경우(마약류 관련)

① "피고인은 **2010.11. 초순부터 2011.1. 하순까지 사이**, 2011.2. 초순부터 2011.4. 하순까지 사이, 2011.5. 초순부터 2011.7. 하순까지 사이, 2011.8. 초순부터 2011.10. 하순까지 사이에 각 고양시 덕양구 주교동에 있는 피고인이 운영하는 식당 등지에서 필로폰 불상량을 정확히 알 수 없는 방법으로 투약하였다."라는 공소사실(모발감정결과만을 토대로 마약류 투약가능기간을 추정하고 투약장소나 방법에 관해서도 별다른 사실적 근거 없이 막연한 추정만으로 공소사실을 기재한 것임)(대판 2013.5.23, 2012도16200)

② "피고인은 **2010.11.경** 부산 사하구 이하 불상지에서 (중략) 필로폰을 투약하였다."라는 공소사실(모발감정결과 등을 바탕으로 그 범행일시와 장소 및 투약방법을 단순히 추정한 것에 불과하고, 투약시기로 기재된 위 기간 내에 복수의 투약가능성을 부정하기 어려움)(대판 2012.4.26, 2011도11817) 15. 국가9급

③ "피고인은 **2010년 2월 초순경부터 2010.4.18.경 사이에** 진주시 이하 불상지에서 메스암페타민 약 0.03g을 생수에 타서 마시거나 일회용 주사기를 이용하여 이를 투약하였다."라는 공소사실(투약시기로 기재된 위 기간 내에 복수의 투약가능성이 농후함)(대판 2011.6.9, 2011도3801)

④ "피고인은 **2008. 1월경부터 같은 해 2월 일자불상 15:00경까지 사이에** 인천 남구 용현동 물텀벙사거리에 있는 상호불상의 오락실 앞 노상에서 甲으로부터 1회용 주사기에 담긴 메스암페타민 약 0.7g을 교부받아 이를 매수한 외에, **그때부터 2009. 2월 내지 3월 일자불상 07:00경까지 총 21회에 걸쳐 필로폰을 매수·투약하였다.**"라는 공소사실(매수 및 투약시기로 기재된 위 기간 내에 복수의 범행 가능성이 농후함)(대판 2010.10.14, 2010도9835)

⑤ "피고인은 **2009년 3월 말경부터 같은 해 6월 말경까지** 진주시 이하 장소를 알 수 없는 곳에서, 메스암페타민 불상 양을 불상의 방법으로 1회 투약하였다."라는 공소사실(투약시기로 기재된 위 기간 내에 복수의 투약가능성이 농후함)(대판 2010.4.29, 2010도2857)

⑥ "피고인은 **2010년 2월경** 부산, 양산 등 경남 지역 일원에서, 메스암페타민 약 0.03g을 액체에 용해시킨 다음 일회용 주사기로 주사하는 방법 또는 음료에 타 마시는 방법으로 이를 투약하였다."라는 공소사실(소변감정 결과 메스암페타민 반응이 음성으로 검출되었음)(대판 2011.2.10, 2010도16361)

⑦ "피고인은 **2007.8. 초순경부터 2008.1. 초순경까지 사이에** 충주시 일원에서 메스암페타민 불상량을 불상의 방법으로 투약하였다."라는 공소사실(길이 4~5cm 가량의 피고인의 모발을 대상으로 메스암페타민 검출실험을 한 결과 양성반응이 나왔다는 감정결과가 나오자 메스암페타민 성분이 모발의 어느 부위에서 검출된 것인지, 더 짧은 길이로 분할분석은 할 수 없는지, 검출된 양은 어느 정도인지 등에 관한 구체적인 확인이나 조사도 없이 단지 위 길이 정도의 모발에서 메스암페타민 성분이 검출된 경우 그 검출가능한 전 기간을 범행일시로 하고, 범행장소는 그 기간 동안 주로 생활하였다고 한 충주시 일원으로 하여 기재한 것임)(대판 2009.5.14, 2008도10885)(同旨 대판 2000.11.24, 2000도2119)

⑧ "피고인은 **2000.11.2.경부터 2001.7.2.경까지 사이에** 인천 이하 불상지에서 메스암페타민 불상량을 불상의 방법으로 수회 투약하였다."라는 공소사실(대판 2002.9.27, 2002도3194) 16. 국가9급, 20. 해경채용

12 공소사실이 특정된 경우(구성요건 관련)

① "피고인 신○○는 **2007.4.경** 불상의 장소에서 행사할 목적으로 권한 없이 '신○○가 2005.5.23. 예일대학교 예술철학사 박사학위를 수여하였다'는 취지와 예일대학교 총장 하워드 알 라마 서명이 기재된 **'예일대학교 박사학위기'** 1매를 작성하여 **사실증명에 관한 사문서를 위조하고, 2007. 5.20. 동국대학교에서** 동국대학교 교직원으로부터 박사학위기 원본 제출을 요구받아 **위조한 문서를 제출하여 행사하고, 2007.7.4. 광주비엔날레 사무실에서** 광주비엔날레 직원에게 **송부하여 행사하였다.**"라는 공소사실(대판 2009.1.30, 2008도6950) - 사문서위조 및 동행사죄 15·21. 경찰간부

② "피고인은 **성명불상자와 공모공동하여** 행사할 목적으로 **1992. 봄 일자 불상경** 피고인이 성명불상자에게 지시하여 성명불상자가 백지 부동산매매계약서 용지의 부동산 표시란에 '서울시 중구 신당동 202의1, 6평 9홉', 평당가격란에 '6.9 × 1,000,000원', 매매대금 총액란에 '69,000,000', 일자란에 '1990.3.16.', 매도인란에 '서울 중구 신당동 200의8 A', 매수인란에 '서울 강동구 논현동 105 동현 1-305 B'라고 기재하고, 임의조각한 A의 인장을 날인한 뒤 중개인으로 C의 서명·날인을 받아 권리의무에 관한 사문서인 A 명의의 **부동산매매계약서 1매를 위조하였다.**"라는 공소사실 (대판 1997.7.8, 97도632) - 사문서위조죄 22. 해경간부

③ "피고인은 **1991.4. 일자 및 장소 미상지에서** 임의로 수표번호 마가 01167701호의 수표용지에 금액을 40,000,000원, 발행일자 1991.6.10.이라고 기재하고 미리 준비한 거성산업 대표 A의 명판을 발행인으로 찍어 **수표를 위조한 것이다.**"라는 공소사실(대판 1996.4.26, 96도435) - 유가증권위조죄

④ "피고인은 제4회 전국동시지방선거 중 영암군수 선거의 후보자 추천에 관련하여 **2006.1.4.경 민주당에 대하여 원심판시와 같이 총 2억 5천만원을 기부함으로써** 위법한 정치자금을 제공함과 동시에 그 선거구민과 연고가 있는 정당인 민주당에게 기부행위를 하였다."라는 공소사실(대판 2008.1.18, 2007도7700) - 정치자금법 위반

⑤ "피고인은 2005.2. 하순경 A 운영의 유황오리식당 내부 천장에 감시용 CCTV 카메라 3대 및 계산대 위 천장 틈새에 도청마이크 1개를 은닉하여 설치하고 피고인의 개인 사무실에 CCTV 녹화기 및 녹음기를 설치한 다음, 2005.5. 초순경부터 같은 해 9.29.경까지 식당 내에서 행하여지는 A 및 B 등의 대화에 관하여 위 마이크를 통하여 녹음을 시도하거나 청취함으로써 공개되지 아니한 **타인간의 대화를 녹음하려다 그 뜻을 이루지 못하고 미수에 그치거나 이를 청취하였다.**"라는 공소사실(대판 2007.12.27, 2007도9053) - 통신비밀보호법 위반

⑥ "피고인들은 공모하여 **1991.10. 하순경부터 1992.11. 하순경까지** 사이에 여수시 교동 등지에서 여수지역 폭력세계의 주도권을 확립하여 유흥업소, 인근 보호수면에 서식 중인 어패류 채취 등의 이권과 그에 대한 지배권을 장악할 목적으로 여수시 교동 등지에서 조직의 명칭은 '신시민파'로 甲은 두목급 수괴로, 乙은 고문급 간부로, 丙·丁 등은 참모급 간부로, 戊 등은 행동대장급 간부로, 己 등은 행동대원으로 하는 등 조직원들의 업무분장을 정하고 폭력행사를 목적으로 하는 **속칭 '신시민파'라는 범죄단체를 구성하였다.**"라는 공소사실(대판 1994.9.23, 94도1853) - 폭력행위처벌법 위반

⑦ 저작재산권 침해행위에 관한 공소사실의 특정은 침해 대상인 저작물 및 침해방법의 종류, 형태 등 침해행위의 내용이 명확하게 기재되어 있어 피고인의 방어권 행사에 지장이 없는 정도이면 된다 할 것이고, **각 저작물의 저작재산권자가 누구인지 특정되어 있지 않다고 하여 공소사실이 특정되지 않았다고 볼 것은 아니다**(대판 2016.12.15, 2014도1196 **성명불상 저작권자 사건**). 20. 경찰채용·국가9급

⑧ 피고인과 공소외 1은 공모하여, 피고인은 2017.10.10.부터 2017.10.12.까지, 공소외 1은 2017.10.12.경 위 업소에서 태국 국적의 마사지사 등 6명을 고용하고 인터넷사이트에 성매매 광고를 한 후, 광고를 보고 연락하는 불특정 다수의 남성 손님에게 성매매 대금으로 10만 원을 받고 위 태국 국적 여성과 성교행위를 하도록 하여 성매매를 알선하였다. **구체적인 성매수자, 범행횟수 등이 기재되지 않았더라도** 법원에 대하여 심판의 대상을 한정하고 피고인에게 방어의 범위를 특정함으로써 방어권 행사를 쉽게 하는 데에 지장이 없는 이상 **공소사실이 특정되지 않았다고 볼 것은 아니다**(대판 2023.6.29, 2020도3626). 23. 경찰채용

13 공소사실이 특정되지 않은 경우(구성요건 관련)

① "피고인은 **성명불상** 3명과 합동하여 1975.4.2. 20:00경 부산 중구 충무동 2가58 소재 충남상회 앞길에서 자신 및 **성명불상** 1명은 통행중인 **성명불상** 여자의 양편에 붙어 서서 바람을 잡고, 다른 **성명불상** 2명은 어깨에 맨 그 여자 소유의 가방에서 **품명불상**의 재물을 소매치기하여서 이를 절취하였다."라는 공소사실(대판 1975.11.25, 75도2946) - 특수절도죄

② "피고인은 **채권자 4명 명의**의 서약서인 사문서를 각 위조하였다."라는 공소사실(대판 1983.9.13, 82도2063) - 사문서위조죄

③ "피고인은 1990.10.9. 그가 경영하는 서점에서 거창 공동정류소 서점을 경영하는 성명불상자에게 여자가 나체로 성교하는 자세로 누워 있는 사진으로 구성된 월간지인 **'걸', '포토스타' 등 22종 500권**을 금 562,500원에 판매한 것을 비롯하여, 같은 해 1.1.경부터 12.6.경까지 사이에 그 곳에서 음란도화가 첨부된 월간지를 공급받아 김천, 구미, 상주, 문경, 거창 등지의 서점에 권당 1,200원 내지 1,300원의 가격으로 매월 2,400권 가량을 공급함으로써 음화를 판매하였다."라는 공소사실(대판 1991.12.27, 91도2492)(同旨 대판 1991.9.10, 91도1550) - **'걸'과 '포토스타'를 제외한 나머지 부분**의 음화판매죄

④ "피고인 甲은 乙과 공모하여 1987.9.20. 14:00경 경남 창녕읍 교동 280 경일교통사 사무실에서 같은 날 09:00경 발생된 교통사고 피의사건과 아무런 관련이 없는 경남 1바229호 택시를 이용하여 **그것이 범죄사실과 관계가 있는 것처럼 꾸며 증거를 위조하였다.**"라는 공소사실(대판 1990.3.13, 89도1688) - 증거위조죄

⑤ "피고인은 2006.9.경 서울 종로구 구기동에 있는 ○○집을 운영하면서 종로구청장에게 신고하지 아니하고 건축물의 담 등을 수리하여 **건축물을 대수선하였다.**"라는 공소사실(대판 2009.1.30, 2008도6053) - 건축법 위반

⑥ "피고인은 2004.6. 일자 불상경 피고인 운영의 **엔돌핀 노래연습장**에서 **성명불상의 부녀자들을** 시간당 일정액을 지급하기로 하고 부른 다음, 동녀들로 하여금 그 곳을 찾아온 손님들을 상대로 노래와 춤으로 유흥을 돋우게 함으로써 접대부를 알선한 것이다."라는 공소사실(대판 2007.2.23, 2006도7773) - 음반·비디오물 및 게임물에 관한 법률 위반

⑦ "피고인은 **1995.6.21.부터 1996.12.21.까지 사이에** '원당부천파'에 행동대장으로 **가입하였다**."라는 공소사실(대판 2000.12.12, 2000도4011) - 폭력행위처벌법 위반

14 공소사실이 특정되지 않은 경우(방조 관련)

① "피고인들은 甲에게 염산날부핀 10만 앰플을 8,400만원에 판매하여 **甲이 염산날부핀을 일반인들을 상대로 판매하거나 판매목적으로 취득할 수 있도록 공급하여 이를 방조하였다**."라는 공소사실(대판 2001.12.28, 2001도5158) - 약사법 위반방조 19. 변호사, 20. 경찰채용

② "피고인은 납사와 벤젠 각 525드럼을 甲에게, 납사 1,480드럼 벤젠 및 토루엔 합계 1,480드럼을 乙에게, 납사 1,980드럼과 벤젠, 토루엔, 커시덴 합계 1,980드럼을 丙에게 각 공급하여, 그들이 휘발유의 품질을 저하시키고, 각 주유소에서 저질 휘발유를 **고객 성명미상 다수인에게 각 요구량을 판매하여 각 휘발유 대금을 편취하는 것을 각 용이하게 하여 방조하였다**."라는 공소사실(대판 1982.5.25, 82도715) - 석유사업법 위반 및 사기방조

③ "피고인들은 솔벤트 4,696드럼을 공급하여 줌으로써 甲, 乙들이 휘발유의 품질을 각 저하시키고 **각 휘발유 대금을 편취하는 것을 각 용이하게 하여 방조하였다**."라는 공소사실(대판 1982.2.23, 81도822) - 석유사업법위반 및 사기방조

15 공소사실이 특정된 경우

① 문서의 위조 여부가 문제되는 사건에서 그 **위조된 문서가 압수되어 현존하고 있는 이상**, 그 범죄 일시와 장소, 방법 등은 범죄의 동일성 인정과 이중기소의 방지, 시효저촉 여부 등을 가름할 수 있는 범위에서 사문서의 위조사실을 뒷받침할 수 있는 정도로만 기재되어 있으면 충분하다(대판 2009.6.11, 2008도11042)(同旨 대판 2009.1.30, 2008도6950). - 사문서위조죄 16. 경찰간부

② 유가증권위조 여부가 문제로 되는 사건에서 그 **위조유가증권들이 모두 현존**하고 있는 이상 그 범죄 일시와 장소, 방법 등은 범죄의 동일성 인정과 이중기소방지, 시효저촉 여부, 토지관할을 가름할 수 있는 범위에서 그 유가증권위조 사실을 뒷받침할 수 있는 정도로만 기재되어 있으면 충분하다(대판 1996.4.26, 96도435). - 유가증권위조죄

③ 피고인이 주식회사 맥시칸의 맥시칸양념통닭에 관한 상품표지와 유사한 것을 사용한 상품을 반포하여 주식회사 맥시칸의 상품과 혼동을 일으키게 하였는지 여부가 문제로 되는 사건에서, **주식회사 맥시칸의 상품표지가 모두 현존하고 있는 이상 이를 별도로 특정하지 않았다 하더라도** 다른 사실과 구별하기에 충분하다(대판 1996.5.31, 96도197). - 부정경쟁방지법 위반

④ 영업비밀을 제3자에게 누설하였거나 이를 사용하였는지 여부가 문제되는 사건의 공소사실에 '**영업비밀**'이라고 주장된 정보가 상세하게 기재되어 있지 않다고 하더라도 다른 정보와 구별될 수 있고 그와 함께 적시된 다른 사항들에 의하여 **어떤 내용에 관한 정보인지 알 수 있으며** 또한 피고인의 방어권 행사에도 지장이 없다면 그 공소제기의 효력에는 영향이 없다(대판 2009.7.9, 2006도7916)(同旨 대판 2008.7.10, 2006도8278). - 부정경쟁방지법 위반

⑤ 살인죄에 있어 범죄의 일시장소와 방법은 범죄의 구성요건이 아닐 뿐만 아니라 이를 구체적으로 명확히 인정할 수 없는 경우에는 **개괄적으로 설시하여도 무방**하다. 원심이 '2005.1.28. 03:00 경부터 05:20경 사이에 피고인의 집에서 불상의 방법으로 피해자를 살해하였다'는 내용의 주위적 공소사실의 기재가 특정되었다고 판단한 것은 정당한 것으로 수긍할 수 있다(대판 2008.3.27, 2008도507). - 살인죄 15·21. 경찰간부

⑥ 살인죄의 범행 시간을 '2003.11.30. 20:00경부터 그 다음날 11:20경까지 사이'로 기재한 것은 공소사실을 다른 사실과 식별할 수 없는 정도이거나 피고인의 방어권을 부당하게 침해하는 것으로서 공소사실이 특정되지 못한 경우에 해당한다고 볼 수는 없다(대판 2006.3.9, 2005도8675). - 살인죄

⑦ 업무상과실치상 공소사실 중 그 일부 피해자에 대하여 **치료기간이 '미상'이라고 기재**하고 있다고 하더라도 공소사실의 기재는 범죄의 시일, 장소와 방법을 명시하여 사실을 특정할 수 있도록 하면 되는 것이고 **'치상'의 경우 그 치료기간은 필요적 기재사항이라고 할 수는 없는 것이니 공소사실은 모두 특정되어 있다** 할 것이다(대판 1984.3.13, 83도3006). - 업무상과실치상죄 15. 경찰간부

⑧ 공소사실에 범죄 일시를 '**2002.10. 중순 일자불상경 또는 2003.2. 중순경**'으로, 범죄 장소를 '**대전 서구 관저동 소재 피고인의 집**'이라고 기재하여 범죄 일시 및 장소를 가능한 한 구체적으로 특정한 경우 공소사실은 특정되었다 할 것이다(대판 2006.4.14, 2005도9561). - 성폭력처벌법 위반(강간 등 치상)

⑨ **유가증권위조의 점**에 관한 공소사실의 **범죄의 일시를 '2000. 초경부터 2003.3.경 사이에'로 기재**하여 범행의 일시가 비교적 장기간으로 되어 있으나, 문서위조죄는 피고인들이 그 범행을 자백하지 아니한 이상 언제 어디에서 문서를 위조한 것인지 알기가 어려우며 이 사건에 있어서도 **그 범죄일시를 일정한 시점으로 특정하기 곤란하여 부득이하게 개괄적으로 표시할 수밖에 없었다고 판단**되고 그 쟁점이 명확하여 피고인들의 방어권을 침해하였다고 볼 수도 없다(대판 2006.6.2, 2006도48). - 유가증권위조죄

⑩ 당첨이 된 손님들에게 위조상품권을 직접 교부한 것이 아니라 미리 오락기에 일련번호가 모두 같은 위조된 상품권을 여러 장 투입해 두고 그 후 **오락기 이용자가 게임에서 당첨이 되면 오락기에서 자동으로 그 당첨액수에 상응하는 상품권이 배출되는 방식의 위조유가증권을 행사한 죄**에 있어서, **각각의 상품권 사용시에 몇 매가 함께 사용되었는지, 행사 상대방이 누구인지 등의 특정은 불가능하다고 보아야 하므로 이에 관한 공소사실은 상품권 사용일자의 범위와 장소, '경품용으로 지급'하였다는 용도 정도를 특정하는 것으로 족하다**(대판 2007.4.12, 2007도796). - 위조유가증권행사죄 20. 해경채용

⑪ 유가증권변조 여부가 문제된 사건에서 그 변조된 유가증권이 압수되어 현존하고 있다면 범행장소와 방법이 '**서울 불상지**', '**불상의 방법으로 수취인의 기재를 삭제**'와 같이 개괄적으로 기재되었더라도 그 공소제기는 위법하지 아니하다(대판 2008.3.27, 2007도11000). 20. 경찰채용, 22. 해경간부, 14. 변호사

⑫ 뇌물수수의 점에 관하여 '**2억원 상당**'으로 **기재**하였다고 하더라도 공소사실에 기재된 **다른 사항들에 의하여 공소사실을 특정할 수 있다면** 공소제기의 효력에 영향이 없다(대판 2010.4.29, 2010도2556). - 특정범죄가중법 위반(수뢰)

⑬ 공소사실에 **범행의 일시, 장소뿐만 아니라, 피고인들이 범행을 분담하여 실행한 행위 등이 특정되어 있는 경우** 피고인들이 공모한 일시·장소 등이 구체적으로 명시되지 아니하였다는 이유만으로 공소사실이 특정되지 않았다고 볼 수 없다(대판 2007.6.14, 2004도5561). - 공무상비밀누설죄

16 공소사실이 특정되지 않은 경우

① 공소사실에는 범죄의 방법에 대하여, '**엘지칼텍스정유(주)의** 상표, 상호, 서비스마크, 기타 동인의 제품을 식별하게 할 목적으로 고안된 상징표시 및 주유소의 이미지를 나타내는 고유색상, 디자인(이하 '상표 등') 등을', '상표 등의 사용권한이 없음에도 불구하고', '위 상표 등을 그대로 사용하면서 甲, 乙 등으로부터 무연 합계 1,100,000ℓ, 경유 합계 5,481,020ℓ, 등유 합계 184,020ℓ 등을 반입한 후 성명불상자들에게 판매함으로써 엘지칼텍스정유(주)의 상품과 혼동을 일으키게 하여 부정경쟁행위를 하고, 위 등록상표 등을 침해한 것이다'라고만 기재하고 있어서, 침해의 대상이 된 **등록상표·서비스표·디자인이나 주지표지가 어떠한 것인지 명확하게 적시되어 있지 아니하여 이를 특정할 수 없고,** 그와 함께 기재된 공소사실의 다른 사항을 고려하더라도 달리 볼 것은 아니므로 공소사실이 특정되었다고 할 수 없다(대판 2007.8.23, 2005도5847). - 상표법 위반 등 22. 해경간부

② 공소사실은 막연히 '피해자의 이메일 출력물을 보여준 것이 타인의 비밀을 누설한 행위에 해당한다'는 취지로만 되어 있을 뿐, 그 이메일 출력물의 내용이나 제목 등에 관해서는 아무런 기재가 없고 기록상으로도 이를 알 수 있을 만한 자료가 없어 과연 위 **이메일 출력물이 타인의 비밀에 해당하는 것인지 여부를 판단할 길이 없으므로** 공소사실은 특정되어 있다고 보기는 어렵다(대판 2006.3.24, 2005도7309). - 정보통신망법 위반

③ 원심이 사기죄의 공소사실 피해자와 관련하여 모두 "대구 동구 신천동, 달서구 상인동, 달서구 진천동, 수성구 지산동, 수성구 두산동 소재 단란주점 내지 유흥주점 성명불상 업주 등 그 **일대 유흥업소 업주들**" 또는 "경주시, 전주시, 진주시, 대구시, 부산시, 상주시 **각 일원 성명불상 유흥업소 업주들**" 심지어 "경주시 일원"이라고까지 각 표시하고 있고, 그 피해액에 대해서도 피해자별로 각각의 편취 범행에 따른 피해액을 기재한 것이 아니라 각 동 및 시 별로 피해액의 합계액만 기재하고 피해자의 숫자조차 특정되지 아니한 것은 **피해자나 그 피해액을 알 수 없어** 공소사실이 특정되었다고 볼 수 없다는 이유로 공소를 기각한 것은 정당하다(대판 2004.7.22, 2004도2390). - 사기죄

④ 실체적 경합범에 해당하는 사기죄의 공소사실에 단순히 그 **총 인원수만을 표시하고 피해액도 각 피해자별 피해액의 총액만을 기재한 경우** 피해자나 그 피해액을 알 수 없어 공소사실이 특정된 것으로 볼 수 없다(대판 2003.4.8, 2003도382). - 사기죄

⑤ **사문서변조**의 공소사실에는 그 변조의 대상이 된 예금잔액증명서의 발급경위와 이미 금액란의 변조가 마쳐진 상태의 예금잔액증명서가 피고인에게 전달된 과정이 기재되어 있을 뿐 **사문서변조의 범죄구성요건에 해당하는 구체적 사실에 관해서는 그 일시·장소와 방법의 기재가 모두 빠져 있고, 변조의 실행행위를 한 사람도 전혀 나타나 있지 않다**(공범자도 성명불상자로만 기재되어 있을 뿐이다). 그 외에 공소장 내에 적시된 여타 사항들만으로는 다른 사실과 구별될 수 있는 사문서변조에 관한 구체적 공소사실을 파악하기 어려운 경우 형사소송법의 규정이 요구하는 특정한 사실의 기재로 볼 수 없다(대판 2009.1.15, 2008도9327). - 사문서변조죄 20. 국가9급

판례 |

1 적용법조 기재 관련 판례

① 공소장에 적용법조를 기재하는 이유는 공소사실의 법률적 평가를 명확히 하여 공소의 범위를 확정하는 데 보조기능을 하도록 하고 피고인의 방어권을 보장하고자 함에 있을 뿐이고, 법률의 해석 및 적용 문제는 법원의 전권이라 할 것이므로 **공소사실이 아닌 어느 처벌조항을 준용할지에 관한 해석 및 판단에 있어서는 법원은 검사의 공소장 기재 적용법조에 구속되지 않는다**(대판 2018.7.24, 2018도3443).

② 적용법조의 기재는 **공소의 범위를 확정하는 데 보조기능을 가짐에 불과**하므로 적용법조의 기재에 오기가 있거나 그것이 누락된 경우라 할지라도 이로 인하여 피고인의 방어에 실질적 불이익이 없는 한 공소제기의 효력에는 영향이 없다(대판 2001.2.23, 2000도6113).

2 적용법조의 누락이 있어 공소제기가 무효가 되는 경우

① 집시법 제20조 제1항에 따라 해산명령을 할 수 있는 집회 또는 시위의 종류와 태양이 다양함에도 **제20조 제1항 각 호 중 어느 사유로 해산명령을 받았는지를 특정할 수 없는 경우**(대판 2011.10.13, 2009도5698)

② 집시법 제20조 제1항에 따라 해산명령을 할 수 있는 집회 또는 시위의 태양은 매우 다종·다양함에도 그 **많은 집회의 태양 중 어느 것에 해당하여 경찰로부터 해산명령을 받았는지를 쉽사리 알 수 없는 경우**. 비록 검사가 제1심 변론이 종결된 후에 이르러 집시법 제20조 제1항 제5호, 제16조 제4항 제3호가 해산명령의 근거라는 의견을 제시하였다고 하더라도 그에 의하여 공소장변경의 절차를 밟은 것이 아닌 이상 그것만으로 위와 같은 공소제기 절차상의 위법이 치유된다고 할 수 없음(대판 2009.8.20, 2009도9)

3 적용법조의 누락이 있어도 공소제기의 효력에 영향이 없는 경우
① 공소장의 **적용법조에 '형법 제260조 제1항'이 누락**되었으나 죄명, 폭력행위처벌법 위반과 그에 대한 공소사실이 기재되어 있고 적용법조 형법 제260조 제1항이 누락된 사실을 누구나 쉽게 알아볼 수 있는 경우(대판 2001.2.23, 2000도6113)
② '피고인이 기부행위 금지기간 중에 청소비 명목으로 총 34회에 걸쳐서 금원을 제공하여 기부행위를 하였다'는 공소사실에 대하여 공소장의 **적용법조로서** 공직선거법 제257조 제1항 제1호, 제113조만이 기재되어 있고, **기부행위의 정의에 관한 '제112조 제1항'의 해당항목이 기재되어 있지 아니한 경우**(대판 1996.12.10, 96도1768)
③ 공소장의 **적용법조에 '형법 제131조'가 기재되어 있지는 않지만** 죄명과 적용법조, 공소사실의 기재를 종합하여 볼 때 검사가 부정처사후수뢰의 특정경제범죄법 위반죄로 기소한 것임이 명백한 경우(대판 1996.8.23, 96도1231)

(2) 임의적 기재사항

① **의의**: 공소장에는 수개의 범죄사실과 적용법조를 예비적 또는 택일적으로 기재할 수 있다(제254조 제5항). 14. 국가9급 이러한 공소사실과 적용법조의 **예비적·택일적 기재를 임의적 기재사항**이라 한다. 이를 인정하는 취지는 공소제기시에 융통성을 부여하여 검사의 공소제기와 유지를 용이하게 하고, 피고인의 무죄판결을 방지하려는데 있다. 같은 취지에서 공소장변경에 있어서도 공소사실과 적용법조를 예비적·택일적으로 추가·철회·변경할 수 있다.

② 예비적·택일적 기재
  ㉠ 예비적 기재란 수개의 공소사실에 관하여 심판의 순서를 정하는 기재방법을 말한다. 甲사실에 대하여 먼저 심판을 구하고 그것이 인정되지 않을 경우 乙사실의 심판을 구하는 기재형식이다. 이때 甲사실을 본위적(주위적) 공소사실이라고 하고 乙사실을 예비적 공소사실이라고 한다.
  ㉡ 택일적 기재란 심판의 순서를 정하지 않고 수개의 공소사실에 관하여 심판을 구하는 기재방법을 말한다. 甲사실 또는 乙사실에 대하여 심판을 구하는 기재형식이다.

③ **예비적·택일적 기재의 허용범위**: 예비적·택일적 기재는 범죄사실의 동일성이 인정되는 범위 내에서만 허용된다는 것이 다수설의 입장이다. 그러나 **판례는 동일성이 인정되지 않는 수개의 범죄사실에 대해서도 가능하다**는 입장이다.

> **판례 | 동일성이 없는 수개의 범죄사실에 대해서도 예비적·택일적 기재가 허용되는지의 여부(적극)**
>
> '수개의 범죄사실과 적용법조를 **예비적 또는 택일적으로 기재할 수 있다**'함은 그들 수개의 범죄사실간에 범죄사실의 동일성이 인정되는 범위 내에서 가능함은 물론 그들 범죄 상호간에 **범죄의 일시, 장소, 수단 및 객체 등이 달라서 수개의 범죄사실로 인정되는 경우에도 역시 가능하다**고 해석할 것이다[대판 1966.3.24, 65도114(전합)]. 18. 경찰채용, 19. 해경간부, 22. 경찰간부

④ 법원의 심리방법
  ㉠ 예비적·택일적으로 기재된 **공소사실 전부가 법원의 심판대상**이 되고 판결이 확정되면 **기판력도 그 전부에 미치게 된다**. 또한 그 공소사실의 **일부에 대해서만 상소**해도 나머지 **전부에 대하여 상소의 효력**이 미치게 된다(제342조 제2항).
  ㉡ 예비적 기재의 경우에는 법원은 **검사가 지정한 순서**에 따라 주위적 공소사실을 먼저 심판하고, 이것이 인정되지 않을 경우 예비적 공소사실을 심판하여야 한다. 따라서 주위적 공소사실을 심판하지 않고 예비적 공소사실을 먼저 심판하게 되면 이는 법령위반으로 상소의 이유가 된다. 주위적 공소사실에 대하여 유죄판결을 선고한 경우 별도로 예비적 공소사실에 대한 판단을 판

결이유에 명시할 필요가 없으나, 예비적 공소사실에 대하여 유죄판결을 선고할 경우, 주위적 공소사실에 대한 판단을 판결이유에 명시하여야 한다.
ⓒ **택일적 기재**의 경우에는 **심판순서의 제한이 없으므로** 법원은 어떤 사실을 먼저 심판하거나 또는 하나의 사실만을 심판해도 무방하다.

🔨 판례 |

1 예비적 기재 관련 판례
① 검사가 **본래의 공소를 유지하면서 예비적으로 다른 범죄사실과 적용법조를 추가**한 경우에는 **본래의 공소장에 기재된 범죄사실부터 먼저 심리판단**하여야 한다(대판 1961.5.17, 59도981).
② 1개의 행위가 뇌물죄와 사기죄의 각 구성요건에 해당되는 경우 **주위적으로 사기죄가 기소되고 예비적으로 뇌물수수죄가 기소된 때에는 사기죄만으로 처단하는 것은 위법이 아니다**(대판 1977.6.7, 77도1069).
③ 검사의 예비적 공소제기가 있는 때에는 공소장에 기재한 공소사실 및 적용법리를 추가한 것으로 볼 수 있으므로 법원으로서는 이에 대한 허가 여부의 조처를 취하여야 하고 이를 허가하는 경우에는 심리대상으로 삼아야 하는 것이므로 **'폭행치사'의 본위적 공소 후에 '폭행'의 예비적 공소를 추가하였음에도 그 예비적 공소를 전혀 불문에 붙인 것은 잘못**이다(대판 1970.12.22, 70도2169).

2 택일적 기재 관련 판례
본래의 강도살인죄에 택일적으로 살인 및 절도죄를 추가하는 공소장변경을 하여 **법원이 택일적으로 공소제기된 살인 및 절도죄에 대하여 유죄로 인정한 이상 검사는 중한 강도살인죄를 유죄로 인정하지 아니한 것이 위법이라는 이유로 상소할 수 없다**(대판 1981.6.9, 81도1269).

3 예비적·택일적 공소사실의 일부에 대한 상소제기의 효력(= 전부 효력이 미침)
① 원래 주위적·예비적 공소사실의 일부에 대한 상소제기의 효력은 나머지 공소사실 부분에 대하여도 미치는 것이고, 동일한 사실관계에 대하여 서로 양립할 수 없는 적용법조의 적용을 주위적·예비적으로 구하는 경우에는 예비적 공소사실만 유죄로 인정되고 그 부분에 대하여 피고인만 상소하였다고 하더라도 주위적 공소사실까지 함께 상소심의 심판대상에 포함된다(대판 2006.5.25, 2006도1146). 18. 국가9급
② 공소사실과 적용법조가 택일적으로 기재되어 공소가 제기된 경우에 그 중 어느 하나의 범죄사실만에 관하여 유죄의 선고가 있은 제1심판결에 대하여 항소가 제기되었을 때, 항소심에서 제1심판결을 파기하고 자판을 하는 경우에는 다시 사건 전체에 대하여 판결을 하는 것이어서 **택일적으로 공소제기된 범죄사실 가운데 제1심판결에서 유죄로 인정된 이외의 다른 범죄사실이라도 당연히 항소심의 심판대상이 된다**(대판 1975.6.24, 70도2660). 14. 국가9급
③ 1심판결이 주위적인 상해치사의 공소사실과 예비적인 폭력행위처벌법 위반의 공소사실 모두 증명이 없다고 하여 무죄를 선고한 데 대하여 검사가 항소를 제기한 경우, **항소심이 상해치사의 점에 대하여서만 판단하고 폭력행위처벌법 위반의 점에 대하여는 아무런 판단을 함이 없이 항소기각 판결을 하였음은 잘못**이라 할 것이다(대판 1970.2.24, 69도2482).
④ 특정 증여대상물에 관하여 택일적으로 기재된 증여자 중 어느 쪽도 증여자로 인정되지 않는다는 이유로 무죄로 판단한 부분에 관하여는 **택일적으로 기재된 증여자 중 적어도 어느 한 쪽은 증여자에 해당한다는 취지로 불복할 수 있다**(대판 2006.12.22, 2004도7232).

3. 공소장일본주의(公訴狀一本主義)

> **형사소송규칙**
>
> **제118조 【공소장의 첨부서류】** ① 공소장에는, 공소제기 전에 변호인이 선임되거나 보조인의 신고가 있는 경우 그 변호인선임서 또는 보조인신고서를, 공소제기 전에 특별대리인의 선임이 있는 경우 그 특별대리인 선임결정등본을, 공소제기당시 피고인이 구속되어 있거나, 체포 또는 구속된 후 석방된 경우 체포영장, 긴급체포서, 구속영장 기타 구속에 관한 서류를 각 첨부하여야 한다.
> ② 공소장에는 제1항에 규정한 서류 외에 사건에 관하여 **법원에 예단이 생기게 할 수 있는 서류 기타 물건을 첨부하거나 그 내용을 인용하여서는 아니된다.**

(1) 의의

공소장일본주의란 검사가 공소를 제기할 때 **공소장 하나만을 법원에 제출**하여야 하고 법원에 예단이 생기게 할 수 있는 서류 기타 물건을 첨부하거나 그 내용을 인용해서는 안 된다는 원칙을 말한다(규칙 제118조 제2항)(《주의》 공소장일본주의는 형사소송법에 규정되어 있다. ×).

(2) 이론적 근거

① **예단의 배제**: 공소장일본주의의 가장 큰 취지는 피고인에 대한 법원의 유죄의 예단을 방지하려는 데에 있다. 공소제기시에 수사서류 기타 증거물이 제출된다면 법원은 공판정에서 심리도 하기 전에 미리 피고인의 유죄를 예단하게 되므로 재판이 불공정해질 위험이 있기 때문이다.

② **공판중심주의 요청**: 공판중심주의란 법관의 심증형성은 공판기일에 공판정에서 이루어져야 한다는 원칙을 말한다. 이에 의할 때 피고인신문, 증인신문 등의 증거조사와 이를 위한 '증거제출'은 공판정에서 이루어져야 한다. 공소장일본주의는 판사의 밀실에서 심증형성이 이루어지는 것을 방지하여 공판중심주의를 실현하는 기능을 한다.

③ **위법수집증거 등의 차단**: 수사기록 기타 증거물 중에는 위법수집증거 내지 전문증거로서 증거능력이 없는 증거가 있을 수도 있다. 공소장일본주의는 이러한 증거능력 없는 증거에 의하여 법원이 미리 심증을 형성하는 것을 방지하는 기능을 한다.

(3) 공소장일본주의의 내용

형사소송규칙 제118조 제2항은 서류 기타 물건의 첨부와 인용을 금지시키고 있다. 그러나 통설과 판례는 그 취지를 아래와 같이 여사기재의 금지까지 확대하고 있다.

① **첨부의 금지**: 법원에 예단이 생기게 할 수 있는 서류 기타 물건의 첨부는 금지된다(규칙 제118조 제2항). 당해 사건에 있어서 법관의 심증형성에 영향을 줄 수 있는 서류로서 사건기록이나 수사서류 기타 증거물 등이 이에 해당한다. 그러나 **법원에 예단을 줄 염려가 없는 서류는 공소장에 첨부해도 무방**하다. 형사소송규칙도 변호인선임서·보조인신고서·특별대리인 선임결정등본·체포영장·긴급체포서·구속영장 기타 구속에 관한 서류를 첨부하여야 한다(규칙 제118조 제1항)라고 규정하고 있다. 18. 국가9급·법원9급

② **인용의 금지**: 법원에 예단이 생기게 할 수 있는 서류 기타 물건의 내용을 인용하는 것도 금지된다(규칙 제118조 제2항). 다만, **문서를 수단으로 한 협박·공갈** 등의 사건에서는 문서의 기재내용은 범죄구성요건에 해당하므로 공소사실을 특정하기 위하여 그 내용을 **공소장에 인용하는 것은 허용**된다.

③ **여사(餘事)기재의 금지**: 여사기재란 공소장의 필요적 기재사항(제254조 제3항) 이외의 사항을 기재하는 것을 말한다. 이에 관하여는 법에 명문의 규정이 없기 때문에 견해가 대립하지만 공소장일본주의원칙상 **여사기재도 금지된다는 것이 학설과 판례의 입장**이다.

판례

1 여사기재 금지도 공소장일본주의의 내용에 포함되는지의 여부(적극)
① 공소장에 법령이 요구하는 사항 이외의 사실로서 법원에 예단이 생기게 할 수 있는 사유를 나열하는 것은 허용되지 않는다는 '기타 사실의 기재 금지' 역시 공소장일본주의의 내용에 포함된다(대판 2014.8.20, 2011도468).
② 공소장에는 법령이 요구하는 사항만 기재할 것이고 **공소사실의 첫머리에 공소사실과 관계없이 법원의 예단만 생기게 할 사유를 불필요하게 나열하는 것은 옳다고 할 수 없고**, 공소사실과 관련이 있는 것도 원칙적으로 범죄의 구성요건에 적어야 할 것이고 이를 첫머리 사실로서 불필요하게 길고 장황하게 나열하는 것을 적절하다고 할 수 없다(대판 2007.5.11, 2007도748). 21. 경찰간부

2 공소장일본주의 위배 여부의 판단기준
공소장일본주의의 위배 여부는 공소사실로 기재된 범죄의 유형과 내용 등에 비추어 볼 때에 공소장에 첨부 또는 인용된 서류 기타 물건의 내용 그리고 법령이 요구하는 사항 이외에 공소장에 기재된 사실이 **법관 또는 배심원에게 예단을 생기게 하여 법관 또는 배심원이 범죄사실의 실체를 파악하는 데 장애가 될 수 있는지 여부를 기준으로** 당해 사건에서 구체적으로 판단하여야 한다(대판 2014.8.20, 2011도468).

3 공소장일본주의에 위반되지 않는 경우
① 공소장에 기재된 첫머리 사실이 공소사실의 범의나 공모관계, 공소범행에 이르게 된 동기나 경위 등을 명확히 나타내기 위하여 적시한 것으로 보이는 때에는 공소제기의 방식이 공소장일본주의에 위배되어 위법하다고 할 수 없고, 설령 범죄의 직접적인 동기가 아닌 경우에도 동기의 기재는 공소장의 효력에 영향을 미치지 아니한다(대판 2017.11.9, 2014도15129).
② 공소장의 내용 가운데 **범죄전력에 관한 기재**는 피고인들을 특정할 수 있는 사항에 속하고, 공소사실 중 **범죄구성요건사실과 관련이 없는 기재나 증거서류의 내용을 인용**하고 있는 부분은 범의나 공모관계, 범행의 동기나 경위 등을 명확히 하기 위하여 구체적 사실을 적시할 필요성이 있는 것으로서 공소장일본주의에 위반된다고 할 수 없다(대판 2014.8.20, 2011도468).
③ 공소장에 증거로 제출될 서면이나 사진 등이 인용되어 있으나, 이는 국가보안법 위반죄의 **공소사실을 특정하거나 객관적·주관적 구성요건요소의 일부 내용에 관한 것으로서** 공소장일본주의에 위반되는 것으로 볼 수 없다(대판 2013.7.26, 2013도2511).
④ 공소사실 기재 중 일부분이 피고인들이 국가공무원법 제66조 제1항의 **'공무 외의 일을 위한 집단행위'에 이르게 된 동기와 경위 등을 명확히 하기 위한 것으로 보일 경우**, 그와 같은 기재가 법원에 예단이 생기게 할 수 있는 사유를 적시하여 공소장일본주의에 위배된다고 볼 수는 없다[대판 2012.4.19, 2010도6388(전합)].
⑤ 살인, 방화 등의 경우 범죄의 직접적인 동기 또는 공소범죄사실과 밀접불가분의 관계에 있는 동기를 공소사실에 기재하는 것이 공소장일본주의 위반이 아님은 명백하고 설사 범죄의 직접적인 동기가 아닌 경우에도 **동기의 기재는 공소장의 효력에 영향을 미치지 아니한다**(대판 2007.5.11, 2007도748). 14·21. 경찰간부, 14. 국가7급·법원9급, 18. 경찰승진, 19. 국가9급
⑥ 공소장에 기재된 첫머리 사실은 길고 다소 장황한 점이 없지는 아니하나 이는 **상습사기 공소사실의 범의나 공모관계를 명확히 나타내기 위하여 공소범죄사실에 이르게 된 경위를 적시**한 것으로 보여져 공소장일본주의에 위배되어 위법하다고 할 수는 없다(대판 1992.9.22, 92도1751).
⑦ 형사소송법 제254조 제3항은 공소장에 동항 소정의 사항들을 필요적으로 기재하도록 한 규정에 불과하고 그 이외의 사항의 기재를 금지하고 있는 규정이 아니므로 **공소시효가 완성된 범죄사실을 공소범죄 사실 이외의 사실로 기재한 공소장**이 형사소송법 제254조 제3항의 규정에 위배된다고 볼 수 없다(대판 1983.11.8, 83도1979).

⑧ 공소장의 공소사실 첫머리에 피고인이 전에 받은 '**소년부송치처분**'과 '**직업 없음**'을 **기재**하였다 하더라도 이는 '피고인을 특정할 수 있는 사항'에 속하는 것이어서 그와 같은 내용의 기재가 있다 하여 공소제기의 절차가 법률의 규정에 위반된 것이라고 할 수 없다(대판 1990.10.16, 90도1813). 14. 국가9급, 14·18. 경찰간부, 15. 경찰채용, 16·17. 경찰승진

⑨ 공소장에 **누범이나 상습범을 구성하지 않는 전과사실을 기재**하였다 하더라도 이는 피고인을 특정할 수 있는 사항에 속한다 할 것으로서 그 공소장기재는 적법하다(대판 1966.7.19, 66도793). 14. 국가7급·법원9급

(4) 적용범위

① **공소제기**: 공소장일본주의는 공소제기에 한하여 적용이 된다. 15. 경찰간부 따라서 공소제기 이후의 **공판절차갱신 후의 절차, 상소심의 절차, 파기환송 후의 절차에서는 적용되지 않는다.**

② **정식의 공판절차**: 공소장일본주의는 정식의 공판절차에서만 적용된다. **약식명령과 즉결심판의 경우 공소제기와 동시에 수사기록과 증거물이 제출되므로 공소장일본주의의 예외에 해당한다**(제449조, 규칙 제170조, 즉결심판법 제14조 제1항). 16. 국가9급

> **판례 | 약식명령 또는 즉결심판청구에 있어 공소장일본주의가 적용되는지의 여부(소극)**
>
> 1 검사가 약식명령의 청구와 동시에 증거서류 및 증거물이 법원에 제출되었다 하여 **공소장일본주의를 위반하였다 할 수 없다**(대판 2007.7.26, 2007도3906). 15. 경찰간부, 18. 경찰승진, 19. 국가9급
> 2 즉결심판법이 즉결심판의 청구와 동시에 판사에게 증거서류 및 증거물을 제출하도록 한 것은 **공소장일본주의가 배제되도록 한 것이라고 보아야 한다**(대판 2011.1.27, 2008도7375). 20. 법원9급

③ 정식재판청구사건

  ㉠ 약식명령에 대한 정식재판청구사건: **약식명령에 대하여 정식재판의 청구가 있는 때에는 공소장일본주의가 적용된다**는 것이 통설의 입장이다. 즉, 약식명령에 대하여 정식재판이 청구되면 비록 법에 명문의 규정은 없지만 '법원은 서류 및 증거물은 다시 검사에게 반환하고 검사는 이를 공판기일에 제출하여야 한다'는 것이 바로 그것이다. 그러나 **판례**는 정식재판청구가 제기되었음에도 법원이 서류 및 증거물을 검사에게 반환하지 않고 보관하고 있다고 하여도 공소제기의 절차가 위법하게 된다고 할 수 없다고 하여 이 경우 **공소장일본주의가 적용되지 않는다**는 취지로 판시하고 있다.

  ㉡ 즉결심판에 대한 정식재판청구사건: **즉결심판에 대하여 정식재판의 청구가 있는 때에는 공소장일본주의가 적용되지 않는다.** 판사는 정식재판청구서를 받은 날부터 7일 이내에 경찰서장에게 정식재판청구서를 첨부한 사건기록과 증거물을 송부하고, 경찰서장은 지체 없이 관할 지방검찰청 또는 지청의 장에게 이를 송부하여야 하며, 그 검찰청 또는 지청의 장은 지체 없이 관할법원에 이를 송부하여야 한다(즉결심판법 제14조 제3항).

> **판례 | 약식명령 또는 즉결심판에 대한 정식재판의 청구에 있어 공소장일본주의가 적용되는지의 여부(소극)**
>
> 1 약식명령에 대한 정식재판청구가 제기되었음에도 법원이 증거서류 및 증거물을 검사에게 반환하지 않고 보관하고 있다고 하여 그 이전에 이미 적법하게 제기된 **공소제기의 절차가 위법하게 된다고 할 수도 없다**(대판 2007.7.26, 2007도3906). 14. 법원9급, 14·18. 국가9급, 15·17. 변호사, 18. 경찰승진

2 피고인이 경범죄처벌법 위반으로 즉결심판에 회부되었다가 정식재판을 청구한 경우, 위 정식재판청구로 제1회 공판기일 전에 사건기록 및 증거물이 경찰서장, 관할 지방검찰청 또는 지청의 장을 거쳐 관할 법원에 송부된다고 하여 그 이전에 이미 적법하게 제기된 경찰서장의 즉결심판청구의 절차가 위법하게 된다고 볼 수 없고, 그 과정에서 정식재판이 청구된 이후에 작성된 피해자에 대한 진술조서 등이 사건기록에 편철되어 송부되었더라도 달리 볼 것은 아니다(대판 2011.1.27, 2008도7375).

(5) 공소장일본주의의 위반의 효과

공소장일본주의에 위반한 경우 공소제기 절차가 법률의 규정에 위반하여 무효가 되어 법원은 **공소기각판결을 선고**하여야 한다(제327조 제2호). 공소장일본주의 위반의 하자는 원칙적으로 삭제 등으로 치유될 수 없다. 위반한 내용을 삭제한다고 하여 법원이 가진 예단이 남아 있기 때문이다.

> **판례 | 공소장일본주의 위반의 효과(= 공소기각 판결) 및 그를 다툴 수 있는 시간적 한계(= 제1심의 증거조사절차 완료 전까지)**
>
> 1 [1] 공소장일본주의에 위배된 공소제기라고 인정되는 때에는 그 절차가 법률의 규정에 위반하여 무효인 때에 해당하는 것으로 보아 **공소기각의 판결을 선고**하는 것이 원칙이다. [2] 그러나 공소장 기재의 방식에 관하여 피고인측으로부터 아무런 이의가 제기되지 아니하였고 법원 역시 범죄사실의 실체를 파악하는 데 지장이 없다고 판단하여 그대로 공판절차를 진행한 결과 **증거조사절차가 마무리되어 법관의 심증형성이 이루어진 단계**에서는 소송절차의 동적 안정성 및 소송경제의 이념 등에 비추어 볼 때 이제는 더 이상 **공소장일본주의 위배를 주장하여 이미 진행된 소송절차의 효력을 다툴 수는 없다**고 보아야 한다[대판 2009.10.22, 2009도7436(전합)](주의 법관의 심증형성이 이루어져도 공소기각판결을 선고한다. ×). 14·19. 국가7급, 14·15·17. 경찰간부, 16·17. 국가9급, 18. 경찰승진, 18·21. 법원9급, 22. 법원9급
>
> 2 [1] 공소장일본주의에 위배된 공소제기라고 인정되는 때에는, 그 절차가 법률의 규정에 위반하여 무효인 때에 해당하는 것으로 보아 공소기각의 판결을 선고하는 것이 원칙이다. [2] 다만 공소장기재의 방식에 관하여 피고인 측으로부터 아무런 이의가 제기되지 아니하였고 법원 역시 범죄사실의 실체를 파악하는 데 지장이 없다고 판단하여 그대로 공판절차를 진행한 결과 증거조사절차가 마무리되어 법관의 심증형성이 이루어진 단계에 이른 경우에는 소송절차의 동적 안정성 및 소송경제의 이념 등에 비추어 볼 때 더 이상 공소장일본주의 위배를 주장하여 이미 진행된 소송절차의 효력을 다툴 수 없다고 보아야 하나, **피고인 측으로부터 이의가 유효하게 제기되어 있는 이상 공판절차가 진행되어 법관의 심증형성의 단계에 이르렀다고 하여 공소장일본주의 위배의 하자가 치유된다고 볼 수 없다**(대판 2015.1.29, 2012도2957). 20. 법원9급

02 공소제기의 효과

1. 소송계속(訴訟係屬)

공소제기에 의하여 사건이 법원의 심리와 재판의 대상이 되는 상태를 소송계속이라고 한다. 15. 경찰채용 소송계속은 공소제기가 유효한 경우는 물론 무효인 경우에도 발생한다. 법원은 공소제기가 없는 한 사건을 심판하지 못하는데 이를 **불고불리원칙**(不告不理原則)이라고 한다(주의 공소제기가 무효인 경우에는 공소시효가 정지되지 않는다. ×).

2. 공소시효의 정지

공소가 제기되면 공소시효의 진행이 정지된다(제253조 제1항). **공범 1인에 대한 공소시효 정지는 다른 공범자에게도 그 효력이 미친다**(동조 제2항). 14. 경찰승진, 14·15. 경찰채용, 14·16. 국가9급, 15. 경찰간부 **공소제기의 유효·무효를 불문한다.**

3. 심판범위의 한정(공소제기의 효력범위)

공소제기의 효력은 공소장에 기재된 피고인 그리고 공소사실과 동일성이 인정되는 사실의 전부에 미친다.

(1) 공소제기의 인적(주관적) 효력범위

공소는 검사가 피고인으로 지정한 자에게만 미친다(제248조 제1항). 14. 경찰승진, 16. 법원9급 즉, 공소에 있어서는 고소에서 인정되는 주관적 불가분의 원칙이 적용되지 아니한다. 다만, 공소제기로 인한 시효의 정지는 다른 공범자에게 그 효력이 있다(제253조 제2항).

(2) 공소제기의 물적(객관적) 효력범위

범죄사실 일부에 대한 공소제기는 그와 동일성이 인정되는 범죄사실의 전부에 미친다(제248조 제2항). 14·15. 경찰채용, 16. 경찰간부 공소제기시에 있어서는 객관적 불가분의 원칙이 적용된다.

4. 기타

공소제기로 피의자는 피고인의 지위를 취득하고 피의사건이 피고사건으로 전환된다. 또한 강제처분의 권한이 수사기관에서 법원으로 넘어간다. 이외에도 공소제기로 구속기간의 기준이 변경되고 또한 피고인은 보석을 청구할 수 있는 권한이 생기기도 한다.

5. 일죄일부(一罪一部) 기소의 문제

(1) 의의

단순일죄나 상상적 경합범에 있어서 증거도 충분하고 소송조건도 갖추어진 경우에 검사가 그 일부만을 특정하여 공소제기를 할 수 있는지 문제 된다. 예를 들어 강도상해의 피의사실이 전부 인정이 되고 또한 소송조건도 갖추어졌는데도 검사가 이를 강도죄로만 공소를 제기할 수 있는지가 문제된다.

(2) 학설과 판례

이에 대하여 ① 소송물에 대한 처분권은 검사에게 있고, 제248조 제2항 "범죄사실의 일부에 대한 공소의 효력은 범죄사실 전부에 미친다."라는 규정은 일죄일부 기소를 전제로 한다는 점 등을 근거로 이를 허용하는 적극설과, ② 일죄의 일부기소를 인정하는 것은 검사의 자의적인 공소제기를 허용하는 것이므로 허용되지 않는다는 소극설이 대립하고 있다. **판례**는 기소편의주의 원칙상 **일죄 일부에 대한 공소제기를 허용하는 입장**이다. 그러나 **친고죄** 등의 경우에서 고소기간이 경과하거나 고소가 취소되어 **소추요건을 구비할 수 없어** 범죄의 일부인 **비친고죄로 공소제기하는 경우에는** 친고죄의 취지에 반하므로 허용할 수 없고 **공소기각판결**을 해야 한다는 것이 판례의 태도이다.

판례 |

1 공소제기에 있어 검사의 재량권

하나의 행위가 여러 범죄의 구성요건을 동시에 충족하는 경우 공소제기권자는 자의적으로 공소권을 행사하여 소추 재량을 현저히 벗어났다는 등의 특별한 사정이 없는 한 증명의 난이 등 여러 사정을 고려하여 그중 **일부 범죄에 관해서만 공소를 제기할 수도 있다**(대판 2017.12.5, 2017도13458).

2 공소제기에 있어 검사에게 재량권이 부여되는 경우

① 영리약취·유인 등에 관한 특정범죄가중법 제5조의2 제2항 제1호는 '취득'과 '요구'를 별도의 행위 태양으로 규정하고 있으므로 **미성년자를 약취한 자가 그 부모에게 재물을 요구하였으나 취득하지 못한 경우** 검사는 이를 '**재물요구죄**'로 기소할 수 있음은 물론 '재물취득'의 점을 중시하여 '**재물취득미수죄**'로 기소할 수도 있다(대판 2008.7.10, 2008도3747).

② 하나의 행위가 **부작위범인 직무유기죄와 작위범인 허위공문서작성·행사죄의 구성요건을 동시에 충족**하는 경우, 공소제기권자는 재량에 의하여 작위범인 허위공문서작성·행사죄로 공소를 제기하지 않고 부작위범인 **직무유기죄로만 공소를 제기할 수 있다**(대판 2008.2.14, 2005도4202). 14. 법원행시·법원9급, 15. 국가9급

③ 하나의 행위가 **부작위범인 직무유기죄와 작위범인 범인도피죄의 구성요건을 동시에 충족**하는 경우 공소제기권자는 재량에 의하여 작위범인 범인도피죄로 공소를 제기하지 않고 부작위범인 **직무유기죄로만 공소를 제기할 수도 있다**(대판 1999.11.26, 99도1904) 14. 국가9급, 22. 해경승진

3 강간죄에 대하여 고소가 없거나 고소가 취소된 경우 또는 고소기간이 경과된 후에 고소가 있는 경우, 그 강간범행의 수단으로 사용된 폭행·협박의 점을 따로 떼어 제기한 공소의 효력(= 무효) 및 법원이 취해야 할 조치(= 공소기각판결)

(2012.12.18. 개정 형법 시행 전에 범한) 친고죄인 강간죄의 경우 **고소가 없거나 고소가 취소된 경우 또는 강간죄의 고소기간이 경과된 후에 고소가 있는 때**에는 강간죄로 공소를 제기할 수 없음은 물론 나아가 그 강간범행의 수단으로 또는 그에 수반하여 저질러진 폭행·협박의 점 또한 강간죄의 구성요소로서 그에 흡수되는 법조경합의 관계에 있는 만큼 이를 따로 떼어내어 **폭행죄·협박죄 또는 폭력행위처벌법 위반의 죄로 공소제기할 수 없다고** 해야 마땅하고, 이는 만일 이러한 공소제기를 허용한다면, 강간죄를 친고죄로 규정한 취지에 반하기 때문이므로 결국 그와 같은 공소는 공소제기의 절차가 법률에 위반되어 무효인 경우로서 형사소송법 제327조 제2호에 따라 **공소기각의 판결을 하여야 한다**[대판 2002.5.16, 2002도51(전합)].

∅. 물론 현재 강간죄는 친고죄가 아니므로 위와 같이 폭행·협박의 점만 떼어내어 공소제기를 한 경우, 법원은 폭행·협박죄 또는 (폭행·협박죄에서 강간죄로 공소장변경이 된다면) 강간죄에 대하여 실체재판을 할 수 있음을 주의하여야 한다.

제3절 공소시효(公訴時效)

01 의의

1. 개념

공소시효란 검사가 일정기간 동안 공소를 제기하지 않고 방치하는 경우 **국가의 소추권이 소멸되는 제도**를 말한다. 15. 경찰간부 공소시효는 형의 시효와 함께 형사시효(刑事時效)에 해당한다.

☑ SUMMARY | 공소시효 vs 형의 시효 ★

구분	공소시효	형의 시효
의의	판결확정 전 국가의 소추권 박탈	판결확정 후 국가의 형벌권 박탈
규정	형사소송법	형법
기간	최장 25년, 최단 1년	최장 30년, 최단 1년
진행	범죄행위가 종료한 때로부터	재판이 확정된 후부터
정지·중단	정지제도만 인정	정지·중단제도 모두 인정
효과	면소판결	형집행 면제

2. 제도의 취지

공소시효제도의 취지는 ① 시간의 경과에 따른 증거의 멸실·산일로 진실발견이 어려워지고, ② 피해자의 처벌감정이 약화되고, ③ 범인의 도피는 일종의 대체처벌에 해당하며, ④ 국가의 태만에 대하여 제재를 가한다는 점 등에 있다.

3. 공소시효의 연장

공소시효를 연장하는 법률의 개정이 헌법적으로 허용되는지 여부에 관하여 학설의 견해대립은 있으나, 판례는 공소시효가 완성되지 않은 경우와 이미 공소시효가 완성된 경우로 구분하여 전자는 원칙적으로 허용될 수 있으나, 후자는 공익적 필요가 중대한 예외적인 경우에 한하여 허용된다는 입장을 취하고 있다.

> **⚖ 판례 |**
>
> **1 공소시효를 연장하는 법률 개정의 허용 여부**
> [1] 공소시효가 아직 완성되지 않은 경우 진행 중인 공소시효를 연장하는 **법률**은, 공익이 개인의 신뢰보호이익에 우선하는 경우에는 **헌법상 정당화될 수 있다.** [2] 공소시효가 이미 완성된 경우 그 공소시효를 연장하는 **법률**은, 공익적 필요는 심히 중대한 반면에 개인의 신뢰를 보호하여야 할 필요가 상대적으로 적어 개인의 신뢰이익을 관철하는 것이 객관적으로 정당화될 수 없는 경우에는 **예외적으로 허용될 수 있다**(헌재 1996.2.16, 96헌가2,96헌바7,13). 14. 경찰간부
>
> **2 공소시효를 정지·연장·배제하는 내용의 조항을 신설하면서 소급적용에 관한 명시적인 경과규정을 두지 아니한 경우, 그 조항을 소급하여 적용할 것인지 판단할 때 고려할 사항**
> [1] 공소시효를 정지·연장·배제하는 내용의 특례조항을 신설하면서 소급적용에 관한 명시적인 경과규정을 두지 아니한 경우에 그 조항을 소급하여 적용할 수 있다고 볼 것인지에 관하여는 이를 해결할 보편타당한 일반원칙이 존재할 수 없는 터이므로 적법절차원칙과 소급금지원칙을 천명한 헌법 제12조 제1항

과 제13조 제1항의 정신을 바탕으로 하여 법적 안정성과 신뢰보호원칙을 포함한 법치주의 이념을 훼손하지 아니하도록 신중히 판단하여야 한다. [2] 2011.11.17. 법률 제11088호로 개정되어 2011.11.17. 시행된 성폭력처벌법은 제20조 제3항에서 '13세 미만의 여자 및 신체적인 또는 정신적인 장애가 있는 여자에 대하여 강간 등을 범한 경우에는 공소시효를 적용하지 아니한다'고 규정하여 공소시효 배제조항을 신설하면서도 이에 대하여 경과규정을 두지 않은 경우 (2007.12.21. 법률 제8730호로 개정된 형사소송법이 종전의 공소시효기간을 연장하면서도 그 부칙 제3조에서 '이 법 시행 전에 범한 죄에 대하여는 종전의 규정을 적용한다'고 규정함으로써 소급효를 인정하지 아니한다는 원칙을 밝힌 점, 특별법에 소급적용에 관한 명시적인 경과규정이 없는 경우에는 일반법에 규정된 경과규정이 적용되어야 하는 점 등에 비추어) **장애인 준강간죄에 대하여는 성폭력처벌법 제20조 제3항을 소급하여 적용할 수 없다**(대판 2015.5.28, 2015도1362). 16. 경찰채용

4. 공소시효 규정의 비적용

(1) 살인범죄

사람을 살해한 범죄(종범은 제외)로 사형에 해당하는 범죄에 대해서는 공소시효 규정을 적용하지 아니한다(제253조의2). 15·17·18. 경찰채용, 17. 국가7급, 18. 국가9급 이 규정은 개정 형사소송법 시행(2015.7.31.) 전에 범한 범죄로 아직 공소시효가 완성되지 아니한 범죄에 대하여도 적용한다. 18. 경찰간부·국가9급 살인죄, 존속살해죄, 인질살해죄, 강도살인죄 등이 이에 해당한다. 조문의 해석상 고의범인 '살인죄' 또는 '~살인죄'만 이에 해당하고, 결과적가중범인 '~치사죄'는 이에 해당하지 아니한다. 이는 아래 ②도 마찬가지이다.

(2) 아래 범죄에 대해서는 공소시효에 관한 규정을 적용하지 아니한다(성폭력처벌법 제21조 제3항·제4항, 청소년성보호법 제20조 제3항·제4항).

① 13세 미만 또는 장애가 있는 사람에 대한
  ㉠ 형법 제297조(강간), 제298조(강제추행), 제299조(준강간·준강제추행), 제301조(강간 등 상해·치상), 제301조의2(강간 등 살인·치사) 또는 제305조(미성년자에 대한 간음, 추행)
  ㉡ 성폭력처벌법 제6조 제2항(장애인 유사강간), 제7조 제2항(13세 미만자 유사강간) 및 제5항(13세 미만자 위계, 위력에 의한 강간), 제8조(강간 등 상해·치상), 제9조(강간 등 살인·치사)
  ㉢ 청소년성보호법 제9조(강간 등 상해·치상), 제10조(강간 등 살인·치사)
② 나이와 정신상태 불문한 모든 사람에 대한
  ㉠ 형법 제301조의2(강간 등 살인), ㉡ 성폭력처벌법 제9조 제1항(강간 등 살인), ㉢ 청소년성보호법 제10조 제1항(강간 등 살인), ㉣ 군형법 제92조의8(강간 등 살인)

(3) 헌정질서파괴범죄의 공소시효 등에 관한 특례법상 헌정질서파괴범죄와 집단살해죄의 방지와 처벌에 관한 협약에 규정된 집단살해에 해당하는 범죄에 대해서는 형사소송법상 공소시효 규정의 적용이 배제된다(동법 제3조). 18. 법원9급 헌정질서파괴범죄란 형법상 내란의 죄와 외환의 죄, 군형법상 반란의 죄와 이적의 죄를 말하고, 집단살해란 국민적·인종적·종교적 집단의 전부 또는 일부를 파괴할 목적으로 집단구성원을 살해하는 행위를 말한다. 22. 해경승진

02 공소시효기간

1. 형사소송법상 공소시효

공소시효는 **법정형을 기준**으로 다음 기간이 경과하면 완성된다(제249조). 14. 국가9급, 14·17·19. 경찰간부, 14·16·18. 경찰채용, 15·17. 경찰승진, 18. 법원9급

대상범죄	시효기간
사형에 해당하는 범죄	25년
무기징역 또는 무기금고에 해당하는 범죄	15년
장기 10년 이상의 징역 또는 금고에 해당하는 범죄	10년
장기 10년 미만의 징역 또는 금고에 해당하는 범죄	7년
장기 5년 미만의 징역 또는 금고에 해당하는 범죄, 장기 10년 이상의 자격정지에 해당하는 범죄, 벌금에 해당하는 범죄	5년
장기 5년 이상의 자격정지에 해당하는 범죄	3년
장기 5년 미만의 자격정지에 해당하는 범죄, 구류, 과료 또는 몰수에 해당하는 범죄	1년

공소가 제기된 범죄에 대하여 **판결의 확정이 없이 공소제기시부터 25년이 경과**하면 공소시효가 완성된 것으로 간주 한다(**«주의»** 의제공소시효는 15년이다. ×). 신법 시행 전에 범한 죄에 대하여는 공소시효완성간주(의제공소시효)가 15년이다(대판 2022.8.19, 2020도1153 **구 형사소송법 제249조 제2항 적용사건**).

2. 특별법상 공소시효

(1) 국가공무원법 등

국가공무원법 제65조(정치운동의 금지)를 위반한 자는 3년 이하의 징역과 3년 이하의 자격정지에 처하고, 이 죄에 대한 공소시효의 기간은 형사소송법 제249조 제1항에도 불구하고 **10년**으로 한다(국가공무원법 제84조). 이와 같은 공소시효기간의 연장은 국가정보원 등 국가기관의 정치관여 행위에 대한 처벌을 강화하려는 목적에서 2014.1.14. 신설된 내용이다. 이는 경찰공무원 등 다른 공무원의 경우에도 동일하다(경찰공무원법 제31조 제3항, 국가정보원법 제18조 등).

(2) 공직선거법

공직선거법에 규정한 죄의 공소시효는 당해 선거일 후 **6월**(선거일후에 행하여진 범죄는 그 행위가 있는 날부터 6월)을 경과함으로써 완성한다. 다만, 범인이 도피한 때나 범인이 공범 또는 범죄의 증명에 필요한 참고인을 도피시킨 때에는 그 기간은 **3년**으로 한다(동법 제268조 제1항).

(3) 조세범처벌법

조세범처벌법 제3조부터 제14조까지에 규정된 범칙행위의 공소시효는 **7년**이 지나면 완성된다(동법 제22조).

☑ SUMMARY | 공소시효

죄명		법정형	공소시효
살인		사형 또는 무기 또는 5년 이상 징역	배제
폭발물 사용		사형 또는 무기 또는 7년 이상 징역	25년
존속상해치사		무기 또는 5년 이상 징역	15년
강도		3년 이상 징역	10년
사기		10년 이하 징역 또는 2000만원 이하 벌금	10년
횡령		5년 이하 징역 또는 1500만원 이하 벌금	7년
폭행		2년 이하 징역, 500만원 이하의 벌금, 구류 또는 과료	5년
부정수표단속법 수표위조		1년 이상의 유기징역과 수표금액 10배 이하의 벌금	10년
형법상 수뢰		5년 이하 징역 또는 10년 이하 자격정지	7년
특가법상 뇌물	1억 이상	무기 또는 10년 이상 유기징역	15년
	5천 이상 1억 미만	7년 이상 유기징역	10년
	3천 이상 5천 미만	5년 이상 유기징역	10년

03 공소시효의 계산

1. 기준이 되는 법정형

① 공소시효기간은 법정형을 기준으로 계산한다. 15. 법원9급 **2개 이상의 형을 병과하거나 2개 이상의 형에서 1개를 과할 범죄에는 무거운 형을 기준**으로 공소시효기간을 계산한다(제250조). 15. 경찰채용·법원9급, 17·18. 경찰승진

② **형법에 의하여 형을 가중·감경할 경우에는 가중 또는 감경하지 아니한 형에 의하여** 공소시효기간을 계산한다(제251조). 15. 경찰채용, 15·17·18. 경찰승진, 16. 국가9급, 18·19. 경찰간부 그러나 **형법 이외에 특별법에 의하여 형을 가중·감경하는 경우에는 특별법상의 법정형**(가중·감경한 형)**을 기준으로 공소시효기간을 계산한다**(《주의》형법·특별법에 의해 가중 또는 감경할 경우에는 가중 또는 감경하지 아니한 형에 의하여 공소시효기간을 계산한다. ×). 15. 경찰채용

> **⚖ 판례 | 형법 이외의 특별법에 의하여 형이 가중·감경된 경우 공소시효의 기준이 되는 형(= 가중·감경된 형)**
>
> 1 특정범죄가중법 제8조 위반죄의 공소시효기간은 동법 조항의 법정형에 따라 정하여지고 조세범처벌법 제17조 규정에 의할 수 없다(대판 1979.4.24, 77도2752).
> 2 형사소송법 제251조는 **형법 이외의 법률**에 의하여 형을 가중·감경할 경우에는 적용되지 않는다(대판 1973.3.13, 72도2976).

③ 공소제기 전후에 법령개정으로 법정형이 변경된 경우에는 형법 제1조에 의하여 공소시효기간을 계산한다. 즉, 원칙적으로는 형법 제1조 제1항에 의하여 구법이 적용되지만, 예외적으로 **신법의 형이 경한 경우에는** 제1조 제2항에 의하여 **신법이 적용**된다.

판례 | 법률이 개정된 경우 공소시효의 기준이 되는 법률

범죄 후 법률의 개정에 의하여 법정형이 가벼워진 경우에는 형법 제1조 제2항에 의하여 당해 범죄사실에 적용될 **가벼운 법정형(신법의 법정형)**이 공소시효기간의 기준이 된다(대판 2008.12.11, 2008도4376). 14·15. 경찰채용, 15. 변호사, 16. 경찰승진, 17. 국가9급, 21. 경찰간부

④ **교사범과 방조범**은 **정범의 법정형을 기준**으로 공소시효기간을 계산한다. 다만, 필요적 공범의 경우에는 각각 개별적으로 결정한다.
⑤ 양벌규정의 경우 행위자는 그 행위자에 대한 법정형이 공소시효의 기준이 된다. 그러나 사업주(법인·개인)의 경우에는 행위자에 대한 법정형이 공소시효의 기준이 된다는 견해와 사업주에 대한 법정형(벌금형)이 공소시효의 기준이 된다는 견해가 대립하고 있다.

2. 법정형의 기초인 범죄사실

① 단순일죄를 단순히 기재한 경우에는 당연히 그 공소장에 기재된 범죄사실이 공소시효의 기준이 된다.
② 공소사실을 **예비적·택일적으로 기재**한 경우에는 각각의 범죄사실을 분리하여 **별도로 공소시효를 계산**하여야 한다.
③ **상상적 경합범**의 경우 이는 과형상(소송상) 일죄이지만 실질상 수죄에 해당하므로 각각의 범죄사실을 분리하여 **별도로 공소시효를 계산**하여야 한다(《주의》 중한 범죄의 법정형이 기준이 된다. ×).

판례 | 상상적 경합범의 경우 각각의 범죄사실을 분리하여 별도로 공소시효를 계산해야 하는지의 여부 (적극)

1개의 행위가 여러 개의 죄에 해당하는 경우 형법 제40조는 이를 **과형상 일죄로 처벌한다는 것에 지나지 아니하고 공소시효를 적용함에 있어서는 각 죄마다 따로 따져야 할 것인바**, 변호사법 위반죄의 공소시효가 완성되었다고 하여 그 죄와 상상적 경합관계에 있는 사기죄의 공소시효까지 완성되는 것은 아니다(대판 2006.12.8, 2006도6356). 17. 국가9급, 18. 경찰채용, 20. 경찰승진, 21. 경찰간부, 21·22. 경찰간부

④ **공소장변경**에 의하여 공소사실이 **변경된 경우에는** 변경된 공소사실(범죄사실)에 대한 법정형이 공소시효의 기준이 된다. 다만, 이 경우 **공소시효완성 여부의 판단 기준시기는 공소장변경시가 아니라 공소제기시**가 된다(《주의》 공소장변경시가 기준이 된다. ×).

판례 |

1 공소장변경이 있는 경우, 공소시효완성 여부의 기준시점(= 공소제기시)
① 공소장변경이 있는 경우 공소시효의 완성 여부는 당초의 공소제기가 있었던 시점을 기준으로 판단할 것이고 공소장변경시를 기준으로 삼을 것이 아니다(대판 2004.7.22, 2003도8153). 14. 경찰승진, 14·16·18·20. 법원9급, 15·18·21. 경찰채용, 16·19. 국가9급, 16·17. 국가7급, 17. 경찰간부, 22. 소방간부, 22. 변호사
② 분묘발굴죄로 공소가 제기된 범죄사실에 대하여 예비적으로 매장 및 묘지 등에 관한 법률 위반죄를 추가하는 **공소장변경**이 된 경우에는 공소장 기재의 공소사실의 동일성에 관하여 아무런 소장이 없으므로 위 법률 위반죄에 대한 **공소시효의 완성 여부는 공소를 제기한 때를 기준으로 판단할 것이고 공소장을 변경한 때를 기준으로 삼을 수 없다(대판 1992.4.24, 91도3150).

③ 사기죄로 공소가 제기된 범죄사실에 대하여 예비적으로 배임죄를 추가하는 **공소장변경**이 된 경우에는 공소장기재의 공소사실의 동일성에 아무런 소장이 없으므로 배임죄에 대한 **공소시효의 완성 여부는 본래의 공소제기시를 기준으로 하여야 하고** 공소장변경시를 기준으로 삼아서는 아니된다(대판 1981. 2.10, 80도3245). 15. 경찰간부

2 공소장변경이 있는 경우, 공소시효의 기준이 되는 공소사실(= 변경된 공소사실)
① 공소장변경절차에 의하여 공소사실이 변경됨에 따라 그 법정형에 차이가 있는 경우에는 **변경된 공소사실에 대한 법정형이 공소시효기간의 기준이 된다**(대판 2003.3.11, 2003도585). 14 · 18. 법원9급, 15 · 18. 경찰채용, 16. 국가7급 · 국가9급, 17 · 18. 변호사
② 공소제기 당시의 공소사실에 대한 법정형을 기준으로 하면 공소제기 당시 아직 공소시효가 완성되지 않았으나 **변경된 공소사실에 대한 법정형을 기준으로 하면 공소제기 당시 이미 공소시효가 완성된 경우에는 면소판결을 선고하여야 한다.** 이러한 법리는 법원이 공소장을 변경하지 않고도 인정할 수 있는 사실에 대한 법정형을 기준으로 하면 공소제기 당시 이미 공소시효가 완성된 경우에도 마찬가지로 적용된다(대판 2013.7.26, 2013도6182). 17. 국가9급, 18. 국가7급, 20. 경찰채용 · 해경채용, 22. 법원9급, 21 · 22. 변호사, 22. 해경승진

3. 공소시효의 기산점

(1) 공소시효의 기산점

공소시효는 **범죄행위가 종료**한 때로부터 진행한다(제252조 제1항)(《주의》 범죄의 실행행위 착수시부터 ×). 14 · 15 · 17. 경찰승진, 18. 경찰간부 다만, '범죄행위가 종료한 때'의 의미는 범죄의 유형별로 나누어서 검토해야 한다.

① **결과범 · 결과적가중범 · 과실범**: 범죄행위가 종료한 때란 결과발생시를 의미하므로 결과가 발생한 때부터 공소시효가 진행된다. 18. 국가9급 이들 범죄의 경우 결과가 발생하기 전까지는 아직 범죄가 종료한 것이 아니기 때문이다.
② **포괄일죄**: 공소시효는 **최종 범죄행위가 종료한 때**로부터 진행한다. 포괄일죄가 결과범인 경우에는 물론 결과발생을 포함한다.
③ **결과범이 아닌 거동범(형식범) 또는 기타 범죄**: 공소시효는 범죄유형별로 구체적 · 개별적으로 검토해야 한다.
④ **처벌조건이 규정된 범죄**: 그 조건이 성취된 때부터 공소시효가 진행한다[예 사전수뢰죄의 경우 처벌조건인 '공무원 또는 중재인이 된 때'부터 공소시효가 진행한다(형법 제129조 제2항)].

(2) 공소시효 기산의 특례 및 공소시효 연장

(13세 이상이고 장애가 없는) **미성년자에 대한 성폭력범죄의 공소시효는** 해당 성폭력범죄로 피해를 당한 **미성년자가 성년에 달한 날부터 진행한다**(성폭력처벌법 제21조 제1항). 15 · 18. 경찰채용, 22. 해경승진 성폭력처벌법 제2조 제3호 및 제4호의 죄와 제3조부터 제9조까지의 죄는 디엔에이(DNA)증거 등 그 죄를 증명할 수 있는 **과학적인 증거**가 있는 때에는 **공소시효가 10년 연장된다**(동조 제2항). 15. 경찰채용 이는 아동 · 청소년대상 성폭력범죄의 경우에도 동일하다(청소년성보호법 제20조 제1항 · 제2항). 18. 경찰채용

(3) 공범의 특칙

공범의 경우에는 **최종행위가 종료한 때를 기준**으로 전체 공범의 시효기간을 계산한다(제252조 제2항). 18. 경찰간부 '공범'이란 광의의 공범을 말하는 것으로서 임의적 공범은 물론 필요적 공범도 포함된다. 공범처벌의 일관성과 균형성을 위한 규정이다.

판례

1 미수범의 공소시효 기산점(= 더 이상 범죄가 진행될 수 없는 때)
미수범의 범죄행위는 행위를 종료하지 못하였거나 결과가 발생하지 아니하여 더 이상 범죄가 진행될 수 없는 때에 종료하고 그때부터 미수범의 공소시효가 진행한다(대판 2017.7.11, 2016도14820). 18·20. 경찰채용·국가7급, 20. 법원9급, 21. 경찰간부, 22. 소방간부

2 업무상과실치사상죄의 공소시효 기산점(= 결과발생시)
① 공소시효의 기산점에 관하여 규정하는 형사소송법 제252조 제1항의 '범죄행위'는 당해 범죄행위의 결과까지도 포함하는 취지로 해석함이 상당하다(대판 2003.9.26, 2002도3924).
② 교량붕괴사고에 있어 업무상과실치사상죄, 업무상과실일반교통방해죄 및 업무상과실자동차추락죄의 공소시효도 교량붕괴사고로 인하여 피해자들이 사상에 이른 결과가 발생함으로써 그 범죄행위가 종료한 때로부터 진행한다(대판 1997.11.28, 97도1740).
③ 업무상과실치사상죄의 공소시효는 피해자들이 사상에 이른 결과가 발생함으로써 그 범죄행위가 종료한 때로부터 진행한다(대판 1996.8.23, 96도1231)(同旨 대판 1994.3.22, 94도35). 14. 법원행시

3 포괄일죄의 공소시효 기산점(= 최종행위 종료시)
포괄일죄의 공소시효는 최종의 범죄행위가 종료한 때로부터 진행한다(대판 2012.9.27, 2012도4637). 14·18. 법원9급, 15. 경찰간부·경찰채용, 22. 해경승진

4 각종 범죄의 공소시효 기산점(계속범)
① 공유수면인 바닷가를 허가 없이 점·사용하는 행위는 그로 인하여 공유수면의 외부적 형상이 변경되었는지 여부와 관계없이 그 공유수면을 무단으로 점·사용하는 한 가벌적인 위법행위가 계속 반복되고 있는 계속범이라고 보아야 한다(대판 2010.9.30, 2008도7678). - 공유수면관리법 위반
② 구 병역법 제40조에 의하여 전문연구요원 또는 산업기능요원이 편입 당시 지정업체의 해당 분야에 종사하지 아니한 때에는 14일 이내에 그 사실을 관할 지방병무청장에게 통보하여야 하는 것을 내용으로 하는 신상이동통보의무는, 전문연구요원 등이 편입 당시 지정업체의 해당 분야에 종사하지 아니하는 상태가 계속되는 한 공소시효가 진행되지 않는다(대판 2009.9.10, 2008도1685). - 병역법 위반
③ 공익법인이 주무관청의 승인을 받지 않은 채 수익사업을 하는 행위는 시간적 계속성이 구성요건적 행위의 요소로 되어 있다는 점에서 계속범에 해당한다고 보아야 할 것이니 승인을 받지 않은 수익사업이 계속되고 있는 동안에는 아직 공소시효가 진행하지 않는 것이다(대판 2006.9.22, 2004도4751). - 공익법인의 설립운영에 관한 법률 위반 14. 변호사

5 각종 범죄의 공소시효 기산점(즉시범)
① 무허가 법인묘지를 설치한 죄는 법인묘지의 설치행위, 즉 법인이 분묘를 설치하기 위하여 부지를 조성하는 행위를 종료할 때 즉시 성립하고 그와 동시에 완성되는 이른바 즉시범이라고 보아야 한다(대판 2018.6.28, 2017도7937). - 장사 등에 관한 법률 위반
② 구 정당법에서 규정하는 공무원이나 사립학교의 교원이 정당의 당원이 된 죄와 구 국가공무원법에서 규정하는 공무원이 정당 그 밖의 정치단체에 가입한 죄는 공무원이나 사립학교의 교원 등이 정당 등에 가입함으로써 즉시 성립하고 그와 동시에 완성되는 즉시범이므로 그 범죄성립과 동시에 공소시효가 진행한다(대판 2014.5.16, 2012도12867). - 정당법 위반 등
③ 도주죄는 도주상태가 계속되는 것이므로 도주 중에는 시효가 진행이 안된다는 소론을 채용할 수 없다(대판 1979.8.31, 79도622). - 도주죄 19. 변호사
④ 무고죄에 있어서 그 신고된 범죄사실이 이미 공소시효가 완성된 것이어서 무고죄가 성립하지 아니하는 경우에 해당하는지 여부는 그 신고시를 기준으로 하여 판단하여야 한다(대판 2008.3.27, 2007도11153). - 무고죄 21. 경찰채용

⑤ 병역법 제70조 제3항, 제94조에서 규정하고 있는 **국외여행허가의무 위반으로 인한 병역법위반죄**는 국외여행의 허가를 받은 병역의무자가 기간만료 15일 전까지 기간연장허가를 받지 않고 **정당한 사유 없이 허가된 기간 내에 귀국하지 않은 때에 성립함과 동시에 완성되는 이른바 즉시범으로서** 그 이후에 귀국하지 않은 상태가 계속되고 있더라도 위 규정이 정한 범행을 계속하고 있다고 볼 수 없다. 따라서 이 범죄의 공소시효는 범행종료일인 국외여행허가기간 만료일부터 진행한다(대판 2022.12.1, 2019도5925 **병역회피 목적 미국체류 사건**).

⑥ 변호사법 제113조 제5호, 제31조 제1항 제3호 위반죄의 공소시효는 그 범죄행위인 '수임'행위가 종료한 때로부터 진행된다고 봄이 타당하고, 수임에 따른 '수임사무의 수행'이 종료될 때까지 공소시효가 진행되지 않는다고 해석할 수는 없다(대판 2022.1.14, 2017도18693 **수임행위 공소시효 기산점 사건**). ➡ 변호사인 피고인들이 진실화해를위한과거사정리위원회 등에서 공무원으로 재직하면서 조사를 담당한 사건과 관련된 소송사건을 공무원 퇴직 후 수임하여 소송수행을 한 사건이다.

6 각종 범죄의 공소시효 기산점

① 서적·신문 등 기존의 매체에 명예훼손적 내용의 글을 게시하는 경우에 그 게시행위로써 명예훼손의 범행은 종료하는 것이며 그 서적이나 신문을 회수하지 않는 동안 범행이 계속된다고 보지는 않는다는 점을 고려해 보면, **정보통신망을 이용한 명예훼손의 경우에** 게시행위 후에도 독자의 접근가능성이 기존의 매체에 비하여 좀 더 높다고 볼 여지가 있다 하더라도 그러한 정도의 차이만으로 정보통신망을 이용한 명예훼손의 경우에 범죄의 종료시기가 달라진다고 볼 수는 없다(대판 2007.10.25, 2006도346). – 명예훼손죄 17. 국가9급, 22. 경찰간부, 22. 소방간부

② (소송사기에 있어) 법원으로부터 패소판결을 선고받고 그 판결이 확정되는 등 소송이 종료됨으로써 미수에 그친 경우, 그러한 **소송사기미수죄에 있어 범죄행위의 종료시기는 소송이 종료된 때**라고 할 것이다(대판 2000.2.11, 99도4459). – 사기죄

③ **변호사 아닌 사람이** 타인간의 소송사건의 진행과 처리를 위임받아 대리행위를 한 경우 **대리행위의 종료시기는 그 소송사건이 확정한 때이므로 공소시효는 위 확정시부터 진행**한다(대판 1974.5.14, 74도225). – 법률사무취급단속법 위반

④ 피고인이 회사의 대표이사로서 임원들과 사이에 무효인 주식매수선택권 부여계약을 체결한 것만으로는 회사에 현실적인 손해가 발생하거나 재산상 실해발생의 위험이 초래되었다고 볼 수 없고, 이후 **임원들의 주식매수선택권 행사에 응하여 신주를 발행해 준 때에** 비로소 배임의 범죄행위가 완성되어 그 때부터 **공소시효가 진행**된다(대판 2011.11.24, 2010도11394). – 배임죄 14. 경찰채용

⑤ **강제집행면탈의 목적으로 채무자가 그의 제3채무자에 대한 채권을 허위로 양도한 경우에 제3채무자에게 채권 양도의 통지가** 행하여짐으로써 통상 제3채무자가 채권 귀속의 변동을 인식할 수 있게 된 시점에서는 채권 실현의 이익이 해하여질 위험이 실제로 발현되었다고 할 것이므로, 늦어도 그 통지가 있는 때에는 그 범죄행위가 종료하여 그때부터 공소시효가 진행된다(대판 2011.10.13, 2011도6855). – **강제집행면탈죄** 17. 변호사

⑥ 허위의 채무를 부담하는 내용의 채무변제계약 공정증서를 작성한 후 이에 기하여 채권압류 및 추심명령을 받은 때에 강제집행면탈죄가 성립함과 동시에 그 범죄행위가 종료되어 공소시효가 진행한다(대판 2009.5.28, 2009도875). – 강제집행면탈죄 16. 변호사, 17. 경찰승진

⑦ 공무원이 그 직무에 관하여 금전을 무이자로 차용한 경우에는 그 차용 당시에 금융이익 상당의 뇌물을 수수한 것으로 보아야 하므로 그 **공소시효는 금전을 무이자로 차용한 때로부터 기산**한다(대판 2012.2.23, 2011도7282). – 수뢰죄 14. 법원행시, 16. 경찰승진·경찰간부, 19. 국가9급

⑧ 공무원이 뇌물로 투기적 사업에 참여할 기회를 제공받은 경우 **뇌물수수죄의 기수 시기는 투기적 사업에 참여하는 행위가 종료한 때로 보아야 한다**(이때부터 공소시효가 진행한다)(대판 2011.7.28, 2009도9122).

⑨ 거짓이나 그 밖의 부정한 방법으로 북한이탈주민법에 따른 보호 및 지원을 받은 경우, 그 공소시효는 북한이탈주민법에 의한 보호 또는 지원을 최종적으로 받은 때로부터 진행한다(대판 2015.10.29, 2014도5939). – 북한이탈주민법 위반

⑩ 독점규제법 제19조 제1항 제1호에서 정한 **가격결정 등의 합의 및 그에 기한 실행행위가 있었던 경우** 독점규제법 제66조 제1항 제9호 위반죄의 **공소시효는 실행행위가 종료한 날부터 진행**한다(대판 2012.9.13, 2010도16001). – 독점규제법 위반 20. 경찰채용

⑪ [1] 농지전용행위 자체에 의하여 당해 토지가 농지로서의 기능을 상실하여 그 이후 그 토지를 농업생산 등 외의 목적으로 사용하는 행위가 더 이상 '농지의 전용'에 해당하지 않는다고 할 때에는, 허가 없이 그와 같이 농지를 전용한 죄는 그와 같은 행위가 종료됨으로써 즉시 성립하고 그와 동시에 완성되는 **즉시범**이라고 보아야 한다. [2] 당해 토지를 농업생산 등 외의 다른 목적으로 사용하는 행위를 여전히 농지전용으로 볼 수 있는 때에는 허가 없이 그와 같이 농지를 전용하는 죄는 계속범으로서 그 토지를 다른 용도로 사용하는 한 가벌적인 위법행위가 계속 반복되고 있는 **계속범**이라고 보아야 한다[대판 2009.4.16, 2007도6703(전합)]. – 농지법 위반

⑫ 구 병역법 제89조의2 제1호는 '공익근무요원으로서 정당한 사유 없이 통산 8일 이상의 기간 복무를 이탈하거나 해당분야에 복무하지 아니한 사람'을 3년 이하의 징역에 처하도록 규정하고 있는 바, 위 범죄는 정당한 사유 없이 계속적 혹은 간헐적으로 행해진 **통산 8일 이상의 복무이탈행위 전체가 하나의 범죄를 구성**하는 것이고 그 **공소시효는 위 전체의 복무이탈행위 중 최종의 복무이탈행위가 마쳐진 때부터 진행**한다(대판 2007.3.29, 2005도7032). – 병역법 위반

⑬ 근로기준법 제112조(개정법 제109조), 제36조 위반죄(임금미지급)는 근로자의 사망 또는 퇴직으로 임금 등의 지급사유 발생일부터 **14일이 경과하는 때에 성립**하는 것이다(대판 2006.5.11, 2005도8364). – 근로기준법 위반

⑭ 구 주식회사의 외부감사에 관한 법률 제20조 제2항 제2호 소정의 **허위의 재무제표를 작성·공시한 범죄**는 정기총회 회일의 1주일 전부터 **재무제표를 본점에 비치한 때에 성립**한다(공소시효가 진행한다)(대판 2004.6.24, 2004도520). – 주식회사의 외부감사에 관한 법률 위반

⑮ **부정수표단속법 제2조 제2항 위반의 범죄(부정수표발행)**는 예금부족으로 인하여 제시일에 지급되지 아니할 것이라는 결과 발생을 예견하고 **발행인이 수표를 발행한 때에 바로 성립**하는 것이고(이때부터 공소시효가 진행한다), 수표소지인이 발행일자를 보충기재하여 제시하고 그 제시일에 수표금의 지급이 거절된 때에 범죄가 성립하는 것은 아니다(대판 2003.9.26, 2003도3394). – 부정수표단속법 위반

⑯ '문화재관리국에 등록하지 아니한 자로 하여금 지정문화재를 수리하게 한' 경우 미등록 문화재수리업자 등이 수리에 착수한 때 곧바로 범죄행위가 종료된 것으로 볼 것은 아니고 **그 수리가 완료되거나 중단되는 등으로 사실상 마쳐질 때 그 범죄행위로서의 수리하게 하는 행위의 결과 발생이 종료되어 범죄행위가 종료된 것**으로 보아야 한다(대판 2003.9.26, 2002도3924). – 문화재보호법 위반

⑰ 지정되지 아니한 일반동산문화재의 등록의무는 문화재보호법시행령 소정의 30일이 경과하므로써 소멸되는 것이 아니므로 위 문화재의 등록 위반죄에 대한 공소시효는 위 기간이 경과한 때부터 진행된다고 볼 것이 아니라 그 후 위 등록의무의 이행이나 기타 사정으로 **등록의무가 소멸한 때를 기준으로 하여 그 기간을 기산**함이 옳다(대판 1978.11.14, 78도2318). – 문화재보호법 위반

⑱ 공직선거법 제268조 제1항 본문은 '이 법에 규정한 죄의 공소시효는 당해 선거일 후 6개월(선거일 후에 행하여진 범죄는 그 행위가 있는 날부터 6개월)을 경과함으로써 완성한다.'라고 규정하고 있다. 여기서 말하는 '당해 선거일'이란 그 선거범죄와 직접 관련된 공직선거의 투표일을 의미한다. 이는 선거범죄가 당내경선운동에 관한 공직선거법 위반인 경우에도 마찬가지이므로 **그 선거범죄에 대한 공소시효의 기산일은 당내경선의 투표일이 아니라 그 선거범죄와 직접 관련된 공직선거의 투표일이다**(대판 2019.10.31, 2019도8815). 20. 경찰채용, 22. 경찰간부

⑲ 피고인이 허위사실이 기재된 귀화허가신청서를 담당공무원에게 제출하여 그에 따라 귀화허가업무를 담당하는 행정청이 그릇된 행위나 처분을 하여야만 위계에 의한 공무집행방해죄가 기수 및 종료에 이른다고 할 것이고, 단지 **허위사실이 기재된 귀화허가신청서를 제출하여 접수되게 한 사정만으로는 구체적인 직무집행을 저지하거나 현실적으로 곤란하게 하는 데까지 이르렀다고 단정할 수 없다.** 구체적인 직무집행을 저지하거나 현실적으로 곤란하게 하는 데까지 이르렀을 때 범죄가 종료하고 그때부터 공소시효가 진행한다(대판 2017.4.27, 2017도2583). 20. 경찰채용

⑳ 무고죄에 있어서 그 신고 된 범죄사실이 이미 공소시효가 완성된 것이어서 무고죄가 성립하지 아니하는 경우에 해당하는지 여부는 **그 신고시를 기준으로 하여 판단하여야 한다.**(대판 2008.3.27, 2007도11153 **폭행일시 특정 사건**) 21. 경찰채용

㉑ 수산업협동조합법 제178조 제5항 본문은 "제1항 내지 제4항에 규정된 죄의 공소시효는 해당 선거일 후 6월(선거일 후에 행하여진 죄는 그 행위가 있는 날부터 6월)을 경과함으로써 완성한다"고 규정함으로써, 수산업협동조합법에 규정된 선거범죄 중 선거일까지 발생한 범죄에 대하여는 '선거일 후'부터, 선거일 후에 발생한 범죄에 대하여는 '그 행위가 있었던 날' 즉, 범죄행위 종료일부터 각 공소시효가 진행되도록 하고 있다. 여기서 선거일까지 발생한 범죄의 공소시효 기산일인 **'선거일 후'는 '선거일 당일'이 아니라 '선거일 다음 날'을 의미한다고 해석하는 것이 우선 위 조항의 문언에 부합한다.**(대판 2012.10.11, 2011도17404) 21. 경찰채용

㉒ 공무원이 동일한 사안에 관한 일련의 직무집행 과정에서 단일하고 계속된 범의로 일정기간 계속하여 저지른 직권남용 행위가 직권남용권리행사방해죄의 포괄일죄가 되는 경우 그 공소시효는 **최종 범죄행위가 종료된 때부터 진행한다**(대판 2021.3.11, 2020도12583 **국정원장 사건**). 22. 국가7급

㉓ 변호사법 제113조 제5호, 제31조 제1항 제3호 위반죄의 **공소시효는 그 범죄행위인 '수임'행위가 종료한 때로부터 진행된다고 봄이 타당하고**, 수임에 따른 '수임사무의 수행'이 종료될 때까지 공소시효가 진행되지 않는다고 해석할 수는 없다(대판 2022.1.14, 2017도18693 **수임행위 공소시효 기산점 사건**).

4. 공소시효 계산방법

공소시효의 **초일은 시간을 계산함이 없이 1일로 산정**하고(제66조 제1항 단서) **기간의 말일이 공휴일 또는 토요일이어도 그 날은 공소시효기간에 산입**된다(동조 제3항 단서).

04 공소시효의 정지

☑ SUMMARY | 공소시효 정지사유 ★★★

구분	내용
정지사유(기간) ○	① 공소의 제기 ② 범인의 해외도피 ③ 재정신청 ④ 소년보호사건의 심리개시결정, 가정보호사건송치, 성매매보호사건송치 ⑤ 대통령으로서의 재직 ⑥ 관세범에 대한 통고처분 ⑦ 미성년자에 대한 성폭력범죄
정지사유(기간) ×	① 검찰항고 ② 헌법소원

1. 의의

공소시효는 일정한 사유가 있는 경우 그 진행이 정지되고 그 사유가 없어지면 다시 진행하게 된다. 형의 시효와는 달리 공소시효는 정지제도만 있고 중단제도는 없다.

2. 사유

(1) 공소의 제기

공소시효는 **공소의 제기로 진행이 정지**된다(제253조 제1항). 14·15. 법원9급, 14·15·16. 경찰채용 공소제기의 유효 여부나 관할권 유무 등을 불문한다. 공소제기로 정지된 공소시효는 '**공소기각 또는 관할위반의 재판이 확정**'된 때로부터 다시 진행한다(제253조 제1항). 14·15. 법원9급, 14·16. 경찰채용, 14·18. 경찰승진, 19. 경찰간부 실체재판 또는 면소판결은 확정되면 기판력(일사부재리효력)이 발생하여 다시 공소제기를 할 수 없으므로 공소시효 진행 여부는 논할 실익이 없다.

> **판례 | 공소제기와 공소시효 정지**
>
> 피고인의 신병이 확보되기 전에 공소가 제기되었다고 하더라도 그러한 사정만으로 공소제기가 부적법한 것이 아니고, 공소가 제기되면 형사소송법 제253조 제1항에 따라 **공소시효의 진행이 정지된다**(대판 2017.1.25, 2016도15526). 21. 경찰채용

(2) 범인의 해외도피

범인이 **형사처분을 면할 목적**으로 국외에 있는 경우 그 기간 동안 공소시효는 정지된다(제253조 제3항). 범인이 형사처분을 면할 목적으로 국외에 있는 경우 그 기간 동안 제249조 제2항(재판시효, 의제공소시효)에 따른 기간의 진행은 정지된다(제253조 제4항 신설). 15. 경찰채용

> **판례 |**
>
> 1 '범인이 형사처분을 면할 목적으로 국외에 있는 경우'의 의미 등
>   ① 형사소송법 제253조 제3항이 정한 '범인이 형사처분을 면할 목적으로 국외에 있는 경우'는 범인이 국내에서 범죄를 저지르고 형사처분을 면할 목적으로 국외로 도피한 경우에 한정되지 아니하고, **범인이 국외에서 범죄를 저지르고 형사처분을 면할 목적으로 국외에서 체류를 계속하는 경우도 포함된다**(대판 2015.6.24, 2015도5916). 16·19. 국가9급, 16·17. 국가7급, 16·18. 경찰채용, 22. 법원9급
>   ② 형사소송법 제253조 제3항은 **범인이 형사처분을 면할 목적으로 국외에 있는 경우 그 기간 동안 공소시효는 정지된다**고 규정하고 있는데, 이 때 범인의 국외체류의 목적은 오로지 형사처분을 면할 목적만으로 국외체류하는 것에 한정되는 것은 아니고 **범인이 가지는 여러 국외체류의 목적 중 형사처분을 면할 목적이 포함되어 있으면 족하다**(대판 2010.12.9, 2009도6411; 대판 2009.5.28, 2009도1446; 대판 2003.1.24, 2002도4994). 14·15. 경찰승진, 14·17. 법원9급, 16·20. 경찰채용, 16·17. 경찰간부
>   ③ 범인이 국외에 있는 것이 형사처분을 면하기 위한 방편이었다면 '형사처분을 면할 목적'이 있었다고 볼 수 있고, 위 '**형사처분을 면할 목적'과 양립할 수 없는 범인의 주관적 의사가 명백히 드러나는 객관적 사정이 존재하지 않는 한** 국외 체류기간 동안 '**형사처분을 면할 목적'은 계속 유지**된다(대판 2012.7.26, 2011도8462). 17. 법원9급
>   ④ 국외에 체류 중인 범인에게 '형사처분을 면할 목적'이 계속 존재하였는지가 의심스러운 사정이 발생한 경우, 그 기간 동안 '형사처분을 면할 목적'이 있었는지는 당해 범죄의 공소시효기간, 범인이 귀국할 수 없는 사정이 초래된 경위, 그러한 사정이 존속한 기간이 당해 범죄의 공소시효기간과 비교하여 도피 의사가 인정되지 않는다고 보기에 충분할 만큼 연속적인 장기인지, 귀국 의사가 수사기관이나 영사관에 통보되었는지, 피고인의 생활근거지가 어느 곳인지 등의 **제반 사정을 참작하여 판단하여야 한다**. 그리고 '형사처분을 면할 목적'이 유지되지 않았다고 볼 사정이 있는 경우 그럼에도 그러한 목적이 유지되고 있었다는 점은 검사가 증명하여야 한다(대판 2012.7.26, 2011도8462).

2 '형사처분을 면할 목적'을 인정할 수 없어 공소시효 진행이 정지되지 않는 경우
① **피고인이 당해 사건으로 처벌받을 가능성이 있음을 인지하였다고 보기 어려운 경우라면** 피고인이 다른 고소사건과 관련하여 형사처분을 면할 목적으로 국외에 있는 경우라고 하더라도 당해 사건의 **형사처분을 면할 목적으로 국외에 있었다고 볼 수 없다**(대판 2014.4.24, 2013도9162). 16. 경찰채용, 17. 법원9급, 18. 국가7급
② (피고인이 출국에 필요한 유효한 증명 없이 일본으로 밀항하였다고 하여 밀항단속법 위반으로 기소된 사안에서) 피고인의 출국 자체가 형사처분을 면할 목적이 아니라 생업에 종사하기 위함이고, 피고인이 의도했던 국외 체류기간이나 실제 체류기간이 모두 밀항단속법 위반죄의 법정형이나 공소시효기간에 비해 매우 장기인 점, 피고인이 다시 국내로 입국하게 된 경위 등 제반 사정에 비추어 피고인이 밀항단속법 위반 범죄에 대한 **형사처분을 면할 목적으로 일본에 있었다고 인정하기에 부족하다면 공소시효 진행이 정지되지 않는다**(대판 2012.7.26, 2011도8462).
③ 통상 범인이 외국에서 다른 범죄로 **외국의 수감시설에 수감된 경우**, 그 범행에 대한 법정형이 당해 범죄의 법정형보다 월등하게 높고, 실제 그 범죄로 인한 수감기간이 당해 범죄의 공소시효기간보다도 현저하게 길어서 범인이 수감기간 중에 생활근거지가 있는 우리나라로 돌아오려고 했을 것으로 넉넉잡아 인정할 수 있는 사정이 있다면, **그 수감기간에는 '형사처분을 면할 목적'이 유지되지 않았다고 볼 여지가 있다**(대판 2008.12.11, 2008도4101). 18. 국가9급, 19. 변호사시례

3 국외도피로 인한 공소시효 정지를 규정한 형사소송법 제253조 제3항이 공소시효 완성 간주를 규정한 형사소송법 제249조 제2항에도 적용되는지의 여부(소극)
형사소송법 제253조 제3항에서 정지의 대상으로 규정한 '공소시효'는 범죄행위가 종료된 때로부터 진행하고 공소의 제기로 정지되는 형사소송법 제249조 제1항의 시효를 뜻하고, 그 시효와 별개로 공소를 제기한 때로부터 일정 기간이 경과하면 공소시효가 완성된 것으로 간주된다고 규정한 형사소송법 제249조 제2항에서 말하는 '공소시효'는 여기에 포함되지 않는다. 따라서 공소제기 후 피고인이 처벌을 면할 목적으로 국외에 있는 경우에도 그 기간 동안 형사소송법 제249조 제2항에서 정한 기간의 진행이 정지되지는 않는다(대판 2022.9.29, 2020도13547 **기소 후 미국도피 사건**). 23. 경찰채용
이 판례 이후에 법이 개정되어 현재는 공소시효 완성 간주 규정도 정지된다(제253조 제4항: 피고인이 형사처분을 면할 목적으로 국외에 있는 경우 그 기간 동안 제249조 제2항에 따른 기간의 진행은 정지된다).

(3) 재정신청
재정신청이 있으면 고등법원의 재정결정이 확정될 때까지 공소시효의 진행이 정지된다(제262조의4 제1항). 21. 법원9급 그에 비하여 **헌법소원이나 검찰항고**를 제기하더라도 **공소시효의 진행은 정지되지 아니한다.**

(4) 소년보호사건의 심리개시결정
소년보호사건에 있어 소년부 판사의 심리개시결정이 있었던 때로부터 그 사건에 대한 **보호처분의 결정이 확정**될 때까지 공소시효는 그 진행이 정지된다(소년법 제54조)(《주의》 보호처분의 결정이 선고될 때까지 ×).

(5) 가정보호사건송치
가정폭력범죄에 대한 공소시효는 당해 가정보호사건이 법원에 송치된 때로부터 진행이 정지되고, 그 사건에 대한 불처분결정이 확정된 때 등으로부터 다시 진행한다(가정폭력처벌법 제17조 제1항). 공범 중 1명에 대한 시효정지는 다른 공범자에게도 효력을 미친다(동조 제2항).

(6) 성매매보호사건송치

성매매에 대한 공소시효는 당해 보호사건이 법원에 송치된 때로부터 시효진행이 정지되고, 그 사건에 대한 불처분결정이 확정된 때 등으로부터 다시 진행한다(성매매처벌법 제17조, 가정폭력처벌법 제17조 제1항).

(7) 미성년자 등에 대한 성폭력범죄

(13세 이상이고 장애가 없는) 미성년자에 대한 성폭력범죄의 공소시효는 해당 성폭력범죄로 피해를 당한 미성년자가 성년에 달한 날부터 진행한다(성폭력처벌법 제21조 제1항). 15. 경찰채용 따라서 미성년자에 대한 **성폭력범죄의 경우 피해자가 성년에 달할 때까지** 공소시효의 진행이 정지된다고 보아야 한다. 이는 아동·청소년대상 성폭력범죄의 경우에도 동일하다(청소년성보호법 제20조 제1항·제2항).

(8) 대통령으로서의 재직

대통령의 불소추특권에 의하여 대통령 재직 중에는 공소시효의 진행이 정지된다는 것이 판례의 입장이다. 17. 경찰간부

> **판례 | 대통령 재직 중에 공소시효의 진행이 당연히 정지되는지의 여부(적극)**
>
> 대통령의 재직 중에는 공소시효의 진행이 당연히 정지되는 것으로 보아야 한다(헌재 1995.1.20, 94헌마246).

(9) 관세범에 대한 통고처분

관세범에 대하여 관세청장 또는 세관장의 **통고처분**(벌금에 상당하거나 몰수·추징금에 해당하는 금액을 납부할 것을 통고)이 있으면 공소의 시효는 정지된다(관세법 제311조).

3. 시효정지의 효력범위

공소제기로 인한 공소시효정지는 공소제기된 피고인에 대해서만 미치는 것이 원칙이다. 다만, 공범처벌의 일관성과 균형성을 위하여 **공범 1인에 대한 공소시효의 정지는 다른 공범자에게도 그 효력이 미친다**(제253조 제2항). 14. 경찰승진, 14·15·18. 경찰채용, 14·16. 국가9급, 15. 경찰간부 다만, 진범이 아닌 자에 대한 공소제기는 진범에 대하여 공소시효를 정지시키는 효력이 없다.

> **판례 |**
>
> 1 공소시효 정지에 관한 형사소송법 제253조 제2항의 '공범'에 뇌물공여죄와 뇌물수수죄 사이와 같은 대향범 관계에 있는 자가 포함되는지의 여부(소극)
> [1] '시효는 공소의 제기로 진행이 정지되고, 공범의 1인에 대한 시효정지는 다른 공범자에 대하여 효력이 미치고 당해 사건의 재판이 확정된 때로부터 진행한다'라는 형사소송법 제253조 제1항은 공소제기 효력의 인적 범위를 확장하는 예외를 마련하여 놓은 것이므로 **원칙적으로 엄격하게 해석하여야 하고 피고인에게 불리한 방향으로 확장하여 해석해서는 아니된다.** [2] 대향범 관계에 있는 자 사이에서는 각자 상대방의 범행에 대하여 형법 총칙의 공범규정이 적용되지 아니하므로 형사소송법 제253조 제2항에서 말하는 '공범'에는 **뇌물공여죄와 뇌물수수죄 사이와 같은 대향범 관계에 있는 자는 포함되지 않는다**(대판 2015.2.12, 2012도4842). 15·18·20. 경찰채용, 16·17·20·21·22. 변호사, 16·18. 국가7급·국가9급, 16·17·18·21·22. 경찰간부, 19·20. 경찰승진, 20. 법원9급, 22. 소방간부, 22. 변호사사례

2 공범 중 1인에 대해 약식명령이 확정된 후 그에 대한 정식재판청구권회복결정이 있는 경우, 그 사이의 기간 동안 다른 공범자에 대한 공소시효 진행이 정지되는지의 여부(원칙적 소극)

공범 중 1인에 대해 약식명령이 확정된 후 그에 대한 정식재판청구권회복결정이 있었다고 하더라도 그 **사이의 기간 동안에는** 특별한 사정이 없는 한 다른 공범자에 대한 공소시효는 정지함이 없이 계속 진행한다(대판 2012.3.29, 2011도15137). 17. 국가9급, 18. 경찰승진, 22. 소방간부, 22. 경찰간부, 22. 국가7급

3 공범 중 1인이 범죄의 증명이 없다는 이유로 무죄판결을 받고 확정된 경우, 진범에 대한 공소시효 진행이 정지되는지의 여부(소극)

공범의 1인으로 기소된 자가 구성요건에 해당하는 위법행위를 공동으로 하였다고 인정되기는 하나 책임조각을 이유로 무죄로 되는 경우와는 달리 **범죄의 증명이 없다는 이유로 공범 중 1인이 무죄의 확정판결을 선고받은 경우에는** 그를 공범이라고 할 수 없어 그에 대하여 제기된 공소로써는 진범에 대한 공소시효정지의 효력이 없다(대판 1999.3.9, 98도4621). 15 · 18 · 20. 경찰채용, 16. 국가7급 · 국가9급, 16 · 17. 변호사 · 경찰간부, 20. 경찰승진

4 피고인과 공범관계에 있는 자가 같은 범죄사실로 공소제기가 된 후 대법원에서 상고기각됨으로써 유죄판결이 확정되었다면 공범자인 피고인에 대하여도 그 **공범관계에 있는 자가 공소제기된 때부터 그 재판이 확정된 때까지의 기간 동안은 공소시효의 진행이 정지된다**(대판 1995.1.20, 94도2752).

05 공소시효완성의 효과

공소시효는 실체적 소송조건이므로 공소시효가 완성된 경우 공소제기 전이라면 검사는 **불기소처분**을 해야 하고, 공소제기 후라면 법원은 **면소판결**을 선고해야 한다(제326조 제3호). 판결확정 후에는 공소시효가 아니라 형의 시효가 진행된다.

police.Hackers.com

제2장 공판절차

제1절 공판절차의 기본원칙

01 공판절차의 의의

공판절차란 광의로는 공소가 제기되어 사건이 법원에 계속된 후부터 소송절차가 종결될 때까지의 모든 절차를 말하고, 이에는 공판기일절차와 공판기일 외 절차(공판준비절차)가 있다. 협의의 공판절차란 공판기일절차만을 말하고 이것이 형사절차의 핵심을 이룬다.

02 공판절차의 기본원칙

1. 공판중심주의(公判中心主義)

공판절차는 원칙적으로 공판기일에 공판정에서 행해져야 한다. 공판기일 외 절차(공판준비절차)는 공판기일의 심리를 신속하고 능률적으로 진행하기 위한 보충적인 성격을 갖는 것으로, 그 결과는 어떠한 형태로든 공판기일에 현출되어야 한다. 이와 같이 공판기일절차가 당해 사건과 관련된 모든 형사소송절차의 중심이 되어야 한다는 원칙을 공판중심주의라고 한다.

2. 직접주의(直接主義)

직접주의란 **법관의 심증형성은 공판정에서 직접 조사한 원본증거에 의하여야 한다**는 원칙을 말한다. 직접주의는 법관의 심증형성의 합리성을 도모하고 피고인의 방어권을 충실히 보장하는 기능을 한다. 이는 직접심리주의라고도 한다. 판사경질시 공판절차의 갱신(제301조)과 전문법칙(제310조의2)은 직접주의의 표현이다. 또한 공판정에 법관의 출석요구(제275조), 서류·물건의 개별적 지시설명(제291조), 증거신청에 대한 법원의 결정(제295조) 등도 직접주의와 관련이 된다.

> **판례 |**
>
> 1 공판중심주의 및 직접주의 관련 판례
> [1] 우리 형사소송법은 형사사건의 실체에 대한 유죄·무죄의 심증형성은 법정에서의 심리에 의하여야 한다는 공판중심주의의 한 요소로서, 법관의 면전에서 직접 조사한 증거만을 재판의 기초로 삼을 수 있고 증명 대상이 되는 사실과 가장 가까운 원본증거를 재판의 기초로 삼아야 하며, 원본증거의 대체물 사용은 원칙적으로 허용되어서는 안된다는 실질적 직접심리주의를 채택하고 있는바,
> [2] 이는 법관이 법정에서 직접 원본증거를 조사하는 방법을 통하여 사건에 대한 신선하고 정확한 심증을 형성할 수 있고 피고인에게 원본증거에 관한 직접적인 의견진술의 기회를 부여함으로써 실체적 진실을 발견하고 공정한 재판을 실현할 수 있기 때문이다(대판 2012.6.14, 2011도5313).

2 항소심이 제1심 증인이 한 진술의 신빙성 유무에 대한 제1심의 판단을 뒤집을 수 있는지의 여부(원칙적 소극)

① 형사소송법이 채택하고 있는 실질적 직접심리주의의 정신에 따라 제1심과 항소심의 신빙성 평가 방법의 차이를 고려해 보면, 제1심판결 내용과 제1심에서 적법하게 증거조사를 거친 증거들에 비추어 제1심 증인이 한 진술의 신빙성 유무에 대한 제1심의 판단이 **명백하게 잘못되었다고 볼 특별한 사정이 있거나**, 제1심의 증거조사결과와 항소심 변론종결시까지 추가로 이루어진 증거조사결과를 종합하면 제1심 증인이 한 진술의 신빙성 유무에 대한 제1심의 판단을 그대로 유지하는 것이 현저히 부당하다고 인정되는 예외적인 경우가 아니라면, **항소심으로서는 제1심 증인이 한 진술의 신빙성 유무에 대한 제1심의 판단이 항소심의 판단과 다르다는 이유만으로 이에 대한 제1심의 판단을 함부로 뒤집어서는 아니 된다**(대판 2012.6.14, 2011도5313).

② 항소심이 제1심 증인 등을 다시 신문하는 등의 추가 증거조사를 거쳐 그 신빙성을 심사하여 본 결과 **제1심이 들고 있는 의심과 일부 어긋날 수 있는 사실의 개연성이 드러남으로써 제1심의 판단에 의문이 생긴다 하더라도**, 제1심이 제기한 의심이 금품 제공과 양립할 수 없거나 그 진술의 신빙성 인정에 장애가 되는 사실의 개연성에 대한 합리성 있는 근거에 기초하고 있고 제1심의 증거조사결과와 항소심의 추가 증거조사결과에 의하여도 **제1심이 일으킨 이러한 합리적인 의심을 충분히 해소할 수 있을 정도에까지 이르지 아니한다면**, 그와 같은 일부 반대되는 사실에 관한 개연성 또는 의문만으로 그 진술의 신빙성 및 범죄의 증명이 부족하다는 **제1심의 판단에 사실오인의 위법이 있다고 단정하여 공소사실을 유죄로 인정하여서는 아니 된다**(대판 2016.6.23, 2016도2889). 17. 변호사

③ **항소심으로서는 제1심 증인이 한 진술의 신빙성 유무에 대한 제1심의 판단이 항소심의 판단과 다르다는 이유만으로 이에 대한 제1심의 판단을 함부로 뒤집어서는 아니 되나**, 제1심 증인이 한 진술의 신빙성 유무에 대한 제1심의 판단이 명백하게 잘못되었다고 볼 특별한 사정이 있거나, 제1심의 증거조사결과와 항소심 변론종결시까지 추가로 이루어진 증거조사결과를 종합하면 **제1심 증인이 한 진술의 신빙성 유무에 대한 제1심의 판단을 그대로 유지하는 것이 현저히 부당하다고 인정되는 예외적인 경우에는 그러하지 아니하다**(대판 2015.12.10, 2013도13444).

3 제1심이 채용한 증거에 대하여, 항소심이 그 신빙성에 의문을 가질 경우 취해야 할 조치

형사재판에서 항소심은 사후심 겸 속심의 구조이므로, **제1심이 채용한 증거에 대하여 그 신빙성에 의문은 가지만 그렇다고 직접 증거조사를 한 제1심의 자유심증이 명백히 잘못되었다고 볼 만한 합리적인 사유도 나타나 있지 아니한 경우에는**, 비록 동일한 증거라고 하더라도 다시 한번 증거조사를 하여 항소심이 느끼고 있는 의문점이 과연 그 증거의 신빙성을 부정할 정도의 것인지 알아보거나, 그 증거의 신빙성에 대하여 입증의 필요성을 느끼지 못하고 있는 검사에 대하여 항소심이 가지고 있는 의문점에 관하여 입증을 촉구하는 등의 방법으로 **그 증거의 신빙성에 대하여 더 심리하여 본 후 그 채부를 판단하여야 하고, 그 증거의 신빙성에 의문이 간다는 사유만으로 더 이상 아무런 심리를 함이 없이 그 증거를 곧바로 배척하여서는 아니 된다**(대판 1996.12.6, 96도2461). 15. 국가9급

3. 공개주의(公開主義)

(1) 의의

재판의 심리와 판결은 공개한다(헌법 제109조, 법원조직법 제57조 제1항). 이렇게 일반 국민에게 법원의 재판과정에 대한 방청을 허용하는 것을 공개주의라고 한다.

(2) 법정에서의 촬영 등

누구든지 법정 안에서는 **재판장의 허가 없이 녹화·촬영·중계방송 등의 행위를 하지 못한다**(법원조직법 제59조). 17. 국가9급 허가를 받고자 하는 자는 촬영의 목적, 종류 등을 명시한 신청서를 재판기일 전날까지 제출하여야 한다(법정방청 및 촬영 등에 관한 규칙 제4조 제1항). 재판장은 피고인의 동의가 있는

때에 한하여 허가를 할 수 있다. 다만, 피고인의 동의 여부에 불구하고 촬영 등 행위를 허가함이 공공의 이익을 위하여 상당하다고 인정되는 경우에는 그러하지 아니하다(동조 제2항). 14. 국가7급, 19. 경찰간부

(3) 일반적인 심리의 비공개

재판의 심리는 국가의 안전보장·안녕질서 또는 선량한 풍속을 해할 우려가 있는 때에는 **법원의 결정으로 이를 공개하지 아니할 수 있다**(헌법 제109조 단서, 법원조직법 제57조 제1항 단서). 비공개 결정은 이유를 개시하여 선고하여야 하고, 비공개 결정을 한 경우에도 재판장은 적당하다고 인정되는 자의 재정을 허가할 수 있다(법원조직법 제57조 제2항·제3항). **판결의 선고는 어떠한 경우에도 비공개로 할 수 없다**(《주의》 국가의 안전보장·안녕질서 또는 선량한 풍속을 해할 우려가 있는 때에는 심리와 판결을 공개하지 아니할 수 있다. ×). 14. 법원행시, 19. 경찰간부

(4) 개별적인 심리의 비공개

① **피해자 등의 신청에 의한 비공개**: 법원은 범죄로 인한 **피해자를 증인으로 신문하는 경우** 당해 피해자·법정대리인 또는 검사의 **신청**에 따라 피해자의 사생활의 비밀이나 신변보호를 위하여 필요하다고 인정하는 때에는 **결정으로 심리를 공개하지 아니할 수 있다**(제294조의3 제1항). 14. 경찰승진, 14·15·18. 경찰채용, 14·18. 국가9급, 16·19. 법원9급, 17. 경찰간부
② **성폭력사건의 비공개**: 성폭력범죄에 대한 심리는 그 피해자의 사생활을 보호하기 위하여 결정으로써 공개하지 아니할 수 있다(성폭력처벌법 제31조 제1항).
③ **소년보호사건의 비공개**: **소년보호사건의 심리는 공개하지 아니한다.** 다만, 판사는 적당하다고 인정하는 자에게 참석을 허가할 수 있다(소년법 제24조 제2항). 14. 법원행시·국가9급, 22. 해경간부
④ **가정보호사건과 성매매보호사건의 비공개**: 판사는 가정보호사건이나 성매매보호사건을 심리함에 있어서 사생활보호나 가정의 평화와 안정을 위하여 필요하거나 선량한 풍속을 해할 우려가 있다고 인정할 때에는 결정으로 이를 공개하지 아니할 수 있다(가정폭력처벌법 제32조 제1항).

(5) 특정인에 대한 공개주의 배제

① 재판장은 법정질서를 유지하기 위하여 방청권을 발행하여 방청인의 수를 제한할 수 있고 또한 법정의 존엄과 질서를 해할 우려가 있는 자의 입정을 금지하거나 퇴정을 명할 수 있다(법원조직법 제58조). 14. 국가7급, 19. 경찰간부
② 재판장은 증인·감정인이 피고인 또는 어떤 재정인의 **면전에서 충분한 진술을 할 수 없다고 인정한 때에는 그를 퇴정하게 하고 진술하게 할 수 있고**, 피고인이 다른 피고인의 면전에서 충분한 진술을 할 수 없다고 인정한 때에도 같다(제297조 제1항). 14. 국가9급, 16. 법원9급, 19 경찰채용 피고인을 퇴정하게 한 경우에 증인, 감정인 또는 공동피고인의 진술이 종료한 때에는 퇴정한 피고인을 입정하게 한 후 법원사무관 등으로 하여금 진술의 요지를 고지하게 하여야 한다(동조 제2항). **증인신문에 있어 신문하지 아니한 증인이 재정한 때에는 퇴정을 명하여야 한다**(제162조 제2항). 16. 법원9급 이 모두 공개주의 위반이라고 할 수 없고, 헌법에도 위반되지 아니한다(헌재 2012.7.26, 2010헌바62).

> **⚖ 판례 |**
>
> 1 공개주의가 적용되지 않는 경우
> ① 헌법 제109조에 규정된 **재판공개의 원칙**이 법원이 판결하기 전에 당사자에게 미리 그 내용을 알려줄 것을 의미하는 것은 아니다(대판 2008.12.24, 2006도1427).

② 헌법 제109조는 **재판공개의 원칙**을 규정하고 있는 것으로서 **검사의 공소제기절차에는 적용될 여지가 없다**. 따라서 공소가 제기되기 전까지 피고인이 그 내용이나 공소제기 여부를 알 수 없었다거나 피고인의 소송기록 열람·등사권이 제한되어 있었다고 하더라도 그 공소제기 절차가 위 헌법 규정을 위반하였다고는 할 수 없다(대판 2008.12.24, 2006도1427). 14. 국가7급, 18. 국가9급

2 공개주의에 위반되는 경우

① 제1심법원이 **공개금지결정을 선고하지 않은 채 공개되지 않은 상태에서 증인에 대한 증인신문절차를 진행**한 경우, 그 증인에 대한 증인신문조서는 **유죄의 증거로 쓸 수 없다**(대판 2013.7.26, 2013도2511). 14. 법원행시

② 원심이 증인신문절차의 공개금지사유로 삼은 사정이 '국가의 안녕질서를 방해할 우려가 있는 때에 해당하지 아니하고 달리 헌법 제109조, 법원조직법 제57조 제1항이 정한 **공개금지사유를 찾아볼 수도 없는 경우** 그 절차에 의하여 이루어진 **증인의 증언은 증거능력이 없다**(대판 2005.10.28, 2005도5854). 17. 변호사

3 공개주의에 위반되지 않는 경우

법원이 법정의 규모, 질서의 유지, 심리의 원활한 진행 등을 고려하여 방청을 희망하는 피고인들의 가족, 친지 기타 일반 국민에게 미리 **방청권을 발행하게 하고 그 소지자에 한하여 방청을 허용**하는 등의 방법으로 방청인의 수를 제한하는 조치를 취하는 것이 **공개재판주의의 취지에 반하는 것은 아니다**(대판 1990.6.8, 90도646). 14. 법원행시

4 피고인 퇴정과 증인에 대한 반대신문권의 보장

① 형사소송법 제297조의 규정에 따라 재판장은 **증인이 피고인의 면전에서 충분한 진술을 할 수 없다고 인정한 때에는 피고인을 퇴정하게 하고 증인신문을 진행**함으로써 피고인의 직접적인 증인대면을 제한할 수 있지만, **이러한 경우에도 피고인의 반대신문권을 배제하는 것은 허용되지 않는다**(대판 2012.2.23, 2011도15608). 14·19. 경찰채용, 22. 변호사, 22. 경찰승진, 22. 국가7급, 22. 해경간부

② 재판장이 피해자들을 증인으로 신문할 때 증인들이 피고인의 면전에서 충분한 진술을 할 수 없다고 인정하여 **피고인의 퇴정을 명하고 증인신문을 진행하였는데, 증인신문을 실시하는 과정에 변호인을 참여시키는 한편 피고인을 입정하게 하고 법원사무관 등으로 하여금 진술의 요지를 고지하게 한 다음 변호인을 통하여 반대신문의 기회를 부여한 경우 증인신문절차 등 공판절차에 어떠한 위법이 있다고 볼 수 없다**(대판 2012.2.23, 2011도15608).

③ **변호인이 없는 피고인을 일시 퇴정하게 하고 증인신문을 한 다음 피고인에게 실질적인 반대신문권의 기회를 부여하지 아니한 채 이루어진 증인의 법정진술은 위법한 증거로서 증거능력이 없다고 볼 여지가 있다.** 그러나 재판장이 증인신문결과 등을 공판조서에 의하여 고지하였는데 피고인은 '변경할 점과 이의할 점이 없다'고 진술한 사실을 알 수 있는바, 이와 같이 피고인이 책문권 포기 의사를 명시함으로써 실질적인 반대신문의 기회를 부여받지 못한 **하자가 치유되었다고 할 수 있으므로 증인의 법정진술이 위법한 증거라고 볼 수 없다**(대판 2010.1.14, 2009도9344). 14·17. 경찰간부, 15. 경찰채용, 18. 국가7급

④ 피고인에게 불리한 증거인 **증인이 주신문의 경우와 달리 반대신문에 대하여는 답변을 하지 아니하는 등 진술내용의 모순이나 불합리를 그 증인신문 과정에서 드러내어 이를 탄핵하는 것이 사실상 곤란하였고**, 그것이 피고인 또는 변호인에게 책임있는 사유에 기인한 것이 아닌 경우라면 관계 법령의 규정 혹은 증인의 특성 기타 공판절차의 특수성에 비추어 이를 정당화할 수 있는 특별한 사정이 존재하지 아니하는 이상, 이와 같이 **실질적 반대신문권의 기회가 부여되지 아니한 채 이루어진 증인의 법정진술은 위법한 증거로서 증거능력을 인정하기 어렵다**. 이 경우 피고인의 책문권 포기로 그 하자가 치유될 수 있으나, **책문권 포기의 의사는 명시적인 것이어야 한다**(대판 2022.3.17, 2016도17054 **상해 피해자 불출석 사건**). 23. 경찰채용, 24. 국가9급

4. 구두변론주의(口頭辯論主義)

구두변론주의란 법원은 당사자의 구두에 의한 변론(주장과 입증)을 근거로 재판을 하여야 한다라는 원칙을 말한다. 형사소송법 제275조의3은 "공판정에서의 변론은 구두로 하여야 한다."라고 규정하고 있고, 제37조 제1항도 "판결은 법률에 다른 규정이 없으면 구두변론(口頭辯論)을 거쳐서 하여야 한다."라고 하여 구두변론주의를 규정하고 있다. 15. 경찰간부

5. 집중심리주의(集中審理主義)

공판기일의 심리는 집중되어야 하고, 심리에 2일 이상이 필요한 경우에는 부득이한 사정이 없는 한 **매일 계속 개정하여야 한다**(제267조의2 제1항·제2항). 15·16. 경찰간부, 18. 경찰채용, 19. 국가9급 **집중심리주의를 형사소송법에 규정함으로써 모든 범죄에 대하여 집중심리주의가 적용된다.** 재판장은 여러 공판기일을 일괄하여 지정할 수 있고, 부득이한 사정으로 매일 계속 개정하지 못하는 경우에도 특별한 사정이 없는 한 전회의 공판기일부터 **14일 이내로 다음 공판기일을 지정**하여야 한다(동조 제3항·제4항). 15·16. 경찰간부, 18. 경찰채용

제2절 공판심리의 범위

01 심판대상

1. 불고불리의 원칙

불고불리(不告不理) 원칙상 법원은 공소가 제기되지 아니한 사실에 대해서는 심판을 할 수 없다. 즉, 법원은 '그 피고인이 공소사실과 같은 죄를 범했는가'를 판단하면 족하고, 그 이상 판단할 의무도 권한도 없다.

> **판례 |**
>
> **1 불고불리의 원칙과 심판대상**
> ① 불고불리의 원칙상 **검사의 공소제기가 없으면 법원이 심판할 수 없는 것**이고, 법원은 검사가 공소제기한 사건에 한하여 심판을 하여야 한다(대판 2002.7.26, 2002도1855). 19. 국가7급
> ② 공소장에 기재된 사실 중 **검사가 공소범죄사실로 기재한 것이 아니라는 점을 분명히 밝히고 있는 부분은 공판심리의 대상이 아니다**(대판 1983.11.8, 83도1979).
>
> **2 불고불리의 원칙에 위반되는 경우 Ⅰ**
> ① 검사가 **실체적 경합관계에 있는 두 개의 범죄 중 하나만을 기소하였다면 법원은 검사의 기소내용에 따라 당해 범죄로 처벌을 할 뿐 기소된 바 없는 다른 범죄로 처벌할 수는 없는 것이다**(대판 2006.1.26, 2005도7281).
> ② **상상적 경합의 관계에 있는 범죄 중에 어느 한 죄로만 공소가 제기된 경우에 법원이 공소장변경 절차를 거치지 아니하고 다른 죄로 바꾸어 인정하거나 다른 죄를 추가로 인정하는 것은 불고불리의 원칙에 위배**된다(대판 2007.5.10, 2007도2372).
> ③ 일반법과 특별법이 동일한 구성요건을 가지고 있고 그 구성요건에 해당하는 어느 범죄사실에 대하여 **검사가 그 중 형이 가벼운 일반법의 법조를 적용하여 그 죄명으로 기소**하였는데 그 일반법과 특별법을 적용할 때 형의 범위가 차이나는 경우에는, 비록 그 공소사실에 변경이 없고 적용법조의 구성요건이 완전히 동일하다 하더라도 그러한 적용법조의 변경이 피고인의 방어권 행사에 실질적인 불이익을 초래한다고 보아야 하며, 따라서 **법원은 공소장변경 없이는 형이 더 무거운 특별법의 법조를 적용하여 특별법 위반의 죄로 처단할 수 없다**(대판 2007.12.27, 2007도4749). 16·19. 국가9급, 13. 변호사

3 불고불리의 원칙에 위반되는 경우 Ⅱ

① 공소가 제기되지 아니한 별개의 범죄사실을 법원이 인정하여 그에 관하여 **몰수나 추징을 선고하는 것은 불고불리의 원칙에 위반**되어 허용되지 아니한다(대판 2010.5.13, 2009도11732). 14. 법원행시, 19. 국가9급

② 법원이 피고인에 대하여는 공소가 제기된 바 없는 특수절도의 범죄사실을 공소제기된 것으로 보아 이에 대하여 **면소를 선고한 조치는 불고불리의 원칙에 위반**한 위법을 저지른 것이라고 아니할 수 없다(대판 2001.12.27, 2001도5304).

③ 횡령죄에 대하여 법원이 공소장변경절차를 거치지 않고 **횡령목적물의 소유자(위탁자), 보관자의 지위, 영득행위의 불법성을 공소사실과는 다르게 각 인정한 것**은 공소사실에 의하여 한정된 심판범위를 넘어 **피고인의 방어권을 침해하는 것으로 위법**하다(대판 1991.9.24, 91도1605).

4 불고불리의 원칙에 위반되지 않는 경우

① 법정형에 징역형과 벌금형을 병과할 수 있도록 규정되어 있는 경우 법원은 공소장에 기재된 **적용법조의 유무나 검사의 구형 여부와 관계없이** 그 심리확정한 사실에 대하여 **재량으로 벌금형의 병과 여부를 정할 수 있으므로** 법원이 벌금형을 병과한 것이 불고불리의 원칙에 위배된다고 할 수 없다(대판 2011.2.24, 2010도7404).

② 추징은 일종의 형으로서 **검사가 공소를 제기함에 있어 관련 추징규정의 적용을 빠뜨렸다** 하더라도 **법원은 직권으로 이를 적용하여야 한다**(대판 2007.1.25, 2006도8663). 16. 경찰간부

③ 누범가중의 사유가 되는 피고인의 전과사실은 범죄사실에 해당하는 것이 아니라 양형사유에 불과한 것이므로 원판결이 검사의 **공소장에 기재되어 있지 아니한 누범가중의 사유가 되는 전과사실을 인정하고 피고인을 누범으로 처벌**하였다 하여도 거기에 어떤 **위법사유가 있다고 할 수 없다**(대판 1971.12.21, 71도2004).

2. 심판대상

(1) 소송의 동적·발전적 성격

법원의 심판대상은 피고인과 공소사실이다. 피고인은 변경되지 않는다. 그러나 공소사실은 소송의 진행에 따라 유동적(流動的)으로 변화하는데 이를 소송의 동적·발전적 성격이라고 한다. 이러한 소송의 동적·발전적 성격으로 인하여 공소사실이 변경되기 때문에 법원의 심판대상이 어디까지인지 문제가 된다.

(2) 심판대상

소송의 동적·발전적 성격으로 인하여 공소사실이 변경되기 때문에 법원의 심판대상이 무엇인지 문제가 된다. 이에 관하여 견해의 대립은 있으나 **공소장에 기재된 공소사실이 현실적 심판의 대상**이고, **공소사실과 동일성이 인정되는 사실이 잠재적 심판대상**이라는 **이원설(二元說)이 다수설과 판례**의 입장이다. 이원설에 의할 때 잠재적 심판대상은 공소장변경에 의하여 현실적 심판의 대상이 된다.

> **판례 Ⅰ**
>
> **1 심판대상의 판단방법**
> 검사는 공소장의 공소사실과 적용법조 등을 명백히 함으로써 공소제기의 취지를 명확히 하여야 하는데, 검사가 어떠한 행위를 기소한 것인지는 기본적으로 공소장의 기재 자체를 기준으로 하되, 심리의 경과 및 검사의 주장 내용 등도 고려하여 판단하여야 한다(대판 2017.6.15, 2017도3448).

2 법원의 심판대상(= 이원설)
① 형사재판에 있어서 **법원의 심판대상**이 되는 것은 **공소장에 기재된 공소사실과 예비적 또는 택일적으로 기재된 공소사실 그리고 소송의 발전에 따라 추가 또는 변경된 사실**에 한하는 것이다(대판 1991.5.28, 90도1977). 14. 변호사
② 법원은 공소장에 기재된 공소사실과 적용법조를 기초로 하여 이에 대하여 형식적 또는 실체적 심판을 행하는 것이나 반드시 공소제기 당시의 공소사실과 적용법조에 구속되는 것이 아니라 **소송의 진행을 거쳐 사실심리의 가능성 있는 최종 시점인 판결선고시를 기준으로 하여 이때 특정된 공소사실과 적용법조가 현실적인 심판의 대상**이 된다(대판 1989.2.14, 85도1435). 17. 경찰간부

02 공소장변경(심판대상 변경)

형사소송법

제298조【공소장의 변경】① 검사는 법원의 허가를 얻어 공소장에 기재한 공소사실 또는 적용법조의 추가, 철회 또는 변경을 할 수 있다. 이 경우에 법원은 **공소사실의 동일성을 해하지 아니하는 한도에서 허가하여야 한다.**
② 법원은 심리의 경과에 비추어 상당하다고 인정할 때에는 **공소사실 또는 적용법조의 추가 또는 변경을 요구**하여야 한다.
③ 법원은 공소사실 또는 적용법조의 추가, 철회 또는 변경이 있을 때에는 그 사유를 신속히 피고인 또는 변호인에게 고지하여야 한다.
④ 법원은 전3항의 규정에 의한 공소사실 또는 적용법조의 추가, 철회 또는 변경이 피고인의 불이익을 증가할 염려가 있다고 인정한 때에는 직권 또는 피고인이나 변호인의 청구에 의하여 피고인으로 하여금 필요한 방어의 준비를 하게 하기 위하여 결정으로 필요한 기간 **공판절차를 정지할 수 있다.**

형사소송규칙

제142조【공소장의 변경】① 검사가 법 제298조 제1항에 따라 공소장에 기재한 공소사실 또는 적용법조의 추가, 철회 또는 변경(이하 '공소장의 변경'이라 한다)을 하고자 하는 때에는 그 취지를 기재한 공소장변경허가신청서를 법원에 제출하여야 한다.
② 제1항의 공소장변경허가신청서에는 피고인의 수에 상응한 부본을 첨부하여야 한다.
③ 법원은 제2항의 부본을 피고인 또는 변호인에게 즉시 송달하여야 한다.
④ 공소장의 변경이 허가된 때에는 검사는 공판기일에 제1항의 공소장변경허가신청서에 의하여 변경된 공소사실·죄명 및 적용법조를 낭독하여야 한다. 다만, 재판장은 필요하다고 인정하는 때에는 공소장변경의 요지를 진술하게 할 수 있다.
⑤ 법원은 제1항의 규정에도 불구하고 피고인이 재정하는 공판정에서는 피고인에게 이익이 되거나 피고인이 동의하는 경우 구술에 의한 공소장변경을 허가할 수 있다.

1. 의의

(1) 개념

공소장변경이란 검사가 공소사실의 **동일성을 해하지 않는 범위 안에서 법원의 허가를 얻어** 공소장에 기재된 **공소사실 또는 적용법조를 추가·철회·변경하는 것**을 말한다(제298조 제1항). 15. 경찰채용 공소장변경은 심판대상을 변경하는 제도이다.

(2) 공소장변경제도의 취지

공소장변경은 적정한 형벌권의 발동을 가능하게 하고 법원은 동일성이 인정되는 사실일지라도 공소장변경이 있는 경우에만 이를 심판할 수 있도록 함으로써 피고인의 방어권을 보장하는 기능을 한다.

> **판례 | 공소장변경제도의 취지(= 피고인의 방어권 행사를 실질적으로 보장)**
>
> 공소장변경제도는 **피고인의 방어권 행사를 실질적으로 보장**하려는 당사자주의적 견지에서 공소사실의 동일성이 인정되는 범위 내라 할지라도 공소장변경절차에 의하여 심판의 대상을 명확히 한정하지 아니하면 심판대상이 되지 아니하는 것으로 함으로써 **피고인이 예상하지 아니한 처벌을 받는 불이익을 방지**하려는 것이다(대판 1996.10.11, 96도1698).

(3) 구별개념

① **추가기소 또는 공소취소와의 구별**: 공소장변경은 공소사실의 동일성이 인정되는 범위 안에서만 허용된다(제298조 제1항). 따라서 공소사실의 동일성이 인정되지 않는 수개의 공소사실에 대하여는 공소장변경의 방식이 아니라 추가기소 또는 공소취소에 의하여야 한다.

② **공소장정정과의 구별**: 공소장변경은 법원의 심판대상에 변경을 가져온다는 점에서 심판대상을 변경하지 않고 공소장에 기재된 내용의 명백한 오류를 시정하는 **공소장정정과 구별**된다. 공소장정정은 법원의 허가를 받을 필요가 없다.

> **판례 |**
>
> **1 공소장변경절차 없이 오기(誤記)를 바로잡는 것이 불고불리의 원칙에 위반되는지의 여부(소극)**
>
> ① 피고인의 방어권 행사에 실질적인 불이익을 초래할 염려가 없는 경우에는 공소사실과 기본적 사실이 동일한 범위 내에서 법원이 공소장변경절차를 거치지 아니하고 공소사실과 다르게 사실을 인정하거나 **오기임이 분명한 것을 증거에 의하여 바로잡아 인정하는 것은 불고불리의 원칙에 위배되지 않는다**(대판 2002.7.12, 2002도2134). 21. 법원9급
>
> ② 검사가 재판시법인 개정 후 신법의 적용을 구하였더라도 그 범행에 대한 형의 경중의 차이가 없으면 피고인의 방어권 행사에 실질적으로 불이익을 초래할 우려도 없어 **법원은 공소장변경절차를 거치지 않고도 정당하게 적용되어야 할 행위시법인 구법을 적용할 수 있다**(대판 1992.6.23, 92도954).
>
> ③ 공소장에 적용법조의 기재에 오기나 누락이 있는 경우라 할지라도 이로 인하여 피고인의 방어에 실질적인 불이익을 주지 않는 한 공소제기의 효력에는 영향이 없고, **법원으로서도 공소장변경의 절차를 거침이 없이 곧바로 공소장에 기재되어 있지 않은 법조를 적용할 수 있다**(대판 2006.4.14, 2005도9743). 17. 경찰간부, 18. 국가9급
>
> ④ 적용법조의 기재에 오기·누락이 있거나 또는 적용법조에 해당하는 구성요건이 충족되지 않을 때에는 공소사실의 동일성이 인정되는 범위 내로서 피고인의 방어에 실질적인 불이익을 주지 않는 한도에서 법원이 공소장변경의 절차를 거침이 없이 직권으로 공소장기재와 다른 법조를 적용할 수 있지만, 공소장에 기재된 적용법조를 단순한 오기나 누락으로 볼 수 없고 구성요건이 충족됨에도 법원이 공소장변경의 절차를 거치지 아니하고 임의적으로 다른 법조를 적용하여 처단할 수는 없다(대판 2015.11.12, 2015도12372). 17. 국가7급, 18. 법원9급
>
> **2 불고불리의 원칙에 위반되지 않는 경우**
>
> ① 공소장에 기재된 오기 '박주식 명의의 롯데백화점 카드'를 공소장변경절차 없이 '**방춘관 명의의 (롯데)백화점 카드**'로 인정한 경우(대판 2002.7.12, 2002도2134)
>
> ② 공소장에 기재된 오기 '입찰내정가'를 공소장변경절차 없이 '**입찰에 있어서 낙찰가능성이 있는 공사가액**'으로 인정한 경우(대판 1995.9.29, 95도489)

③ 공소장에 기재된 오류 '2006.5.31. 10:40경'을 공소장변경절차 없이 '2006.5.31. 09:50경'으로 인정한 경우(대판 2007.10.11, 2007도3468)
④ 공소장에 기재된 오기 '1993.8.1.'을 공소장변경절차 없이 '1993.8.2.'로 인정한 경우(대판 1997.7.25, 97도1351)
⑤ (특정범죄가중법 개정 전후에 걸쳐 법정형에 차이가 없는 경우에) 검사가 **개정 후 특정범죄가중법(재판시법)**의 적용을 구하였으나 법원이 공소장변경절차 없이 **개정 전 특정범죄가중법(행위시법)**을 적용한 경우(대판 1992.6.23, 92도954)
⑥ 공소장에 '**특정범죄가중법 제5조의3 제1항 제2호, 형법 제268조(도로교통법 위반죄 부분 제외)**'라고 기재되어 있으나 법원이 정당하게 적용될 '**특정범죄가중법 제5조의3 제1항 제1호, 제2호, 형법 제268조**'를 적용하여 처단한 경우(대판 2006.4.14, 2005도9743)

2. 이중기소와 공소장변경의 특수문제 14. 변호사사례

검사가 포괄일죄의 일부를 먼저 기소하고, 사후에 일부를 추가 기소한 경우 이것이 이중기소이므로 법원이 공소기각판결을 선고해야 하는가, 아니면 공소장변경으로 볼 수 있어 공소기각판결을 선고할 필요 없이 그대로 실체판결을 할 수 있는지가 문제가 된다. 이에 대하여 포괄일죄의 일부를 추가기소한 때에는 이중기소금지의 원칙에 반하므로 공소기각판결을 선고해야 한다는 **공소기각판결설**과, 실질적으로 공소장변경에 해당하므로 공소장변경으로 취급하여야 한다는 **공소장변경의제설**과 형식적인 추가기소를 해석에 의하여 공소장변경으로 파악하는 것은 허용되지 않지만, 법정에서 검사의 석명이 있는 경우에는 공소장변경으로 인정하는 것이 가능하다고 보는 **석명후판단설**이 대립하고 있다. 판례는 석명후판단설을 따르는 것도 있고, 공소장변경의제설을 따른 듯 한 판시를 하고 있어 그 태도가 애매하다. 소추권자인 검사의 이사를 고려하고 구체적 타당성을 도모할 수 있다는 측면에서 석명후판단설이 타당하다.

> **판례 I**
>
> 1 단순범행이 먼저 기소된 후 상습범행이 추가로 기소되었으나 심리과정에서 기소된 범죄사실이 포괄하여 하나의 상습범을 구성하는 것으로 밝혀진 경우, 법원의 조치(= 실체재판)
> ① [1] 검사가 **단순일죄라고 하여 존속상해 범행을 먼저 기소하고 다시 포괄일죄인 폭력행위처벌법 위반(상습존속상해) 범행을 추가로 기소하였는데 이를 병합하여 심리하는 과정에서 전후에 기소된 각각의 범행이 모두 포괄하여 하나의 폭력행위처벌법 위반(상습존속상해)죄를 구성하는 것으로 밝혀진 경우** [2] 법원이 각각의 범행을 포괄하여 하나의 폭력행위처벌법 위반(상습존속상해)죄로 인정한다고 하여 이중기소를 금하는 법의 취지에 반하는 것이 아닌 점과 법원은 실체적 경합범으로 기소된 범죄사실에 대하여 그 범죄사실을 그대로 인정하면서 다만 죄수에 관한 법률적인 평가만을 달리하여 포괄일죄로 처단하더라도 이는 피고인의 방어에 불이익을 미치는 것이 아니므로 공소장변경 없이도 포괄일죄로 처벌할 수 있는 점에 비추어 보면, 비록 폭력행위처벌법 위반(상습존속상해)죄의 포괄일죄로 공소장을 변경하는 절차가 없었다거나 추가기소의 공소장의 제출이 포괄일죄를 구성하는 행위로서 먼저 기소된 공소장에 누락된 것을 추가·보충하는 취지의 것이라는 석명절차를 거치지 아니하였다 하더라도 **법원은 전후에 기소된 범죄사실 전부에 대하여 실체판단을 할 수 있고, 추가기소된 부분에 대하여 공소기각판결을 할 필요는 없다**(대판 2012.1.26, 2011도15356).

② [1] 검사가 **단순일죄라고 하여 사기 범행을 먼저 기소하고 포괄일죄인 상습사기 범행을 추가로 기소하였으나 그 심리과정에서 전후에 기소된 범죄사실이 모두 포괄하여 상습사기의 일죄를 구성하는 것으로 밝혀진 경우**에는 [2] 검사로서는 원칙적으로 먼저 기소한 사건의 범죄사실에 추가기소의 공소장에 기재한 범죄사실을 추가하여 전체를 상습범행으로 변경하고 그 죄명과 적용법조도 이에 맞추어 변경하는 공소장변경신청을 하고 추가 기소한 사건에 대하여는 공소취소를 하는 것이 형사소송법의 규정에 충실한 온당한 처리라고 할 것이나 [3] 이와 같은 처리에 의하지 않더라도 검사의 추가기소에는 전후에 기소된 각 범죄사실 전부를 포괄일죄로 처벌할 것을 신청하는 취지가 포함되었다고 볼 수 있어 공소사실을 추가하는 등의 공소장변경과는 절차상 차이가 있을 뿐 그 실질에 있어서 별 차이가 없으므로, 석명에 의하여 추가기소의 공소장의 제출은 포괄일죄를 구성하는 행위로서 먼저 기소된 공소장에 누락된 것을 추가 보충하고 죄명과 적용법조를 포괄일죄의 죄명과 적용법조로 변경하는 취지의 것으로서 1개의 죄에 대하여 중복하여 공소를 제기한 것이 아님이 분명하여진 경우에는 위의 **추가기소에 의하여 공소장변경이 이루어진 것으로 보아 전후에 기소된 범죄사실 전부에 대하여 실체판단을 하여야 하고 추가기소에 대하여 공소기각판결을 할 필요는 없다**(대판 1999.11.26, 99도3929). 18. 국가7급

2 **상상적 경합관계에 있는 공소사실 중 일부가 먼저 기소된 후 나머지 공소사실이 추가기소되고 이들이 상상적 경합관계에 있음이 밝혀진 경우, 법원의 조치**(= 석명을 통하여 이중기소가 아니라고 판단되면 공소장변경으로 간주하여 실체판단을 해야 함)

상상적 경합관계에 있는 공소사실 중 일부가 먼저 기소된 후 나머지 공소사실이 추가기소되고 이들 공소사실이 상상적 경합관계에 있음이 밝혀진 경우라면, 추가기소에 의하여 전후에 기소된 각 공소사실 전부를 처벌할 것을 신청하는 취지가 포함되었다고 볼 수 있어, 공소사실을 추가하는 등의 공소장변경과는 절차상 차이가 있을 뿐 실질에 있어서 별 차이가 없다. 따라서 법원으로서는 석명권을 행사하여 검사로 하여금 추가기소의 진정한 취지를 밝히도록 하여 검사의 석명에 의하여 추가기소가 상상적 경합관계에 있는 행위 중 먼저 기소된 공소장에 누락된 것을 추가 보충하는 취지로서 1개의 죄에 대하여 중복하여 공소를 제기한 것이 아님이 분명해진 경우에는, **추가기소에 의하여 공소장변경이 이루어진 것으로 보아 전후에 기소된 공소사실 전부에 대하여 실체판단을 하여야 하고 추가기소에 대하여 공소기각판결을 할 필요가 없다**(대판 2012.6.28, 2012도2087).

3 **수개의 협박 범행이 먼저 기소된 후 다시 별개의 협박 범행이 추가로 기소되었으나 심리과정에서 기소된 범죄사실이 포괄하여 하나의 협박죄를 구성하는 것으로 밝혀진 경우, 법원의 조치**(= 전후에 기소된 범죄사실 전부에 대하여 실체판단을 해야 함)

검사가 **수개의 협박 범행을 먼저 기소하고 다시 별개의 협박 범행을 추가로 기소하였는데 이를 병합하여 심리하는 과정에서 전후에 기소된 각각의 범행이 모두 포괄하여 하나의 협박죄를 구성하는 것으로 밝혀진 경우** 비록 협박죄의 포괄일죄로 공소장을 변경하는 절차가 없었다거나 추가로 공소장을 제출한 것이 포괄일죄를 구성하는 행위로서 기존의 공소장에 누락된 것을 추가·보충하는 취지의 것이라는 석명절차를 거치지 아니하였다 하더라도 법원은 전후에 기소된 **범죄사실 전부에 대하여 실체판단을 할 수 있고 추가기소된 부분에 대하여 공소기각판결을 할 필요는 없다**(대판 2007.8.23, 2007도2595). 16. 경찰간부, 22. 변호사

3. 공소장변경의 한계[공소장변경의 가부(可否)]

(1) 공소장변경의 허용범위

① 공소장변경은 무한정 허용되는 것이 아니고 공소사실과 동일성이 인정되는 범위 내에서만 허용된다(제298조 제1항). 14. 경찰간부, 18. 국가9급 [예] 폭행죄의 공소사실을 폭행치상죄, 상해미수죄, 강간미수죄 등의 공소사실로 변경할 수는 있으나, 폭행죄의 전혀 별개의 공소사실인 수뢰죄, 문서위조죄, 장물죄 등의 공소사실로 변경할 수는 없다)

② 공소사실의 동일성(同一性) 판단은 형법상 죄수개념으로 해결할 수 있다. 즉, 형법상 일죄(一罪)는 공소사실의 동일성이 있는 경우이고, 수죄(數罪)는 공소사실의 동일성이 없는 경우로 볼 수 있다.

(2) 공소사실의 동일성의 기준

① 기본적인 사실이 동일하면 동일성을 인정해야 한다는 **기본적 사실동일설(다수설)**과 소인의 기본적인 부분을 공통으로 하는 때에는 동일성을 인정할 수 있다는 **소인공통설**과 죄질의 동일성이 인정되면 동일성을 인정할 수 있다는 **죄질동일설**과 구성요건이 상당 정도 부합하는 때에는 동일성을 인정할 수 있다는 **구성요건 공통설**이 대립하고 있다. **판례는 원칙적으로 공소사실을 그 기초가 되는 사회적 사실로 환원하여 그러한 사실 사이에 다소의 차이가 있더라도 기본적인 점에서 동일하면 동일성을 인정**하는 '기본적 사실동일설'을 취하고 있다. 다만, **판례는** 동일성을 판단함에 있어서 **규범적 요소도 아울러 고려**하여야 한다는 입장을 취하고 있다.

② 따라서 공소장에 기재된 공소사실과 변경하려는 사실을 사회적으로 환원하여 기본적인 점에서 동일하면 공소장변경을 할 수 있다. 그러나 동일성이 인정되지 않는다면 공소장변경을 할 수 없고 검사는 다른 공소사실로 추가기소를 할 수밖에 없다.

판례 Ⅰ

1 공소사실의 동일성 여부의 판단기준

① **공소사실의 동일성은 공소사실의 기초가 되는 사회적 사실관계가 기본적인 점에서 동일하면 그대로 유지되는 것이며, 이러한 기본적 사실관계의 동일성을 판단함에 있어서는 그 사실의 동일성이 갖는 기능을 염두에 두고 피고인의 행위와 그 사회적인 사실관계를 기본으로 하되 규범적 요소도 아울러 고려하여야 한다**(대판 2013.2.28, 2011도14986). 14·17. 경찰간부, 15·16·17. 법원9급, 13. 변호사, 15. 변호사시례

② **포괄일죄**에 있어서는 공소장변경을 통한 종전 공소사실의 철회 및 새로운 공소사실의 추가가 가능한 점에 비추어 그 공소장변경허가 여부를 결정함에 있어서는 **포괄일죄를 구성하는 개개 공소사실별로 종전 것과의 동일성 여부를 따지기보다는 변경된 공소사실이 전체적으로 포괄일죄의 범주 내에 있는지 여부, 즉 단일하고 계속된 범의하에 동종의 범행을 반복하여 행하고 그 피해법익도 동일한 경우에 해당한다고 볼 수 있는지 여부에 초점을 맞추어야 할 것이다**(대판 2006.4.27, 2006도514). 19. 국가9급, 19·21. 경찰채용, 22. 소방간부

③ 일방의 범죄가 성립되는 때에는 타방의 범죄성립은 인정할 수 없다고 볼 정도로 양자가 밀접한 관계에 있는 경우에는 **양자의 기본적 사실관계는 동일하다고 봄이 상당하다**(대판 2007.5.10, 2007도1048). 22. 소방간부

2 공소사실의 동일성이 인정되는 경우 Ⅰ

① [1] "피고인은 1981.1.14. 19:00경 안영리 A의 집에서 평소감정이 있음을 이유로 **피해자의 얼굴을 1회 때려 폭행을 했다.**"라는 공소사실과, [2] "피고인은 1979.12. 중순경 [1]과 같이 폭행을 했다."라는 공소사실(대판 1982.12.28, 82도2156) - 폭행죄

② [1] "피고인은 1999.5. 일자 불상 04:00경 피해자와 **전화통화 중 다른 남자와의 관계를 아들에게 폭로하겠다고 말하여 협박하였다.**"라는 공소사실과, [2] "피고인은 2000.8.4. 새벽경 [1]과 동일한 방법으로 동일한 피해자를 협박하였다."라는 공소사실(대판 2005.7.14, 2003도1166) - 협박죄 21. 경찰간부

③ [1] "피고인 甲은 2001.6. 하순경부터 2002.12. 하순경까지 **총 18회에 걸쳐** 乙로부터 퇴폐 스포츠마사지 업소 **단속 무마용으로 총 7,020만원을 수수하였다**(그 중 2회는 2002.1. 하순경 및 2002.9. 하순경 서대문경찰서 부근 상호불상 다방에서 수수한 것임)"라는 공소사실과, [2] "피고인 甲은 [1]과 같은 기간에 **총 18회에 걸쳐** 乙로부터 퇴폐 스포츠마사지 업소 **단속 무마용으로 총 7,020만원을 수수하였다**(그 중 2회는 2002.2. 초순경 및 2002.9. 중순경 서대문경찰서 형사계 당직사무실에서 수수한 것임)."라는 공소사실(대판 2006.4.27, 2006도514) - 특정범죄가중법 위반(수뢰)

④ [1] "피고인 甲은 1984.10. 초순 일자 불상 피고인 乙로부터 금 150만원을 교부받아 뇌물을 수수한 것이다."라는 공소사실과, [2] "피고인 甲은 1984. 9.말 일자 불상경 금 150만원을 피고인 乙로부터 교부받아 뇌물을 수수한 것이다."라는 공소사실(대판 1990.5.8, 89도1450) - 수뢰죄

⑤ [1] "피고인은 1991.5.10. 16:00 기독교 100주년 기념관에서 강연을 하면서 'A는 예수님이 하나님의 아들임과 성령잉태, 예수의 죽으심과 부활하심을 부인하고 신앙고백을 하지 않는 등 이단교리를 갖고 있다'고 공연히 사실을 적시하여 A의 명예를 훼손하였다."라는 공소사실과, [2] "피고인은 [1]과 같은 일시, 장소에서 강연을 하면서 'A가 교회 입구의 솔다방에서 피고인과 이야기하는 가운데 피고인이 A에게 B의 교리를 지적하자 A가 B는 지금은 많이 달라지고 있다고 대답하였으므로 A는 B의 이단성을 인정한 것이다'는 취지의 말을 함으로써 공연히 사실을 적시하여 A의 명예를 훼손하였다."라는 공소사실(대판 1994.3.8, 93도2950) - 명예훼손죄

⑥ [1] "피고인은 ~ 피해자들로부터 **차용금 명목으로 합계 24억 7,100만원을 교부받아 이를 편취하였다.**"라는 공소사실과, [2] "피고인은 ~ 피해자들로부터 **투자금 명목으로 2007.11.27. 1억 3,000만원을 교부받은 것을 비롯하여 그때부터 2008.7.31.경까지 별지 범죄일람표(투자금산정서) 기재와 같이 47회에 걸쳐 합계 2,458,389,426원을 교부받아 이를 편취하였다.**"라는 공소사실(대판 2011. 4.14, 2011도769) - 특정경제범죄법 위반(사기) 22. 법원9급

⑦ [1] "피고인은 **피해자를 살해하려고 목을 누르는 등 폭행을 가하였으나** 미수에 그쳤다."라는 공소사실과, [2] "피고인은 **피해자를 강간하려고 목을 누르는 등 폭행을 가하였으나 미수에 그치고 피해자에게 상해를 입혔다.**"라는 공소사실(대판 1984.6.26, 84도666) - 살인미수죄 + 강간치상죄 20. 경찰채용

⑧ [1] "피고인은 B의 절도범행을 신고하고 경찰에서 참고인 진술을 한 A에 대하여 '차회 조사시에는 위 진술내용을 번복하여 B는 A가 목격한 범인이 아니다'라고 **허위진술을 하여 달라고 요구하면서 이에 불응하면 어떠한 위해를 가할 듯한 태세를 보여 외포하여 A를 협박하였다.**"라는 공소사실과, [2] "피고인은 '차회 ~ 아니다'와 **같은 내용으로 진술할 것을 강요하여** 이에 겁을 먹은 A로 하여금 제2회 참고인진술을 함에 있어서 '전회에 B가 절도범인이라고 진술한 것은 잘못된 진술이고, B는 A가 목격한 범인이 아니다'라고 허위로 진술케 함으로써 경찰에 검거되어 신병이 확보된 채 조사를 받고 있던 **B를 증거불충분으로 풀려나게 하여 성환, 평택 이하 미상 등지로 약 65일간 도피케 하였다.**"라는 공소사실(대판 1987.2.10, 85도897) - 협박죄 ➡ 범인도피죄 16. 국가9급

⑨ [1] "피고인 甲은 乙과 합동하여 1997.2.2. 00:00경 동두천시 생연동 400의3 앞길에서 **피해자 A 소유의 그레이스 승합차를 절취하였다.**"라는 공소사실과, [2] "**피고인 甲은 1997.2.3. 01:40경** (1997.2.2. 01:40경의 오기) 동두천시 생연동 소재 신천교에서 같은 동 398 소재 금시당 앞길까지 **乙이 절취하여 온 피해자 A 소유의 그레이스 승합차가 장물인 정을 알면서 운전하여 가 장물을 운반하였다.**"라는 공소사실(대판 1999.5.14, 98도1438) - 특수절도죄 + 장물운반죄

⑩ [1] "피고인은 **1988.10.18. 05:00경 부산시 소재 우성장여관에서 피고인이 위조한 10만원권 수표 1매를 진정하게 성립된 것인 양 그 정을 모르는 여관 주인 피해자 A에게 밀린 숙박비 일부로 교부하여 동 액수를 공제받음으로써 동액 상당의 재산상 이득을 편취한 것이다.**"라는 공소사실과, [2] "피고인은 [1]과 같은 일시·장소에서 피고인이 **위조한 10만원권 수표 1매를 그 정을 모르는 여관 주인 A에게 밀린 숙박비 지불조로 교부하여** 그로 하여금 부산은행 부전동지점을 통하여 수표의 지급의탁은행인 국민은행 초량지점에 진정하게 성립된 것인 양 제시케하여 금 10만원을 교부받으려고 하였으나 위조사실이 발각되어 **미수에 그친 것이다.**"라는 공소사실(대판 1990.2.13, 89도1457) - 사기죄 ➡ 사기미수죄

⑪ [1] "피고인은 청탁의 대가로 甲으로부터 **乙복지법인 출연금의 형태로 30억원의 뇌물을 사실상 직접 수수하였다.**"라는 공소사실과, [2] "피고인은 청탁의 대가로 **30억원의 뇌물을 乙복지법인이 수수하도록 하였다.**"라는 공소사실(대판 2007.1.26, 2004도1632) - 제3자뇌물제공죄 ➡ 수뢰죄

⑫ [1] "피고인은 건축물에 해당하는 컨테이너를 허가 없이 건축하였다"라는 공소사실과 [2] "피고인은 가설건축물에 해당하는 컨테이너를 신고 없이 축조하였다"라는 공소사실(대판 2022.12.29, 2022도9845 컨테이너 무신고 축조사건) → 건축법 위반

3 공소사실의 동일성이 인정되는 경우 Ⅱ

① 하나의 사건에 관하여 한번 선서한 증인이 같은 기일에 여러 가지 사실에 관하여 기억에 반하는 허위의 공술을 한 것으로서 포괄하여 1개의 위증죄를 구성하는 것으로 보아야 하고, **그 일부의 범죄사실에 대하여 공소가 제기된 뒤에 항소심에서 나머지 부분을 추가하였다고 하여 공소사실의 동일성을 해하는 것이라고 볼 수 없다**(대판 1992.12.22, 92도2047).- 위증죄 22. 경찰간부

② 동일한 부가가치세의 과세기간 내에 행하여진 조세포탈기간이나 포탈액수의 일부에 대한 조세포탈죄의 고발이 있는 경우 그 고발의 효력은 그 과세기간 내의 조세포탈기간 및 포탈액수 전부에 미친다. 따라서 **일부에 대한 고발이 있는 경우 기본적 사실관계의 동일성이 인정되는 범위 내에서 조세포탈기간이나 포탈액수를 추가하는 공소장변경은 적법하다**(대판 2009.7.23, 2009도3282). - 조세범 처벌법 위반

③ 공소사실의 **피해자를 주식회사 '엔코글로벌'에서 '해피하우스 디자인(Happy House Design Pty Ltd)'으로 변경**한다 하더라도 피고인이 공소사실 기재 일시·장소에서 저작권 침해행위를 하였다는 사실과 침해행위의 태양 및 침해된 저작권이 어떠한 저작물에 대한 것인지에 변함이 없는 이상, **공소장변경 전후의 공소사실은 상호 동일성을 인정할 수 있다**(대판 2008.2.28, 2007도8705). - 저작권법 위반

④ 검사는 "피고인들이 **흉기를 휴대하고 다방에 모여 강도예비를 하였다.**"는 공소사실과 그 적용법조를 법원의 허가를 받아 "정당한 이유 없이 폭력범죄에 공용될 우려가 있는 **흉기를 휴대하고 있었다.**"는 폭력범죄처벌법 제7조 소정의 죄로 변경을 하였는바, 그 변경 전의 공소사실과 변경 후의 공소사실은 **그 기본적 사실이 동일하다**(대판 1987.1.20, 86도2396). - 강도예비죄 → 폭력행위처벌법 위반 14. 변호사, 16. 국가9급, 19. 경찰간부

⑤ 처음에 어느 물건을 장물인줄 알면서 남에게 양여하였다 하여 **장물양여죄로 공소를 제기하였다**가, 나중에 그 물건을 절취한 사실을 이유로 **야간주거침입절도나 절도로서 공소장에 기재한 공소사실을 변경**하는 것은 그 공소사실에 있어서 **동일성을 해하는 것이라고는 볼 수 없다**(대판 1964.12.19, 64도664). - 장물양도죄 → 야간주거침입절도죄 or 절도죄

⑥ "의사인 甲이 2016.10.17.경부터 2018.9.30.경까지 A병원의 실제 운영자인 乙에게 **월 300만원을 받고 의사면허증을 대여하였다.**"라는 공소사실을 "의사가 아닌 자는 병원을 개설할 수 없음에도 의사인 甲은 의사면허가 없는 乙과 공모하여 병원을 甲명의로 개설하기로 하였다. 이에 따라 乙은 **2016.10.17.경 甲명의로 A병원을 개설하였다.**"라는 내용으로 변경한 경우 피고인이 의사면허증을 대여해 준 행위와 비의료인의 의료기관 개설행위에 가담한 행위는 모두 피고인이 단일한 범의 아래 저지른 일련의 행위로서 밀접한 관계에 있고 죄질 및 피해법익도 유사하므로 양 사실은 **그 기본적 사실관계가 동일한 것이라고 하지 않을 수 없다**(대판 2012.9.13, 2010도11338) - 의료법 위반 19. 국가7급

4 공소사실의 동일성이 인정되지 않는 경우 Ⅰ

① [1] "피고인은 **아리랑관광호텔의 관광택시사업권과** 관련하여 피해자 A로부터 **1976.12.27. 금 1,200만원을 교부받은 후 횡령하였다.**"라는 공소사실과, [2] "피고인은 **1977.3.20.** 피해자 A로부터 택시구입대금으로 금 1,500만원을 받은 후 횡령하였다."라는 공소사실(대판 1989.9.26, 88도1677) - 업무상횡령죄

② [1] "피고인은 **2000.2.27. 04:00경** 대림상회 내에서 **청소년인 A(남, 16세)에게** 청소년 유해약물인 디스 담배를 1갑 판매하였다."라는 공소사실과, [2] "피고인은 **2000.2.26. 20:00경** 대림상회 내에서 **청소년인 B(남, 16세)에게** 청소년 유해약물인 디스 담배 1갑을 판매하였다."라는 공소사실 (대판 2002.3.29, 2002도587) - 청소년 보호법 위반

③ [1] "피고인은 발로 피해자의 배와 가슴 부위를 수회 차 피해자에게 약 2주간의 치료를 요하는 **흉부좌상을 가하였다**."라는 공소사실과, [2] "피고인은 [1] 범죄 후 계속하여 **부엌 뒤에 있는 창고에서 위험한 물건인 전지가위를 가지고 와 거실바닥에 쓰러져 있는 피해자에게 들이대며 '너 오늘 죽여 버리겠다'고 말하여 피해자를 협박하였다**."라는 공소사실(대판 2008.12.11, 2008도3656) - 상해죄 ➡ 상해죄 + 협박죄

④ [1] "피고인은 **1982.8.3. 18:00경** 부산 서구 다대포 해수욕장 청수장 회집에서 **피해자 A의 멱살을 잡아 밀고 물컵의 물을 뿌려 폭행을 가하여 2주간의 치료를 요하는 하구순부 파열상을 입혔다**."라는 공소사실과, [2] "피고인은 **1983.5.27. 매형인 B에게 폭행, 협박하였다**."라는 공소사실(대판 1984.3.13, 84도219) - 상해죄 ➡ 폭행죄 및 협박죄

⑤ [1] "피고인은 피해자에게 원목 하산비를 지원하면 원목 전부를 납품하겠다고 거짓말을 하여 **원목 하산비 명목으로 피해자로부터 금원을 편취하였다**."라는 공소사실과, [2] "피고인은 피해자가 하산해 놓은 **소나무 원목을 타처에 판매·인도하여서 절취하였다**."라는 공소사실(대판 1983.2.22, 82도2113) - 사기죄 ➡ 절도죄

⑥ [1] "피고인은 1999.6.9. 법무사 사무실에서 甲으로부터 피해자 A를 위한 **합의금 1,315만원을 교부받아 이를 보관 중, 1999.6. 말경 A로부터 그 반환요구를 받고도 거부하여 이를 횡령하였다**."라는 공소사실과, [2] "피고인은 **1999.6.7. 서울 이하 불상지에서** A를 기망하여 다음 날 A로부터 수사사건에 관한 일체의 권한을 피고인에게 위임한다는 취지의 위임장을 팩스로 송부받아 **위임장 사본 1매를 편취한 것이다**."라는 공소사실(대판 2001.3.27, 2001도116) - 횡령죄 + 사기죄

⑦ [1] "피고인은 2008.10. 하순경 성남시 모란시장 부근 도로에 정차한 승용차 안에서 **A에게 필로폰 약 0.3g을 건네주어 이를 교부하였다**."라는 공소사실과, [2] "피고인은 2008.10. 중순경 장소 불상지에서 A에게 전화로 350만원을 주면 필로폰 10g을 구해다 주겠다고 거짓말하여 A, B로부터 같은 달 하순경 성남 모란역에서 **필로폰 대금 및 수고비 합계 370만원을 교부받았다**."라는 공소사실(대판 2012.4.13, 2010도16659) - 마약류관리법 위반 + 사기죄 19. 경찰간부, 20. 경찰채용, 22. 변호사

5 공소사실의 동일성이 인정되지 않는 경우 Ⅱ

① '2개월 내에 작위의무를 이행하라는 행정청의 지시를 이행하지 아니한 행위'와 7개월 후 다시 '같은 내용의 지시를 받고 이를 이행하지 아니한 행위'는 성립의 근거와 일시 및 이행기간이 뚜렷이 구별되어 서로 양립이 가능한 전혀 별개의 범죄로서 동일성이 없다(대판 1994.4.26, 93도1731). - 주택건설촉진법 위반

② 당초 공소사실인 '설계도서에 따른 법정지하층을 설치하지 아니한 사실'과 변경을 구한 공소사실인 '건축완료 후 건축허가 설계대로 동 지하층을 설치한 것처럼 관할 구청장에게 허위로 신고한 사실'은 상호 공소사실의 동일성이 인정되지 아니한다(대판 1975.1.28, 74도2616). - 건축법 위반

③ '甲이 2017.10. 하순경 甲의 승용차 안에서 乙에게 필로폰 약 0.3g을 교부하였다'라는 마약류관리에 관한 법률 위반(향정)의 공소사실로 기소하였다가 '甲이 2017.10. 중순경 장소불상지에서 전화로 乙에게 필로폰 10g을 구해 주겠다고 속여 2017.10. 하순경 ○○역 근처에서 乙로부터 필로폰 대금 370만원을 교부받아 편취하였다'라는 사기 범죄사실을 예비적으로 추가한 경우 당초의 공소사실인 마약류관리에 관한 법률 위반(향정)의 범죄사실과 검사의 공소장변경에 의해 예비적으로 추가된 사기의 범죄사실은 그 수단·방법 등 범죄사실의 내용이나 행위의 태양 및 피해법익이 다르고 죄질에도 현저한 차이가 있어 **그 기본적인 사실관계가 동일하다고 볼 수 없다**(대판 2012.4.13, 2010도16659). - 마약류관리법 위반 19. 국가7급

④ '공무원인 甲이 여행업자 乙과 공모하여 탐방행사의 여행 경비를 부풀려 과다 청구하는 방법으로 학부모들을 기망하여 2017.5.1.부터 2018.9.23.까지 총 11회에 걸쳐 6,500만원을 **편취하였다**'라는 공소사실로 기소하였다가, '공무원인 甲이 자신에게 탐방행사를 맡겨준 사례금 명목으로 2018.8.1.부터 2018.12.1.까지 총 5회에 걸쳐 乙로부터 1,300만원의 **뇌물을 수수하였다**'라는 공소사실을 예비적으로 추가한 경우 당초의 공소사실(사기)과 예비적 공소사실(뇌물수수)은 그 시기와 수단·방법 등의 범죄사실의 내용이나 행위 태양 및 피해법익이 다르고 죄질에도 현저한 차이가 있어 **그 기본적인 사실관계가 동일하다고 보기 어렵다**(대판 2017.8.29, 2015도1968 **과학영재교육원장 사건**). 19. 국가7급

⑤ '甲이 2017.8.11. 토지거래허가구역 내 토지를 A에게 미등기 전매한 후 B에게 근저당권을 설정해주어 3억 5천만원의 이득을 취하였다'라는 **배임죄의 공소사실로 기소하였다가** '甲이 2017.8.11. 근저당권을 말소하여 소유권이전등기를 넘겨줄 의사나 능력이 없음에도 A를 기망하여 2억 7,000만원의 **매매대금을 편취하였다**'라는 사기죄의 공소사실을 예비적으로 추가한 경우 피고인들에 대하여 공소가 제기된 당초의 배임 범죄사실과 검사가 공소장변경신청을 하여 예비적으로 추가한 사기 범죄사실은 그 범행일시와 장소, 수단, 방법 등 범죄사실의 내용이나 행위 태양이 다르고 범죄의 결과도 다르며 죄질에도 현저히 차이가 있으므로 **그 기본적 사실관계가 동일하다고 할 수 없다**(대판 2012.4.13, 2011도3469). 19. 국가7급

4. 공소장변경의 필요성[공소장변경의 요부(要否)]

(1) 공소장변경의 필요성

① 공소사실의 동일성이 인정되는 범위라면 공소장변경은 일단 허용된다. 그런데 변경하려는 공소사실과 공소장에 기재된 공소사실이 약간만 달라도 언제나 공소장변경이 필요한지가 문제가 된다. 공소사실이 약간만 달라져서 예외 없이 공소장변경(검사의 신청, 법원의 허가, 피고인에게 고지, 공판절차정지)을 해야 한다면, 이는 소송이 지연되는 결과가 발생하고 오히려 피고인에게 불리하게 작용할 수 있기 때문이다.

② 이렇게 **공소사실의 동일성을 전제로 하여** 법원이 어떤 범위에서 공소장변경(검사의 신청, 법원의 허가, 피고인에게 고지, 공판절차정지) 없이 공소장에 기재된 공소사실과 다른 사실을 심판할 수 있는가의 문제가 공소장변경의 필요성 문제이다.

(2) 학설과 판례 18. 변호사사례

① 학설로는 구체적 사실관계가 다르다고 하더라도 그 벌조 또는 구성요건에 변경이 없는 한 공소장변경이 필요없다는 **동일벌조설**, 구체적 사실관계가 다르다 할지라도 그 법률 구성에 영향이 없는 때에는 공소장 변경을 요하지 않는다는 **법률구성설**, 형식적으로도 사실의 변화가 생겼고 실질적으로도 피고인의 방어권 행사에 불이익이 발생하게 되면 공소장 변경이 필요하다는 **사실기재설** 등이 대립한다. ㉠ 공소장에 기재된 사실과 다른 사실을 인정할 때에는 원칙적으로 공소장변경을 요하지만, ㉡ 피고인의 방어권 행사에 실질적으로 불이익을 초래할 염려가 없는 경우에는 공소장변경이 필요 없다는 **'실질적 불이익설(사실기재설)'이 통설과 판례**의 입장이다.

② 따라서 공소장에 기재된 사실과 다른 사실을 인정할 때에는 원칙적으로 검사의 신청, 법원의 허가, 피고인에게 고지, 공판절차정지 등의 공소장변경을 해야 하지만, 피고인의 방어권 행사에 실질적으로 불이익을 초래할 염려가 없는 경우에는 공소장변경 없이도 법원이 다른 사실을 심판할 수 있다.

> **판례** | 법원이 공소장변경 없이 공소장에 기재된 공소사실과 다른 범죄사실을 인정하기 위한 요건
> (= 피고인의 방어권 행사에 실질적으로 불이익을 초래할 염려가 없을 것)
>
> 1 법원이 공소장의 변경 없이 직권으로 공소장에 기재된 공소사실과 다른 범죄사실을 인정하기 위하여는 공소사실의 동일성이 인정되는 범위 내이어야 할 뿐만 아니라 피고인의 방어권 행사에 실질적 불이익을 초래할 염려가 없어야 한다(대판 2013.5.9, 2012도12172).
> 2 피고인의 방어권 행사에 실질적인 불이익을 초래할 염려가 없는 경우에는 공소사실과 기본적 사실이 동일한 범위 내에서 법원이 공소장변경절차를 거치지 아니하고 다르게 사실을 인정하였다고 할지라도 불고불리의 원칙에 위배되지 아니한다(대판 2011.6.30, 2011도1651). 14. 국가9급, 15. 변호사, 15·17. 법원9급, 16·19. 경찰채용, 17. 경찰승진

(3) 공소장변경의 필요성에 대한 구체적 고찰
① **구성요건(죄명)이 동일한 경우**: 실질적 불이익설(사실기재설)에 의할 때 구성요건이 동일한 경우에도 범죄의 일시·장소, 행위의 수단·방법, 범죄의 객체 등 사실의 변경이 있으면 원칙적으로 공소장변경을 요하지만(**판례 1**), 피고인의 방어권 행사에 실질적 불이익을 초래하지 않는 경우에는 공소장변경을 요하지 아니한다(**판례 2**).

> **판례** |
>
> 1 공소장변경을 요하는 경우
>   ① [1] "피고인은 **2007.11. 하순경** 서초경찰서 매점에서 피해자를 기망하여 입주권 1장에 대한 매수대금 명목으로 6,000만원을 송금받아 그 중 4,700만원을 입주권 매도인에게 교부하고 차액 1,300만원을 취득하였다."라는 공소사실에 대하여, [2] "피고인은 **2007.12. 중순경** 서울 강남구 대치동 소재 ○○에서 ~ 취득하였다."라는 범죄사실을 인정하는 경우(대판 2011.4.14, 2011도1460) - 사기죄
>   ② [1] "피고인은 **1991.5.14.** 피해자 甲으로부터 금 2,000만원을 차용의 명목으로 편취하였다."라는 공소사실에 대하여, [2] "피고인은 **1991.6.14.** ~ 편취하였다."라는 범죄사실을 인정하는 경우(대판 1993.1.15, 92도2588) - 사기죄
>   ③ [1] "피고인은 행사할 목적으로 **1974.8.27.** 회사 보통주권 100주권 2매, 10주권 3매, 1주권 1매를 甲 앞으로 각 작성하고 이를 乙에게 교부하였다."라는 공소사실에 대하여, [2] "피고인은 행사할 목적으로 **1975.3.경** ~ 교부하였다."라는 범죄사실을 인정하는 경우(대판 1982.6.22, 81도1935) - 허위유가증권작성 및 동행사죄
>   ④ [1] "피고인은 **1985.5. 중순 일자 불상경** 甲이 결성한 조직폭력단체인 '시라소니파'에 지휘부조직원으로 가입하였다."라는 공소사실에 대하여, [2] "피고인은 **1986.5.경** ~ 가입하였다."라는 범죄사실을 인정하는 경우(대판 1992.12.22, 92도2596) - 폭력행위처벌법 위반
>   ⑤ [1] "피고인은 **1987.3. 일자 불상경** 甲의 권유를 받고 속칭 '신양오비파'가 폭력을 목적으로 하는 단체임을 알면서도 그 행동대장으로 가입하여 '신양오비파'를 구성하였다."라는 공소사실에 대하여, [2] "피고인은 **1988.9.경** ~ 구성하였다."라는 범죄사실을 인정하는 경우(대판 1992.10.27, 92도1824) - 폭력행위처벌법 위반
>   ⑥ [1] "피고인은 **1988.12.경** 인천 남동구 간석 3동 39의8 소재 맘모스 실내포장마차에서 피고인을 두목으로 하는 '신천석파' 범죄집단을 조직하였다."라는 공소사실에 대하여, [2] "피고인은 **1990. 3.경** ~ 조직하였다."라는 범죄사실을 인정하는 경우(대판 1991.6.11, 91도723) - 폭력행위처벌법 위반

⑦ [1] "피고인은 횡단보도 앞에서 **횡단보행자가 있는지 여부를 잘 살피지 아니하고 또 신호에 따라 정차하지 아니하고 시속 50km로 진행한 과실**로 인하여 피해자들을 사상에 이르게 하였다."라는 공소사실에 대하여, [2] "피고인은 **보조제동장치나 조향장치를 조작하지 아니한 과실**로 피해자들을 사상에 이르게 하였다."라는 범죄사실을 인정하는 경우(대판 1989.10.10, 88도1691) - 교통사고처리법 위반

⑧ [1] '**절취한 신용카드를 사용한 사기**'의 공소사실에 대하여, [2] '**신용카드 절취 여부와 무관하게 신용카드 사용**으로 인한 사기'의 범죄사실을 인정하는 경우(대판 2003.7.25, 2003도2252) - 사기죄

⑨ [1] "피고인은 1999.1.9. **B를 석방시켜 줄 의사나 능력이 없음에도 A를 기망하여** 이에 속은 A로부터 교제비 명목으로 금 500만원을 교부받아 편취한 것이다."라는 공소사실에 대하여, [2] "피고인은 변호사 사무실에 **성공사례금을 지급할 것처럼 기망하여** A로부터 500만원을 받아 편취하였다."라는 범죄사실을 인정하는 경우(대판 2002.2.5, 2001도6311) - 사기죄

⑩ [1] "피고인 甲·乙은 A로부터 매수한 크레도스 승용차의 할부금이 남아 있음에도 피해자 B에게 위 승용차에 남아 있는 **할부금이 없다고 거짓말을 하여** 이에 속은 B로부터 매매대금 명목으로 금 950만원을 교부받아 이를 편취하였다."라는 공소사실에 대하여, [2] "피고인 甲·乙은 A로부터 크레도스 승용차를 매도할 대리권을 수여받은 바도 없으면서 그와 같은 **대리권을 수여받은 양 행세하여** 피해자 B를 기망하고 B는 그에 속아 크레도스 승용차를 950만원에 매수한 것이다."라는 범죄사실을 인정하는 경우(대판 1998.4.14, 98도231) - 사기죄

⑪ [1] "피고인 甲은 2008.4.9. 실시된 제18대 국회의원선거에 있어 창조한국당이 자신을 당선권 범위 안에 있는 비례대표 국회의원 후보자로 추천하는 일과 관련하여 창조한국당에 **6억원의 대가를 제공하고, 피고인 乙은 6억원을 제공받았다.**"라는 공소사실에 대하여, [2] "피고인 甲은 창조한국당의 비례대표국회의원 후보자를 추천하는 일과 관련하여 **이자 연 1%의 당채 매입대금으로 6억원을 지급함으로써 그로 인한 재산상 이익을 제공하고, 피고인 乙은 그 재산상 이익을 제공받았다.**"라는 범죄사실은 인정하는 경우(대판 2009.6.11, 2008도11042) - 공직선거법 위반

⑫ [1] "피고인은 1993.12.부터 1995.12.까지의 사이에 매월 금 5,000만원씩 합계 금 12억 5,000만원의 **금품을 수수하였다.**"라는 공소사실에 대하여, [2] "피고인은 1993.10.경 금 50억원이 예금된 피고인의 가명 계좌를 실명전환받는 금융상의 편의제공과 그 금원을 보관·관리하게 하면서 1993.12.부터 1995.12.까지 매월 금 5,000만원의 이자를 지급받는 **금융상의 편의제공을 받아 그 각 이익을 수수하였다.**"라는 범죄사실을 인정하는 경우(대판 1999.4.9, 98도667) - 특정범죄가중법 위반(알선수재)

⑬ [1] "피고인은 **A에게 소유권이전등기절차를 이행하여 주어야 할 의무가 있음에도 그 임무에 위배하여 토지를 제3자에게 처분하고** ~"라는 공소사실에 대하여, [2] "피고인은 **B에게 소유권이전등기절차를 이행하여 주어야 할 의무가 있음에도 그 임무에 위배하여 토지를 제3자에게 처분하고** ~"라는 범죄사실을 인정하는 경우(대판 2011.1.27, 2009도10701) - 배임죄

⑭ [1] "피고인은 1972.1. 말경부터 1974.12. 말경까지 甲으로부터 **매월 150만원씩 36회에 걸쳐 합계 금 5,400만원의 뇌물을 교부받았다.**"라는 공소사실에 대하여, [2] "피고인은 1972.6.29.부터 1974.7.26.까지 사이에 **25회에 걸쳐 합계 금 2,700만원의 뇌물을 교부받았다(다만, 교부받은 액수가 월 150만원을 초과한 때가 여러 번 있었음)**"라는 범죄사실을 인정하는 경우(대판 1981.3.24, 80도2832) - 수뢰죄

⑮ [1] 도로교통법 제148조의2 제2항 제2호(**혈중알콜농도 0.1% 이상 0.2% 미만 상태에서 음주운전**) 공소사실에 대하여, [2] 도로교통법 제148조의2 제1항 제1호(**2회 이상 음주운전 전과가 있는 상태에서 다시 음주운전**) 위반의 범죄사실을 인정하는 경우(대판 2019.6.13, 2019도4608) - 도로교통법 위반

⑯ [1] "피고인 甲은 乙로부터 매매대금 명목으로 695,150,000원을 지급받고 乙에게 양구 토지의 소유권을 이전하여 실거래금액으로 신고한 540,000,000원과의 **차액인 155,150,000원을 뇌물로 수수하였다**"라는 공소사실에 대하여 [2] "피고인 甲은 乙로부터 매매대금 명목으로 695,150,000원을 지급받고 乙에게 양구 토지의 소유권을 이전하여 액수 미상 시가와의 차액 상당의 **재산상 이익 및** 농지취득자격증명을 필요로 하여 **본등기를 경료할 수 없는 토지를 처분하여 현금화하는 재산상 이익을 취득하여 뇌물로 수수하였다**"라는 범죄사실을 인정하는 경우 [수뢰죄] (대판 2021.6.24, 2021도3791 **양구 토지 고가 매도사건**)

2 공소장변경을 요하지 않는 경우

① [1] "피고인은 **2006.9.22.경** A를 협박하여 ~"라는 공소사실에 대하여, [2] "피고인은 **2006.9.23.경** A를 협박하여 ~"라는 범죄사실을 인정하는 경우(대판 2008.3.27, 2007도11400) – 협박죄

② [1] "피고인은 **몇월 몇일 03:30경** B를 공갈하여 ~"라는 공소사실에 대하여, [2] "피고인은 **몇월 몇일 02:30경** B를 공갈하여 ~"라는 범죄사실을 인정하는 경우(대판 2008.3.27, 2007도11400) – 공갈죄

③ [1] "피고인은 재정경제원장관의 허가를 받지 아니하고 A로부터 **1997.3.14.경 8만 4천 달러**를 빌렸다."라는 공소사실에 대하여, [2] "피고인은 A로부터 **1997.3.15.경과 1997.3.19. 각 2만 달러씩 합계 4만 달러**를 차용하였다."라는 범죄사실을 인정하는 경우(대판 2004.4.23, 2002도2518) – 외국환관리법 위반

④ [1] "피고인은 **1966.8.22.** 일본국 대마도 이즈하라항을 출항하여 ~"라는 공소사실에 대하여, [2] "피고인은 **1966.8. 하순경** 일본국 대마도 이즈하라항을 출항하여 ~"라는 범죄사실을 인정하는 경우(대판 1967.9.29, 67도946) – 밀항단속법 위반

⑤ [1] "피고인은 사고 지점에 이르러 **전방 및 좌우를 잘 살피지 않고 진행하였다는 과실로** ~"라는 공소사실에 대하여, [2] "피고인은 사고 지점에 이르러 도로 우측에 앞서가던 시외버스가 정차하는 것을 발견하였으면 일단 속도를 줄이거나 정차하여 혹시 **버스의 앞이나 뒤쪽으로 건너가는 사람이 없는지를 살펴보지 않고, 아무 일 없으리라고 생각하고 만연히 버스를 추월하여 나갔다는 과실로** ~"라는 범죄사실을 인정하는 경우(대판 1998.3.27, 97도3079) – 특정범죄가중법 위반(도주차량)

⑥ [1] "타이탄트럭 운전사인 피고인은 A 운전의 오토바이를 추월하기 위하여 **오토바이 우측으로 너무 근접하여 진행한 과실로** A로 하여금 이에 위험을 느끼고 당황한 나머지 중심을 잃고 땅에 넘어지게 하여 그 충격으로 사망에 이르게 하였다."라는 공소사실에 대하여, [2] "피고인은 **오토바이의 오른쪽으로 너무 근접하여 앞지르기를 하다가** 트럭 왼쪽 뒷바퀴 부분으로 오토바이의 오른쪽을 충격하여 A로 하여금 오토바이와 함께 넘어져 6.3m 가량 미끄러지게 하여 사망에 이르게 하였다."라는 범죄사실을 인정하는 경우(대판 1989.12.26, 89도1557) – 교통사고처리특례법 위반

⑦ [1] "피고인은 A에게 '**甲은 일본 회사로부터 50억원의 투자자금이 유치된 상태이다. 위 50억원이 별단예금으로 확보되어 있다.** 현재 회사 운영자금이 부족하니 1억원을 차용해 주면 3일 안에 틀림없이 변제하겠다'고 거짓말하여 1억원을 편취하였다."라는 공소사실에 대하여, [2] "피고인은 A에게 '甲은 **해외에서 곧 돈이 투자될 예정이다.** 현재 회사 운영자금이 부족하니 1억원을 차용해 주면 3일 안에 틀림없이 변제하겠다'고 거짓말하여 1억원을 편취하였다."라는 범죄사실을 인정하는 경우(대판 2011.11.10, 2011도10539) – 사기죄

⑧ [1] "피고인은 '철거공사를 도급받으려면 조합에 돈을 주어야 하니 4억원만 달라. 건축 부지가 15,000평은 되는데 최소 28억원은 보장해 주겠다. 5개월 이내에 공사가 시작된다'는 취지로 거짓말을 하여 피해자로부터 4억원을 송금받았다."라는 공소사실에 대하여, [2] "피고인이 '**4억 원을 주면 상도동 산1 일대 주택재개발 사업을 추진하는 데 철거공사를 도급받도록 하여 주겠다**'는 취지로 거짓말을 하여 피해자로부터 4억원을 송금받았다."라는 범죄사실을 인정하는 경우(대판 2011.6.24, 2011도5690) – 사기죄

⑨ [1] "피고인은 1981.10.28. 11:00경 및 동년 11.25. 14:00경 피해자 A의 집에서 **일시 차용한 후 곧 변제하겠다는 허언으로 기망하여** A로부터 금 48만원을 교부받아 편취한 것이다."라는 공소사실에 대하여, [2] "피고인은 같은 일시·장소에서 피해자 A에게 **A가 직접 돈을 빌려주거나 혹은 A의 소개로 타인으로부터 돈을 빌릴 수 있게 하여주면 이를 곧 변제하겠다는 취지의 거짓말을 하여** 이에 속은 A를 통하여 B, C 등 2명으로부터 금 48만원을 차용하면서 A로 하여금 그에 대한 보증채무를 부담케 하여 재산상의 이익을 취득하였다."라는 범죄사실을 인정하는 경우(대판 1984.9.25, 84도312) - 사기죄

⑩ [1] "피고인들은 ~ 민주노동당에 당비를 납부하였다."라는 공소사실에 대하여, [2] 법원이 "피고인들은 [1]과 동일한 방법으로 **후원금을 납부하였다**."라는 범죄사실을 인정하는 경우(대판 2014.5.16, 2012도12867) - 정당법 위반 등

⑪ [1] "피고인은 **1억 8,000만원의 뇌물을 수수하였다**."라는 공소사실에 대하여, [2] 법원이 "피고인은 차용금 1억 8,000만원에 대한 **금융이익 상당의 뇌물을 수수하였다**."라는 범죄사실을 인정하는 경우(대판 2014.5.16, 2014도1547) - 수뢰죄

⑫ [1] "피고인은 **6억원의 자금 융통 및 시중 사채금리와 차액 상당의 재산상 이익을 정치자금으로 기부받았다**."라는 공소사실에 대하여, [2] "피고인은 **6억원에 대한 금융기관의 시중 대출이율과 연 1%의 당채(黨債) 이율 사이의 차액에 상당하는 액수 미상의 재산상 이익을** 제공받는 행위를 통하여 정치자금을 기부 받았다."라는 범죄사실을 인정하는 경우[대판 2009.10.22, 2009도7436(전합)] - 정치자금법 위반

⑬ [1] "피고인은 甲에게 BMW 735 승용차 1대 시가 1억 2천6백만원 상당의 **뇌물을 공여한 것이다**."라는 공소사실에 대하여, [2] "피고인은 금전적인 부담이 전혀 없는 상태에서 **BMW 735 승용차를 甲의 의사대로 사용·수익할 수 있는 무형의 이익을 뇌물로 공여한 것이다**."라는 범죄사실을 인정하는 경우(대판 2006.5.26, 2006도1716) - 증뢰죄

⑭ [1] "피고인들은 [2]와 같은 어음할인의 방법으로 금 15억 7,400만원을 **편취**한 것이다."라는 공소사실에 대하여, [2] "피고인들은 31회에 걸쳐 약속어음을 발행하여 기존 약속어음채무의 이행을 **연기받아 재산상의 이익을 취득**하였다."라는 범죄사실을 인정하는 경우(대판 1997.7.25, 97도1095) - 특정경제범죄법 위반(사기)

⑮ [1] "피고인은 甲, 乙 등과 공동하여 A에게 폭행을 가하여 **약 4개월간의 치료를 요하는 상해를 가하였다**."라는 공소사실에 대하여, [2] "피고인은 ~ **약 8개월간의 치료를 요하는 상해를 가하였다**."라는 범죄사실을 인정하는 경우(대판 1984.10.23, 84도1803) - 상해죄

⑯ [1] "피고인은 경주전문대학 학생들로부터 입학금 등 합계 금 약 82억원을 수납하여 조흥은행 경주지점 등의 예금계좌에 업무상 보관 중, **1992.3.19.부터 1993.4.19.까지 사이에** 서무과 직원 등으로 하여금 예금계좌에서 일부씩을 인출하게 하여 피고인이 지정하는 각 예금계좌로 송금하도록 하는 등의 방법으로 **약 53억원을 인출하여 임의소비함으로써 횡령하였다**."라는 공소사실에 대하여, [2] "피고인은 **같은 기간 중** 위와 같이 송금받는 등의 방법으로 **약 31억원을 횡령하였다**."라는 범죄사실을 인정하는 경우(대판 1994.9.9, 94도998) - 특정경제범죄법 위반(횡령)

⑰ [1] "피고인은 **A 명의 부동산 월세계약서 1매를 위조하였다**."라는 공소사실에 대하여, [2] "피고인은 그 정을 모르는 피고인의 직원 甲으로 하여금 **A 명의의 계약서 1매를 위조하게 하였다**."라는 범죄사실을 인정하는 경우(대판 1990.3.13, 90도94) - 사문서위조죄

⑱ [1] "피고인 甲은 1996.11. 중순 일자 불상경 乙로부터 1회에 30만원씩 5회에 걸쳐 **합계 150만원을 교부받았다**."라는 공소사실에 대하여, [2] "피고인 甲은 1996.11. 중순 일자 불상경 乙로부터 직접 또는 도박장에서 잔심부름을 하던 丙을 통하여 1회에 30만원씩 5회에 걸쳐 **합계 150만원을 교부받았다**."라는 범죄사실을 인정하는 경우(대판 2003.6.13, 2003도1060) - 수뢰 후 부정처사죄

⑲ [1] "甲, 乙은 공모하여 丙으로부터 4,500만원의 뇌물을 받아 乙이 그 중 500만원을 피고인에게 **전달하였다**."라는 공소사실에 대하여, [2] "甲, 乙은 공모하여 丙으로부터 4,500만원의 뇌물을 받아 甲이 그 중 500만원을 피고인에게 전달하였다."라는 범죄사실을 인정하는 경우(대판 1984.5.29, 84도682) - 증뢰죄

⑳ [1] "피고인은 선거운동 관련 활동비 명목으로 **현금 100만원을 교부받았다**."라는 공소사실에 대하여, [2] "**甲이 피고인의 사자 또는 대리인으로서** 선거운동과 관련하여 **100만원을 받았다**."라는 범죄사실을 인정하는 경우(대판 2010.5.13, 2010도2095) - 교육자치법 위반

② **구성요건(죄명)이 다른 경우**: 구성요건이 달라지는 경우에는 사실의 변경과 함께 적용법조까지 달라지므로 피고인의 방어권 행사에 중대한 영향을 미치므로 원칙적으로 공소장변경을 요한다(**판례** 1, 3, 5). 그러나 구성요건이 달라지는 경우에도 축소사실을 인정하는 경우에는 '大는 小를 포함한다'라는 이론에 의하여 공소장변경이 필요 없다는 것이 통설과 판례의 입장이다(**판례** 2, 4, 6). 동일한 범죄사실에 대하여 형이 더 무거운 조항을 적용하기 위해서는 당연히 공소장변경을 요한다(**판례** 7). 그러나 동일한 범죄사실에 대하여 형이 무겁지 않게 법률적용만을 달리하는 경우에는 피고인에게 불이익을 주지 않으므로 공소장변경을 요하지 아니한다(**판례** 8). 또한 공소장변경 요부를 구체적·개별적으로 검토해 보아야 할 경우도 있다(**판례** 9, 10).

판례 |

1 공소장변경을 요하는 경우
   ① **살인죄** ➡ **폭행치사죄**(대판 2001.6.29, 2001도1091) 14·16·21. 경찰채용, 16. 국가9급
   ② **특수폭행죄** ➡ 특수협박죄(대판 2008.3.27, 2007도8772)
   ③ **폭행치사죄** ➡ 폭행죄(대판 1990.11.27, 90도2189)
   ④ **폭행치상죄** ➡ 폭행죄(대판 1971.1.12, 70도2216) 18. 변호사사례
   ⑤ **특수협박죄** ➡ 상습특수협박죄 (대판 2016.10.27, 2016도11880)
   ⑥ **명예훼손죄** ➡ 모욕죄(대판 1972.5.31, 70도1859)
   ⑦ **사실적시 명예훼손죄** ➡ **허위사실적시 명예훼손죄**(대판 2001.11.27, 2001도5008) 14·16. 경찰채용
   ⑧ **성폭력처벌법 제6조 제4항**(장애인 간음·추행) ➡ **형법 제302조**(위력에 의한 심신미약자 간음·추행)(대판 2014.3.27, 2013도13567) 15. 경찰간부
   ⑨ **강간치상죄(예비적으로 상해죄)** ➡ **강제추행치상죄**(대판 1968.9.29, 68도776)
   ⑩ 공무집행방해죄 ➡ 다른 폭력행위 범죄(대판 1991.12.10, 91도2395)
   ⑪ **군형법상 항명죄** ➡ 폭행죄(대판 1963.2.14, 62도280)
   ⑫ **뇌물수수죄** ➡ 알선수뢰죄(대판 2009.8.20, 2009도4391)
   ⑬ 증뇌물전달죄 ➡ 뇌물수수죄(대판 1965.10.26, 65도785)

2 공소장변경을 요하지 않는 경우
   ① **위력자살결의죄** ➡ 자살교사죄(대판 2005.9.28, 2005도5775)
   ② **허위사실적시 명예훼손죄** ➡ **사실적시 명예훼손죄**(대판 2011.5.13, 2009도14442) 15. 국가7급, 17. 변호사
   ③ **허위사실적시 출판물명예훼손죄** ➡ 사실적시 출판물명예훼손죄 또는 사실적시 명예훼손죄(대판 1997.2.14, 96도2234)
   ④ **강간죄** ➡ 폭행죄(대판 2010.11.11, 2010도10512)
   ⑤ **강간치상죄** ➡ 강간죄(대판 2002.7.12, 2001도6777)
   ⑥ **강간치상죄** ➡ 강제추행치상죄(대판 2001.10.30, 2001도3867)
   ⑦ **강간치상죄** ➡ 준강제추행죄(대판 2008.5.29, 2007도7260)
   ⑧ **강제추행치상죄** ➡ 강제추행[대판 1999.4.15, 96도1922(전합)]
   ⑨ **성폭력처벌법 제6조 제1항**(장애인강간) ➡ 동법 제6조 제5항(장애인위계 등 간음)
   ⑩ **성폭력처벌법 제6조 제3항**(장애인강제추행) ➡ 동법 제6조 제6항(장애인위계 등 추행)(대판 2014.10.15, 2014도9315)

⑪ **뇌물수수죄** ➡ **뇌물수수약속죄**(대판 1988.11.22, 86도1223)
⑫ **수뢰후부정처사죄** ➡ **뇌물수수죄**(대판 1999.11.9, 99도2530)
⑬ **특정범죄가중법 제2조 제1항(가중수뢰)** ➡ **뇌물수수죄**(대판 1994.11.4, 94도129)

3 공소장변경을 요하는 경우
① **특수절도죄** ➡ **장물운반죄**(대판 1965.1.26, 64도681)
② **특수강도죄** ➡ **특수공갈죄**[대판 1968.9.19, 68도995(전합)] 14. 경찰채용
③ **강도상해교사죄** ➡ **공갈교사죄**(대판 1993.4.27, 92도3156)
④ **특수절도죄** ➡ **점유이탈물횡령죄**(대판 1965.8.24, 65도537)
⑤ **준강도죄** ➡ **강도치상죄**(대판 1963.2.28, 63도33)
⑥ **사기죄** ➡ **상습사기죄**(대판 2000.2.11, 99도4797) 16. 경찰채용
⑦ 특정경제범죄법 제3조 제1항 제2호, 형법 제347조 제1항(**사기**) ➡ 동법 제3조 제1항 제2호, 형법 제351조(**상습사기**)(대판 1989.6.13, 89도582)
⑧ 폭력행위처벌법 제3조 제1항(**흉기 등 휴대의 방법으로 공갈**) ➡ 동법 제3조 제1항(**다중의 위력 등의 방법으로 공갈**)(대판 2013.6.27, 2013도3983)
⑨ **권리행사방해죄** ➡ **배임죄**(대판 2017.5.30, 2017도4578)
⑩ **상표법** 위반 ➡ **부정경쟁방지법** 위반(대판 2011.1.13, 2010도5994) 15. 경찰채용, 18. 경찰간부

4 공소장변경을 요하지 않는 경우
① **특수절도(미수)죄** ➡ **절도(미수)죄**(대판 1973.7.24, 73도1256)
② **강도상해죄** ➡ **특수강도죄**(대판 1963.9.12, 63도215)
③ **강도상해죄** ➡ **주거침입죄 및 상해죄**(대판 1996.5.10, 96도755)
④ **강도강간죄** ➡ **특수강도미수죄 및 강간죄**(대판 1987.5.12, 87도792)
⑤ **성폭력처벌법(특수강도강간미수)** ➡ **특수강도죄**(대판 1996.6.28, 96도1232)
⑥ 폭력행위처벌법 제2조 제1항(**상습공갈**) ➡ **폭행죄**(대판 2006.5.25, 2004도3934)
⑦ 특정가중범죄법 제5조의4 제1항(**상습절도**) ➡ **절도죄**(대판 1984.2.28, 84도34)
⑧ 특정가중범죄법 제5조의4 제5항(**누범준강도**) ➡ **준강도죄**(대판 1982.9.14, 82도1716)

5 공소장변경을 요하는 경우
① 성폭력처벌법상 **주거침입강간미수죄** ➡ 동법 **주거침입강제추행죄**(대판 2008.9.11, 2008도2409)
② 특정가중범죄법상 **미성년자약취후 재물취득미수죄** ➡ 동법 **미성년자약취후 재물요구죄**(대판 2008.7.10, 2008도3747)
③ **살인미수죄** ➡ **살인예비음모죄**(대판 1968.9.30, 68도1031)
④ 문화재보호법상 **비지정문화재 수출미수죄** ➡ 동법 **비지정문화재 수출예비음모죄**(대판 1999.11.26, 99도2461) 15. 경찰채용·국가7급, 18. 경찰간부·국가9급, 21. 해경채용, 22. 해경간부
⑤ 특정범죄가중법상 **관세포탈미수죄** ➡ 동법 **관세포탈예비죄**(대판 1983.4.12, 82도2939) 14. 경찰채용, 15. 변호사·국가7급, 18. 국가9급
⑥ 국가보안법상 **반국가단체구성죄** ➡ 동법 **반국가단체구성음모죄**(대판 1969.11.11, 69도1517)
⑦ **장물보관죄** ➡ **업무상과실장물보관죄**(대판 1984.2.28, 83도3334) 14. 경찰채용, 21. 해경채용
⑧ 부정수표단속법 제2조 제2항(**고의범**) ➡ 동법 제2조 제3항(**과실범**)(대판 1981.12.8, 80도2824)
⑨ **업무상과실치사죄** ➡ **단순과실치사죄**(대판 1968.11.19, 68도1998) 14. 경찰채용

6 공소장변경을 요하지 않는 경우
① **강간치사죄** ➡ **강간미수치사죄, 강간죄 또는 강간미수죄**(대판 1969.2.18, 68도1601) 15. 국가7급
② 향정신성의약품관리법상 **히로뽕투약기수죄** ➡ 동법 **히로뽕투약미수죄**(대판 1999.11.9, 99도3674) 14. 경찰채용, 15. 국가7급, 21. 해경채용
③ **중실화죄** ➡ **실화죄**(대판 1980.10.14, 79도305)
④ **업무상과실치상죄** ➡ **과실치상죄**(대판 2017.12.5, 2016도16738)

7 형이 더 무거운 법조항을 적용하기 때문에 공소장변경을 요하는 경우
① 13세 미만자 추행(성폭력처벌법 제7조 제5항·**제3항 - 형법상 강제추행**) ➡ 13세 미만자 추행(성폭력처벌법 제7조 제5항·**제2항 제2호 - 성기, 항문에 신체의 일부나 도구를 넣는 행위**)(대판 2011.2.1, 2010도143911)
② 제3자 뇌물공여교사(형법 제31조 제1항, 제130조) ➡ 제3자 뇌물공여교사(**특정범죄가중법** 제2조 제1항, 형법 제31조 제1항, 제130조)(대판 2008.3.14, 2007도10601)
③ 상습절도죄(**형법** 제332조, 제329조, 제330조) ➡ 상습절도죄(**특정범죄가중법** 제5조의4 제1항, 형법 제329조, 제330조)(대판 2007.12.27, 2007도4749)

8 형이 무겁지 않게 법률적용만을 달리하기 때문에 공소장변경을 요하지 않는 경우
① 횡령죄 ➡ 배임죄(대판 2000.9.8, 2000도258) 22. 소방간부
② 배임죄 ➡ 횡령죄(대판 1999.11.26, 99도2651) 13·15. 변호사, 16. 국가9급, 17. 경찰간부, 17·19 경찰채용, 21. 해경채용
③ 실체적 경합범 ➡ 포괄일죄(대판 1987.7.21, 87도546) 14. 경찰채용
④ 실체적 경합범 ➡ 상상적 경합범(대판 1980.12.9, 80도2236)
⑤ 포괄일죄 ➡ 실체적 경합범(대판 2005.10.28, 2005도5996) 18·19. 국가9급, 20. 변호사, 21. 해경채용

9 공소장변경을 요하는 경우 – 공판과정에서 언급된 바 없음
① 단독범 ➡ 공동정범(대판 1997.5.23, 96도1185)
② 공동정범 ➡ 방조범(대판 2011.11.24, 2009도7166)(同旨 대판 2006.3.9, 2004도206; 대판 2001.11.9, 2001도4792; 대판 1996.2.23, 94도1684) 22. 변호사
③ 단독범 ➡ 방조범(대판 1991.5.28, 91도676)
④ 간접정범 ➡ 방조범(대판 2007.10.25, 2007도4663) 15. 변호사

10 공소장변경을 요하지 않는 경우 – 공판과정에서 충분한 심리가 이루어짐
① 단독범 ➡ 공동정범(대판 2013.10.24, 2013도5752)(同旨 대판 2007.4.26, 2007도309; 대판 1999.7.23, 99도1911; 대판 1991.5.28, 90도1977) 15. 경찰간부, 18. 경찰승진, 19. 국가9급
② 공동정범 ➡ 방조범(대판 2013.9.26, 2011도1435)(同旨 대판 2012.6.28, 2012도2628; 대판 2010.5.13, 2010도336, 대판 2004.6.24, 2002도995; 대판 1995.9.29, 95도456; 대판 1982.6.8, 82도884) 13. 변호사
③ 정범의 공범 ➡ 간접정범의 공범(대판 2010.4.29, 2010도875)

(4) 축소사실 인정의 특수문제 20. 변호사사례

① 위에서 검토한 대로 구성요건이 달라지는 경우에도 축소사실을 인정하는 경우에는 "**大는 小를 포함한다.**"라는 이론에 의하여 공소장변경이 필요 없다. 그런데 공소사실을 인정되지 아니하고 축소사실만이 인정이 되는 경우 법원이 의무적으로 그 축소사실에 대하여 유죄판결을 선고해야 하는지가 문제가 된다. 예를 들어 피고인이 상해치사죄로 기소되었으나 법원이 심리한 결과 '상해'만 인정될 뿐 '치사(致死)' 부분은 인정되지 않는 경우 법원이 상해에 대해서 유죄판결을 해야 하는지 아니면 상해치사 전부에 대하여 무죄판결을 선고할 수 있는지가 문제가 되는 것이다.

② 이에 관하여 **축소사실의 인정은 의무가 아니라 법원의 재량이라는 판례도 있고**(판례 1, 3), **축소사실의 인정이 법원의 의무라는 판례도 있다**(판례 2, 4)(《주의》 축소사실의 인정은 법원의 의무이다. ×).

판례 I

1 법원이 공소장변경 없이 직권으로 공소사실 내용보다 가벼운 범죄사실을 인정하지 아니할 수 있는 경우
(= 사안이 중대하지 않고 이를 처벌하지 않더라도, 현저히 정의와 형평에 반하지 않는 경우)

법원은 공소사실의 동일성이 인정되는 범위 내에서 공소가 제기된 범죄사실에 포함된 보다 가벼운 범죄사실이 인정되는 경우에 심리의 경과에 비추어 피고인의 방어권 행사에 실질적인 불이익을 초래할 염려가 없다고 인정되는 때에는 공소장이 변경되지 않았더라도 직권으로 공소장에 기재된 공소사실과 다른 범죄사실을 인정할 수 있지만, 이와 같은 경우라고 하더라도 공소가 제기된 범죄사실과 대비하여 볼 때 실제로 인정되는 범죄사실의 사안이 중대하여 공소장이 변경되지 않았다는 이유로 이를 처벌하지 않는다면 적정절차에 의한 신속한 실체적 진실의 발견이라는 형사소송의 목적에 비추어 현저히 정의와 형평에 반하는 것으로 인정되는 경우가 아닌 한 법원이 직권으로 그 범죄사실을 인정하지 아니하였다고 하여 위법한 것이라고까지 볼 수는 없다(대판 2011.5.13, 2009도14442).

2 법원이 공소장변경 없이 직권으로 공소장에 기재된 공소사실과 다른 범죄사실을 의무적으로 인정하여야 하는 경우
(= 사안이 중대하여 이를 처벌하지 않는다면, 현저히 정의와 형평에 반하는 것으로 인정될 경우)

법원은 공소사실의 동일성이 인정되는 범위 내에서 심리의 경과에 비추어 피고인의 방어권 행사에 실질적인 불이익을 초래할 염려가 없다고 인정되는 때에는, 공소장이 변경되지 않았더라도 직권으로 공소장에 기재된 공소사실과 다른 범죄사실을 인정할 수 있고, 이와 같은 경우 공소가 제기된 범죄사실과 대비하여 볼 때 **실제로 인정되는 범죄사실의 사안이 가볍지 아니하여 공소장이 변경되지 않았다는 이유로 이를 처벌하지 않는다면 적정절차에 의한 신속한 실체적 진실의 발견이라는 형사소송의 목적에 비추어 현저히 정의와 형평에 반하는 것으로 인정되는 경우라면 법원으로서는 직권으로 그 범죄사실을 인정하여야 한다**(대판 2007.12.27, 2007도6650). 17. 국가7급

3 인정되는 사실을 유죄로 인정할 필요가 없는 경우
① **상해죄** 공소제기 ➡ **폭행죄** 인정(대판 1993.12.28, 93도3058)
② **상해치사죄** 공소제기 ➡ **상해죄 또는 폭행죄** 인정(대판 1990.11.27, 90도1090)
③ **폭행치사죄** 공소제기 ➡ **폭행죄** 인정(대판 1984.11.27, 84도2089)
④ **강간상해(치상)죄** 공소제기 ➡ **상해죄** 인정(대판 1997.8.26, 97도1452)
⑤ **'쇠젓가락으로 피해자의 눈을 찔러 가한' 상해죄** 공소제기 ➡ **'단순' 상해죄** 인정(대판 2007.8.23, 2007도3710)
⑥ **허위사실적시 명예훼손죄** ➡ **사실적시 명예훼손죄**(대판 2011.5.13, 2009도14442) 13·15. 변호사
⑦ **허위사실적시 출판물명예훼손죄** 공소제기 ➡ **사실적시 출판물명예훼손죄 또는 사실적시 명예훼손죄** 인정(대판 1997.2.14, 96도2234)
⑧ **'피고인 자신이 직접 이익 등을 취득하는' 사기죄** 공소제기 ➡ **'피고인이 제3자에게 이익 등을 취득하게 하는' 사기죄** 인정. 다만, 피고인이 제3자에게 이익 등을 취득하게 했다는 점이 심리과정에서 단 한 번도 언급된 바 없음(대판 2008.2.29, 2007도10414)
⑨ **횡령죄** 공소제기 ➡ **배임죄** 인정(대판 2009.7.9, 2009도1374)
⑩ **업무상배임죄** 공소제기 ➡ **업무방해죄** 인정(대판 2007.5.10, 2006도8832)
⑪ **사문서위조 기수죄** 공소제기 ➡ **사문서위조 미수죄** 인정(대판 2006.9.14, 2005도2518)
⑫ **부동산 명의수탁행위의 간접정범** 공소제기 ➡ **부동산 명의신탁행위의 방조범** 인정(대판 2007.10.25, 2007도4663)
⑬ **방송법 위반의 공동정범** 공소제기 ➡ **방송법 위반의 방조범** 인정(대판 2006.3.9, 2004도206)
⑭ **사기죄의 공모공동정범** 공소제기 ➡ **사기죄의 방조범** 인정(대판 2005.3.11, 2002도5112)
⑮ **특수강도죄** 공소제기 ➡ **공동 폭행·협박 또는 특수강도의 방조범** 인정(대판 2001.12.11, 2001도4013) 13. 변호사
⑯ **보건범죄단속법 위반(부정의료업자)의 공동정범** 공소제기 ➡ **부정의료업자의 방조범** 인정(대판 2001.11.9, 2001도4792)

⑰ 관세포탈의 **공동정범** 공소제기 ➡ 관세포탈의 **방조범** 인정(대판 1996.2.23, 94도1684)
⑱ 관세포탈의 **단독정범** 공소제기 ➡ 관세포탈의 **방조범** 인정(대판 1991.5.28, 91도676)

4 의무적으로 인정되는 사실을 유죄로 인정해야 하는 경우 Ⅰ
① **살인죄** 공소제기 ➡ **폭행·상해죄 또는 체포·감금죄** 등 인정(대판 2009.5.14, 2007도616)
② 폭력행위처벌법 제2조 제2항(**2인 이상 폭행·협박**) 공소제기 ➡ **폭행·협박죄** 인정(대판 1990.10.30, 90도2022)
③ 폭력행위처벌법 제3조 제2항(**흉기휴대 주거침입**) 공소제기 ➡ **주거침입죄** 인정(대판 1990.4.24, 90도401)
④ 특정범죄가중법 제5조의3 제1항 위반죄(**도주차량운전**) 공소제기 ➡ 교통사고특례법 **업무상과실치상죄** 인정(대판 1994.11.11, 94도2349)
⑤ **재물편취**의 사기죄 공소제기 ➡ **이익편취**의 사기죄 인정(대판 2004.4.9, 2003도7828)
⑥ '**피고인 자신이 직접 이익 등을 취득하는**' 사기죄 공소제기 ➡ '**피고인이 제3자에게 이익 등을 취득하게 하는**' 사기죄 인정. 다만, 피고인이 제3자에게 이익 등을 취득하게 했다는 점을 공소장이나 증거를 통해서 쉽게 알 수 있음(대판 2002.11.22, 2000도4419)
⑦ '피고인이 **명의수탁자로서** 배당금 보관자의 지위에 있어서 범한' 횡령죄 공소제기 ➡ '피고인이 **매도인으로서** 배당금 보관자의 지위에 있어서 범한' 횡령죄 인정(대판 2007.12.27, 2007도6650)
⑧ '**동업으로 인한 배임죄의 신분관계가 있음을 전제로 하는**' 배임죄 공소제기 ➡ '**동업관계는 인정되지 아니하나 동업관계가 없는 자가 비신분자로서 신분이 있는 자와 공모하여 범한**' 배임죄 인정(대판 2003.10.24, 2003도4027)
⑨ **장물취득죄** 공소제기 ➡ **장물보관죄** 인정(대판 2003.5.13, 2003도1366)
⑩ '피고인은 **甲과 공모하여** 사문서위조죄를 저지른 것이다'라는 사실 공소제기 ➡ '피고인은 **甲 및 乙과 함께 공모하여** 사문서위조 범행을 저지른 것이다'라는 사실 인정(대판 2006.4.13, 2005도9268)
⑪ 특정범죄가중법 제2조 제1항(**가중수뢰**) 공소제기 ➡ **뇌물수수죄** 인정(대판 2011.7.28, 2009도9122)
⑫ '**향정신성의약품을 제조·판매하여 영리를 취할 목적으로 그 원료가 되는 물질을 소지한 사실**' 공소제기 ➡ '**향정신성의약품을 제조할 목적으로 그 원료가 되는 물질을 소지한 사실**' 인정(대판 2002.11.8, 2002도3881) 15. 국가7급
⑬ **히로뽕투약 기수죄** 공소제기 ➡ **히로뽕투약 미수죄** 인정(대판 1999.11.9, 99도3674)

5 의무적으로 인정되는 사실을 유죄로 인정해야 하는 경우 Ⅱ
기소된 공소사실의 재산상의 피해자와 공소장 기재의 피해자가 다른 것이 판명된 경우에는 공소사실에 있어서 동일성을 해하지 아니하고 피고인의 방어권 행사에 실질적 불이익을 주지 아니하는 한 **공소장변경절차 없이 직권으로 공소장 기재의 사기피해자와 다른 실제의 피해자를 적시하여 이를 유죄로 인정하여야 한다**(대판 2002.8.23, 2001도6876). 14·18. 경찰간부

5. 검사의 신청에 의한 공소장변경

(1) 신청의 주체와 방식

① **신청의 주체**: 공소장변경은 검사의 신청에 의한다(제298조 제1항). 이는 불고불리 원칙의 당연한 귀결이다. 물론 피고인은 공소장변경을 신청할 수 없다.
② **신청의 방식**: 검사가 공소장변경을 하고자 하는 때에는 그 취지를 기재한 **공소장변경허가신청서를 법원에 제출**하여야 한다(규칙 제142조 제1항). 14. 경찰간부, 15. 경찰채용, 19. 경찰승진 공소장변경허가신청서에는 피고인의 수에 상응한 부본을 첨부하여야 한다(동조 제2항). 다만, 법원은 피고인이 재정하는 **공판정에서는 피고인에게 이익이 되거나 피고인이 동의하는 경우 구술에 의한 공소장변경을 허가할 수 있다**(동조 제5항). 14. 경찰간부, 19. 경찰승진, 13. 변호사

> **판례 | 공소사실에 대한 검사의 의견을 기재한 서면을 공소장변경허가신청서로 볼 수 있는지의 여부(소극)**
>
> 검사가 공소장변경허가신청서를 제출하지 않고 공소사실에 대한 **검사의 의견을 기재한 서면을 제출하였다고 하더라도 이를 곧바로 공소장변경허가신청서를 제출한 것이라고 볼 수는 없다**(대판 2022.1.13, 2021도13108 유치원비·지원금 편취 사건).

③ **신청시기**: 공소장변경신청은 원칙적으로 법원의 공판심리(변론) 종결 전에 하여야 한다. **공판심리가 종결된 뒤에 신청이 있는 경우, 법원이 반드시 심리를 재개하여 공소장변경을 허가하여야 하는 것은 아니다.**

> **판례 | 공소장변경이 가능한 시한(= 원칙적으로 변론종결 전)**
>
> 공소장의 변경은 그 변경사유가 변론종결 이후에 발생하는 등 특별한 사정이 없는 한 법원에서 **공판의 심리를 종결하기 전에 한 신청에 한하여** 공소사실의 동일성을 해하지 아니하는 한도에서 허가하여야 하는 것이지, 법원이 적법하게 공판의 심리를 종결한 뒤에 이르러 검사가 공소장변경허가신청을 한 경우에는 반드시 공판의 심리를 재개하여 공소장변경을 허가하여야 하는 것은 아니다(대판 2010.4.29, 2007도6553). 19. 경찰간부

(2) 법원의 허가

검사의 공소장변경신청이 공소사실의 동일성을 해하지 않는 때에는 법원은 의무적으로 결정으로 공소장변경을 허가하여야 한다. 공소장변경이 허가되면 법원의 심판대상이 변경된다. 공소장변경신청이 현저히 시기가 늦거나 부적합한 때에는 법원은 공소장변경신청을 기각한다. **공소장변경 허가결정 또는 불허가결정**은 판결 전 소송절차에 관한 결정이므로 그 결정에 대하여 **독립하여 상소할 수 없다**(제403조 제1항).

> **판례 |**
>
> 1 **공소장변경신청이 공소사실의 동일성을 해하지 아니하는 경우 법원은 이를 의무적으로 허가하여야 하는지의 여부(적극)**
>   형사소송법 제298조 제1항의 규정에 의하면 검사는 법원의 허가를 얻어 공소장에 기재한 공소사실 또는 적용법조의 추가·철회 또는 변경을 할 수 있고, '법원은 공소사실의 동일성을 해하지 아니하는 한도에서 이를 허가하여야 한다'고 되어 있으므로 위 규정의 취지는 검사의 공소장변경신청이 **공소사실의 동일성을 해하지 아니하는 한 법원은 이를 허가하여야 한다는 뜻으로 해석하여야 할 것이다** (대판 1999.5.14, 98도1438). 14. 국가9급, 15·17·21. 법원9급, 15·19. 경찰채용, 17·18·19. 경찰승진
>
> 2 **공소장변경신청이 공소사실의 동일성을 해하는 경우 법원이 취해야 할 조치(= 기각결정)**
>   공소장의 변경은 공소사실의 동일성이 인정되는 범위 내에서만 허용되고 **공소사실의 동일성이 인정되지 아니한 범죄사실을 공소사실로 추가하는 취지의 공소장변경신청이 있는 경우에는 법원은 그 변경신청을 기각하여야 한다**(대판 2012.5.24, 2012도2142).
>
> 3 **공소장변경허가결정에 대하여 독립하여 불복할 수 있는지의 여부(소극)**
>   공소사실 또는 적용법조의 추가, 철회 또는 변경의 허가에 관한 결정은 판결 전의 소송절차에 관한 결정이라 할 것이므로 그 결정을 함에 있어서 저지른 위법이 판결에 영향을 미친 경우에 한하여 그 판결에 대하여 상소를 하여 다툼으로써 불복하는 외에는 당사자가 이에 대하여 **독립하여 상소할 수 없다**(대결 1987.3.28, 87모17). 14·16. 국가9급, 15·17. 변호사, 16. 국가7급·경찰채용, 19. 경찰간부

4 공소장변경 허가 여부 결정시에 변경 전 공소사실의 유·무죄 여부를 고려할 수 있는지의 여부(소극)
공소장변경 허가 여부 결정시에 변경 전 공소사실의 유·무죄 여부를 고려할 것은 아니라고 할 것이므로, 환송 후 원심(항소심)에서도 환송심에서의 실체판단 결과 공소사실이 무죄로 판단된 것까지 고려하여 공소장변경허가 여부를 결정할 것은 아니다(대판 2018.10.25, 2018도9810).

5 검사의 공소장변경허가신청에 대한 법원의 허부결정의 방법
법원은 검사의 공소장변경허가신청에 대해 결정의 형식으로 이를 허가 또는 불허가하고, **법원의 허가 여부 결정은 공판정 외에서 별도의 결정서를 작성하여 고지하거나 공판정에서 구술로 하고 공판조서에 기재할 수도 있다.** 만일 공소장변경허가 여부 결정을 공판정에서 고지하였다면 그 사실은 공판조서의 필요적 기재사항이다(형사소송법 제51조 제2항 제14호). 공소장변경허가신청이 있음에도 공소장변경 허가 여부 결정을 명시적으로 하지 않은 채 공판절차를 진행하면 현실적 심판대상이 된 공소사실이 무엇인지 불명확하여 피고인의 방어권 행사에 영향을 줄 수 있으므로 **공소장변경 허가 여부 결정은 위와 같은 형식으로 명시적인 결정을 하는 것이 바람직하다**(대판 2023.6.15, 2023도3038 **병원장 기여금·보험료 횡령사건**).

(3) 피고인에 대한 고지

공소장변경이 있는 때에는 법원은 그 사유를 신속히 피고인 또는 변호인에게 고지하여야 한다(제298조 제3항). 법원은 공소장변경허가신청서 부본을 피고인 또는 변호인에게 즉시 송달하여야 한다(규칙 제142조 제3항).

> **판례 | 공소장변경과 피고인 등에 대한 고지·송달**
>
> 1 공소장변경신청서부본을 피고인과 변호인 중 어느 한 쪽에 대해서만 송달하였다고 하여 **절차상 잘못이 있다고 할 수 없다**(대판 2013.7.12, 2013도5165). 14·15. 국가9급, 17. 경찰승진, 18. 변호사, 18·20. 국가7급, 21. 법원9급
> 2 공소장변경신청서의 부본이 공판정에서 교부되었다 하더라도 피고인 등이 그 법정에서 변경된 공소사실에 대하여 충분히 변론한 이상 판결결과에는 영향이 없다(대판 1995.2.17, 94도3297).
> 3 공소장변경허가 직후 검사가 공소장변경 요지를 진술하였을 뿐 **공소장변경허가신청서를 송달받지 못해 그 내용을 자세히 파악하고 있는지 의문스러운 피고인에게는 그 변경허가에 관하여 의견을 진술할 기회도 부여되지 않았으며**, 추가된 공소사실을 피고인이 인정하는지 여부 기타 아무 심리도 없이 변론이 종결된 상태에서 바로 피고인에게 불리한 판결을 선고한 것은 판결에 영향을 미친 위법이 있다(대판 2009.6.11, 2009도1830).
> 4 제1심이 검사의 서면에 의하지 아니한 공소장변경신청을 허가하고, **검사의 공소장변경 요지의 진술도 없이 변론을 종결**하고, 이에 터잡아 판결을 선고한 것은 위법하다고 아니할 수 없다(대판 1991.3.27, 91도65).
> 5 검사의 서면에 의한 공소장변경허가신청이 있는데도 **법원이 피고인 또는 변호인에게 공소장변경허가신청서 부본을 송달·교부하지 않은 채 공소장변경을 허가하고 공소장변경허가신청서에 기재된 공소사실에 관하여 유죄판결을 하였다면**, 공소장변경허가신청서 부본을 송달·교부하지 않은 법원의 잘못은 **판결에 영향을 미친 법령위반에 해당한다.** 다만 공소장변경 내용이 피고인의 방어권과 변호인의 변호권 행사에 지장이 없는 것이거나 피고인과 변호인이 공판기일에서 변경된 공소사실에 대하여 충분히 변론할 기회를 부여받는 등 피고인의 방어권이나 변호인의 변호권이 본질적으로 침해되지 않았다고 볼 만한 특별한 사정이 있다면 판결에 영향을 미친 법령 위반이라고 할 수 없다.(대판 2021.6.30, 2019도7217 **공연음란죄 추가 공소장변경 사건**)

(4) 허가 후의 절차

① **변경된 공소사실 등의 낭독**: 공소장변경이 허가된 때에는 검사는 공판기일에 공소장변경허가신청서에 의하여 변경된 공소사실·죄명 및 적용법조를 낭독하게 하여야 한다. 다만, 재판장은 필요하다고 인정하는 때에는 공소장변경의 요지를 진술하게 할 수 있다(규칙 제142조 제4항).

② **허가의 취소**: 공소사실의 동일성이 인정되지 않는 등의 사유로 공소장변경허가결정에 위법한 사유가 있는 경우 공소장변경허가를 한 **법원이 스스로 이를 취소할 수 있다는** 것이 판례의 입장이다 (《주의》 법원이 스스로 취소할 수 없다. ×).

> **판례 | 공소장변경허가결정을 한 법원이 스스로 이를 취소할 수 있는지의 여부(적극)**
>
> 공소사실의 동일성이 인정되지 않는 등의 사유로 공소장변경허가결정에 위법사유가 있는 경우에는 **공소장변경허가를 한 법원이 스스로 이를 취소할 수 있다**(대판 2001.3.27, 2001도116). 17. 변호사·경찰간부, 19. 경찰채용, 22. 법원9급

③ **공판절차의 정지**: 공소장변경이 피고인의 불이익을 증가할 염려가 있다고 인정한 때에는 법원은 직권 또는 피고인이나 변호인의 청구에 의하여 피고인으로 하여금 필요한 방어의 준비를 하게 하기 위하여 결정으로 필요한 기간 **공판절차를 정지할 수 있다**(제298조 제4항)(《주의》 공판절차를 정지하여야 한다. ×). 15. 법원9급, 17. 경찰간부·경찰채용, 18. 경찰승진

> **판례 | 공소장변경과 공판절차의 정지 관련 판례**
>
> 1 공소사실의 일부 변경이 있고 법원이 그 변경을 이유로 **공판절차를 정지하지 않았다고** 하더라도 공판절차의 진행상황에 비추어 그 변경이 **피고인의 방어권 행사에 실질적 불이익을 주지 않는 것으로 인정될 때에는 이를 위법하다고 할 수 없다**(대판 2005.12.23, 2005도6402).
> 2 공소장변경허가신청의 요지가 **경합범으로** 기소되었던 수개의 범죄사실을 상습범으로 변경한 정도라면 이는 **공판절차를 정지할 정도로 피고인들의 방어권행사에 불이익을 초래하는 것이라 할 수 없어** 공소장변경허가를 한 후 공판기일을 상당기간 연기하지 않은 것이라든지 사선변호인의 출정 없이 공판한 것이 위법이라고 할 수 없다(대판 1985.8.13, 85도1193).

6. 법원의 공소장변경의 요구

(1) 의의

법원은 심리경과에 비추어 상당하다고 인정할 때에는 공소사실 또는 적용법조의 추가 또는 변경을 검사에게 요구할 수 있는데 이를 공소장변경요구라고 한다(제298조 제2항). 공소장변경요구는 **직권주의적 요소**가 가장 강한 제도이다.

(2) 취지

검사의 공소장변경신청이 없는 경우 때에 따라서는 공소사실에 대하여 무죄판결을 할 수밖에 없는 결과가 발생한다. 이를 방지하여 국가형벌권을 적정하게 실현하기 위하여 인정되는 제도가 바로 공소장변경요구제도이다. 이러한 의미에서 법원은 공소사실 또는 적용법조의 추가 또는 변경만 요구할 수 있을 뿐, 그 철회는 요구할 수 없다.

(3) 공소장변경요구의 의무성 13. 변호사사례

법원의 공소장변경의 의무성에 관하여 ① '~요구하여야 한다'라는 제298조 제2항 조문과 국가형벌권의 적정한 행사 등을 근거로 이를 의무로 보는 의무설, ② 공소장변경요구는 법원의 권한일 뿐 의무가 아니라는 재량설, ③ 공소장변경은 원칙적으로 법원의 재량이지만, 공소장변경을 요구하지 않고 무죄판결을 하는 것이 현저히 정의와 형평에 반하는 경우에는 예외적으로 법원의 의무가 된다는 예외적 의무설이 대립하고 있다. **판례는 일관적으로 재량설**의 입장을 취하고 있다. 즉, 판례에 따르면 법원은 검사가 제기한 공소사실의 범위 안에서 판결을 하면 족하고 적극적으로 공소장변경을 요구할 의무는 없다.

> **판례 | 공소장변경요구가 법원의 재량에 속하는지의 여부(적극)**
>
> 법원이 검사에게 공소장변경을 요구할 것인지 여부는 재량에 속하는 것이므로, 법원이 검사에게 공소장의 변경을 요구하지 아니하였다고 하여 위법하다고 할 수 없다(대판 2011.1.13, 2010도5994). 15. 경찰채용, 17. 경찰간부 · 법원9급

(4) 공소장변경요구의 구속력

법원이 검사에게 공소장변경을 요구하였으나 검사가 불응하는 경우 당연히 공소장변경의 효력은 발생하지 아니한다. '공소장변경'은 어디까지나 검사가 하는 것이지 법원이 하는 것이 아니기 때문이다.

7. 관련 문제

(1) 상소심에서의 공소장변경

① **항소심**: 현행 항소심은 원칙적으로 속심(續審)이므로 **항소심에서도 공소장변경이 인정**된다는 것이 다수설과 판례의 입장이다.

> **판례 | 항소심에서도 공소장변경을 할 수 있는지의 여부(적극)**
>
> 1 공소장변경은 제1심은 물론 **항소심에서도 가능하고** 검사의 공소장변경허가신청이 공소사실의 동일성을 해하지 아니하는 한 법원은 이를 허가하여야 한다(대판 2010.4.29, 2007도6553). 15. 경찰채용, 16. 법원9급, 16 · 18. 국가9급, 17 · 18. 경찰간부
> 2 변경된 공소사실이 변경 전의 공소사실과 기본적 사실관계에서 동일하다면 그것이 새로운 공소의 추가적 제기와 다르지 않다고 하더라도 항소심에서도 공소장변경을 할 수 있다(대판 2017.9.21, 2017도7843). 22. 변호사
> 3 피고인의 상고에 의하여 상고심에서 원심판결을 파기하고 **사건을 항소심에 환송한 경우에도 공소사실의 동일성이 인정되면 공소장변경을 허용하여 심판대상으로 삼을 수 있다**(대판 2004.7.22, 2003도8153). 15. 경찰채용, 15 · 20. 국가7급, 17 · 18 · 22. 변호사, 18 · 19. 경찰간부, 22. 소방간부, 22. 해경간부
> 4 법원이 종결된 변론을 재개하여 다시 공판심리를 하게 된 경우에도 검사는 적법하게 **공소장변경신청**을 할 수 있고 **항소심 절차에서도 이를 할 수 있다**(대판 1995.12.5, 94도1520).

② **상고심**: 상고심은 원칙적으로 법률심이고 사후심(事後審)에 해당하기 때문에 공소장변경이 인정되지 아니한다. 18. 국가9급 다만, **상고심에서 파기환송 또는 파기이송을 받은 원심법원에서는 공소장변경이 허용**된다.

(2) 기타 절차에서의 공소장변경
   ① **간이공판절차**: 간이공판절차는 증거조사절차의 간이화와 증거능력 제한의 완화 이외에는 통상의 공판절차와 동일하기 때문에 **공소장변경이 당연히 인정**된다.
   ② **약식명령절차**: 약식명령절차는 공판절차가 아니므로 공판절차를 전제로 하는 **공소장변경은 인정되지 아니한다**.
   ③ **재심심판절차**: 재심의 공판절차에서 공소장변경의 허용 여부에 관하여 ㉠ 원판결보다 죄책을 중하게 하는 공소장변경은 허용되지 않는다는 제한적 허용설과, ㉡ 제한 없이 허용된다는 전면적 허용설이 대립하고 있다. 판례는 공소사실을 추가하는 공소장 변경은 피고인에게 불리하므로 허용되지 않는다는 입장이다.

제3절 공판준비절차

✓ SUMMARY | 공판준비절차 vs 공판기일절차 ★

공판준비절차	공판기일절차
① 공소장부본 송달 ② 서류 등의 열람·등사 ③ 협의의 공판준비절차 ④ 공판기일의 지정·변경 ⑤ 소환과 통지 ⑥ 증거제출 및 증거조사 ⑦ 공무소 등에 조회	① 진술거부권 고지 ② 인정신문 ③ 검사의 모두진술(필요적 절차) ④ 피고인의 모두진술 ⑤ 재판장의 쟁점질문 및 당사자의 주장·입증계획 진술 ⑥ 증거조사 ⑦ 피고인신문 ⑧ 최후변론 ⑨ 판결선고(변론종결 당일)

01 의의

공판준비절차란 공판기일의 심리의 능률과 신속을 위해 수소법원이 행하는 일련의 준비절차를 말한다. 공판준비는 제1회 공판기일 전은 물론 제1회 이후의 공판기일 전에도 할 수 있다. 공판준비는 수소법원이 공판의 준비를 하기 위한 절차이므로 지방법원판사가 행하는 각종 영장의 발부, 증거보전, 증인신문 등은 공판준비절차에 포함되지 않는다.

02 내용

1. 공소장부본의 송달

(1) 공소장부본의 송달

법원은 공소제기가 있으면 지체 없이 공소장부본을 피고인 또는 변호인에게 송달하여야 한다. 단 제1회 공판기일 전 **5일까지 송달**하여야 한다(제266조). 14·18. 국가9급, 15. 경찰간부, 22. 국가7급

(2) 의견서의 제출

피고인 또는 변호인은 공소장부본을 송달받은 날부터 **7일 이내**에 공소사실에 대한 인정 여부, 공판준비절차에 관한 의견 등을 기재한 **의견서를 법원에 제출**하여야 한다. 다만, 피고인이 진술을 거부하는 경우에는 그 취지를 기재한 의견서를 제출할 수 있다(제266조의2 제1항). 법원은 의견서가 제출된 때에는 이를 검사에게 송부하여야 한다(동조 제2항).

2. 서류 등의 열람·등사

피고인 또는 변호인은 검사에게 공소제기된 사건에 관한 서류 등의 목록과 공소사실의 인정 또는 양형에 영향을 미칠 수 있는 서류 등의 열람·등사 또는 서면의 교부를 신청할 수 있다. 다만, 피고인에게 변호인이 있는 경우에는 피고인은 열람만을 신청할 수 있다(제266조의3 제1항). 22. 해경간부

3. 협의의 공판준비절차

(1) 의의

재판장은 효율적이고 집중적인 심리를 위하여 사건을 **공판준비절차에 부칠 수 있다**(제266조의5 제1항)(《주의》 통상의 공판절차와 국민참여재판에서 공판준비절차는 필요적 절차이다. ×). 14. 국가7급, 15. 경찰채용·법원9급, 17. 국가9급 공판준비절차는 주장 및 입증계획 등을 서면으로 준비하게 하거나 공판준비기일을 열어 진행한다(동조 제2항). 15. 경찰채용

(2) 서면에 의한 공판준비

검사, 피고인 또는 변호인은 법률상·사실상 주장의 요지 및 입증취지 등이 기재된 서면을 법원에 제출할 수 있고(제266조의6 제1항), 재판장은 검사, 피고인 또는 변호인에 대하여 서면의 제출을 명할 수 있다(동조 제2항).

(3) 공판준비기일

① **공판준비기일의 지정 등**: 법원은 검사, 피고인 또는 변호인의 의견을 들어 공판준비기일을 지정할 수 있다(제266조의7 제1항). 검사, 피고인 또는 변호인은 법원에 대하여 **공판준비기일의 지정**을 신청할 수 있다. 이 경우 당해 신청에 관한 법원의 결정에 대하여는 **불복할 수 없다**(동조 제2항). 14·17. 경찰채용·국가7급, 17. 경찰승진, 19. 국가9급 법원은 합의부원으로 하여금 공판준비기일을 진행하게 할 수 있다(동조 제3항). **공판준비기일은 공개**한다. 다만, 공개하면 절차의 진행이 방해될 우려가 있는 때에는 **공개하지 아니할 수 있다**(동조 제4항)(《주의》 공판준비기일은 반드시 공개한다. ×). 16. 경찰채용, 19. 국가9급

② **국선변호인 선정**: 법원은 공판준비기일이 지정된 사건에 관하여 변호인이 없는 때에는 **직권으로 변호인을 선정하여야 한다**(제266조의8 제4항). 14. 국가9급, 15. 법원9급, 16·17·18. 경찰승진, 17. 경찰채용

③ **검사 및 변호인 등의 출석**: **검사 및 변호인**이 출석하여야 하고, 공판준비기일에는 법원사무관 등이 참여한다(제266조의8 제1항·제2항). 17. 국가9급 법원은 **검사, 피고인 및 변호인에게 공판준비기일을 통지**하여야 한다(동조 제3항)(《주의》 검사, 피고인 또는 변호인에게 통지 ×). 법원은 필요하다고 인정하는 때에는 피고인을 소환할 수 있으며, **피고인은 법원의 소환이 없는 때에도 공판준비기일에 출석할 수 있다**(동조 제5항)(《주의》 법원의 소환이 없으면 출석할 수 없다. ×). 14. 국가7급, 14·16·17. 경찰채용, 17. 국가9급 **재판장은 출석한 피고인에게 진술을 거부할 수 있음을 알려주어야 한다**(동조 제6항). 14. 경찰채용, 18. 법원9급, 19. 국가9급

(4) 공판준비에 관한 사항

법원은 공판준비절차에서 다음 행위를 할 수 있다(제266조의9 제1항). 15. 경찰채용, 17. 경찰승진·국가9급

① 공소사실 또는 적용법조를 명확하게 하는 행위
② **공소사실 또는 적용법조의 추가·철회 또는 변경을 허가하는 행위**
③ 공소사실과 관련하여 주장할 내용을 명확히 하여 사건의 쟁점을 정리하는 행위
④ 계산이 어렵거나 그 밖에 복잡한 내용에 관하여 설명하도록 하는 행위
⑤ 증거신청을 하도록 하는 행위
⑥ 신청된 증거와 관련하여 입증 취지 및 내용 등을 명확하게 하는 행위
⑦ 증거신청에 관한 의견을 확인하는 행위
⑧ 증거 채부(採否)의 결정을 하는 행위
⑨ 증거조사의 순서 및 방법을 정하는 행위
⑩ 서류 등의 열람 또는 등사와 관련된 신청의 당부를 결정하는 행위
⑪ 공판기일을 지정 또는 변경하는 행위
⑫ 그 밖에 공판절차의 진행에 필요한 사항을 정하는 행위
(**《주의》** 증거조사 ×, 영장의 발부 ×, 판결의 선고 ×)

(5) 공판준비기일 결과의 확인

법원은 공판준비기일을 종료하는 때에는 검사, 피고인 또는 변호인에게 쟁점 및 증거에 관한 정리결과를 고지하고, 이에 대한 이의의 유무를 확인하여야 한다(제266조의10 제1항). 19. 국가9급 법원은 쟁점 및 증거에 관한 정리결과를 공판준비기일조서에 기재하여야 한다(동조 제2항).

(6) 공판준비절차의 종결 및 재개

① **공판준비절차의 종결**: 법원은 다음 어느 하나에 해당하는 사유가 있는 때에는 공판준비절차를 종결하여야 한다. 다만, 제2호 또는 제3호에 해당하는 경우로서 공판의 준비를 계속하여야 할 상당한 이유가 있는 때에는 그러하지 아니하다(제266조의12).

  ㉠ 쟁점 및 증거의 정리가 완료된 때(제1호)
  ㉡ 사건을 공판준비절차에 부친 뒤 3개월이 지난 때(제2호)
  ㉢ 검사·변호인 또는 소환받은 피고인이 출석하지 아니한 때(제3호)

② **공판준비절차의 재개**: 법원은 필요하다고 인정한 때에는 직권 또는 검사, 피고인이나 변호인의 신청에 의하여 결정으로 **종결한 공판준비절차를 재개할 수 있다**(제266조의14, 제305조).

(7) 공판준비기일 종결의 효과

공판준비기일에서 신청하지 못한 증거는 다음 어느 하나에 해당하는 경우에 한하여 공판기일에 신청할 수 있다(제266조의13 제1항). 다만, **법원은 직권으로 증거를 조사할 수 있다**(동조 제2항). 14. 국가7급, 15. 경찰간부·법원9급, 15·16. 경찰채용, 17. 경찰승진, 19. 국가9급, 22. 국가7급

① 그 신청으로 인하여 소송을 현저히 지연시키지 아니하는 때(제1호)
② 중대한 과실 없이 공판준비기일에 제출하지 못하는 등 부득이한 사유를 소명한 때(제2호)

(8) **기일간 공판준비절차**

법원은 쟁점 및 증거의 정리를 위하여 필요한 경우에는 **제1회 공판기일 후에도 사건을 공판준비절차에 부칠 수 있다.** 이 경우 기일 전 공판준비절차에 관한 규정을 준용한다(제266조의15). 15·16·17. 법원9급, 15·16·17. 경찰채용, 19. 국가9급

4. 공판기일의 지정·변경

재판장은 공판기일을 정하여야 한다(제267조 제1항). 제1회 공판기일은 피고인의 이의가 없는 한 소환장 송달 후 5일 이상의 유예기간을 두어야 한다(제269조). 재판장은 직권 또는 검사·피고인·변호인의 신청에 의하여 공판기일을 변경할 수 있다(제270조 제1항). **공판기일변경신청을 기각한 명령은 송달하지 아니한다** (제270조 제2항).

5. 피고인 소환과 통지 등

(1) **피고인 등 소환**

① **소환장 송달에 의한 소환**: 공판기일에는 피고인, 대표자 또는 대리인을 소환하여야 한다(제267조 제2항). 피고인을 소환함에는 소환장을 발부하여야 하며 이를 송달하여야 한다(제68조, 제73조, 제76조 제1항).

> **판례 | 적법한 소환이 아닌 경우**
>
> [1] 피고인에 대한 공판기일 소환은 형사소송법이 정한 소환장의 송달 또는 이와 동일한 효력이 있는 방법에 의하여야 하고 그 밖의 방법에 의한 사실상의 기일의 고지 또는 통지 등은 적법한 피고인 소환이라고 할 수 없다. [2] 검사가 피고인의 주소로서 보정한 **변호사의 사무소는 피고인의 주소, 거소, 영업소 또는 사무소 등의 송달장소가 아니고, 피고인이 송달영수인과 연명하여 서면으로 신고한 송달영수인의 주소에도 해당하지 아니하며,** 달리 그곳이 피고인에 대한 적법한 송달장소에 해당한다고 볼 자료가 없으므로 항소심이 피고인에 대한 **공판기일소환장 등을 변호사 사무소로 발송하여 그 사무소의 직원이 수령하였다고 하더라도** 형사소송법이 정한 **적법한 방법으로 피고인의 소환이 이루어졌다고 볼 수 없다**(대판 2018.11.29, 2018도13377 **변호사 사무소 송달 사건**). 20·21. 법원9급, 22. 국가7급

② **소환장 송달의 의제**: 법원의 구내에 있는 피고인에 대하여 공판기일을 통지한 때에는 소환장 송달의 효력이 있다(제268조). 피고인이 기일에 출석한다는 서면을 제출하거나 출석한 피고인에 대하여 차회 기일을 정하여 출석을 명한 때에는 소환장의 송달과 동일한 효력이 있다(제76조 제2항). 구금된 피고인에 대하여는 교도관에게 통지하여 소환하고, 피고인이 교도관으로부터 소환통지를 받은 때에는 소환장의 송달과 동일한 효력이 있다(동조 제4항·제5항).

(2) **공판기일 통지**

공판기일은 검사, 변호인과 보조인에게 통지하여야 한다(제267조 제3항).

(3) **불출석 자료의 제출**

공판기일에 소환 또는 통지서를 받은 자가 질병 기타의 사유로 출석하지 못할 때에는 의사의 진단서 기타의 자료를 제출하여야 한다(제271조).

6. 공판기일 전 증거제출과 증거조사

(1) 공판기일 전 증거제출

검사·피고인·변호인은 공판기일 전에 서류나 물건을 증거로 법원에 제출할 수 있다(제274조). 다만, 이러한 증거조사는 공소장일본주의와의 관계상 **제1회 공판기일 이후의 공판기일절차에서만 허용된다**는 것이 다수설의 입장이다.

(2) 공판기일 전 증거조사

법원은 검사·피고인·변호인의 신청에 의하여 필요하다고 인정한 때에는 공판기일 전에 피고인 또는 증인을 신문할 수 있고, 검증·감정·번역을 명할 수 있다(제273조 제1항). 17. 국가9급, 18. 국가7급 재판장은 합의부원으로 하여금 위와 같이 증거조사를 하게 할 수 있다(동조 제2항). 증거조사신청을 기각함에는 결정으로 하여야 한다(동조 제3항).

7. 공무소 등에 조회

법원은 직권 또는 검사·피고인·변호인의 신청에 의하여 공무소 또는 공사단체에 조회하여 필요한 사항의 보고 또는 그 보관서류의 송부를 요구할 수 있다(제272조 제1항). 16. 경찰승진, 17. 국가9급 신청을 기각함에는 결정으로 하여야 한다(동조 제2항).

판례

1 '불기소결정서'가 변호인의 열람·지정에 의한 공개의 대상이 되는지의 여부 및 정당한 이유 없이 보관서류 송부요구를 거절한 경우 법원이 취해야 할 조치

[1] 검찰청이 보관하고 있는 **불기소처분기록에 포함된 불기소결정서**는 수사기관 내부의 의사결정과정 또는 검토과정에 있는 사항에 관한 문서도 아니고 그 공개로써 수사에 관한 직무의 수행을 현저하게 곤란하게 하는 것도 아니라 할 것이므로, 달리 특별한 사정이 없는 한 변호인의 열람·지정에 의한 공개의 대상이 된다. [2] 그리고 법원이 송부요구한 서류가 피고인의 무죄를 뒷받침할 수 있거나 적어도 법관의 유무죄에 대한 심증을 달리할 만한 상당한 가능성이 있는 중요증거에 해당하는데도 정당한 이유 없이 피고인 또는 변호인의 열람·지정 내지 법원의 송부요구를 거절하는 것은, 피고인의 신속·공정한 **재판을 받을 권리와 변호인의 조력을 받을 권리를 중대하게 침해하는 것이다.** 따라서 이러한 경우 서류의 송부요구를 한 **법원으로서도** 해당 서류의 내용을 가능한 범위에서 밝혀보아 그 서류가 제출되면 유무죄의 판단에 영향을 미칠 상당한 개연성이 있다고 인정될 경우에는 **공소사실이 합리적 의심의 여지없이 증명되었다고 보아서는 아니 된다**(대판 2012.5.24, 2012도1284). 17. 경찰간부, 18. 국가9급, 22. 변호사사례

2 정당한 이유 없이 보관서류 송부요구를 거절한 경우 법원이 취해야 할 조치

[1] 법원이 형사소송법 제272조 제1항에 의하여 송부요구한 서류가 피고인의 무죄를 뒷받침할 수 있거나 적어도 법관의 유·무죄에 대한 심증을 달리할 만한 상당한 가능성이 있는 중요증거에 해당하는데도 **정당한 이유 없이 피고인 또는 변호인의 열람·지정 내지 법원의 송부요구를 거절하는 것은, 피고인의 신속·공정한 재판을 받을 권리와 변호인의 조력을 받을 권리를 중대하게 침해하는 것이다.** 따라서 이러한 경우 서류의 송부요구를 한 **법원으로서도** 해당 서류의 내용을 가능한 범위에서 밝혀보아 그 서류가 제출되면 유·무죄의 판단에 영향을 미칠 상당한 개연성이 있다고 인정될 경우에는 **공소사실이 합리적 의심의 여지없이 증명되었다고 보아서는 아니 된다.** [2] 원심이, 금융감독원이나 수사기관이 배임·횡령 관련 자금의 사용처를 조사하여 자금의 이동 경로를 정리한 '자금흐름도'를 작성·보유하고 있음에도 그 제출을 거부하고 있으므로 그 결과 피고인이 배임·횡령 관련 자금의 사용처를 밝힐 수 없게 되었다고 하더라도 그 부제출로 인한 불이익은 검사가 부담하여야 한다는 취지의 피고인의 주장에 대하여, **'자금흐름도'는 법관의 유·무죄에 대한 심증을 달리할 만한 상당한 가능성이 있는 중요증거에 해당하지 아니한 다고 판단하며 피고인의 주장을 배척한 것은 정당하다**(대판 2014.6.26, 2014도753).

제4절 공판정의 구성과 심리

01 공판정의 구성

공판기일에는 공판정에서 심리한다(제275조 제1항). 공판정은 판사와 검사, 법원사무관 등이 출석하여 개정한다(동조 제2항). **검사의 좌석과 피고인 및 변호인의 좌석은 대등**하며, 법대의 좌우측에 마주 보고 위치하고, 증인의 좌석은 법대의 정면에 위치한다. 다만, **피고인신문을 하는 때에는 피고인은 증인석에 좌석**한다(동조 제3항). 14. 경찰채용

02 소송주체의 출석

공판정에는 공판기일에 소송주체가 출석하여야 심리를 진행할 수 있는 것이 원칙이다. 그러나 당사자의 경우에는 일정한 예외가 인정이 되고 또한 당사자가 아닌 변호인의 출석이 요구되는 경우도 있다.

1. 판사의 출석

판사는 공판기일에 예외 없이 출석하여야 하고 판사가 출석하지 아니한 경우에는 심리를 진행할 수 없다. 공판기일에 출석하여 심리를 하지 않은 판사가 판결에 관여하는 것은 직접주의에 위반되고 상소의 이유가 된다(제361조의5 제8호, 제383조 제1호).

☑ **SUMMARY** | 당사자의 출석 없이 개정할 수 있는 경우 ★★

구분	내용
검사의 출석 불요	① 공판기일의 통지를 2회 이상 받고 출석하지 아니한 때(제278조) ② **판결만을 선고**하는 때(제278조)

피고인의 출석 불요	① 피고인이 의사무능력자인 경우(제26조, 제28조)
	② 피고인이 법인인 경우(제27조, 제28조)
	③ 경미하거나 유리한 사건인 경우 Ⅰ (제277조)
	  ㉠ 다액 500만원 이하의 벌금 또는 과료에 해당하는 사건
	  ㉡ 공소기각 또는 면소의 재판을 할 것이 명백한 사건
	  ㉢ 장기 3년 이하의 징역 또는 금고, 다액 500만원을 초과하는 벌금 또는 구류에 해당하는 사건에서 피고인의 **불출석허가신청**이 있고 법원이 이를 허가한 사건(다만, 인정신문절차를 진행하거나 판결을 선고하는 공판기일은 예외)
	  ㉣ 약식명령에 대하여 피고인만이 정식재판의 청구를 하여 판결을 선고하는 사건
	④ 경미하거나 유리한 사건인 경우 Ⅱ
	  ㉠ **즉결심판절차에서 피고인에게 벌금 또는 과료를 선고하는 경우**(즉결심판법 제8조의2 제1항)
	  ㉡ 피고인이 심신상실 상태에 있거나 또는 질병에 걸려 있고, 무죄·면소·형의 면제·공소기각의 재판을 할 것이 명백한 경우(제306조 제4항)
	⑤ 피고인이 퇴정하거나 퇴정명령을 받은 경우(제330조)
	⑥ 구속된 피고인이 정당한 사유 없이 **출석을 거부**하고, **교도관에 의한 인치가 불가능하거나 현저히 곤란**하다고 인정되는 경우(제277조의2)
	⑦ **항소심과 약식명령에 대한 정식재판청구사건에서 피고인이 정당한 사유 없이 2회 이상 출정하지 아니한 경우**(제365조 제1항·제2항, 제458조 제2항)
	⑧ 상고심과 약식절차의 경우(제389조의2)
	⑨ 소송촉진법상 궐석재판(소송촉진법 제23조)
	  ㉠ 제1심에서 피고인에 대한 송달불능보고서가 접수된 때부터 6개월이 지나도록 피고인의 소재를 확인할 수 없는 경우에는 피고인의 진술 없이 재판할 수 있음
	  ㉡ 사형, 무기 또는 장기 10년이 넘는 징역이나 금고에 해당하는 사건은 제외됨
	⑩ 치료감호청구사건에서 피치료감호청구인이 심신장애로 공판기일에 출석이 불가능한 경우(치료감호법 제9조)

2. 검사의 출석

검사의 출석은 개정요건이므로 검사가 공판기일에 출석하지 아니하면 개정하지 못한다(제275조 제2항). 그러나 **검사가 공판기일의 통지를 2회 이상 받고 출석하지 아니하거나 판결만을 선고**하는 때에는 검사의 출석 없이 개정할 수 있다(제278조)(**《주의》** 검사는 반드시 출석하여야 한다. ×). 15. 경찰채용·법원9급, 18. 경찰승진

> **⚖ 판례 | 검사의 출석 없이 개정한 경우**
>
> 1 판결선고기일에는 검사의 출석 없이 개정할 수 있으므로 검사에게 선고기일 통지를 하지 아니하였다고 판결에 영향을 미친 절차법규의 위반이 있다고 보기 어렵다(대판 2008.7.10, 2008도3435).
> 2 검사가 공판기일의 통지를 받고 2회나 출석하지 아니하여 검사의 출석 없이 개정하였다고 하여 위법하다 할 수 없고 동 공판에서 다음 기일을 고지한 이상 그 명령을 받은 소송관계인 전원에 대하여 효력이 있다 할 것이다(대판 1967.2.21, 66도1710).

3. 피고인의 출석

(1) 원칙

피고인이 공판기일에 출석하지 아니한 때에는 특별한 규정이 없으면 개정하지 못한다(제276조). 피고인의 공판정 출석은 피고인의 권리인 동시에 의무이다. 공판정에 출석한 피고인은 재판장의 허가 없이 퇴정하지 못한다(제281조 제1항). 재판장은 피고인의 퇴정을 제지하거나 법정의 질서를 유지하기 위하여 필요한 처분을 할 수 있다(동조 제2항).

(2) 예외

① **피고인이 의사무능력자인 경우**: 피고인이 의사능력이 없는 때에는 그 법정대리인 또는 특별대리인이 소송행위를 대리하므로(제26조, 제28조) 이 경우에는 피고인의 출석을 요하지 아니한다. 다만, 이들 법정대리인 또는 특별대리인의 출석은 공판개정의 요건이 된다.
② **피고인이 법인인 경우**: 법인은 소송행위를 할 수 없으므로 **피고인이 법인인 때**에는 그 대표 또는 특별대리인이 출석한다(제27조, 제28조). 이 경우 **대리인이 출석해도 무방**하다(제276조 단서). 15. 법원9급
③ **경미하거나 유리한 사건인 경우 Ⅰ**: 다음 어느 하나에 해당하는 사건에 관하여는 피고인의 출석을 요하지 아니한다. 이 경우 피고인은 대리인을 출석하게 할 수 있다(제277조). 14·15·16·18. 국가9급, 15·18. 경찰승진, 17. 변호사, 18. 법원9급

> ㉠ **다액 500만원 이하의 벌금** 또는 **과료**에 해당하는 사건(제1호)
> ㉡ 공소기각 또는 면소의 재판을 할 것이 명백한 사건(제2호)
> ㉢ 장기 3년 이하의 징역 또는 금고, 다액 500만원을 초과하는 벌금 또는 구류에 해당하는 사건에서 피고인의 불출석허가신청이 있고 법원이 피고인의 불출석이 그의 권리를 보호함에 지장이 없다고 인정하여 이를 허가한 사건. 다만, **인정신문**(제284조) 절차를 진행하거나 **판결을 선고**하는 공판기일에는 **출석하여야 한다**(제3호).
> ㉣ 약식명령에 대하여 피고인만이 정식재판의 청구를 하여 판결을 선고하는 사건(제4호)

④ **경미하거나 유리한 사건인 경우 Ⅱ**: 즉결심판절차에서 피고인에게 **벌금 또는 과료**를 선고하는 경우에는 피고인이 출석하지 아니하더라도 심판할 수 있다(즉결심판법 제8조의2 제1항). 14. 경찰승진 피고인이 **심신상실 상태**에 있거나 또는 **질병**에 걸려 있고, **무죄·면소·형의 면제·공소기각의 재판을 할 것이 명백**한 때에는 피고인의 출정 없이도 재판할 수 있다(제306조 제4항). 15. 경찰채용·법원9급, 15·18. 경찰승진

⑤ **피고인이 퇴정하거나 퇴정명령을 받은 경우**: 피고인이 재판장의 **허가 없이 퇴정**하거나 재판장의 질서유지를 위한 **퇴정명령**을 받은 때에는 **피고인의 진술 없이 판결할 수 있다**(제330조). 피고인이 재판장의 허가 없이 퇴정한 경우 심리(증거조사나 최후변론)도 할 수 있고 또한 **증거동의도 의제**된다는 것이 판례의 입장이다.

> **판례 |** 필요적 변호사건에서 피고인이 재판장의 허가 없이 퇴정하고 변호인마저 이에 동조하여 퇴정해 버린 경우, 피고인이나 변호인의 재정 없이도 심리판결을 할 수 있는지의 여부(적극)
>
> 필요적 변호사건이라 하여도 피고인이 재판거부의 의사를 표시하고 재판장의 허가 없이 퇴정하고 변호인마저 이에 동조하여 퇴정해 버린 것은 모두 피고인측의 방어권의 남용 내지 변호권의 포기로 볼 수밖에 없는 것이므로 수소법원으로서는 형사소송법 제330조에 의하여 피고인이나 변호인의 재정 없이도 심리판결 할 수 있다. 위와 같이 피고인과 변호인들이 출석하지 않은 상태에서 증거조사를 할 수밖에 없는 경우에는 형사소송법 제318조 제2항의 규정상 피고인의 진의와는 관계없이 형사소송법 제318조 제1항의 동의가 있는 것으로 간주하게 되어 있다(대판 1991.6.28, 91도865). 14 · 20. 국가9급, 14 · 15 · 17. 경찰채용, 16. 국가7급, 18. 경찰승진 · 경찰간부, 16 · 18. 법원9급

⑥ **구속된 피고인이 출석을 거부하는 경우**: **구속된 피고인**이 정당한 사유 없이 **출석을 거부**하고 **교도관에 의한 인치가 불가능하거나 현저히 곤란**하다고 인정되는 때에는 피고인의 출석 없이 공판절차를 진행할 수 있다(제277조의2 제1항). 15 · 18. 법원9급

> **판례 |** 형사소송법 제277조의2 제1항에 의해 피고인의 출석 없이 개정하기 위한 요건
>
> 형사소송법 제277조의2의 규정에 의하여 피고인의 출석 없이 공판절차를 진행하기 위해서는 단지 구속된 피고인이 정당한 사유 없이 출석을 거부하였다는 것만으로는 부족하고 더 나아가 교도관리에 의한 인치가 불가능하거나 현저히 곤란하다고 인정되어야 하는 것이므로 구속된 피고인이 출석하지 않는 경우에 법원이 위 조문에 따라 피고인의 출석 없이 공판절차를 진행하기 위해서는 피고인의 출석 거부사유가 정당한 것인지 여부뿐만 아니라 교도관에 의한 인치가 불가능하거나 현저히 곤란하였는지 여부 등 위 조문에 규정된 사유가 존재하는가의 여부를 조사하여야 하는 것이다(대판 2001.6.12, 2001도114). 20. 법원9급

⑦ **항소심과 정식재판청구의 경우**: 항소심에서 피고인이 공판기일에 출정하지 아니한 때에는 다시 기일을 정하여야 하고 피고인이 정당한 사유 없이 다시 정한 기일에 출정하지 아니한 때에는 피고인의 진술 없이 판결할 수 있다(제365조 제1항 · 제2항). 15 · 18. 국가9급 이는 **약식명령에 대하여 정식재판을 청구한 경우에도 동일**하다(제458조 제2항). 17. 국가7급

> **판례 |**
>
> 1 항소심에서 형사소송법 제365조에 따라 피고인의 진술 없이 판결하기 위한 요건(= 피고인이 적법한 공판기일 소환장을 받고서 정당한 이유 없이 출정하지 아니할 것)
>   ① 형사소송법 제370조, 제276조에 의하면 항소심에서도 공판기일에 피고인의 출석 없이는 개정하지 못하나, 같은 법 제365조가 피고인이 항소심 공판기일에 출석하지 아니한 때에는 다시 기일을 정하고, 피고인이 정당한 사유 없이 다시 정한 기일에도 출석하지 아니한 때에는 피고인의 진술 없이 판결할 수 있도록 정하고 있으므로 피고인의 출석 없이 개정하려면 **불출석이 2회 이상 계속된 바가 있어야 한다**(대판 2016.4.29, 2016도2210). 17. 국가7급, 18. 국가9급 · 법원9급, 22. 국가7급

② 피고인이 항소심 공판기일에 출정하지 아니한 때에는 다시 기일을 정하고 피고인이 정당한 사유 없이 다시 정한 기일에도 출정하지 아니한 때에는 피고인의 진술 없이 판결할 수 있도록 되어 있으나, 이는 피고인의 해태에 의하여 본안에 대한 변론권을 포기한 것으로 보는 일종의 제재적 규정이므로 그 2회 불출석의 책임을 피고인에게 귀속시키려면 그가 **2회에 걸쳐 적법한 공판기일소환장을 받고서 정당한 사유 없이 출정하지 아니함을 필요로 한다**(대판 2011.2.24, 2010도16538).

2 피고인이 공판기일에 출석하지 아니하여 항소심이 적법하게 다시 기일을 정하는 경우, 그 기일 고지가 출석하지 아니한 피고인에게 효력이 미치는지의 여부(적극)

법원은 피고인이 공판기일에 출정하지 아니하여 다시 기일을 정하였음에도 그 기일마저 정당한 사유 없이 출정하지 아니한 경우 피고인의 진술 없이 판결을 선고할 수 있는 것이고, 일단 적법하게 판결선고를 위한 공판기일이 지정·고지된 이상 그 기일에 당사자가 출석하지 아니한 상태에서 다시 새로운 기일이 지정·고지되었다 하여도 그와 같은 기일 고지는 출석하지 아니한 당사자에게 효력이 미치는 만큼 그 **기일을 해태한 당사자에게 별도로 새로운 기일의 통지를 하여야 하는 것은 아니다**(대판 2000.9.26, 2000도2879).

3 약식명령에 대한 정식재판청구사건에서 소송촉진법 제23조 및 그 시행규칙 제19조가 정하는 '송달불능보고서가 접수된 때부터 6개월이 지나도록 피고인의 소재를 확인할 수 없는 경우'에 이르지 않아도 공시송달의 방법에 의하여 피고인의 진술 없이 재판할 수 있는지의 여부(적극)

(약식명령에 대한 정식재판청구사건에서 '피고인이 적법한 소환을 받고도 정당한 사유 없이 **2회 이상 불출석하면 피고인의 진술 없이 판결을 할 수 있다**'고 규정) 형사소송법 제458조 제2항 및 제365조는 제1심 공판절차에서의 피고인 불출석 재판에 관한 소송촉진법 제23조 및 그 시행규칙 제19조에 대한 특례규정으로서, 약식명령에 대한 정식재판청구사건에서 제1심은 소송촉진법 제23조 및 그 시행규칙 제19조가 정하는 '**피고인에 대한 송달불능보고서가 접수된 때로부터 6개월이 지나도록 피고인의 소재를 확인할 수 없는 경우**'에까지 이르지 않더라도 공시송달의 방법에 의하여 피고인의 진술 없이 재판할 수 있다(대판 2013.3.28, 2012도12843).

⑧ **상고심과 약식절차의 경우**: **상고심**의 공판기일에는 피고인의 출석을 요하지 아니한다(제389조의2). 15. 경찰승진 **약식절차**는 공판절차에 의한 재판이 아니므로 피고인의 출석은 요건이 아니다.
⑨ **소송촉진 등에 관한 특례법상 궐석재판**: 제1심 공판절차에서 피고인에 대한 **송달불능보고서가 접수된 때부터 6개월**이 지나도록 피고인의 소재를 확인할 수 없는 경우에는 대법원규칙으로 정하는 바에 따라 피고인의 진술 없이 재판할 수 있다. 다만, **사형, 무기 또는 장기 10년이 넘는 징역이나 금고에 해당하는 사건의 경우에는 그러하지 아니하다**(동법 제23조). 17. 법원9급, 18. 국가9급
⑩ **치료감호청구사건**: 법원은 피치료감호청구인이 형법 제10조 제1항에 따른 심신장애로 공판기일에의 출석이 불가능한 경우에는 피치료감호청구인의 출석 없이 개정할 수 있다(치료감호법 제9조).

4. 변호인의 출석

변호인은 소송주체가 아니므로 원칙적으로 변호인의 출석은 개정요건이 아니다. 그러나 필요적 변호사건의 경우에는 변호인의 출석은 공판개정의 요건이 된다(제33조, 제282조). 이 경우 변호인이 출석하지 아니한 때에는 법원은 직권으로 변호인을 선정하여야 한다(제283조).

03 전문심리위원

1. 전문심리위원의 참여

(1) 의의
법원은 소송관계를 분명하게 하거나 소송절차를 원활하게 진행하기 위하여 필요한 경우에는 **직권**으로 또는 검사, 피고인 또는 변호인의 **신청**에 의해 결정으로 전문심리위원을 지정하여 공판준비 및 공판기일 등 소송절차에 참여하게 할 수 있다(제279조의2 제1항). 14. 국가9급, 17. 경찰채용

(2) 권한
전문심리위원은 전문적인 지식에 의한 설명 또는 의견을 기재한 서면을 제출하거나 기일에서 전문적인 지식에 의하여 설명이나 의견을 진술할 수 있다. 다만, **재판의 합의에는 참여할 수 없다**(제279조의2 제2항). 15. 국가9급, 17. 경찰채용 전문심리위원은 기일에서 **재판장의 허가**를 받아 피고인 또는 변호인, 증인 또는 감정인 등 소송관계인에게 소송관계를 분명하게 하기 위하여 필요한 사항에 관하여 **직접 질문할 수 있다**(동조 제3항). 15. 국가9급, 17. 경찰채용 법원은 전문심리위원이 제출한 서면이나 전문심리위원의 설명 또는 의견의 진술에 관하여 검사, 피고인 또는 변호인에게 구술 또는 서면에 의한 **의견진술의 기회를 주어야 한다**(동조 제4항).

> **판례 | 전문심리위원 관련 판례**
>
> 형사재판의 담당 법원은 **전문심리위원에 관한 규정들을 지켜야 하고** 이를 준수함에 있어서도 적법절차원칙을 특별히 강조하고 있는 헌법 제12조 제1항을 고려하여 **전문심리위원과 관련된 절차 진행 등에 관한 사항을 당사자에게 적절한 방법으로 적시에 통지하여 당사자의 참여 기회가 실질적으로 보장될 수 있도록 세심한 배려를 하여야 한다**(대판 2019.5.30, 2018도19051 어린이집 학대 사건). 20. 국가7급

2. 전문심리위원 참여결정의 취소

법원은 상당하다고 인정하는 때에는 검사, 피고인 또는 변호인의 **신청**이나 **직권**으로 '전문심리위원 참여결정'을 **취소할 수 있다**(제279조의3 제1항). 법원은 **검사와 피고인 또는 변호인이 합의**하여 '전문심리위원 참여결정'을 취소할 것을 신청한 때에는 그 결정을 **취소하여야 한다**(동조 제2항)(주의 검사와 피고인 또는 변호인이 합의한 경우 그 결정을 취소할 수 있다. ×).

3. 전문심리위원의 지정 등

전문심리위원을 소송절차에 참여시키는 경우 법원은 검사, 피고인 또는 변호인의 의견을 들어 각 사건마다 **1인 이상**(주의 2인 이상 ×)의 전문심리위원을 지정한다(제279조의4 제1항). 제척 및 기피에 관한 규정(제17조 내지 제20조 및 제23조)은 전문심리위원에게 준용한다(제279조의5 제1항). 제척 또는 기피 신청이 있는 전문심리위원은 그 신청에 관한 결정이 확정될 때까지 그 신청이 있는 사건의 소송절차에 참여할 수 없다. 이 경우 전문심리위원은 당해 제척 또는 기피 신청에 대하여 의견을 진술할 수 있다(동조 제2항).

04 소송지휘권(訴訟指揮權)

1. 의의

소송지휘권은 소송절차를 질서있게 유지하고 소송진행을 순조롭게 하기 위한 법원의 합목적적 활동을 말한다. 소송지휘권은 원래 법원의 권한이지만 소송진행의 신속·효율을 위하여 공판기일의 소송지휘권은 재판장이 행사한다(제279조).

2. 소송지휘권의 내용

(1) 재판장의 소송지휘권

① **공판기일의 지정·변경**: 공판기일의 지정과 변경은 재판장이 행한다(제267조, 제270조).
② **인정신문**: 재판장은 피고인의 성명·연령·등록기준지·주거·직업을 물어서 피고인임에 틀림없음을 확인하여야 한다(제284조).
③ **진술(거부)권 고지 등**: 재판장은 피고인에게 진술을 거부할 수 있음을 고지하여야 한다(제283조의2 제2항).
④ **증인신문순서의 변경**: 증인신문은 교호신문이 원칙이나 재판장은 필요하다고 인정하면 당사자의 신문순서를 변경할 수 있다(제161조의2 제3항). 또한 법원이 직권으로 신문할 증인이나 범죄로 인한 피해자의 신청에 의하여 신문할 증인의 신문방식은 재판장이 정하는 바에 의한다(동조 제4항).
⑤ **불필요한 변론의 제한**: 재판장은 소송관계인의 진술 또는 신문이 중복된 사항이거나 그 소송에 관계없는 사항인 때에는 소송관계인의 본질적 권리를 해하지 아니하는 한도에서 이를 제한할 수 있다(제299조). 21. 법원9급
⑥ **석명권(釋明權)**: 재판장은 소송관계를 명료하게 하기 위하여 검사·피고인·변호인에게 사실상과 법률상의 사항에 관하여 석명을 구하거나 입증을 촉구할 수 있고(규칙 제141조 제1항) 합의부원도 재판장에게 고하고 이러한 조치를 할 수 있다(동조 제2항). 검사·피고인·변호인은 재판장에 대하여 석명을 위한 발문(發問)을 요구할 수 있다(동조 제3항). 석명권은 재판장의 권한이자 의무라는 것이 판례의 입장이다.

> **판례 |**
>
> **1 재판장의 정당한 소송지휘권에 해당하는 경우**
> ① 형사공판절차에서 **변호인의 중복되고 상당하지 아니한 신문에 대하여 재판장이 제한을 명하는 것**은 재판장의 소송지휘권에 속하는 것으로서 그 신문의 제한이 현저하게 부당하거나 부적절한 경우가 아닌 한 신문을 제한한 재판장의 조치가 위법하다고 할 수 없다(대판 2008.3.27, 2007도4116). 15. 국가9급
> ② 재판장이 **변호인에 대하여 그 신청의 증인에 대한 증인신문사항의 제출을 명한 것**은 형사소송법 제279조, 형사소송규칙 제66조에 따른 적법한 소송지휘권의 행사이고, 재판부가 **그 신문사항의 미제출을 이유로 증인채택결정을 취소한 것**도 같은 규칙 제67조에 의한 적법한 조치이다(대결 1994.11.3, 94모73).
>
> **2 형사소송에 있어서 '석명'의 의미**
> 재판장은 소송지휘의 일환으로 검사, 피고인 또는 변호인에게 석명을 구하거나 입증을 촉구할 수 있는데, 여기에서 **석명을 구한다는 것은 사건의 소송관계를 명확하게 하기 위하여 당사자에 대하여 사실상 및 법률상의 사항에 관하여 질문을 하고 그 진술 내지 주장을 보충 또는 정정할 기회를 부여하는 것**을 말한다(대판 2011.2.10, 2010도14391).

3 석명을 요하는 경우
① 공소제기의 취지가 명료할 경우 법원이 이에 대하여 석명권을 행사할 필요는 없으나, **공소제기의 취지가 오해를 불러일으키거나 명료하지 못한 경우라면** 법원은 형사소송규칙 제141조에 의하여 검사에 대하여 **석명권을 행사하여 그 취지를 명확하게 하여야 한다**(대판 2017.6.15, 2017도3448).
② (공소사실의 일부가 특정되지 않은 경우) 법원은 **검사에게 석명을 구하여 공소사실의 특정을 요구하고, 만약 이를 특정하지 아니하면 그 특정되지 아니한 부분의 공소를 기각하여야 할** 것임에도 불구하고, 법원이 이러한 조치를 취하지 아니한 채 공소사실을 전부 유죄로 인정한 것은 공소사실의 특정에 관한 법리를 오해하여 판결에 영향을 미친 위법이 있다(대판 2011.7.28, 2009도11104). 14. 변호사, 16. 법원9급
③ 공소장의 기재가 불명확한 경우 법원은 검사에게 석명을 구한 다음, 그래도 검사가 이를 명확하게 하지 않은 때에야 공소사실의 불특정을 이유로 공소를 기각함이 상당하다고 할 것이므로, 원심이 검사에게 공소사실 특정에 관한 석명에 이르지 아니한 채 곧바로 위와 같이 공소사실의 불특정을 이유로 공소기각의 판결을 한 데에는 공소사실의 특정에 관한 법리를 오해하였거나 심리를 미진한 위법이 있다(대판 2006.5.11, 2004도5972). 14·19. 변호사, 20. 경찰간부
④ **공소장변경절차 없이도 법원이 심리·판단할 수 있는 죄가 한 개가 아니라 여러 개인 경우**, 법원으로서는 그 중 어느 하나를 임의로 선택할 수 있는 것이 아니라 검사에게 공소사실 및 적용법조에 관한 **석명을 구하여 공소장을 보완하게 한 다음 이에 따라 심리·판단하여야 할 것이다**(대판 2005.7.8, 2005도279). 15. 경찰간부, 16. 경찰채용, 17·18 경찰승진, 22. 법원9급, 22. 변호사
⑤ 1개의 공소장에 동일한 사건이 중복 기재된 경우에는 이는 단순한 공소장기재의 착오라 할 것이므로 **법원은 석명권을 행사하여 검사로 하여금 이를 정정케 하든가 그렇지 않은 경우에도 스스로 판결이유에 그 착오사실을 정정 표시하여 줌으로써 족하고 주문에 별도로 공소기각의 판결을 할 필요는 없다**(대판 1983.5.24, 82도1199).

(2) 법원의 소송지휘권

공판기일의 소송지휘에 관한 것이라도 중요한 사항은 법률에 의하여 법원에 유보되어 있다. 국선변호인 선정(제283조), 증거신청에 대한 결정(제295조), 공소장변경의 요구와 허가(제298조), 증거조사에 대한 이의신청의 결정(제296조 제2항) 재판장의 처분에 대한 이의신청의 결정(제304조), 공판절차의 정지(제306조) 등이 이에 해당한다.

05 법정경찰권(法廷警察權)

1. 의의

법정경찰권이란 법정질서를 유지하기 위하여 공판심리의 방해를 예방·배제하거나 법정질서를 문란하게 한 자를 제재하는 권력작용을 말한다. 법정경찰권은 법원의 권한에 속하지만 질서유지의 신속과 능률을 위해서 재판장이 이를 행사한다(법원조직법 제58조 제1항). 법정경찰권도 넓은 의미의 소송지휘권이지만 사건의 실체와 관계없다는 점에서 협의의 소송지휘권과 구별된다.

2. 법정경찰권의 내용

(1) 방해예방·배제작용

재판장은 법정질서와 존엄을 해할 우려가 있는 자의 입정금지 또는 퇴정을 명하거나 기타 법정의 질서유지에 필요한 명령을 발할 수 있다(법원조직법 제58조 제2항). 재판장은 법정에 있어서의 질서유지를 위하여 필요하다고 인정할 때에는 개정 전후를 불문하고 관할경찰서장에게 국가경찰공무원의 파견

을 요구할 수 있다(동법 제60조 제1항). 파견된 국가경찰공무원은 법정 내외의 질서유지에 관하여 재판장의 지휘를 받는다(동조 제2항).

(2) 제재작용

법원은 직권으로 법정 내외에서 재판장의 명령에 위배하는 행위를 하거나 폭언·소란 등의 행위로 법원의 심리를 방해하거나 재판의 위신을 현저하게 훼손한 자에 대하여 결정으로 **20일 이내의 감치 또는 100만원 이하의 과태료**에 처하거나 이를 병과할 수 있다(동법 제61조 제1항).

(3) 피고인의 신체구속

공판정에서는 피고인의 신체를 구속하지 못한다. 다만, 재판장은 피고인이 폭력을 행사하거나 도망할 염려가 있다고 인정하는 때에는 피고인의 신체의 구속을 명하거나 기타 필요한 조치를 할 수 있다(제280조). 피고인은 재판장의 허가 없이 퇴정하지 못한다(제281조 제1항). 재판장은 피고인의 퇴정을 제지하거나 법정의 질서를 유지하기 위하여 필요한 처분을 할 수 있다(동조 제2항).

제5절 공판기일의 절차

공판준비절차가 종료한 후 법원은 공판기일에 피고사건에 대한 실체심리를 하게 된다. 공판기일의 절차는 모두절차, 사실심리절차, 판결순으로 진행이 된다.

> **형사소송법**
>
> 제283조의2【피고인의 진술거부권】① 피고인은 진술하지 아니하거나 개개의 질문에 대하여 진술을 거부할 수 있다.
> ② 재판장은 피고인에게 제1항과 같이 진술을 거부할 수 있음을 고지하여야 한다.
>
> 제284조【인정신문】 재판장은 피고인의 성명, 연령, 등록기준지, 주거와 직업을 물어서 피고인임에 틀림없음을 확인하여야 한다.
>
> 제285조【검사의 모두진술】 검사는 공소장에 의하여 공소사실·죄명 및 적용법조를 낭독하여야 한다. 다만, 재판장은 필요하다고 인정하는 때에는 검사에게 공소의 요지를 진술하게 할 수 있다.
>
> 제286조【피고인의 모두진술】① 피고인은 검사의 모두진술이 끝난 뒤에 공소사실의 인정 여부를 진술하여야 한다. 다만, 피고인이 진술거부권을 행사하는 경우에는 그러하지 아니하다.
>
> 제287조【재판장의 쟁점정리 및 검사·변호인의 증거관계 등에 대한 진술】① 재판장은 피고인의 모두진술이 끝난 다음에 피고인 또는 변호인에게 쟁점의 정리를 위하여 필요한 질문을 할 수 있다.
> ② 재판장은 증거조사를 하기에 앞서 검사 및 변호인으로 하여금 공소사실 등의 증명과 관련된 주장 및 입증계획 등을 진술하게 할 수 있다.
>
> 제290조【증거조사】 증거조사는 제287조에 따른 절차가 끝난 후에 실시한다.
>
> 제296조의2【피고인신문】① 검사 또는 변호인은 증거조사 종료 후에 순차로 피고인에게 공소사실 및 정상에 관하여 필요한 사항을 신문할 수 있다. 다만, 재판장은 필요하다고 인정하는 때에는 증거조사가 완료되기 전이라도 이를 허가할 수 있다.
>
> 제302조【증거조사 후의 검사의 의견진술】 피고인신문과 증거조사가 종료한 때에는 검사는 사실과 법률적용에 관하여 의견을 진술하여야 한다. 단, 제278조의 경우에는 공소장의 기재사항에 의하여 검사의 의견진술이 있는 것으로 간주한다.

> 제303조【피고인의 최후진술】 재판장은 검사의 의견을 들은 후 피고인과 변호인에게 최종의 의견을 진술할 기회를 주어야 한다.
> 제318조의4【판결선고기일】 ① 판결의 선고는 변론을 종결한 기일에 하여야 한다. 다만, 특별한 사정이 있는 때에는 따로 선고기일을 지정할 수 있다.

✓ SUMMARY │ 공판기일절차의 순서 ★★

구분	내용
모두절차	① 진술거부권 고지 ② 인정신문 ③ 검사의 모두진술(필요적 절차) ④ 피고인의 모두진술 ⑤ 재판장의 쟁점질문 및 당사자의 주장·입증계획 진술
사실심리절차	⑥ 증거조사 ⑦ 피고인신문 ⑧ 최후변론
판결선고절차	⑨ 판결선고(변론종결 당일)

01 모두(冒頭)절차

1. 진술거부권 고지

피고인은 진술하지 아니하거나 개개의 질문에 대하여 진술을 거부할 수 있다(제283조의2 제1항). **재판장은 피고인에게 진술을 거부할 수 있음을 고지**하여야 한다(동조 제2항). 피고인의 진술거부권은 일체의 진술을 하지 아니하는 '침묵'과 개개의 질문에 대하여 답변을 거부하는 '진술거부'를 모두 포괄하는 개념으로 규정하여 피고인은 개별적 질문에 대하여 답변을 거부할 수 있음은 물론이고, 처음부터 일체의 진술을 하지 않고 침묵할 수 있는 권리가 있다.

2. 인정신문

재판장은 피고인의 성명, 연령, 등록기준지, 주거와 직업을 물어서 피고인임에 틀림없음을 확인하여야 한다(제284조). 이와 같이 피고인의 동일성을 확인하기 위하여 인적 사항을 물어보는 것을 인정신문(人定訊問)이라고 한다. 인정신문에 대하여도 피고인은 진술거부권을 행사할 수 있다.

3. 검사의 모두진술

검사는 공소장에 의하여 공소사실·죄명 및 적용법조를 **낭독하여야 한다**. 14. 국가7급 다만, 재판장은 필요하다고 인정하는 때에는 검사에게 공소의 요지를 진술하게 할 수 있다(제285조).

4. 피고인의 모두진술

피고인은 검사의 모두진술이 끝난 뒤에 공소사실의 인정 여부를 진술하여야 한다. 다만, 피고인이 진술거부권을 행사하는 경우에는 그러하지 아니하다(제286조 제1항). 피고인 및 변호인은 이익이 되는 사실 등을 진술할 수 있다(동조 제2항). 피고인은 이를 통하여 관할이전신청(제15조), 기피신청(제18조), 토지관할위반신청(제320조 제2항) 등을 할 수 있다. 피고인은 모두진술 단계에서 현장부재의 주장을 할 수 있다. 22. 국가7급

5. 재판장의 쟁점질문 및 당사자의 주장·입증계획 진술

재판장은 피고인의 모두진술이 끝난 다음에 피고인 또는 변호인에게 쟁점의 정리를 위하여 필요한 질문을 할 수 있다(제287조 제1항). 재판장은 증거조사를 하기에 앞서 검사 및 변호인으로 하여금 공소사실 등의 증명과 관련된 주장 및 입증계획 등을 진술하게 할 수 있다. 다만, 증거로 할 수 없거나 증거로 신청할 의사가 없는 자료에 기초하여 법원에 사건에 대한 예단 또는 편견을 발생하게 할 염려가 있는 사항은 진술할 수 없다(동조 제2항).

02 사실심리절차

1. 증거조사

(1) 의의

증거조사란 법원이 범죄사실과 양형에 관한 심증을 얻기 위하여 인증·물증·서증 등의 각종 증거방법을 조사하여 그 내용을 알아보는 소송행위를 말한다.

(2) 증거조사의 시기

증거조사는 모두절차가 끝난 후에 실시한다(제290조). 다만, 간이공판절차에서는 이러한 순서에 관계없이 법원이 상당하다고 인정하는 방법으로 증거조사를 할 수 있다(제297조의2).

(3) 당사자의 신청에 의한 증거조사

① **의의**: 검사·피고인·변호인은 서류나 물건을 증거로 제출할 수 있고, 증인·감정인·통역인·번역인의 신문을 신청할 수 있다(제294조 제1항). 18. 변호사, 19. 경찰간부

② **증거신청의 방식**: 증거신청은 검사가 먼저 이를 한 후 다음에 피고인 또는 변호인이 이를 한다(규칙 제133조). 14. 경찰승진, 22. 경찰승진 **검사·피고인 또는 변호인은 필요한 증거를 일괄하여 신청**하여야 한다(규칙 제132조). 14. 경찰승진, 19. 경찰간부 증거신청은 서면 또는 구두로 할 수 있다(규칙 제176조 제1항). 법원은 서류 또는 물건이 증거로 제출된 경우에 이에 관한 증거결정을 함에 있어서는 **제출한 자로 하여금** 그 서류 또는 물건을 상대방에게 제시하게 하여 상대방으로 하여금 그 서류 또는 물건의 증거능력 유무에 관한 의견을 진술하게 하여야 한다. 다만, 형사소송법 제318조의3의 규정에 의하여 동의가 있는 것으로 간주되는 경우에는 그러하지 아니하다(규칙 제134조 제2항). 22. 경찰승진, 22. 국가9급

③ **증거신청의 시기**: 증거신청의 시기에는 제한이 없다. 다만, 법원은 검사·피고인·변호인이 고의로 증거를 뒤늦게 신청함으로써 공판의 완결을 지연하는 것으로 인정할 때에는 직권 또는 상대방의 신청에 따라 결정으로 이를 각하할 수 있다(제294조 제2항). 15. 경찰채용, 19·20. 경찰간부

④ **입증취지의 명시**

㉠ 검사, 피고인 또는 변호인이 증거신청을 함에 있어서는 그 증거와 증명하고자 하는 사실과의 관계를 **구체적으로 명시**하여야 한다(규칙 제132조의2 제1항). 피고인의 자백을 보강하는 증거나 정상에 관한 증거는 보강증거 또는 정상에 관한 증거라는 취지를 특히 명시하여 그 조사를 신청하여야 한다(동조 제2항). **서류나 물건의 일부에 대한 증거신청을 함에 있어서는 증거로 할 부분을 특정하여 명시**하여야 한다(동조 제3항). 19. 경찰간부

㉡ 증거로 할 수 있는 서류나 물건(전문증거)이 수사기록의 일부인 때에는 검사는 이를 특정하여 개별적으로 제출함으로써 그 조사를 신청하여야 한다. 수사기록의 일부인 서류나 물건을 자백에 대한 보강증거나 피고인의 정상에 관한 증거로 낼 경우 또는 공판기일 전에 서류나 물건을 낼 경우에도 이와 같다(규칙 제132조의3 제1항).

⑤ **증거결정 전의 절차**: 법원은 증거결정을 함에 있어서 필요하다고 인정할 때에는 그 증거에 대한 **검사, 피고인 또는 변호인의 의견을 들을 수 있다**(규칙 제134조 제1항). 22. 경찰승진 법원은 **증거신청을 기**

각·각하하거나 증거신청에 대한 결정을 보류하는 경우, 증거신청인으로부터 당해 증거서류 또는 증거물을 제출받아서는 아니 된다(동조 제4항).

> **판례 | 증거능력이 없어 증거로 채택되지 아니한 증거서류 또는 증거물에 대하여 법원이 취해야 할 조치(제출자에게 반환)**
>
> 형사소송규칙 제134조 제4항은 "법원은 증거신청을 기각·각하하거나 증거신청에 대한 결정을 보류하는 경우 증거신청인으로부터 당해 증거서류 또는 증거물을 제출받아서는 아니 된다."라고 규정하고 있으므로 법원은 증거능력이 없어 증거로 채택되지 아니한 증거서류 또는 증거물을 제출받아서는 안 되고, 일단 제출받은 경우에는 이를 증거신청인에게 반환하여야 한다(대판 2021.7.21, 2018도3226 피신조서 증거기록편철 사건).

⑥ **증거신청에 대한 증거결정**: 당사자의 증거신청에 대하여 법원은 결정을 해야 한다(제295조). 17. 경찰간부 증거결정에는 채택, 각하, 기각 및 보류가 있다. 증거신청에 대한 채택 여부는 원칙적으로 **법원의 재량**이라는 것이 판례의 입장이다.

> **판례 | 증거신청에 대한 채택 여부가 법원의 재량인지의 여부(원칙적 적극)**
>
> 1 증거신청의 채택 여부는 법원의 재량으로서 법원이 필요하지 아니하다고 인정할 때에는 이를 조사하지 아니할 수 있는 것이다(대판 2011.1.27, 2010도7947). 15. 국가7급, 22. 경찰승진, 22. 국가9급
> 2 당사자의 증거신청을 받아들일 것인지는 법원이 재량에 따라 결정하는 것이 원칙이므로 법원은 당사자가 신청한 증거가 적절하지 않다고 판단하거나 조사할 필요가 없다고 인정할 때에는 그 신청을 기각할 수 있다(대판 2009.3.12, 2008도763).
> 3 원칙적으로 증거의 채부는 법원의 재량에 의하여 판단할 것이지만 **형사사건의 실체를 규명하는 데 가장 직접적이고 핵심적인 증거**는 법정에서 증거조사를 하기 곤란하거나 부적절한 경우 또는 다른 증거에 비추어 굳이 추가 증거조사를 할 필요가 없다는 등 특별한 사정이 없는 한 공개된 법정에서 그 증거방법에 가장 적합한 방식으로 **증거조사를 하고**, 이를 통해 형성된 유죄무죄의 심증에 따라 사건의 실체를 규명하는 것이 형사사건을 처리하는 법원이 마땅히 취하여야 할 조치이다(대판 2011.11.10, 2011도11115).

(4) 법원의 직권에 의한 증거조사

신청에 의한 증거조사 외에 법원은 직권으로 증거조사를 할 수 있다(제295조 후단). 14. 경찰승진, 17. 경찰간부 직권증거조사는 법원의 권한이자 의무에 해당한다는 것이 통설과 판례의 입장이다. 또한 직권증거조사는 대표적인 직권주의적 요소이다.

> **판례 | 피고인이 철회한 증인을 법원이 신문할 수 있는지의 여부(적극)**
>
> 증인은 법원이 직권에 의하여 신문할 수도 있고 증거의 채부는 법원의 직권에 속하는 것이므로 **피고인이 철회한 증인을 법원이 직권신문하고 이를 채증하더라도 위법이 아니다**(대판 1983.7.12, 82도3216).
> 16. 경찰채용, 19. 경찰간부, 20. 법원9급

(5) 증거조사의 방법

① **증거조사의 순서**: 법원은 **검사가 신청한 증거를 조사한 후 피고인·변호인이 신청한 증거를 조사**한다 (《주의》 피고인·변호인이 신청한 증거를 조사한 후 검사가 신청한 증거를 조사한다. ×). 15. 경찰채용, 16·19.

경찰간부 법원은 이 조사가 끝난 후 직권으로 결정한 증거를 조사한다(제291조의2 제1항·제2항). 다만, **법원은** 직권 또는 검사, 피고인·변호인의 신청에 따라 위 **순서를 변경할 수 있다**(동조 제3항). 16. 경찰간부

② **개별적 조사**: 소송관계인이 증거로 제출한 서류나 물건 등은 검사·변호인·피고인이 공판정에서 개별적으로 지시·설명하여 조사하여야 한다(제291조 제1항). 재판장은 직권으로 이러한 서류나 물건 등을 공판정에서 조사할 수 있다(동조 제2항).

③ **자백의 조사 시기**: 증거로 할 수 있는 피고인 또는 피고인 아닌 자의 진술을 기재한 조서 또는 서류(전문서류)가 피고인의 자백 진술을 내용으로 하는 경우에는 범죄사실에 관한 다른 증거를 조사한 후에 이를 조사하여야 한다(규칙 제135조).

④ **각종 증거에 대한 조사방법**
  ㉠ **증인**: 증인은 당사자와 재판장이 신문하여 조사한다(제146조 이하).
  ㉡ **증거서류**: 검사, 피고인 또는 변호인의 신청에 따라 증거서류를 조사하는 때에는 신청인이 이를 낭독하여야 하고(제292조 제1항), 법원이 직권으로 증거서류를 조사하는 때에는 **소지인 또는 재판장이 이를 낭독**하여야 한다(동조 제2항). 재판장은 필요하다고 인정하는 때에는 제1항 및 제2항에도 불구하고 내용을 고지하는 방법으로 조사할 수 있다(동조 제3항). 재판장은 법원사무관 등으로 하여금 낭독이나 고지를 하게 할 수 있다(동조 제4항). 재판장은 열람이 다른 방법보다 적절하다고 인정하는 때에는 증거서류를 제시하여 열람하게 하는 방법으로 조사할 수 있다(동조 제5항).
  ㉢ **증거물**: 검사, 피고인 또는 변호인의 신청에 따라 증거물을 조사하는 때에는 신청인이 이를 제시하여야 하고(제292조의2 제1항), 법원이 직권으로 증거물을 조사하는 때에는 **소지인 또는 재판장이 이를 제시**하여야 한다(동조 제2항). 재판장은 법원사무관 등으로 하여금 제시를 하게 할 수 있다(동조 제3항).
  ㉣ **컴퓨터디스크 등**: 컴퓨터디스크 등에 기억된 문자정보를 증거자료로 하는 경우에는 읽을 수 있도록 출력하여 인증한 등본을 낼 수 있다(제292조의3, 규칙 제134조의7). 15. 경찰채용
  ㉤ **녹음·녹화매체 등**: 녹음·녹화매체 등에 대한 증거조사는 녹음·녹화매체 등을 재생하여 청취 또는 시청하는 방법으로 한다(제292조의3, 규칙 제134조의8).

⑤ **증거조사결과와 피고인의 의견**: 재판장은 피고인에게 각 증거조사의 결과에 대한 의견을 묻고 권리를 보호함에 필요한 증거조사를 신청할 수 있음을 고지하여야 한다(제293조).

⚖️ 판례 |

1 증거물인 서면의 증거조사방법
  본래 증거물이지만 증거서류의 성질도 가지고 있는 이른바 '**증거물인 서면**'을 조사하기 위해서는 증거서류의 조사방식인 낭독·내용고지 또는 열람의 절차와 증거물의 조사방식인 제시의 절차가 함께 이루어져야 하므로 원칙적으로 증거신청인으로 하여금 그 서면을 제시하면서 낭독하게 하거나 이에 갈음하여 그 내용을 고지 또는 열람하도록 하여야 한다(대판 2013.7.26, 2013도2511). 14. 법원9급, 15·17. 국가9급, 16. 경찰채용

2 적법한 증거조사를 거치지 아니한 증거를 사실인정의 자료로 삼을 수 있는지의 여부(소극)
  ① 적법한 증거조사(제시 및 요지의 고지)를 거치지 아니한 피의자신문조서는 사실인정의 자료로 삼을 수 없다(대판 1996.1.26, 95도2526).
  ② 검사가 증거로 제출하였거나 공판정에서 적법한 증거조사를 한 흔적을 찾아 볼 수 없는 서류들은 증거능력이 없는 것이어서 이를 사실인정의 자료로 삼을 수는 없다(대판 2005.4.29, 2005도70)(同旨 대판 2010.5.27, 2008도2344).

③ 타사건에 관하여 작성된 甲에 대한 **피의자신문조서**를 검찰주사보가 사본하여 추송서류로서 제1심 법원에 접수되었다 하더라도 이에 대하여 **공판정에서 적법한 증거조사를 거치지 아니하였다면** 이는 증거능력이 없다(대판 1983.7.26, 83도1448).

④ 소송관계인의 참여 없이 법정 외에서 시행한 증인신문조서에 대하여 **공판기일에서 증거조사 그 자체를 시행하지 아니하였다면** 그 증인신문조서는 증거능력이 있을 수 없다(대판 1967.7.4, 67도613).

⑤ 검사가 피고인들에 대한 체포장면이 녹화된 **동영상 CD**를 별도의 증거로 제출하지 아니하고 CD의 내용을 간략히 요약한 수사보고서에 위 CD를 첨부하여 수사보고서만을 서증으로 제출하였는데도, 법원이 CD를 **재생하여 청취 또는 시청하는 방법으로 증거조사를 거치지 아니한 채** 수사보고서를 유죄의 증거로 채택한 조치는 잘못된 것이다(대판 2011.10.13, 2009도13846).

⑥ 버스 **CCTV에 의해 녹화된 영상**을 재생할 수 있는 매체인 CD를 제출하여 첨부한다'는 내용의 수사보고서와 그 CD가 첨부되어 제출되었는데도, 법원이 수사보고에 대한 증거조사만 하였을 뿐 **형사소송법 제292조의3에서 정한 컴퓨터용디스크에 대한 증거조사 방식에 따라 증거조사를 하지 않고** 범죄사실을 인정한 것은 위법하다(대판 2011.11.10, 2011도11115).

⑦ [1] 형사소송법은 증인 등 인증(人證), 증거서류와 증거물 및 그 밖의 증거를 구분한 다음 각각의 증거방법에 대한 증거조사 방식을 개별적·구체적으로 규정하여 위와 같은 헌법적 형사소송의 이념을 구체화하고 있다. 특히 **형사소송법 제1편 제12장 및 형사소송규칙 제1편 제12장에서** 증인에 대한 증거조사를 '신문'의 방식으로 하면서 소환방법과 법정에 불출석할 경우의 제재와 조치, 출석한 증인에 대한 선서와 위증의 벌의 경고, 증언거부권 고지 및 신문의 구체적인 방식 등에 대하여 엄격한 절차 규정을 두는 한편, 법정 외 신문(제165조), 비디오 등 중계장치 등에 의한 증인신문(제165조의2) 규정에서 정한 사유 등이 있는 때에만 예외적으로 증인이 직접 법정에 출석하지 않고 증언할 수 있도록 정하였다. 이는 사건의 실체를 규명하는 데 가장 직접적이고 핵심적인 증인으로 하여금 원칙적으로 공개된 법정에 출석하여 법관 앞에서 선서한 후 정해진 절차에 따른 신문의 방식으로 증언하도록 하여 재판의 공정성과 증언의 확실성·진실성을 담보하고, 법관은 그러한 증인의 진술을 토대로 형성된 유·무죄의 심증에 따라 사건의 실체를 규명하도록 하기 위함이다. [2] 범죄사실의 인정을 위한 증거조사는 특별한 사정이 없는 한 공개된 법정에서 법률이 그 증거방법에 따라 정한 방식으로 하여야 하고, 이를 토대로 형성된 심증에 따라 공소가 제기된 범죄사실이 합리적인 의심이 없는 정도로 증명되었는지 여부를 판단하여야 한다. [3] 원심은 증인 A가 해외 체류 중이어서 법정 출석에 따른 증인신문이 어렵다는 이유로, 형사소송법이 규정한 증인에 대한 증거조사 방식인 '신문'에 의하지 아니하고 A에게 증인으로서 부담해야 할 각종 의무를 부과하지 아니한 채 별다른 법적 근거 없이 A가 증인으로서 출석하지 않았음을 전제로 하면서도 **인터넷 화상장치를 통해서 검사의 주신문, 변호인의 반대신문 등의 방식을 통해 A의 진술을 청취하는 방법으로 증거조사를 한 다음 진술의 형식적 변형에 해당하는 녹취서 등본, USB(녹취파일)를 검사로부터 제출받는 우회적인 방식을 취하였는바**, 이와 같은 원심의 조치는 형사소송법이 정한 증거방법(증인)에 대한 적법한 증거조사로 볼 수 없으므로 **그러한 진술청취의 결과물인 녹취서 등본, USB(녹취파일)는 증거능력이 없어 사실인정의 자료로 삼을 수 없고**, 이는 피고인과 변호인이 그와 같은 절차 진행에 동의하였거나 사후에 그 증거조사 결과에 대하여 이의를 제기하지 아니하고 증거로 함에 동의하였더라도 마찬가지이다(대판 2024.9.12, 2020도14843 **말레이시아 소재 증인 영상신문 사건**).

(6) 증거결정과 증거조사 등에 대한 이의신청

① 검사·피고인·변호인은 **법원의 증거결정 또는 재판장의 처분에 관하여 이의신청**을 할 수 있다. 이의신청은 증거결정 또는 재판장의 처분이 **법령의 위반**이 있음을 이유로 하여서만 이를 할 수 있다(제304조 제1항, 규칙 제135조의2 단서, 규칙 제136조). 14. 국가7급, 15. 경찰채용

② 검사·피고인·변호인은 법원의 **증거조사에 관하여 이의신청**을 할 수 있다(제296조 제1항). 이의신청은 증거조사가 **법령의 위반**이 있거나 **상당하지 아니함**을 이유로 하여 이를 할 수 있다(규칙 제135조의2 본문). 14. 경찰채용, 17. 국가9급

③ 이의신청은 개개의 행위, 처분 또는 결정시마다 그 이유를 간결하게 명시하여 **즉시** 이를 하여야 한다(규칙 제137조). 이의신청에 대한 결정은 이의신청이 있은 후 **즉시** 이를 하여야 한다(규칙 제138조).

④ 시기에 늦은 이의신청, 소송지연만을 목적으로 하는 것임이 명백한 이의신청은 결정으로 이를 기각하여야 한다. 다만, 시기에 늦은 이의신청이 중요한 사항을 대상으로 하고 있는 경우에는 시기에 늦은 것만을 이유로 하여 기각하여서는 아니된다(규칙 제139조 제1항).

⑤ 증거조사를 마친 증거가 증거능력이 없음을 이유로 한 이의신청을 이유있다고 인정할 경우에는 그 증거의 전부 또는 일부를 배제한다는 취지의 결정을 하여야 한다(규칙 제139조 제4항)(《주의》 증거조사를 다시 실시한다. ×).

⑥ 이의신청에 대한 결정에 의하여 판단이 된 사항에 대하여는 다시 이의신청을 할 수 없다(규칙 제140조).

> **판례 | 증거신청에 대한 법원의 결정에 독립하여 불복할 수 있는지의 여부(소극)**
>
> **당사자의 증거신청에 대한 법원의 채택 여부의 결정**은 판결 전의 소송절차에 관한 결정으로서 이의신청을 하는 외에는 **달리 불복할 수 있는 방법이 없고**, 다만 그로 말미암아 사실을 오인하여 판결에 영향을 미치기에 이른 경우에만 이를 상소의 이유로 삼을 수 있을 뿐이다(대판 1990.6.8, 90도646). 17. 경찰간부

2. 피고인신문

(1) 의의

피고인신문이란 피고인에 대하여 공소사실과 그 정상에 관한 필요한 사항을 신문하는 절차를 말한다. 신문을 통하여 얻은 피고인의 자백 또는 진술은 증거가 되고, 그러한 의미에서 이는 피고인의 인적 증거방법으로서의 지위를 표현한 것이다. 피고인신문 자체는 직권주의적 요소에 해당한다.

(2) 피고인신문의 시기 및 방법

피고인신문은 증거조사 완료 후에 실시한다. 다만, 재판장은 필요하다고 인정하는 때에는 증거조사가 완료되기 전이라도 이를 허가할 수 있다(제296조의2 제1항)(《주의》 피고인신문 후에 증거조사를 실시한다. ×). 19. 경찰간부

> **판례 | 피고인신문을 하겠다는 의사를 표시한 변호인에게 일체의 피고인신문을 허용하지 않는 것이 소송절차의 법령위반에 해당하는지의 여부(적극)**
>
> 재판장은 변호인이 피고인을 신문하겠다는 의사를 표시한 때에는 피고인을 신문할 수 있도록 조치하여야 하고, **변호인이 피고인을 신문하겠다는 의사를 표시하였음에도 변호인에게 일체의 피고인신문을 허용하지 않는 것은 변호인의 피고인신문권에 관한 본질적 권리를 해하는 것으로서 소송절차의 법령위반에 해당한다**(대판 2020.12.24, 2020도10778 변호인 피고인신문 불허 사건). 21.22. 법원9급

(3) 피고인신문의 순서 등

검사 또는 변호인은 증거조사 종료 후에 순차로 피고인에게 공소사실 및 정상에 관하여 필요한 사항을 신문할 수 있다(제296조의2 제1항). 14. 경찰승진 재판장은 필요하다고 인정하는 때에는 피고인을 신문할 수 있다(동조 제2항). 증인신문에 관한 제161조의2 제1항 내지 제3항 및 제5항의 규정은 피고인신문에 준용한다(제296조의2 제3항).

> **형사소송법**
>
> **제161조의2 【증인신문의 방식】** ① 증인은 신청한 검사, 변호인 또는 피고인이 먼저 이를 신문하고 다음에 다른 검사, 변호인 또는 피고인이 신문한다.
> ② 재판장은 전항의 신문이 끝난 뒤에 신문할 수 있다.
> ③ 재판장은 필요하다고 인정하면 전2항의 규정에 불구하고 어느 때나 신문할 수 있으며 제1항의 신문순서를 변경할 수 있다.
> ⑤ 합의부원은 재판장에게 고하고 신문할 수 있다.

(4) 신뢰관계자 동석

재판장 또는 법관은 피고인을 신문하는 경우 ㉠ 피고인이 신체적 또는 정신적 장애로 사물을 변별하거나 의사를 결정·전달할 능력이 미약한 경우, ㉡ 피고인의 연령·성별·국적 등의 사정을 고려하여 그 심리적 안정의 도모와 원활한 의사소통을 위하여 필요한 경우에는 직권 또는 피고인·법정대리인·검사의 신청에 따라 피고인과 신뢰관계에 있는 자를 동석하게 할 수 있다(제276조의2).

3. 최후변론

(1) 검사의 의견진술

피고인신문과 증거조사가 종료한 때에는 검사는 사실과 법률적용에 관하여 의견을 진술하여야 한다(제302조 전단). 이를 검사의 **논고(論告)**라고 하고 특히 양형에 관한 진술을 **구형(求刑)**이라고 한다. 검사의 구형은 하나의 참고적 진술에 불과하므로 법원은 검사의 구형에 구속당하지 않고 또한 구형하지 아니한 형벌의 선고도 할 수 있다. 검사의 출석 없이 개정할 수 있는 경우에는 공소장의 기재사항에 의하여 의견진술이 있는 것으로 간주한다(동조 단서).

> **판례 | 검사의 의견진술(논고 및 구형)**
>
> 1 재판장의 사실심리 및 증거조사 종료선언 후 검사에게 의견진술의 기회가 주어진 경우에는 **검사가 사실과 법률 적용에 관하여 의견을 진술하지 않더라도 공판절차가 무효로 되는 것은 아니라 할 것**이고, 공판조서에 검사의 의견진술이 누락되어있다 하여도 판결에 영향을 미친 법률위반이 있는 경우에 해당한다고는 볼 수 없다(대판 1977.5.10, 74도3293). 19. 법원9급
> 2 재판장이 피고인신문과 증거조사가 종료되었음을 선언한 후 검사에게 의견진술의 기회를 준 경우에는 검사가 양형에 관한 의견진술을 하지 않았다 하더라도 판결에 영향을 미친 법률위반이 있는 경우에 해당한다고 할 수 없고, **검사의 구형은 양형에 관한 의견진술에 불과하여 법원이 그 의견에 구속된다고 할 수 없다**(대판 2001.11.30, 2001도5225). 14. 국가7급
> 3 검사의 구형은 양형에 관한 의견진술에 불과하고 법원이 그 의견에 구속되는 것은 아니므로 피고인에 대한 형을 정함에 있어 검사의 구형에 포함되지 아니한 벌금형을 병과하였다 하여 위법이 될 수 없다(대판 1984.4.24, 83도1789).
> 4 몰수나 추징은 일종의 형으로서 법원이 직권으로 하는 것이므로 검사가 추징을 구하는 의견을 진술하여야만 선고할 수 있는 것은 아니다(대판 1989.2.14, 88도2211).

(2) 피고인과 변호인의 의견진술

재판장은 검사의 의견을 들은 후 피고인과 변호인에게 최종의 의견을 진술할 기회를 주어야 한다(제303조).

> **판례 | 피고인과 변호인의 최종의견 진술권**
>
> 1 최종의견 진술의 기회는 피고인과 변호인 모두에게 주어져야 하는데, 이러한 최종의견 진술의 기회는 피고인과 변호인의 소송법상 권리로서 피고인과 변호인이 사실관계의 다툼이나 유리한 양형사유를 주장할 수 있는 마지막 기회이므로, **피고인이나 변호인에게 최종의견 진술의 기회를 주지 아니한 채 변론을 종결하고 판결을 선고하는 것은 소송절차의 법령위반에 해당한다**(대판 2018.3.29, 2018도327). 18. 국가7급, 22. 국가7급, 21. 변호사
> 2 피고인과 변호인에게 **최종의견 진술의 기회를 주지 않은 채** 심리를 마치고 선고한 판결은 위법하다(대판 1975.11.11, 75도1010).
> 3 필요적 변호를 요하는 사건에 있어서 **변호인의 변호를 듣지 않았을 뿐더러 피고인의 최후진술을 들은 바 없이** 판결을 선고하였음을 명백한 법령위반이 있어 판결에 영향을 미치는 사유가 있다고 인정된다(대판 1963.1.10, 62도225).
> 4 피고인의 **변호인이 공판기일통지서를 받고도** 공판기일에 출석하지 아니하여 변호인 없이 변론을 종결한 경우에는 변호인에게 변론의 기회를 주지 아니하였다고 볼 수 없다(대판 1977.2.22, 76도4376).
> 5 필요적 변호사건이라 하더라도 피고인 및 변호인의 의견진술을 듣는 것 이외의 모든 절차가 종료된 상태에서 피고인이 허가 없이 퇴정하고 변호인들이 이에 동조하는 취지에서 **재판장의 여러 차례에 걸친 의견진술 촉구에도 불구하고** 의견을 진술하지 아니한 채 퇴정한 경우, 법원은 피고인 및 변호인의 진술 없이 소송절차를 진행하여 판결을 선고할 수 있다(대판 1990.6.12, 90도672).

(3) 의견진술시간의 제한

재판장은 필요하다고 인정하는 경우 검사, 피고인 또는 변호인의 본질적인 권리를 해치지 아니하는 범위 내에서 최후의견 진술의 시간을 제한할 수 있다(규칙 제145조).

03 공판기일 외 주장 등의 금지

소송관계인은 기일 외에서 구술, 전화, 휴대전화 문자전송, 그 밖에 이와 유사한 방법으로 신체구속, 공소사실 또는 양형에 관하여 법률상·사실상 주장을 하는 등 법령이나 재판장의 지휘에 어긋나는 절차와 방식으로 소송행위를 하여서는 아니 된다(규칙 제177조의2 제1항). 재판장은 제1항을 어긴 소송관계인에게 주의를 촉구하고 기일에서 그 위반사실을 알릴 수 있다(동조 제2항).

04 판결

판결의 선고는 공판정에서 재판서에 의하여야 한다(제42조). 판결의 선고는 재판장이 하며 주문을 낭독하고 이유의 요지를 설명하여야 한다(제43조).

> **판례 | 판결선고의 종료시점과 변경 선고가 가능한 한계 및 판결 변경 선고의 위법**
>
> [1] 판결 선고는 전체적으로 하나의 절차로서 재판장이 판결의 주문을 낭독하고 이유의 요지를 설명한 다음 피고인에게 상소기간 등을 고지하고, 필요한 경우 훈계, 보호관찰 등 관련 서면의 교부까지 마치는 등 선고절차를 마쳤을 때에 비로소 종료된다. **재판장이 주문을 낭독한 이후라도 선고가 종료되기 전까지는 일단 낭독한 주문의 내용을 정정하여 다시 선고할 수 있다.** 그러나 판결 선고절차가 종료되기 전이라도 변경 선고가 무제한 허용된다고 할 수는 없다. 재판장이 일단 주문을 낭독하여 선고 내용이 외

부적으로 표시된 이상 **재판서에 기재된 주문과 이유를 잘못 낭독하거나 설명하는 등 실수가 있거나 판결 내용에 잘못이 있음이 발견된 경우와 같이 특별한 사정이 있는 경우에 변경 선고가 허용된다.**
[2] 제1심 재판장은 '피고인을 징역 1년에 처한다'는 주문을 낭독하여 선고 내용을 외부적으로 표시하였다. 제1심 재판장은 징역 1년이 피고인의 죄책에 부합하는 적정한 형이라고 판단하여 징역 1년을 선고하였다고 볼 수 있고, 피고인이 난동을 부린 것은 그 이후의 사정이다. **제1심 재판장은 선고절차 중 피고인의 행동을 양형에 반영해야 한다는 이유로 이미 주문으로 낭독한 형의 3배에 해당하는 징역 3년으로 선고형을 변경하였다.** 위 선고기일에는 피고인의 변호인이 출석하지 않았고, 피고인은 자신의 행동이 위와 같이 양형에 불리하게 반영되는 과정에서 어떠한 방어권도 행사하지 못하였다. 그런데도 **원심은 제1심 선고절차에 아무런 위법이 없다고 판단하였다.** 원심판결에는 판결 선고절차와 변경 선고의 한계에 관한 법리를 오해하여 판결에 영향을 미친 **잘못이 있다**(대판 2022.5.13, 2017도3884 **징역 3년으로 정정한다 사건**).

제6절 증거조사

01 증인신문

1. 증인신문과 증인

(1) 증인신문의 의의

증인신문이란 요증사실과 관련하여 증인의 경험을 내용으로 하는 진술을 얻는 증거조사방법을 말한다. 증인신문은 증언과 함께 증인의 표정·진술태도 등도 법관의 심증형성에 큰 영향을 미치므로 가장 중요한 증거조사방법이다.

(2) 증인의 의의

증인이란 자신이 과거에 체험한 사실을 법원 또는 법관에게 진술하는 제3자를 말한다. 증인은 다른 사람과 대체할 수 없다는 비대체성을 가진다.

SUMMARY | 증인(신문) vs 참고인(조사) ★★★

구분	증인(신문)	참고인(조사)
공통점	① 피의자·피고인 이외의 제3자 ② 신뢰관계자 동석 사유	
성격	강제처분	임의수사
진술기관	법원 또는 법관	수사기관
의무	출석·선서·증언의무	의무 없음. 다만, 국가보안법상 참고인에 대해서는 구인이 허용됨
제재수단	구인, 과태료, 소송비용부담, 감치, 동행명령	제재수단 없음
허위진술시 죄책	위증죄 성립	위증죄 등 불성립
조서의 증거능력	제311조(당연히 증거능력 인정)	제312조 제4항(적법성 + 성립의 진정 + 특신상태 + 반대신문권 기회보장)

☑ SUMMARY | 증인 vs 감정인 ★★★

구분	증인	감정인
공통점	① 당사자 이외의 제3자 ② 법원·법관 면전에서 진술 ③ 과태료·비용배상의 제재 ④ 출석·선서·증언(감정) 의무 부담 ⑤ 여비·일당·숙박료 지급 ⑥ 증인적격과 감정인적격, 증언거부권과 감정거부권 등	
자격	일정한 사실을 체험한 자	일정한 학식·경험을 가진 자
대체성	비대체적	대체적
구인 여부	구인·감치처분 가능	구인·감치처분 불가
강제처분 권한	증인에게는 강제처분의 권한이 없음	감정인에게는 강제처분(감정처분)의 권한이 있음
감정료와 체당금	없음	지급받음
진술방식	구두(증언)	서면(감정서)

2. 증인거부권, 증인적격 및 증언능력

(1) 증인거부권

공무원 또는 공무원이었던 자가 그 직무에 관하여 알게 된 사실에 관하여 본인 또는 당해 공무소가 **직무상 비밀에 속한 사항임을 신고**한 때에는 그 소속공무소 또는 감독관공서의 승낙없이는 **증인으로 신문하지 못한다**(제147조 제1항). 14. 법원9급, 17. 국가9급, 18. 경찰간부 소속공무소 또는 당해 감독관공서는 국가에 중대한 이익을 해하는 경우를 제외하고는 승낙을 거부하지 못한다(동조 제2항). 17. 국가9급

(2) 증인적격(證人適格)

① **의의**: 증인적격이란 증인으로 선서하고 진술할 수 있는 자격을 말한다. 법원은 법률에 다른 규정이 없으면 누구든지 증인으로 신문할 수 있다(제146조). 그러나 학설과 판례에 의하여 아래와 같이 증인적격이 문제되는 경우가 있다.

② **법관**: 법관은 자신이 담당하는 사건에 관하여 증인적격이 없다. 만약 법관이 사건에 관하여 증언을 하면 그 사건에서 제척된다(제17조 제4호). 이는 법원사무관 등도 마찬가지이다(제25조 제1항).

③ **검사**: 검사는 당사자이므로 소송에 있어 제3자가 아니고 증인의 지위와 공소유지자의 지위는 조화되지 않으므로 검사의 증인적격을 부정하는 것이 다수설의 입장이다. 그러나 공판검사가 아닌 **당해 사건을 수사한 수사검사 또는 사법경찰관리, 검찰주사 등은 소송당사자가 아니므로 얼마든지 증인적격이 있다.** 18. 국가9급

> **🔍 판례 | 당해 사건을 수사한 수사경찰관의 증인적격 유무(적극)**
>
> 1 형사소송에 있어서 경찰공무원은 당해 피고인에 대한 수사를 담당하였는지의 여부에 관계없이 그 피고인에 대한 공판과정에서는 제3자라고 할 수 있어 **수사 담당 경찰공무원**이라 하더라도 증인의 지위에 있을 수 있음을 부정할 수 없다(헌재 2001.11.29, 2001헌바41). 14. 국가9급, 16. 경찰간부, 20. 경찰채용·국가7급
>
> 2 형사소송법 제146조는 "법원은 법률에 다른 규정이 없으면 누구든지 증인으로 신문할 수 있다."라고 규정하고 있으므로, 원심이 **당해 사건의 수사경찰관**을 증인으로 신문한 것이 증거재판주의나 증인의 자격에 관한 법리를 오해하였다거나 헌법 위반의 위법이 있다고 할 수 없다(대판 2001.5.29, 2000도2933). 15. 경찰승진, 15. 변호사

④ **피고인**: 피고인은 소송에 있어 제3자가 아니고 또한 증인적격을 인정할 경우 증언의무 부과로 진술거부권이 침해되기 때문에 **피고인의 증인적격은 부정**된다는 것이 통설과 판례의 입장이다(헌재 2001.11.29, 2001헌바41). 14. 변호사 같은 취지에서 피고인의 소송행위를 대리하는 법정대리인·대표·대리인 등도 증인적격이 인정되지 아니한다(제26조, 제27조, 제277조 등).

⑤ **변호인**: 변호인이 증인을 겸하는 경우 변호인의 역할에 혼동을 가져오고, 변호인은 피고인의 보호자로서 피고인에 준하는 지위를 가지기 때문에 **변호인의 증인적격을 부정**하는 것이 다수설의 입장이다.

⑥ **공동피고인**: 공범인 공동피고인에게 제3자 지위를 인정해 언제나 증인적격을 인정하는 **긍정설**, 공범관계여부를 불문하고 변론을 분리하지 않는 한 진술거부권 침해를 이유로 부정하는 **부정설**, 공범인 공동피고인의 증인적격은 부정하나, 공범 아닌 공동피고인의 증인적격은 인정하는 **절충설**이 대립한다. **공범인 공동피고인은 소송절차가 분리되지 않는 한 증인적격이 없으나, 공범이 아닌 공동피고인**은 피고사건과 실질적인 관계가 없는 제3자에 불과하기 때문에 **증인적격이 인정**된다는 것이 다수설과 판례의 입장이 타당하다. 13. 변호사사례

판례 ㅣ

1 **공범인 공동피고인의 증인적격 유무(= 변론이 분리되지 않으면 소극, 분리되면 적극)**
   ① 공범인 공동피고인은 당해 소송절차에서는 피고인의 지위에 있어 다른 공동피고인에 대한 공소사실에 관하여 증인이 될 수 없으나, 소송절차가 분리되어 피고인의 지위에서 벗어나게 되면 다른 공동피고인에 대한 공소사실에 관하여 **증인이 될 수 있다**(대판 2012.12.13, 2010도10028). 14·16·17·21. 변호사, 14·15. 국가9급, 14·15·17·20·21. 법원9급, 15·17·18·19·22. 경찰간부, 20. 경찰승진, 21. 경찰채용
   ② 피고인의 지위에 있는 공동피고인은 다른 공동피고인에 대한 공소사실에 관하여 **증인이 될 수 없으나, 소송절차가 분리되어 피고인의 지위를 벗어나게 되면** 다른 공동피고인에 대한 공소사실에 관하여 **증인이 될 수 있고** 이는 대향범인 공동피고인의 경우에도 다르지 않다(대판 2012.3.29, 2009도11249). 15. 국가9급, 15·18·20. 국가7급, 16·18·19. 변호사, 22. 해경간부
   ③ 소송절차가 분리된 공범인 공동피고인에 대하여 증인적격을 인정하고 그 자신의 범죄사실에 대하여 신문한다 하더라도 피고인으로서의 **진술거부권 내지 자기부죄거부특권을 침해한다고 할 수 없으므로** 증인신문절차에서 증언거부권이 고지되었음에도 불구하고 피고인이 자기의 범죄사실에 대하여 증언거부권을 행사하지 아니한 채 허위로 진술하였다면 위증죄가 성립된다(대판 2012.10.11, 2012도6848).

2 **증인적격이 인정되지 않아 위증죄가 성립하지 않는 경우**
   피고인 甲은 "甲은 게임장 종업원, 乙은 게임장 운영자로서 공모하여 관할관청의 허가를 받지 않고 게임장 영업행위를 하였다."는 게임산업진흥에 관한 법률 위반의 공소사실로 乙과 공동으로 수원지방법원 성남지원에 기소되었다. 이후, **甲은 乙과의 변론이 분리되지 아니한 상태에서 乙에 대한 공소사실에 관하여 증인으로 채택**되어 선서한 후 **허위의 진술을 하였다**(대판 2008.6.26, 2008도3300).

3 **증인적격이 인정되어 위증죄가 성립하는 경우**
   ① 피고인 甲, 乙, 丙은 성폭력처벌법 위반(특수강간) 등으로 인천지방법원에 기소되었는 바, 제2회 공판기일에 검사가 피고인 甲을 피고인 乙, 丙의 공소사실에 대한 증인으로 신청하여 법원이 이를 채택하였다. **법원은 제3회 공판기일에 피고인 甲에 대한 피고사건을 다른 공동피고인에 대한 피고사건으로부터 소송절차를 분리한다는 결정을 고지한 뒤 甲을 증인으로 신문하였는데, 甲은 증언거부권이 있음을 고지 받았음에도 검사의 질문에 대하여 허위의 진술을 하였다**(대판 2012.10.11, 2012도6848).

② 피고인 甲은 "乙은 乙로부터 뇌물을 수수하고 사행성 게임장 단속 관련 정보 등을 알려 주거나 丙, 丁 등 단속 경찰관들에게 乙이 운영하던 게임장에 관한 형사사건을 잘 처리하여 달라는 취지로 부탁하였다."라는 특정범죄가중법 위반죄 등으로 인천지방법원에 기소되었다. 법원은 **甲의 피고사건을 다른 공동피고인 乙, 丙, 丁 등에 대한 소송절차로부터 분리하고 甲에게 증언거부권을 고지한 뒤 증인으로 신문하였는데**, 甲은 증언거부권을 행사하지 아니하고 **허위로 진술하였다**(대판 2012.9.27, 2012도6079).

4 공범이 아닌 공동피고인의 증인적격 유무(적극)
① 각각 다른 범죄사실로서 기소된 공동피고인의 공판정에서의 **선서 없이 한 진술은 다른 피고인의 범죄사실에 대한 증거능력이 없다**(대판 1979.3.27, 78도1031). 19. 경찰채용
② 피고인과 별개의 범죄사실로 기소되어 병합심리되고 있던 공동피고인은 피고인에 대한 관계에서는 증인의 지위에 있음에 불과하므로, 선서 없이 한 그 공동피고인의 법정 및 검찰진술은 피고인에 대한 공소범죄사실을 인정하는 증거로 할 수 없다(대판 1982.6.22, 82도898). 14·18·19. 경찰채용, 15. 국가7급·국가9급, 17. 경찰간부·법원9급, 17·18. 변호사
③ **공동피고인인 절도범과 그 장물범은** 서로 다른 공동피고인의 범죄사실에 관하여는 **증인의 지위**에 있다 할 것이므로, 피고인이 증거로 함에 동의한 바 없는 공동피고인에 대한 피의자신문조서는 공동피고인의 증언에 의하여 그 성립의 진정이 인정되지 아니하는 한 피고인의 공소범죄사실을 인정하는 증거로 할 수 없다(대판 2006.1.12, 2005도7601). 14. 법원9급, 15·19. 국가9급, 16·17. 경찰간부, 17·18. 경찰채용, 18. 국가7급, 19. 변호사

(3) 증언능력(證言能力)

증언능력이란 증인이 자신이 과거에 경험한 사실을 그 기억에 따라 진술할 수 있는 정신능력을 말한다. 따라서 증언능력이 없는 자의 증언은 증거능력이 없거나 증명력이 없다. 증인적격이 있는 자라도 증언능력이 없을 때가 있고, 증언능력이 있는 자라도 증인적격이 없을 수 있다.

판례 |

1 증언능력의 의미 및 유아의 증언능력 판단기준
증인의 증언능력은 증인 자신이 과거에 경험한 사실을 그 기억에 따라 공술할 수 있는 정신적인 능력이라 할 것이므로 유아의 증언능력에 관해서도 그 유무는 단지 공술자의 연령만에 의할 것이 아니라 그의 지적수준에 따라 개별적이고 구체적으로 결정되어야 함은 물론 공술의 태도 및 내용 등을 구체적으로 검토하고, 경험한 과거의 사실이 공술자의 이해력, 판단력 등에 의하여 변식될 수 있는 범위 내에 속하는가의 여부도 충분히 고려하여 판단하여야 한다(대판 2006.4.14, 2005도9561). 14. 국가9급

2 유아 등의 증언능력을 인정한 경우
① 사고 당시 **만 3세 3개월** 내지 **만 3세 7개월** 가량이던 피해자의 증언능력 인정(대판 2006.4.14, 2005도9561)
② CD에 수록된 **만 3세** 남짓한 유아의 증언능력 인정(대판 2005.9.30, 2005도4201)
③ 사건 당시 **만 4년 6개월** 및 **만 3년 7개월** 남짓된 유아들의 증언능력 인정(대판 2004.9.13, 2004도3161) 17. 변호사
④ 사건 당시 **만 4세 6개월** 남짓된 여아의 증언능력 인정(대판 2001.7.27, 2001도2891)
⑤ 사건 당시 **만 4세 6개월**, 제1심 증언 당시 **만 6세 11개월** 된 유아의 증언능력 인정(대판 1999.11.26, 99도3786)

⑥ 사건 당시는 **만 3년 3개월** 남짓, 증언 당시는 **만 3년 6개월** 남짓된 여아의 증언능력 인정(대판 1991.5.10, 91도579)
⑦ 사고 당시 **10세** 남짓한 국민학교 5학년생의 증언능력 인정(대판 1984.9.25, 84도619) 14. 경찰채용, 18. 경찰간부

3. 증인의 의무

증인은 **출석·선서·증언의무**를 부담한다.

(1) 출석의무

① **소환장 송달 등**: 법원은 소환장의 송달, 전화, 전자우편, 그 밖의 상당한 방법으로 증인을 소환한다(제150조의2 제1항). 증인을 신청한 자는 증인이 출석하도록 합리적인 노력을 할 의무가 있다(동조 제2항).

② **출석의무 위반에 대한 제재**

  ㉠ **과태료와 소송비용부담**: 법원은 '소환장을 송달받은' 증인이 정당한 사유 없이 출석하지 아니한 때에는 결정으로 당해 불출석으로 인한 **소송비용**을 증인이 부담하도록 명하고, **500만원 이하의 과태료**를 부과할 수 있다(제151조 제1항). 14. 경찰승진 이 결정에 대하여 **즉시항고**를 할 수 있으나, **재판의 집행은 정지되지 아니한다**(동조 제8항)(《주의》 불출석 증인에게 벌금을 부과할 수 있다. ×). 14. 경찰승진

  ㉡ **감치처분**: 법원은 증인이 과태료 재판을 받고도 정당한 사유 없이 다시 출석하지 아니한 때에는 결정으로 증인을 **7일 이내의 감치**에 처한다(제151조 제2항). 14. 경찰승진, 22. 법원9급 이 결정에 대하여 **즉시항고**를 할 수 있으나, **재판의 집행은 정지되지 아니한다**(동조 제8항). 법원은 증인이 감치의 집행 중에 **증언을 한 때**에는 즉시 **감치결정을 취소**하고 그 증인을 석방하도록 명하여야 한다(동조 제7항). 17. 경찰채용, 22. 법원9급

  ㉢ **구인**: 증인이 정당한 사유 없이 출석하지 아니한 때에는 증인을 **구인**할 수 있다(제152조). 증인을 구인함에는 구속영장을 발부하여야 한다(제155조, 제73조).

> **판례 | 증인구인의 사유에 해당하지 않는 경우**
>
> 형사공판절차에서 증인의 구인은 증인이 정당한 사유 없이 소환에 불응하거나(형사소송법 제152조), 법원에 출석해 있는 증인이 정당한 사유 없이 동행명령에 따른 동행을 거부하는 때(형사소송법 제166조 제2항)에 한하여 허용되므로 원심 재판과정에서 **증인소환장을 송달받은 적이 없고 법원에 출석하지도 아니한 증인을 구인하여 달라는 검사의 신청을 기각한 원심의 조치는 정당**하다(대판 2008.9.25, 2008도6985).

(2) 선서의무

① **원칙**

  ㉠ **의의**: 증인은 신문 전에 선서하게 하여야 한다. 단, 법률에 다른 규정이 있는 경우에는 예외로 한다(제156조). 선서는 위증죄를 담보로 증언의 진실성과 확실성을 확보하기 위한 것이다. 선서능력이 있는 증인이 선서 없이 증언한 때에는 그 증언은 증거능력이 부정된다.

  ㉡ **선서의 절차**: 재판장은 선서할 증인에 대하여 선서 전에 위증의 벌을 경고하여야 한다(제158조). 선서는 선서서에 따라 하여야 하고 선서서에는 "양심에 따라 숨김과 보탬이 없이 사실 그대로 말하고 만일 거짓말이 있으면 위증의 벌을 받기로 맹서합니다."라고 기재하여야 한다(제157조 제1항·제2항).

> **판례 | 위증의 벌을 경고하지 않은 경우 위증죄의 성립 여부(적극)**
>
> 재판장이 선서할 증인에 대하여 선서 전에 위증의 벌을 경고하지 않았다는 등의 사유는 그 증인신문절차에서 증인 자신이 위증의 벌을 경고하는 내용의 선서서를 낭독하고 기명날인 또는 서명한 이상 위증의 벌을 몰랐다고 할 수 없을 것이므로 증인보호에 사실상 장애가 초래되었다고 볼 수 없고 따라서 **위증죄의 성립에 지장이 없다**[대판 2010.1.21, 2008도942(전합)].

　　　ⓒ **선서의무 위반에 대한 제재**: 증인이 정당한 이유 없이 선서를 거부한 때에는 결정으로 **50만원 이하의 과태료**에 처할 수 있다(제161조 제1항). 15. 경찰승진, 15·18. 경찰간부 이 결정에 대하여 즉시항고 할 수 있다(동조 제2항). 18. 경찰간부
　　ⓐ **예외**: 선서무능력자, 즉 **16세 미만의 자 또는 선서의 취지를 이해하지 못하는 자**는 선서시키지 아니하고 신문하여야 한다(제159조)(《주의》 미성년자 또는 선서의 취지를 이해하지 못하는 자 ×). 14. 경찰승진, 14·15·16·21. 법원9급, 15. 경찰간부, 19. 경찰채용, 20. 변호사 선서무능력자가 선서하고 증언한 경우 선서는 무효이므로, 선서하고 허위의 증언을 하더라도 위증죄는 성립하지 않는다.

> **판례 | 선서무능력자가 선서하고 증언한 경우 선서와 증언의 효력(= 선서는 무효, 증언은 유효)**
>
> 선서무능력자에 대하여 선서케하고 신문한 경우라 할지라도 그 **선서만이 무효가 되고 그 증언의 효력에 관하여는 영향이 없고 유효**하다(대판 1957.3.8, 57도23). 14. 국가9급, 16. 변호사

(3) 증언의무

① **의의**: 증인은 신문받은 사항에 대하여 양심에 따라 숨김과 보탬이 없이 증언을 할 의무를 부담한다(제157조 제2항). 증인은 법원·법관의 신문은 물론 검사·피고인·변호인의 신문에 대해서도 증언하여야 하고, 주신문은 물론 반대신문에 대해서도 증언을 해야 한다.

② **증언의무 위반에 대한 제재**: 증인이 정당한 이유 없이 증언을 거부한 때에는 결정으로 **50만원 이하의 과태료**에 처할 수 있다(제161조 제1항). 15·18. 경찰간부 이 결정에 대하여 **즉시항고** 할 수 있다(동조 제2항). 18. 경찰간부 선서한 증인이 위증을 할 때에는 위증죄가 성립한다(형법 제152조).

4. 증인의 권리

증인은 증언거부권, 비용상환청구권, 증인신문조서열람권 등의 권리를 가진다.

(1) 증언거부권

① **의의**: 증언거부권이란 증언의무가 인정되는 증인이 일정한 사유로 증언을 거부할 수 있는 권리를 말한다. 증언거부권자는 증언만 거부할 수 있고 출석이나 선서까지 거부할 수 없다는 점에서 증인거부권과는 구별된다.

② **자기 또는 근친자의 형사책임과 관련된 증언거부권**
　　ⓐ **의의**: 증인은 **자기나 친족 또는 친족관계가 있었던 자** 또는 법정대리인·후견감독인이 **형사소추 또는 공소제기를 당하거나 유죄판결을 받을 사실이 드러날 염려있는 증언**을 거부할 수 있다(제148조). 14·21. 법원9급, 15·18. 경찰간부, 18. 국가7급
　　ⓑ **내용**: 거부할 수 있는 증언은 형사소추 또는 공소제기를 당하거나 유죄판결을 받을 사실이 드러날 염려있는 증언이다. 증언거부의 대상이 되는 증언은 형사책임의 존부와 양형에서 불이익이 될 수 있는 모든 사실이다. 구성요건에 해당하는 사실에 관한 증언은 물론 **누범·상습범의 기초가 되는 사실, 형의 가중 사유가 되는 사실 등이 전부 포함**된다. 그러나 이미 피고인이 유죄·무

죄판결이나 면소판결을 받고 확정되어 더 이상 공소제기나 유죄판결을 받을 가능성이 없는 경우에는 그에 관한 증언을 거부할 수 없다.

판례

1 증언거부권 행사 대상에 해당하는 경우

증언거부권의 대상으로 규정한 '공소제기를 당하거나 유죄판결을 받을 사실이 발로될 염려 있는 증언'에는 **자신이 범행을 한 사실뿐 아니라 범행을 한 것으로 오인되어 유죄판결을 받을 우려가 있는 사실 등도 포함된다**고 할 것이다. 따라서 범행을 하지 아니한 자가 범인으로 공소제기가 되어 피고인의 지위에서 범행사실을 허위자백하고, 나아가 공범에 대한 증인의 자격에서 증언을 하면서 그 공범과 함께 범행하였다고 허위의 진술을 한 경우에도 그 증언은 자신에 대한 유죄판결의 우려를 증대시키는 것이므로 증언거부권의 대상은 된다(대판 2012.12.13, 2010도10028). 17·18. 국가7급, 20. 경찰간부

2 증언거부권 행사 대상에 해당하지 않는 경우

① [1] 이미 유죄의 확정판결을 받은 경우에는 일사부재리의 원칙에 의해 다시 처벌받지 아니하므로 자신에 대한 유죄판결이 확정된 증인은 공범에 대한 피고사건에서 증언을 거부할 수 없고, 설령 증인이 자신에 대한 형사사건에서 시종일관 그 범행을 부인하였다 하더라도 그러한 사정만으로 증인이 진실대로 진술할 것을 기대할 수 있는 가능성이 없는 경우에 해당한다고 할 수 없으므로 허위의 진술에 대하여 위증죄의 성립을 부정할 수 없다. [2] 자신에 대한 유죄판결이 확정된 증인이 공범에 대한 피고사건에서 증언할 당시 앞으로 재심을 청구할 예정이라고 하여도 이를 이유로 증인에게 형사소송법 제148조에 의한 **증언거부권이 인정되지는 않는다**(대판 2011.11.24, 2011도11994). 14. 변호사·법원행시, 14·20. 경찰승진, 16. 국가9급, 17. 경찰간부·국가7급, 17·21·22. 법원9급, 18·21. 경찰채용, 22. 경찰간부

② 이미 유죄의 확정판결을 받은 경우에는 일사부재리의 원칙에 의해 다시 처벌되지 아니하므로 **증언을 거부할 수 없는바**, 이는 사실대로의 진술, 즉 자신의 범행을 시인하는 진술을 기대할 수 있기 때문인 점 등에 비추어 보면 피고인은 강도상해죄로 이미 유죄의 확정판결을 받았으므로 그 범행에 대한 증언을 거부할 수 없을 뿐만 아니라 **나아가 사실대로 증언하여야 한다**(대판 2008.10.23, 2005도10101). 14·16·18. 변호사, 15. 국가9급·경찰간부, 16. 경찰채용

3 증언거부권이 없어 위증죄가 성립하는 경우

① [1] 甲은 "피고인 甲은 A로부터 필로폰을 구해달라는 부탁을 받고, 乙에게 구입을 의뢰하여 乙과 함께 2006.10.20. 진해시 덕산동 소재 여관방에서 A를 만나 필로폰 4g을 판매하였다."라는 공소사실로 기소되어 2009.12.10. **대법원에서 징역 6월의 확정판결을 선고받았다.** [2] 이후 甲은 2010.1.18. 필로폰 매매혐의로 기소된 공범 乙에 대한 공판기일에 증인으로 출석·선서한 후 판사의 신문에 "甲, 乙, A 3명이 함께 **만난 사실은 없다.**", "A로부터 필로폰을 구해달라는 **부탁을 받은 사실이 없다.**", "乙이 A에게 필로폰을 주는 것을 **본 적이 없다.**"라는 취지의 허위진술을 하였다. 다만, 증언에 앞서 甲은 재판장으로부터 증언거부권이 있음을 고지받지 못했다(대판 2011.11.24, 2011도11994).

② 피고인 甲은 2004.4.7. 부산고등법원에서 **강도상해죄로 징역 4년을 선고받고 2004.4.16. 그 판결이 확정**된 사람으로서, 사실은 2002.9.27. 새벽 부산 동래구 소재 황제룸주점 앞길에서 A와 어깨를 부딪치며 시비를 걸어 멱살을 잡고 주먹으로 얼굴을 때리는 등으로 A의 지갑을 강취하였음에도 불구하고, 2005.1.14. 위 강도상해사건과 관련하여 피고인과 공범으로 기소된 乙에 대한 사건에 증인으로 출석·선서한 후 "A와 어깨를 부딪친 후 멱살을 잡고 시비한 사실이 있는 가요"라는 검사의 질문에 **"그런 사실은 없습니다."라고 허위의 진술을 하였다**(대판 2008.10.23, 2005도10101).

③ **업무상비밀과 관련된 증언거부권**: **변호사** · 변리사 · 공증인 · 공인회계사 · 세무사 · 대서업자 · 의사 · 한의사 · 치과의사 · 약사 · 약종상 · 조산사 · 간호사 · 종교의 직에 있는 자 또는 이러한 직에 있던 자가 그 업무상 위탁을 받은 관계로 알게 된 사실로서 타인의 비밀에 관한 것은 증언을 거부할 수 있다. 단, **본인의 승낙이 있거나 중대한 공익상 필요있는 때에는 예외**로 한다(제149조).(**주의** 공무원, 변호사는 증언거부권자이다. ×).

④ **증언거부권의 고지와 행사**: 증인이 증언거부권자에 해당하는 경우에는 재판장은 신문 전에 증언을 거부할 수 있음을 설명하여야 한다(제160조). 18. 경찰채용 증언을 거부하는 자는 거부사유를 소명하여야 한다(제150조). 14. 경찰승진 판례는 증인신문에 당하여 증언거부권 있음을 설명하지 아니한 경우라 할지라도 증인이 선서하고 증언한 이상 그 **증언의 효력에 관하여는 역시 영향이 없고 유효하다는 입장이다**.(대판 1957.3.8. 57도23) 13. 변호사

판례 |

1 증언거부권 고지대상이 아닌 경우
형사소송법 제148조에서 '형사소추'는 증인이 이미 저지른 범죄사실에 대한 것을 의미한다고 할 것이므로 증인의 증언에 의하여 비로소 범죄가 성립하는 경우에는 증언거부권 고지대상이 된다고 할 수 없다(대판 2011.12.8. 2010도2816). 17. 국가7급, 22. 경찰간부

2 형사소송절차에서 증언거부권을 고지받지 못한 경우 위증죄의 성립 여부
① [1] 헌법 제12조 제2항에 정한 불이익 진술의 강요금지 원칙을 구체화한 자기부죄거부특권에 관한 것이거나 기타 증언거부사유가 있음에도 **증인이 증언거부권을 고지받지 못함으로 인하여 그 증언거부권을 행사하는 데 사실상 장애가 초래되었다고 볼 수 있는 경우에는 위증죄의 성립을 부정하여야 할 것이다.** [2] 다만, 법률에 규정된 증인보호절차라 하더라도 개별 보호절차 규정들의 내용과 취지가 같지 아니하고, 당해 신문 과정에서 지키지 못한 절차 규정과 그 경위 및 위반의 정도 등 제반 사정이 개별 사건마다 각기 상이하므로, 이러한 사정을 전체적 · 종합적으로 고려하여 볼 때 **당해 사건에서 증인보호에 사실상 장애가 초래되었다고 볼 수 없는 경우에까지 예외 없이 위증죄의 성립을 부정할 것은 아니다**[대판 2010.1.21. 2008도942(전합)]. 14. 국가9급 · 경찰승진, 15. 법원행시, 16. 경찰간부, 16 · 18 · 20. 변호사
② [1] **증언거부권을 고지하지 아니하고 증언하게 하였다면** 그 진술은 '법률에 의하여 선서한 증인'의 진술이 아니므로 설사 그 진술 내용이 허위라 하더라도 **위증죄로 처벌할 수 없는 것이 원칙이다.** [2] 다만, 재판장이 신문 전에 증인에게 증언거부권을 고지하지 않은 경우에도 당해 사건에서 증언 당시 증인이 처한 구체적인 상황, 증언거부사유의 내용, 증인이 증언거부사유 또는 증언거부권의 존재를 이미 알고 있었는지 여부, 증언거부권을 고지받았더라도 허위진술을 하였을 것이라고 볼 만한 정황이 있는지 등을 전체적 · 종합적으로 고려하여 **증인이 침묵하지 아니하고 진술한 것이 자신의 진정한 의사에 의한 것인지 여부를 기준으로 위증죄의 성립 여부를 판단하여야 한다**(대판 2012.12.13. 2010도10028). 14. 국가9급, 18. 경찰채용

3 민사소송절차에서 증언거부권을 고지받지 못한 경우 위증죄의 성립 여부(적극)
(형사소송절차와는 달리 증언거부권 고지 규정을 두지 아니한) 민사소송절차에서 재판장이 증인에게 **증언거부권을 고지하지 아니하였다** 하여 절차위반의 위법이 있다고 할 수 없고, 따라서 적법한 선서 절차를 마쳤음에도 **허위진술을 한 증인에 대해서는 달리 특별한 사정이 없는 한 위증죄가 성립한다**(대판 2011.7.28. 2009도14928). 16. 변호사 · 경찰간부

4 증언거부권을 고지받지 못하여 위증죄가 성립하지 않는 경우
① [1] 뇌물공여 및 뇌물수수의 공소사실(甲·乙·丙은 공무원 丁에게 뇌물을 공여하였다)로 기소된 공동피고인 甲·乙·丙 및 丁은 공판과정에서 일관하여 뇌물을 주고받은 사실을 부인하였다. [2] 제1심법원은 변론을 분리하여 제3회 공판기일에 丁을 甲·乙·丙의 뇌물공여에 대한 증인으로, 제4회 공판기일에서는 甲·乙·丙을 丁의 뇌물수수에 대한 증인으로 **채택**하여 선서를 하게 한 후 각 증인신문을 하였다. 다만, 각 증인신문에 있어 **재판장은 증인들에게 증언거부권을 고지하지 아니하여 甲·乙·丙·丁이 종전 주장을 그대로 되풀이하게 하여 결국 거짓 진술을 하게 이르렀다**(대판 2012.3.29, 2009도11249). 18. 경찰채용
② 甲은 2006.8.13. 부산 해운대 근처에서 노점 가판대 문제로 乙과 시비가 붙어 싸우다가 서로 다치게 했다는 쌍방 상해의 공소사실로 기소되어 공동피고인으로 재판을 받으면서 "나는 폭행한 사실이 없다, 오히려 내가 피해자이다."라고 주장하였고, 이후 **변론이 분리되어 乙의 상해사건에 대한 증인으로 출석·선서한 후 (재판장으로부터 증언거부권이 있음을 고지받지 못한 채) 일관하여 폭행사실을 부인하는 허위의 진술을 하였다.** 다만, 이후 甲은 2008.1. 위 상해죄로 벌금 50만원의 확정판결을 받았다[대판 2010.1.21, 2008도942(전합)].

5 증언거부권을 고지받지 못했다고 하더라도 위증죄가 성립하는 경우
① 도로교통법 위반(음주운전)으로 기소된 피고인 甲이 공판과정에서 "저는 음주운전을 한 사실이 없고, 저의 처였던 乙이 운전하던 차에 타고 있었을 뿐입니다."라며 공소사실을 부인하자, 이에 변호인의 신청에 따라 乙이 증인으로 출석·선서한 후 **(재판장으로부터 증언거부권이 있음을 고지받지 못한 채)** "만취한 甲을 집으로 돌려보내기 위해 제가 甲을 차에 태우고 운전하였습니다."라고 허위진술을 하였다. 이후 재판장의 "증언을 하지 않을 수 있다는 사실을 알았다면 증언을 거부했을 것입니까?"는 신문에 대하여 乙은 "그렇다 하더라도 증언을 했을 겁니다."라는 취지로 답변을 하였다(대판 2010.2.25, 2007도6273). 13. 변호사
② 甲(男, 46세)은 2007.10.17.경 Y회사가 P농협을 상대로 제기한 **물품대금사건(민사소송)의 증인으로 출석·선서한 후**, 사실은 Y회사가 P농협으로부터 받아야 할 농약대금을 甲이 乙로부터 계좌이체 받은 것임에도 불구하고, Y회사 대리인 丙의 "돈은 Y회사가 P농협으로부터 받아야 할 돈을 증인이 받은 것인가요, 아니면 거래주선과 상관없이 개인적으로 빌린 것인가요?"라는 질문에 "**개인적으로 빌린 것입니다.**"라고 허위의 진술을 하였다. 다만, 증언에 앞서 甲은 재판장으로부터 증언거부권이 있음을 고지받지 못했다(대판 2011.7.28, 2009도14928).

(2) 비용상환청구권

소환받은 증인은 법률의 규정에 의하여 여비·일당·숙박료를 청구할 수 있다. 단, 정당한 사유 없이 선서 또는 증언을 거부한 자는 예외로 한다(제168조).

(3) 증인신문조서열람권

증인은 자신에 대한 증인신문조서 및 그 일부로 인용된 속기록, 녹음물, 영상녹화물 또는 녹취서의 열람, 등사 또는 사본을 청구할 수 있다(규칙 제84조의2).

5. 증인신문의 방법

(1) 당사자의 참여권

① 참여권의 보장: **검사, 피고인 또는 변호인은 증인신문에 참여할 수 있다**(제163조 제1항). 16. 경찰간부 증인신문의 시일과 장소는 검사, 피고인 또는 변호인에게 미리 통지하여야 한다. 단, 참여하지 아니한다는 의사를 명시한 때에는 예외로 한다(동조 제2항).

> **판례 |**
> 1 당사자의 참여권이 보장되지 않은 경우
>   ① 형사소송법 제184조에 의한 증거보전절차에서는 그 증인신문시 **그 일시와 장소를 피의자 및 변호인에게 미리 통지하지 아니하여** 증인신문에 참여할 기회를 주지 아니한 경우에는 **그 증인신문조서는 증거능력이 없다**(대판 1992.9.22, 92도1751).
>   ② 피고인 본인 또는 그 변호인이 미리 증인신문에 참여케 하여 달라고 신청한 경우에는 **변호인이 참여하였다고 하여도 피고인의 참여 없이 실시한 증인신문은 위법이다**(대판 1969.7.25, 68도1481). 14. 국가9급
> 2 당사자의 참여권이 보장된 경우
>   법원이 공판기일에 증인을 채택하여 다음 공판기일에 증인신문을 하기로 피고인에게 고지하였는데 그 다음 공판기일에 증인은 출석하였으나 피고인이 정당한 사유 없이 출석하지 아니한 경우, 이미 출석하여 있는 증인에 대하여 공판기일 외의 신문으로서 증인신문을 하고 다음 공판기일에 그 증인신문조서에 대한 서증조사를 하는 것은 증거조사절차로서 적법하다(대판 2000.10.13, 2000도3265). 18. 국가7급, 21. 법원9급, 22. 변호사, 22. 경찰승진

② **증인신문사항의 청구와 증언내용의 고지**: 검사·피고인·변호인이 증인신문에 참여하지 아니할 경우에는 법원에 대하여 필요한 사항의 신문을 청구할 수 있다(제164조 제1항). 피고인·변호인의 참여 없이 증인을 신문할 경우에 피고인에게 예기하지 아니한 불이익의 증언이 진술된 때에는 반드시 그 진술내용을 피고인 또는 변호인에게 알려주어야 한다(동조 제2항).

③ **신뢰관계자 동석**
  ㉠ 법원은 범죄로 인한 피해자를 증인으로 신문하는 경우 증인의 연령, 심신의 상태, 그 밖의 사정을 고려하여 증인이 현저하게 불안 또는 긴장을 느낄 우려가 있다고 인정되는 때에는 직권 또는 피해자·법정대리인·검사의 신청에 따라 피해자와 신뢰관계에 있는 자를 동석하게 할 수 있다(제163조의2 제1항). 15. 법원9급, 21. 경찰채용
  ㉡ 법원은 범죄로 인한 피해자가 13세 미만이거나 신체적 또는 정신적 장애로 사물을 변별하거나 의사를 결정할 능력이 미약한 경우에 재판에 지장을 초래할 우려가 있는 등 부득이한 경우가 아닌 한 피해자와 신뢰관계에 있는 자를 동석하게 하여야 한다(동조 제2항). 15. 국가9급

(2) **증인신문의 절차**
  ① **증인신문의 준비절차**: 재판장은 증인으로부터 주민등록증 등 신분증을 제시받거나 그 밖의 적당한 방법으로 증인임이 틀림없음을 확인하여야 한다(규칙 제71조). 인정신문이 끝난 후에는 증인에게 위증의 벌을 경고하여야 하고(제158조) 증언거부권을 가지는 경우 증언거부권을 설명하여야 한다(제160조).
  ② **증인신문의 방식**: **증인신문은 구두로 하여야 한다.** 다만, 증인이 들을 수 없는 때에는 서면으로 묻고, 말할 수 없는 때에는 서면으로 답하게 할 수 있다(규칙 제73조).
  ③ **개별신문과 대질(對質)**: 증인신문은 각 증인에 대하여 신문하여야 하고 신문하지 아니한 증인이 재정한 때에는 퇴정을 명하여야 한다(제162조 제1항·제2항). 그러나 필요한 때에는 증인과 다른 증인 또는 피고인과 대질하게 할 수 있다(동조 제3항).

> **판례 |** 다른 증인의 면전에서 행한 증인신문이 위법한지의 여부(소극)
> 다른 증인을 퇴임시키지 않고서 증인신문을 하였다하여 **위법이라 할 수 없다**(대판 1961.3.15, 59도725).

> **판례 | 핵심증인에 대하여 소재탐지나 구인장 발부 없이 증인채택 결정을 취소하는 것이 위법한지의 여부(적극)**
>
> 형사소송법이 증인의 법정 출석을 강제할 수 있는 권한을 법원에 부여한 취지는, 다른 증거나 증인의 진술에 비추어 굳이 추가 증인신문을 할 필요가 없다는 등 특별한 사정이 없는 한 사건의 실체를 규명하는 데 가장 직접적이고 핵심적인 증인으로 하여금 공개된 법정에 출석하여 선서 후 증언하도록 하고, 법원은 출석한 증인의 진술을 토대로 형성된 유죄·무죄의 심증에 따라 사건의 실체를 규명하도록 하기 위함이다. 따라서 다른 증거나 증인의 진술에 비추어 굳이 추가 증거조사를 할 필요가 없다는 등 특별한 사정이 없고, **소재탐지나 구인장 발부가 불가능한 것이 아님에도 불구하고 불출석한 핵심증인에 대하여 소재탐지나 구인장 발부 없이 증인채택 결정을 취소하는 것은 법원의 재량을 벗어나는 것으로서 위법하다**(대판 2020.12.10, 2020도2623 핵심증인 채택취소 사건). 21. 경찰채용

④ **중계장치 등에 의한 증인신문**: 법원은 다음 어느 하나에 해당하는 사람을 증인으로 신문하는 경우 상당하다고 인정하는 때에는 검사와 피고인 또는 변호인의 의견을 들어 비디오 등 중계장치에 의한 중계시설을 통하여 신문하거나 가림시설 등을 설치하고 신문할 수 있다(제165조의2). 15·18·21. 경찰채용, 22. 법원9급

> ⊙ 아동복지법 제71조 제1항 제1호·제1호의2·제2호·제3호까지에 해당하는 죄의 피해자(제1호)
> ⓒ 아동·청소년의 성보호에 관한 법률 제7조, 제8조, 제11조부터 제15조까지 및 제17조 제1항의 규정에 해당하는 죄의 대상이 되는 아동·청소년 또는 피해자(제2호)
> ⓒ 범죄의 성질, 증인의 나이, 심신의 상태, 피고인과의 관계, 그 밖의 사정으로 인하여 피고인 등과 대면하여 진술하는 경우 심리적인 부담으로 정신의 평온을 현저하게 잃을 우려가 있다고 인정되는 사람(제3호)

법원은 비디오 등 중계장치에 의한 중계시설 또는 차폐시설을 통하여 증인을 신문하는 경우, 증인의 보호를 위하여 필요하다고 인정하는 경우에는 결정으로 이를 공개하지 아니할 수 있다(규칙 제84조의6 제1항).

> **판례 | 차폐시설(가림시설) 설치와 증인신문 관련 판례**
>
> [1] 법원은 형사소송법 제165조의2 제3호의 요건(피고인 등과 대면하여 진술하면 심리적인 부담으로 정신의 평온을 현저하게 잃을 우려가 있는 경우)이 충족될 경우 **피고인뿐만 아니라 검사, 변호인, 방청인 등에 대하여도 차폐시설 등을 설치하는 방식으로 증인신문을 할 수 있으며**, 이는 형사소송규칙 제84조의9에서 피고인과 증인 사이의 차폐시설 설치만을 규정하고 있다고 하여 달리 볼 것이 아니다. [2] 다만, 피고인뿐만 아니라 변호인에 대해서까지 차폐시설을 설치하는 방식으로 증인신문이 이루어지는 경우 피고인과 변호인 모두 증인이 증언하는 모습이나 태도 등을 관찰할 수 없게 되어 그 한도에서 반대신문권이 제한될 수 있으므로, **변호인에 대한 차폐시설의 설치는 이미 인적사항에 관하여 비밀조치가 취해진 증인이 변호인을 대면하여 진술함으로써 자신의 신분이 노출되는 것에 대하여 심한 심리적인 부담을 느끼는 등의 특별한 사정이 있는 경우에 예외적으로 허용될 수 있다**(대판 2015.5.28, 2014도18006). 15. 경찰채용, 17·22. 변호사, 22. 국가7급

(3) **교호신문(交互訊問)제도**
① **의의**: 증인신문에 있어 증인을 신청한 당사자가 먼저 신문하고 그 다음에 반대당사자가 신문하며 재판장은 당사자의 신문이 끝난 후에 신문하는 것을 교호신문(交互訊問) 또는 상호신문(相互訊問)이라고 한다(제161조의2 제1항). 교호신문제도는 가장 대표적인 당사자주의적 요소에 해당한다.

② 교호신문의 방식
  ㉠ **주신문(主訊問)**: 주신문이란 증인을 신청한 당사자가 신문하는 것을 말한다. 주신문은 증명할 사항과 이에 관련된 사항에 관하여 한다(규칙 제75조 제1항). 주신문에 있어서는 일정한 예외를 제외하고는 원칙적으로 **유도신문이 금지된다**(동조 제2항). 14. 경찰승진·국가9급, 17. 법원9급 주신문의 경우에는 **증언의 증명력을 다투기 위하여 필요한 사항에 관한 신문을 할 수 있다**(규칙 제77조 제1항)(《주의》 주신문에서는 유도신문과 탄핵신문이 원칙적으로 금지된다. ×). 14. 경찰간부·국가9급
  다음은 예외적으로 주신문에서 유도신문이 허용되는 경우이다.

  > ⓐ 증인과 피고인과의 관계, 증인의 경력, 교우관계 등 실질적인 신문에 앞서 **미리 밝혀둘 필요가 있는 준비적인 사항**에 관한 신문의 경우
  > ⓑ 검사, 피고인 및 변호인 사이에 **다툼이 없는 명백한 사항**에 관한 신문의 경우
  > ⓒ 증인이 주신문을 하는 자에 대하여 **적의 또는 반감을 보일 경우**
  > ⓓ 증인이 종전의 진술과 **상반되는 진술을 하는 때에 그 종전진술에 관한 신문의 경우**
  > ⓔ 기타 유도신문을 필요로 하는 특별한 사정이 있는 경우

  ㉡ **반대신문(反對訊問)**: 반대신문이란 주신문 후에 반대당사자가 하는 신문을 말한다. 반대신문은 주로 주신문의 모순을 지적하거나 **증언의 증명력을 다투기 위하여 행하여 진다**(규칙 제76조 제1항). 반대신문에 있어서는 필요할 경우 **유도신문을 할 수 있다**(동조 제2항). 14. 경찰승진, 17. 경찰채용, 20·22. 변호사 반대신문의 경우에도 주신문의 경우와 마찬가지로 증언의 증명력을 다투기 위하여 필요한 사항에 관한 신문을 할 수 있다(규칙 제77조 제1항·제2항). 14. 경찰간부·국가9급 반대신문의 기회에 주신문에 나타나지 아니한 새로운 사항에 관하여 신문하고자 할 때에는 **재판장의 허가를 받아야 하고,** 이 신문은 그 사항에 관하여는 주신문으로 본다(규칙 제76조 제3항·제4항)(《주의》 반대당사자의 허가를 받아야 하고 ×). 17. 경찰채용
  ㉢ **재주신문(再主訊問)**: 재주신문이란 반대신문 후에 주신문자가 반대신문에 나타난 사항과 이와 관련된 사항에 관하여 다시 신문하는 것을 말한다. 재주신문은 주신문의 방식에 의하여 행하여진다(규칙 제78조).
  ㉣ **추가신문(追加訊問)**: 검사·피고인·변호인은 재주신문이 끝난 후에 재판장의 허가를 얻어 추가로 재반대신문, 재재주신문 등을 할 수 있다(규칙 제79조)(《주의》 반대신문이 끝난 후에 재판장의 허가를 얻어 재주신문, 재반대신문 등을 할 수 있다. ×).

  > **판례 | 책문권의 포기로 유도신문의 하자가 치유되는 경우**
  >
  > 검사가 증인 등에게 주신문을 하면서 형사소송규칙상 허용되지 않는 유도신문을 하였다고 볼 여지가 있었는데, 그 다음 공판기일에 재판장이 증인신문결과 등을 각 공판조서(증인신문조서)에 의하여 고지하였음에도 피고인과 변호인이 **"변경할 점과 이의할 점이 없다."**고 진술한 경우, 피고인이 **책문권 포기** 의사를 명시함으로써 **유도신문에 의하여 이루어진 주신문의 하자는 치유된다**(대판 2012.7.26, 2012도2937). 15. 국가9급, 18. 국가7급, 20. 경찰채용

③ 교호신문제도의 수정
  ㉠ 재판장은 당사자의 신문이 끝난 뒤에 신문할 수 있는 것이 원칙이지만, 필요하다고 인정하면 어느 때나 개입하여 증인을 신문할 수 있다(제161조의2 제2항·제3항 전단). 합의부원은 재판장에게 고하고 신문할 수 있다(동조 제5항). 재판장이 검사·피고인·변호인에 앞서 신문을 한 경우에 있어서, 그 후에 하는 검사·피고인·변호인의 신문에 관하여는 이를 신청한 자와 상대방의 구별에 따라 다시 교호신문의 방식에 의한다(규칙 제80조 제1항).

- ⓒ 재판장은 증인신문의 순서를 변경할 수 있다(제161조의2 제3항 후단). 신문순서를 변경한 경우 신문방법은 재판장이 정하는 바에 의한다(규칙 제80조 제2항).
- ⓒ 법원이 직권으로 신문할 증인이나 범죄로 인한 피해자의 신청에 의하여 신문할 증인의 신문방식은 재판장이 정하는 바에 의한다(제161조의2 제4항). 증인에 대하여 재판장이 신문한 후 검사·피고인·변호인이 신문하는 때에는 반대신문의 예에 의한다(규칙 제81조).
- ⓔ 간이공판절차에서는 교호신문에 의하지 아니하고 법원이 상당하다고 인정하는 방법으로 증인을 신문할 수 있다(제297조의2).

(4) 증인신문과 직접주의의 예외

법원은 증인의 연령·직업·건강상태 기타의 사정을 고려하여 검사, 피고인 또는 변호인의 의견을 묻고 법정 외에 소환하거나 현재지에서 신문할 수 있다(제165조). 또한 법원은 필요한 때에는 결정으로 지정한 장소에 증인의 동행을 명할 수 있고 증인이 정당한 사유없이 동행을 거부하는 때에는 구인할 수 있다(제166조).

> **판례 | 재판장의 증인신문 순서변경**
>
> 피고인이 신청한 증인에 대하여 재판장이 먼저 신문하였다고 하여 이를 잘못이라 할 수 없다(대판 1971.9.28, 71도1496). 22. 경찰승진, 22. 해경간부

6. 피해자의 재판절차진술권

(1) 의의

법원은 범죄로 인한 피해자 또는 그 법정대리인(피해자가 사망한 경우에는 배우자·직계친족·형제자매 포함)의 신청이 있는 때에는 그 피해자 등을 **증인으로 신문하여야 한다**(제294조의2). 14. 국가7급, 14·15. 경찰채용, 15·16. 법원9급, 22. 해경간부 이는 형사피해자는 법률이 정하는 바에 의하여 당해 사건의 재판절차에서 진술할 수 있다라는 **헌법상 기본권**(헌법 제27조 제5항)을 구체화한 규정에 해당한다(《주의》 고발인도 재판절차진술권이 있다. ×).

(2) 진술권의 행사방법

① 증인신문
- ㉠ 피해자의 진술권 행사는 **원칙적으로 증인신문절차에 의한다**(제294조의2 제1항). 법원은 피해자 등을 신문하는 경우 피해의 정도 및 결과, **피고인의 처벌에 관한 의견**, 그 밖에 당해 사건에 관한 의견을 진술할 기회를 주어야 한다(동조 제2항). 14. 경찰채용·국가7급, 15. 국가9급, 19. 법원9급
피해자의 신청에 의한 증인신문은 **교호신문에 의하지 아니하고 재판장이 정하는 바에 의한다**(제161조의2 제4항). 진술을 **신청한 피해자가 출석통지를 받고도 정당한 이유 없이 출석하지 아니한 때에는 그 신청을 철회한 것으로 본다**(제294조의2 제4항). 14. 경찰채용
- ㉡ 법원은 ⓐ 피해자 등 이미 당해 사건에 관하여 공판절차에서 충분히 진술하여 다시 진술할 필요가 없다고 인정되는 경우, ⓑ 피해자 등의 진술로 인하여 공판절차가 현저하게 지연될 우려가 있는 경우에는 피해자의 진술신청을 기각할 수 있다(제294조의2 제1항 단서). 14. 국가9급, 15. 경찰채용 법원은 동일한 범죄사실에서 진술을 신청한 자가 다수인 경우에는 증인으로 신문할 자의 수를 제한할 수 있다(동조 제3항). 14. 경찰채용, 16·19. 법원9급, 17. 경찰간부

② 증인신문 외 의견진술
- ㉠ 법원은 필요하다고 인정하는 경우에는 직권 또는 피해자 등의 신청에 따라 피해자 등을 공판기일에 출석하게 하여 **범죄사실의 인정에 해당하지 않는 사항에 관하여 증인신문에 의하지 아니하고 의견을 진술하게 할 수 있다**(규칙 제134조의10 제1항). 16. 법원9급

ⓛ 재판장은 피해자 등의 의견진술에 대하여 그 취지를 명확하게 하기 위하여 피해자 등에게 질문할 수 있고, 설명을 촉구할 수 있다(규칙 제134조의10 제3항). 검사, 피고인 또는 변호인은 피해자 등이 의견을 진술한 후 그 취지를 명확하게 하기 위하여 재판장의 허가를 받아 피해자 등에게 질문할 수 있다(규칙 동조 제5항).

ⓒ 피해자 등의 의견진술은 범죄사실의 인정을 위한 증거로 할 수 없다(규칙 제134조의12)(**《주의》** 범죄사실의 인정을 위한 증거로도 사용할 수 있다. ×).

③ 의견진술에 갈음하는 서면

ⓘ 재판장은 재판의 진행상황, 그 밖의 사정을 고려하여 피해자 등에게 의견진술에 갈음하여 의견을 기재한 서면을 제출하게 할 수 있다(규칙 제134조의11 제1항).

ⓛ 서면이 법원에 제출된 때에는 검사 및 피고인 또는 변호인에게 그 취지를 통지하여야 한다(규칙 제134조의11 제2항). 재판장은 공판기일에서 의견진술에 갈음하는 서면의 취지를 명확하게 하여야 한다. 이 경우 재판장은 상당하다고 인정하는 때에는 그 서면을 낭독하거나 요지를 고지할 수 있다(동조 제3항).

ⓒ 의견진술에 갈음하는 서면은 **범죄사실의 인정을 위한 증거로 할 수 없다**(규칙 제134조의12).

> **판례 | 공판과정에서 피해자가 제출한 탄원서를 유죄의 증거로 사용할 수 있는지의 여부(소극)**
>
> 피해자는 제1심 및 원심에서의 재판절차 진행 중 수회에 걸쳐 탄원서 등 피해자의 의견을 기재한 서류를 제출하였는바, 이러한 **탄원서 등은 결국 피해자가 형사소송규칙 제134조의10 제1항에 규정된 의견진술에 갈음하여 제출한 서면에 해당하므로 범죄사실의 인정을 위한 증거로 할 수 없다.** 그런데 원심은 피고인의 사실오인 내지 법리오해 주장에 관하여 판단하면서 피해자가 한 진술의 신빙성이 인정되는 사정의 하나로 피해자가 제출한 탄원서의 일부 기재 내용을 적시하여 공소사실을 유죄로 판단하였다. 이는 피해자의 의견을 기재한 서면의 증거능력에 관한 법리를 오해하여 범죄사실의 인정을 위한 증거로 할 수 없는 탄원서를 유죄의 증거로 사용한 잘못이 있다 할 것이다(대판 2024.3.12, 2023도11371 **상해피해자 탄원서 사건**).

02 감정·통역·번역

1. 감정(鑑定)

(1) 의의

① **개념**: 감정이란 일정한 학식과 경험을 가진 제3자가 그 학식과 경험을 활용하여 얻은 판단을 법원·법관에 보고하는 것을 말한다. 법원으로부터 감정을 명 받은 자를 감정인이라 한다.

② **감정수탁자와의 구별**: 감정인은 법원·법관으로부터 감정을 명받은 자임에 비하여(제169조), 감정수탁자는 수사기관으로부터 감정의 위촉을 받은 자이다(제221조 제2항). 감정위촉은 임의수사로서 위촉받은 자는 감정에 응할 의무도 없고 또한 선서도 하지 아니한다. 그에 비하여 법원의 감정명령은 강제처분으로 감정을 명 받은 자는 감정의무를 부담하게 되고 또한 감정인은 감정인선서를 하여야 한다.

(2) 감정의 절차와 방법

① **원칙**: 구인에 관한 규정을 제외하고는 증인신문에 관한 규정은 감정에 준용되므로(제177조) 아래와 같이 특별한 규정이 없는 한 감정은 증인신문절차에 준한다.

② **당사자의 참여권**: 검사·피고인·변호인은 감정에 참여할 수 있다(제176조 제1항). 감정을 함에는 미리 집행의 일시와 장소를 이들에게 통지하여야 한다. 다만, 참여하지 아니한다는 의사를 명시한 때 또는 급속을 요하는 때에는 예외로 한다(동조 제2항, 제122조).

③ **감정인 선정**: 법원은 학식과 경험이 있는 자에게 감정을 명할 수 있다(제169조). 감정인에 대하여는 증인신문에 관한 규정이 준용되므로 감정인적격과 감정거부권 등도 증인적격과 증언거부권에 준한다(제177조). 검사, 피고인 또는 변호인은 감정인신문을 신청할 수 있다(제294조).

④ **감정인의 소환**: 감정인으로 선정되면 감정인신문을 위하여 감정인을 소환하여야 한다. 감정인소환은 증인소환의 방법에 의한다. 다만, 증인과는 달리 감정인은 대체성이 있으므로 구인당하지 아니한다(제177조).

⑤ **감정인 선서**
  ㉠ **원칙**: 법원은 감정인에게 감정 전에 선서하게 하여야 한다(제170조 제1항). 선서는 선서서에 의하여야 하고 선서서에는 '양심에 따라 성실히 감정하고 만일 거짓이 있으면 허위감정의 벌을 받기로 맹서합니다'라고 기재하여야 한다(동조 제2항·제3항).
  ㉡ **예외(무선서 감정)**: 법원은 필요하다고 인정하는 때에는 공무소·학교·병원 기타 단체 또는 기관에 대하여 감정을 촉탁할 수 있는데 이 경우 선서에 관한 규정은 이를 적용하지 아니한다(제179조의2 제1항). 이를 이른바 무선서 감정제도라고 한다. 이 경우 법원은 당해 공무소·학교·병원·단체 또는 기관이 지정한 자로 하여금 감정서의 설명을 하게 할 수 있고(동조 제2항), 감정서의 설명을 하게 할 때에는 검사·피고인·변호인을 참여하게 하여야 한다(규칙 제89조의3 제1항).

⑥ **감정의 보고와 감정인신문**: 감정의 경과와 결과는 감정인으로 하여금 **서면으로 제출하게 하여야 한다**(제171조 제1항). 감정의 결과에는 그 판단의 이유를 명시하여야 한다(동조 제3항). 감정인이 수인인 때에는 각각 또는 공동으로 제출하게 할 수 있다(동조 제2항). 법원은 필요한 때에는 감정인에게 설명하게 할 수 있다(동조 제4항).

⑦ **법정 외 감정과 감정물의 교부**: 법원은 필요한 때에는 감정인으로 하여금 법원 외에서 감정하게 할 수 있고 감정을 요하는 물건을 감정인에게 교부할 수 있다(제172조 제1항·제2항).

(3) 감정인의 권한

① **감정처분에 관한 권한**
  ㉠ **의의**: 감정인은 감정에 관하여 법원의 허가를 얻어 신체의 검사·사체의 해부 등을 위하여 필요한 처분을 할 수 있다. 이를 감정처분이라고 한다.
  ㉡ **허가의 청구와 허가장의 발부**: 감정인은 감정처분을 하기 위하여 법원의 허가를 얻어야 한다(제173조 제1항). 감정처분허가장에는 피고인의 성명, 죄명, 들어갈 장소, 검사할 신체, 해부할 사체, 발굴할 분묘, 파괴할 물건, 감정인의 성명과 유효기간을 기재하여야 한다(동조 제2항).
  ㉢ **감정처분**: 감정인은 타인의 주거·간수자 있는 가옥·건조물·항공기·선차 내에 들어 갈 수 있고, 신체의 검사·사체의 해부·분묘의 발굴·물건의 파괴를 할 수 있다(제173조 제1항). 감정인은 처분을 받는 자에게 감정처분허가장을 제시하여야 한다(동조 제3항).

② **열람등사권·참여권·신문권**: 감정인은 감정에 관하여 필요한 경우에는 재판장의 허가를 얻어 서류와 증거물을 열람 또는 등사하고 피고인 또는 증인의 신문에 참여할 수 있다(제174조 제1항). 또한 감정인은 피고인 또는 증인의 신문을 구하거나 재판장의 허가를 얻어 직접 발문할 수 있다(동조 제2항).

③ **비용상환청구권**: 감정인은 법률이 정하는 바에 의하여 여비·일당·숙박료 외에 감정료와 체당금의 변상을 청구할 수 있다(제178조).

2. 통역·번역

(1) 통역과 번역
공판정에서는 국어를 사용한다(법원조직법 제62조). 국어에 통하지 아니하는 자의 진술은 통역인으로 하여금 통역하게 하여야 하고(제180조), 듣거나 말하는 데 장애가 있는 사람의 진술은 통역인으로 하여금 통역하게 할 수 있다(제181조). 국어 아닌 문자 또는 부호는 번역하게 하여야 한다(제182조).

(2) 감정에 관한 규정의 준용
통역과 번역은 외국어 등에 대한 학식과 경험이 있는 자가 할 수 있으므로 감정과 유사한 성질을 가진다. 따라서 감정에 관한 규정은 통역과 번역에 준용된다(제183조).

03 검증

1. 의의
검증이란 법원 또는 법관이 오관(五官)의 작용에 의하여 물건이나 신체 등의 존재나 상태를 알아보는 증거조사방법이다. 법원의 검증은 수사기관의 검증과는 달리 증거조사의 일종으로 영장주의가 적용되지 아니한다. 14. 경찰간부 따라서 공판정 내외를 불문하고 영장을 발부할 필요가 없다.

2. 검증의 요건과 절차

(1) 검증의 요건
법원은 사실을 발견함에 필요한 때에는 검증을 할 수 있다(제139조). 검증의 목적물도 원칙적으로 제한이 없다. 오관(五官)의 작용에 의하여 인식할 수 있는 것이면 무엇이든 그 대상이 된다. 사람의 신체는 물론 사체 기타 장소 등 어떤 것이라도 상관이 없고 검증목적물의 소유관계도 불문한다.

(2) 검증의 준비절차
① 당사자 등의 참여
  ㉠ **당사자의 참여권: 검사·피고인·변호인은 검증에 참여할 수 있다**(제145조, 제121조). 법원은 검증의 일시·장소를 미리 이들에게 통지하여야 한다. 다만, 참여하지 아니한다는 의사를 명시할 때 또는 급속을 요하는 때에는 예외로 한다(제145조, 제122조).
  ㉡ **책임자 등의 참여**: 공무소, 군사용의 항공기 또는 선차 내에서 검증을 함에는 그 책임자에게 참여할 것을 통지하여야 한다(제145조, 제123조 제1항). 기타 타인의 주거·간수자 있는 가옥·건조물·항공기 또는 선차 내에서 검증을 함에는 주거주 등을 참여하게 하여야 한다(제145조, 제123조 제2항). 이상의 자를 참여하게 하지 못할 때에는 인거인 또는 지방공공단체의 직원을 참여하게 하여야 한다(제145조, 제123조 제3항).
② 피고인 등의 소환
  ㉠ **피고인 소환**: 법원이 신체검사를 하기 위하여 피고인을 소환하는 경우, 소환장에는 신체검사를 하기 위하여 소환한다는 취지를 기재하여야 한다(규칙 제64조).
  ㉡ **피고인 아닌 자의 소환**: 피고인 아닌 자의 신체검사는 증적의 존재를 확인할 수 있는 현저한 사유가 있는 경우에 한하여 할 수 있다(제141조 제2항). 법원은 신체검사를 하기 위하여 피고인 아닌 자를 법원 기타 지정한 장소에 소환할 수 있다(제142조).

(3) 검증의 절차

① **검증의 방법**: 검증을 함에는 신체의 검사·사체의 해부·분묘의 발굴·물건의 파괴 기타 필요한 처분을 할 수 있다(제140조). 사체의 해부 또는 분묘의 발굴을 하는 때에는 예를 잊지 아니하도록 주의하고 미리 유족에게 통지하여야 한다(제141조 제4항). 검증을 함에 필요한 때에는 사법경찰관리에게 보조를 명할 수 있다(제144조).

② **신체검사의 특칙**: 신체검사에 관하여는 검사를 당하는 자의 성별·연령·건강상태 기타 사정을 고려하여 그 사람의 건강과 명예를 해하지 아니하도록 주의하여야 한다(제141조 제1항). **여자의 신체를 검사**하는 경우에는 **의사나 성년의 여자를 참여**하게 하여야 한다(동조 제3항). 14. 경찰간부

③ **검증의 제한**
  ㉠ **검증의 제한**: 군사상 비밀을 요하는 장소는 그 책임자의 승낙 없이는 검증할 수 없다. 책임자는 국가의 중대한 이익을 해하는 경우를 제외하고는 승낙을 거부하지 못한다(제145조, 제110조).
  ㉡ **야간검증의 제한**: 일출 전, 일몰 후에는 가주, 간수자 등의 승낙이 없으면 검증을 하기 위하여 타인의 주거·간수자 있는 가옥·건조물·항공기·선차 내에 들어가지 못한다. 단, 일출 후에는 검증의 목적을 달성할 수 없을 염려가 있는 경우에는 예외로 한다(제143조 제1항). 일몰 전에 검증에 착수한 때에는 일몰 후라도 검증을 계속할 수 있다(동조 제2항). 다만, 도박 기타 풍속을 해하는 행위에 상용된다고 인정하는 장소나 여관, 음식점 기타 야간에 공중이 출입할 수 있는 장소는 이러한 야간검증의 제한을 받지 아니한다(동조 제3항).

3. 검증조서

검증에 관하여는 검증결과를 기재한 검증조서를 작성하여야 한다(제49조 제1항). 검증조서에는 검증목적물의 현상을 명확하게 하기 위하여 도서나 사진을 첨부할 수 있다(동조 제2항). 법원 또는 법관이 작성한 검증조서는 당연히 증거능력이 인정된다(제311조).

제7절 공판절차의 특칙

01 간이공판절차(簡易公判節次)

형사소송법

제286조의2【간이공판절차의 결정】 피고인이 공판정에서 공소사실에 대하여 자백한 때에는 법원은 그 공소사실에 한하여 간이공판절차에 의하여 심판할 것을 결정할 수 있다.

제297조의2【간이공판절차에서의 증거조사】 제286조의2의 결정이 있는 사건에 대하여는 제161조의2, 제290조 내지 제293조, 제297조의 규정을 적용하지 아니하며 **법원이 상당하다고 인정하는 방법으로 증거조사를** 할 수 있다.

제318조의3【간이공판절차에서의 증거능력에 관한 특례】 제286조의2의 결정이 있는 사건의 증거에 관하여는 제310조의2, 제312조 내지 제314조 및 제316조의 규정에 의한 증거에 대하여 제318조 제1항의 **동의가 있는 것으로 간주**한다. 단, 검사, 피고인 또는 변호인이 증거로 함에 이의가 있는 때에는 그러하지 아니하다.

제286조의3【결정의 취소】 법원은 제286조의2의 결정을 한 사건에 대하여 피고인의 자백이 신빙할 수 없다고 인정되거나 간이공판절차로 심판하는 것이 현저히 부당하다고 인정할 때에는 검사의 의견을 들어 그 결정을 취소하여야 한다.

> **제301조의2 【간이공판절차결정의 취소와 공판절차의 갱신】** 제286조의2의 결정이 취소된 때에는 공판절차를 갱신하여야 한다. 단, 검사, 피고인 또는 변호인이 이의가 없는 때에는 그러하지 아니한다.

1. 의의

간이공판절차란 피고인이 공판정에서 공소사실에 대하여 자백한 경우 일정한 요건을 전제로 형사소송법이 규정하는 증거조사절차를 간이화하고, 증거능력 제한을 완화하여 심리를 신속하게 진행할 수 있도록 하는 공판절차로서 신속한 재판의 구현제도에 해당한다.

2. 간이공판절차의 개시요건

(1) 대상심급

간이공판절차는 **제1심**의 공판절차에서만 허용되고 상소심에서는 허용되지 않는다는 것이 통설의 입장이다. 14. 경찰간부·국가9급, 15. 법원9급 항소심은 제1심판결에 '불복하여' 제기된 상소이므로 이를 간이공판절차로 심판하는 것은 불합리하기 때문이다. 사후심인 상고심에서는 증거조사를 하지 않으므로 간이공판절차가 문제될 여지가 없다.

(2) 대상범죄

간이공판절차에 의하여 심판할 수 있는 **대상범죄에는 제한이 없다**. 14. 경찰간부, 14·16. 경찰채용, 15. 법원9급 즉, 단독판사 관할사건은 물론 합의부 관할사건도 간이공판절차에 의하여 심판할 수 있다. 22. 경찰간부

(3) 피고인의 공판정에서의 자백

① **자백의 주체**: 간이공판절차는 피고인이 공판정에서 자백한 사건의 경우에만 허용된다(제286조의2) (《주의》 피고인 또는 변호인이 자백 ×). 따라서 변호인이 대신 자백하거나 피고인의 출석 없이 개정할 수 있는 사건에서는 간이공판절차에 의하여 심판할 수 없다. 그러나 법인인 피고인의 대표가 자백하거나 의사무능력자인 피고인의 법정대리인이 자백한 경우에는 간이공판절차에 의하여 심판할 수 있다는 것이 다수설의 입장이다.

② **자백의 장소**: 간이공판절차 요건인 자백은 **공판정에서의 자백**만을 의미한다. 따라서 **수사절차나 공판준비절차에서의 자백만으로는 간이공판절차에 의하여 심판할 수 없다**(《주의》 공판준비기일 공판준비기일에서 피고인이 자백한 경우 간이공판절차에 의하여 심판할 수 있다. ×). 14. 경찰간부, 14·18. 경찰채용, 17. 법원9급, 18. 경찰채용

③ **자백의 내용**: 피고인의 자백은 자기의 형사책임을 인정하는 내용이어야 한다. 즉, 공소사실을 인정할 뿐만 아니라 위법성조각사유의 부존재나 책임조각사유의 부존재도 인정하는 진술이어야 한다. 다만, 위법성과 책임은 사실상 추정되기 때문에 피고인이 구성요건에 해당하는 사실을 인정하는 이상 **위법성이나 책임을 적극적으로 인정하지 않아도 간이공판절차에 의하여 심판할 수 있다**.

> **🔨 판례 |**
>
> 1 간이공판절차의 요건인 '공소사실의 자백'의 의미
> ① 간이공판절차 결정의 요건인 '**공소사실의 자백**'이라 함은 **공소장 기재사실을 인정하고 나아가 위법성이나 책임조각사유가 되는 사실을 진술하지 아니하는 것으로 충분**하고 명시적으로 유죄를 자인하는 진술이 있어야 하는 것은 아니다(대판 1987.8.18, 87도1269). 15·22. 국가7급, 16·18. 경찰채용, 20. 국가9급·해경채용, 21. 해경채용, 22. 경찰간부, 22. 경찰승진, 13·21. 변호사

② 피고인이 공소사실에 대하여 검사가 신문을 할 때에는 "공소사실을 모두 사실과 다름없다."고 진술하였으나, **변호인이 신문을 할 때에는 범의나 공소사실을 부인하였다면 그 공소사실은 간이공판절차에 의하여 심판할 대상이 아니다**(대판 1998.2.27, 97도3421). 14. 법원9급, 18. 경찰채용, 22. 경찰승진

2 간이공판절차에 의하여 심판할 수 있는 경우

① 피고인이 검사가 신문을 할 때에는 "공소사실은 모두 사실과 다름없다."고 진술하였고, 변호인이 신문을 할 때에는 공소사실을 시인하면서도 **"그 폭행의 정도가 공소사실과 같이 무거운 것이 아니고 경미하나 잘못을 반성하고 있다."**는 취지로 진술한 경우(대판 1998.2.27, 97도3421) - 폭력행위처벌법 위반

② 피고인이 "그전까지의 진술 중 부인하였던 점은 잘못된 진술이며 **공소사실과 같이 범행을 하였던 것이 틀림이 없다**"라고 공소사실 전부에 대하여 자백한 경우(대판 1987.8.18, 87도1269) - 폭력행위처벌법 위반

③ 피고인이 검사의 "피고인은 甲으로부터 밀항자인 乙을 부산까지 인솔하여 달라는 부탁을 받고, 乙이 밀항자인 점을 알면서도 그의 밀항을 용이하게 하여 이를 방조한 사실이 있는가요?"라는 물음에 대하여 **"甲은 피고인의 딸이어서 甲이 피고인에게 乙을 데리고 가서 丙에게 인도하여 주라고 하여 실행하였을 뿐입니다."**라고 답변한 경우(대판 1981.11.24, 81도2422) - 밀항단속법 위반

3 간이공판절차에 의하여 심판할 수 없는 경우

① 피고인이 공소사실에 관한 검사의 질문에 "예"라고 대답을 하면서도 **"실랑이를 하는 과정에서 일어난 사실로 일방적으로 때린 것은 아닙니다."**라고 진술하였고 또 피고인의 변호인은 공소사실에 부합하는 甲의 수사기관에서의 진술 및 상해진단서에 대해서는 "증거로 함에 동의하지 않는다."고 진술한 경우(대판 2006.5.11, 2004도6176) - 폭력행위처벌법 위반 20. 국가9급

② 피고인이 검사의 신문에 대하여 "공소사실은 모두 사실과 다름없다."고 진술한 것으로 되어 있지만, 변호인의 반대신문에 대하여는 "사고를 낼 때에는 어떻게 술을 마신 채 운전하였는지 모르겠고, 경찰서에 가서도 왜 그 곳에 있는지조차 모를 지경이었으며, 새벽에 어렴풋이 사고를 낸 생각이 들었고 **피고인으로서는 술에 너무 취해 무슨 행동을 하였는지조차 알 수 없다."**는 취지로 진술한 경우(대판 2004.7.9, 2004도2116) - 특정범죄가중법 위반(도주차량) 16. 경찰채용, 17. 국가9급·법원9급, 17·18. 경찰승진

③ 피고인이 검사가 신문할 때에는 "공소사실은 사실과 다름없다"고 진술한 것으로 되어 있지만, **"건축자재를 가져갔느냐?"**는 판사의 신문에 대하여는 **"알아서 하라고 해서 쓴 것이다."**라고 진술한 경우(대판 1995.11.10, 95도1859) - 절도죄

④ 피고인이 검사 등의 신문에 응하여 답변함에 있어 "공소사실과 같이 음식 등을 먹고 그 대금을 지급하지 않거나 금원을 받은 사실은 인정하나, **이는 외상으로 먹거나 차용한 것이지 이를 갈취한 것은 아니다."**라고 진술한 경우(대판 1981.6.9, 81도775) - 폭력행위처벌법 위반

④ **자백의 신빙성(간이공판절차취소사유의 부존재)**: 피고인의 자백이 신빙할 수 없다고 인정되거나 간이공판절차로 심판하는 것이 현저히 부당하다고 인정할 때에는 법원은 간이공판절차결정을 취소하여야 하므로(제286조의3) 피고인의 자백이 신빙할 수 있어야 하고 기타 간이공판절차에 의할 것이 적당해야 한다. 17. 법원9급

(4) 자백과 죄수(罪數)의 문제

피고인이 경합범 중 일부 범죄사실에 대해서만 자백하고 나머지는 부인한 경우 그 일부에 대해서만 간이공판절차에 의하여 심판할 수 있다. 21. 법원9급 그러나 일부만 자백한 여러 범죄사실이 상상적 경합이나 포괄일죄인 경우에는 그 자백한 범죄사실에 대해서만 간이공판절차에 의할 수 없다.

3. 간이공판절차개시의 결정

(1) 결정의 재량성

간이공판절차의 요건이 구비되면 법원은 그 공소사실에 대하여 간이공판절차에 의하여 심판할 것을 **결정할 수 있다**(제286조의2). 14. 경찰채용, 15. 법원9급, 17. 경찰승진 간이공판절차 개시결정 여부는 법원의 **재량**이다.

(2) 결정의 방법과 불복

법원이 간이공판절차결정을 하고자 할 때에는 재판장은 미리 피고인에게 간이공판절차의 취지를 설명하여야 한다(규칙 제131조). **간이공판절차 개시결정**은 판결 전 소송절차에 관한 결정이므로 **항고하지 못한다**(제403조 제1항). 17. 국가9급, 21. 해경채용

4. 간이공판절차의 내용

(1) 증거조사절차의 간이화

① 간이공판절차에서는 정식의 증거조사에 의하지 아니하고 법원이 상당하다고 인정하는 방법으로 증거조사를 할 수 있다(제297조의2). 14. 국가9급 다음과 같은 규정은 간이공판절차에서 적용되지 아니한다.

> ㉠ 증인에 대한 교호신문제도(제161조의2)
> ㉡ 재판장의 쟁점정리 후 증거조사(제290조)
> ㉢ 증거서류나 증거물의 개별적 지시·설명(제291조)
> ㉣ 증거조사의 순서(제291조의2)
> ㉤ 증거서류나 증거물 등에 대한 조사방식(제292조 내지 제292조의3)
> ㉥ **증거조사 결과에 대하여 피고인의 의견을 묻는 규정**(제293조)
> ㉦ 증인신문·피고인신문 등에 있어 피고인이나 재정인을 퇴정시키는 규정(제297조)

② 적용이 배제되는 것은 위 ①에 열거한 규정에 한정되므로 당사자의 증거신청권, 증거조사 참여권, 증인선서, 증거조사에 대한 이의신청 기타 나머지 규정은 간이공판절차라고 하더라도 그대로 적용된다. 17. 국가9급

> **판례 | 간이공판절차에서의 증거조사방법**
>
> 1 피고인이 공판정에서 공소사실을 자백한 때에 법원이 취하는 심판의 간이공판절차에서의 증거조사는 **증거방법을 표시하고 증거조사내용을 '증거조사함'이라고 표시하는** 방법으로 하였다면 간이절차에서의 증거조사에서 법원이 인정채택한 상당한 증거방법이라고 인정할 수 있다(대판 1980.4.22, 80도333). 14. 법원9급, 20. 국가9급, 22. 경찰승진
> 2 법원이 간이공판절차에 의하여 심판할 것을 결정한 사건의 공판조서에 대법원예규에 따라 그 공소사실에 대한 피고인신문의 내용이 검사 **'공소사실에 의하여 피고인을 신문'**, 피고인 **'공소사실은 모두 사실과 다름없다고 진술'**이라고 간략하게 기재되었다고 해서 공소사실에 대한 피고인의 구체적인 진술이 없었다고 할 수 없다(대판 1990.10.12, 90도1755).

(2) 증거능력 제한의 완화

간이공판절차에서는 **전문증거에 대하여 당사자의 동의**가 있는 것으로 간주한다. 단, 검사·피고인·변호인이 증거로 함에 이의가 있는 때에는 그러하지 아니하다(제318조의3). 14·16. 변호사·경찰채용, 15·16·21. 법원9급, 17. 국가9급, 18·22. 경찰간부 간이공판절차에서는 전문법칙이 적용되지 않는 것으로 볼 수도 있다. 이러한 증거동의 의제는 자백한 이상 피고인이 개개의 증거에 대하여 다툴 의사가 없는 것으로 추정되기 때문이다.

> **판례 | 간이공판절차와 전문증거에 대한 증거동의 간주**
>
> 1 간이공판절차로 심판하기로 결정된 사건에 있어서는 사법경찰관사무취급 작성의 피고인 아닌 자에 대한 **진술조서**는 검사, 피고인 또는 변호인이 이의를 하지 아니하는 한 **증거로 하는데 동의가 있는 것으로 간주되어 증거능력이 생긴다**(대판 1981.4.14, 81도134).
> 2 법원이 간이공판절차에 의하여 심판할 것을 결정하여 검사가 제출한 **증거서류(각 수사기록)가 증거로 함에 동의한 것으로 간주**되어 유죄의 증거로 채택된 이상 동 증거서류들이 허위작성된 것이라는 상고이유는 부당하다(대판 1983.5.24, 83도877).

(3) 기타

간이공판절차는 증거조사절차의 간이화와 증거능력 제한의 완화의 특칙 이외에는 통상의 공판절차와 동일하다. 따라서 **자백의 보강법칙**이나 **자백배제법칙**이 그대로 적용이 되고 또한 **공소장변경도 허용**된다. 14. 경찰간부·경찰채용·국가9급, 15. 법원9급 또한 간이공판절차에 의하여 **공소기각재판과 면소판결은 물론 무죄판결의 선고도 가능하다.**

5. 간이공판절차의 취소

(1) 취소사유

법원은 간이공판절차 개시결정을 한 사건에 대하여 피고인의 자백이 신빙할 수 없다고 인정되거나 간이공판절차로 심판하는 것이 현저히 부당하다고 인정할 때에는 그 결정을 취소하여야 한다(제286조의3). 14. 국가9급, 17·18. 경찰승진

(2) 취소절차

간이공판절차 취소는 법원의 결정에 의한다. 다만, 취소하기 전에는 **검사의 의견을 들어야 한다**(제286조의3). 간이공판절차 개시결정과는 달리 간이공판절차취소는 그 취소사유가 있는 한 반드시 이를 해야 하는 법원의 의무이다. 21. 법원9급

(3) 공판절차의 갱신

간이공판절차 결정이 취소된 때에는 **공판절차를 갱신**하여야 한다. 단, 검사·피고인·변호인이 이의가 없는 때에는 그러하지 아니한다(제301조의2). 14. 경찰채용, 14·17. 법원9급, 18. 경찰승진

02 공판절차의 정지와 갱신

☑ SUMMARY | 공판절차의 정지와 갱신의 사유 ★★★

구분	내용
정지사유	① 기피신청(제22조) ② 토지관할의 병합심리 또는 관할지정·이전의 신청(규칙 제7조) ③ 공소장변경(제298조 제4항) ④ 피고인의 심신상실 또는 질병(제306조) ⑤ 재심청구의 경합(규칙 제169조) ⑥ 법원의 헌법재판소에 대한 위헌법률심판 제청(헌법재판소 제42조 제1항)
갱신사유	① 판사의 경질(제310조) ② 간이공판절차의 취소(제301조의2) ③ 심신상실로 인한 공판절차의 정지 후 재개(규칙 제143조, 제306조 제1항) ④ 국민참여재판에 있어 배심원의 교체(국민참여재판법 제45조 제1항)

1. 공판절차의 정지

(1) 의의

공판절차의 정지란 심리를 진행할 수 없는 일정한 사유가 있는 경우 그 사유가 없어질 때까지 법원의 결정으로 심리를 진행하지 않는 것을 말한다.

(2) 사유

① **피고인의 심신상실 또는 질병**: 피고인이 사물의 변별 또는 의사의 결정을 할 능력이 없는 상태에 있는 때에는 법원은 검사와 변호인의 의견을 들어서 결정으로 그 상태가 계속되는 기간 공판절차를 정지하여야 한다(제306조 제1항). 18. 경찰승진 피고인이 질병으로 인하여 출정할 수 없는 때에도 법원은 공판절차를 정지하여야 한다(동조 제2항). 15. 법원9급, 18. 경찰승진

② **공소장변경**: 공소장변경이 피고인의 불이익을 증가할 염려가 있다고 인정한 때에는 법원은 직권 또는 피고인이나 변호인의 청구에 의하여 피고인으로 하여금 필요한 방어의 준비를 하게 하기 위하여 결정으로 필요한 기간 **공판절차를 정지할 수 있다**(제298조 제4항). 15. 법원9급, 17. 경찰간부·경찰채용, 18. 경찰승진

③ **소송절차의 정지에 따른 공판절차의 정지**: 기피신청에 의한 소송진행의 정지(제22조), 토지관할병합심리신청, 관할지정신청, 관할이전신청에 의한 소송절차의 정지(규칙 제7조), 재심청구의 경합으로 인한 소송절차의 정지(규칙 제169조) 등이 이에 해당한다.

(3) 절차와 효과

공판절차정지는 원칙적으로 법원이 직권으로 하지만 공소장변경의 경우 피고인 또는 변호인은 공판절차정지를 청구할 수 있다. 공판절차정지 기간에는 공판절차를 진행할 수 없으나, 정지되는 것은 협의의 공판절차만을 의미하므로 구속이나 보석에 관한 재판은 이 기간 중에도 할 수 있다. 공판절차정지 기간이 경과하거나 정지결정이 취소된 때에는 다시 공판절차를 진행하여야 한다.

2. 공판절차의 갱신

(1) 의의

공판절차의 갱신이란 판결선고 이전에 법원이 피고사건에 대해 이미 진행한 공판절차를 다시 처음부터 진행하는 것을 말한다.

(2) 사유

① **판사의 경질**: 공판개정 후 **판사의 경질**이 있는 때에는 공판절차를 갱신하여야 한다(제301조 본문). 14. 경찰채용, 16. 법원9급 새로운 판사는 직접주의와 구두변론주의에 입각한 심리를 하지 못했기 때문이다. 그러므로 재판이 내부적으로 성립하고 판결만을 선고하는 경우에는 공판절차를 갱신할 필요가 없다(동조 단서).

② **국민참여재판에 있어 (예비)배심원의 교체**: 공판절차가 개시된 후 **새로 재판에 참여하는 배심원 또는 예비배심원이 있는 때**에는 공판절차를 갱신하여야 한다(국민참여재판법 제45조 제1항)(《주의》 배심원이 새로 참여시는 공판절차를 갱신하여야 하나 예비배심원이 새로 참여시 그러하지 아니하다. ×). 14. 경찰채용, 16. 국가9급, 17. 경찰승진

③ **간이공판절차의 취소**: 간이공판절차 결정이 취소된 때에는 공판절차를 갱신하여야 한다. 단, 검사·피고인·변호인이 이의가 없는 때에는 그러하지 아니한다(제301조의2). 14. 경찰채용, 14·17. 법원9급, 18. 경찰승진

④ **심신상실로 인한 공판절차의 정지 후 재개**: 공판개정 후 피고인의 심신상실로 공판절차가 정지된 경우에는 그 정지사유가 소멸한 후의 공판기일에 공판절차를 갱신하여야 한다(규칙 제143조, 제306조 제1항)(《주의》 질병으로 공판절차가 정지된 경우 그 정지사유가 소멸하면 공판절차를 갱신하여야 한다. ×). 14. 경찰채용, 15. 법원9급

(3) 공판절차 갱신의 절차

① 재판장은 진술거부권 등을 고지한 후 인정신문을 하여 피고인임에 틀림없음을 확인하여야 한다(규칙 제144조 제1항 제1호). 16. 경찰채용, 18. 경찰승진·법원9급 재판장은 검사로 하여금 공소장 또는 공소장변경허가신청서에 의하여 공소사실, 죄명 및 적용법조를 낭독하게 하거나 그 요지를 진술하게 하여야 한다(동항 제2호). 재판장은 피고인에게 공소사실의 인정 여부 및 정상에 관한 진술을 할 기회를 주어야 한다(동항 제3호).

② 재판장은 갱신 전의 공판기일에서의 피고인이나 피고인 아닌 자의 진술 또는 법원의 검증결과를 기재한 조서에 관하여 다시 증거조사를 하여야 한다(동항 제4호). 재판장은 갱신 전의 공판기일에서 증거조사된 서류 또는 물건에 관하여 원칙적으로 다시 증거조사를 하여야 한다(동항 제5호).

03 변론의 분리·병합·재개

1. 변론의 분리와 병합

법원은 필요하다고 인정할 때에는 직권 또는 검사·피고인·변호인의 신청에 의하여 변론을 분리하거나 병합할 수 있다(제300조). 변론의 병합이란 수 개의 관련사건이 사물관할을 같이 하는 동일한 법원에 계속되어 있는 경우에 그 사건들을 같은 공판절차에서 한 사건으로 심리하는 것을 말한다. 변론의 분리는 병합되어 있는 수 개의 사건을 분리하여 별도의 공판절차에서 심리하는 것을 말한다. 변론을 분리 또는 병합은 **법원의 재량**에 속한다.

> **판례 | 변론의 병합심리가 법원의 재량에 속하는지의 여부(적극)**
>
> 1 변론병합의 신청이 있는 경우에 **변론을 병합하느냐의 여부는 법원의 재량에 속한다**(대판 1987.6.23, 87도706).
> 2 동일한 피고인에 대하여 각각 별도로 2개 이상의 사건이 공소제기되었을 경우 **반드시 병합심리하여 동시에 판결을 선고하여야만 되는 것은 아니다**(대판 2005.12.8, 2004도5529).
> 3 검사가 다수인의 집합에 의하여 구성되는 집합범이나 2인 이상이 공동하여 죄를 범한 공범의 관계에 있는 피고인들에 대하여 여러 개의 사건으로 나누어 공소를 제기한 경우에 **법원이 변론을 병합하지 아니하였다고 하여** 형사소송절차에서의 구두변론주의와 직접심리주의에 위반한 것이라고 볼 수 없다(대판 1990.6.22, 90도764).

2. 변론의 재개

법원은 필요하다고 인정할 때에는 직권 또는 검사·피고인·변호인의 신청에 의하여 결정으로 종결한 변론을 재개할 수 있다(제305조). 종결한 변론을 재개하느냐의 여부는 법원의 재량에 속한다. 변론이 재개되면 변론은 종결 전의 상태로 돌아가게 된다.

> **판례 | 변론의 재개가 법원의 재량에 속하는지의 여부(적극)**
>
> 1 **종결한 변론을 재개하느냐의 여부는 법원의 전권에 속한다**(대판 1983.12.13, 83도2279).
> 2 **종결한 변론을 재개하느냐의 여부는 법원의 재량에 속하는 사항으로서 원심이 변론종결 후 선임된 변호인의 변론재개신청을 들어주지 아니하였다 하여 심리미진의 위법이 있는 것은 아니다**(대판 1986.6.10, 86도769). 19. 경찰채용
> 3 법원이 적법하게 공판의 심리를 종결한 뒤에 피고인이 증인신청을 하였다 하여 **반드시 공판의 심리를 재개하여 증인신문을 하여야 하는 것은 아니다**(대판 2011.1.27, 2010도7947). 20. 경찰간부
> 4 판결선고기일에 변론을 재개하고 바로 검사의 공소장변경허가신청을 허가하여 변경된 공소사실에 대하여 심리를 하고 이에 출석한 피고인과 피고인의 변호인이 별다른 이의를 제기하지 아니한 채 달리 신청할 증거가 없다고 진술함에 따라 피고인 및 피고인의 변호인에게 최종의견 진술의 기회를 부여한 다음 **다시 변론을 종결하고, 같은 날 판결을 선고하였다고 하여** 피고인의 방어권을 제약하여 법률에 의한 **재판을 받을 권리를 침해하였다고 할 수는 없다**(대판 1996.4.9, 96모173).
> 5 변론의 속행 여부 또는 종결한 변론의 재개 여부는 모두 법원의 재량에 속하는 사항이므로, 원심이 피고인의 변론 속행 및 재개 요청을 받아들이지 않고 합의부원인 법관이 변경된 후 2개월여 만에 판결을 선고하였다 하여 피고인의 방어권 등에 관한 법리오해로 심리를 다하지 않은 위법이 있다고 할 수 없다(대판 2010.12.9, 2007도10121).
> 6 사실심 변론종결 후 검사나 피해자 등에 의해 **피고인에게 불리한 새로운 양형조건에 관한 자료가 법원에 제출되었다면 사실심 법원으로서는 변론을 재개하여** 그 양형자료에 대하여 피고인에게 의견진술 기회를 주는 등 필요한 양형심리절차를 거침으로써 **피고인의 방어권을 실질적으로 보장해야 한다**(대판 2021. 9.30, 2021도5777 **강간치상 피해자 사망사건**). 22. 경찰채용

제8절 국민참여재판

SUMMARY | 일반재판 vs 국민참여재판 ★★★

구분	일반재판	국민참여재판
대상심급	모든 심급	제1심
대상사건	모든 사건	합의부 관할사건
제1심 관할	지방법원본원 또는 지원 단독판사와 합의부	지방법원본원 합의부
공판준비절차	임의적 절차	필요적 절차
필요적 변호	부분적 필요적 변호	전면적 필요적 변호
간이공판절차	허용됨	허용되지 않음
공판정 구성	① 검사와 피고인 및 변호인은 대등하게 마주 보고 위치 ② 증인의 좌석은 법대의 정면에 위치(피고인신문을 하는 때에는 피고인은 증인석에 좌석)	① 검사와 피고인 및 변호인은 대등하게 마주 보고 위치 ② (예비)배심원은 재판장과 검사·피고인 및 변호인의 사이 왼쪽에 위치 ③ 증인석은 재판장과 검사·피고인 및 변호인의 사이 오른쪽에 (예비)배심원을 마주 보고 위치(피고인신문을 하는 때에는 피고인은 증인석에 좌석)
판결서 기재	–	배심원이 재판에 참여하였다는 취지와 배심원의 의견을 기재

01 의의

국민의 형사재판 참여에 관한 법률(국민참여재판법)은 사법의 민주적 정당성과 신뢰를 높이기 위하여 국민이 형사재판에 참여하는 제도를 시행함에 있어서 참여에 따른 권한과 책임을 명확히 하고, 재판절차의 특례와 그 밖에 필요한 사항에 관하여 규정함을 목적으로 한다(제1조). 이하 법 명칭을 생략하고 서술한다.

02 대상사건 및 절차의 개시 등

1. 대상사건

다음에 정하는 사건을 국민참여재판의 대상사건으로 한다(제5조 제1항). 14. 경찰간부·법원9급

① 법원조직법 제32조 제1항(제2호 및 제5호는 제외한다)에 따른 합의부 관할사건(제1호)
② 제1호에 해당하는 사건의 미수죄·교사죄·방조죄·예비죄·음모죄에 해당하는 사건(제2호)
③ 제1호 및 제2호에 해당하는 사건과 형사소송법 제11조에 따른 관련사건으로서 병합하여 심리하는 사건(제3호)

> **판례 |** 국민참여재판의 대상사건을 중범죄로 제한하고 있는 국민참여재판법 제5조 제1항 등이 헌법에 위반되는지의 여부(소극)
>
> [1] 우리 헌법상 헌법과 법률이 정한 법관에 의한 재판을 받을 권리는 직업법관에 의한 재판을 주된 내용으로 하는 것이므로 **국민참여재판을 받을 권리가 헌법 제27조 제1항에서 규정한 재판을 받을 권리의 보호범위에 속한다고 볼 수 없다.** [2] 국민참여재판법 제5조 제1항은 기존의 형사재판과 상이한 국민참여재판을 위한 물적, 인적 여건이 처음부터 구비되기 어렵다는 점을 감안하여 **대상사건의 범위를 제한한 것으로서** 목적의 정당성이 인정되고, 국민의 관심사가 집중되고 피고인의 선호도가 높은 중죄 사건으로 그 대상사건을 한정한 것은 위와 같은 목적을 위한 합리적인 방법이므로 평등권을 침해하지 않는다(헌재 2009.11.26, 2008헌바12). 15. 국가7급, 16. 변호사 · 국가9급, 16 · 19 경찰승진, 20 경찰간부

2. 개시요건

국민참여재판은 피고인이 국민참여재판을 원하고 또한 법원에 의한 배제결정이 없는 경우에만 허용된다(제5조 제2항 반대해석). 따라서 피고인이 원하지 않거나 법원의 배제결정이 있는 경우에는 국민참여재판을 하지 아니한다. 14. 법원9급, 14 · 16. 경찰간부

(1) 피고인 의사의 확인

① 법원은 대상사건의 피고인에 대하여 국민참여재판을 원하는지 여부에 관한 의사를 **서면 등의 방법으로 반드시 확인하여야 한다**(제8조 제1항). 14 · 15. 법원9급, 17 · 18. 경찰채용
② 피고인은 공소장 부본을 송달받은 날부터 **7일 이내**에 국민참여재판을 원하는지 여부에 관한 의사가 기재된 서면을 제출하여야 한다(제8조 제2항). 피고인이 서면을 제출하지 아니한 때에는 국민참여재판을 원하지 아니하는 것으로 본다(동조 제3항).
③ 피고인은 배제결정 또는 통상절차 회부결정이 있거나 공판준비기일이 종결되거나 제1회 공판기일이 열린 이후에는 종전의 의사를 바꿀 수 없다(제8조 제4항).

> **판례 |**
>
> 1 2012.7.1. 이전에 공소제기된 재정합의사건이 국민참여재판의 대상사건에 포함되는지의 여부(소극)
> 2012.1.17. 법률 제11155호로 국민참여재판법이 개정되면서 제5조 제1항에서 합의부에서 심판하기로 하는 결정을 거친 사건도 국민참여재판의 대상사건에 포함되는 것으로 바뀌었으나, 위 법률 부칙에서 위 법률의 시행일인 2012.7.1. 후에 최초로 공소를 제기하는 사건부터 이를 적용하도록 명시하고 있으므로 합의부에서 심판하기로 하는 결정을 거친 사건이라도 **2012.7.1. 이전에 공소제기된 사건은 국민참여재판의 대상사건에 포함되지 않는다**(대판 2014.6.12, 2014도1894). 15. 경찰간부
>
> 2 국민참여재판의 대상사건이 아닌 경우 법원이 피고인의 의사를 확인하지 않은 것이 위법한지의 여부(소극)
> 국민참여재판 대상사건에 해당하지 아니한 경우 제1심법원이 피고인에게 국민참여재판 여부에 관하여 의사를 확인하지 아니하거나 원심법원이 그에 대하여 직권으로 판단하지 아니한 것은 피고인의 국민참여재판을 받을 권리를 침해한 **위법이 있다고 볼 수 없다**(대판 2012.2.23, 2011도15608).

3 의사확인서를 제출하지 않은 피고인이 제1회 공판기일이 열리기 전까지 국민참여재판을 신청할 수 있는지의 여부(적극)
공소장부본을 송달받은 날부터 7일 이내에 의사확인서를 제출하지 아니한 피고인도 **제1회 공판기일이 열리기 전까지는 국민참여재판 신청을 할 수 있고 법원은 그 의사를 확인하여 국민참여재판으로 진행할 수 있다**(대결 2009.10.23, 2009모1032). 14·20. 변호사, 15·18. 경찰간부, 16. 국가9급, 16·20. 법원9급, 17. 경찰채용, 19. 경찰승진, 22. 국가7급, 22. 해경간부, 17. 변호사사례

4 국민참여재판으로 진행하기로 하는 제1심법원의 결정에 대하여 항고할 수 있는지의 여부(소극)
국민참여재판법에 의하면 제1심법원이 국민참여재판 대상사건을 피고인의 의사에 따라 국민참여재판으로 진행함에 있어 별도의 국민참여재판 개시결정을 할 필요는 없고, 그에 관한 이의가 있어 제1심법원이 **국민참여재판으로 진행하기로 하는 결정에 이른 경우 이는 판결 전의 소송절차에 관한 결정**에 해당하며 그에 대하여 특별히 즉시항고를 허용하는 규정이 없으므로 위 결정에 대하여는 **항고할 수 없다**(대결 2009.10.23, 2009모1032). 14·17·20. 국가9급, 16·18. 변호사, 19. 경찰승진, 21. 경찰간부

5 피고인의 국민참여재판을 받을 권리를 침해한 경우, 그 공판절차에서 이루어진 소송행위의 효력(무효)
① 국민참여재판 대상사건에 관하여 **제1심법원이 피고인이 국민참여재판을 원하는지에 관한 의사의 확인절차를 거치지 아니한 채 통상의 공판절차로 재판을 진행**하였다면, 이는 피고인의 국민참여재판을 받을 권리에 대한 중대한 침해로서 그 절차는 위법하고 이러한 **위법한 공판절차에서 이루어진 소송행위도 무효라고 보아야 한다**(대판 2012.4.26, 2012도1225)(同旨 대판 2012.6.14, 2011도15484). 15. 국가9급, 16. 법원9급, 20. 국가7급, 20. 변호사
② 피고인이 법원에 **국민참여재판을 신청하였음에도 불구하고 법원이 이에 대한 배제결정도 하지 않은 채 통상의 공판절차로 재판을 진행**하는 것은 피고인의 국민참여재판을 받을 권리 및 법원의 배제결정에 대한 항고권 등의 중대한 절차적 권리를 침해한 것으로서 위법하다 할 것이고, 이와 같이 **위법한 공판절차에서 이루어진 소송행위는 무효라고 보아야 할 것이다**(대판 2011.9.8, 2011도7106). 16·18. 변호사, 18. 경찰승진·경찰간부, 19. 경찰채용, 22. 국가9급

6 피고인에게 국민참여재판 신청의 기회를 제공하지 않은 하자가 치유되기 위한 요건
피고인이 항소심에서 국민참여재판을 원하지 아니한다고 하면서 (국민참여재판의 대상사건임을 간과하여 피고인의 의사를 확인하지 아니한 채 통상의 공판절차로 재판을 진행한) 제1심의 절차적 위법을 문제삼지 아니할 의사를 명백히 표시하는 경우에는 그 하자가 치유되어 제1심 공판절차는 전체로서 적법하게 된다고 봄이 상당하지만, **제1심 공판절차의 하자가 치유된다고 보기 위해서는 피고인에게 국민참여재판절차 등에 관한 충분한 안내가 이루어지고 그 희망 여부에 관하여 숙고할 수 있는 상당한 시간이 사전에 부여되어야 할 것이다**(대판 2012.6.14, 2011도15484). 14·16. 법원9급, 15·18. 경찰간부, 16. 국가7급, 17·19. 경찰채용

7 피고인에게 국민참여재판 신청의 기회를 제공하지 않은 하자가 치유되는 경우와 치유되지 않는 경우
① 제1심이 강제추행치상사건의 피고인에게 국민참여재판을 원하는지 확인하지 아니한 채 통상의 공판절차에 따라 재판을 진행하여 유죄를 인정하였는데, 항소심이 제7회 공판기일에 **국민참여재판으로 재판받기를 원하는지 물어보고 그에 관한 안내서를 교부한 후 선고기일을 연기**한 다음 피고인이 답변서와 국민참여재판 의사확인서를 제출하면서 '국민참여재판으로 진행하기를 원하지 않는다'는 의사를 밝히자 제8회 공판기일에 제1심판결을 파기하고 무죄를 선고한 경우, **제1심의 공판절차상 하자는 치유되었다고 할 것이다**(대판 2012.6.14, 2011도15484).
② 제1심이 성폭력처벌법 위반 사건의 피고인에게 국민참여재판을 원하는지 확인하지 아니한 채 통상의 공판절차에 따라 재판을 진행하여 유죄판결을 선고하였는데, 항소심이 피고인에게 **국민참여재판절차 등에 관한 충분한 안내를 하고 그 희망 여부에 관하여 숙고할 수 있는 상당한 시간을 부여하지 않은 채 그대로 재판을 진행하여 유죄판결을 선고한 것은 위법하다**(대판 2013.1.31, 2012도13896). 20. 법원9급, 22. 국가9급, 22. 국가7급, 22. 변호사

③ 국민참여재판 대상사건임에도 제1심법원이 피고인에게 국민참여재판 신청 여부에 관한 의사를 묻지 아니한 채 통상의 공판절차에 따라 재판을 진행하였고 항소심 제1회 공판기일에 피고인과 변호인이 이에 대하여 이의가 없다고 진술한 바 있으나, 그 진술에 앞서 **국민참여재판절차 등에 관한 충분한 안내와 그 희망 여부에 관하여 숙고할 수 있는 상당한 시간이 부여되지 않았다면** 제1심 공판절차의 위법이 **치유된 것으로 볼 수 없다**(대판 2012.4.26, 2012도1225).

8 피고인에게 국민참여재판 신청의 기회를 제공하지 않은 제1심재판의 하자가 치유되지 않는 경우 항소심이 취해야 할 조치(= 파기환송)

항소심은 제1심법원이 피고인에 대하여 국민참여재판을 원하는지에 관한 의사를 확인하였는지 여부를 먼저 심리한 다음, 만약 제1심법원이 이를 확인하지 않았다면 피고인에게 국민참여재판절차 등에 관한 충분한 안내를 하고 그 희망 여부에 관하여 숙고할 수 있는 상당한 시간을 부여한 후 그럼에도 피고인이 국민참여재판을 원하지 않으면서 제1심의 절차적 위법을 문제삼지 아니할 의사를 명백히 표시하는 등 제1심의 공판절차상 하자가 치유되었다고 볼 수 있는 사정이 있는지를 판단하여 결국 그 **하자가 치유되지 않는 경우에 해당하면 제1심 공판절차에서 이루어진 소송행위를 무효라고 보아** 직권으로 **제1심판결을 파기하고 사건을 제1심법원으로 환송하여야 한다**(대판 2013.1.31, 2012도13896).

(2) 법원의 배제결정

법원은 공소제기 후부터 공판준비기일이 종결된 다음 날까지 다음 어느 하나에 해당하는 경우 국민참여재판을 하지 아니하기로 하는 결정을 할 수 있다(제9조 제1항). 15·18. 경찰채용, 17. 경찰승진·국가7급

① 배심원·예비배심원·배심원후보자 또는 그 친족의 생명·신체·재산에 대한 침해 또는 침해의 우려가 있어서 출석의 어려움이 있거나 이 법에 따른 직무를 공정하게 수행하지 못할 염려가 있다고 인정되는 경우(제1호)
② 공범 관계에 있는 피고인들 중 일부가 국민참여재판을 원하지 아니하여 국민참여재판의 진행에 어려움이 있다고 인정되는 경우(제2호)
③ 성폭력처벌법 제2조의 범죄로 인한 피해자(성폭력범죄 피해자) 또는 법정대리인이 국민참여재판을 원하지 아니하는 경우(제3호)
④ 그 밖에 국민참여재판으로 진행하는 것이 적절하지 아니하다고 인정되는 경우(제4호)

법원은 결정을 하기 전에 검사·피고인 또는 변호인의 의견을 들어야 하고, 이 결정에 대하여는 **즉시항고**를 할 수 있다(동조 제2항·제3항)(《주의》 배제결정에 불복할 수 없다. ×). 15. 경찰채용, 17. 국가9급

판례 | 국민참여재판 배제결정 관련 판례

[1] 피고인이 국민참여재판을 원하는 사건에서 '성폭력범죄의 피해자 또는 법정대리인이 국민참여재판을 원하지 아니하는 경우 법원은 국민참여재판을 하지 아니하기로 하는 결정을 할 수 있다'는 **국민참여재판법 제9조 제1항 제3호를 근거로 배제결정을 하기 위해서는 여러 사정을 고려하여 신중하게 판단하여야 할 것이고, 성폭력범죄의 피해자나 법정대리인이 국민참여재판을 원하지 아니한다는 이유만으로 배제결정을 하는 것은 바람직하다고 할 수 없다.** [2] 피해자의 법정대리인은 국민참여재판을 원하지 아니한다는 의사를 명백하게 밝히고 있는 점, 피해자는 14세의 지적장애인인 점, 심리과정에서 피해자의 인격이나 명예손상, 사생활에 관한 비밀의 침해, 성적 수치심, 공포감 유발 등 추가적인 피해가 발생할 우려가 있는 점 등에 비추어 국민참여재판 배제결정을 한 제1심결정을 그대로 유지한 원심의 결정은 정당하다(대결 2016.3.16, 2015모2898). 17. 경찰간부

3. 관할 – 지방법원 본원 합의부

피고인이 국민참여재판을 원하는 의사를 표시한 경우, **지방법원 지원 합의부**가 배제결정을 하지 아니하는 경우에는 국민참여재판절차 회부결정을 하여 사건을 **지방법원 본원 합의부로 이송하여야 한다**(제10조 제1항). 14. 변호사·법원9급 지방법원 지원 합의부가 심판권을 가지는 사건 중 지방법원 지원 합의부가 회부결정을 한 사건에 대하여는 지방법원 본원 합의부가 관할권을 가진다(동조 제2항).

4. 필요적 변호

국민참여재판에 관하여 변호인이 없는 때에는 법원은 **직권으로 변호인을 선정하여야 한다**(제7조). 15. 경찰승진, 15·16. 법원9급, 16·18. 경찰간부, 18. 변호사

5. 사정변경에 의한 절차의 변화

(1) 대상사건에 해당하지 않게 된 경우 – 원칙적으로 국민참여재판 계속 진행

① 법원은 공소사실의 일부 철회 또는 변경으로 인하여 **대상사건에 해당하지 아니하게 된 경우에도 국민참여재판을 계속 진행한다**. 다만, 법원은 심리의 상황이나 그 밖의 사정을 고려하여 국민참여재판으로 진행하는 것이 적당하지 아니하다고 인정하는 때에는 결정으로 당해 사건을 지방법원 본원 합의부가 국민참여재판에 의하지 아니하고 심판하게 할 수 있다(제6조 제1항). 14·16. 경찰간부, 16. 법원9급, 17. 경찰채용·국가9급 이 결정에 대하여는 불복할 수 없다(동조 제2항).

② 국민참여재판에 의하지 아니하고 심판하게 하는 결정이 있는 경우 당해 재판에 참여한 배심원과 예비배심원은 해임된 것으로 본다(제6조 제3항). 이 경우 결정 전에 행한 소송행위는 그 결정 이후에도 그 효력에 영향이 없다(동조 제4항).

(2) 국민참여재판으로 계속 진행하는 것이 부적절한 경우 – 통상절차 회부

① 법원은 피고인의 질병 등으로 공판절차가 장기간 정지되거나 피고인에 대한 구속기간의 만료, 성폭력범죄 피해자의 보호, 그 밖에 심리의 제반 상황에 비추어 국민참여재판을 계속 진행하는 것이 부적절하다고 인정하는 경우에는 직권 또는 검사·피고인·변호인이나 성폭력범죄 피해자 또는 법정대리인의 신청에 따라 결정으로 사건을 지방법원 본원 합의부가 국민참여재판에 의하지 아니하고 심판하게 할 수 있다(제11조 제1항). 15. 경찰채용 법원은 결정을 하기 전에 검사·피고인 또는 변호인의 의견을 들어야 하고, 이 결정에 대하여는 불복할 수 없다(동조 제2항·제3항). 15. 경찰채용

② 통상절차회부 결정이 있는 경우 당해 재판에 참여한 배심원과 예비배심원은 해임된 것으로 본다(제11조 제4항, 제6조 제3항). 이 경우 결정 전에 행한 소송행위는 그 결정 이후에도 그 효력에 영향이 없다(제11조 제4항, 제6조 제4항). 15. 경찰채용

03 배심원

1. 배심원의 권한과 의무

배심원은 국민참여재판을 하는 사건에 관하여 사실의 인정, 법령의 적용 및 형의 양정에 관한 의견을 제시할 권한이 있다(제12조 제1항).

2. 배심원의 수 및 예비배심원

(1) 배심원의 수

① 법정형이 **사형·무기징역 또는 무기금고**에 해당하는 대상사건에 대한 국민참여재판에는 **9인**의 배심원이 참여하고, **그 외의 대상사건**에 대한 국민참여재판에는 **7인**의 배심원이 참여한다. 다만, 법원은 피고인 또는 변호인이 공판준비절차에서 공소사실의 **주요내용을 인정**한 때에는 **5인**의 배심원이 참여하게 할 수 있다(제13조 제1항). 16. 경찰채용

② 법원은 사건의 내용에 비추어 특별한 사정이 있다고 인정되고 **검사·피고인 또는 변호인의 동의가 있는 경우**에 한하여 결정으로 배심원의 수를 7인과 9인 중에서 ①과 달리 정할 수 있다(제13조 제2항).

(2) 예비배심원

법원은 배심원의 결원 등에 대비하여 **5인 이내의 예비배심원**을 둘 수 있다(제14조 제1항). 17. 경찰채용 배심원에 대한 사항은 그 성질에 반하지 아니하는 한 예비배심원에 대하여 준용한다(동조 제2항).

3. 배심원의 자격

(1) 배심원의 자격

배심원은 만 **20세 이상**의 대한민국 국민 중에서 선정된다(제16조)(《주의》 19세 이상 ×). 15. 법원9급, 16. 경찰채용, 18. 경찰승진, 20. 경찰간부, 22. 국가9급

(2) 결격사유

다음 어느 하나에 해당하는 사람은 배심원으로 선정될 수 없다(제17조). 14·17. 경찰승진, 15. 법원9급, 15·16. 경찰채용, 19. 경찰간부

> ① **피성년후견인** 또는 **피한정후견인**(제1호)
> ② **파산자로서 복권되지 아니한 사람**(제2호) 21. 경찰채용
> ③ 금고 이상의 **실형**을 선고받고 그 집행이 종료(종료된 것으로 보는 경우를 포함한다)되거나 집행이 면제된 후 **5년을 경과하지 아니한 사람**(제3호) 21. 경찰채용
> ④ 금고 이상의 형의 **집행유예**를 선고받고 그 기간이 완료된 날부터 **2년을 경과하지 아니한 사람**(제4호)
> ⑤ 금고 이상의 형의 선고유예를 받고 그 **선고유예기간 중에 있는 사람**(제5호)
> ⑥ 법원의 판결에 의하여 자격이 **상실 또는 정지된 사람**(제6호)

(3) 직업 등에 따른 제외사유

다음 어느 하나에 해당하는 사람을 배심원으로 선정하여서는 아니 된다(제18조). 16. 경찰채용

> ① **대통령**(제1호)
> ② **국회의원**·지방자치단체의 장 및 지방의회의원(제2호)
> ③ 입법부·사법부·행정부·헌법재판소·중앙선거관리위원회·감사원의 정무직 공무원(제3호)
> ④ **법관·검사**(제4호)
> ⑤ **변호사**·법무사(제5호)
> ⑥ 법원·검찰 공무원(제6호)
> ⑦ **경찰**·교정·보호관찰 공무원(제7호) 21. 경찰채용
> ⑧ 군인·군무원·소방공무원 또는 예비군법에 따라 동원되거나 교육훈련의무를 이행 중인 예비군(제8호)

(4) 제척사유

다음 어느 하나에 해당하는 사람은 당해 사건의 배심원으로 선정될 수 없다(제19조). 19. 경찰간부

> ① **피해자**(제1호)
> ② 피고인 또는 피해자의 **친족**이나 이러한 관계에 있었던 사람(제2호) 21. 경찰채용
> ③ 피고인 또는 피해자의 **법정대리인**(제3호)
> ④ 사건에 관한 증인·감정인·피해자의 대리인(제4호)
> ⑤ 사건에 관한 피고인의 대리인·변호인·보조인(제5호)
> ⑥ 사건에 관한 검사 또는 사법경찰관의 직무를 행한 사람(제6호)
> ⑦ 사건에 관하여 전심 재판 또는 그 기초가 되는 조사·심리에 관여한 사람(제7호)

(5) 면제사유

법원은 직권 또는 신청에 따라 다음 어느 하나에 해당하는 사람에 대하여 배심원 직무의 수행을 면제할 수 있다(제20조). 14. 경찰승진, 19. 경찰간부

> ① 만 **70세 이상**인 사람(제1호)
> ② 과거 **5년 이내**에 배심원후보자로서 선정기일에 출석한 사람(제2호)
> ③ 금고 이상의 형에 해당하는 죄로 **기소되어 사건이 종결되지 아니한 사람**(제3호)
> ④ 법령에 따라 **체포 또는 구금**되어 있는 사람(제4호)
> ⑤ 배심원 직무의 수행이 자신이나 제3자에게 **위해를 초래하거나 직업상 회복할 수 없는 손해를 입게 될 우려가 있는 사람**(제5호)
> ⑥ **중병·상해** 또는 **장애**로 인하여 법원에 출석하기 곤란한 사람(제6호)
> ⑦ 그 밖의 부득이한 사유로 배심원 직무를 수행하기 어려운 사람(제7호)

4. 배심원의 선정

(1) 배심원후보예정자명부의 작성 등

지방법원장은 매년 **주민등록자료를 활용**하여 **배심원후보예정자명부를 작성한다**(제22조 제3항)(《주의》 법무부장관은 ×). 법원은 명부 중에서 필요한 수의 배심원후보자를 무작위 추출 방식으로 정하여 배심원과 예비배심원의 선정기일을 통지하여야 한다(제23조 제1항). 법원은 선정기일의 **2일 전**까지 검사와 변호인에게 배심원후보자의 성명·성별·출생연도가 기재된 명부를 송부하여야 한다(제26조 제1항).

(2) 선정기일의 진행

① 법원은 검사·피고인 또는 변호인에게 선정기일을 통지하여야 한다(제27조 제1항). 검사와 변호인은 선정기일에 출석하여야 하며, 피고인은 법원의 허가를 받아 출석할 수 있다(동조 제2항). 법원은 변호인이 선정기일에 출석하지 아니한 경우 국선변호인을 선정하여야 한다(동조 제3항).

② 법원은 합의부원으로 하여금 선정기일의 절차를 진행하게 할 수 있다. 이 경우 수명법관은 선정기일에 관하여 법원 또는 재판장과 동일한 권한이 있다(제24조 제1항). **선정기일은 공개하지 아니한다**(동조 제2항).

(3) 배심원 불선정

① **직권에 의한 불선정**: 법원은 (후보자에 대한 질문을 통하여) 배심원후보자가 제17조부터 제20조까지의 사유에 해당하거나 불공평한 판단을 할 우려가 있다고 인정되는 때에는 직권으로 당해 배심원후보자에 대하여 불선정결정을 하여야 한다(제28조 제3항).

② **이유부 기피신청에 의한 불선정**: 법원은 (후보자에 대한 질문을 통하여) 배심원후보자가 제17조부터 제20조까지의 사유에 해당하거나 불공평한 판단을 할 우려가 있다고 인정되는 때에는 검사·피고인 또는 변호인의 기피신청에 따라 당해 배심원후보자에 대하여 불선정결정을 하여야 한다(제28조 제3항). 기피신청을 기각하는 결정에 대하여는 즉시 이의신청을 할 수 있고(제29조 제1항), 이의신청에 대한 결정에 대하여는 불복할 수 없다(동조 제3항).

③ **무이유부 기피신청에 의한 불선정**: 검사와 변호인은 각자 배심원이 9인인 경우는 5인, 배심원이 7인인 경우는 4인, 배심원이 5인인 경우는 3인의 범위 내에서 배심원후보자에 대하여 이유를 제시하지 아니하는 기피신청을 할 수 있다(제30조 제1항). 17. 경찰승진·국가9급, 18. 경찰채용 **무이유부 기피신청이 있는 때에는 법원은 당해 배심원후보자를 배심원으로 선정할 수 없다**(제30조 제2항). 16. 경찰채용

(4) 배심원의 확정

법원은 출석한 배심원후보자 중에서 당해 재판에서 필요한 배심원과 예비배심원의 수에 해당하는 배심원후보자를 무작위로 뽑고 이들을 대상으로 직권, 기피신청 또는 무이유부 기피신청에 따른 불선정결정을 한다(제31조 제1항). 불선정결정이 있는 경우에는 그 수만큼 제1항의 절차를 반복한다(동조 제2항). 필요한 수의 배심원과 예비배심원 후보자가 확정되면 법원은 무작위의 방법으로 배심원과 예비배심원을 선정한다. 예비배심원이 2인 이상인 경우에는 그 순번을 정하여야 한다(동조 제3항). 법원은 배심원과 예비배심원에게 누가 배심원으로 선정되었는지 여부를 알리지 아니할 수 있다(동조 제4항).

5. 배심원의 해임 등

(1) 배심원의 해임

법원은 배심원 또는 예비배심원이 다음 어느 하나에 해당하는 때에는 직권 또는 검사·피고인·변호인의 신청에 따라 배심원 또는 예비배심원을 해임하는 결정을 할 수 있다(제32조 제1항).

> ① 배심원 또는 예비배심원이 제42조 제1항의 선서를 하지 아니한 때(제1호)
> ② 배심원 또는 예비배심원이 제41조 제2항 각 호의 의무를 위반하여 그 직무를 담당하게 하는 것이 적당하지 아니하다고 인정되는 때(제2호)
> ③ 배심원 또는 예비배심원이 출석의무에 위반하고 계속하여 그 직무를 행하는 것이 적당하지 아니한 때(제3호)
> ④ 배심원 또는 예비배심원에게 제17조부터 제20조까지의 사유에 해당하는 사실이 있거나 불공평한 판단을 할 우려가 있는 때(제4호)

> ⑤ 배심원 또는 예비배심원이 질문표에 거짓 기재를 하거나 선정절차에서의 질문에 대하여 정당한 사유 없이 진술을 거부하거나 거짓의 진술을 한 것이 밝혀지고 계속하여 그 직무를 행하는 것이 적당하지 아니한 때(제5호)
> ⑥ 배심원 또는 예비배심원이 법정에서 재판장이 명한 사항을 따르지 아니하거나 폭언 또는 그 밖의 부당한 언행을 하는 등 공판절차의 진행을 방해한 때(제6호)

배심원 또는 예비배심원 해임결정을 함에 있어서는 검사·피고인 또는 변호인의 의견을 묻고 출석한 당해 배심원 또는 예비배심원에게 진술기회를 부여하여야 한다(동조 제2항). 배심원 또는 예비배심원 해임결정에 대하여는 불복할 수 없다(동조 제3항). 16. 경찰채용

(2) 배심원의 사임

배심원과 예비배심원은 직무를 계속 수행하기 어려운 사정이 있는 때에는 법원에 사임을 신청할 수 있다(제33조 제1항). 17. 경찰채용 법원은 신청에 이유가 있다고 인정하는 때에는 당해 배심원 또는 예비배심원을 해임하는 결정을 할 수 있다(동조 제2항). 17. 경찰채용 배심원 또는 예비배심원 해임결정을 함에 있어서는 검사·피고인 또는 변호인의 의견을 들어야 한다(동조 제3항). **배심원 또는 예비배심원 해임결정에 대하여는 불복할 수 없다**(동조 제4항). 17. 경찰채용

(3) 배심원 등에 대한 과태료

다음 어느 하나에 해당하는 때에 법원은 결정으로 200만원 이하의 과태료를 부과한다(제60조 제1항). 이 결정에 대하여는 즉시항고할 수 있다(동조 제2항).

> ① 출석통지를 받은 배심원·예비배심원·배심원후보자가 정당한 사유 없이 지정된 일시에 출석하지 아니한 때(제1호)
> ② 배심원 또는 예비배심원이 정당한 사유 없이 선서를 거부한 때(제2호)
> ③ 배심원후보자가 배심원 또는 예비배심원 선정을 위한 질문서에 거짓 기재를 하여 법원에 제출하거나 또는 선정절차에서의 질문에 대하여 거짓 진술을 한 때(제3호)

(4) 배심원 등의 임무 종료

배심원과 예비배심원의 임무는 ① 종국재판을 고지한 때, ② 제6조 제1항 단서 또는 제11조에 따라 통상절차 회부결정을 고지한 때에 해당하면 종료한다(제35조). 16. 경찰간부

04 국민참여재판의 절차

1. 공판의 준비

(1) 공판준비절차

재판장은 피고인이 **국민참여재판을 원하는 의사를 표시한 경우** (배제결정이 있는 경우를 제외하고는) 사건을 **공판준비절차에 부쳐야 한다**(제36조 제1항). 14. 국가7급, 17. 국가9급·법원9급, 20. 경찰간부 공판준비절차에 부친 이후 피고인이 국민참여재판을 원하지 아니하는 의사를 표시하거나 제9조 제1항의 배제결정이 있는 때에는 공판준비절차를 종결할 수 있다(동조 제2항).

(2) 공판준비기일

법원은 주장과 증거를 정리하고 심리계획을 수립하기 위하여 **공판준비기일을 지정하여야 한다**(제37조 제1항). 법원은 합의부원으로 하여금 공판준비기일을 진행하게 할 수 있다. 이 경우 수명법관은 공판준비기일에 관하여 법원 또는 재판장과 동일한 권한이 있다(동조 제2항). **공판준비기일은 공개한다.** 다만, 법원은 공개함으로써 절차의 진행이 방해될 우려가 있는 때에는 공판준비기일을 공개하지 아니할 수 있다(동조 제3항). 18. 변호사, 20. 경찰간부 공판준비기일에는 배심원이 참여하지 아니한다(동조 제4항). 18. 변호사, 19. 국가9급, 20. 경찰간부

2. 공판절차

(1) 공판기일의 통지 및 출석

공판기일은 배심원과 예비배심원에게 통지하여야 한다(제38조). 공판정은 판사·배심원·예비배심원·검사·변호인이 출석하여 개정한다(제39조 제1항). 검사와 피고인 및 변호인은 대등하게 마주 보고 위치한다. 다만, 피고인신문을 하는 때에는 피고인은 증인석에 위치한다(동조 제2항). 배심원과 예비배심원은 재판장과 검사·피고인 및 변호인의 사이 왼쪽에 위치한다(동조 제3항). 증인석은 재판장과 검사·피고인 및 변호인의 사이 오른쪽에 배심원과 예비배심원을 마주 보고 위치한다(동조 제4항).

(2) 배심원 선서

배심원과 예비배심원은 법률에 따라 공정하게 그 직무를 수행할 것을 다짐하는 취지의 선서를 하여야 한다(제42조 제1항).

(3) 재판장의 설명

재판장은 배심원과 예비배심원에 대하여 배심원과 예비배심원의 권한·의무·재판절차, 그 밖에 직무 수행을 원활히 하는 데 필요한 사항을 설명하여야 한다(제42조 제2항).

> **판례 |**
>
> [1] 재판장이 배심원과 예비배심원에게 최초로 설명할 대상에 검사가 아직 공소장에 의하여 낭독하지 아니한 공소사실 등이 포함되는지의 여부(원칙적 소극)
> 국민참여재판법은 제42조 제2항은 재판장의 공판기일에서의 최초 설명의무를 규정하고 있는데, 이러한 재판장의 최초 설명은 재판절차에 익숙하지 아니한 배심원과 예비배심원을 배려하는 차원에서 국민참여재판규칙 제35조 제1항에 따라 피고인에게 진술거부권을 고지하기 전에 이루어지는 것으로, **원칙적으로 설명의 대상에 검사가 아직 공소장에 의하여 낭독하지 아니한 공소사실 등이 포함된다고 볼 수 없다.** 15. 경찰채용, 16. 국가9급, 19. 경찰승진
>
> [2] 재판장이 최종 설명의무가 있는 사항을 배심원에게 설명하지 않는 것이 위법한 조치인지의 여부 등 (원칙적 적극)
> ㉠ 국민참여재판법 제46조 제1항과 국민참여재판규칙 제37조 제1항에 규정된 재판장의 최종 설명은 배심원이 올바른 평결에 이를 수 있도록 지도하고 조력하는 기능을 담당하는 것으로서 배심원의 평결에 미치는 영향이 크므로, **재판장이 이에 따라 설명의무가 있는 사항을 설명하지 않는 것은 원칙적으로 위법한 조치이다.** ㉡ 다만, 재판장의 최종 설명이 미흡하다고 하더라도 평의 과정에서 재판장이 배심원들에게 의견을 제시하면서 최종 설명을 보완하거나 보충할 수 있는 점 등을 종합하여 보면, 재판장이 최종 설명 때 공소사실에 관한 설명을 일부 빠뜨렸거나 미흡하게 한 잘못이 있다고 하더라도, 이를 두고 그 전까지 절차상 아무런 하자가 없던 소송행위 전부를 무효로 할 정도로 판결에 영향을 미친 위법이라고 쉽게 단정할 것은 아니다(대판 2014.11.13, 2014도8377).

(4) 배심원이 할 수 있는 행위와 할 수 없는 행위

배심원과 예비배심원은 다음 행위를 할 수 있다(제41조 제1항).

> ① 피고인·증인에 대하여 필요한 사항을 신문하여 줄 것을 재판장에게 요청하는 행위(제1호)
> ② 필요하다고 인정되는 경우 재판장의 허가를 받아 각자 필기를 하여 이를 평의에 사용하는 행위(제2호)

배심원과 예비배심원은 다음 행위를 하여서는 아니 된다(동조 제2항).

> ① 심리 도중에 법정을 떠나거나 평의·평결 또는 토의가 완결되기 전에 재판장의 허락 없이 평의·평결 또는 토의 장소를 떠나는 행위(제1호)
> ② 평의가 시작되기 전에 당해 사건에 관한 자신의 견해를 밝히거나 의논하는 행위(제2호)
> ③ 재판절차 외에서 당해 사건에 관한 정보를 수집하거나 조사하는 행위(제3호)
> ④ 이 법에서 정한 평의·평결 또는 토의에 관한 비밀을 누설하는 행위(제4호)

(5) 기타

국민참여재판에는 **형사소송법 제286조의2(간이공판절차)를 적용하지 아니한다**(제43조)(**《주의》** 피고인이 자백한 경우 간이공판절차로 진행 할 수 있다. ×). 14·17. 국가9급, 18. 변호사·경찰채용, 20. 경찰간부 배심원 또는 예비배심원은 법원의 증거능력에 관한 심리에 관여할 수 없다(제44조). 14. 국가9급, 17. 법원9급, 17·18. 경찰승진, 20. 변호사 공판절차가 개시된 후 새로 재판에 참여하는 배심원 또는 예비배심원이 있는 때에는 공판절차를 갱신하여야 한다(제45조 제1항). 14. 경찰채용, 16. 국가9급, 17. 경찰승진

3. 평결과 의견

(1) 유·무죄의 평결

① 심리에 관여한 배심원은 유·무죄에 관하여 평의하고, **전원의 의견이 일치**하면 그에 따라 평결한다. 다만, **배심원 과반수의 요청**이 있으면 심리에 관여한 **판사의 의견을 들을 수 있다**(제46조 제2항).
② 배심원은 유·무죄에 관하여 **전원의 의견이 일치하지 아니하는 때**에는 평결을 하기 전에 심리에 관여한 **판사의 의견을 들어야 한다.** 이 경우 유·무죄의 평결은 다수결의 방법으로 한다(제46조 제3항).
14. 국가7급, 15. 법원9급, 17·19. 경찰채용, 18. 경찰승진

(2) 양형 의견

평결이 유죄인 경우 배심원은 심리에 관여한 판사와 함께 양형에 관하여 토의하고 그에 관한 의견을 개진한다. 재판장은 양형에 관한 토의 전에 처벌의 범위와 양형의 조건 등을 설명하여야 한다(제46조 제4항). 17. 국가9급

(3) 평결과 의견의 효력

평결과 의견은 법원을 기속하지 아니한다(제46조 제5항)(**《주의》** 법원을 기속한다. ×). 17. 법원9급, 22. 국가9급

> **판례** | 배심원이 만장일치의 의견으로 내린 무죄평결이 제1심 재판부의 심증에 부합하여 그대로 채택된 경우, 제1심의 판단을 항소심이 뒤집을 수 있는지의 여부(원칙적 소극)
>
> 배심원이 사실의 인정에 관하여 재판부에 제시하는 집단적 의견은 실질적 직접심리주의 및 공판중심주의하에서 증거의 취사와 사실의 인정에 관한 전권을 가지는 사실심 법관의 판단을 돕기 위한 권고적 효력을 가지는 것인바, **배심원이 증인신문 등 사실심리의 전 과정에 함께 참여한 후 증인이 한 진술의 신빙성 등 증거의 취사와 사실의 인정에 관하여 만장일치의 의견으로 내린 무죄의 평결이 재판부의 심증에 부합하여 그대로 채택된 경우라면**, 이러한 절차를 거쳐 이루어진 증거의 취사 및 사실의 인정에 관한 제1심의 판단은 실질적 직접심리주의 및 공판중심주의의 취지와 정신에 비추어 **항소심에서의 새로운 증거조사를 통해 그에 명백히 반대되는 충분하고도 납득할 만한 현저한 사정이 나타나지 않는 한 한층 더 존중될 필요가 있다**(대판 2010.3.25, 2009도14065). 15·19. 경찰간부, 16. 변호사사례

4. 판결의 선고 등

(1) 판결의 선고

재판장은 판결선고시 피고인에게 배심원의 평결결과를 고지하여야 하며, 배심원의 평결결과와 **다른 판결을 선고하는 때에는 피고인에게 그 이유를 설명하여야 한다**(제48조 제4항).

(2) 판결서의 기재사항

판결서에는 배심원이 재판에 참여하였다는 취지를 기재하여야 하고, 배심원의 의견을 기재할 수 있다(제49조 제1항). 17. 경찰채용 배심원의 평결결과와 **다른 판결을 선고하는 때에는 판결서에 그 이유를 기재하여야 한다**(동조 제2항)(《주의》 판결서에 그 이유를 기재할 수 있다. ×). 17. 법원9급

police.Hackers.com

제3장 재판

제1절 재판의 기본개념

01 재판의 의의

재판이란 협의로는 피고사건의 실체에 대한 법원의 공권적 판단, 즉 유·무죄 판결을 말한다. 그러나 광의로는 법원·법관의 법률행위적 소송행위를 총칭한다. 예를 들어 공소기각판결, 보석허가결정, 퇴정명령, 공소장변경허가결정, 영장의 발부 등도 광의의 재판에 해당한다.

02 재판의 종류

1. 기능에 의한 분류

(1) 종국재판(終局裁判)
종국재판이란 **당해 심급을 종결시키는 재판**을 말한다(예 유·무죄의 실체재판과 관할위반·공소기각·면소의 재판, 상소심에서의 상소기각재판, 파기자판·파기이송·파기환송의 재판). **종국재판**은 원칙적으로 '**판결(判決)'의 형식**을 취하지만 공소기각결정이나 상소기각결정 등과 같이 '**결정(決定)'의 형식을 취하기도 한다.** 종국재판은 법적 안정성이 중시되어 이를 선고·고지한 법원도 이를 함부로 취소·변경할 수 없다.

(2) 종국 전 재판(終局前裁判)
종국 전 재판이란 **종국재판에 이르기까지의 절차에 관한 재판**을 말하며, 중간재판(中間裁判)이라고도 한다(예 보석허가결정, 공소장변경허가결정, 퇴정명령 등 종국재판 이외의 각종 결정과 명령). 종국 전 재판은 합목적성의 원리가 중시되어 그 재판을 한 법원이 이를 취소·변경할 수 있다

2. 형식에 의한 분류

(1) 판결(判決)
판결이란 법원이 하는 종국재판의 원칙적 형식이다. 종국재판은 원칙적으로 판결의 형식에 의하여야 하지만, 공소기각결정이나 상소기각결정은 '결정'의 형식에 의할 수 있다. **판결**은 법률에 다른 규정이 없으면 **구두변론에 의거하여야 하고** 이유를 명시하여야 한다(제37조 제1항, 제39조). 14. 국가9급, 15. 경찰간부, 19. 해경승진 판결에 대한 상소는 항소와 상고가 있다(제357조, 제371조, 제372조). 14. 국가9급

(2) 결정(決定)
결정이란 법원이 하는 종국 전 재판의 원칙적 형식이다. **결정**은 **구두변론을 거치지 아니할 수 있고** 필요한 경우에는 사실을 조사할 수 있다(제37조 제2항·제3항). 14. 국가9급, 15. 경찰간부, 19. 해경승진 상소를 불허하는 결정을 제외하고는 이유를 명시하여야 한다(제39조). 결정에 대한 상소는 항고가 있다(제402조). 14. 국가9급, 15. 경찰간부

(3) 명령(命令)

명령이란 재판장·수명법관·수탁판사가 하는 재판의 형식을 말한다. 명령은 모두 종국 전 재판이다. 다만, **약식명령은 '명령'이라는 명칭에도 불구하고 독립된 재판의 형식**이다. 결정과 마찬가지로 명령은 구두변론을 거치지 아니할 수 있고 필요한 경우에는 사실을 조사할 수 있다(제37조 제2항·제3항). 명령은 이유를 명시하지 않아도 된다(제39조). 명령에 대한 상소방법은 없고 경우에 따라 이의신청 또는 준항고로 불복할 수 있다(제304조, 제416조). 15. 경찰간부

✅ SUMMARY | 판결 vs 결정 vs 명령 ★

구분	판결	결정	명령
주체	법원	법원	법관 (재판장·수명법관·수탁판사)
재판의 시기	종국재판(원칙)	종국 전 재판(원칙)	종국 전 재판
구두변론 요부	필요(원칙)	불요	불요
재판의 방식	선고(공판정에서 구술의 방식)	고지(적당한 방식)	고지(적당한 방식)
재판서 요부	재판서 필요	재판서 불요, 조서에만 기재하여 할 수 있음	재판서 불요, 조서에만 기재하여 할 수 있음
이유명시 요부	필요	① 필요(상소가 허용되는 결정) ② 불요(상소가 허용되지 않는 결정)	불요
상소의 형식	항소, 상고	항고	× (이의신청, 준항고는 상소가 아님)

3. 내용에 의한 분류

(1) 실체재판(實體裁判)

실체재판이란 사건의 실체, 즉 **실체적 법률관계를 판단하는 재판**을 말한다. 유죄판결과 무죄판결이 여기에 해당한다. 실체재판은 모두 종국재판이며 판결의 형식에 의한다.

(2) 형식재판(形式裁判)

형식재판이란 사건의 실체가 아닌 **절차적·형식적 법률관계를 판단하는 재판**을 말한다. 종국 전 재판은 모두 형식재판이며 종국재판 중에서 관할위반·공소기각·면소의 재판 등은 형식재판에 해당한다.

03 재판의 성립

재판은 내부적으로 의사의 결정이 있고, 결정된 의사가 외부적으로 표시됨으로서 성립한다. 전자를 내부적 성립이라고 하고 후자를 외부적 성립이라고 한다.

1. 재판의 내부적 성립

(1) 의의

재판의 내부적 성립이란 재판의 의사표시적 내용이 당해 사건의 심리에 관여한 재판기관의 내부에서 결정되는 것을 말한다.

(2) 내부적 성립의 시기

① **합의부의 경우**: 합의부의 재판은 그 구성원인 법관의 합의에 의하여 내부적으로 성립하며 합의는 과반수로 결정한다. **심판의 합의는 공개하지 아니한다**(법원조직법 제65조).

② **단독판사의 경우**: 단독판사의 재판은 합의의 단계가 없으므로 재판서 작성시에 내부적으로 성립한다. 재판서를 작성하지 않고 재판을 고지하는 경우에는 재판의 고지로써 재판의 내부적 성립과 외부적 성립이 동시에 이루어진다.

(3) 내부적 성립의 효과
재판의 내부적 성립이 있은 후에는 법관이 경질되어도 공판절차를 갱신할 필요가 없다(제301조 단서). 14. 국가9급

2. 재판의 외부적 성립

(1) 의의
재판의 외부적 성립이란 재판의 의사표시적 내용이 재판을 받는 자에게 인식될 수 있는 상태에 이른 것을 말한다.

(2) 외부적 성립의 시기와 방법
① **외부적 성립의 시기**: 재판은 **선고(宣告) 또는 고지(告知)에 의하여 외부적으로 성립**한다. 판결은 선고에 의하고, 결정·명령은 고지에 의한다.
② **외부적 성립의 방법**: 재판의 선고 또는 고지는 공판정에서는 재판서에 의하여야 하고 기타의 경우에는 재판서 등본의 송달 또는 다른 적당한 방법으로 하여야 한다. 단, 법률에 다른 규정이 있는 때에는 예외로 한다(제42조). 재판의 선고 또는 고지는 재판장이 한다. 판결을 선고함에는 주문을 낭독하고 이유의 요지를 설명하여야 한다(제43조). 21. 법원9급

> **판례 | 외부적 성립의 시기와 방법(= 선고 또는 고지)**
>
> 재판은 선고 또는 고지에 의하여 외부적으로 성립하여 공표된다. **선고란 공판정에서 재판의 내용을 구술로 선언하는 행위이고, 고지란 선고 외의 적당한 방법으로 재판 내용을 관계인에게 알려주는 행위**이다. 고지의 방식은 재판서의 등본의 송달 기타 적당한 방식에 의한다(헌재 1995.3.23, 92헌바1).

③ **판결선고기일**: 판결의 선고는 **변론을 종결한 기일에 하여야 한다**(《주의》 익일 선고가 원칙이다. ×). 다만, 특별한 사정이 있는 때에는 따로 선고기일을 지정할 수 있다(제318조의4 제1항). 변론을 종결한 기일에 판결을 선고하는 경우에는 판결의 선고 후에 판결서를 작성할 수 있다(동조 제2항). 특별한 사정이 있어 따로 선고기일을 지정할 경우의 판결선고기일은 변론종결 후 **14일** 이내로 지정되어야 한다(동조 제3항).

> **판례 | 판결선고기일로 지정되지 않았던 일자에 판결을 선고한 것이 판결에 영향을 미친 잘못에 해당하는지의 여부**
>
> 판결의 선고는 변론을 종결한 기일에 하여야 하나, 특별한 사정이 있는 때에는 따로 선고기일을 지정할 수 있다(제318조의4 제1항). 재판장은 공판기일을 정하거나 변경할 수 있는데(제267조, 제270조), 공판기일에는 피고인을 소환하여야 하고, 검사, 변호인에게 공판기일을 통지하여야 한다(제267조 제2항·제3항). 다만 이와 같은 규정이 준수되지 않은 채로 공판기일의 진행이 이루어진 경우에도 그로 인하여 피고인의 방어권, 변호인의 변호권이 본질적으로 침해되지 않았다고 볼 만한 특별한 사정이 있다면 판결에 영향을 미친 법령 위반이라고 할 수 없다(대판 2023.7.13, 2023도4371 **대출금리를 낮춰 주겠다 사건**).

④ **판결서의 작성**: 변론을 종결한 기일에 판결을 선고하는 경우에는 선고 후 **5일** 내에 판결서를 작성하여야 한다(규칙 제146조).

(3) 외부적 성립의 효과
① **재판의 구속력**: 종국재판이 외부적으로 성립한 때에는 그 재판을 한 법원도 이를 함부로 취소·변경할 수 없다. 이를 재판의 구속력(拘束力)이라고 한다.
② **기타**: 종국재판이 외부적으로 성립하면 상소권이 발생한다(제343조 제2항). 또한 일정한 종국재판의 경우 구속영장의 효력이 상실된다(제331조).

04 재판의 구성과 방식

1. 재판의 구성

재판은 주문(主文)과 이유(理由)로 구성된다. 주문이란 재판의 대상이 된 사실에 대한 최종 결론을 말한다. 이유란 최종 결론에 이르기까지의 추론과정을 설명한 것이다.

> **판례 |**
>
> **1 판결주문의 표시방법**
> ① **죄의 일부에 대하여 공소를 기각하여야 할 사유가 있고 나머지 부분에 대하여 유죄의 증거가 없는 경우**에는 피고인에게 유리한 무죄를 주문에 표시하고 공소를 기각할 부분에 대하여는 이유에서 설시하는 것으로 족하다(대판 1988.10.11, 88도4).
> ② **상상적 경합범의 관계에 있는 공소사실의 일부에 대하여 무죄를 선고하여야 할 것으로 판단되는 경우**에 이를 판결주문에 따로 표시할 필요가 없으나, 그것을 판결주문에 표시하였다 하더라도 판결에 영향을 미친 위법사유가 되는 것은 아니다(대판 1999.12.24, 99도3003).
> ③ **상상적 경합범의 관계에 있는 두 죄 중 하나의 죄는 사면되어 면소판결의 대상**이고, 나머지 죄는 무죄일 경우 주문에서 따로 면소를 선고하지 아니한다(대판 1996.4.12, 95도2312).
> ④ **포괄일죄의 관계에 있는 공소사실에 대하여는 그 일부가 무죄로 판단되는 경우**에도 이를 판결 주문에 따로 표시할 필요가 없으나 이를 판결 주문에 표시하였다 하더라도 판결에 영향을 미친 위법사유가 되는 것은 아니라 할 것이다(대판 1993.10.12, 93도1512). 17·20. 변호사, 21. 경찰채용
> ⑤ **포괄적 일죄관계에 있는 공소사실 중 일부에 대해서 공소시효가 완성된 경우**에는 그 면소부분은 이유에서만 설시함이 옳으나 이에 대하여 주문에 무죄를 선고하였다 해도 판결결과에 어떤 영향을 미친다고 할 수 없다(대판 1983.8.23, 83도1288). 21. 경찰채용
> ⑥ **검사와 피고인 양쪽이 상소를 제기한 경우 어느 일방의 상소는 이유 없으나 다른 일방의 상소가 이유 있어 원판결을 파기하고 다시 판결하는 때**에는 이유 없는 상소에 대해서는 **판결이유 중에서 그 이유가 없다는 점을 적으면 충분하고 주문에서 그 상소를 기각해야 하는 것은 아니다**(대판 2020.6.25, 2019도17995). 21. 변호사
>
> **2 재판서 이유명시의 정도**
> 형사소송법 제39조는 "재판에는 이유를 명시하여야 한다. 단, 상소를 불허하는 결정 또는 명령은 예외로 한다."고 규정하고 있으나, 그 이유기재의 정도에 관하여는 형사소송법 제323조가 유죄판결에 명시될 이유에 관하여 규정하고 있을 뿐 다른 규정은 없으므로 **어느 재판에 어느 정도의 이유기재를 요하느냐는 그 재판의 성격에 따라 결정**할 수밖에 없다(대결 1996.11.14, 96모94).
>
> **3 결정고지시 이유명시의 정도**
> ① **증거조사신청의 기각결정** 등 판결 전의 소송절차에 관한 재판에는 재판의 간결성의 원칙에 따라 그 사유의 존부에 관하여 자세하고 구체적인 설명을 생략하고 그 신청의 당부에 대한 이유를 **다만 '신청의 이유가 있다' 또는 '그 이유가 없다'고 간단히 밝히면 된다**(대결 1996.11.14, 96모94).

② 보석불허가 이유로 "피고인이 죄증을 인멸할 염려가 있다고 믿을만한 충분한 이유가 있다."고 설시한 것은 **형사소송규칙 제55조의2에 위반되지 아니한다**(대결 1991.8.13, 91모53).
③ **구속기간갱신결정**에는 재판의 간결성의 요청에 따라 구속을 계속할 필요가 있다고 인정되는 사유에 관하여 자세하고 구체적인 설명을 생략하고 **다만 '구속을 계속할 필요가 있다'고 그 이유에서 간단히 밝히면 된다**(대결 1987.2.3, 86모57).

2. 재판선고기간의 제한

(1) 일반사건

판결의 선고는 제1심에서는 공소가 제기된 날부터 **6개월** 이내에, 항소심 및 상고심에서는 기록을 송부받은 날부터 **4개월** 이내에 하여야 한다(**소송촉진법** 제21조)(《주의》 형사소송법에 규정이 있다. ×). 17. 경찰간부 약식명령은 형사소송법 제450조의 경우를 제외하고는 그 청구가 있은 날부터 14일 이내에 하여야 한다(소송촉진법 제22조, 규칙 제171조).

(2) 선거범과 공범사건의 특칙

선거범과 그 공범에 관한 재판은 다른 재판에 우선하여 신속히 하여야 하며, 그 판결의 선고는 제1심에서는 공소가 제기된 날부터 6월 이내에, 제2심 및 제3심에서는 전심의 판결의 선고가 있는 날부터 각각 3월 이내에 반드시 하여야 한다(공직선거법 제270조).

3. 재판의 방식

(1) 재판서의 작성

재판은 법관이 작성한 재판서에 의하여야 한다. 단, 결정 또는 명령을 고지하는 경우에는 재판서를 작성하지 아니하고 조서에만 기재하여 할 수 있다(제38조). 21. 법원9급

(2) 재판서의 기재사항

재판서에는 법률에 다른 규정이 없으면 재판을 받는 자의 성명·연령·직업·주거를 기재하여야 하고, 재판을 받는 자가 법인인 때에는 그 명칭과 사무소를 기재하여야 한다(제40조 제1항·제2항). 판결서에는 **기소한 검사**와 **공판에 관여한 검사**의 관직·성명과 변호인의 성명을 기재하여야 한다(동조 제3항)(《주의》 기소한 검사의 관직·성명은 기재할 필요가 없다. ×). 21. 법원9급

(3) 재판서의 서명날인

재판서에는 재판을 한 **법관이 서명날인**하여야 한다(제41조 제1항). 재판장이 서명날인할 수 없는 때에는 다른 법관이 그 사유를 부기하고 서명날인하여야 하며, 다른 법관이 서명날인할 수 없는 때에는 재판장이 그 사유를 부기하고 서명날인을 하여야 한다(동조 제2항). **판결서**와 **각종 영장**(감정유치장 및 감정처분허가장을 포함)을 제외한 재판서에 대하여는 서명날인에 갈음하여 기명날인할 수 있다(제41조 제3항, 규칙 제25조의2)(《주의》 감정유치장은 서명날인에 갈음하여 기명날인할 수 있다. ×).

> **판례 | 법관의 서명·날인이 없는 재판서의 효력**
>
> 1 형사소송법 제38조의 규정에 의하면 재판은 법관이 작성한 재판서에 의하여야 하고, 같은 법 제41조의 규정에 의하면 재판서에는 재판한 법관이 서명·날인을 하여야 하며 재판장이 서명·날인 할 수 없는 때에는 다른 법관이 그 사유를 부기하고 서명·날인하도록 되어 있으므로, 이러한 **법관의 서명·날인이 없는 재판서에 의한 판결은 형사소송법 제383조 제1호 소정의 판결에 영향을 미친 법률위반으로서 파기사유가 된다**(대판 1990.2.27, 90도145). 21. 법원9급

2 **재판관의 서명·날인이 없는 재판서에 의한 판결은** 군사법원법 제442조 제1호가 정한 판결에 영향을 미친 법률의 위반이 있는 때에 해당하여 **파기되어야 한다.** 이는 **서명한 재판관의 인영이 아닌 다른 재판관의 인영이 날인되어 있는 경우에도 마찬가지이다**(대판 2021.4.29, 2021도2650 **군판사 엉뚱한 날인사건**).

3 형사소송법 제38조에 따르면 재판은 법원이 작성한 재판서에 의하여야 하고, 제41조에 따르면 재판서에는 재판한 법관이 서명·날인하여야 하며, **재판장이** 서명·날인할 수 없는 때에는 다른 법관이 그 사유를 부기하고 서명·날인하여야 한다. 이러한 **법관의 서명·날인이 없는 재판서에 의한 판결은** 형사소송법 제383조 제1호가 정한 '판결에 영향을 미친 법률의 위반이 있는 때'에 해당하여 **파기되어야 한다**(대판 2022.7.14, 2022도5129 **공인중개사법위반 벌금형 분리선고 사건**).

4 형사소송법 제38조에 따르면 재판은 법원이 작성한 재판서에 의하여야 하고, 제41조에 따르면 재판서에는 재판한 법관이 서명·날인하여야 하며, **재판장 외의 법관이** 서명·날인할 수 없는 때에는 재판장이 그 사유를 부기하고 서명·날인하여야 한다. **법관이 서명·날인을 하지 않은 재판서에 따른 판결은** 형사소송법 제383조 제1호가 정한 '판결에 영향을 미친 법률의 위반이 있는 때'에 해당하여 **파기되어야 한다**(대판 2022.3.17, 2021도17427 **합의부원 날인 누락사건**).

(4) 재판서의 송부

① **검사에 대한 송부**: 검사의 집행지휘를 요하는 재판은 재판서 또는 재판을 기재한 조서의 등본 또는 초본을 재판의 선고 또는 고지한 때로부터 **10일 이내**에 **검사에게 송부**하여야 한다. 단, 법률에 다른 규정이 있는 때에는 예외로 한다(제44조)(《주의》 14일 이내 ×).

② **피고인에 대한 송달**: 법원은 피고인에 대하여 판결을 선고한 때에는 선고일로부터 **7일 이내**(《주의》 14일 이내 ×)에 **피고인에게 그 판결서등본을 송달**하여야 한다. 다만, 불구속 피고인과 제331조의 규정에 의하여 구속영장의 효력이 상실된 구속 피고인에 대하여는 피고인이 송달을 신청하는 경우에 한하여 판결서 등본 또는 판결 초본을 송달한다(규칙 제148조).

05 재판서의 경정

재판서에 잘못된 계산이나 기재, 그 밖에 이와 비슷한 잘못이 있음이 분명할 때에는 법원은 직권 또는 당사자의 신청에 따라 경정결정을 할 수 있다(규칙 제25조 제1항). 경정결정은 재판서의 원본과 등본에 덧붙여 적어야 한다. 다만, 등본에 덧붙여 적을 수 없을 때에는 경정결정의 등본을 작성하여 재판서의 등본을 송달받은 자에게 송달하여야 한다(동조 제2항). 경정결정에 대하여는 즉시항고를 할 수 있다. 다만, 재판에 대하여 적법한 상소가 있는 때에는 그러하지 아니하다(동조 제3항).

> **판례 | 이미 선고된 판결의 내용을 실질적으로 변경하는 판결서 경정이 허용되는지의 여부(소극)**
>
> 법원은 재판서에 잘못된 계산이나 기재, 그 밖에 이와 비슷한 잘못이 있음이 분명할 때에는 경정결정을 통하여 위와 같은 재판서의 잘못을 바로잡을 수 있다(형사소송규칙 제25조 제1항). 그러나 **이미 선고된 판결의 내용을 실질적으로 변경하는 것은 위 규정에서 예정하고 있는 경정의 범위를 벗어나는 것으로서 허용되지 않는다.** 그리고 경정결정은 이를 주문에 기재하여야 하고, 판결 이유에만 기재한 경우 경정결정이 이루어졌다고 할 수 없다(대판 2021.4.29, 2021도26 **3개 범죄만 누범 사건**) (同旨 대판 2021.1.28, 2017도18536).

제2절 종국재판

종국재판이란 당해 심급을 종결시키는 재판을 말한다. 유죄판결·무죄판결, 면소판결·관할위반판결·공소기각판결·공소기각결정 그리고 상소심에서의 상소기각재판, 파기자판·파기이송·파기환송의 재판이 이에 해당한다. 이하에서는 상소심에서의 재판을 제외한 유죄판결·무죄판결, 면소판결·관할위반판결·공소기각판결·공소기각결정에 대해서 설명한다.

SUMMARY | 종국재판의 사유 ★★★

구분	사유
유죄판결(제321조)	범죄의 증명이 있는 때
무죄판결(제325조)	① 피고사건이 범죄로 되지 않는 때 ② 범죄사실의 증명이 없는 때
면소판결(제326조)	① 확정판결이 있는 때 ② 일반사면이 있는 때 ③ 공소의 시효가 완성되었을 때 ④ 범죄 후의 법령개폐로 **형이 폐지**되었을 때
관할위반판결(제319조)	피고사건이 법원의 관할에 속하지 아니한 때
공소기각판결 (제327조)	① 피고인에 대하여 **재판권이 없을 때** ② 공소제기의 절차가 **법률의 규정**에 위반하여 무효인 때 ③ 공소가 제기된 사건에 대하여 **다시 공소가 제기**되었을 때(이중기소) ④ 제329조의 규정(공소취소 후 다른 중요한 증거가 발견된 경우에만 공소제기 할 수 있다)에 위반하여 공소가 제기되었을 때 ⑤ 친고죄에 있어 **고소의 취소**가 되었을 때 ⑥ 반의사불벌죄에 있어 **처벌을 원하지 아니하는 의사표시**가 있거나 처벌을 원하는 의사표시를 철회하였을 때
공소기각결정 (제328조 제1항)	① 제12조 또는 제13조의 규정에 의하여 재판할 수 없는 때(관할의 경합) ② 공소장에 기재된 사실이 진실하다 하더라도 **범죄가 될만한 사실이 포함되지 아니하는 때** ③ **공소가 취소**되었을 때 ④ **피고인이 사망**하거나 피고인인 법인이 존속하지 아니하게 되었을 때

01 유죄판결

1. 의의

유죄판결이란 피고사건에 대하여 범죄의 증명이 있는 때에 선고하는 실체재판을 말한다. 피고사건이란 공소장에 기재된 범죄사실을 말하고, 범죄의 증명이 있는 때란 법원이 적법한 증거조사방법에 따라 범죄사실의 존재에 대한 '합리적 의심의 여지가 없는 확신'을 가진 것을 말한다.

2. 유죄판결과 형의 선고

(1) 형을 선고하는 경우
① 피고사건에 대하여 범죄의 증명이 있는 때에는 형의 면제 또는 선고유예의 경우 외에는 판결로써 형을 선고하여야 한다(제321조 제1항). **형의 집행유예, 노역장의 유치기간, 재산형의 가납판결**은 **형의 선고와 동시에 판결로써 선고**하여야 한다(동조 제2항, 제334조 제2항).
② 법원은 벌금, 과료 또는 추징의 선고를 하는 경우에 판결의 확정 후에는 집행할 수 없거나 집행하기 곤란할 염려가 있다고 인정할 때에는 직권 또는 검사의 청구에 의하여 피고인에게 벌금, 과료

또는 추징에 상당한 금액의 가납을 명할 수 있다(제334조 제1항). 16. 경찰간부 재산형의 가납판결은 확정을 기다리지 않고 즉시 집행할 수 있다(동조 제3항). 16. 경찰간부

(2) 형을 선고하지 않는 경우

피고사건에 대하여 범죄의 증명이 있지만 형을 선고하지 않는 경우로는 형의 면제와 선고유예가 있다(제321조 제1항). 피고사건에 대하여 **형의 면제** 또는 **선고유예**를 하는 때에는 **판결로써 선고**하여야 한다(제322조).

3. 양형위원회 및 양형기준

(1) 설치 및 구성

형을 정함에 있어 국민의 건전한 상식을 반영하고 국민이 신뢰할 수 있는 공정하고 객관적인 양형을 실현하기 위하여 대법원에 양형위원회를 둔다(법원조직법 제81조의2 제1항).

(2) 양형기준의 설정

위원회는 법관이 합리적인 양형을 도출하는 데 참고할 수 있는 구체적이고 객관적인 양형기준을 설정하거나 변경한다(동법 제81조의6 제1항). 위원회는 양형기준을 공개하여야 한다(동조 제4항).

(3) 양형기준의 효력

법관은 형의 종류를 선택하고 형량을 정함에 있어서 양형기준을 존중하여야 한다. 다만, **양형기준은 법적 구속력을 갖지 아니한다**(동법 제81조의7 제1항). 법원이 양형기준을 벗어난 판결을 하는 경우에는 판결서에 양형의 이유를 기재하여야 한다. 다만, **약식절차 또는 즉결심판절차**에 의하여 심판하는 경우에는 **그러하지 아니하다**(동조 제2항). 22. 국가7급

> **⚖ 판례 | 양형기준의 법적 효력**
>
> 대법원 양형위원회의 양형기준은 법관이 합리적인 양형을 정하는 데 참고할 수 있는 구체적이고 객관적인 기준으로서 마련된 것이다. **양형기준은 법적 구속력을 가지지 아니하고**, 단지 위와 같은 취지로 마련되어 그 내용의 타당성에 의하여 일반적인 설득력을 가지는 것으로 예정되어 있으므로 법관의 양형에 있어서 그 존중이 요구되는 것일 뿐이다(대판 2009.12.10, 2009도11448).

4. 유죄판결에 명시할 이유

(1) 의의

형의 선고를 하는 때에는 판결이유에 범죄될 사실, 증거의 요지와 법령의 적용을 명시하여야 한다(제323조 제1항). 법률상 범죄의 성립을 조각하는 이유 또는 형의 가중·감면의 이유되는 사실의 진술이 있은 때에는 이에 대한 판단을 명시하여야 한다(동조 제2항).

> **⚖ 판례 |**
>
> 1 유죄판결을 선고하면서 판결이유에 명시하여야 할 내용을 누락한 경우 파기사유가 되는지의 여부(적극)
> 형사소송법 제323조 제1항에 따르면 유죄판결의 판결이유에는 범죄사실, 증거의 요지와 법령의 적용을 명시하여야 하는 것인바, 유죄판결을 선고하면서 판결이유에 이 중 어느 하나를 전부 누락한 경우에는 형사소송법 제383조 제1호에 정한 **판결에 영향을 미친 법률위반**으로서 파기사유가 된다(대판 2010.10.14, 2010도9151). 15. 국가9급, 16. 경찰간부, 17. 경찰승진, 18. 법원9급

2 양형의 조건이 되는 사유를 유죄판결 이유에 명시할 필요가 있는지의 여부(소극)
형사소송법 제39조가 재판에 이유를 명시하라는 취지는 처단형을 정할 때에 그 **양형의 조건이 되는 사유까지를 설시하라는 취지가 아니다**(대판 1975.10.25, 75도2580). 15. 국가9급

(2) 범죄될 사실

범죄될 사실이란 **구성요건에 해당하는 위법하고 유책한 구체적 사실**을 말한다. 구성요건해당사실로서 주체·객체·행위·결과 등을 명시하여야 한다. 위법성과 책임은 구성요건해당사실이 인정되면 사실상 추정되므로 이에 대한 특별한 판단은 요하지 않는다. 형의 가중·감면사유인 결과적 가중범의 결과, 누범전과 등은 명시하여야 하나 단순한 양형사유인 정상에 관한 사실은 명시할 필요가 없다.

판례 Ⅰ

1 범죄될 사실 관련 판례
① 유죄판결의 이유에 기재하는 **범죄될 사실**은 **범죄사실이 특정되고 사건의 동일성을 인식할 수 있을 정도로만** 기재하면 된다(대판 1989.9.26, 89도380).
② 유죄판결에는 그 판결 이유에 범죄사실과 증거의 요지, 법령의 적용을 명시하여야 할 것인바, 여기서 **범죄사실은 특정한 구성요건에 해당하는 위법하고 유책한 구체적 사실**을 말한다(대판 1999.12.28, 98도4181).
③ **교사범, 방조범의 범죄사실 적시에 있어서는 그 전제요건이 되는 정범의 범죄 구성요건이 되는 사실 전부를 적시하여야 하고**, 이 기재가 없는 교사범, 방조범의 사실 적시는 죄가 되는 사실의 적시라고 할 수 없다(대판 1981.11.24, 81도2422). 19. 해경간부, 20. 경찰간부·국가9급, 19. 변호사
④ **포괄일죄**에 있어서는 그 일죄의 일부를 구성하는 개개의 행위에 대하여 구체적으로 특정되지 아니하더라도 그 **전체범행의 시기와 종기, 범행방법, 범행회수 또는 피해액의 합계 및 피해자나 상대방을 명시하면** 이로써 그 범죄사실은 특정되는 것이다(대판 1995.2.17, 94도3297). 19. 변호사
⑤ **범죄의 일시장소와 방법**은 범죄의 구성요건이 아닐 뿐만 아니라 이를 구체적으로 명확히 인정할 수 없는 경우에는 **개괄적으로 설시하여도 무방**하다(대판 1986.8.19, 86도1073).
⑥ 상해사실의 인정에 있어 상해의 부위와 정도가 증거에 의하여 명백히 확정되어야 하고 **상해부위의 판시 없는 상해죄의 인정은 위법**하다(대판 1993.5.11, 93도711).
⑦ 사기죄에 있어서 재산상의 이익은 계산적으로 산출할 수 있는 이익에 한정하지 아니하므로 범죄사실을 판시함에 있어서도 그 이익의 수액을 명시하지 않았다 하더라도 위법이라고 할 수 없다(대판 1997.7.25, 97도1095).
⑧ 공모공동정범에 있어서의 공모나 모의는 '범죄될 사실'에 해당하므로 법원이 공모나 모의사실을 인정하는 이상 당해 공모나 모의가 이루어진 일시, 장소 또는 실행방법, 각자 행위의 분담, 역할 등을 구체적으로 상세하게 판시할 것까지는 없더라도 **적어도 공모나 모의가 성립되었다는 정도는 판결이유에서 밝혀야 한다**(대판 1989.6.27, 88도2381). 14. 국가7급
⑨ 증뢰죄의 판시에 있어서 '죄로 될 사실'의 적시는 공무원의 직무 중 개개의 직무행위에 대한 대가관계에 있는 사실까지를 판시할 필요는 없다 할지라도 적어도 공무원의 어떠한 직무권한의 범위에 관한 것인가에 대하여는 구체적으로 판시할 필요가 있다고 할 것이다(대판 1982.9.28, 80도2309).

2 '범죄될 사실'을 명시한 것으로 볼 수 있는 경우
① '피고인 甲과 乙이 공동하여 국민학교 6학년에 재학중인 성교의 경험도 없는 피해자를 차례로 **강간하여 음부의 질에 출혈케 하여 치료기간 미상의 상해를 입힌 것이다**'고 기재한 경우(대판 1989.12.22, 89도1079) - 강간치상죄

② '피고인은 1984.9.10. 00:00경이 지난 이후 피해자를 부산시내 장소불상 노상에서 만나 함께 있던 중 그 시간부터 같은 날 06:00경까지 동안의 시간 불상경 부산 또는 경남 김해 일원의 장소불상지에서 불상의 경위로 **피해자의 목을 손으로 눌러** 질식으로 사망에 이르게 하여 살해하였다'고 기재한 경우(대판 1986.8.19, 86도1073) - 살인죄

3 '범죄될 사실'을 명시한 것으로 볼 수 없는 경우
① '피고인은 1992.4.1. 12:50경 피해자에게 욕설을 하면서 그의 멱살을 잡고 흔드는 등 폭행하여 동인에게 **치료일수 미상의 상해를 가하였다**'라고 기재한 경우(대판 1993.5.11, 93도711) - 상해죄
② '피고인은 **불상의 방법으로 피해자를 가격하여** 그 충격으로 피해자가 뒤로 넘어지면서 우측 후두부가 도로 바닥에 부딪쳐 사망에 이르렀다'라고 기재한 경우(대판 1999.12.28, 98도4181) - 폭행치사죄
③ '피고인이 상습으로 1975.9.경부터 1980.7.29.까지의 기간 중 **피고인이 교도소에서 복역한 기간을 공제한 나머지 기간 동안**에 매달 평균 2, 3회 가량 자기 모(母)와 여동생에게 **폭행을 가하였다**'라고 기재한 경우(대판 1981.4.28, 81도809) - 상습폭행죄
④ '피고인은 甲으로부터 밀항자인 乙을 부산까지 인솔하여 달라는 부탁을 받고 乙이 밀항자인 점을 알면서도 부산항 국내선 여객선 터미널 대합실 입구까지 乙을 데리고 가서 동소에서 丙에게 인도하여 주어서 乙로 하여금 **전항과 같이 밀항 도일케 하여서** 동인의 밀항을 용이하게 하여 이를 방조한 것이다'라고 기재한 경우(대판 1981.11.24, 81도2422) - 밀항단속법 위반

(3) 증거의 요지

증거의 요지란 사실인정의 자료가 된 증거의 요지를 말한다. 반드시 모든 증거를 나열할 필요는 없고 어떤 증거에 의하여 어떤 사실을 인정하였는가를 알아볼 수 있을 정도면 충분하다.

> **판례 | 증거의 요지 관련 판례**
>
> 1 판결에 범죄사실에 대한 증거를 설시함에 있어 **어느 증거의 어느 부분에 의하여 어느 범죄사실을 인정한다고 구체적으로 설시하지 아니하였다 하더라도** 그 적시한 증거들에 의하여 판시 범죄사실을 인정할 수 있으면 이를 **위법한 증거설시라고 할 수 없다**(대판 1987.10.13, 87도1240). 17. 국가7급
> 2 '증거의 요지'는 어느 증거의 어느 부분에 의하여 범죄사실을 인정하였느냐 하는 이유 설명까지 할 필요는 없지만 적어도 **어떤 증거에 의하여 어떤 범죄사실을 인정하였는가를 알아볼 정도로 증거의 중요부분을 표시하여야 한다**(대판 2010.2.11, 2009도2338). 14. 국가7급, 16. 경찰간부, 17. 경찰승진
> 3 유죄판결의 증거는 범죄될 사실을 증명할 적극적 증거를 거시하면 되므로 **범죄사실에 배치되는 증거들에 관하여 배척한다는 취지의 판단이나 이유를 설시하지 아니하여도 잘못이라 할 수 없다**(대판 1986.10.14, 86도1606). 17. 경찰승진
> 4 사실인정에 배치되는 증거에 대한 판단을 반드시 판결이유에 기재하여야 하는 것은 아니므로 피고인이 알리바이를 내세우는 증인들의 증언에 관한 판단을 하지 아니하였다 하여 위법이라 할 수 없다(대판 1982.9.28, 82도1798). 15. 국가9급, 16. 경찰간부

(4) 법령의 적용

형 선고시 판결이유에 **어떤 범죄사실에 대하여 어떤 법령을 적용하였는가를 객관적으로 알 수 있도록 분명하게 기재**할 것을 요하므로 형법 각칙의 각 본조와 처벌에 관한 규정을 명시하여야 한다. 또한 형법 총칙의 규정도 형사책임의 기초를 명백히 하기 위하여 중요한 규정은 이를 명시하여야 한다.

> **판례 |**
>
> 1 '법령의 적용' 관련 판례
>   ① 구체적인 범죄사실에 적용하여야 할 **실체법규 이외의 법규**에 관하여는 판결문상 그 규정을 적용한 취지가 인정되면 되고 특히 그 법규를 **법률적용란에 표시하지 아니하였다** 하여 위법하다고 할 수는 없다(대판 2004.7.22, 2003도8153).
>   ② 법령을 적용함에 있어서는 문장체로서 설시하는 **문장식**과 조문의 열거를 중심으로 하는 **나열식 또는 열거식**이 있으나, 어느 방식에 의하든 피고인이 복수인 경우에 어느 피고인에게 어느 법령이 적용되는지와 범죄사실이 여러 개인 경우에 어느 사실에 어떤 법령이 적용되었는지를 명시하여야 할 것이다(대판 2004.4.9, 2004도340).
>
> 2 '법령 적용의 위법'이 판결결과에 영향을 미치지 않는 경우
>   ① 법원이 피고인들이 공동정범 관계에 있음을 명백히 하였으나 법률적용에서 '**형법 제30조**'를 기재하지 않은 경우(대판 2008.7.10, 2007도5583)
>   ② (형기나 금액이 동일하고 또 죄질과 법정으로도 경중이 가려지지 않을 때에) 법원이 **어느 죄에 정한 형에 경합범 가중을 한 것인지**에 관하여 기재하지 않은 경우(대판 1999.9.7, 99도3092)
>   ③ **간접정범으로 공소제기된 공소사실에 대하여 법원이 이를 유죄로 인정**하면서도 그 법령의 적용에 있어서 이를 공동정범에 해당한다고 보아 '**형법 제30조**'를 적용한 경우(대판 1997.7.11, 97도1180)
>   ④ 법원이 피고인을 모해위증교사죄로 처단함으로써 사실상 형법 제33조 단서를 적용한 취의로 해석되지만, 그 법률적용에서 **형법 제33조 단서에서 그 '단서 조항'을 빠뜨려** 명시하지 않은 경우(대판 1994.12.23, 93도1002)
>   ⑤ 법원이 범죄사실 모두(冒頭)에 형법 제37조 후단 경합범인 전과사실을 표시하였으나 **법률적용에서 이(형법 제37조 후단 및 제39조 제1항)를 명시하지 않은 경우**(대판 1997.2.28, 96도3247)
>   ⑥ 법원의 판결이 그 주문에 있어서는 부가형인 몰수와 부수처분인 압수장물의 환부를 선고하였음에도 불구하고, 그 이유에 있어서는 **그 적용법조(형법 제48조 제1항 등)를 표시하지 않은 경우**(대판 1971.4.30, 71도510)

(5) 당사자의 주장에 대한 판단
① 의의: **법률상 범죄의 성립을 조각하는 이유** 또는 **형의 가중·감면의 이유되는 사실의 진술**이 있는 때에는 **이에 대한 판단을 명시하여야 한다**(제323조 제2항). 이는 법원이 당사자의 주장을 무시하지 않고 명백히 판단하였음을 표시하게 함으로써 피고인의 소송주체성을 강조하고 재판의 객관적 공정성을 보장하려는데 그 취지가 있다.
② **법률상 범죄의 성립을 조각하는 이유되는 사실의 진술에 대한 판단**: 법률상 범죄의 성립을 조각하는 이유되는 사실은 위법성조각사유(정당방위·긴급피난 등) 또는 책임조각사유(심신상실, 강요된 행위, 법률의 착오 등)에 해당하는 사실을 말한다. 단순한 '범죄사실의 부인'은 이에 해당하지 아니한다.
③ **법률상 형의 가중·감면의 이유되는 사실의 진술에 대한 판단**: 법률상 형의 가중·감면의 이유되는 사실은 필요적 가중·감면의 사유(누범, 중지미수, 방조범 등)를 의미한다는 것이 다수설과 판례의 입장이다. 따라서 임의적 가중·감면의 사유(심신미약, 자수, 장애미수, 과잉방위 등)가 되는 사실에 대한 주장은 법원이 판결이유에 그 판단을 명시할 필요가 없다.

판례 I

1 '당사자 주장에 대한 판단' 관련 판례
① '법률상 범죄의 성립을 조각하는 이유되는 사실'의 주장이라 함은 **범죄구성요건 이외의 사실로서 법률상 범죄의 성립을 조각하는 이유되는 사실상의 주장을 말하는 것**이므로 '단순히 범죄사실을 부인함'과 같은 것은 이에 해당하지 않는다(대판 1982.6.22, 82도409).
② **'형의 가중, 감면의 이유되는 사실'이란 형의 필요적 가중, 감면의 이유되는 사실을 말하고** 형의 감면이 법원의 재량에 맡겨진 경우, 즉 임의적 감면사유는 이에 해당하지 않는다(대판 2017.11.9, 2017도14769). 18. 법원9급
③ 피고인이 자수하였다 하더라도 **자수한 자에 대하여는 법원이 임의로 형을 감경할 수 있음에 불과한 것으로서** 원심이 자수감경을 하지 아니하였다거나 자수감경 주장에 대하여 판단을 하지 아니하였다 하여 위법하다고 할 수 없다(대판 2011.12.22, 2011도12041). 14. 국가7급, 17·19. 국가9급, 18. 법원행시·법원9급
④ 형법 제16조 소정의 **법률의 착오 주장**은 형사소송법 제323조 제2항에서 규정하고 있는 **법률상 범죄의 성립을 조각하는 사유에 관한 진술에 해당**하므로 원심으로서는 이에 관한 판단을 하여야 한다(대판 2004.10.28, 2003도8238).

2 당사자 주장에 대한 판단을 판결이유에 명시해야 하는 경우 I
① 피고인이 "통행로가 육로에 해당한다고 하여도 피고인의 행위는 **정당방위, 정당행위에 해당한다.**"라고 주장한 경우(대판 2007.2.22, 2006도8750) - 교통방해죄
② 피고인이 "폐업신고서를 작성, 행사한 행위는 사회상규에 위배되지 않는 **정당한 행위이다.**"라고 주장한 경우(대판 1992.12.22, 92도2047) - 사문서위조 및 동행사죄
③ 피고인이 "**변호사들에게 전화 문의하여 본 바 문제가 없다는 말을 들었기에** 건물 중 3층을 제3자에게 무상으로 임대하였다"는 취지로 진술한 경우(대판 2004.10.28, 2003도8238)
④ 피고인이 "평소 조울증이 있을 뿐만 아니라 범행 당시 술에 취하여 **심신상실 또는 심신미약의 상태에 있었다.**"고 주장한 경우[대판 1999.4.15, 96도1922(전합)] - 강제추행치상죄
⑤ 피고인이 "남편의 추궁과 폭행을 모면하기 위하여 발설하였다가 남편의 강요에 의하여 무고행위로까지 발전된 것이다."라고 주장한 경우(대판 1994.9.9, 94도1436) - 무고죄

3 당사자 주장에 대한 판단을 판결이유에 명시할 필요가 없는 경우 I
① 피고인이 "**공동정범이 아니라 방조범에 불과하다.**"라고 주장한 경우(대판 1981.3.24, 81도74) - 관세법 위반
② 피고인이 "**사기의 의사가 없었다.**"라고 주장한 경우(대판 1983.10.11, 83도2281) - 사기죄
③ 피고인이 "문서명의인이 피고인에게 **폐업신고서를 작성할 권한을 부여하였다 또는 그와 같이 추정되어야 한다**"라고 주장한 경우(대판 1992.12.22, 92도2047) - 사문서위조 및 동행사죄
④ 피고인과 변호인이 "사문서위조 및 동행사의 점을 유죄로 인정한 제1심판결에 **위조문서 명의자 및 그 문서의 작성권한자에 대한 판단을 그르친 위법이 있다**"는 취지의 주장한 경우(대판 1997.6.27, 95도1964) - 사문서위조 및 동행사죄
⑤ 피고인이 "소유권보존등기는 실체적 권리관계에 부합하는 유효한 등기이다."라고 주장한 경우(대판 1997.7.11, 97도1180) - 공정증서원본부실기재죄 14. 국가7급, 16. 경찰간부, 17. 경찰승진
⑥ 피고인들이 "우리 행위는 **뇌물수수죄가 아니라 공갈죄를 구성하는 것이다.**" 또는 "뇌물공여죄는 **성립되지 않고** 공갈죄의 피해자에 불과하다."라고 주장한 경우(대판 1994.12.22, 94도2528) - 수뢰죄 및 증뢰죄

4 당사자 주장에 대한 판단을 판결이유에 명시해야 하는 경우 II
① 피고인이 법정 진술과 항소이유서를 통하여 "범행당시 술에 만취하였기 때문에 **전혀 기억이 없다**"는 취지로 진술한 경우(대판 1990.2.13, 89도2364) - 폭력행위처벌법 위반

② 피고인의 변호인이 항소이유서에서 "피고인이 감당하기 어려울 정도로 **만취되어 거의 의식불명이 된 상태**에서 범행을 저지른 것이다."라고 주장한 경우(대판 1984.9.11, 84도1387) - 폭력행위처벌법 위반

③ 피고인이 항소이유서에서 "피해자가 나를 때릴 듯한 느낌이 들어 취중에 손바닥으로 가슴을 밀어 버린 것밖에 **전혀 기억이 없습니다.**"라고 진술한 경우(대판 1977.9.28, 77도2450) - 폭력행위처벌법 위반

5 당사자 주장에 대한 판단을 판결이유에 명시할 필요가 없는 경우 Ⅱ
① 피고인이 국선변호인의 반대신문 중에 "사건 발생 전에 **막걸리 1병을 마셨다.**"고 진술한 경우(대판 2000.2.11, 99도4794) - 강제추행상해죄
② 피고인의 항소이유서에 "범행직전에 **친구들과 소주를 약 7병을 먹고 있었다.**"고 진술한 경우(대판 1990.4.24, 90도434) - 강간치상죄 등
③ 피고인이 "피해자와 같이 포장마차에 술 마시러 간 것은 기억하지만 **칼을 집어던진 일은 술에 취해 기억이 없다.**"라고 진술한 경우. 다만, 피고인은 포장마차를 나와 근처 다방후문 앞 노상에서 **피해자의 얼굴 등을 때려 상처를 입힌 사실은 소상히 기억하여 그대로 시인하고 있음**(대판 1988.9.13, 88도1284) - 폭력행위처벌법 위반
④ 피고인이 수사기관에서는 "범행당시 술을 많이 먹었지만 이성을 잃을 정도는 아니었다"라고 진술하고 있고, 법정에서 "왜 이와 같은 일을 했나요?"라는 물음에 "술에 취해서 그랬습니다."라고 답변한 경우(대판 1986.2.25, 85도2764) - 강간치상죄

02 무죄판결

1. 의의

무죄판결이란 피고사건에 대하여 형벌권의 부존재를 확인하는 판결을 말한다. 피고사건이 범죄로 되지 아니하거나 또는 범죄사실의 증명이 없는 때에는 판결로써 무죄를 선고하여야 한다(제325조).

2. 무죄판결의 사유

(1) 피고사건이 범죄로 되지 않는 때

공소사실 자체는 인정되지만 법률상 범죄를 구성하지 않거나 위법성조각사유 또는 책임조각사유가 존재하여 범죄가 성립하지 않는 경우를 말한다. 다만, 공소장에 기재된 사실이 진실하다 하더라도 범죄가 될 만한 사실이 포함되지 아니하는 때는 무죄판결의 사유가 아니고 공소기각결정의 사유이다(제328조 제1항 제4호).

(2) 범죄사실의 증명이 없는 때

공소사실의 부존재가 적극적으로 증명된 경우, 그 사실의 존부에 관한 증거가 불충분하여 법관이 충분한 심증을 얻을 수 없는 경우, 자백에 대한 보강증거가 없는 경우가 이에 해당한다.

> **판례** | 기소된 사건의 적용 법령이 헌법재판소의 위헌결정 등으로 소급적으로 실효된 경우, 법원이 해야하는 재판(= 무죄판결)
>
> 1 위헌결정으로 인하여 형벌에 관한 법률 또는 법률조항이 소급하여 그 효력을 상실한 경우에는 당해 조항을 적용하여 공소가 제기된 피고사건은 범죄로 되지 아니한 때에 해당한다고 할 것이어서 법원은 그 피고사건에 대하여 **무죄를 선고하여야 한다**(대판 2011.9.29, 2009도12515). 14 법원행시, 16·20. 법원9급, 16·17. 변호사, 18. 국가9급, 21. 경찰채용

2 형벌에 관한 법령이 헌법재판소의 **위헌결정**으로 인하여 소급하여 그 효력을 상실하였거나 법원에서 **위헌·무효로 선언된 경우**, 당해 법령을 적용하여 공소가 제기된 피고사건에 대하여 형사소송법 제325조에 따라 **무죄를 선고하여야 한다**[대판 2013.5.16, 2011도2631(전합)]. 14·22. 국가7급

3 **헌법불합치결정**에 의하여 헌법에 합치되지 아니한다고 선언되고 그 결정에서 정한 개정시한까지 법률 개정이 이루어지지 않은 경우, 그 법률조항은 소급하여 효력을 상실하고 법원은 **무죄를 선고하여야 한다**[대판 2011.6.23, 2008도7562(전합)]. 15. 법원행시, 16·20. 국가9급, 22. 변호사

4 형벌에 관한 법령이 폐지되었다 하더라도 그 '폐지'가 당초부터 헌법에 위반되어 효력이 없는 법령에 대한 것이었다면 그 피고사건은 형사소송법 제325조 전단이 규정하는 '범죄로 되지 아니한 때'의 **무죄사유에 해당**하는 것이지 형사소송법 제326조 제4호 소정의 면소사유에 해당한다고 할 수 없다(대판 2013.7.11, 2011도14044). 14. 국가7급, 14·19 법원9급

3. 무죄판결과 비용보상

(1) 요건

국가는 무죄판결이 확정된 경우에는 당해 사건의 피고인이었던 자에 대하여 그 재판에 소요된 비용을 보상하여야 한다(제194조의2 제1항). 15. 경찰간부 다만, 다음 어느 하나에 해당하는 경우에는 비용의 전부 또는 일부를 보상하지 아니할 수 있다(동조 제2항).

> ① 피고인이었던 자가 수사 또는 재판을 그르칠 목적으로 거짓 자백을 하거나 다른 유죄의 증거를 만들어 기소된 것으로 인정된 경우
> ② 1개의 재판으로써 경합범의 일부에 대하여 무죄판결이 확정되고 다른 부분에 대하여 유죄판결이 확정된 경우
> ③ 형법 제9조 및 제10조 제1항의 사유에 따른 무죄판결이 확정된 경우
> ④ 그 비용이 피고인이었던 자에게 책임지울 사유로 발생한 경우

(2) 절차

비용보상은 피고인이었던 자의 청구에 따라 무죄판결을 선고한 법원의 합의부에서 결정으로 한다(제194조의3 제1항). 청구는 **무죄판결이 확정된 사실을 안 날부터 3년, 무죄판결이 확정된 때부터 5년** 이내에 하여야 하고, 이 결정에 대하여는 **즉시항고**를 할 수 있다(동조 제2항·제3항)(《주의》 비용보상은 확정된 날로부터 6월 이내에 하여야 한다. ×). 15. 경찰간부

☑ SUMMARY | 비용보상 vs 형사보상 ★★

구분	비용보상	형사보상
공통점	① 무과실책임(공무원의 고의·과실 불요) ② 무죄판결을 선고한 법원의 합의부 관할 ③ 법원의 결정에 대하여 즉시항고 가능(다만, 형사보상결정에 대한 즉시항고기간은 1주일임)	
규정	형사소송법	형사보상법
보상상대	무죄판결을 받은 피고인	① 불기소처분을 받은 피의자 ② 무죄, 면소, 공소기각, 치료감호청구기각의 재판을 받은 피고인
보상내용	비용(여비, 일당, 숙박료 및 변호인 보수)의 보상	구금, 형집행 및 치료감호에 대한 보상
청구기간	무죄판결이 확정된 사실을 안 날부터 3년, 무죄판결이 확정된 때부터 5년 이내	① 피의자: 불기소처분의 통지를 받은 날부터 3년 이내 ② 피고인: 무죄 등이 확정된 사실을 안 날부터 3년, 확정된 때부터 5년 이내

03 면소판결

1. 의의

면소판결은 실체적 소송조건이 결여된 경우에 선고하는 종국재판이다. 면소판결의 본질에 관하여 견해대립은 있으나 형식재판설이 통설과 판례의 입장이다. 다만, 면소판결은 형식재판임에도 불구하고 기판력(일사부재리효력)이 인정된다는 것이 학설과 판례의 일치된 견해이다.

2. 면소판결의 사유(제326조)

(1) 확정판결이 있은 때(제1호)

여기서 '확정판결'이란 기판력(일사부재리효력)이 인정되는 확정판결만을 의미한다. **유무죄의 실체재판**뿐만 아니라 **면소판결도** 포함된다. 정식재판에서 선고된 경우는 물론 **약식명령** 또는 **즉결심판도** 확정판결에 포함된다.

> **판례 | 기판력(일사부재리효력)과 면소판결**
>
> 형사재판이 실체적으로 확정되면 동일한 범죄에 대하여 거듭 처벌할 수 없고, **확정판결이 있는 사건과 동일사건에 대하여 공소의 제기가 있는 경우에는 판결로써 면소의 선고를 하여야 한다**(대판 2013.5.24, 2011도9549).

(2) 사면(赦免)이 있은 때(제2호)

여기서 '사면'이란 **일반사면**만을 의미한다. 특별사면은 형의 선고를 받은 자에 대하여 형집행을 면제하는 데에 불과하기 때문이다(사면법 제5조 제1항).

> **판례 | 면소판결의 사유가 되는 '사면'의 의미(= 일반사면)**
>
> 1 면소판결 사유인 형사소송법 제326조 제2호의 '**사면이 있는 때**'에서 말하는 '**사면**'이란 일반사면을 의미할 뿐 형을 선고받아 확정된 자를 상대로 이루어지는 특별사면은 여기에 해당하지 않으므로, 재심대상판결 확정 후에 형 선고의 효력을 상실케 하는 특별사면이 있었다고 하더라도 재심심판절차를 진행하는 법원은 실체에 관한 유·무죄 등의 판단을 해야지 특별사면이 있음을 들어 면소판결을 하여서는 아니된다[대판 2015.5.21, 2011도1932(전합)]. 16·17·18. 변호사, 17. 경찰채용, 18. 국가7급, 19. 국가9급, 21. 경찰간부
> 2 [1] 형사소송법 제326조 제2호 소정의 면소판결의 '**사유인 사면이 있을 때**'란 일반사면이 있을 때를 말하는 것인데 [2] 피고인은 1998.3.13. '부정수표단속법 위반죄로 징역 6월, 집행유예 2년의 선고를 받은 형의 언도의 효력을 상실케 하는 특별사면'을 받았음을 알 수 있으므로, 위 특별사면 이전에 저지른 것으로 공소제기된 부정수표단속법 위반의 점에 대한 공소사실은 면소판결의 대상에 해당하지 아니한다(대판 2000.2.11, 99도2983). 16. 법원9급

(3) 공소의 시효가 완성되었을 때(제3호)

공소시효완성은 판결확정 전 국가의 소추권을 박탈시키는 것으로 소송추행(訴訟追行)의 이익이 없기 때문에 면소판결의 사유가 된다. 공소제기 후 판결의 확정 없이 **25년(주의 30년 ×)이 경과**하면 공소시효가 완성한 것으로 간주하므로 이 경우에도 면소판결을 선고해야 한다(제249조 제2항). 14. 경찰승진·경찰간부, 15·18. 법원9급

(4) 범죄 후의 법령개폐로 형이 폐지되었을 때(제4호)

형의 폐지는 명문으로 벌칙이 폐지된 경우뿐만 아니라 법령에 정해진 유효기간이 경과한 경우 또는 전법과 후법의 저촉으로 실질적으로 벌칙의 효력이 상실된 경우도 포함된다. 14. 국가9급, 18. 경찰승진

> **판례 | 면소판결의 사유**
>
> 1 **위계간음죄**를 규정한 형법 제304조의 삭제는 법률이념의 변천에 따라 과거에 범죄로 본 음행의 상습 없는 부녀에 대한 위계간음행위에 관하여 현재의 평가가 달라짐에 따라 이를 처벌대상으로 삼는 것이 부당하다는 반성적 고려에서 비롯된 것으로 봄이 타당하므로 이는 범죄 후의 법령개폐로 범죄를 구성하지 않게 되어 **형이 폐지되었을 때에 해당한다**(대판 2014.4.24, 2012도14253). 20. 국가9급
> 2 종전 합헌결정일 이전의 범죄행위에 대하여 재심개시결정이 확정되었는데 그 범죄행위에 적용될 법률 또는 법률의 조항이 **위헌결정**으로 헌법재판소법 제47조 제3항 단서에 의하여 **종전 합헌결정일의 다음 날로 소급하여 효력을 상실하였다면** 범죄행위 당시 유효한 법률 또는 법률의 조항이 그 이후 폐지된 경우와 마찬가지이므로 법원은 형사소송법 제326조 제4호에 해당하는 것으로 보아 **면소판결을 선고하여야 한다**(대판 2019.12.24, 2019도15167 **간통 재심사건 Ⅱ**).

04 관할위반판결

1. 의의

피고사건이 법원의 관할에 속하지 아니한 때에는 판결로서 관할위반의 선고를 하여야 한다(제319조 제1항). 14·18. 경찰간부 이를 관할위반판결이라 한다. 관할위반의 판결은 관할권이란 형식적 소송조건이 결여된 경우 내려지는 형식재판이며 또한 종국재판이다.

2. 관할위반판결의 원칙과 예외

(1) 원칙

관할위반판결을 선고할 수 있는 경우는 피고사건이 법원의 관할에 속하지 아니하는 경우이다. **관할권은 소송조건**이므로 **법원은 직권으로 관할을 조사**하여야 한다(제1조). 사물관할은 공소제기시 뿐만 아니라 재판시에도 존재하여야 하지만, **토지관할**은 **공소제기시에만 존재**하면 족하다.

(2) 예외

법원은 피고인의 신청이 없으면 토지관할에 관하여 관할위반의 선고를 하지 못한다(제320조 제1항). 17. 법원9급 이는 토지관할은 주로 피고인의 편의를 위한 제도라는 점을 고려한 것이다. 이러한 관할위반의 신청은 피고사건에 대한 진술 전에 하여야 한다(동조 제2항). 15. 법원9급

05 공소기각판결

1. 의의

공소기각판결이란 공소기각결정과 함께 관할권 이외의 형식적 소송조건이 결여된 경우에 내려지는 형식재판이며 또한 종국재판이다. 공소기각판결과 공소기각결정의 구별기준은 절차상 하자의 중대·명백성이며, 절차상의 하자가 더 중대·명백한 경우 공소기각결정을 내린다고 볼 수 있다.

2. 공소기각판결의 사유(제327조)

(1) 피고인에 대하여 재판권이 없을 때(제1호)

재판권은 대한민국 법원이 일반적·추상적으로 심판을 할 수 있는 권한이다. 재판권이 없으면 실체심판을 할 수 없으므로 형사소송법은 이를 공소기각판결사유로 규정하고 있다. 15. 법원9급, 15·17. 경찰간부

(2) 공소제기의 절차가 법률의 규정을 위반하여 무효일 때(제2호)

이는 **일반조항적 성격**을 가지고 있는 것으로 이에 해당하는 것은 다음과 같다. 14·15·16·17·18. 변호사·경찰승진·경찰채용·국가7급·국가9급·법원9급, 14·15·16·17·19. 경찰간부, 22. 국가7급

① 면책특권에 해당하는 사항에 대하여 공소를 제기한 경우
② 성명모용 또는 위장출석으로 피고인이 특정되지 않은 경우
③ 검사가 공소장변경허가신청서를 공소장에 갈음하는 것으로 구두진술한 경우
④ 보험이 가입되어 있음에도 교통사고처리특례법 위반죄(일부 범죄 제외)로 공소를 제기한 경우
⑤ 범의유발형 함정수사에 의하여 공소를 제기한 경우
⑥ 친고죄나 전속고발죄에 있어 고소·고발을 받지 않고 공소를 제기한 경우, 친고죄나 전속고발범죄에 있어서 고소·고발취소 후 공소를 제기한 경우 13. 변호사
⑦ 반의사불벌죄에서 피해자가 처벌을 원하지 않는데도 공소를 제기한 경우
⑧ 공소권남용이 있는 경우
⑨ 검사의 기명날인 또는 서명이 없는 공소장에 의하여 공소를 제기한 경우
⑩ 공소사실이 특정되지 아니한 경우
⑪ 공소장일본주의에 위반하여 공소를 제기한 경우
⑫ 특허권에 기한 고소를 기초로 공소를 제기하였으나 이후 특허무효의 심결이 확정된 경우
⑬ 소년법 또는 가정폭력범죄의 처벌 등에 관한 특례법상 보호처분을 받은 사건에 대하여 다시 공소를 제기한 경우 22. 변호사
⑭ 재정신청 기각결정이 확정된 사건에 대하여 **다른 중요한 증거 발견 없이 공소를 제기한 경우**

> **판례 | 공소기각판결의 사유가 되지 않는 경우**
>
> 1 **불법구금, 구금장소의 임의적 변경 등의 위법사유**가 있다고 하더라도 그 위법한 절차에 의하여 수집된 증거를 배제할 이유는 될지언정 공소제기의 절차 자체가 위법하여 무효인 경우에 해당한다고 볼 수 없다(대판 1996.5.14, 96도561). 16. 경찰간부, 17. 법원9급
> 2 불법연행 등 각 위법사유가 사실이라고 하더라도 그 위법한 절차에 의하여 수집된 증거를 배제할 이유는 될지언정 공소제기의 절차 자체가 위법하여 무효인 경우에 해당한다고 볼 수 없다(대판 1990.9.25, 90도1586).

> **판례 | 공소기각판결이 원칙이나 피고인의 이익을 위하여 무죄 판결 할 수 있는 경우**
>
> [1] 교통사고처리특례법 제3조 제1항, 제2항 단서, 형법 제268조를 적용하여 공소가 제기된 사건에서, 심리 결과 교통사고처리특례법 제3조 제2항 단서에서 정한 사유가 없고 같은 법 제3조 제2항 본문이나 제4조 제1항 본문의 사유로 공소를 제기할 수 없는 경우에 해당하면 **공소기각의 판결을 하는 것이 원칙이다.** [2] 그런데 사건의 실체에 관한 심리가 이미 완료되어 교통사고처리특례법 제3조 제2항 단서에서 정한 사유가 없는 것으로 판명되고 달리 피고인이 같은 법 제3조 제1항의 죄를 범하였다고 인정되지 않는 경우, 설령 같은 법 제3조 제2항 본문이나 제4조 제1항 본문의 사유가 있더라도, 사실심법원이 **피고인의 이익을 위하여 무죄의 실체판결을 선고하였다면 이를 위법이라고 볼 수는 없다**(대판 2015.5.14, 2012도11431). 21. 경찰간부

(3) 공소가 제기된 사건에 대하여 다시 공소가 제기되었을 때(제3호)

이중기소(二重起訴)에 해당하는 경우로서 두 번째의 공소는 심판의 이익이 없어 공소기각판결의 사유가 된다. 이중기소라 함은 '**동일법원**'에 동일사건을 다시 공소를 제기한 것을 말한다(《주의》 수개의 법원에 동일사건을 다시 공소제기하면 공소기각판결을 한다. ×). 18. 경찰승진·국가9급, 15·17. 경찰간부

> **판례 |**
>
> 1 이중기소와 공소기각판결
>   ① **이중기소의 경우 공소기각판결**을 하도록 규정한 형사소송법 제327조 제3호의 취지는 동일사건에 대하여 **피고인으로 하여금 이중위험을 받지 아니하게 하고 법원이 2개의 실체판결을 하지 아니하도록 함에 있는 것이다**(대판 2004.8.20, 2004도3331).
>   ② [1] '**공소가 제기된 사건에 대하여 다시 공소가 제기되었을 때**'라 함은 이미 공소가 제기된 사건에 대하여 다시 별개의 공소장에 의하여 이중으로 공소가 제기된 경우를 뜻하는 것이지 **하나의 공소장에 범죄사실이 이중으로 기재되어 있는 경우까지 포함하는 것이라고는 해석되지 않는다.**
>   [2] 1개의 공소장에 동일한 사건이 중복 기재된 경우에는 이는 단순한 공소장기재의 착오라 할 것이므로 법원은 석명권을 행사하여 검사로 하여금 이를 정정케 하든가 그렇지 않은 경우에도 스스로 판결이유에 그 착오사실을 정정 표시하여 줌으로써 족하고 주문에 별도로 공소기각의 판결을 할 필요는 없다(대판 1983.5.24, 82도1199).
>   ③ 동일법원에 동일사건이 다시 공소된 때에 뒤에 공소된 사건에 대하여 판결선고가 있었다고 하더라도 확정되기 전에는 **먼저 공소된 사건을 심판하여야 되고, 뒤에 공소된 사건은 공소기각판결을 하여야 한다**(대판 1969.6.24, 68도858).
> 2 상습범행이 먼저 기소된 후 상습범행이 추가로 기소되었으나 심리과정에서 기소된 범죄사실이 포괄하여 하나의 상습범을 구성하는 것으로 밝혀진 경우, 법원의 조치(= **뒤에 제기된 공소에 대해서 공소기각판결 선고**)
>   상습범에 있어서 공소제기의 효력은 공소가 제기된 범죄사실과 동일성이 인정되는 범죄사실 전체에 미치는 것이며 또한 공소제기의 효력이 미치는 시적 범위는 사실심리의 가능성이 있는 최후의 시점인 판결선고시를 기준으로 삼아야 할 것이므로 **검사가 일단 상습사기죄로 공소제기한 후 그 공소의 효력이 미치는 위 기준시까지의 사기행위 일부를 별개의 독립된 상습사기죄로 공소제기를 하는 것**은 비록 그 공소사실이 먼저 공소제기를 한 상습사기의 범행 이후에 이루어진 사기 범행을 내용으로 한 것일지라도 공소가 제기된 동일사건에 대한 **이중기소에 해당되어 허용될 수 없는 것**이다(대판 2004.8.20, 2004도3331)(同旨 대판 2001.7.24, 2001도2196). 17. 경찰간부, 21. 국가7급

(4) 제329조를 위반하여 공소가 제기되었을 때(제4호)

공소취소에 의한 공소기각의 결정이 확정된 때에는 공소취소 후 그 범죄사실에 대한 다른 중요한 증거를 발견한 경우에 한하여 다시 공소를 제기할 수 있는데(제329조) 이에 위반하여 다른 중요한 증거를 발견하지 않고 다시 공소제기를 한 경우 법원은 공소기각판결을 선고해야 한다. 18. 국가9급·법원9급, 19·22. 경찰간부, 22. 국가7급

(5) 고소가 있어야 공소를 제기할 수 있는 사건에서 고소가 취소되었을 때(제5호)

이는 친고죄에 있어 피해자가 제1심판결선고 전에 고소를 취소한 경우를 말한다. 17. 경찰간부, 18. 경찰승진

(6) 피해자의 명시한 의사에 반하여 공소를 제기할 수 없는 사건에서 처벌을 원하지 아니하는 의사표시가 있거나 처벌을 원하는 의사표시를 철회하였을 때(제6호)

이는 반의사불벌죄에 있어 피해자가 제1심판결선고 전에 처벌희망 의사표시를 철회하거나 처벌불원 의사표시를 한 경우를 말한다.

06 공소기각결정

1. 의의

공소기각결정이란 공소기각판결과 함께 관할권 이외의 형식적 소송조건이 결여된 경우에 내려지는 형식재판이며 또한 종국재판이다. 공소기각결정에 대하여 즉시항고할 수 있다(제328조 제2항).

2. 공소기각결정의 사유(제328조 제1항)

① **공소가 취소**되었을 때(제1호) 15·17. 경찰간부
② 피고인이 **사망**하거나 피고인인 **법인이 존속하지 아니하게 되었을 때**(제2호) 18. 법원9급, 17. 경찰간부·국가9급
③ **제12조 또는 제13조의 규정에 의하여 재판할 수 없는 때**(제3호)
   ✎ 사물관할의 경합(제12조) 또는 토지관할의 경합(제13조)으로 재판을 할 수 없는 후순위법원은 결정으로 공소를 기각해야 한다.
④ **공소장에** 기재된 사실이 진실하다 하더라도 **범죄가 될 만한 사실이 포함되지 아니하는 때**(제4호) 15·17. 경찰간부, 16. 경찰채용, 17. 국가9급
   ✎ 이는 공소장에 기재된 사실만으로는 법률상 범죄를 구성하지 않는 것이 명백한 경우를 말한다. 따라서 범죄의 구성 여부에 대하여 의문이 있을 때에는 공소기각결정을 할 수 없고 실체심리 후 유무죄판결을 선고해야 한다.

⚖ 판례 Ⅰ

1 형사소송법 제328조 제1항 제4호의 법리
① 형사소송법 제328조 제1항 제4호에 규정된 **공소장에 기재된 사실이 진실하다 하더라도 범죄가 될만한 사실이 포함되지 아니한 때**라 함은 **공소장 기재사실 자체에 대한 판단으로 그 사실자체가 죄가 되지 아니함이 명백한 경우**를 가리키는 것이다(대판 2014.5.16, 2012도12867). 15. 법원9급
② 형사소송법 제328조 제1항 제4호에 '**공소장에 기재된 사실이 진실하다 하더라도 범죄가 될만한 사실이 포함되지 아니한 때**'라고 함은 **공소장 기재사실 자체가 일견하여 법률상 범죄를 구성하지 아니함이 명백**하여 공소장의 변경 등 절차에 의하더라도 그 공소가 유지될 여지가 없는 형식적 소송요건의 흠결이라고 볼 수 있는 경우를 뜻한다고 할 것이다(대판 1977.9.28, 77도2603).

2 공소기각결정 관련 판례
① **부정수표단속법 위반 사건에 있어서 수표가 그 제시기일에 제시되지 아니한 사실**이 공소사실 자체에 의하여 명백하다면 공소사실에는 범죄가 될만한 사실이 포함되지 아니하는 때에 해당하므로 형사소송법 제328조 제1항 제4호에 의하여 **공소기각의 재판을 하여야 한다**(대판 1973.12.11, 73도2173). 22. 경찰간부
② 공소사실 중 "정당법상 당원이 될 수 없는 피고인들이 민주노동당에 당원으로 가입하여 당비 명목으로 정치자금을 기부하였다."는 부분에 대하여는 피고인들의 당원 가입행위의 효력, 피고인들이 기부한 돈의 실질적인 성격 및 정치자금법의 구성요건 등을 검토하여 실체적 판단을 하여야 하는 것이므로 공소장 기재사실 자체에 대한 판단만으로도 그 사실 자체가 죄가 되지 아니함이 명백한 경우라고는 할 수 없다(대판 2014.5.16, 2012도12867).
③ 공중위생법 위반의 주위적 공소사실에 기재된 유기기구인 **에이트라인 및 고스톱기가 공중위생법 소정의 유기기구에 해당하는지의 여부**는 공소사실 기재 자체에 의하여 명백하다고 할 수 없음에도 불구하고 원심이 형사소송법 제328조 제1항 제4호에 의하여 **공소기각의 결정을 할 경우에 해당한다고 판시한 것은 적절하지 못하다**(대판 1990.4.10, 90도174).

07 판결의 공시

1. 일반사건

(1) 피해자의 이익을 위하여 필요하다고 인정할 때에는 피해자의 청구가 있는 경우에 한하여 피고인의 부담으로 (모든 판결에 대하여) 판결공시의 취지를 선고할 수 있다(형법 제58조 제1항).

(2) 피고사건에 대하여 무죄의 판결을 선고하는 경우에는 무죄판결공시의 취지를 선고하여야 한다. 다만, 무죄판결을 받은 피고인이 무죄판결공시 취지의 선고에 동의하지 아니하거나 피고인의 동의를 받을 수 없는 경우에는 그러하지 아니하다(형법 제58조 제2항).

(3) 피고사건에 대하여 면소의 판결을 선고하는 경우에는 면소판결공시의 취지를 선고할 수 있다(형법 제58조 제3항).

2. 재심사건

재심에서 무죄의 선고를 한 때에는 그 판결을 관보와 그 법원소재지의 신문지에 기재하여 공고하여야 한다. 다만, 검사, 유죄의 선고를 받은 자 또는 유죄의 선고를 받은 자의 법정대리인이 재심을 청구한 때에는 재심에서 무죄의 선고를 받은 사람이, 유죄의 선고를 받은 자가 사망하거나 심신장애가 있어 그 배우자, 직계친족 또는 형제자매가 재심을 청구한 때에는 재심을 청구한 사람이 이를 원하지 아니하는 의사를 표시한 경우에는 그러하지 아니하다(제440조).

08 기타 법원의 재판

1. 형의 집행유예 취소의 재판

형의 집행유예를 취소할 경우에는 검사는 피고인의 현재지 또는 최후의 거주지를 관할하는 법원에 청구하여야 한다(제335조 제1항). 청구를 받은 법원은 피고인 또는 그 대리인의 의견을 물은 후에 결정을 하여야 한다(동조 제2항). 법원의 결정에 대하여는 즉시항고를 할 수 있다(동조 제3항). 피고인 또는 그 대리인의 의견을 물은 후에 결정한다는 규정과 그에 대하여 즉시항고 할 수 있다는 규정은, 유예한 형을 선고할 경우에도 준용한다(동조 제4항).

2. 경합범 중 다시 형을 정하는 재판

판결선고 후 누범발각(형법 제36조), 형의 집행과 경합범(동법 제39조 제4항), 선고유예의 실효(동법 제61조)의 규정에 의하여 형을 정할 경우에는 검사는 그 범죄사실에 대한 최종판결을 한 법원에 청구하여야 한다. 다만, 선고유예의 실효(동법 제61조)에 의하여 유예한 형을 선고할 때에는 제323조에 의하여야 하고 선고유예를 해제하는 이유를 명시하여야 한다(제336조 제1항). 청구를 받은 법원은 피고인 또는 그 대리인의 의견을 물은 후에 결정을 하여야 한다(동조 제2항, 제335조 제2항).

3. 형의 소멸의 재판

형의 실효(형법 제81조)와 복권(동법 제82조)의 규정에 의한 선고는 그 사건에 관한 기록이 보관되어 있는 검찰청에 대응하는 법원에 대하여 신청하여야 한다(제337조 제1항). 이 신청에 의한 선고는 결정으로 한다(동조 제2항). 이 신청을 각하하는 결정에 대하여는 즉시항고를 할 수 있다(동조 제3항).

제3절 재판의 확정과 효력

01 재판의 확정

1. 의의
재판이 통상의 불복방법에 의해서는 다툴 수 없게 되어 그 내용을 변경할 수 없는 상태를 재판의 확정이라고 한다. 이는 법적 안정성을 보장하기 위하여 비록 정의에 반하는 재판이라 할지라도 일정기간이 지난 후에는 그 재판에 대해서 더 이상 다툴 수 없게 하는 것이다.

2. 재판의 확정시기

(1) 불복신청이 허용되지 않는 재판

불복신청이 허용되지 않는 재판은 선고 또는 고지와 동시에 확정된다.
① **법원의 관할 또는 판결 전의 소송절차에 관한 결정**: 법원의 관할 또는 판결 전의 소송절차에 관한 결정은 특히 즉시항고할 수 있는 경우를 제외하고는 항고하지 못하므로(제403조 제1항) 이 결정은 원칙적으로 고지와 동시에 확정된다.
② **대법원의 재판**: 대법원의 재판(판결 또는 결정)에 대해서는 불복이 허용되지 아니하므로 이 재판은 선고 또는 고지와 동시에 확정된다.

> **판례 |**
>
> 1 대법원판결의 확정시기(= 선고시)
>   ① **대법원판결은 그 선고로써 확정**되는 것이고 형사소송법 제400조 소정의 판결정정신청기간을 기다릴 필요가 없다(대결 1967.6.2, 67초22).
>   ② **상고심에서 상고이유의 주장이 이유 없다고 판단되어 배척된 부분은 그 판결선고와 동시에 확정력이 발생**하여 이 부분에 대하여는 피고인은 더 이상 다툴 수 없고 또한 환송받은 법원으로서도 이와 배치되는 판단을 할 수 없다(대판 2009.2.12, 2008도8661).
>
> 2 대법원판결이 실체적으로 확정되지 않는 경우
>   종전 상고심이 피고인들의 상고이유를 받아들여 환송 전 원심판결을 전부 파기·환송하면서 **피고인들이 상고이유로 삼지 아니한 부분에 대한 상고가 이유 없다는 판단을 따로 한 바 없다면** 그 환송판결의 선고로 그 부분에 대한 유죄판단이 실체적으로 확정되는 것은 아니므로, 이를 환송받은 원심이 그 부분에 대하여 다시 심리·판단하여 그 중 일부를 무죄로 선고하였다고 하여 환송판결과 배치되는 판단을 하였다고 볼 수 없다(대판 2009.8.20, 2007도7042).

(2) 불복신청이 허용되는 재판
① **불복신청 기간의 경과**: 불복신청 기간이 경과하면 재판은 확정된다. 제1심 또는 제2심 판결은 **상소제기기간인 7일이 경과**하면 확정되고, 약식명령 또는 즉결심판은 정식재판청구기간인 7일이 경과하면 확정된다. **즉시항고가 허용되는 결정은 7일이 경과**하면 확정된다. 보통항고가 허용되는 결정은 항고기간의 제한이 없으므로 그 결정을 취소하여도 실익이 없게 된 때에 확정된다.
② **불복신청의 포기 또는 취하**: 재판은 그에 대한 상소 등의 불복신청의 포기 또는 취하에 의하여 확정된다.
③ **불복신청을 기각하는 재판의 확정**: 재판은 그에 대한 불복신청을 기각하는 재판(상소기각판결·결정 또는 정식재판청구기각결정 등)의 확정에 의하여 확정된다.

02 재판의 확정력

1. 형식적 확정력

(1) 의의
재판이 통상의 불복방법에 의해서는 다툴 수 없는 상태를 형식적 확정이라고 하고, 재판의 형식적 확정에 의한 불가쟁적(不可爭的) 효력과 불가변적(不可變的) 효력을 형식적 확정력이라고 한다. 재판이 형식적으로 확정되면 당사자도 더 이상 불복하지 못하고 법원도 이를 취소·변경할 수 없다.

(2) 형식적 확정력이 인정되는 재판
형식적 확정력은 종국재판이건 종국 전 재판이건, 실체재판이건 형식재판이건 불문하고 모든 재판에 대해서 발생한다.

(3) 형식적 확정력의 효과
재판이 형식적으로 확정되면 당해 사건에 대한 소송계속이 종결되고, 그 시점이 재판집행의 기준이 된다(제459조). 형식적 확정력은 실질적 확정력을 인정하기 위한 전제가 된다.

2. 내용적(실질적) 확정력

(1) 의의
재판이 형식적으로 확정되면 그 의사표시적 내용이 확정되는데 이를 내용적 확정이라고 하고, 재판의 내용적 확정에 의하여 재판의 판단내용인 일정한 법률관계가 확정되는 효력을 내용적(실질적) 확정력이라고 한다.

(2) 내용적(실질적) 확정력이 인정되는 재판
내용적 확정력은 종국재판이건 종국 전 재판이건, 실체재판이건 형식재판이건 불문하고 모든 재판에 대해서 발생한다.

(3) 내용적(실질적) 확정력의 효과
① **대내적 효과**: 재판이 확정되면 집행력이 발생하고 재판이 유죄판결인 경우 형벌집행권이 발생한다. 물론 무죄판결의 경우에는 집행력이 발생하지 않는다. 이를 내용적 확정력의 대내적 효과라고 한다.
② **대외적 효과**: 재판이 확정되면 후소법원(後訴法院)으로 하여금 동일한 사정과 동일한 사항에 대하여 전소법원(前訴法院)의 재판과 다른 판단을 할 수 없도록 하는 효과가 발생하다. 이를 내용적 확정력의 대외적 효과라고 하고 '광의의' 기판력이라고 한다. 광의의 기판력은 실체재판은 물론 형식재판에 대해서도 발생한다.
③ **실체재판과 면소판결의 대외적 효과**: 재판 중에서 특히 실체재판과 면소판결이 확정되면 후소법원의 심리·판단이 금지되는 대외적 효과가 발생하는데 이를 '고유한 의미의' 기판력 또는 일사부재리효력(一事不再理效力)이라고 한다.

03 기판력(既判力) 또는 일사부재리효력(一事不再理效力)

1. 의의

실체재판과 면소판결이 내용적으로 확정되면 대외적으로 후소법원의 심리·판단이 금지되는 효과가 발생하는데 이를 특히 고유한 의미의 기판력(既判力) 또는 일사부재리효력(一事不再理效力)이라고 한다.

2. 기판력 또는 일사부재리효력의 효과

모든 국민은 동일한 범죄에 대하여 거듭 처벌받지 아니한다(헌법 제13조 제1항). 이는 일사부재리원칙을 선언한 것이며 또한 기판력의 내용을 이룬다. 따라서 실체재판과 면소판결이 확정된 경우 수사기관은 그 사건에 대해 다시 수사할 수 없고, 설사 수사를 하여 공소제기를 하더라도 법원은 면소판결을 선고해야 한다(제326조 제1호).

> **⚖️ 판례 | 이중처벌금지원칙을 정한 헌법 제13조 제1항의 취지 등**
>
> 헌법은 제13조 제1항에서 '모든 국민은 동일한 범죄에 대하여 거듭 처벌받지 아니한다'고 규정하여 이른바 이중처벌금지의 원칙 내지 일사부재리의 원칙을 선언하고 있다. 이는 한번 판결이 확정되면 그 후 동일한 사건에 대해서는 다시 심판하는 것이 허용되지 않는다는 원칙을 말한다. 여기에서 '처벌'이라고 함은 원칙적으로 범죄에 대한 국가의 형벌권 실행으로서의 과벌을 의미하는 것이고, 국가가 행하는 일체의 제재나 불이익처분이 모두 여기에 포함되는 것은 아니다(대판 2017.8.23, 2016도5423).

3. 기판력이 발생하는 재판

☑ SUMMARY | 기판력 발생 유무 ★★★

구분	내용
기판력 ○	① 실체재판 　㉠ 유죄판결(약식명령 및 즉결심판 포함) 　㉡ 무죄판결 ② 면소판결 ③ 범칙금 납부 ④ 통고처분 이행
기판력 × (일사부재리 원칙에 위반되지 않음)	① 관할위반판결 및 공소기각재판 ② 외국판결 ③ 소년법 또는 가정폭력처벌법상 보호처분 ④ 불기소처분 ⑤ 징계처분 ⑥ 형집행법상 징벌 ⑦ 과태료, 과징금, 이행강제금 ⑧ 누범 또는 상습범 가중처벌 ⑨ 출국금지처분 ⑩ 보안관찰처분 ⑪ 청소년성보호법상 신상공개제도 ⑫ 위치추적법상 전자감시제도 등

(1) 기판력이 발생하는 재판 또는 처분

① **실체재판**: **유무죄의 실체재판**에는 기판력이 발생한다. 약식명령과 즉결심판도 확정되면 유죄판결과 동일한 효력을 가지므로(제457조, 즉결심판법 제16조) 기판력이 발생한다. 17. 법원9급

② **면소판결**: **면소판결**은 형식재판이지만 면소판결의 사유는 성질상 그 하자를 치유할 수 없기 때문에 소송추행(訴訟追行)의 이익이 없어 기판력이 발생한다는 것이 학설과 판례의 일치된 견해이다.
③ **범칙금 납부 또는 통고처분 이행**: **범칙금을 납부**한 사람은 그 범칙행위에 대하여 다시 벌받지 아니한다(경범죄처벌법 제7조 제3항, 도로교통법 제164조 제3항, 출입국관리법 제106조). **관세범인이** (벌금에 상당하거나 몰수·추징금에 해당하는 금액을 납부할 것을 명령하는) **통고의 요지를 이행**하였을 때에는 동일사건에 대하여 다시 처벌을 받지 아니한다(관세법 제317조).

> **판례 | 기판력이 발생하는 재판 또는 처분**
>
> 1 형사소송법 제326조 제1호의 '확정판결'에는 정식재판에서 선고된 **유죄판결**과 **무죄의 판결** 및 **면소의 판결**뿐만 아니라 확정판결과 동일한 효력이 있는 **약식명령**이나 **즉결심판** 등이 모두 포함되는 것이다 (대판 1992.2.11, 91도2536). 18. 국가9급, 19. 해경간부, 20. 경찰채용
> 2 경범죄처벌법 제7조 제3항, 제8조 제3항에 의하면 '범칙금납부의 통고처분을 받고 범칙금을 납부한 사람은 그 범칙행위에 대하여 다시 벌받지 아니한다'고 규정하고 있는 바, 이는 통고처분에 의한 **범칙금의 납부**에 확정판결에 준하는 효력을 인정한 것이다(대판 2011.1.27, 2010도11987). 19. 경찰간부
> 3 도로교통법 제119조 제3항은 그 법 제118조에 의하여 '범칙금 납부통고서를 받은 사람이 그 범칙금을 납부한 경우 그 범칙행위에 대하여 다시 벌받지 아니한다'고 규정하고 있는바, 이는 **범칙금의 납부**에 확정재판의 효력에 준하는 효력을 인정하는 취지로 해석하여야 한다(대판 2002.11.22, 2001도849).

(2) 기판력이 발생하지 않는 재판 또는 처분
① **면소판결 이외의 형식재판**: **관할위반**과 **공소기각재판**은 사건의 실체가 아닌 절차상의 하자를 이유로 선고하는 형식재판으로 기판력이 발생하지 아니한다.
② **외국판결**: **외국판결**이 확정된 경우 이는 형의 임의적 감면사유에 불과하므로 기판력이 발생하지 아니한다(형법 제7조). 따라서 피고인이 동일한 행위에 관하여 외국에서 형사처벌을 과하는 확정판결을 받았다 하더라도, 법원은 유죄판결을 선고할 수 있다.
③ **소년법상 보호처분**: 학설의 견해대립은 있으나 **소년법상 보호처분**은 확정판결이 아니고 기판력도 없다는 것이 판례의 입장이다.
④ **기타**: 확정판결이 아닌 ㉠ 행정법상 **징계처분**, ㉡ 행정질서벌인 **과태료**, ㉢ 행형법상 징벌(懲罰), ㉣ 검사의 **불기소처분** 등은 기판력이 없다.

> **판례 | 기판력이 발생하지 않는 재판 또는 처분**
>
> 1 피고인이 동일한 행위에 관하여 **외국에서 형사처벌을 과하는 확정판결**을 받았다 하더라도 이런 외국판결은 우리나라에서는 기판력이 없으므로 여기에 일사부재리의 원칙이 적용될 수 없다(대판 1983.10.25, 83도2366). 15·20. 국가9급, 16. 경찰채용, 16·18. 경찰간부, 18·22. 경찰승진, 19. 해경간부
> 2 가정폭력범죄의 처벌 등에 관한 특례법상 보호처분은 확정판결이 아니고 따라서 **기판력도 없으므로** 보호처분을 받은 사건과 동일한 사건에 대하여 다시 공소제기가 되었다면 이에 대해서는 면소판결을 할 것이 아니라 공소제기의 절차가 법률의 규정에 위배하여 무효인 때에 해당한 경우이므로 형사소송법 제327조 제2호의 규정에 의하여 **공소기각의 판결을 하여야 한다**(대판 2017.8.23, 2016도5423). 19. 국가9급·경찰채용
> 3 가정폭력범죄의 처벌 등에 관한 특례법 제37조 제1항 제1호의 불처분결정이 확정된 후에 검사가 동일한 범죄사실에 대하여 다시 공소를 제기하였다거나 법원이 이에 대하여 유죄판결을 선고하였더라도 이중처벌금지의 원칙 내지 일사부재리의 원칙에 위배된다고 할 수 없다(대판 2017.8.23, 2016도5423). 20. 법원9급

4 소년법 제30조(개정법 제32조)의 **보호처분**을 받은 사건과 동일한 사건에 대하여 **다시 공소제기가 되었다면** 동조의 보호처분은 확정판결이 아니고 따라서 기판력도 없으므로 이에 대하여 면소판결을 할 것이 아니라 공소제기절차가 동법 제47조(개정법 제53조)의 규정에 위배하여 무효인 때에 해당한 경우이므로 **공소기각의 판결**을 하여야 한다(대판 1985.5.28, 85도21). 15·18. 국가9급, 16. 변호사·국가7급, 16·18. 법원9급

5 일사부재리의 효력은 확정재판이 있을 때에 발생하는 것이므로 검사가 일차 **무혐의결정**을 하였다가 다시 공소를 제기하였다 하여도 이를 두고 일사부재리의 원칙에 위배하는 등의 법리오해가 있다 할 수 없다(대판 1988.3.22, 87도2678). 14·16. 경찰채용, 16·18. 경찰승진, 18·19. 경찰간부

6 행정법상의 질서벌인 **과태료의 부과처분**과 형사처벌은 그 성질이나 목적을 달리하는 별개의 것이므로 행정법상의 질서벌인 과태료를 납부한 후에 형사처벌을 한다고 하여 이를 일사부재리의 원칙에 반하는 것이라고 할 수는 없다(대판 1996.4.12, 96도158). 18. 국가9급, 22. 해경간부

7 **징계처분**(근신 7일)을 받은 사실이 있다고 하더라도 본건 공소가 동일한 사건에 관하여 재차 공소를 제기한 것이라고 할 수 없으므로 일사부재리원칙에 위배하였다고 할 수 없다(대판 1966.12.6, 66도1412).

8 피고인이 행형법에 의한 **징벌**을 받아 그 집행을 종료하였다고 하더라도 행형법상의 징벌은 수형자의 교도소 내의 준수사항위반에 대하여 과하는 행정상의 질서벌의 일종으로서 형법 법령에 위반한 행위에 대한 형사책임과는 그 목적, 성격을 달리하는 것이므로 징벌을 받은 뒤에 형사처벌을 한다고 하여 일사부재리의 원칙에 반하는 것은 아니다(대판 2000.10.27, 2000도3874). 16. 경찰채용, 18. 경찰승진

4. 기판력의 효력범위

(1) 기판력의 주관적 범위

기판력은 공소가 제기되어 **판결을 받은 피고인에 대해서만 발생한다.** 공소제기는 검사가 피고인으로 지정한 자에게만 미친다(제248조 제1항).

(2) 기판력의 객관적 범위

① **기판력은 공소사실과 동일성이 인정되는 사실의 전부에 미친다는 것이 통설과 판례의 입장**이다. 이론적 근거는 공소제기의 효력은 공소장에 기재된 공소사실 뿐만 아니라 그와 동일성이 인정되는 전부에 미치고 또한 헌법 제13조 제1항 '동일한 범죄'는 공소사실과 동일성이 인정되는 범죄 전체를 의미하기 때문이다.

② 구체적으로 일죄 일부에 대한 확정판결의 기판력은 그와 동일성이 인정되는 범죄사실의 전부에 미친다. 포괄일죄나 상상적 경합범의 일부에 대한 확정판결의 기판력도 그와 동일성이 인정되는 나머지 범죄사실 전부에 미치게 된다.

> **판례 |**
>
> 1 '범죄사실의 동일성'의 판단기준 등
> ① 공소사실이나 범죄사실의 동일성 여부는 사실의 동일성이 갖는 법률적 기능을 염두에 두고 **피고인의 행위와 그 사회적인 사실관계를 기본으로 하되 그 규범적 요소도 고려에 넣어 판단**하여야 한다(대판 2013.5.24, 2011도9549). 21. 법원9급
> ② 상상적 경합범에서 1개의 행위란 법적 평가를 떠나 사회관념상 행위가 사물자연의 상태로서 1개로 평가되는 것을 의미한다. 그리고 **상상적 경합관계의 경우에는 그 중 1죄에 대한 확정판결의 기판력은 다른 죄에 대하여도 미친다**(대판 2017.9.21, 2017도11687). 12·17. 변호사, 15. 국가9급, 17. 법원9급, 18. 경찰승진, 21. 경찰간부, 21·22. 경찰간부

③ 확정된 판결의 공소사실과 공소가 제기된 공소사실간에 그 일시만 달리하는 경우 사안의 성질상 **두 개의 공소사실이 양립할 수 있다고 볼 사정이 있는 경우에는** 그 기본인 사회적 사실을 달리할 위험이 있다 할 것이므로 **기본적 사실은 동일하다고 볼 수 없다** 할 것이지만, **일방의 범죄가 성립되는 때에는 타방의 범죄의 성립은 인정할 수 없다고 볼 정도로 양자가 밀접한 관계에 있는 경우에는** 양자의 **기본적 사실관계는 동일하다고 봄이 상당하다**(대판 2012.5.24, 2010도3950). 14. 국가7급

④ 동일 죄명에 해당하는 여러 개의 행위 혹은 연속된 행위를 **단일하고 계속된 범의하에 일정기간 계속하여 행하고 그 피해법익도 동일한 경우에는** 이들 각 행위를 통틀어 **포괄일죄**로 처단하여야 할 것이나, **범의의 단일성과 계속성이 인정되지 아니하거나 범행방법 및 장소가 동일하지 않은 경우에는** 각 범행은 **실체적 경합범에 해당한다**(대판 2013.5.24, 2011도9549). 14. 변호사 · 경찰승진

2 기판력이 미치는 경우 I

① [1] 범칙금의 통고처분을 받은 "피고인은 **2001.3.8. 11:30경 니나기계 내에서 소란행위를 하였다.**"라는 범칙행위와 [2] "피고인은 **2001.3.8. 11:40경 니나기계 사무실에서** A가 피고인의 재산에 대하여 강제집행을 할 때 B가 이유 없이 참석하였다는 이유로 주먹과 발로 B의 얼굴과 가슴 등을 수회 구타하고 계속하여 멱살을 잡아 흔들어 B를 바닥에 넘어뜨린 다음 발로 복부와 가슴을 수회 차 **약 2주간의 치료를 요하는 다발성 타박상 등을 가하였다.**"라는 공소사실(대판 2003.7.11, 2002도2642) - 경범죄처벌법 위반(음주소란) ➡ 상해죄

② [1] 즉결심판이 확정된 "피고인은 **1994.7.30. 21:00경 B경영의 담배집 마당에서 음주소란을 피웠다.**"라는 공소사실과 [2] "피고인은 [1]과 같은 일시 · 장소에서 피해자 A와 말다툼을 하다가 도끼를 가지고 와 A를 향해 내리치며 도끼 머리 부분으로 뒷머리를 스치게 하여 A에게 **약 2주간의 치료를 요하는 두부타박상 등을 가하였다.**"라는 공소사실(대판 1996.6.28, 95도1270) - 경범죄처벌법 위반(음주소란) ➡ 폭력행위처벌법 위반

③ [1] 즉결심판이 확정된 "피고인은 **1988.5.20. 17:00경부터 23:00경 까지 사이에 포장주점에 찾아와** 주점손님들에게 '이 새끼들, 나를 몰라보느냐. 누구든지 싸움을 해보자'고 시비를 걸고 주먹과 드라이버로 술 탁상을 마구치는 등 약 6시간 동안 악의적으로 **영업을 방해하였다.**"라는 공소사실과 [2] "피고인은 [1]과 같은 일시 · 장소에서 술주정을 하던 중 그곳의 손님인 피해자 A와 시비를 벌여 주먹으로 A의 얼굴을 1회 때리고 멱살잡이를 하다가 포장주점 밖으로 끌고 나와 주먹과 발로 복부 등을 수회 때리고 차 **그 이튿날 출혈로 사망케 한 것이다.**"라는 공소사실(대판 1990.3.9, 89도1046) - 경범죄처벌법 위반(업무방해) ➡ 상해치사죄 15. 국가9급

④ [1] 즉결심판이 확정된 "피고인들은 1985.12.24. 19:00경 부산 중구 대청동 1가15 소재 미공보원 앞 노상에서 피해자 A 앞을 가로막으며 피고인 乙은 A의 뒷편에서, 피고인 甲은 A의 옆에서 승차할 승객들을 미는 등 정류장의 질서를 어지럽히고 정당한 이유 없이 A의 길을 막는 등 다수인에게 불안감을 조성한 것이다."라는 공소사실과 [2] "피고인들은 합동하여 **1985.12.24. 19:40경 부산직할시 중구 대청동 2가 17 소재 임피부과의원 앞 시내버스정류장에서** 피해자 A가 왼쪽 손에 손가방을 들고 그곳에 정차한 86번 시내버스를 타려고 할 때, 피고인 乙은 속칭 바람을 잡고, 피고인 甲은 A가 들고 있던 손가방을 열고 그 속에 들어있던 현금 28만원과 자기앞수표 액면 10만권 1매를 꺼내어 이를 **절취한 것이다.**"라는 공소사실(대판 1987.2.10, 86도2454) - 경범죄처벌법 위반(불안감조성) ➡ 특수절도죄

⑤ [1] 즉결심판이 확정된 "피고인은 [2]와 같은 일시 · 장소에서 지나가는 피해자 A를 따라가면서 손목을 잡고 욕설을 하며 진로를 방해하는 등 **공포심과 혐오감을 주게 하였다.**"라는 공소사실과 [2] "피고인은 **1982.3.19. 19:30경 경남 밀양읍 내이동 소재 밀양군 농지개량조합 내이양수장옆 제방에서** 학교에서 귀가하는 피해자 A(14세)의 멱살을 잡아 부근 비닐하우스 안으로 끌고 들어가 옷을 벗지 않으면 목을 졸라 죽인다고 협박하여 항거불능케 한 후 옷을 전부 벗고 눕게 하고는 **강간을 하였다.**"라는 공소사실(대판 1984.10.10, 83도1790) - 경범죄처벌법 위반(불안감조성) ➡ 강간죄

⑥ [1] 즉결심판이 확정된 "피고인은 [2]와 동일한 일시·장소에서 폭력전과를 과시하여 지나가는 부녀자인 A에게 시비하고 행패를 부려 **불안감을 주게 하였다**."라는 공소사실과 [2] "피고인은 **1975.11.3. 22:00경 서울 중구 양동 101의19 앞길에서** 피해자 A가 피고인을 상대로 청객행위를 하자 A의 가슴과 우측견갑부를 각기 1번 발로 차고, 머리채를 잡아당겨 땅에 넘어뜨린 뒤 배에 올라앉아 머리채를 잡고 약 7회 상하로 흔들어 뒷머리가 땅에 부딪게 하는 등 폭행을 가하고 이로 인하여 **A로 하여금 외상성뇌출혈을 일으켜 사망에 이르게 하였다**."라는 공소사실(대판 1979.1.30, 78도3062) - 경범죄처벌법 위반(불안감조성) ➡ 폭행치사죄

3 기판력이 미치지 않는 경우 Ⅰ

① [1] 범칙자가 범칙행위로 인하여 범칙금의 통고를 받아 이를 납부하는 경우에는 법원의 공판절차가 개시된 바가 없으므로 **범칙금의 납부로 인하여 다시 벌받지 아니하게 되는 범죄의 범위를 확정판결에서 기판력이 미치는 범위와 동일하게 보아야 할 근거가 없다.** [2] 범칙자가 경찰서장으로부터 범칙행위를 하였음을 이유로 범칙금의 통고를 받고 납부기간 내에 그 범칙금을 납부한 경우 **범칙금의 납부에 확정판결에 준하는 효력이 인정됨에 따라 다시 벌받지 않게 되는 행위사실은** 통고처분 시까지의 행위 중 범칙금 통고의 이유에 기재된 당해 **범칙행위 자체 및 그 범칙행위와 동일성이 인정되는 범칙행위에 한정된다**(대판 2012.6.14, 2011도6858).

② 범칙금의 납부에 따라 확정판결에 준하는 효력이 인정되는 범위는 범칙금 통고의 이유에 기재된 당해 **범칙행위 자체 및 그 범칙행위와 동일성이 인정되는 범칙행위에 한정된다.** 따라서 범칙행위와 같은 시간과 장소에서 이루어진 행위라 하더라도 **범칙행위의 동일성을 벗어난 형사범죄행위에 대하여는 범칙금의 납부에 따라 확정판결에 준하는 일사부재리의 효력이 미치지 아니한다**(대판 2012.9.13, 2012도6612). 14. 국가7급, 16. 경찰간부, 16·17·20. 경찰채용

③ [1] 범칙금의 통고처분을 받은 "피고인은 2010.9.26. 18:00경 광주 남구 봉선동 소재 쌍용사거리 노상에서 **음주소란 등의 범칙행위를 하였다**."라는 범칙행위와 [2] "피고인은 2010.9.26. 18:00경 광주 남구 봉선동 소재 할리스 커피숍 주차장에서 피고인과 다투던 A가 바닥에 넘어져 '사람 살려라'고 고함을 치자, 이에 격분하여 자신의 처가 운영하는 가게에서 **과도를 들고 나와 A를 쫓아가며 '죽여 버린다'고 소리쳐 협박하였다**."라는 공소사실(대판 2012.9.13, 2012도6612) - 경범죄처벌법 위반(음주소란 등) ➡ 폭력행위처벌법 위반

④ [1] 범칙금의 통고처분을 받은 "피고인은 2009.8.22. 20:35경 포항시 북구 대흥동 '킴스마트' 앞에서 **인근소란행위를 하였다**."라는 범칙행위와 [2] "피고인이 2009.8.22. 20:20경 포항시 북구 대흥동 소재 '킴스클럽' 앞 인도 상에서 그곳 경비원인 피해자와 주차 문제로 시비가 되어 다투던 중 **주먹으로 좌측 턱을 1회 때려** 그 충격으로 피해자가 뒤로 넘어지면서 머리를 부딪치게 함으로써 **16주간의 치료를 요하는 두개골 골절 등의 상해를 가하였다**."라는 공소사실(대판 2012.9.13, 2011도6911) - 경범죄처벌법 위반(인근소란 등) ➡ 중상해죄

⑤ [1] 범칙금의 통고처분을 받은 "피고인은 2009.10.10. 21:00경부터 21:30경까지 둘둘치킨에서 손님들과 시비가 되어 소리를 지르는 등 **행패를 부렸고**, 경사 A 등이 출동하여 장위지구대로 연행해 왔는데, 피고인은 **장위지구대 내에서도 계속하여 경찰관에게 시비를 걸며 소란을 피웠다**."라는 범칙행위[범칙행위 일시: 2009.10.20. 21:30, 범칙행위 장소: 장위지구대 내(둘둘치킨)]와 [2] "피고인은 [1] 이후 경위 B와 함께 장위지구대 밖으로 나가던 중 경위 B를 발로 걷어차고 장위지구대로 귀대하던 경사 C의 **멱살을 잡아 흔들고 이를 제지하는 경사 D의 배를 발로 걷어차는 등 폭행하였다**."라는 공소사실(대판 2012.6.14, 2011도6858) - 경범죄처벌법 위반(음주소란) ➡ 공무집행방해죄

⑥ [1] 범칙금의 통고처분을 받은 "피고인은 2008.6.11. 12:30경 충남 당진군 소재 합덕재래시장 화장실 내에서 **인근소란 등의 범칙행위를 하였다**."라는 범칙행위와 [2] "피고인이 2008.6.11. 11:50경 충남 당진군 소재 합덕재래시장 앞길에서 노점상 자리 문제로 피해자와 다투던 중 **야채 손질용 칼 2자루를 들고 피해자의 다리 부위를 찔러 약 4주간의 치료를 요하는 상해를 가하였다**."라는 공소사실(대판 2011.4.28, 2009도12249) - 경범죄처벌법 위반(인근소란 등) ➡ 폭력행위처벌법 위반

⑦ [1] 범칙금의 통고처분을 받은 "피고인은 2005.8.26. 22:05경 인천 계양구 효성동 515-9 자동차용품점 앞에서 시내버스를 운전하다 **신호를 위반하였다.**"라는 범칙행위와 [2] "피고인이 [1]과 같은 일시, 장소에서 시내버스를 진행하던 중 정지신호를 무시하고 직진하여 교차로에 진입한 **업무상 과실로** 甲 운전의 오토바이 좌측 부분을 버스 앞 범퍼 부분으로 들이받으면서 급제동을 하여, 그 충격으로 **버스에 타고 있던 11인으로 하여금 상해를 입게 하였다.**"라는 공소사실(대판 2007.4.12, 2006도4322) - 도로교통법 위반 ➡ 교통사고처리특례법 위반

⑧ [1] 범칙금의 통고처분을 받은 "피고인은 [2]와 같은 기재의 일시, 장소에서 **안전운전의무를 불이행한** 범칙행위를 하였다."라는 범칙행위와 [2] "피고인은 1999.9.4. 17:00경 서울 서초구 방배동 824 앞 도로를 진행함에 있어 **중앙선을 침범하여 운전한 과실로** 甲이 운전하는 승용차를 충격하여 그 피해자로 하여금 경추 및 요추부 염좌상 등을 입게 하였다"라는 공소사실(대판 2002.11.22, 2001도849) - 도로교통법 위반 ➡ 교통사고처리특례법 위반

4 기판력이 미치는 경우 Ⅱ

① [1] 1996.4.3. 유죄판결이 선고되고 이후 확정된 "피고인들은 **폭행, 협박을 사용하여 피해자 A를 1992.3.2.부터 3.11.까지 감금하였다.**"라는 공소사실과 [2] "피고인들은 1992.3.2.부터 3.11.까지 피해자 A를 감금하면서 폭행, 협박하여 이에 겁을 먹은 A로부터 교부받은 인감도장을 이용하여 1992.3.11. 회사 대표이사 명의를 A로부터 피고인 甲 명의로, 같은 해 4.2. 회사 부지인 부동산들의 소유 명의를 A로부터 피고인 乙 명의로 각 이전하여 **회사의 경영권을 갈취하였다.**"라는 공소사실(대판 1998.8.21, 98도749) - 감금죄 ➡ 공갈죄

② [1] 2004.6.1. 유죄판결이 선고되고 이후 확정된 "피고인은 **2001.11.22.** H주식회사의 노조위원장인 甲에게 쟁의행위 등을 삼가고 동인에게 적극 협조하며 회사채권 은행에 대한 압력 행사에 있어서 노동조합의 인력을 동원하여 달라는 부탁을 하면서 甲의 처 乙명의의 **예금계좌로 5,000만원을 송금하였다.**"라는 공소사실과 [2] "피고인은 H주식회사를 위하여 공금을 업무상 보관하던 중 **2001.11.22. 5,000만원을 인출하여 그 무렵 개인 용도로 임의 사용하여 이를 횡령하였다.**"라는 공소사실(대판 2008.11.13, 2006도4885) - 배임증재죄 ➡ 업무상횡령죄

③ [1] 1982.12.27. 유죄판결이 선고되고 이후 확정된 "피고인은 **1982.8.12.부터 8.18.까지 상습적으로 도박을 방조하였다.**"라는 공소사실과 [2] "피고인은 **1982.7.30.과 7.31. 양일간에 걸쳐 상습적으로 도박을 하였다.**"라는 공소사실(대판 1984.4.24, 84도195) - 상습도박방조 ➡ 상습도박죄 14. 경찰간부·국가9급

④ [1] 2014.2.14. 유죄판결이 선고되고 같은 해 5.27. 확정된 "피고인은 **2013.5.12.경 부천시 원미구 소재 새마을금고 앞에서 동네 후배인 A로부터 그 명의의 새마을금고 통장과 현금카드를 양수하였다.**"라는 공소사실과 [2] "피고인과 성명불상자는 공동하여 통장을 만들어주지 아니하면 위해를 가할 것처럼 행동하며 **위협적인 말투로 통장을 만들어 달라고 겁을 주어 2013.5.12.경 부천시 원미구 소재 새마을금고에서 A로 하여금 자신들이 원하는 비밀번호를 설정하고 A 명의의 새마을금고 통장을 개설하게 하여 통장 및 접근매체를 갈취하였다.**"라는 공소사실(대판 2015.9.10, 2015도7081) - 전자금융거래법 위반죄 ➡ 공갈죄

⑤ [1] 유죄판결이 확정된 "피고인 甲은 피고인 乙과 함께 **2009.11.18.부터 같은 달 24일까지 대전 서구 월평동 소재 게임장에서 씨워스타 게임기 45대를 설치하고, 게임장을 찾은 손님들이 위 게임을 통하여 획득한 경품용 칩을 이름을 알 수 없는 사람으로 하여금 칩 1개당 환전수수료 10%를 공제한 4,500원에 환전해 주도록 하였다.**"라는 공소사실과 [2] "**2009.11.18.부터 같은 해 12.3.까지 대전 서구 월평동 소재 게임랜드에서 피고인 甲은 씨워스타 게임기 40대를 설치하고**, 피고인 乙 등은 오락실 관리 및 손님 안내 등을 담당하고, 丙은 환전업무 등을 담당하여, 그곳을 찾아 온 손님들이 환전을 원할 경우 **경품책갈피 1개당 10%를 수수료로 공제한 뒤 4,500원을 환전해 주었다.**"라는 공소사실(대판 2011.1.27, 2010도12375) - 게임산업진흥에 관한 법률 위반 ➡ 사행행위 등 규제 및 처벌특례법 위반

⑥ [1] 2006.6.2. 유죄판결이 선고되고 같은 해 11.9. 확정된 "피고인은 물레방아라는 상호로 노래연습장을 운영하는 자인바, 관할구청장에게 등록하지 않고 **2005.5.11.부터 2006.2.17.까지** 서울 도봉구 방학동 소재 위 노래방에서 **노래연습장 영업을 한 것이다.**"라는 공소사실과 [2] "피고인은 물레방아 상호로 노래연습장을 운영하는 자인바, 학교환경위생정화구역 안에서는 노래연습장을 운영하여서는 아니 됨에도 불구하고 **2005.12.6.** 학교환경위생정화구역 안에 있는 위 노래연습장에서 **노래연습장 영업을 한 것이다.**"라는 공소사실(대판 2007.9.20, 2007도5669)(同旨 대판 2007.6.29, 2007도3038) - 음반·비디오물 및 게임물에 관한 법률 위반 ➡ 학교보건법 위반

⑦ [1] 약식명령이 확정된 "피고인은 공인중개사 자격이 없고 중개사무소 개설등록을 하지 않았는데도 甲, 乙과 공모하여 부동산 매매계약을 중개한 대가로 A에게서 甲, 乙 및 피고인의 **수고비 합계 2천만원을 교부받아 중개행위를 하였다**"는 공소사실과 [2] "피고인은 피해자 A에게서 甲, 乙에 대한 **소개비 조로 2천만원을 교부받아 A를 위하여 보관하던 중 임의로 사용하여 횡령하였다.**"라는 공소사실(대판 2012.5.24, 2010도3950) - 공인중개사의 업무 및 부동산거래신고에 관한 법률 위반 ➡ 횡령죄

⑧ [1] 2008.3.19. 유죄판결이 선고되고 같은 해 3.27. 확정된 "피고인은 **2007.5.30. 00:23경** A가 사용하는 휴대폰으로 '너 진짜 죽을래 왜 내 전화 안 받고 무시해 빨랑 전화 받아 전화 안 받으면 너 진짜로 죽을 줄 알아'라는 내용의 문자메시지를 보낸 것을 비롯하여 **그 시경부터 2007.12.16. 경까지 총 539회에 걸쳐 공포심이나 불안감을 유발하는 문언을 반복적으로 도달하게 하였다.**"라는 공소사실과 [2] "피고인은 **2006.8.18.경** 자신과 이혼한 A의 휴대폰으로 '너는 진짜 인간쓰레기다. 너 같은 인간은 청소기로 확 쓸어버려야 한다. 이 벌레보다도 못한 인간아'라는 내용의 문자메시지를 발송한 것을 비롯하여 **그 무렵부터 2007.5.9.까지 모두 33회에 걸쳐 문자메시지를 발송**하는 등으로 불안감을 유발하는 글을 반복적으로 도달하게 하였다는 것이다."라는 공소사실(대판 2009.2.26, 2009도39) - 정보통신망법 위반 및 상습협박죄 ➡ 정보통신망법 위반 19. 경찰간부

⑨ [1] 1984.9.28. 약식명령이 발령되고 같은 해 10.14. 확정된 "피고인은 **1984.4.9. 03:40경** 화물자동차를 운전하고 서울 성동구 구의동 234 앞길을 지나가다 진행방향을 잘 살피지 아니한 **업무상과실로 진행방향 좌측에서 우측으로 직진하는 피해자 A 운전의 택시를 받아 손괴하였다.**"라는 공소사실과 [2] "피고인은 [1]과 동일한 **교통사고로 그 택시에 타고 있던 승객들에게 상해를 입게 하였다.**"라는 공소사실(대판 1986.2.11, 85도2658) - 도로교통법 위반 ➡ 교통사고처리특례법 위반 20. 변호사

⑩ [1] 유죄판결이 확정된 "피고인은 **당좌수표를 부산, 제주연료공업협동조합 이사장 명의로 발행**하여 그 소지인이 지급제시기간 내에 지급제시하였으나 **거래정지처분의 사유로 지급되지 아니하게 하였다.**"라는 공소사실과 [2] "피고인은 [1]과 동일한 수표를 발행하여 부산, 제주연료공업협동조합에 대하여 **재산상 손해를 가하였다.**"라는 공소사실(대판 2004.5.13, 2004도1299) - 부정수표단속법 위반 ➡ 업무상배임죄 14. 국가7급

5 기판력이 미치지 않는 경우 Ⅱ

① [1] 유죄판결이 확정된 "피고인 甲은 1997.2. 초순부터 1997.4.3. 22:00경까지 정당한 이유 없이 범죄에 공용될 우려가 있는 **위험한 물건인 휴대용 칼을 소지하였고,** 1997.4.3. 23:00경 乙이 범행 후 화장실에 버린 칼을 집어 들고 나와 용산 미8군영 내 하수구에 버려 타인의 형사사건에 관한 **증거를 인멸하였다.**"라는 공소사실과 [2] "피고인 甲은 1997.4.3. 21:50경 서울 용산구 이태원동에 있는 햄버거 가게 화장실에서 피해자 A를 칼로 찔러 乙과 공모하여 A를 살해하였다."라는 공소사실(대판 2017.1.25, 2016도15526) - 증거인멸죄 등 ➡ 살인죄 14·17. 경찰채용, 16. 국가9급

② [1] 유죄판결이 확정된 "피고인은 **과실로 교통사고를 발생시켰다.**"라는 공소사실과 [2] "피고인은 고의로 교통사고를 낸 뒤 보험금을 청구하여 수령하거나 미수에 그쳤다."라는 공소사실(대판 2010.2.25, 2009도14263) - 교통사고처리특례법 위반죄 ➡ 사기 및 사기미수죄

③ [1] 유죄판결이 확정된 "피고인은 [2]의 호소문과 동일한 문서를 방송작가협회 회원 1,700명에게 우편으로 발송·도달하게 함으로써 **A의 명예를 훼손하였다**."라는 공소사실과 [2] "피고인은 2004.7. 말경 '이토록 사람이 없단 말입니까, 우리 협회에?'라는 제목으로 A를 비방하는 내용의 호소문을 작성한 후 그 문서 말미의 피고인의 이름 위에 임의로 B의 이름을 기입하는 방법으로 **B 명의의 호소문을 위조하였다**."라는 공소사실(대판 2009.4.23, 2008도8527) - 명예훼손죄 ➡ 사문서위조죄 16. 법원행시

④ [1] 유죄판결이 확정된 "피고인 甲은 乙, 丙과 공모하여 1992.9.24. 02:00경 서울 서초구 방배동에 있는 공중전화박스 옆에서 丁 등이 9.23. 23:40경 서울 구로구 구로동 노상에서 **피해자 A로부터 강취한 국민카드 1매를 장물인 정을 알면서도 교부받아 취득하였다**."라는 공소사실과 [2] "피고인 甲은 乙·丙·丁·戊·己와 합동하여 1992.9.23. 23:40경 서울 구로구 구로동 번지불상 앞길에서 甲·丙·戊는 망을 보고 乙·丁·己는 술에 취하여 졸고 있던 A에게 다가가 주먹과 발로 얼굴 및 몸통부위를 수회 때리고 차 A의 반항을 억압한 후 **A 소유의 국민카드 2매 등이 들어 있는 지갑 2개를 꺼내어 가 이를 강취하고, A에게 치료일수 미상의 안면부타박상 등을 입혔다**."라는 공소사실[대판 1994.3.22, 93도2080(전합)] - 장물취득죄 ➡ 강도상해죄 15. 국가9급

⑤ [1] 약식명령이 확정된 "피고인은 회사의 대표이사로써 **업무상 보관하던 회사 자금을 빼돌려 횡령하였다**."라는 공소사실과 [2] "피고인은 [1]과 같이 횡령한 다음 그 중 일부를 더 많은 장비 납품 등의 계약을 체결할 수 있도록 해달라는 취지의 묵시적 청탁과 함께 배임증재에 공여하였다."라는 공소사실(대판 2010.5.13, 2009도13463) - 횡령죄 ➡ 배임증재죄 14. 국가7급, 14·17. 경찰채용, 22. 경찰승진

⑥ [1] 약식명령이 확정된 "피고인은 1994.3.9. **피해자 A에게 부도가 예상되는 수표를 제시하면서** '틀림없이 결제될 수표이니 할인하여 달라'는 취지의 거짓말을 하여 이에 속은 A로부터 **수표할인금 명목으로 금 1,850만원을 교부받아 이를 편취하였다**."라는 공소사실과 [2] "피고인은 1994.3. 초순경 피해자 B로부터 C를 통하여 액면금 2,000만원인 당좌수표 1장의 할인을 의뢰받고, 3.9. A로부터 위 수표를 선이자를 공제한 금 1,850만원에 할인받아 그 중 **금 1,100만원을 보관하던 중 이를 임의로 소비하여 횡령하였다**."라는 공소사실(대판 1998.4.10, 97도3057) - 사기죄 ➡ 횡령죄

⑦ [1] 유죄판결이 확정된 "피고인은 2005.3.2.경부터 같은 해 7.14.경까지 및 2006.1.11.경 게임장에서 사행성 간주 게임기를 설치하고 취득한 점수에 따라 고객에게 경품으로 상품권을 지급하였다."라는 공소사실과 [2] "피고인은 2006.7.경부터 같은 해 9.1.경까지, 같은 해 9.3.경부터 같은 달 4.까지, 같은 해 10.1.경부터 같은 달 3.까지, 같은 해 10.15, 같은 해 10.16. 및 같은 해 10.26. 게임장에서 위 게임기를 설치하고 취득한 점수에 따라 고객에게 경품으로 상품권을 지급하였다."라는 공소사실. 다만, 피고인은 [1]의 범행에서 관련된 압수물이 몰수되었고, 영업정지처분으로 **2006.6.27.부터 40일 정도 영업을 하지 못하다가 [2]의 범행을 재개한 것이었음**(대판 2010.11.11, 2007도8645) - 음반·비디오물 및 게임물에 관한 법률 위반

⑧ [1] 약식명령이 확정된 "피고인은 2004.6.24. 23:10경 PC방 내에서 컴퓨터를 이용 남녀간의 성행위 영상물을 다운받아 입력시킨 후 PC방을 찾아오는 손님들에게 1시간당 6,000원의 수수료를 받고 위 영상물을 시청토록 한 것이다."라는 공소사실과 [2] "피고인은 2003.12. 중순경부터 2004.6.7.경까지 사이에 성인 PC방에서 음란한 동영상파일 32,739개를 저장하여 놓고 손님들에게 시간당 6,000원을 받고 음란한 동영상을 볼 수 있도록 함으로써 정보통신망을 통하여 음란한 영상을 공연히 전시하였다."라는 공소사실.
다만, 피고인은 **2004.6.7. [2]의 행위로 인하여 음란 동영상이 저장되어 있던 서버 컴퓨터 2대를 압수당한 후 다시 새로운 장비와 프로그램을 갖추고 영업을 재개한 행위로 인하여 [1]과 같이 약식명령에 의한 처벌을 받은 것임**(대판 2005.9.30, 2005도4051) - 정보통신망법 위반 ➡ 청소년성보호법 위반 및 정보통신망법 위반 14. 경찰간부, 16. 법원행시

⑨ [1] 약식명령이 확정된 "피고인은 1982.9. 초순부터 1983.3.12.까지 사이에 서울특별시 강동구에서 영리의 목적으로 **무면허의료행위를 하였다.**"라는 공소사실과 [2] "피고인은 **1977.12.20.부터 1978.3.29.까지 사이에** 의사 면허 없이 영리의 목적으로 **충남 홍성읍에 있는 피고인 집에서** 의료기구와 의약품을 갖추고 업으로 **의료행위를 하였다.**"라는 공소사실(대판 1985.10.22, 85도1457) - 의료법 위반 ➡ 보건범죄단속법 위반

⑩ [1] 유죄판결이 확정된 "피고인은 유사석유제품을 판매하였다"라는 공소사실과 [2] "피고인은 [1]과 같은 유사석유제품을 제조하여 판매하고도 그에 관한 부가가치세 등을 신고·납부하지 않고 조세를 포탈하였다."라는 공소사실(대판 2017.12.5, 2013도7649) - 석유사업법 위반 ➡ 조세범처벌법 위반 19. 경찰간부

⑪ [1] 2007.7.25. 약식명령이 발령되고 2007.9.11. 확정된 "피고인은 2006.12. 중순경 의약품이 아닌 **'신기한 비누'를 의학적 효능·효과 등이 있는 것으로 오인할 우려가 있는 내용의 광고를 하였다.**"라는 공소사실과 [2] "피고인은 甲과 공모하여 허가를 받지 아니한 채 2006.3.경부터 2007.12.경까지 **'신기한 비누'**를 만들어 사업자들을 상대로 의학적 효과가 있다고 믿게 한 다음 판매하고, 홈페이지에서도 광고하여 소비자들을 상대로 판매하는 등 **부정의약품을 제조·판매하여 2006.12.1.부터 2007.11.30.까지 5억원의 매출을 올렸다.**"라는 공소사실(대판 2010.10.14, 2009도4785) - 약사법 위반 ➡ 보건범죄단속법 위반

⑫ [1] 약식명령이 확정된 "피고인은 오케이마트 할인매장 종업원 A 등 8명에게 지급할 임금을 당사자간 합의도 없이 각 **퇴직일로부터 14일 이내에 지급하지 아니하였다.**"라는 공소사실과 [2] "피고인이 사실은 임금을 지급할 의사나 능력이 없음에도 A 등 종업원 8명에게 오케이마트에서 종업원으로 일하면 매월 80만원에서 110만원을 지급하겠다고 거짓말하고 종업원들로부터 노무를 제공받아 합계 7,086,646원 상당의 **재산상 이익을 편취하였다.**"라는 공소사실(대판 2003.12.23, 2003도5570) - 근로기준법 위반 ➡ 사기죄

⑬ [1] 약식명령이 확정된 "피고인들은 2013.9.경부터 2016.7.21.까지 병원 시술상품을 판매하는 배너광고를 게시하면서 **배너의 구매개수와 시술후기를 허위로 게시하였다.**"라는 공소사실과 [2] "피고인들은 영리를 목적으로 2013.12.경부터 2016.7.경까지 병원 시술상품을 판매하는 배너광고를 게시하는 방법으로 **총 43개 병원에 환자 50,173명을 소개·유인·알선하고, 그 대가로 환자들이 지급한 진료비 3,401,799,000원 중 15~20%인 608,058,850원을 수수료로 의사들로부터 지급받았다.**"라는 공소사실(대판 2019.4.25, 2018도20928 **성형쇼핑몰 사건**) - 표시광고법 위반 ➡ 의료법 위반

⑭ [1] 유죄판결이 확정된 "피고인은 조합 등의 법인카드로 공소외 1의 선거관련 비용을 결제하기로 공소외 2 등과 공모하여 2015. 2.26. 서울 강남구 △△동 소재 □□호텔 및 인근 중식당 등에서 조합 등의 법인카드로 선거인들의 위 호텔 및 중식당 등에 대한 숙식료를 결제하여 그 임무에 위배하여 피해자인 **조합 등에게 재산상 손해를 가하였다**"라는 공소사실과 [2] "피고인은 공소외 1 등과 공모하여 2015.2.27. 실시된 제25대 ○○○○○○○○ 선거에서 회장으로 입후보한 공소외 1을 당선시킬 목적으로 선거일 전날인 2015. 2.26. 선거인들에게 서울 강남구 △△동 소재 □□호텔 및 인근 중식당 등에서 숙식을 제공하여 재산상 이익을 제공하였다"라는 공소사실(대판 2023.2.23, 2020도12431 **호텔·중식당 숙식제공 사건**) - 업무상배임죄 ➡ 중소기업협동조합법 위반

6 기판력이 미치는 경우 Ⅲ

① 공소제기된 **'4개월여(1982.1.30. ~ 동년 6.17.)에 걸친 무면허의료행위'** 중 그 일부(1982.4.16. 16:00경 무면허의료행위)에 대하여 약식명령이 확정된 바 있다면 동 약식명령의 효력은 그 고지(1982.7.7.) 이전의 무면허의료행위 전부에 미친다 할 것이니, 법원은 이미 확정판결이 있는 때에 해당하여 면소판결을 선고할 것이다(대판 1983.6.14, 83도939). - 의료법 위반

② 피고인이 **1973.9.1.경부터 1973.11.15.까지의 사이에 허가 없이 주점영업**을 한 소위가 피고인의 단일인 계속적인 의사로서 행하여진 행위였다면 위 기간 내에 행하여진 피고인의 무허가주점영업행위는 **포괄하여 일죄**를 구성하는 것이고, 동 포괄일죄의 일부분인 1973.11.1.부터 1973.11.15.까지의 무허가주점영업행위에 대한 확정판결의 기판력은 위 포괄일죄의 다른 행위에 해당하는 1973.9.1.부터 1973.10.31.까지의 무허가주점영업행위에 미친다(대판 1975.12.23, 75도1396). - 식품위생법 위반

③ 무면허의료행위는 일단 공소가 제기되면 이에 대한 재판이 있을 때까지의 동종의 위법행위는 **포괄하여 일개의 범죄**를 구성하는 것이며 판결이 확정되면 가사 공소장에 적시되지 아니한 개개의 위법행위라 하더라도 그 행위는 모두 재판을 받은 것으로 되어 따로 공소를 제기할 수 없다 할 것인바, 1965.7.20.에 **무면허의료행위**로 유죄확정판결을 받았다면 형사소송법 제326조 제1호 소정의 확정판결이 있는 때에 해당하여 '**1965.7.2.부터 1965.7.14.까지 세 차례의 무면허의료행위의 공소사실**'에 대하여는 면소의 판결을 할 것이다(대판 1966.9.20, 66도928). – 의료법 위반

④ 피고인이 피해자를 폭행하여 상해를 가하고 그 직후 새로운 범의를 일으켜 강제추행한 경우, 위 상해는 강제추행과 인과관계가 없을 뿐 아니라, **고의범인 상해죄로 의율하여 처벌한 상해를 다시 결과적 가중범인 강제추행치상죄의 상해로 인정하여 이중으로 처벌할 수는 없다**(대판 2009.7.23, 2009도1934). – 상해죄 ➡ 강제추행치상죄

⑤ 확정판결의 범죄사실 중 업무방해죄와 기소된 공소사실 중 명예훼손죄는 피고인이 **같은 일시, 장소에서 피해자의 기념전시회에 참석한 손님들에게 피해자가 공사대금을 주지 않는다는 취지로 소리를 치며 소란을 피웠다**는 1개의 행위에 의하여 실현된 경우로서 **상상적 경합관계**에 있다(대판 2007.2.23, 2005도10233). – 업무방해죄 ➡ 명예훼손죄 14. 국가7급, 13. 변호사기록

⑥ 피고인이 여관에서 종업원을 칼로 찔러 상해를 가하고 객실로 끌고 들어가는 등 폭행·협박을 하고 있던 중, 마침 다른 방에서 나오던 여관의 주인도 같은 방에 밀어 넣은 후 주인으로부터 금품을 강취하고, 1층 안내실에서 종업원 소유의 현금을 꺼내 갔다면, 여관 종업원과 주인에 대한 각 강도행위가 각별로 강도죄를 구성하되 피고인이 피해자인 종업원과 주인을 폭행·협박한 행위는 법률상 1개의 행위로 평가되는 것이 상당하므로 위 2죄는 **상상적 경합범 관계**에 있다(대판 1991.6.25, 91도643). – 특수강도죄 ➡ 강도상해죄 14. 법원행시

⑦ 단일하고 계속된 범의 아래 같은 장소에서 반복하여 여러 사람으로부터 계불입금을 편취한 소위는 피해자별로 포괄하여 1개의 사기죄가 성립하고 이들 포괄일죄 상호간은 상상적 경합관계에 있다고 볼 것이므로 그 중 일부 피해자들로부터 계불입금을 편취하였다는 공소사실에 대하여 확정판결이 있었다면 나머지 피해자들에 대한 공소사실에 대하여도 기판력이 미치게 된다(대판 1990.1.25, 89도252). ➡ 사기죄

⑧ 약식명령이 확정된 **사문서위조 및 그 행사죄의 범죄사실과 피고인이 동일한 합의서를 임의로 작성·교부하여 회사에 재산상 손해를 가하였다**는 공소사실은 **상상적 경합관계**에 있다(대판 2009.4.9, 2008도5634). – 사문서위조 및 동행사죄 ➡ 업무상배임죄

⑨ 문서에 2인 이상의 작성명의인이 있을 때에는 각 명의자마다 1개의 문서가 성립되므로 2인 이상의 연명으로 된 문서를 위조한 때에는 작성명의인의 수대로 수개의 문서위조죄가 성립하고 위 수개의 문서위조죄는 **상상적 경합범에 해당**한다(대판 1987.7.21, 87도564). – 사문서위조죄 14. 경찰간부

⑩ **하나의 사건에 관하여 한 번 선서한 증인이 같은 기일에 여러 가지 사실에 관하여 기억에 반하는 허위의 진술을 한 경우** 이는 하나의 범죄의사에 의하여 계속하여 허위의 진술을 한 것으로서 포괄하여 1개의 위증죄를 구성한다(대판 2007.3.15, 2006도9463). – 위증죄

⑪ 혈중알콜농도 0.05% 이상의 음주상태로 동일한 차량을 일정기간 계속하여 운전하다가 1회 음주측정을 받았다면 이러한 음주운전행위는 동일 죄명에 해당하는 연속된 행위로서 단일하고 계속된 범의하에 일정기간 계속하여 행하고 그 피해법익도 동일한 경우이므로 포괄일죄에 해당한다(대판 2007.7.26, 2007도4404). – 도로교통법 위반(음주운전) 14. 경찰간부, 20. 경찰채용

7 기판력이 미치지 않는 경우 Ⅲ

① 원심은 피고인이 주택에 무단 침입한 범죄사실로 이미 2006.5.12. **유죄판결을 받고 그 판결이 확정되었음에도 퇴거하지 아니한 채 계속해서 주택에 거주함으로써 판결이 확정된 이후로도 피고인의 주거침입행위 및 그로 인한 위법상태가 계속되고 있다고 보아 유죄로 판단한 것은 정당하다**(대판 2008.5.8, 2007도11322). – 주거침입죄 14. 경찰승진, 15. 경찰채용, 16. 경찰간부

② 주차장법 제29조 제1항 제2호 위반의 죄는 이른바 계속범으로서 종전에 용도외 사용행위에 대하여 **처벌받은 일이 있다고 하더라도** 그 후에도 **계속하여 용도외 사용**을 하고 있는 이상 종전 재판 후의 사용에 대하여 다시 처벌할 수 있는 것이다(대판 2006.1.26, 2005도7283). – 주차장법 위반
14. 변호사

③ 감금행위가 단순히 강도상해 범행의 수단이 되는 데 그치지 아니하고 **강도상해의 범행이 끝난 뒤에도 계속된 경우**에는 1개의 행위가 감금죄와 강도상해죄에 해당하는 경우라고 볼 수 없고, 이 경우 감금죄와 강도상해죄는 **경합범 관계**에 있다고 보아야 한다(대판 2003.1.10, 2002도4380). – 감금죄 ➡ 강도상해죄 14. 경찰승진, 14·17. 변호사, 14·15. 경찰채용, 15·16. 경찰간부

④ 피고인이 여관에 들어가 1층 안내실에 있던 **여관의 관리인을 칼로 찔러 상해를 가하고 그로부터 금품을 강취**한 다음, **각 객실에 들어가 각 투숙객들로부터 금품을 강취**하였다면 피고인의 각 행위는 비록 시간적으로 접착된 상황에서 동일한 방법으로 이루어지기는 하였으나 포괄하여 1개의 강도상해죄만을 구성하는 것이 아니라 **실체적 경합범의 관계**에 있다(대판 1991.6.25, 91도643). – 특수강도죄 15. 경찰승진

⑤ 강도상해죄가 특수강도의 상습범에 대한 가중처벌규정인 특정범죄가중법 제5조의4 제1항 위반죄에 대한 확정판결 전에 범하여졌다 하더라도, 강도상해죄와 특수강도죄는 그 구성요건 해당행위가 상이할 뿐만 아니라 강도상해죄에 관한 형법 규정에는 같은 강도, 특수강도, 약취강도, 해상강도 등의 죄와는 달리 상습범 가중규정을 두고 있지 아니하므로 **특수강도의 상습범에 대한 가중처벌을 규정한 특정범죄가중법 제5조의4 제1항 위반의 죄**와 **강도상해죄**는 **포괄일죄의 관계에 있지 않으므로** 확정판결의 기판력은 강도상해죄에 미치지 않는다(대판 1985.9.24, 85도1686). – 특정범죄가중법 위반(상습강도) ➡ 강도상해죄

⑥ **특정경제범죄법 위반(사기)죄**와 그 수단이 된 **사문서위조 및 행사죄는 실체적 경합범**의 관계에 있을 뿐, 포괄일죄나 과형상일죄의 관계에 있지 아니하므로 특정경제범죄법 위반(사기)죄에 대한 판결이 확정된 후에 그 수단이 된 사문서위조 및 행사의 점을 추가로 기소하여도 확정판결의 기판력에 저촉되지 아니한다(대판 2000.2.22, 99도5678). – 특정경제범죄법 위반(사기) ➡ 사문서위조 및 동행사죄

⑦ 피고인이 **2008.5.8. 근저당권을 설정한 행위**에 대하여 이미 불가벌적 사후행위라는 이유로 무죄를 선고받아 그 판결이 확정되었다고 하더라도 불가벌적 사후행위 이전에 완성된 범행(**2005.11. 18. 근저당권을 설정한 행위**)을 횡령죄로 처벌하는 것이 일사부재리 원칙 내지 이중처벌금지의 원칙에 반한다고 할 수 없다(대판 2010.9.30, 2010도8556). – 횡령죄 16. 경찰간부

⑧ 피고인이 훈련소집통지서를 교부받고도 정당한 사유 없이 이를 거부하는 때에는 각각의 죄가 성립하므로 훈련소집통지에 불응하여 유죄의 판결이 확정되었더라도 다른 훈련소집통지에 불응한 행위를 다시 처벌할 수 있고, 그것이 이중처벌에 해당하거나 일사부재리의 원칙에 저촉된다고 볼 수 없다(대판 2009.10.15, 2009도7120)(同旨 헌재 2011.8.30, 2007헌가12,2009헌바103). – 향토예비군설치법 위반 14. 국가급

⑨ 수 개의 등록상표에 대하여 상표법 제93조 소정의 상표권 침해행위가 계속하여 행하여진 경우에는 각 등록상표 1개마다 포괄하여 1개의 범죄가 성립하므로, 특별한 사정이 없는 한 상표권자 및 표장이 동일하다는 이유로 **등록상표를 달리하는 수 개의 상표권 침해행위를 포괄하여 하나의 죄가 성립하는 것으로 볼 수 없다**(대판 2011.7.14, 2009도10759). – 상표법 위반 17. 경찰간부

⑩ 유죄판결이 확정된 '**아파트 사전분양**'으로 인한 구 주택건설촉진법 위반죄 범죄사실과 '**아파트를 건축하여 분양할 의사나 능력 없이 피해자들을 기망하여 분양대금을 편취하였다**'는 내용의 특정경제범죄법 위반(사기) 공소사실 사이에 동일성이 있다고 보기 어렵다(대판 2011.6.30, 2011도1651). – 주택건설촉진법 위반 ➡ 특정경제범죄법 위반(사기)

⑪ **영업**으로 성매매를 알선한 행위와 **영업**으로 성매매에 제공되는 건물을 제공하는 행위는 당해 행위 사이에서 각각 포괄일죄를 구성할 뿐, 서로 독립된 가벌적 행위로서 **별개의 죄를 구성한다**고 보아야 한다(대판 2011.5.6, 2010도6090). – 성매매알선 등 행위의 처벌에 관한 법률 위반

⑫ 약식명령이 확정된 의료법 위반죄의 '**무자격자 안마행위**'는 건강증진을 목적으로 몸을 주무르거나 누르거나 두드리는 것으로 성적 흥분을 일으키는 행위는 포함되어 있지 않지만, 공소사실의 '**유사성교행위**'는 성적 흥분을 일으키게 하기 위하여 남자 손님들의 성기를 손으로 잡고 흔들어 사정하게 하는 것으로서 이들 행위 상호간에는 그 기초가 되는 사회적 사실관계가 **동일한 것이라고 평가할 수 없다**(대판 2009.1.30, 2008도9207). – 의료법 위반 ➡ 성매매알선 등 행위의 처벌에 관한 법률 위반

⑬ 일반적으로 물건의 **제조행위**와 **판매행위**는 독립된 행위로서 그 판매행위가 제조행위에 수반되는 필연적 결과라거나 반대로 제조행위가 판매행위의 필연적 수단이라고 볼 수는 없으므로, 공소사실인 제조행위와 판매행위는 당해 행위 사이에서 각각 포괄일죄의 관계에 있을 뿐, 그 제조행위와 판매행위는 서로 독립된 가벌적 행위로서 **별개의 죄를 구성**한다(대판 2007.2.22, 2006도7834). – 전기용품안전관리법 위반

⑭ **무면허운전**으로 인한 도로교통법 위반죄에 있어서는 운전한 날마다 무면허운전으로 인한 도로교통법 위반의 1죄가 성립한다고 보아야 할 것이고, 비록 계속적으로 무면허운전을 할 의사를 가지고 여러 날에 걸쳐 무면허운전행위를 반복하였다 하더라도 **이를 포괄하여 일죄로 볼 수는 없다**(대판 2002.7.23, 2001도6281). 16. 국가9급·경찰채용

> **⚖ 판례 │** 포괄일죄 관계에 있는 여러 상습사기의 범행 중 일부에 대하여 '단순사기죄'의 확정판결이 있는 경우에 그 확정판결의 기판력의 표준시 전에 저질러진 상습사기범죄에 대하여 위 확정판결의 기판력이 미치는지의 여부(소극)

1 상습범으로서 포괄적 일죄의 관계에 있는 여러 개의 범죄사실 중 일부에 대하여 유죄판결이 확정된 경우에, 그 확정판결의 사실심판결선고 전에 저질러진 나머지 범죄에 대하여 새로이 공소가 제기되었다면 그 새로운 공소는 확정판결이 있었던 사건과 동일한 사건에 대하여 다시 제기된 데 해당하므로 이에 대하여는 **판결로써 면소의 선고**를 하여야 하는 것인바(형사소송법 제326호 제1호), 다만 이러한 법리가 적용되기 위해서는 전의 확정판결에서 당해 피고인이 상습범으로 기소되어 처단되었을 것을 필요로 하는 것이고, **상습범 아닌 기본 구성요건의 범죄로 처단되는 데 그친 경우**에는 가사 뒤에 기소된 사건에서 비로소 드러났거나 새로 저질러진 범죄사실과 전의 판결에서 이미 유죄로 확정된 범죄사실 등을 종합하여 비로소 그 모두가 상습범으로서의 포괄적 일죄에 해당하는 것으로 판단된다 하더라도 뒤늦게 앞서의 확정판결을 상습범의 일부에 대한 확정판결이라고 보아 **그 기판력이 그 사실심판결선고 전의 나머지 범죄에 미친다고 보아서는 아니된다**[대판 2004.9.16, 2001도3206(전합)]. 14·15·17·19. 국가9급, 14·16·19·20·22. 변호사, 14·17. 법원9급, 15. 법원행시, 17·19. 경찰간부, 20. 경찰승진, 18. 변호사사례

2 특정범죄가중법 제5조의4 제5항은 거기서 정하는 범죄전력 및 누범가중의 요건이 갖추어진 경우에는 상습성이 인정되지 아니하는 때에도 상습범에 관한 같은 조 제1항 내지 제4항 소정의 법정형에 의하여 처벌한다는 취지로서, 위 제5항의 범죄로 기소되어 처벌받은 경우를 상습범으로 기소되어 처벌받은 경우라고 볼 수 없다. 따라서 설사 피고인에게 절도의 습벽이 인정된다고 하더라도 위 법조항으로 처벌받은 **확정판결의 기판력은 그 판결의 확정 전에 범한 다른 절도행위에 대하여는 미치지 아니한다**고 봄이 상당하다(대판 2010.1.28, 2009도13411).

(3) 기판력의 시적 범위

① **사실심(제1심과 제2심)**: 기판력은 사실심리가 가능한 최종적인 시점까지 미친다. 이와 관련하여 특히 확정판결의 전후에 걸쳐서 계속범 또는 상습범의 범행이 행해진 경우 어느 시점까지 기판력이 미치느냐가 문제가 된다. 이에 대하여 견해의 대립은 있으나 재판시, 즉 일반공판절차의 경우에는 사실심판결선고시가 기준이 되고, **약식명령**의 경우에는 **약식명령 발령시**가 기준이 된다는 것이 통설과 판례의 입장이다. **항소이유서 미제출로 항소기각결정된 경우** 제1심판결 기판력의 시간적 효력범위는 **항소기각결정시**라는 것이 판례의 입장이다.

② **사후심(제3심)**: 사후심에 해당하는 제3심(상고심)은 원심판결인 항소심까지의 소송자료만을 기초로 삼아 원심판결의 당부를 판단하므로 일반적으로 항소심 판결선고시가 기판력의 시간적 표준이 된다.

판례 |

1 확정판결의 기판력이 미치는 시간적 효력범위(= 재판시, 즉 판결선고시, 결정고지시 또는 약식명령 발령시까지 행한 범죄에 미침)

① 포괄일죄의 관계에 있는 범행 일부에 대하여 판결이 확정된 경우에는 **사실심판결선고시**를 기준으로 그 이전에 이루어진 범행에 대하여는 확정판결의 기판력이 미쳐 면소의 판결을 선고하여야 할 것이다(대판 2014.1.16, 2013도11649). 14·17. 법원9급, 16. 변호사, 18. 경찰채용

② 항소이유서를 제출하지 아니하여 결정으로 항소가 기각된 경우에도 판결에 영향을 미친 사실오인이 있는 등 직권조사사유가 있으면 항소법원이 직권으로 심판하여 제1심판결을 파기하고 다시 판결할 수도 있으므로 사실심리의 가능성이 있는 최후시점은 **항소기각결정시**라고 보는 것이 옳다(대판 1993.5.25, 93도836). 14. 국가7급, 18·22. 경찰간부, 20. 경찰승진

③ 포괄일죄의 관계에 있는 범행의 일부에 대하여 약식명령이 확정된 경우에는 그 **약식명령의 발령시**를 기준으로 하여 그 이전에 이루어진 범행에 대하여는 면소의 판결을 선고하여야 한다(대판 2013.6.13, 2013도4737). 14. 국가7급, 14·15·16. 법원9급, 14·16·17·20·22. 변호사, 16·18·19. 경찰채용, 18. 경찰승진·국가9급, 19. 경찰간부, 22. 국가7급, 22. 해경간부, 12·18. 변호사기록

④ 포괄일죄 관계인 범행의 일부에 대하여 판결이 확정되거나 약식명령이 확정되었는데 그 사실심판결선고시 또는 약식명령 발령시를 기준으로 그 이전에 이루어진 범행이 포괄일죄의 일부에 해당할 뿐만 아니라 그와 상상적 경합관계에 있는 다른 죄에도 해당하는 경우에는 **확정된 판결 내지 약식명령의 기판력은 상상적 경합관계에 있는 다른 죄에 대하여도 미친다**(대판 2023.6.29, 2020도3705 **통매음 및 통명훼 사건**).

2 확정판결의 기판력이 미치는 경우

① 피고인이 **1972.7.26. 선고받은 확정판결**에서는 1972.4.5.부터 1972.4.17.까지의 사이에 9회에 걸쳐서 저지른 특수절도의 범죄사실이 포괄적으로 하나의 상습특수절도죄로서 처벌되고 있는데, 이 사건 공소사실은 **1972.1. 중순경에 피고인이 저지른 상습특수절도의 사실**이 공소사실로 되어있다. 그렇다면 이 사건 공소사실은 위의 확정판결에 의하여 포괄적으로 이미 판결을 받은 것으로 보는 것이 상당하다(대판 1974.3.26, 74도400).

② 원심은 피고인이 **1968.8.13.** 전주지방법원 남원지원에서 같은 해 7.6.과 7.18. 양일에 전후 6차에 걸친 상습야간주거침입절도죄로 **징역 2년의 형의 선고**를 받고, 같은 해 8.13. 그 판결이 확정되어 피고인이 현재 복역 중에 있는 사실을 확정하고, 본건에 있어서의 공소장 기재에 의하면 이건 상습야간주거침입절도의 사실은 '**1968.6.15.부터 같은 해 7.1.까지의 범행된 사실**'이라 함에 있으므로 면소의 선고를 하였음은 정당하다(대판 1969.6.24, 69도681).

③ 이 사건의 경우 상습사기죄에 관한 위 판결의 확정력은 **1989.6.26. 항소기각결정**이 되기 전에 피고인이 범한 위 상습사기죄와 포괄일죄의 관계에 있는 다른 범죄에 대하여도 미친다는 이유로 피고인이 **1989.6.15. 범하였다는 사기의 점**에 대하여 형사소송법 제326조 제1호에 따라 면소의 선고를 한 제1심판결에 대한 검사의 항소를 기각한 원심의 인정판단은 정당한 것으로 수긍이 된다(대판 1993.5.25, 93도836).

④ 피고인 라이센스는 **1999.11.18.** 전주지방법원 군산지원에서 '그 대표자인 피고인 甲이 그 업무에 관하여 1999. 1.20.경부터 같은 해 9.30.경까지 한 다단계판매조직의 개설·관리·운영행위'에 대하여 같은 법 제63조의 양벌규정을 적용받아 **벌금 500만원의 약식명령을 발령받고** 그 무렵 위 약식명령이 확정되었음을 알 수 있는바, 그렇다면 피고인 W에 대한 이 사건 방문판매 등에 관한 법률 위반의 점에 대한 공소사실 중 '**1999.1.20.경부터 위 약식명령의 발령일인 같은 해 11.18.경까지의 범행부분**'은 형사소송법 제326조 제1호 소정의 '확정판결이 있은 때'에 해당하므로 면소판결을 선고하여야 한다(대판 2001.12.24, 2001도205).

3 확정판결의 기판력이 미치지 않는 경우
① 이 사건 범행(사기)은 피고인이 **1982.2.18.** 상습사기죄 등으로 **징역 8월에 2년간 집행유예를 선고받은 후인 2.21.에 범한 것**이므로 그 확정판결의 효력은 위 공소사실에까지는 미치지 아니한다고 할 것이다(대판 1982.12.28, 82도2500).
② 이 사건 (폭행) 공소범죄 사실은 **약식명령이 발령된 1983.8.18.** 이후의 범행으로서 약식명령의 기판력이 미치지 아니하는 것임이 명백함에도 불구하고, 위 약식명령의 기판력의 시적범위를 그 고지시인 1983.9.9.로 하여 그 이전인 **1983.9.7.의 이 사건 공소범죄사실**은 약식명령에 따라 이미 확정판결이 있는 때에 해당한다고 판시한 원심조치에는 약식명령의 기판력의 시적범위에 관한 법리를 오해한 위법이 있어 파기를 면하지 못한다(대판 1984.7.24, 84도1129).
③ 이 사건에 있어 확정된 **약식명령의 발령일이 1991.11.1.**이라면, 그 약식명령의 발령일 다음날인 **1991.11.2.부터 1993.6.15.까지의 범행**을 유죄로 처단한 제1심을 유지한 원심은 정당하다(대판 1994.8.9, 94도1318).

5. 기판력의 효력에 의한 범죄의 분리 여부

(1) 두죄로 분리되는 경우

원래 실체법상 포괄일죄가 되는 일련의 범행의 중간에 동종의 상습범에 관한 확정판결이 있는 경우에는 그 확정판결에 의하여 그 일련의 범행은 확정판결선고 전후로 분리되고 이와 같이 분리된 각 사건은 서로 동일성이 없다. 이는 원래 실체법상 포괄일죄가 되는 일련의 범행의 중간에 동종의 영업범에 관한 확정판결이 있는 경우에도 동일하다.

(2) 두죄로 분리되지 않는 경우

① 동종(同種)의 단순범에 관한 확정판결이 있는 경우: 원래 실체법상 포괄일죄가 되는 일련의 범행의 중간에 동종의 단순범에 관한 확정판결이 있는 경우에는 그 확정판결에 의하여 그 죄는 두 죄로 분리되지 않고 확정판결 후인 최종의 범죄행위시에 완성된다.
② 이종(異種)의 죄에 관한 확정판결이 있는 경우: 또한 원래 실체법상 포괄일죄가 되는 일련의 범행의 중간에 **다른 종류의 죄에 관한 확정판결이 있는 경우**에도 그 확정판결에 의하여 그 죄는 **두 죄로 분리되지 않고 확정판결 후인 최종의 범죄행위시에 완성**된다.

판례 |

1 기판력의 효력에 의하여 범죄가 분리되는 경우
[1] 포괄일죄인 영업범에서 공소제기의 효력은 공소가 제기된 범죄사실과 동일성이 인정되는 범죄사실의 전체에 미치므로 공판심리 중에 그 범죄사실과 동일성이 인정되는 범죄사실이 추가로 발견된 경우에 검사는 공소장변경절차에 의하여 그 범죄사실을 공소사실로 추가할 수 있다. [2] 그러나 공소제기된 범죄사실과 추가로 발견된 범죄사실 사이에 그 범죄사실들과 동일성이 인정되는 또 다른 범죄사실에 대한 유죄의 확정판결이 있는 때에는 **추가로 발견된 확정판결 후의 범죄사실은 공소제기된 범죄사실과 분단되어 동일성이 없는 별개의 범죄가 된다.** 따라서 이때 **검사는 공소장변경절차에 의하여 확정판결 후의 범죄사실을 공소사실로 추가할 수는 없고 별개의 독립된 범죄로 공소를 제기하여야 한다**(대판 2017.4.28, 2016도21342). 18·19. 국가7급, 19. 경찰채용, 22. 변호사

2 기판력의 효력에 의하여 범죄가 분리되지 않는 경우
① **상습사기의 범행이 단순사기죄의 확정판결의 전후에 걸쳐서 행하여진 경우에는 그 죄는 두 죄로 분리되지 않고 확정판결 후인 최종의 범죄행위시에 완성되는 것이다**(대판 2010.7.8, 2010도1939). 16. 변호사, 18. 경찰채용

② 포괄일죄로 되는 개개의 범죄행위가 다른 종류의 죄의 확정판결의 전후에 걸쳐서 행하여진 경우에는 그 죄는 2죄로 분리되지 않고 확정판결 후인 최종의 범죄행위시에 완성되는 것이다(대판 2003.8.22, 2002도5341). 14. 경찰채용, 15. 변호사, 16. 법원행시, 18. 변호사사례

04 확정력 또는 기판력의 배제

1. 의의

재판의 확정력은 법적 안정성을 위해서 인정되는 제도이지만 재판에 법률상 또는 사실상 명백한 오류가 있는 경우에 정의(正義)를 위하여 예외적으로 확정력을 배제하는 제도가 필요하다. 확정력이 배제되면 그 사건에 대하여 법원은 재판을 다시 할 수 있게 된다.

2. 확정력 또는 기판력의 배제 사유

(1) 상소권회복청구

상소권자 또는 상소대리권자의 책임질 수 없는 사유로 인하여 상소제기기간 내에 상소를 하지 못한 때에는 상소권회복의 청구를 할 수 있다(제345조). 약식명령에 대한 정식재판청구권 회복청구도 동일하다(제458조).

(2) 재심

유죄의 확정판결에 중대한 사실오인이 있는 경우 검사와 유죄의 선고를 받은 자 등은 재심을 청구할 수 있다(제420조).

(3) 비상상고

확정판결의 심판이 법령에 위반한 것을 발견한 때에는 검찰총장은 대법원에 비상상고를 제기하여 법령위반을 시정할 수 있다(제441조).

제4절 소송비용

01 의의

1. 개념과 성질

소송비용이란 소송절차를 진행함으로 인하여 발생한 비용으로서 형사소송비용법이 소송비용으로 규정한 것을 말한다. 소송비용은 제재적 성격을 가지지만 형벌이나 손해배상책임은 아니다.

2. 소송비용의 유형

소송비용은 ① 증인·감정인·통역인·번역인의 일당·여비·숙박료, ② 감정인·통역인·번역인의 감정료·통역료·번역료 기타 비용, ③ 국선변호인의 일당·여비·숙박료·보수를 말한다(형사소송비용법 제2조).

02 소송비용의 부담자

1. 피고인의 소송비용 부담

(1) 원칙

형을 선고하는 때에는 **피고인에게 소송비용의 전부 또는 일부를 부담하게 하여야 한다**(제186조 제1항 본문). 형을 선고하지 않는 경우에도 피고인의 귀책사유로 발생된 비용은 피고인에게 부담하게 할 수 있다(동조 제2항). 공범의 소송비용은 공범에게 연대부담하게 할 수 있다(제187조).

(2) 예외

검사만이 상소 또는 재심청구를 한 경우에 상소 또는 재심의 청구가 기각되거나 취하된 때에는 그 소송비용을 피고인에게 부담하게 하지 못한다(제189조). 형의 선고하는 경우에도 피고인의 경제적 사정으로 소송비용을 납부할 수 없는 때에는 피고인에게 소송비용을 부담하게 할 수 없다(제186조 제1항 단서). 21. 법원9급

2. 제3자의 소송비용 부담

(1) 고소인 · 고발인

고소 · 고발에 의하여 공소를 제기한 사건에 관하여 피고인이 무죄 또는 면소의 판결을 받은 경우에 **고소인 · 고발인에게 고의 또는 중대한 과실이 있는 때에는 그 자에게 소송비용의 전부 또는 일부를 부담하게 할 수 있다**(제188조).《주의》 고소인 · 고발인에게 소송비용의 전부 또는 일부를 부담하게 하여야 한다. ×).

(2) 상소 또는 재심청구자

검사 아닌 자가 상소 또는 재심청구를 한 경우에 상소 또는 재심의 청구가 기각되거나 취하된 때에는 그 자에게 그 소송비용을 부담하게 할 수 있다(제190조 제1항). 피고인 아닌 자가 피고인이 제기한 상소 또는 재심의 청구를 취하한 경우에도 위와 동일하다(동조 제2항).

03 소송비용부담의 재판절차

1. 재판으로 소송절차가 종료되는 경우

(1) 피고인

재판으로 소송절차가 종료되는 경우에 피고인에게 소송비용을 부담하게 하는 때에는 직권으로 재판하여야 한다(제191조 제1항). 소송비용부담의 재판에 대하여는 본안의 재판에 관하여 상소하는 경우에 한하여 불복할 수 있다(동조 제2항).

(2) 제3자

재판으로 소송절차가 종료되는 경우에 피고인 아닌 자에게 소송비용을 부담하게 하는 때에는 직권으로 결정을 하여야 한다(제192조 제1항). 이 결정에 대하여는 즉시항고를 할 수 있다(동조 제2항).

2. 재판에 의하지 않고 소송절차가 종료되는 경우

상소 · 재심의 취하 등 재판에 의하지 아니하고 소송절차가 종료되는 경우에는 소송비용부담은 사건의 최종계속 법원의 직권으로 결정을 하여야 한다(제193조 제1항). 이 결정에 대하여는 즉시항고를 할 수 있다(동조 제2항).

3. 소송비용부담액의 산정과 집행

소송비용의 부담을 명하는 재판에 그 금액을 표시하지 아니한 때에는 집행을 지휘하는 검사가 산정한다(제194조). 소송비용부담의 재판도 다른 재판과 마찬가지로 그 재판을 한 법원에 대응한 **검찰청검사가 지휘**한다(제460조 제1항). 21. 법원9급

4. 소송비용부담의 면제

소송비용부담의 재판을 받은 자가 빈곤으로 인하여 이를 완납할 수 없는 때에는 그 재판의 확정 후 **10일 이내에** 재판을 선고한 법원에 소송비용의 전부 또는 일부 집행면제를 신청할 수 있다(제487조). 소송비용의 집행은 위 면제신청기간 내 그리고 그 신청에 대한 재판이 확정될 때까지 정지된다(제472조).

police.Hackers.com

해커스경찰
police.Hackers.com

2025 해커스경찰
갓대환 형사법
형사소송법(공판)

제4편 상소 및 기타절차

제1장 상소
제2장 비상구제절차
제3장 특별절차
제4장 재판의 집행과 형사보상

제1장 상소

제1절 상소 통칙

01 상소의 의의와 종류

1. 상소의 의의

(1) 상소의 개념

상소란 법원의 미확정재판에 대하여 상급법원에 불복구제를 신청하는 제도를 말한다. 형사소송법상 상소는 항소, 상고, 항고가 있다.

(2) 구별개념

상소란 '법원'의 재판에 대한 불복이라는 점에서, 재판장·수명법관의 명령 또는 수사기관의 처분에 대한 준항고(제416조, 제417조)는 상소가 아니다. 또한 법원의 재판이 아닌 검사의 불기소처분에 대한 불복수단인 검찰항고·재정신청 등도 상소가 아니다. **상소란 '미확정재판'에 대한 불복**이라는 점에서, **확정재판에 대한 비상구제절차인 재심(제420조), 비상상고(제441조), 상소권회복청구(제345조)는 상소가 아니다.** 상소는 '상급법원'에 대한 불복이라는 점에서, 동일심급 법원에 불복하는 이의신청(제296조)이나 약식명령·즉결심판에 대한 정식재판청구(제453조, 즉결심판법 제14조)는 상소가 아니다.

(3) 상소제도의 가치

① **사실오인의 시정**: 상소는 원판결에 사실오인이 있는 경우에 이를 시정하는 기능을 한다. 이는 당사자, 특히 피고인의 이익을 보호하는 역할을 한다.

② **법령의 해석·적용의 통일**: 상소는 대법원을 정점으로 피라미드형 구조로 짜여진 법원조직을 통하여 법령의 해석·적용을 통일하는 기능을 한다. 이는 당사자의 평등권을 보장하고 법적 안정성을 실현하는 역할을 한다.

2. 상소의 종류

상소의 대상은 법원의 판결과 법원의 결정이다. 법원이 아닌 재판장 또는 수명법관의 재판인 명령에 대해서는 상소할 수 없다.

(1) 판결에 대한 상소

판결에 대한 상소는 항소(抗訴)와 상고(上告)가 있다. 14. 국가9급, 15. 법원9급 항소란 제1심판결에 대하여 제2심에 불복하는 상소이고(제357조), 상고란 제2심판결에 대하여 제3심에 불복하는 상소이다(제371조). 비약적 상고(飛躍的 上告)란 제1심판결에 대하여 제2심을 생략하고 곧바로 제3심에 불복하는 상소이다(제372조).

(2) 결정에 대한 상소

결정에 대한 상소는 항고(抗告)라 하며 이에는 일반항고(一般抗告)와 재항고(再抗告)가 있다. 14. 국가9급, 15. 법원9급 일반항고란 제1심결정에 대하여 제2심에 불복하는 상소이다(제402조). 일반항고에는 즉시항고와 보통항고가 있다. 재항고(再抗告)란 제2심결정에 대하여 제3심에 불복하는 상소이다(제415조). 재항고는 언제나 즉시항고이다. 재항고는 특별항고라고도 한다.

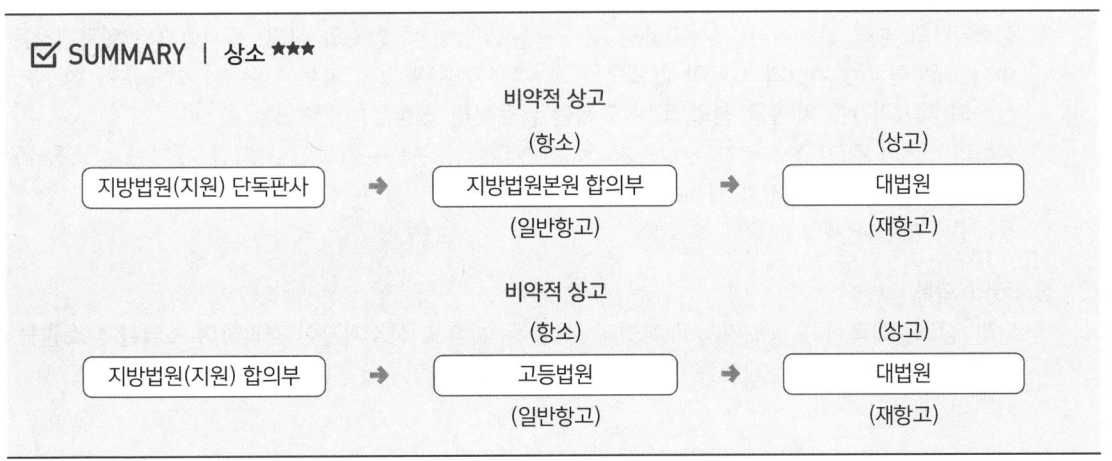

☑ SUMMARY | 상소 ★★★

02 상소권

1. 상소권자

(1) 고유의 상소권자
① **검사와 피고인**: 검사와 피고인은 당사자로서 당연히 상소권을 가진다(제338조 제1항).
② **증인·감정인 등**: 검사 또는 피고인 아닌 자가 결정을 받은 때에는 항고할 수 있다(제339조). 과태료의 결정을 받은 증인·감정인(제151조, 제177조), 소송비용부담의 결정을 받은 피고인 이외의 자(제192조), 보석보증금 몰수의 결정을 받은 피고인 이외의 자(제103조) 등이 여기에 해당한다.

(2) 상소대리권자
① **피고인의 법정대리인**: 피고인의 법정대리인은 피고인을 위하여 상소할 수 있다(제340조). **법정대리인은 피고인의 명시한 의사에 반해서도 상소를 할 수 있다**(제341조 제2항 반대해석).
② **피고인의 변호인과 친족**: 피고인의 배우자·직계친족·형제자매 또는 원심의 대리인이나 변호인은 피고인을 위하여 상소할 수 있다(제341조 제1항). 이들은 피고인의 명시한 의사에 반하여 상소를 할 수 없다(동조 제2항). 변호인의 상소권은 대리권에 불과하므로 **피고인의 상소권이 소멸된 후에는 변호인도 상소할 수 없다.**

> 📌 **판례 | 피고인이 상소를 포기한 후, 변호인이 상소를 제기할 수 있는지의 여부(소극)**
>
> 형사소송법 제341조 제1항의 "원심의 변호인은 피고인을 위하여 상소할 수 있다."함은 변호인에게 고유의 상소권을 인정한 것이 아니고 피고인의 상소권을 대리하여 행사하게 한 것에 불과하므로 **변호인은 피고인의 상소권이 소멸된 후에는 상소를 제기할 수 없다**(대판 1998.3.27, 98도253). 14. 경찰간부, 15. 경찰채용, 16. 법원9급, 19. 경찰승진

2. 상소권의 발생·소멸·회복

(1) 상소권의 발생
상소권은 재판의 선고 또는 고지에 의하여 발생한다. 물론 상소가 허용되지 아니하는 재판은 선고 또는 고지가 있더라도 상소권은 발생하지 아니한다.

(2) 상소권의 소멸
① **상소기간의 경과**: 상소기간이 경과하면 상소권은 소멸한다. **항소와 상고, 즉시항고의 제기기간은 7일**이다. 보통항고는 기간의 제한이 없으므로 그 결정을 취소할 실익이 있는 한 언제든지 할 수 있다. **상소의 제기기간**은 **재판을 선고 또는 고지한 날로부터 진행**한다(제343조 제2항).
② **상소의 포기와 취하**: 상소권자가 상소제기기간 내에 상소를 포기하거나 일단 제기한 상소를 취하한 때에는 상소권은 소멸하고(제349조), 상소를 포기하거나 취하한 자는 그 사건에 대하여 다시 상소를 하지 못한다(제354조).

(3) 상소권의 회복
① **의의**: **상소권회복**이란 상소권자의 책임질 수 없는 사유로 **상소기간이 경과하여 소멸한 상소권을 법원의 결정으로 회복시키는 제도**를 말한다(제345조). 상소권회복청구는 단순추완의 예이자 확정력 또는 기판력 배제사유이다.

> **판례 |**
>
> **1 제1심판결에 대하여 검사의 항소에 의한 항소심판결이 선고된 후 피고인이 '동일한 제1심판결에 대하여' 항소권회복청구를 할 수 있는지의 여부(소극)**
> 항소심판결이 선고되면 제1심판결에 대한 항소권이 소멸되어 제1심판결에 대한 항소권회복청구와 항소는 적법하다고 볼 수 없고, 이는 제1심재판 또는 항소심재판이 소송촉진 등에 관한 특례법이나 형사소송법 등에 따라 피고인이 출석하지 않은 가운데 불출석재판으로 진행된 경우에도 마찬가지이다. 따라서 제1심판결에 대하여 검사의 항소에 의한 항소심판결이 선고된 후 피고인이 동일한 제1심판결에 대하여 항소권회복청구를 하는 경우 이는 적법하다고 볼 수 없어 형사소송법 제347조 제1항에 따라 결정으로 이를 기각하여야 한다(대결 2017.3.30, 2016모2874). 18. 법원9급, 19. 경찰채용
>
> **2 상소를 포기한 후 상소권회복청구를 할 수 있는지의 여부(소극)**
> 형사소송법 제345조에 의한 **상소권회복**은 피고인 등이 책임질 수 없는 사유로 상소제기기간을 준수하지 못하여 소멸한 상소권을 회복하기 위한 것일 뿐 **상소의 포기로 인하여 소멸한 상소권까지 회복하는 것이라고 볼 수는 없다**(대결 2002.7.23, 2002모180).
>
> **3 상소포기가 무효인 경우 상소권회복청구를 할 수 있는지의 여부**
> ① [1] 상소권회복은 자기 또는 대리인이 책임질 수 없는 사유로 인하여 상소제기기간 내에 상소를 하지 못한 사람이 이를 청구하는 것이므로 '상소권을 포기한 후 상소제기기간이 도과하기 전'에 상소포기의 효력을 다투면서 상소를 제기한 자는 원심 또는 상소심에서 그 상소의 적법 여부에 대한 판단을 받으면 되고 별도로 **상소권회복청구를 할 여지는 없다**고 할 것이나, [2] '**상소권을 포기한 후 상소제기기간이 도과한 다음**'에 상소포기의 효력을 다투는 한편 자기 또는 대리인이 책임질 수 없는 사유로 인하여 상소제기기간 내에 상소를 하지 못하였다고 주장하는 사람은 상소를 제기함과 동시에 **상소권회복청구를 할 수 있다**(대결 2004.1.13, 2003모451). 14·19·21. 법원9급, 17. 경찰채용, 20. 경찰간부

② 상소권회복은 자기 또는 대리인이 책임질 수 없는 사유로 인하여 상소제기기간 내에 상소를 하지 못한 사람이 이를 청구하는 것이고, **상고제기기간이 경과하기 전에는** 상고포기의 효력을 다투면서 상고를 제기하여 그 상고의 적법 여부에 대한 판단을 받으면 되고 별도로 **상소권회복청구를 할 여지는 없다**(대결 1999.5.18, 99모40).

4 재판에 대하여 적법하게 상소를 제기한 경우 다시 상소권회복을 청구할 수 있는지의 여부(소극)

[1] 상소권회복은 상소권자가 자기 또는 대리인이 책임질 수 없는 사유로 인하여 상소의 제기기간 내에 상소를 하지 못한 경우에 한하여 청구할 수 있으므로 재판에 대하여 적법하게 상소를 제기한 자는 다시 상소권회복을 청구할 수 없다. [2] 제1심판결에 대하여 피고인 또는 검사가 항소하여 항소심판결이 선고되면 상고법원으로부터 사건이 환송되는 경우 등을 제외하고는 항소법원이 다시 항소심 소송절차를 진행하여 판결을 선고할 수 없으므로 항소심판결이 선고되면 제1심판결에 대하여 당초 항소하지 않았던 자의 항소권회복청구도 적법하다고 볼 수 없다. 따라서 항소심판결이 선고된 사건에 대하여 제기된 항소권회복청구는 항소권회복청구의 원인에 대한 판단에 나아갈 필요 없이 형사소송법 제347조 제1항에 따라 결정으로 이를 기각하여야 한다. 상소권회복청구 사건을 심리하는 법원은 상소권회복청구 대상이 되는 재판에 대하여 이미 적법한 상소가 제기되었는지 또는 상소심재판이 있었는지 등을 본안기록 등을 통하여 확인해야 한다(대결 2023.4.27, 2023모350 **항소피고인 항소권회복청구 사건**).

② **상소권회복의 사유**: 상소권자의 '책임질 수 없는 사유', 즉 상소권자에게 고의·과실이 없는 경우에 상소권회복청구를 할 수 있다.

> **판례**
>
> 1 상소권회복의 사유가 될 수 있는 경우
> ① 교도소장이 결정정본을 송달받고 1주일이 지난 뒤에 그 사실을 피고인에게 알렸기 때문에 피고인이나 그 배우자가 소정기간 내에 (즉시) 항고장을 제출할 수 없게 된 경우(대결 1991.5.6, 91모32) 15. 국가9급, 18. 국가7급, 21. 법원9급
> ② 피고인이 소송이 계속 중인 사실을 알면서도 법원에 **거주지변경신고를 하지 않았다 하더라도**, **잘못된 공시송달**에 터잡아 피고인의 진술 없이 공판이 진행되고 피고인이 출석하지 않은 기일에 판결이 선고되어 항소기간 내에 항소를 제기하지 못한 경우(대결 2014.10.15, 2014모1557) 17. 국가7급
> ③ 공시송달의 방법으로 피고인이 불출석한 가운데 공판절차가 진행되고 판결이 선고되었으며, 피고인으로서는 공소장부본 등을 송달받지 못한 관계로 공소가 제기된 사실은 물론이고 **판결선고 사실에 대하여 알지 못한 나머지 항소기간 내에 항소를 제기하지 못한 경우**(대결 2007.1.12, 2006모691) 14·18. 법원9급, 18. 국가7급
> ④ 소송촉진법 제23조, 동법 시행규칙 제19조 소정의 절차에 따라 공시송달의 방법으로 공소장부본 등이 송달되고 피고인의 출석 및 진술 없이 판결을 선고한 후 그 판결등본을 같은 방법으로 송달하여 피고인이 **공소제기사실이나 판결선고 사실을 전혀 몰라 피고인이 법정기간 내에 항소하지 못한 경우**(대결 1986.2.12, 86모3) 15. 국가9급, 18. 국가7급
> ⑤ **공시송달의 요건이 갖추어지지 않았음에도** 1심법원이 피고인의 소환을 공시송달의 방법으로 하고 피고인의 진술 없이 공판절차를 진행하여 판결이 선고되고 동 판결등본이 공시송달되어 피고인이 항소제기기간 내에 항소하지 못한 경우(대결 1984.9.28, 83모55) 15. 국가9급
>
> 2 상소권회복의 사유가 될 수 없는 경우
> ① 재판계속 중인 **형사피고인이 자기의 새로운 주소지에 대한 신고 등의 조치를 취하지 않음으로써** 소송서류 등이 송달되지 않아 공판기일에 출석하지 못하거나 판결선고 사실을 알지 못한 경우(대결 2008.3.10, 2007모795) 14. 법원9급, 15. 국가9급, 18. 경찰간부

② 피고인이 제1심에서 징역형선고를 받고 항소한 후에 법원에 신고한 주소를 떠나 이거(移居)하였음에도 법원에 새로운 주소를 신고하지 아니함으로써 항소기록접수통지서를 비롯하여 소송관계서류 일체가 송달불능되어 상소기간 내에 상소를 못한 경우(대결 1994.11.29, 94모39)
③ 징역형의 실형이 선고되었으나 피고인이 **형의 집행유예를 선고받은 것으로 잘못 전해 듣고** 또한 **판결주문을 제대로 알아들을 수가 없어서** 항소제기기간 내에 항소하지 못한 경우(대결 2000.6.15, 2000모85)
④ 피고인이 이미 확정되어 있던 **징역형의 집행유예판결의 선고일을 잘못 안 나머지** 상고포기서를 제출한 경우(대결 1996.7.16, 96모44)
⑤ 피고인(상소권자) 또는 대리인이 **단순히 질병으로 입원하였다거나 기거 불능하였었기 때문에** 기간 내에 상소를 하지 못한 경우(대결 1986.9.17, 86모46) 18. 법원9급
⑥ **교도소 담당직원이** 피고인에게 상소권회복청구를 할 수 없다고 하면서 형사소송규칙 제177조에 따른 **편의를 제공하여 주지 아니한 경우**(대결 1986.9.27, 86모47)
⑦ 피고인이 법원이나 검찰로부터 **판결의 확정이나 또는 그로 인한 집행 등을 사전에 통지받지 못하여** 상소의 제기기간 내에 상소하지 못한 경우(대결 1985.12.30, 85모43)
⑧ 피고인이 **공동피고인의 기망에 의하여 항소권을 포기**하였음을 항소제기기간이 도과한 뒤에야 비로소 알게 된 경우(대결 1984.7.11, 84모40) 18. 국가7급

③ **상소권회복의 청구**: **상소권회복청구권자**는 고유의 상소권자와 상소대리권자이다(제345조). 상소권회복을 청구할 때에는 그 사유가 해소된 날로부터 **상소제기기간에 해당하는 기간 내에 상소제기와 동시에 서면으로 원심법원에 제출하여야 한다**(제346조 제1항·제3항)(《주의》 상소법원에 제출 ×). 18. 경찰채용·법원9급, 20. 경찰간부 상소권회복청구를 할 때에는 책임질 수 없는 사유를 소명하여야 한다(동조 제2항).

④ **상소권회복의 청구에 대한 재판**: 상소권회복청구가 있는 때에는 법원은 지체 없이 상대방에게 그 사유를 통지하여야 한다(제356조). 상소권회복청구를 받은 법원은 청구의 허부(許否)에 관한 결정을 하여야 한다(제347조 제1항). 이 결정에 대하여는 **즉시항고**를 할 수 있다(동조 제2항). 17. 경찰채용 법원은 이 결정을 할 때까지 **재판의 집행을 정지하는 결정을 할 수 있다**(제348조 제1항)(《주의》 재판의 집행을 정지하여야 한다. ×). 이 경우 **피고인의 구금을 요하는 때에는 구속영장을 발부하여야 한다**(동조 제2항).

⑤ **인용결정의 효과**: 상소권회복청구를 인용하는 결정이 확정되면 재판의 확정력은 배제되고 청구와 동시에 행한 상소제기는 유효하게 된다.

03 상소의 이익

1. 의의

이익이 없으면 재판도 없다. 원심재판이 당사자의 법적 이익을 침해하고 있고 이를 시정할 필요가 있는 경우에만 상소가 허용이 되는데, 이를 상소의 이익이라고 한다.

2. 상소의 이익의 판단

(1) 검사의 상소의 이익
① **원칙**: 검사도 상소권자이므로 검사가 상소하는 경우에도 당연히 상소의 이익이 있어야 한다.
② **피고인에게 불이익한 상소**: 검사는 피고인의 반대당사자이고 공익의 대표자로서 피고인에게 불이익한 상소를 당연히 제기할 수 있다. 검사는 무죄판결뿐만 아니라 공소기각재판 등 형식재판은 물론

유죄판결에 대하여도 중한 죄나 중한 형을 구하는 상소를 제기할 수 있다.
③ **피고인의 이익을 위한 상소**: **검사는** 공익의 대표자로서 법령의 정당한 적용을 법원에 청구할 권한과 의무가 있으므로 **피고인의 이익을 위한 상소도 제기할 수 있다**는 것이 통설과 판례의 입장이다. 이는 검사의 객관의무의 한 내용이다.

> **판례 |**
>
> **1 피고인의 이익을 위한 검사의 상소가 허용되는지의 여부(적극)**
> 검사는 피고인에게 불이익한 상소만이 아니라 **피고인의 이익을 위한 상소도 가능**하다(대판 2011.8.25, 2011도6705). 16. 법원9급
>
> **2 재판의 이유만을 다투어 상소하는 경우, 상소의 이익이 있는지의 여부(소극)**
> 검사는 공익의 대표자로서 법령의 정당한 적용을 청구할 임무를 가지므로 이의신청을 기각하는 등 반대당사자에게 불이익한 재판에 대하여도 그것이 위법일 때에는 위법을 시정하기 위하여 상소로써 불복할 수 있지만 **불복은 재판의 주문에 관한 것이어야 하고 재판의 이유만을 다투기 위하여 상소하는 것은 허용되지 않는다**(대결 1993.3.4, 92모21). 15·20. 국가7급, 19. 경찰승진, 20. 국가9급

(2) 피고인의 상소의 이익

① **원칙**: 피고인은 원심재판이 자기에게 불리한 경우에 그를 유리하게 변경하기 위해서 상소를 할 수 있지만, 유리한 재판을 불리하게 변경하기 위해서는 상소할 수 없다. 상소의 이익에 대한 판단은 법익박탈의 대소라는 객관적인 표준을 기준으로 한다는 것이 통설의 입장이다.

② **유죄판결에 대한 상소**
  ㉠ **유죄판결**: 유죄판결은 피고인에게 가장 불리한 판결이므로 무죄를 주장하거나 경한 형의 선고를 구하는 상소는 당연히 상소의 이익이 있다. 그러나 유죄판결이라도 상소의 취지가 피고인에게 불이익한 경우에는 상소의 이익이 없음은 물론이다.

> **판례 |**
>
> **1 피고인의 상소의 이익**
> 피고인에게 불이익한 결과를 초래하는 주장은 피고인측에서 상고이유로 삼을 수 없다고 할 것이다(대판 2006.6.15, 2006도1718).
>
> **2 피고인 또는 변호인에게 상소의 이익이 없는 경우**
> ① 특정범죄가중법 위반죄 중 일부가 포괄일죄가 아니라 실체적 경합범에 해당한다고 볼 경우 **죄수가 증가하고 처단형이 높아져 오히려 피고인에게 불이익하게 되므로** 피고인으로서는 이를 상고이유로 삼을 수 없다(대판 2013.9.26, 2013도7219).
> ② 수개의 범죄행위를 포괄일죄로 본 항소심의 판단을 탓하는 (피고인의) 상고이유는 **피고인에게 죄수를 증가하는 불이익을 초래**하는 것이 되어 적법한 상고이유가 될 수 없다(대판 2004.7.9, 2004도810).
> ③ 원심이 피고인에게 누범에 해당하는 전과가 있음에도 불구하고 **누범가중을 하지 아니한 것은 위법**하다고 할 것이나, 피고인으로서 **위와 같은 위법을 주장하는 것은 자기에게 불이익을 주장하는 것**이 되므로 이는 적법한 상고이유가 될 수 없다(대판 1994.8.12, 94도1591). 22. 소방간부

  ㉡ **형면제와 선고유예**: **형면제판결**이나 **선고유예판결도 유죄판결의 일종**이므로 당연히 피고인은 무죄를 주장하여 상소할 수 있다.

ⓒ **제3자의 소유물을 몰수하는 재판**: 피고인의 소유물 이외에 제3자의 소유물을 몰수하는 재판에 대해서도 피고인은 상소의 이익을 가진다. 제3자 소유물의 몰수라도 이는 피고인에 대한 부가형이고 또한 피고인은 점유권을 박탈당하여 이를 사용·수익·처분할 수 없을 뿐더러 그 소유자로부터 손해배상청구를 받을 위험이 있기 때문이다.

③ **무죄판결에 대한 상소**: 무죄판결은 피고인에게 가장 유리한 판결이므로 피고인은 유죄판결을 구하는 상소는 물론 공소기각 또는 면소의 재판을 구하는 상소는 허용되지 아니한다. 무죄판결의 이유만을 다투는 것도 상소의 이익이 없다.

> **☆ 판례 | 무죄판결에 대하여 피고인에게 상소의 이익이 있는지의 여부(소극)**
>
> 피고인에게 가장 유리한 판결인 **무죄판결**에 대한 피고인의 상고는 부적법하다(대판 2012.12.27, 2012도11200). 18. 변호사, 22. 소방간부

④ **면소·관할위반·공소기각재판에 대한 상소**: 면소·관할위반·공소기각재판에 대하여 피고인이 무죄를 주장하여 상소할 수 있는지 여부에 관하여 학설의 대립이 있다. 판례는 ㉠ 공소기각판결에 대해서는 상소의 이익이 없다는 이유와, ㉡ 면소판결에 대해서는 실체판결청구권이 없다는 이유로 원칙상 피고인은 무죄를 주장하여 상소할 수 없다는 입장을 취하고 있다. 그러나 검사는 이러한 재판에 대하여 상소할 수 있다.

> **☆ 판례 |**
>
> **1 면소 또는 공소기각판결에 대하여 피고인에게 상소의 이익이 있는지의 여부(소극)**
>   ① 피고인에게는 실체판결청구권이 없는 것이므로 **면소판결**에 대하여 **무죄의 실체판결을 구하여 상소를 할 수는 없는 것이다**(대판 1984.11.27, 84도2106). 15. 국가7급, 17. 변호사, 18. 국가9급·법원9급
>   ② 원심이 공소사실에 대해서 모두 공소시효가 완성되었다는 이유로 **면소의 판결**을 한 것이 명백하므로 이에 대하여는 실체판결을 구하여 상소를 할 수 없다(대판 2005.9.29, 2005도4738). 14·17. 국가9급, 17. 경찰간부
>   ③ 공소기각의 재판이 있으면 피고인은 유죄판결의 위험으로부터 벗어나는 것이므로 그 재판은 피고인에게 불이익한 재판이라고 할 수 없어서 이에 대하여 피고인은 **상소권이 없다**(대판 2008.5.15, 2007도6793). 15. 국가7급, 17·18. 경찰간부, 18. 경찰채용, 18·20. 국가9급, 22. 소방간부, 21. 변호사사례
>   ④ **공소기각의 판결**이 있으면 피고인은 공소의 제기가 없었던 상태로 복귀되어 유죄판결의 위험으로부터 벗어나는 것이므로 그 판결은 피고인에게 불이익한 재판이라고 할 수 없다(대판 1988.11.8, 85도1675). 18. 경찰채용
>
> **2 면소판결에 대하여 예외적으로 피고인에게 상소의 이익이 있는 경우**
>   면소판결에 대하여 무죄판결인 실체판결이 선고되어야 한다고 주장하면서 상고할 수 없는 것이 원칙이지만, (형벌에 관한 법령이 헌법재판소의 위헌결정으로 인하여 소급하여 그 효력을 상실하였거나 법원에서 위헌·무효로 선언된 경우) 피고인에게 무죄의 선고를 하여야 하므로 면소를 선고한 판결에 대하여 상고가 가능하다[대판 2010.12.16, 2010도5986(전합)]. 15. 변호사

⑤ **항소기각판결에 대한 상고**: 제1심판결에 대하여 피고인이 항소를 제기하였으나, 항소기각판결을 받은 경우 이에 대하여 피고인은 상고를 제기할 상소의 이익이 인정된다. 다만, **제1심의 유죄판결에 대하여 피고인이 항소를 포기하고 검사만 양형부당을 이유로 항소하였으나 항소기각판결을 받은 경우**, 이 항소기각판결은 피고인에게 불리한 재판이 아니므로 **피고인은 이에 대하여 상고를 제기할 상소의 이익이 없다.**

> **판례 |**
>
> **1 피고인의 상소의 이익**
>
> 피고인을 위한 상소는 피고인에게 불이익한 재판을 시정하여 이익된 재판을 청구함을 그 본질로 하는 것이므로 **피고인은 재판이 자기에게 불이익하지 아니하면 이에 대한 상소권이 없다**(대판 2008.5.15, 2007도6793).
>
> **2 항소를 하지 않거나 항소를 포기한 피고인이 (검사의 항소에 대한) 항소기각판결에 대하여 상소의 이익이 있는지의 여부(소극)**
>
> ① 강간의 점에 대하여 공소를 기각한 제1심판결 부분에 대하여 피고인은 항소를 하지 아니하였고 **검사가 사실오인 및 법리오해를 이유로 항소하였으나 원심판결은 검사의 항소를 기각**하였으니 이 부분의 원심판결은 피고인에게 불이익한 판결이라고 할 수 없다(대판 2005.9.15, 2005도4866).
>
> ② 제1심판결에 대하여 피고인은 항소하지 아니하고 **검사만이 그 양형이 부당하게 가볍다는 이유로 항소하였으나 항소심이 검사의 항소를 이유없다고 기각**한 경우에 **항소심판결은 피고인에게 불이익한 판결이라고 할 수 없다**(대판 1981.8.25, 81도2110).
>
> ③ 제1심 유죄판결에 대하여 피고인은 항소권을 포기하고 **검사만이 양형부당을 이유로 항소를 하였으나 이유 없다고 기각한 항소심판결은 피고인에게 불이익한 재판이 아니어서 피고인은 위 판결에 대하여 상소권이 없다**(대판 1991.2.8, 90도2619). 15. 국가7급
>
> ④ 피고인이 제1심판결에 대하여 항소권을 포기하였고 **검사가 양형이 과경하다는 이유로 항소하였으나 제2심판결이 이를 기각하였다면 피고인은 이 판결에 대하여는 상고권이 없다**(대판 1987.8.31, 87도1702).

3. 상소의 이익이 없는 경우의 재판

상소의 이익이 없음이 상소장 기재에 의하여 명백한 때에는 '상소의 제기가 법률상의 방식에 위반하거나 상소권소멸 후인 것이 **명백**한 경우'이므로 원심법원 또는 **상소법원은 결정으로 상소를 기각**하여야 한다(제360조 제1항, 제362조 제1항, 제376조 제1항, 제381조). 18. 경찰간부 이에 비하여 상소의 이익이 없음이 **상소의 이유를 검토하는 과정에서 나타나는 경우에는 판결로서 상소를 기각**하여야 한다(제364조 제4항, 제399조).

04 상소의 제기와 포기·취하

1. 상소의 제기

(1) 상소제기의 방식

상소는 상소제기기간 내에 **상소장을 원심법원(原審法院)에 제출**함으로써 이루어진다(제343조 제1항, 제359조, 제375조, 제406조).(《주의》 상소법원에 제출 ×). 16. 법원9급 상소는 엄격한 서면주의가 적용되고, 상소장에는 불복의 대상과 취지를 명시하여야 한다. 상소는 언제나 원심법원에 제출하여야 하므로 상소법원에 제출해서는 아니 된다.

(2) 상소제기의 기간 및 기간의 기산일

① **상소제기의 기간**: 항소와 상고, 즉시항고의 제기기간은 7일이다. **보통항고는 기간의 제한이 없으므로** 그 결정을 취소할 실익이 있는 한 언제든지 할 수 있다(제358조, 제374조, 제404조, 제405조).

② **상소제기기간의 기산일**: 상소의 제기기간은 재판을 선고 또는 고지한 날로부터 진행된다(제343조 제2항). 법원은 판결선고일로부터 **7일 이내에 피고인에게 그 판결서등본을 송달하여야** 하지만(규칙 제148조) 상소기간은 판결서등본을 송달받은 날이 아니고, 재판을 선고·고지한 날로부터 진행한다.

상소제기기간의 초일은 산입되지 않으므로 상소기간의 기산일은 재판의 선고 또는 고지한 날의 익일(翌日)이 된다(제66조 제1항 본문).

> **판례 | 상소제기기간의 기산일(= 재판을 선고 또는 고지한 날)**
>
> 1 형사소송법 제343조 제2항에서는 "상소의 제기기간은 재판을 선고 또는 고지한 날로부터 진행한다."라고 규정하고 있으므로 **형사소송에 있어서는 판결등본이 당사자에게 송달되는지 여부에 관계없이 공판정에서 판결이 선고된 날로부터 상소기간이 기산되며** 이는 피고인이 불출석한 상태에서 재판을 하는 경우에도 마찬가지이다(대결 2002.9.27, 2002모6). 14. 법원9급
> 2 법원이 형을 선고받은 피고인에게 재판서를 송달하지 않는다고 하여 국민의 알 권리를 침해한다고 할 수 없고, 형사소송법 제343조 제2항이 **상소기간을 재판서 송달일이 아닌 재판선고일로부터 계산하는 것이 과잉으로 국민의 재판청구권을 제한한다고 할 수 없다**(헌재 1995.3.23, 92헌바1). 14. 법원행시

③ **재소자(在所者)의 특칙**: 교도소 또는 구치소에 있는 피고인이 상소의 제기기간 내에 상소장을 교도소장 등에게 제출한 때에는 상소의 제기기간 내에 상소한 것으로 간주한다(제344조 제1항).

☑ SUMMARY | 재소자의 특칙 적용 여부 ★★ 14. 법원9급, 17. 국가9급

구분	내용
적용 ○	① 상소장(제344조) ② 상소이유서[대판 2006.3.16, 2005도9729(전합)], 제361조의3, 제379조 ③ 상소권회복청구서(제355조) ④ 상소포기서 및 취하서(제355조) ⑤ 재심청구서 및 그 취하서(제430조) ⑥ 소송비용집행면제신청서 및 그 취하서(제487조, 제490조) ⑦ 재판해석의의신청서 및 그 취하서(제488조, 제490조) ⑧ 재판집행이의신청서 및 그 취하서(제489조, 제490조) ⑨ 약식명령에 대한 정식재판청구서(대결 2006.10.13, 2005모552) ⑩ 국민참여재판을 원하는지의 여부에 대한 서면(국민참여재판법 제8조) ⑪ 집행유예취소결정에 대한 즉시항고권회복청구서의 제출(대결 2022.10.27, 2022모1004)
적용 ×	① 재정신청서(대결 1998.12.14, 98모127) ② 재정신청 기각결정에 대한 재항고장[대결 2015.7.16, 2013모2347(전합)]

(3) 상소제기의 효과

① **정지의 효력**: 상소제기에 의하여 원칙적으로 재판의 확정과 그 집행이 정지된다. 재판확정의 정지효력은 상소에 의하여 언제나 발생하지만, 재판집행의 정지효력은 예외가 인정된다. 즉, 항고는 즉시항고를 제외하고는 집행정지의 효력이 없고(제409조) 재산형의 가납판결은 상소제기에 의하여 그 집행이 정지되지 않는다(제334조 제3항).

② **이심(移審)의 효력**: 상소제기에 의하여 소송계속은 원심을 떠나 상소심으로 옮겨진다. 다만, 이심의 효력은 상소제기와 동시에 발생하는 것은 아니고 상소장·증거물·소송기록 등이 원심법원으로부터 상소법원에 송부된 때에 발생한다는 것이 다수설의 입장이다.

(4) 상소제기의 통지

상소제기가 있는 때에는 법원은 지체 없이 상대방에게 그 사유를 통지하여야 한다(제356조).

2. 상소의 포기 · 취하

(1) 의의
① **상소의 포기**: **상소의 포기**란 **상소권자**가 **상소제기기간 내에 법원에 대하여 상소권행사를 포기하는 의사표시**를 하는 것을 말한다. 상소의 포기는 단순히 상소권을 행사하지 않는 상소권의 불행사와 구별된다.
② **상소의 취하**: **상소의 취하**란 **일단 제기한 상소를 철회**하는 것을 말한다. 상소의 포기 또는 취하가 있으면 재판은 확정된다.

(2) 상소의 포기 · 취하권자
① **상소의 포기 · 취하권자**: 검사와 피고인 및 항고권자는 상소의 포기 또는 취하를 할 수 있다(제349조 본문).
② **상소의 포기 제한**: 피고인 또는 상소대리권자는 **사형 · 무기징역 · 무기금고가 선고된 판결에 대하여는 상소의 포기를 할 수 없다**(제349조 단서). 14 · 15 · 16 · 20. 경찰간부, 16. 법원9급, 19. 경찰승진 제349조 단서의 반대해석상 피고인 또는 상소대리권자는 사형 · 무기징역 · 무기금고가 선고된 판결에 대하여 **상소의 취하는 가능**하다고 해석된다(《주의》 상소포기권자와 상소취하권자는 동일하다. ×).
③ **상소의 포기 · 취하의 절차**
   ㉠ 법정대리인이 있는 피고인이 상소의 포기 또는 취하를 할 때에는 **법정대리인의 동의를 얻어야 한다**. 단, 법정대리인의 사망 기타 사유로 인하여 그 동의를 얻을 수 없는 때에는 예외로 한다(제350조). 19. 경찰승진 피고인이 상소의 포기 또는 취하를 할 때에는 법정대리인이 이에 동의하는 취지의 서면을 제출하여야 한다(규칙 제153조 제1항).
   ㉡ 피고인의 법정대리인 기타 상소대리권자는 **피고인의 동의를 얻어 상소를 취하할 수 있다**(제351조). 15. 경찰채용, 17. 법원9급 이들은 피고인이 상소의 취하에 동의하는 취지의 서면을 제출하여야 한다(규칙 제153조 제2항). **상소대리권자는 피고인의 동의를 얻더라도 상소를 포기할 수 없다**.

> **📖 판례 Ⅰ**
>
> **1 변호인의 항소취하의 방법**
> 변호인은 피고인의 동의를 얻어 상소를 취하할 수 있으므로 변호인의 상소취하에 피고인의 동의가 없다면 그 상소취하의 효력은 발생하지 아니한다. 한편 변호인이 상소취하를 할 때 원칙적으로 피고인은 이에 동의하는 취지의 서면을 제출하여야 하나, 피고인은 공판정에서 구술로써 상소취하를 할 수 있으므로 **변호인의 상소취하에 대한 피고인의 동의도 공판정에서 구술로써 할 수 있다**. 다만 상소를 취하하거나 상소의 취하에 동의한 자는 다시 상소를 하지 못하는 제한을 받게 되므로 **상소취하에 대한 피고인의 구술 동의는 명시적으로 이루어져야만 한다**(대판 2015.9.10, 2015도7821). 16 · 19. 법원9급, 18. 국가7급, 19. 경찰채용 · 국가9급 · 경찰승진
>
> **2 변호인의 항소취하가 효력이 없는 경우**
> 피고인의 **변호인이 구술로써 항소를 취하한다고 진술하였으나 피고인이 이에 대하여 아무런 의견도 진술하지 아니한 상태에서**, 원심이 피고인에게 변호인의 항소취하에 대하여 동의하는지 여부에 관한 **명시적인 의사를 확인하지 아니한 채 변론을 종결한 경우**, 원심법정에서의 변호인의 항소취하에 피고인이 동의하였다고 인정하기 어려우므로 **변호인의 항소취하는 효력이 없다**(대판 2015.9.10, 2015도7821). 19. 법원9급, 19 · 20. 경찰채용 · 국가9급, 20. 국가7급
>
> **3 법정대리인 일방만이 한 항소취하가 효력이 없는 경우**
> 미성년자인 피고인이 항소취하서를 제출하였고, 피고인의 법정대리인 중 어머니가 항소취하 동의서를 제출하였어도 아버지가 항소취하 동의서를 제출하지 않았다면 피고인의 항소취하는 효력이 없다(대판 2019.7.10, 2019도4221). 20. 법원9급, 22. 경찰간부

(3) 상소의 포기ㆍ취하의 방법

① **상소의 포기ㆍ취하의 방식**: 상소의 포기 또는 취하는 **서면**으로 하여야 한다. 단, 공판정에서는 **구술**로써 할 수 있다(제352조 제1항). 15·18. 경찰간부, 16. 변호사 구술로써 상소의 포기 또는 취하를 한 경우에는 그 사유를 조서에 기재하여야 한다(동조 제2항).

② **상소의 포기ㆍ취하의 관할**: 상소의 포기는 **원심법원**에 하여야 하고, **상소의 취하는 상소법원**에 하여야 한다. 단, 소송기록이 상소법원에 송부되지 아니한 때에는 상소의 취하를 원심법원에 할 수 있다(제353조)(《주의》 상소의 포기ㆍ취하는 상소법원에 하여야 한다. ×). 15·16. 경찰간부, 19. 법원9급

③ **재소자의 특칙**: 재소자의 특칙에 관한 제344조는 교도소 또는 구치소에 있는 피고인이 상소의 포기나 취하를 하는 경우에 준용한다(제355조).

(4) 상소의 포기ㆍ취하의 효력

상소를 포기 또는 취하하면 상소권은 소멸되고 재판은 확정된다. 상소를 취하한 자 또는 상소의 포기나 취하에 동의한 자는 그 사건에 대하여 다시 상소를 하지 못한다(제354조). 14·15. 경찰간부

(5) 상소의 포기ㆍ취하의 통지

상소의 포기나 취하가 있는 때에는 법원은 지체 없이 상대방에게 그 사유를 통지하여야 한다(제356조).

(6) 상소의 포기 또는 취하의 효력을 다투는 절차

① **절차속행의 신청**: 상소의 포기 또는 취하가 부존재 또는 무효임을 주장하는 자는 그 포기 또는 취하 당시 소송기록이 있었던 **법원에 절차속행의 신청**을 할 수 있다(규칙 제154조 제1항)(《주의》 상소권회복청구를 할 수 있다. ×).

② **절차속행의 신청에 대한 재판**: 절차속행의 신청을 받은 법원은 신청이 이유 있다고 인정하는 때에는 신청을 인용하는 결정을 하고 절차를 속행하여야 하며, 신청이 이유 없다고 인정하는 때에는 결정으로 신청을 기각하여야 한다(규칙 제154조 제2항). 신청기각결정에 대하여는 즉시항고할 수 있다(동조 제3항).

05 일부상소(一部上訴)

1. 의의

상소는 재판의 일부에 대하여 할 수 있다(제342조 제1항). 15. 경찰채용, 18. 경찰간부 **재판의 일부에 대한 상소를 일부상소**라고 한다. 또한 일부상소가 허용되는 범위에서는 재판의 일부에 대한 상소의 포기나 취하도 인정된다. 재판의 일부라 함은 동일성이 인정되는 사건의 일부를 의미하는 것이 아니라, 실체적 경합범인 수개의 사건이 병합심리된 경우에 있어 재판의 일부를 의미한다.

2. 일부상소의 허용범위

(1) 일부상소의 요건

일부상소를 하기 위해서는 **실체적 경합범관계**의 존재와 판결주문(主文)의 **분리가능성**이 있어야 한다. 판결의 대상이 된 사건이 실체적 경합범이 아니거나 판결주문을 분리할 수 없으면 일부상소는 허용되지 아니한다. 일부상소가 허용되지 않는 경우에 일부에 대한 상소는 전부에 대한 상소로 간주한다(제342조 제2항). 18. 경찰간부·경찰채용 이를 상소불가분(上訴不可分)의 원칙이라고도 한다.

(2) 일부상소가 허용되는 경우

실체적 경합범 관계에 있는 수죄에 대하여 ① 일부는 유죄, 다른 일부는 무죄·면소판결·관할위반판결·공소기각재판이 선고된 경우, ② 일부는 징역형, 다른 일부는 벌금형이 선고된 경우와 같이 주문에 2개 이상의 이종(異種)의 형이 선고된 경우, ③ 전부에 대하여 무죄가 선고된 경우에 일부상소를 할 수 있다. 유죄판결과 함께 선고된 배상명령에 대하여는 독립하여 즉시항고를 할 수 있으므로 일부상소가 허용된다(소송촉진법 제33조 제5항). 14. 국가7급

> **판례 | 일부상소가 허용되는 경우**
>
> 1 **전부 무죄판결**에 대하여는 그중 일부 공소사실만을 특정하여 상소할 수 있으므로 항소대상이 되지 아니한 부분은 심판할 수 없다(대판 1973.7.10, 73도142).
> 2 **경합범으로 동시에 기소된 사건**에 대하여 **일부 유죄, 일부 무죄의 선고**를 하거나 **일부의 죄에 대하여 징역형을, 다른 죄에 대하여 벌금형을 선고**하는 등 판결주문이 수개일 때에는 그 1개의 주문에 포함된 부분을 다른 부분과 분리하여 일부상소를 할 수 있다(대판 2009.6.11, 2009도2684).

(3) 일부상소가 허용되지 않는 경우

다음과 같이 일부상소가 허용되지 않는 경우에, 일부에 대한 상소는 전부에 대한 상소로 간주한다(제342조 제2항).

① **일죄의 일부**: 경합범이 아닌 단순일죄, 포괄일죄, 과형상 일죄(상상적 경합) 등에 대한 일부상소는 허용되지 아니한다.
② **한 개의 형이 선고된 경합범**: 한 개의 형이 선고된 경합범의 경우에는 판결주문을 분리할 수 없고, 또한 양형에 있어서 상호불가분의 관계에 있기 때문에 일부상소는 허용되지 아니한다.
③ **주형과 일체가 된 부가형**: 주형에 부가된 집행유예, 미결구금 산입일수, 노역장유치기간, 재산형의 가납판결, 몰수·추징 등은 주형과 불가분의 관계에 있으므로 일부상소가 허용되지 아니한다. 또한 소송비용부담 재판도 독립하여 상소할 수 없다(제191조 제2항).

> **판례 |**
>
> 1 일부상소가 허용되지 않는 경우 Ⅰ
> **불가분의 관계에 있는 재판의 일부만을 불복대상으로 삼은 경우 그 상소의 효력은 상소불가분의 원칙상 피고사건 전부에 미쳐 그 전부가 상소심에 이심되는 것이고** 이러한 경우로는 일부상소가 피고사건의 주위적 주문과 불가분적 관계에 있는 주문에 대한 것, 일죄의 일부에 대한 것, 경합범에 대하여 1개의 형이 선고된 경우 경합범의 일부 죄에 대한 것 등에 해당하는 경우를 들 수 있다[대판 2008.11.20, 2008도5596(전합)]. 20. 경찰채용·국가9급
>
> 2 일부상소가 허용되지 않는 경우 Ⅱ
> ① **일죄**의 일부에 대하여서만 유죄로 인정된 경우에는 피고인만이 항소하였다 하여도 그 항소는 그 일죄의 전부에 미친다(대판 1982.3.23, 80도2847).
> ② **단순일죄**의 관계에 있는 공소사실의 일부에 대하여만 유죄로 인정한 경우에 피고인만이 항소하여도 그 항소는 그 일죄의 전부에 미쳐서 항소심은 무죄 부분에 대하여도 심판할 수 있다(대판 2001.2.9, 2000도5000). 20. 법원9급

③ **포괄적 일죄**의 관계에 있는 공소사실의 일부에 대하여만 유죄로 인정하고 나머지는 무죄가 선고되어 검사는 무죄 부분에 대하여 불복상고하고 피고인은 유죄 부분에 대하여 상고하지 않은 경우, 공소불가분의 원칙상 경합범의 경우와는 달리 포괄적 일죄의 일부만에 대하여 상고할 수는 없으므로 검사의 무죄 부분에 대한 상고에 의해 상고되지 않은 원심에서 유죄로 인정된 부분도 상고심에 이심(移審)되어 심판의 대상이 된다고 볼 것이다(대판 1985.11.12, 85도1998).

④ **피고사건**의 재판 가운데 몰수 또는 추징에 관한 부분만을 불복대상으로 삼아 상소가 제기되었다 하더라도 상소심으로서는 이를 적법한 상소제기로 다루어야 하는 것이지 몰수 또는 추징에 관한 부분만을 불복대상으로 삼았다는 이유로 **그 상소의 제기가 부적법하다고 보아서는 아니되고 그** 부분에 대한 상소의 효력은 그 부분과 불가분의 관계에 있는 본안에 관한 판단 부분에까지 미쳐 **그 전부가 상소심으로 이심되는 것이다**[대판 2008.11.20, 2008도5596(전합)]. 14. 국가7급, 18. 경찰채용·변호사·국가9급, 20. 법원9급

⑤ 본안의 재판과 분리하여 **소송비용의 재판에 관하여만 독립하여 다투는 것은 허용되지 아니한다** (대판 2008.7.24, 2008도4759).

⑥ 압수물을 피해자에게 환부한다는 선고는 본안종국판결에 부수되는 처분에 불과한 만큼 그 선고 부분에 한하여 독립상소는 할 수 없는 것이다(대판 1959.10.16, 59도209).

⑦ **상상적 경합관계**에 있는 두 죄에 대하여 한 죄는 무죄, 한 죄는 유죄가 선고된 경우 **검사만이 무죄 부분에 대하여 상고하였다 하여도 유죄 부분도 상고심의 심판대상이 된다**(대판 2008.10.23, 2008도4852). 17. 경찰간부·경찰채용

⑧ 원심(항소심)이 두개의 죄를 경합범으로 보고 한 죄는 유죄, 다른 한죄는 무죄를 각 선고하자 검사가 무죄 부분만에 대하여 불복상고하였다고 하더라도 위 **두 죄가 상상적 경합관계에 있다면 유죄 부분도 상고심의 심판대상이 된다**[대판 1980.12.9, 80도384(전합)]. 13·16. 변호사, 18. 법원9급, 18. 경찰채용

⑨ **주문이 단일한 경합범**의 일부에 대한 상소가 있을 때에는 경합범의 전부에 대한 상소가 있는 것으로 보아야 한다(대판 1961.10.5, 60도403).

⑩ 법원이 1개의 죄에 정한 형이 징역형·벌금형 등 수종임에도 **형의 종류를 선택하지 아니한 채 수죄에 대하여 징역형과 벌금형을 병과**하는 경우에는 어느 죄에 대하여 징역형이, 어느 죄에 대하여 벌금형이 선고된 것인지 알 수 없게 되어 재판의 내용이 불가분적인 것이 되므로 징역형이나 벌금형 중 어느 하나의 형에 관한 판결 부분만을 상소의 대상으로 할 수는 없다(대판 2004.9.23, 2004도4727).

3. 일부상소의 방식

일부상소를 함에는 일부상소를 한다는 취지를 상소장에 명시하여야 한다. 불복 부분을 특정하지 아니한 경우에는 전부상소로 간주한다.

판례 ⅠⅠ

1 일부상소가 된 경우

① 제1심법원이 절도의 점에 대해서는 징역 6월, 미성년자간음의 점에 대해서는 공소기각의 판결을 하였는데, 검사의 항소장에는 제1심의 판결주문란에 '징역 6월, 미결구금 150일 산입'으로 기재되어 있다면, 미성년자간음의 점에 대하여 **공소기각을 선고한 부분에 대하여는 항소를 제기하지 아니하였음이 명백**하다 할 것이다(대판 1984.2.28, 83도216).

② 검사가 제출한 **항소이유서**에는 1심판결 중 무죄 부분에 대한 기재가 전혀 없고 '유죄 부분에 대하여만 불복한다.'는 취지로 기재되어 있다면, (항소심이) 무죄 부분에 대하여 아무런 심리판단을 아니하였음은 정당하다(대판 1970.12.22, 70도2111).

2 전부상소가 된 경우

① 형법 제37조 전단 경합범 관계에 있는 공소사실 중 일부에 대하여 유죄, 나머지 부분에 대하여 무죄를 선고한 제1심판결에 대하여 검사만이 항소하면서 무죄 부분에 관하여는 항소이유를 기재하고 유죄 부분에 관하여는 이를 기재하지 않았으나 **항소범위는 '전부'로 표시하였다면**, 제1심판결 전부가 이심되어 원심의 심판대상이 되므로 원심이 제1심판결 무죄 부분을 유죄로 인정하는 때에는 제1심판결 전부를 파기하고 경합범 관계에 있는 공소사실 전부에 대하여 하나의 형을 선고하여야 한다(대판 2014.3.27, 2014도342). 18. 국가7급, 19. 경찰간부

② 비록 항소장에 경합범으로서 **2개의 형이 선고된 죄 중 일죄에 대한 형만을 기재하고 나머지 일죄에 대한 형을 기재하지 아니하였다** 하더라도 항소이유서에서 그 나머지 일죄에 대하여도 항소이유를 개진한 경우에는 판결 전부에 대한 항소로 봄이 상당하다(대판 2004.12.10, 2004도3515).

③ 검사가 **'불복의 범위란'에 아무런 기재를 아니하고 '판결주문란'에 유죄 부분의 형만을 기재**하고 무죄의 주문은 기재하지 아니한 항소장을 제출하였으나 **항소이유서에 무죄 부분에 대하여도 항소이유를 개진한 경우, 판결 전부에 대한 항소로 보아야 한다**(대판 1991.11.26, 91도1937).

4. 상소심의 심판범위

(1) 단순일죄 또는 포괄일죄와 상소심의 심판범위

단순일죄나 포괄일죄의 경우 그 범죄가 일죄인 이상 그 일부에 대해서 상소를 제기하더라도 상소불가분의 원칙에 의하여 그 전부가 상소심에 이심(移審)이 된다. 다만, 이 경우라도 상소심의 심판대상이 어디까지인지는 범죄가 일죄인가 수죄인가 그리고 누가 상소를 제기했는가에 따라 아래 판례와 같이 달라지게 된다.

판례 |

1 형사소송법의 일반이론에 따라서 상소심에 이심이 되고 또한 상소심의 심판대상이 되는 경우

① **단순일죄**의 관계에 있는 공소사실의 일부에 대하여만 유죄로 인정한 경우에 **피고인만이 항소**하여도 그 항소는 그 일죄의 전부에 미쳐서 **항소심은 무죄 부분에 대하여도 심판할 수 있다**(대판 2001.2.9, 2000도5000). 16. 국가9급

② **포괄적 일죄**의 관계에 있는 공소사실 중 일부 유죄, 나머지 무죄의 판결에 대하여 **검사만이 무죄 부분에 대한 상고를 하고 피고인은 상고하지 아니하더라도** 상소불가분의 원칙상 검사의 상고는 그 판결의 유죄 부분과 무죄 부분 전부에 미치는 것이므로 **유죄 부분도 상고심에 이전되어 그 심판대상이 된다**(대판 1985.11.12, 85도1998). 18. 경찰채용

③ **1죄의 관계**에 있는 공소사실 중 일부 유죄, 나머지 무죄의 판결에 대하여 검사만 무죄부분에 대하여 상고를 하고 피고인은 상고하지 아니하였더라도 **유죄부분은 상고심에 이전되어 심판대상이 된다**(대판 2017.4.13, 2016도20518 선거구 공백기 기부행위 사건). 20. 국가7급, 21. 경찰간부

2 피고인의 이익을 위하여 상소심에 이심은 되지만 상소심의 심판대상이 되지 않는 경우

① 포괄일죄의 일부만이 유죄로 인정된 경우 그 유죄 부분에 대하여 피고인만이 항소하였을 뿐 공소기각으로 판단된 부분에 대하여 검사가 항소를 하지 않았다면, 상소불가분의 원칙에 의하여 유죄 이외의 부분도 항소심에 이심되기는 하나 그 부분은 이미 당사자간의 공격·방어의 대상으로부터 벗어나 사실상 심판대상에서부터도 이탈하게 되므로 **항소심으로서도 그 부분에까지 나아가 판단할 수 없다**(대판 2010.1.14, 2009도12934).

② 환송 전 원심에서 **상상적 경합관계에 있는 수죄에 대하여 모두 무죄가 선고되었고**, 이에 **검사가 무죄 부분 전부에 대하여 상고하였으나 그중 일부 무죄 부분에 대하여는 이를 상고이유로 삼지 아니하였다면**, 비록 **상고이유로 삼지 아니한 무죄 부분도 상고심에 이심된다고는 하나** 그 부분은

이미 당사자간의 공격방어의 대상으로부터 벗어나 사실상 심판대상에서부터도 이탈하게 되는 것이므로, **상고심으로서도 그 무죄 부분에까지 나아가 판단할 수 없는 것**이고 따라서 상고심으로부터 다른 무죄 부분에 대한 원심판결이 잘못되었다는 이유로 사건을 파기환송받은 원심은 그 무죄 부분에 대하여 다시 심리판단하여 유죄를 선고할 수 없다고 보아야 할 것이다(대판 2008.12.11, 2008도8922). 15. 국가9급, 18. 국가7급, 21. 변호사

③ 제1심법원이 공소사실의 동일성이 인정되는 범위 내에서 **공소가 제기된 범죄사실에 포함된 보다 가벼운 범죄사실을 유죄로 인정**하면서 법정형이 보다 가벼운 다른 법조를 적용하여 피고인을 처벌하고, 유죄로 인정된 부분을 제외한 나머지 부분에 대하여는 범죄의 증명이 없다는 이유로 판결이유에서 무죄로 판단한 경우, 그에 대하여 피고인만이 유죄 부분에 대하여 항소하고 검사는 무죄로 판단된 부분에 대하여 항소하지 아니하였다면 비록 그 죄 전부가 피고인의 항소와 상소불가분의 원칙으로 인하여 항소심에 이심되었다고 하더라도 **무죄 부분은 심판대상이 되지 않는다**(대판 2008.9.25, 2008도4740).

(2) 경합범과 상소심의 심판

> **형법**
>
> **제37조【경합범】** 판결이 확정되지 아니한 수개의 죄 또는 금고 이상의 형에 처한 판결이 확정된 죄와 그 판결확정 전에 범한 죄를 경합범으로 한다.
>
> **제38조【경합범과 처벌례】** ① 경합범을 동시에 판결할 때에는 다음 각 호의 구별에 의하여 처벌한다.
> 1. 가장 무거운 죄에 대하여 정한 형이 사형, 무기징역, 무기금고인 경우에는 가장 무거운 죄에 대하여 정한 형으로 처벌한다.
> 2. 각 죄에 대하여 정한 형이 사형, 무기징역, 무기금고 외의 같은 종류의 형인 경우에는 가장 무거운 죄에 정한 형의 장기 또는 다액(多額)에 그 2분의 1까지 가중하되 각 죄에 대하여 정한 형의 장기 또는 다액을 합산한 형기 또는 액수를 초과할 수 없다. 다만, 과료와 과료, 몰수와 몰수는 병과할 수 있다.
> 3. 각 죄에 대하여 정한 형이 무기징역, 무기금고 외의 다른 종류의 형인 경우에는 병과한다.
>
> **제39조【판결을 받지 아니한 경합범, 수개의 판결과 경합범, 형의 집행과 경합범】** ① 경합범 중 판결을 받지 아니한 죄가 있는 때에는 그 죄와 판결이 확정된 죄를 동시에 판결할 경우와 형평을 고려하여 그 죄에 대하여 형을 선고한다. 이 경우 그 형을 감경 또는 면제할 수 있다.

형법 제37조 전단 경합범(동시적 경합범)의 경우 모두 유죄이고 또한 동시에 판결할 경우에는 형법 제38조에 따라서 판결주문이 1개가 나와야 하므로 **아래 1**과 같은 판례가 나오게 된다. 또한 일부상소의 경우 상소심의 심판대상은 상소제기한 범위에만 미치므로 상소가 제기되지 않은 부분은 상소기간이 경과하면 그대로 확정되어 **아래 2**와 같은 판례가 나오게 된다.

> **판례 |**
>
> 1 형법 제37조 전단의 경합범 중 일부 유죄, 일부 무죄를 선고한 판결 전부에 대하여 상소를 제기하였으나, 무죄 부분에 대한 상소만이 이유 있는 경우 파기의 범위(= 전부 파기)
> ① 수개의 범죄사실에 대하여 항소심이 일부는 유죄, 일부는 무죄의 판결을 하고, 그 판결에 대하여 **피고인 및 검사 쌍방이 상고를 제기하였으나 유죄 부분에 대한 피고인의 상고는 이유 없고, 무죄 부분에 대한 검사의 상고만 이유 있는 경우** 항소심이 유죄로 인정한 죄와 무죄로 인정한 죄가 형법 제37조 전단의 경합범 관계에 있다면 항소심판결의 **유죄 부분도 무죄 부분과 함께 파기되어야 한다**(대판 2010.12.23, 2010도9110). 13. 변호사

② 형법 제37조 전단의 경합범 관계에 있는 죄에 대하여 일부는 유죄, 일부는 무죄를 선고한 원심판결에 대하여 피고인은 상소하지 아니하고, **검사만이 무죄 부분에 한정하지 아니하고 전체에 대하여 상소한 경우**에 무죄 부분에 대한 검사의 상소만 이유 있는 때에도 원심판결의 유죄 부분은 무죄 부분과 함께 파기되어야 하므로 상소심으로서는 **원심판결 전부를 파기하여야 한다**(대판 2004.10.15, 2004도5035). 16. 국가9급·경찰간부, 19. 국가9급

2 형법 제37조 전단의 경합범 중 일부 유죄, 일부 무죄를 선고한 판결에 대하여 검사만이 무죄 부분에 대하여 상소를 제기하였고, 그 상소가 이유 있는 경우 파기의 범위(= 일부 파기)

① 경합범 중 일부에 대하여 무죄, 일부에 대하여 유죄를 선고한 항소심판결에 대하여 **검사만이 무죄 부분에 대하여 상고를 한 경우** 피고인과 검사가 상고하지 아니한 유죄판결 부분은 상고기간이 지남으로써 확정되어 상고심에 계속된 사건은 무죄판결 부분에 대한 공소뿐이라 할 것이므로 상고심에서 이를 파기할 때에는 **무죄 부분만을 파기할 수밖에 없다**[대판 1992.1.21, 91도1402(전합)]. 13·16. 변호사, 16. 국가9급, 19. 경찰간부, 12. 변호사사례

② 경합범 중 일부에 대하여 무죄, 일부에 대하여 유죄를 선고한 제1심판결에 대하여 **검사만이 무죄 부분에 대하여 항소를 한 경우**, 피고인과 검사가 항소하지 아니한 유죄판결 부분은 항소기간이 지남으로써 확정되어 항소심에 계속된 사건은 무죄판결 부분에 대한 공소뿐이며, 그에 따라 항소심에서 이를 파기할 때에는 **무죄 부분만을 파기하여야 한다**(대판 2010.11.25, 2010도10985). 14. 국가7급, 17. 변호사, 18. 국가9급, 17. 변호사사례

3 확정판결 전후의 공소사실에 대하여 제1심이 두 개의 형을 선고하였는데 피고인만 확정판결 전의 유죄판결 부분에 대하여만 항소한 경우 항소심의 심판범위(= 유죄판결 부분에 한정)

확정판결 전의 공소사실과 확정판결 후의 공소사실에 대하여 따로 유죄를 선고하여 두 개의 형을 정한 제1심판결에 대하여 **피고인만이 확정판결 전의 유죄판결 부분에 대하여 항소한 경우**, 피고인과 검사가 항소하지 아니한 확정판결 후의 유죄판결 부분은 항소기간이 지남으로써 확정되어 항소심에 계속된 사건은 확정판결 전의 유죄판결 부분뿐이고, 그에 따라 **항소심이 심리·판단하여야 할 범위는 확정판결 전의 유죄판결 부분에 한정된다**(대판 2018.3.29, 2016도18553). 18. 국가7급, 20. 국가7급, 22. 변호사

06 불이익변경금지원칙(不利益變更禁止原則)

1. 의의

(1) 개념

불이익변경금지원칙이란 피고인이 항소·상고한 사건이나 피고인을 위하여 항소·상고한 사건에 대하여 상소심은 원심판결의 형보다 무거운 형을 선고할 수 없는 것을 말한다(제368조, 제396조 제2항). 중형변경금지원칙(重刑變更禁止原則)이라고도 한다. 이 원칙은 상소심에 대한 강제적 양형규정(量刑規定)으로서 **법정형에 없는 형벌도 선고할 수 있다는** 것이 판례의 입장이다.

> **판례 | 불이익변경금지의 원칙에 의하여 법정형에 없는 형벌도 선고할 수 있는지의 여부(적극)**
>
> **약식명령에 대하여 피고인만이 정식재판을 청구한 사건에서** 피고인에 대하여 사서명위조와 위조사서명행사의 범죄사실이 인정되는 경우에는 **비록 사서명위조죄와 위조사서명행사죄의 법정형에 유기징역형만 있다 하더라도** 불이익변경금지의 원칙이 적용되어 벌금형을 선고할 수 있는 것이므로 (공소사실의 동일성이 인정됨에도) 불이익변경금지의 원칙 등을 이유로 공소장변경허가신청을 불허할 것은 아니다(대판 2013.2.28, 2011도14986). 16. 국가7급, 16·17. 변호사, 18. 국가9급, 14. 변호사사례
>
> ⚠ 이 판례는 형사소송법 제457조의2 개정으로 그 취지만 유효하다. 즉, 이 판례 자체는 옳지 않지만 약식명령과 정식재판을 각각 제1심(또는 제2심)과 제2심(또는 제3심)으로 바꾸면 옳기 때문이다.

(2) 취지

불이익변경금지원칙은 피고인이 중형변경의 위험 때문에 상소제기를 단념하는 것을 방지함으로써 피고인의 상소권을 보장하려는 정책적 고려에서 인정되는 제도라는 것이 통설과 판례의 입장이다. 이러한 이유에서 불이익변경금지원칙은 엄격한 의미의 상소 이외에 재심 또는 정식재판을 청구한 경우에도 적용된다.

2. 적용범위

(1) 상소의 주체

① 피고인이 상소한 사건
  ㉠ 불이익변경금지원칙은 **피고인이 상소한 사건**에 대하여 적용된다. 따라서 검사만 상소한 경우나 검사·피고인 쌍방이 상소한 사건에 대해서는 적용되지 아니한다. 다만, **검사·피고인 쌍방이 상소하였으나 검사의 상소가 기각**된 경우에는 실질적으로 피고인만 상소한 경우와 동일하므로 이 원칙이 적용된다.
  ㉡ 대한민국 당국에 의하여 소추된 합중국군대의 구성원·군속·가족에 대한 사건의 경우에는 피고인 또는 검사 어느 누가 상소하더라도 불이익변경금지원칙이 적용된다는 것이 판례의 입장이다.

② 피고인을 위하여 상소한 사건
  ㉠ 불이익변경금지원칙은 상소대리권자(피고인의 법정대리인·배우자·직계친족·형제자매·변호인·원심의 대리인)가 피고인을 위하여 상소한 사건에도 적용된다.
  ㉡ **검사가 '피고인의 이익을 위하여' 상소한 경우**에도 불이익변경금지의 원칙이 **적용된다는 것이 통설과 판례의 입장**이다.

> **판례 Ⅰ**
>
> 1 불이익변경금지원칙이 적용되는 경우
>   ① **피고인과 검사 쌍방이 항소하였으나 검사가 항소 부분에 대한 항소이유서를 제출하지 아니하여 결정으로 항소를 기각**하여야 하는 경우에는 항소심은 제1심판결의 형보다 중한 형을 선고하지 못한다(대판 1998.9.25, 98도2111). 14·19. 경찰채용, 15. 경찰간부, 19. 국가9급
>   ② **쌍방 상고사건에 있어서 상고심이 검사의 상고를 기각**하고 피고인 상고에 의하여 항소심판결을 파기환송한 경우에 환송 후의 항소심은 환송 전 항소심이 선고한 형보다 중한 형을 선고할 수 없다(대판 1969.3.31, 68도1870).
>   ③ **피고인과 검사 쌍방이 항소하였으나 검사가 부착명령청구사건에 대한 항소이유서를 제출하지 아니하여 부착명령청구사건에 대한 검사의 항소를 기각하여야 하는 경우**에는 항소심은 불이익변경금지의 원칙에 따라 부착명령청구사건에 관하여 제1심판결의 형보다 중한 형을 선고하지 못한다(대판 2014.3.27, 2013도9666). 16·19. 경찰간부
>   ④ 검사의 항소가 특히 피고인의 이익을 위하여 한 취지라고 볼 수 없다면 항소심에서 제1심판결의 형보다 중한 형을 선고할 수 있다(대판 1971.5.24, 71도574). 15. 경찰간부
>   ⑤ **대한민국 당국에 의하여 소추된 합중국군대의 구성원, 군속 또는 가족**은 제1심법원의 원판결선고시에 적용되는 형보다도 중한 형은 받지 아니하는 권리를 가지며 이는 결국 제1심판결이 선고한 형보다 무거운 형을 항소심이 선고할 수 없다는 불이익변경금지원칙을 규정한 것으로서 피고인이나 검사가 항소한 어떠한 경우에도 적용된다(대판 1973.1.30, 72도1684).

> 2 불이익변경금지원칙이 적용되지 않는 경우
> ① 피고인과 검사 쌍방이 상소한 결과 검사의 상소가 받아들여져 원심판결 전부가 파기됨으로써 피고인에 대한 형량 전체를 다시 정해야 하는 경우에는 불이익변경금지의 원칙은 적용되지 아니하는 것이다(대판 2008.11.13, 2008도7647).
> ② 불이익변경금지의 원칙은 피고인이 상소한 사건과 피고인을 위하여 상소한 사건에 있어서는 원심판결의 형보다 중한 형을 선고하지 못한다는 것이므로 **피고인과 검사 쌍방이 상소**한 사건에 대하여는 적용되지 아니한다(대판 2006.6.15, 2006도1718).

(2) 적용되는 사건

① **항소사건과 상고사건**: 불이익변경금지원칙은 항소한 사건과 상고한 사건에 당연히 적용된다. 또한 제1심판결에 대한 불이익변경금지원칙은 상고심인 제3심까지도 적용된다. 즉, 제1심 유죄판결에 대하여 검사는 항소하지 않고 피고인만 항소하고 제2심 유죄판결에 대하여 검사의 상고가 있는 경우에, 상고심은 검사의 불복 없는 제1심판결의 형보다 중한 형을 선고할 수 없다.

② **파기환송 또는 파기이송사건**: 피고인이 상소하여 상소심에서 원심판결을 **파기하고 사건을 환송 또는 이송한 경우**, 환송 또는 이송 전 원심판결과의 관계에서도 **이 원칙이 적용**되어, 원심법원은 그 원판결보다 중한 형을 선고할 수 없다는 것이 통설과 판례의 입장이다(《주의》 파기환송 또는 이송한 경우에는 불이익변경금지원칙이 적용되지 않는다. ×).

③ **재심청구사건**: 재심은 상소는 아니지만 **이익재심만을 인정**하는 현행법상 재심청구사건에 있어서도 원판결의 형보다 무거운 형을 선고할 수 없다(제439조). 14·15. 법원9급 이는 검사가 재심을 청구한 경우에도 동일하다.

④ **즉결심판에 대한 정식재판청구사건**: 즉결심판에 대하여 **피고인만이 정식재판을 청구한 사건**에 대하여도 불이익변경금지원칙이 적용된다는 것이 판례의 태도이다. 다만, 약식명령에 대한 정식재판을 청구한 경우 불이익변경금지원칙 대신 형종상향금지원칙으로 변경된 만큼 판례가 변경될 가능성이 크다.

> **판례 | 불이익변경금지원칙이 적용되는 사건**
>
> 1 **제1심 유죄판결에 대하여 검사의 항소가 없고** 피고인만의 항소가 있는 제2심 유죄판결에 대하여 검사의 상고가 있는 경우에 **상고심은 검사의 불복 없는 제1심판결의 형보다 중한 형을 과할 수 없다**(대판 1957.10.4, 57오1). 18. 국가9급
> 2 **피고인의 상고에 의하여 상고심에서 원심판결을 파기하고, 사건을 항소심에 환송한 경우에는 환송 전 원심판결과의 관계에서도 불이익변경금지의 원칙이 적용**되어 그 파기된 항소심판결보다 중한 형을 선고할 수 없다(대판 2006.5.26, 2005도8607). 14·15·19·21. 법원9급, 16·18·22. 경찰간부, 17. 국가7급, 18. 변호사·국가9급, 19. 경찰승진, 22. 해경간부
> 3 즉결심판에 대하여 피고인만이 정식재판을 청구한 사건에 대하여도 즉결심판법 제19조의 규정에 따라 형사소송법 제457조의2 규정을 준용하여 즉결심판의 형보다 무거운 형을 선고하지 못한다(대판 1999.1.15, 98도2550). 18. 경찰채용, 13. 변호사

(3) 적용되지 않는 사건

① **약식명령에 대한 정식재판청구사건**: 약식명령에 대하여 피고인만 정식재판을 청구하더라도 형종(刑種)상향금지의 원칙은 적용되지만, 불이익변경금지의 원칙(중형변경금지의 원칙)은 적용되지 않는다(제457조의2). 18·19. 경찰채용, 18 국가9급·법원9급, 19. 경찰간부 [예] 약식명령으로 벌금 100만원을 선고받고 피고인만 정식재판을 청구한 경우 법원은 벌금보다 중한 형종(刑種)인 자격정지·자격상실·금고·징역·사형은 선고할 수 없지만, 약식명령의 형보다 중한 벌금 200만원은 선고할 수 있다(이 경우 양형의 이유를 적어야 한다)]

② **재판서 경정사건**: 형사소송규칙 제25조의 재판서 경정의 경우에도 불이익변경금지의 원칙이 적용되지 않는다는 것이 판례의 입장이다.
③ **항고사건**: 피고인만 항고한 사건에 있어서도 불이익변경금지원칙이 적용될 것인지에 대하여 견해의 대립이 있으나 ㉠ 불이익변경금지원칙은 형의 선고에 관한 것인데 항고의 대상인 결정으로는 형을 선고할 수 없고, ㉡ 항고사건에 있어서는 명문의 규정이 없기 때문에 이 원칙이 적용되지 않는다는 것이 다수설의 입장이다.

> **판례 | 불이익변경금지원칙이 적용되지 않는 사건**
>
> 판결을 선고한 법원에서 당해 판결서의 명백한 오류에 대하여 **판결서의 경정**을 통하여 그 오류를 시정하는 것은 피고인에게 유리 또는 불리한 결과를 발생시키거나 피고인의 상소권 행사에 영향을 미치는 것이 아니므로 여기에 불이익변경금지원칙이 적용될 여지는 없다(대판 2007.7.13, 2007도3448). 17. 경찰간부, 19. 법원9급

(4) 병합심리와 불이익변경금지원칙의 적용 19. 변호사사례

상소심이 원심에서 별개의 사건으로 따로 두 개 이상의 형을 선고받고 상소한 피고인에 대하여 사건을 병합심리한 후 경합범으로 처단하면서 1개의 형을 선고한 것이 불이익변경금지원칙에 위반되는지 문제된다. 이에 대하여는 일률적으로 이익·불이익을 판단할 수 없고 사건마다 개별적·구체적으로 판단하여야 한다. 다만 이 경우에도 제1심에서 선고된 2개의 형을 합산한 범위 내에서 형법상 경합범의 처벌례에 따라 형량이 정해져야 하고 **만일 2개의 형을 합산한 범위를 초과하는 때에는 불이익변경금지원칙에 반하게 된다.**

> **판례 |**
>
> 1 **사건의 병합과 불이익변경금지원칙의 적용**
>   피고인이 상소 또는 정식재판을 청구한 사건과 **다른 사건이 병합·심리된 후 경합범으로 처단**되는 경우에는 당해 사건에 대하여 선고 또는 고지받은 형과 병합·심리되어 선고받은 형을 단순 비교할 것이 아니라, 병합된 다른 사건에 대한 법정형, 선고형 등 피고인의 법률상 지위를 결정하는 **객관적 사정을 전체적·실질적으로 고찰하여 병합심판된 선고형이 불이익한 변경에 해당하는지를 판단**하여야 한다(대판 2004.11.11, 2004도6784).
>   ✎ 취지만 유효
>
> 2 **(사건을 병합심리한 후 선고한 형이) 불이익변경금지원칙에 위반되는 경우**
>   A·B죄에 대하여 **벌금 700만원**, C·D죄에 대하여 **벌금 200만원** 선고 ➡ A·B·C·D 모든 죄에 대하여 **징역 1년에 집행유예 2년 및 사회봉사명령 80시간**을 선고한 경우(대판 2006.5.26, 2005도8607) 17. 국가9급, 22. 해경간부
>
> 3 **(사건을 병합심리한 후 선고한 형이) 불이익변경금지원칙에 위반되지 않는 경우**
>   ① A죄에 대하여 **징역 1년에 집행유예 2년과 추징금 1,000만원**, B죄에 대하여 **징역 1년 6월과 추징금 100만원** 선고 ➡ A·B 모든 죄에 대하여 **징역 2년과 추징금 1,100만원**을 선고한 경우(대판 2001.9.18, 2001도3448) 14. 경찰채용, 19. 경찰간부
>   ② A죄에 대하여 **징역 1년에 집행유예 2년**, B죄에 대하여 **벌금 5만원** 선고 ➡ A·B 모든 죄에 대하여 **징역 8월에 집행유예 2년**을 선고한 경우(대판 1989.6.13, 88도1983)
>   ③ A·B·C·D죄에 대하여 **벌금 400만원** ➡ A·B·C·D죄와 **징역 4년**을 선고받고 별도로 항소제기된 E죄를 병합하여 모두에 대하여 **징역 3년**을 선고한 경우(대판 2016.5.12, 2016도2136)

3. 불이익변경금지의 내용

(1) 중형변경금지

불이익변경금지원칙은 형의 선고가 원심판결보다 중하게 변경되는 것만을 금지한다. 따라서 형이 중하게 변경되지 않은 이상 원심이 인정한 죄보다 중한 죄를 인정하거나 원심보다 법령적용을 불리하게 변경해도 이 원칙에 위반되는 것은 아니다.

> **판례 |**
>
> **1 불이익변경금지의 내용(= 중형변경금지)**
> **불이익변경금지의 원칙**은 피고인 또는 피고인을 위한 상소사건에 있어서 원심의 형, 즉 **판결주문의 형보다 중한 형을 선고할 수 없다**는 것에 불과하므로 그 내용에 있어서 제1심보다 불이익하게 변경되었더라도 결과적으로 선고한 형이 제1심보다 경한 경우에는 불이익변경금지의 원칙에 위배되었다고 할 수 없다(대판 1989.6.13, 88도1983). 16. 경찰간부, 18. 변호사
>
> **2 불이익변경금지원칙에 위반되지 않는 경우**
> ① 항소심이 검사의 공소장변경신청을 허가하고 그 변경된 적용법률에 의하여 판결을 선고하였다 하더라도, 선고된 **항소심의 형이 제1심의 그것보다 가벼운 경우**(대판 1999.10.8, 99도3225)
> ② 파기환송 후 원심에서 적법한 공소장변경이 있어 이에 따라 항소심이 새로운 범죄사실을 유죄로 인정하면서 **환송 전 원심과 동일한 형을 선고한 경우**(대판 2001.3.9, 2001도192)
> ③ 원심이 제1심이 인정한 범죄사실의 일부를 무죄로 인정하면서도 **제1심과 동일한 형을 선고한 경우**(대판 2003.2.11, 2002도5679) 22. 국가7급
> ④ 항소심이 제1심에서 인정하였던 범죄사실 중 일부사실에 관하여는 면소를 선고하면서 **동일한 형을 선고한 경우**(대판 1964.6.2, 64도160)
> ⑤ 단순일죄의 관계에 있는 공소사실의 일부에 대하여만 유죄로 인정한 제1심판결에 대하여 피고인만이 항소하였는데도 항소심이 위 무죄 부분을 유죄로 판단한 경우. 다만, **선고한 형이 중하지 않음**(대판 2001.2.9, 2000도5000)
> ⑥ (단순일죄에 있어 일부는 유죄를, 일부는 무죄를 선고한 제1심판결에 대하여) 피고인만이 항소하였으나, 항소심이 무죄 부분까지를 심리의 대상으로 삼아 제1심판결을 파기하고 공소사실 전부에 대하여 유죄로 인정하면서 **제1심과 동일한 형을 선고한 경우**(대판 1991.6.25, 91도884)
> ⑦ 살인죄에 대하여 원심이 유기징역형을 선택한 1심보다 중하게 무기징역형을 선택하였으나, 결과적으로 **선고한 형이 중하게 변경되지 아니한 경우**(대판 1999.2.5, 98도4534) 18. 경찰간부·경찰채용

(2) 불이익변경의 판단기준

① **원칙**: 불이익변경의 판단에 있어서는 형(刑)의 경중(輕重)을 규정하고 있는 형법 제41조와 제50조가 기준이 된다. 그러나 형법 제50조는 형의 경중에 관한 충분한 기준이 될 수 없으므로 제50조를 기준으로 하면서 피고인의 자유구속과 법익박탈의 정도를 '전체적이고 실질적으로' 고찰하여 판단하여야 한다. 형은 처단형을 의미하는 것이 아니고 선고형을 의미한다.

> **형법**
>
> **제41조 【형의 종류】** 형의 종류는 다음과 같다.
> 1. 사형
> 2. 징역
> 3. 금고
> 4. 자격상실
> 5. 자격정지
> 6. 벌금
> 7. 구류
> 8. 과료
> 9. 몰수
>
> **제50조 【형의 경중】** ① 형의 경중은 제41조 기재의 순서에 따른다. 다만, 무기금고와 유기징역은 금고를 무거운 것으로 하고 유기금고의 장기가 유기징역의 장기를 초과하는 때에는 유기금고를 무거운 것으로 한다.

📚 판례 | 불이익변경 여부의 판단기준(= 전체적·실질적 고찰)

1. 선고된 형이 피고인에게 불이익하게 변경되었는지에 관한 판단은 형법상 형의 경중을 일응의 기준으로 하되 병과형이나 부가형, 집행유예, 미결구금일수의 통산, 노역장 유치기간 등 **주문 전체를 고려하여 피고인에게 실질적으로 불이익한가의 여부에 의하여 판단**하여야 할 것이다(대판 2005.10.28, 2005도5822).
2. 불이익한가의 여부는 형에 관하여 비교판단되어야 하고 그 형이 선고됨으로 인하여 다른 법규에 의해 초래될 수 있는 모든 법적·경제적 불이익을 비교판단하여야 하는 것은 아니며 그 원칙의 적용상 변경 전후의 형의 비교에 있어서는 **불이익 여부를 개별적·형식적으로 고찰할 것이 아니라 전체적·실질적으로 고찰하여 결정하여야 한다**(대판 1999.11.26, 99도3776). 13. 변호사, 22. 변호사사례

② **부정기형과 정기형**: 부정기형을 정기형으로 변경하는 경우 **부정기형의** 장기와 단기의 중간형이 **불이익판단의 기준이** 된다(《주의》 부정기형의 장기가 불이익판단의 기준이 된다. ×).

> **소년법**
>
> **제60조 【부정기형】** ① 소년이 법정형으로 장기 2년 이상의 유기형에 해당하는 죄를 범한 경우에는 그 형의 범위에서 장기와 단기를 정하여 선고한다. 다만, 장기는 10년, 단기는 5년을 초과하지 못한다.

③ **군사재판**: 군사법원의 경우 불이익판단의 기준이 되는 형은 군사법원 판결에 대하여 관할관(管轄官)의 확인조치로 감경 또는 면제된 형이라는 것이 판례의 입장이다.

> **군사법원법**
>
> **제379조 【판결에 대한 관할관의 확인조치】** ① 관할관은 무죄, 면소, 공소기각, 형의 면제, 형의 선고유예, 형의 집행유예, 사형, 무기징역 또는 무기금고의 판결을 제외한 판결을 확인하여야 하며, 형법 제51조 각 호의 사항을 참작하여 형이 과중하다고 인정할 만한 사유가 있을 때에는 피고인이 작전, 교육 및 훈련 등 업무를 성실하고 적극적으로 수행하는 과정에서 발생한 범죄에 한정하여 선고된 형의 3분의 1 미만의 범위에서 그 형을 감경할 수 있다.
> ✎ 군사법원법이 1994.1.5. 일부개정되기 전에는 관할관은 형의 감경은 물론 형의 집행면제까지도 할 수 있었다.

> **⚖️ 판례 | 소년형사사건 및 군사재판에 있어 불이익변경금지원칙의 기준이 되는 형**
>
> 1 부정기형을 파기하고 정기형을 선고함에 있어 불이익변경금지원칙 위반 여부를 판단하는 기준은 **부정기형의 장기와 단기의 중간형이 되어야 한다**[대판 2020.10.22, 2020도4140(전합)]. ➡ 불이익변경금지원칙을 적용하여 부정기형과 정기형 사이의 경중을 가리는 경우에 부정기형 중 단기형과 정기형을 비교하여야 한다는 취지로 판시한 대판 1953.11.10, 53도14, 대판 1969.3.18, 69도114, 대판 2006.4.14, 20006도734 판례는 폐지되었다. 14. 국가9급, 14·18. 변호사, 22. 국가7급
> 2 **군사법원의 판결에 대하여 관할관이 형의 감경 또는 형의 집행을 면제**한 때에는 그 판결은 관할관의 확인조치에 따라 변경되는 것이고, 항소심 또는 상고심의 심판대상이 되는 판결은 관할관의 확인에 의하여 변경된 판결이라 할 것이므로 군사법원법 제437조에서 말하는 **'원심판결'이라 함은 '관할관의 확인에 의하여 변경된 판결'**을 의미한다(대판 1989.11.28, 89도780). 18. 변호사

4. 형의 경중의 구체적 비교(판례를 중심으로)

(1) 형의 추가와 종류의 변경

① **형의 추가**: 형이 추가되거나, 형이 중하게 변경되는 것은 당연히 불이익변경에 해당한다.

> **⚖️ 판례 | 불이익변경금지원칙에 위반되는 경우**
>
> 1 징역 8월(집행유예 2년) ➡ 징역 8월(집행유예 2년) 및 **압수물 몰수**(대판 1992.12.8, 92도2020)
> 2 징역 5년, 벌금 135,000,000원, 몰수 한국은행 1,000원권 18장 및 **추징 135,914,760원** ➡ 징역 5년, 벌금 133,000,000원, 몰수 한국은행 1,000원권 18장 및 **추징 230,364,000원**(대판 1986.9.23, 86도402)
> 3 무기징역 ➡ 무기징역 및 **징역 6월**(대판 1981.9.8, 81도1945)

② **징역형과 금고형**: 징역형과 금고형의 형기가 동일하면 징역형이 중한 형이지만, 형기가 다르면 장기인 것이 더 중한 형이다. 따라서 ㉠ 징역형을 금고형으로 변경하면서 형기를 인상하는 것은 허용되지 않지만, ㉡ 금고형을 징역형으로 변경하면서 형기를 단축하는 것은 가능하다. 형기가 동일하면 금고형을 징역형으로 변경하지 못한다.

③ **자유형(징역·금고)과 벌금형**: 벌금형을 자유형(징역·금고)으로 변경하는 것은 불이익변경이 되지만, 자유형을 벌금형으로 변경하는 것은 불이익변경이 되지 아니한다. 또한 자유형을 벌금형으로 변경하는 경우 벌금형에 대한 노역장 유치기간이 자유형의 형기를 초과하더라도 이는 벌금형의 특수한 집행방법에 불과하므로 전체적으로 볼 때에는 불이익변경이 아니다.

> **⚖️ 판례 |**
>
> 1 불이익변경금지원칙에 위반되는 경우
>   구류형을 선고한 제1심판결을 파기하고 **벌금형**을 선고한 원심(2심)판결에는 불이익변경금지의 원칙에 관한 법리를 오해하여 판결에 영향을 미친 위법이 있다고 할 것이다(대판 2004.1.15, 2003도3880).
> 2 불이익변경금지원칙에 위반되지 않는 경우
>   ① **원심이 선고한 벌금형**의 환형유치기간이 **제1심에서 선고한 징역 1년의 형**의 기간을 초과한다고 하더라도 원심에서 선고한 벌금형이 형법상 징역형보다 경한 형이라고 보아야 할 것이다(대판 1980.5.13, 80도765). 19. 해경채용
>   ② **벌금형**을 선고한 즉결심판에 대하여 벌금형의 환형유치기간 보다 더 긴 **구류형**을 선고하더라도 불이익변경금지원칙에 위배된다고 할 수 없다(대판 2002.5.28, 2001도5131).

(2) 집행유예 · 선고유예 · 형집행면제
   ① **집행유예와 실형(實刑)**: 집행유예가 선고된 자유형판결에 대하여 **집행유예를 배제하거나 그 기간을 연장하는 것은 당연히 불이익변경**에 해당한다. 자유형의 형기를 단축하면서 집행유예를 배제한 것은 불이익변경에 해당한다. 그런데 역으로 자유형의 형기를 늘리면서 집행유예를 붙인 것도 불이익변경에 해당한다. 금고의 실형을 동일한 형기의 징역의 집행유예로 변경하는 것은 불이익변경에 해당하지 아니한다(대판 2013.12.12, 2013도6608). 21. 법원9급, 22. 국가7급

> **판례**
>
> 1 불이익변경금지원칙에 위반되는 경우
>   ① 징역 6월(집행유예 1년) ➡ 징역 6월(집행유예 2년)(대판 1983.10.11, 83도2034)
>   ② 징역 1년 6월(집행유예 3년) ➡ 징역 1년(대판 2016.3.24, 2016도1131) 16 · 19 · 21. 변호사, 17 · 18. 국가9급, 18. 경찰채용, 20. 법원9급
>   ③ 징역 6월 ➡ 징역 8월(집행유예 2년)(대판 1977.10.11, 77도2731)
>
> 2 불이익변경금지원칙에 위반되지 않는 경우
>   금고 5월 ➡ 징역 5월(집행유예 2년), 보호관찰 및 수강명령 40시간(대판 2013.12.12, 2013도6608) 17. 변호사

   ② **집행유예 · 선고유예와 벌금형**: 자유형의 집행유예판결을 벌금형으로 변경하는 것은 불이익변경에 해당하지 아니한다. 그러나 자유형의 선고유예판결을 벌금형으로 변경하는 것은 불이익변경에 해당한다.

> **판례**
>
> 1 불이익변경금지원칙에 위반되는 경우
>   ① 징역 6월(**선고유예**) ➡ 벌금 2,000,000원(대판 1999.11.26, 99도3776) 16. 국가9급, 17. 변호사, 18 · 21. 경찰간부
>   ② 징역 1년(**선고유예**) ➡ 벌금 300,000원(대판 1984.10.10, 84도1489)
>
> 2 불이익변경금지원칙에 위반되지 않는 경우
>   징역 10월(집행유예 2년) ➡ 벌금 10,000,000원(대판 1990.9.25, 90도1534) 19. 경찰채용, 22. 소방간부

   ③ **형집행면제와 집행유예**: 형집행면제를 집행유예로 변경하는 것은 불이익변경에 해당하지 않지만, 집행유예를 형집행면제로 변경하는 것은 불이익변경에 해당한다.

> **판례**
>
> 1 불이익변경금지원칙에 위반되는 경우
>   징역 6월(**집행유예** 1년) ➡ 징역 8월(**형집행면제**)(대판 1963.2.14, 62도248)
>
> 2 불이익변경금지원칙에 위반되지 않는 경우
>   징역 1년(**형집행면제**) ➡ 징역 8월(**집행유예** 2년)[대판 1985.9.24, 84도2972(전합)] 20. 법원9급

(3) 몰수·추징·미결구금 산입일수 등

① **주형과 몰수·추징**: 원심의 자유형을 그대로 두면서 몰수·추징을 추가하거나 원심보다 무거운 몰수·추징을 병과하는 것은 당연히 불이익변경에 해당한다. 그러나 주형(主刑)을 가볍게 하고 추징을 새롭게 부가한 경우에는 전체적·실질적으로 볼 때 불이익변경에 해당하지 않는다.

> **판례 | 몰수·추징과 불이익변경금지의 원칙**
>
> 1 추징도 몰수에 대신하는 처분으로서 몰수와 마찬가지로 형에 준하여 평가하여야 할 것이므로 그에 관하여도 형사소송법 제368조의 불이익변경금지의 원칙이 적용된다(대판 2006.11.9, 2006도4888). 14·16. 경찰간부, 16. 국가9급, 19. 경찰승진, 22. 해경간부
> 2 항소심이 몰수의 가능성에 관하여 제1심과 견해를 달리하여 **추징을 몰수로 변경하더라도** 그것만으로 피고인의 이해관계에 실질적 변동이 생겼다고 볼 수는 없으며 따라서 이를 두고 **형이 불이익하게 변경되는 것이라고 보아서는 안 된다**(대판 2005.10.28, 2005도5822). 14. 경찰간부, 13. 변호사

② **벌금형에 대한 환형유치기간**: 벌금형은 동일하고 그에 대한 환형으로 노역장유치기간만 늘어나는 경우에는 당연히 불이익변경에 해당한다. 그러나 벌금형이 경하게 변경된 이상 벌금형에 대한 노역장유치기간이 길어졌다거나 노역장유치 환산의 기준 금액이 원심보다 낮아지더라도 불이익변경이라고 할 수 없다.

> **판례 |**
>
> 1 불이익변경금지원칙에 위반되는 경우
> 벌금형에 관하여서 그 **벌금액수가 동일**하나 벌금완납 불능의 경우 **환형유치기간에 있어서 원심의 그것이 제1심의 그것보다 2.5배**나 되므로 원심의 형은 제1심의 그것보다 중하다고 아니할 수 없다(대판 1976.11.23, 76도3161).
> 2 불이익변경금지원칙에 위반되지 않는 경우
> ① 징역형의 형기가 단축된 점에 비추어 볼 때 **벌금형의 액수가 같고** 벌금형에 대한 환형유치기간이 제1심에서 선고한 환형유치기간보다 길어졌다고 하여 원심의 형량이 제1심의 그것보다 피고인에게 불이익하게 변경되었다고는 할 수 없다(대판 1994.1.11, 93도2894).
> ② 피고인에 대한 **벌금형이 감경**되었다면 그 벌금형에 대한 환형유치기간이 더 길어졌다 하더라도 전체적으로 비교하여 보면 형이 불이익하게 변경되었다고 할 수는 없는 것이므로 논지 이유가 없다(대판 1981.10.24, 80도2325). 14. 국가9급, 14·19. 경찰간부, 19. 경찰채용, 13. 변호사
> ③ 원심판결에서는 주형에서 **징역형의 형기가 단축**되고 병과된 **벌금형의 액수도 감축되었는데 환형유치기간만이 길어진 데 불과한 것**이고 위와 같이 벌금형에 대한 환형유치기간이 제1심에서 선고한 환형유치기간보다 길어졌다고 하여 원심의 형량이 제1심의 그것보다 피고인에게 불이익하게 변경되었다고는 할 수 없는 것이다(대판 1980.11.25, 80도2224).
> ④ **벌금형이 감경되었다면 그 벌금형에 환형유치기간이 더 길어졌다고 하여도** 전체적으로 비교하여 형이 불이익하게 변경되었다고 할 수 없다(대판 1977.9.13, 77도2114).
> ⑤ 피고인에 대한 **벌금형이 제1심보다 감경**되었을 뿐만 아니라 그 벌금형에 대한 노역장유치기간도 줄어든 경우라면 노역장유치 환산의 기준 금액이 제1심의 그것보다 낮아졌다 하여도 형이 불이익하게 변경되었다고 할 수는 없다할 것이다(대판 2000.11.24, 2000도3945).

3 불이익변경금지원칙에 위반되지 않는 구체적 사례
   ① **징역 1년 및 벌금 5,000,000원(환형유치기간 250일)** ➡ **징역 10월 및 벌금 5,000,000원(환형유치기간 500일)**(대판 1994.1.11, 93도2894)
   ② **징역 및 벌금 108,000,000원(환형유치기간 30일)** ➡ **징역 감경(집행유예) 및 벌금 85,000,000원(환형유치기간 283일)**(대판 1981.10.24, 80도2325)
   ③ **징역 4년 및 벌금 19,055,000원(환형유치기간 250일)** ➡ **징역 3년 및 벌금 16,500,000원(환형유치기간 1,000일)**(대판 1980.11.25, 80도2224)
   ④ **징역 5년 및 벌금 15,000,000원(환형유치기간 75일)** ➡ **징역 3년 및 벌금 7,500,000원(환형유치기간 150일)**(대판 1977.9.13, 77도2114)
   ⑤ **징역 5년 및 벌금 26,600,000원(환형유치기간 133일)** ➡ **징역 5년 및 벌금 15,000,000원(환형유치기간 150일)**(대판 1977.9.13, 77도2114)
   ⑥ **벌금 150,000,000원(금 150,000원을 1일로 환산한 환형유치기간 1,000일)** ➡ **벌금 39,800,000원(금 50,000원을 1일로 환산한 환형유치기간 796일)**(대판 2000.11.24, 2000도3945)

③ **미결구금 산입일수**: 미결구금일수의 산입은 실질적으로 형에 준하는 것이므로 이를 박탈하거나 감소하는 경우에는 당연히 불이익변경에 해당한다. 다만, 본형(本刑)이 경하게 변경되거나 본형의 집행을 유예하면서 미결구금 산입일수를 박탈하거나 감소하더라도 불이익변경에 해당하지 않는다.

> **판례 |**
>
> 1 불이익변경금지원칙에 위반되는 경우
>   ① 징역 1년 6월, **미결구금일수 통산 45일** ➡ 징역 1년 6월, **미결구금일수 통산 40일**(대판 1996.1.23, 95도2500)
>   ② 징역 1년 6월, **미결구금일수 통산 40일** ➡ 징역 1년 6월, **미결구금일수 통산 39일**(대판 1966.12.23, 66도1500)
>
> 2 불이익변경금지원칙에 위반되지 않는 경우
>   징역 1년, 미결구금일수 통산 180일 ➡ 징역 8월, 미결구금일수 통산 150일(대판 1994.2.8, 93도2563)

④ **전자장치부착 등**: 위치추적전자장치부착, 성폭력치료강의수강, 성폭력치료프로그램이수, 정보공개 및 정보고지의 명령은 형에 준하여 불이익변경금지의 원칙이 적용되지만, 정보제출 고지나 법에 의하여 당연히 부과되는 취업제한은 불이익변경금지의 원칙이 적용되지 아니한다. 그리고 주형(징역 등)은 동일하고 전자장치부착 등의 기간을 늘리거나 추가하는 것은 불이익변경에 해당하지만, 주형을 줄이면서 전자장치부착 등의 기간을 늘리거나 추가하는 것은 불이익변경에 해당하지 않는다.

> **판례 |**
>
> 1 전자장치부착 등의 보안처분과 불이익변경금지의 원칙
>   ① 피고인과 검사 쌍방이 항소하였으나 검사가 부착명령 청구사건에 대한 항소이유서를 제출하지 아니하여 부착명령 청구사건에 대한 검사의 항소를 기각하여야 하는 경우에는 항소심은 **불이익변경금지의 원칙에 따라 부착명령 청구사건에 관하여 제1심판결의 형보다 중한 형을 선고하지는 못한다**(대판 2014.3.27, 2013도9666). 19. 경찰승진

② 성폭력처벌법에 따라 병과하는 **수강명령 또는 성폭력치료프로그램 이수명령**은 이른바 범죄인에 대한 사회 내 처우의 한 유형으로서 형벌 그 자체가 아니라 보안처분의 성격을 가지는 것이지만, 의무적 강의수강 또는 성폭력치료프로그램의 의무적 이수를 받도록 함으로써 **실질적으로는 신체적 자유를 제한하는 것이 된다**(대판 2018.10.4, 2016도15961). 21. 법원9급

③ 피고인만이 상고한 사건에서 불이익변경금지의 원칙에 따라 원심보다 형을 피고인에게 불리하도록 변경할 수 없는 이상, **등록정보의 공개명령 및 고지명령**을 하여야 함에도 불구하고 원심이 등록정보의 공개명령 및 고지명령을 하지 아니한 잘못은 원심을 파기할 사유가 되지 못한다(대판 2014.12.24, 2014도13529). 19. 경찰승진

④ 법원이 유죄판결을 선고하면서 신상정보 제출의무 등의 고지를 누락한 경우 당해 법원 또는 상급심 법원이 적법한 내용으로 다시 고지할 수 있고, 상급심 법원에서 **신상정보 제출의무 등을 새로 고지하더라도 형을 피고인에게 불리하게 변경하는 경우에 해당되지 아니한다**(대판 2014.12.24, 2014도13529).

2 불이익변경금지원칙에 위반되는 경우

① 징역 2년 6월, 정보공개 5년, 정보고지 5년 및 **전자장치부착 5년** ➡ 징역 2년 6월, 정보공개 5년, 정보고지 5년 및 **전자장치부착 10년**(대판 2014.3.27, 2013도9666) 17. 국가9급, 22. 해경간부

② 징역 2년(집행유예 3년) ➡ 징역 1년(집행유예 2년)과 징역 1년(집행유예 2년) 및 **성폭력치료강의 수강 40시간**(대판 2018.10.4, 2016도15961)

③ 벌금 300만원 ➡ 벌금 300만원 및 **성폭력치료프로그램이수 24시간**(대판 2015.9.15, 2015도11362) 17. 변호사
✐ 취지만 유효

3 불이익변경금지원칙에 위반되지 않는 경우

① 징역 5년, 성폭력치료프로그램이수 40시간 및 추징 18만원 ➡ 징역 5년, 성폭력치료프로그램이수 40시간, 추징 18만원 및 취업제한 5년(취업제한 명령의 선고가 없더라도 개정 청소년성보호법 부칙 제4조 또는 제5조의 특례 규정에 따라 피고인은 아동·청소년 관련 기관 등에 **5년간 취업이 제한됨**)(대판 2018.10.25, 2018도13367)

② **징역 9년** 및 전자장치부착 10년 ➡ **징역 8년**, 정보공개 5년 및 전자장치부착 10년(대판 2011.12.22, 2011도14594)

③ **징역 15년** 및 전자장치부착 5년 ➡ **징역 9년**, 정보공개 5년 및 전자장치부착 6년(대판 2011.4.14, 2010도16939) 14. 경찰간부, 18. 경찰채용

④ **징역 장기 7년, 단기 5년** 및 전자장치부착 5년 ➡ **징역 장기 5년, 단기 3년** 및 전자장치부착 20년(대판 2010.11.11, 2010도7955)

⑤ 피고인만이 항소한 사건에서 법원이 항소심에서 처음 청구된 검사의 전자장치 부착명령 청구에 따라 부착명령을 선고하는 경우(대판 2010.11.25, 2010도9013) 21. 해경간부, 17. 변호사

⑤ 기타
㉠ **자격정지**: 징역형은 감경되었으나 **자격정지형이 추가된 경우 불이익변경**에 해당한다.
㉡ **치료감호**: **치료감호를 징역형으로 변경하는 것은 불이익변경**에 해당한다.
㉢ **소송비용**: 소송비용은 형벌이 아니므로 원심보다 소송비용이 늘어나거나 소송비용을 새롭게 부과하더라도 불이익변경에 해당하는 것은 아니다.
㉣ **압수장물의 피해자환부**: 주형을 감축하고 압수장물의 피해자환부를 부가하는 경우 불이익변경에 해당하는 것은 아니다.
㉤ **취업제한기간**: 취업제한명령의 선고가 없더라도 부칙 규정에 의하여 동일한 취업제한의 효과가 있는 경우에는 불이익변경에 해당하지 않으나, 동일한 형을 선고하면서 제1심에서 정한 취업제한기간보다 더 긴 취업제한명령을 부가한 것은 불이익변경에 해당한다. 21. 경찰채용

판례 |

1 불이익변경금지원칙에 위반되는 경우
① **징역 3년(집행유예 5년)** → **징역 8월(집행유예 1년) 및 자격정지 1년**(대판 1985.6.11, 84도1958) 19. 해경채용
② **치료감호** → **징역 1년 6월**(대판 1983.6.14, 83도765)
③ 징역 1년, 성폭력치료프로그램이수 120시간 및 아동·청소년관련기관 등 취업제한 5년 → 징역 1년, 성폭력치료프로그램이수 120시간, 아동·청소년관련기관 등 취업제한 5년 및 **장애인복지시설 취업제한 5년**(대판 2019.10.17, 2019도11540) 20. 국가7급

2 불이익변경금지원칙에 위반되지 않는 경우
① **소송비용**의 부담은 형이 아니고 실질적인 의미에서 형에 준하여 평가되어야 할 것도 아니므로 불이익변경금지원칙의 적용이 없다(대판 2008.3.14, 2008도488). 14·22. 경찰간부, 19. 경찰채용, 19·21. 법원9급, 21. 변호사
② **주형** → **주형 감축, 압수장물의 피해자 환부**(대판 1990.4.10, 90도16) 18. 경찰간부·경찰채용, 16. 국가9급
③ 징역 5년, 성폭력치료프로그램이수 40시간 및 추징 18만원 → 징역 5년, 성폭력치료프로그램이수 40시간, 추징 18만원 및 **취업제한 5년**(취업제한 명령의 선고가 없더라도 개정 아동·청소년의 성보호에 관한 법률 부칙 제4조 또는 제5조의 특례 규정에 따라 **피고인은 아동·청소년 관련기관 등에 5년간 취업이 제한됨**)(대판 2018.10.25, 2018도13367 **여중생 성매매알선 사건**)

판례 | 불이익변경금지의 원칙 관련 판례 ★★★

1 불이익변경금지원칙에 위반되는 경우
① **구류** → **벌금**(대판 2004.1.15, 2003도3880)
② 징역 8월(집행유예 2년) → 징역 8월(집행유예 2년) 및 **압수물 몰수**(대판 1992.12.8, 92도2020) 19. 경찰채용
③ 징역 5년, 벌금 135,000,000원, **추징 135,914,760원** → 징역 5년, 벌금 133,000,000원, **추징 230,364,000원**(대판 1986.9.23, 86도402)
④ 징역 6월(**집행유예 1년**) → 징역 6월(**집행유예 2년**)(대판 1983.10.11, 83도2034)
⑤ **무기징역** → **무기징역 및 징역 6월**(대판 1981.9.8, 81도1945)
⑥ 징역 2년(집행유예 3년), 벌금 500,000원(금 2,500원을 1일로 환산한 **환형유치기간 200일**) 및 **25,764,000원 추징** → 징역 2년(집행유예 3년), 벌금 500,000원(금 1,000원을 1일로 환산한 **환형유치기간 500일**) 및 **3,067,500원 추징**(대판 1976.11.23, 76도3161)
⑦ 징역 2년 6월, 정보공개 5년, 정보고지 5년 및 **전자장치부착 5년** → 징역 2년 6월, 정보공개 5년, 정보고지 5년 및 **전자장치부착 10년**(대판 2014.3.27, 2013도9666) 17. 국가9급
⑧ 징역 2년(집행유예 3년) → 징역 1년(집행유예 2년)과 징역 1년(집행유예 2년) 및 **성폭력치료강의 수강 40시간**(대판 2018.10.4, 2016도15961)
⑨ 벌금 300만원 → 벌금 300만원 및 **성폭력치료프로그램이수 24시간**(대판 2015.9.15, 2015도11362) 17. 변호사
  ✎ 취지만 유효
⑩ 벌금 200만원 → 벌금 200만원 및 **성폭력치료프로그램이수 20시간**(대판 2014.8.20, 2014도3390)
  ✎ 취지만 유효
⑪ 징역 6월(**선고유예**) → 벌금 2,000,000원(대판 1999.11.26, 99도3776) 16. 국가9급, 17. 변호사, 18. 경찰간부, 20. 법원9급
⑫ 징역 1년(**선고유예**) → 벌금 300,000원(대판 1984.10.10, 84도1489)
⑬ 징역 6월(**집행유예 1년**) → 징역 8월(**형집행면제**)(대판 1963.2.14, 62도248)
⑭ 징역 1년 6월(집행유예 3년) → 징역 1년(대판 2016.3.24, 2016도1131) 16. 변호사, 17·18. 국가9급, 18. 경찰채용

⑮ 징역 1년(집행유예 3년) ➔ 징역 10월(대판 1965.12.10, 65도826)
⑯ 징역 6월 ➔ 징역 8월(집행유예 2년)(대판 1977.10.11, 77도2731)
⑰ 징역 6월 ➔ 징역 10월(집행유예 2년)(대판 1958.8.29, 57도57)
⑱ 징역 1년 6월 및 추징 26,150,000원 ➔ 징역 1년 6월(집행유예 3년), 벌금 50,000,000원(금 50,000원을 1일로 환산한 환형유치기간 1,000일) 및 추징 26,150,000원(대판 2013.12.12, 2012도7198) 18. 변호사, 21. 법원9급
⑲ 징역 2년 6월 및 벌금 7,500,000원 ➔ 징역 2년 6월(집행유예 3년) 및 벌금 15,000,000원(대판 1981.1.27, 80도2977)
⑳ 징역 3년(집행유예 5년) ➔ 징역 8월(집행유예 1년) 및 자격정지 1년(대판 1985.6.11, 84도1958)
㉑ 치료감호 ➔ 징역 1년 6월(대판 1983.6.14, 83도765)

2 불이익변경금지원칙에 위반되지 않는 경우
① 벌금 ➔ 구류(대판 2002.5.28, 2001도5131)
② 추징 ➔ 몰수(대판 2005.10.28, 2005도5822)
③ 징역 7년 ➔ 징역 5년 및 벌금 10억원(대판 2002.9.10, 2002도3029)
④ 벌금 150,000,000원(금 150,000원을 1일로 환산한 환형유치기간 1,000일) ➔ 벌금 39,800,000원(금 50,000원을 1일로 환산한 환형유치기간 796일)(대판 2000.11.24, 2000도3945)
⑤ 징역 2년(집행유예 3년) 및 추징 536,240,000원 ➔ 징역 1년(집행유예 2년) 및 추징 657,275,000원(대판 1998.5.12, 96도2850)
⑥ 징역 1년(선고유예) ➔ 벌금 40,000,000원(선고유예) 및 추징 16,485,250원(선고유예)[대판 1998.3.26, 97도1716(전합)] 15. 국가9급
⑦ 징역 2년 6월, 벌금 15,000,000원(선고유예) 및 추징 11,461,400원 ➔ 징역 2년 6월(집행유예 4년), 벌금 10,000,000원 및 추징 11,461,400원(대판 1976.10.12, 74도1785)
⑧ 징역 1년 및 벌금 5,000,000원(금 20,000원을 1일로 환산한 환형유치기간 250일) ➔ 징역 10월 및 벌금 5,000,000원(금 10,000원을 1일로 환산한 환형유치기간 500일)(대판 1994.1.11, 93도2894)
⑨ 징역 및 벌금 108,000,000원(금 3,600,000원을 1일로 환산한 환형유치기간 30일) ➔ 징역 감경(집행유예) 및 벌금 85,000,000원(금 300,000원을 1일로 환산한 환형유치기간 283일)(대판 1981.10.24, 80도2325)
⑩ 징역 4년 및 벌금 19,055,000원(금 76,220원을 1일로 환산한 환형유치기간 250일) ➔ 징역 3년 및 벌금 16,500,000원(금 16,500원을 1일로 환산한 환형유치기간 1,000일)(대판 1980.11.25, 80도2224)
⑪ 징역 5년 및 벌금 15,000,000원(금 200,000원을 1일로 환산한 환형유치기간 75일) ➔ 징역 3년 및 벌금 7,500,000원(금 50,000원을 1일로 환산한 환형유치기간 150일)(대판 1977.9.13, 77도2114)
⑫ 징역 5년 및 벌금 26,600,000원(금 200,000원을 1일로 환산한 환형유치기간 133일) ➔ 징역 5년 및 벌금 15,000,000원(금 100,000원을 1일로 환산한 환형유치기간 150일)(대판 1977.9.13, 77도2114)
⑬ 징역 5년, 성폭력치료프로그램이수 40시간 및 추징 18만원 ➔ 징역 5년, 성폭력치료프로그램이수 40시간, 추징 18만원 및 취업제한 5년(취업제한명령의 선고가 없더라도 개정 청소년성보호법 부칙 제4조 또는 제5조의 특례 규정에 따라 피고인은 아동·청소년 관련 기관 등에 **5년간 취업이 제한됨**)(대판 2018.10.25, 2018도13367)
⑭ 징역 9년 및 전자장치부착 10년 ➔ **징역 8년**, 정보공개 5년 및 전자장치부착 10년(대판 2011.12.22, 2011도14594)
⑮ 징역 15년 및 전자장치부착 5년 ➔ 징역 9년, 정보공개 5년 및 전자장치부착 6년(대판 2011.4.14, 2010도16939) 14. 경찰간부, 18. 경찰채용

⑯ 징역 장기 7년, 단기 5년 및 전자장치부착 5년 ➡ 징역 장기 5년, 단기 3년 및 전자장치부착 20년 (대판 2010.11.11, 2010도7955)
⑰ 주형 ➡ 주형 감축, 압수장물의 피해자 환부(대판 1990.4.10, 90도16) 16. 국가9급, 18. 경찰간부·경찰채용
⑱ 징역 3년 및 압수물 제1호 내지 제19호 몰수 ➡ 징역 2년 및 압수물 제1호 내지 제19호, **제23호 내지 제26호 몰수**(대판 1977.3.22, 77도67)
⑲ 징역 1년, 미결구금일수 통산 180일 ➡ 징역 8월, 미결구금일수 통산 150일(대판 1994.2.8, 93도2563)
⑳ 징역 10월(**집행유예** 2년) ➡ 벌금 10,000,000원(대판 1990.9.25, 90도1534)
㉑ 징역 1년(**형집행면제**) ➡ 징역 8월(**집행유예** 2년)[대판 1985.9.24, 84도2972(전합)] 16. 경찰채용, 18. 변호사
㉒ 금고 6월 ➡ 징역 6월(집행유예 1년)(대판 2013.12.12, 2013도6608) 17. 변호사
✐ 변경하는 것이 불이익하다는 과거 판례에서 불이익하지 않는 것이라고 판례가 변경됨

07 파기판결의 구속력

1. 의의

(1) 개념

파기판결의 구속력이란 상소심이 원심판결을 파기환송 또는 이송한 경우에 상소심의 판단이 당해 사건에 관하여 환송 또는 이송을 받은 **하급심을 구속하는 효력**을 말한다. 법원조직법 제8조는 "상급법원 재판에서의 판단은 당해 사건에 관하여 하급심을 기속한다."라고 규정하고 있다.

> **판례 | 파기판결의 구속력이 미치는 사건(= 당해 사건)**
>
> 하급심을 기속하는 법령의 해석은 **오직 당해 사건**에 관하여서 내린 대법원의 법령해석에 한한다(대판 1978.1.31, 77도3605).

(2) 구속력의 취지

파기판결의 구속력을 인정하는 취지는 심급제도의 본질에서 유래한다. 즉, 하급심이 상급심의 판단에 구속되지 않는다면 사건의 종국적인 해결이 불가능해지고 끊임없이 심급을 왕복하는 불합리한 결과가 발생하기 때문이다.

2. 구속력의 범위

(1) 구속력이 미치는 법원

① **하급법원**: 파기판결의 구속력은 당해 사건의 하급법원에 당연히 미친다. 따라서 상고심에서 제2심판결을 파기하고 이를 제2심으로 환송한 경우, 환송받은 제2심은 상고심의 판단에 구속당한다. 또한 상고심에서 제2심판결을 파기하고 이를 제1심으로 환송한 후에 다시 이에 대하여 항소가 제기된 경우, 제2심도 당해 사건에 있어 하급심이므로 구속력이 미친다.
② **파기한 상급심**: 파기판결의 구속력은 하급심뿐만 아니라 파기판결을 한 상급법원 자신에게도 미친다. 상급법원이 자신의 파기판결에 구속되지 않고 이를 다시 변경할 수 있다면 구속력을 인정하는 취지가 무의미해지기 때문이다.

> **⚖️ 판례 | 파기판결을 선고한 상급심 자신에게도 구속력이 미치는지의 여부(적극)**
>
> 파기환송을 받은 법원은 그 파기이유로 한 사실상 및 법률상의 판단에 기속되는 것이고 그에 따라 판단한 판결에 대하여 다시 상고를 한 경우에 **그 상고사건을 재판하는 상고법원도 앞서의 파기이유로 한 판단에 기속되므로 이를 변경하지 못한다**(대판 2008.2.28, 2007도5987). 15. 국가9급

③ **상급법원**: 항소심의 파기판결의 구속력은 제1심에는 미치지만, 상고심에는 미치지 아니한다. 항소심의 파기판결에 상고심이 구속되는 것은 법령해석·적용의 통일이라는 상고심의 기능에 반하므로, 파기판결의 구속력은 상급법원에 미치지 않는다는 것이 통설의 입장이다.

(2) 구속력이 미치는 판단

① **법률판단과 사실판단**: 법령해석·적용의 통일이라는 상소제도의 취지에 비추어 파기판결의 구속력이 법률판단에 미치는 것은 당연하다. 이 외에 사실판단에도 미치는가에 관하여 ㉠ 법원조직법 제8조는 구속력이 미치는 판단을 법률판단에 국한하고 있지 아니하고, ㉡ 중대한 사실오인이나 양형부당도 상고이유가 될 수 있다는 점을 근거로 이를 긍정하는 것이 통설과 판례의 입장이다.

② **소극적·부정적 판단**: 구속력은 파기의 이유가 된 **소극적·부정적 판단에 대해서는 당연히 미친다.** 이 외에 적극적·긍정적 판단에도 미치는가에 관하여 ㉠ 사실판단에 있어 부정적 판단과 긍정적 판단은 일체불가분의 관계에 있거나 또는 논리필연적 관계에 있기 때문에 이를 긍정하는 긍정설도 있으나, ㉡ 상고심은 원칙적으로 사후심이며 파기자판의 경우에도 소송기록과 원심법원 및 제1심법원이 조사한 증거만을 기초로 삼는다는 점에서 이를 부정하는 부정설이 다수설과 판례의 입장이다.

> **⚖️ 판례 |**
>
> **1 구속력이 미치는 판단의 범위(= 사실상 및 법률상 판단)**
>   ① [1] 법원조직법 제8조는 "상급법원의 재판에 있어서의 판단은 당해 사건에 관하여 하급심을 기속한다."고 규정하고, 민사소송법 제436조 제2항 후문도 상고법원이 파기의 이유로 삼은 사실상 및 법률상의 판단은 하급심을 기속한다는 취지를 규정하고 있으며, 형사소송법에서는 이에 상응하는 명문의 규정은 없지만 [2] 법률심을 원칙으로 하는 상고심은 형사소송법 제383조 또는 제384조에 의하여 사실인정에 관한 원심판결의 당부에 관하여 제한적으로 개입할 수 있는 것이므로 조리상 상고심판결의 파기이유가 된 사실상의 판단도 기속력을 가지는 것이며, 따라서 상고심으로부터 사건을 환송받은 법원은 그 사건을 재판함에 있어서 상고법원이 파기이유로 한 **사실상 및 법률상의 판단**에 대하여 환송 후의 심리과정에서 새로운 증거가 제시되어 기속적 판단의 기초가 된 증거관계에 변동이 생기지 않는 한 이에 기속된다 할 것이다(대판 2009.10.29, 2008도11036). 17. 국가7급
>   ② 상고심으로부터 형사사건을 환송받은 법원은 환송 후의 심리과정에서 새로운 증거가 제시되어 기속력 있는 판단의 기초가 된 증거관계에 변동이 생기지 않는 한 그 사건의 재판에서 상고법원이 파기이유로 제시한 **사실상·법률상의 판단에 기속된다**[대판 2018.4.19, 2017도14322(전합) 국정원 대선개입 사건]. 19. 국가7급
>
> **2 구속력이 미치는 판단의 범위(= 소극적 판단에만 미침)**
>   환송판결의 하급심에 대한 구속력은 파기의 이유가 된 원판결의 사실상 및 법률상의 판단이 **정당하지 않다는 소극적인 면에서만 발생**하는 것이다(대판 1984.11.27, 84도2252).
>
> **3 몰수형 부분의 위법을 이유로 전부가 파기환송된 경우 원심이 주형을 변경한 조치가 위법인지 여부(소극)**
>   **몰수형 부분의 위법**을 이유로 원심판결 전부가 파기환송된 후, 환송 후 원심이 주형을 변경한 조치가 환송판결의 기속력에 저촉된다고 볼 수는 없다(대판 2004.9.24, 2003도4781).

(3) 구속력의 배제

파기판결의 구속력은 사실관계와 적용법령 등의 동일함을 전제로 한다. 따라서 파기판결 후 ① 새로운 사실과 증거에 의하여 **사실관계가 변경**되거나, ② 파기판결 후 **법령이나 판례의 변경**이 있는 경우에는 구속력은 배제된다.

> **판례 | 파기판결의 구속력이 없어지는 경우**
>
> 1 환송 후 원심에서 공소사실이 변경된 경우 환송 후 원심이 이에 대하여 새롭게 사실인정을 할 재량권을 가지게 되는 것이므로 더 이상 파기환송판결이 한 사실판단에 기속될 필요는 없다(대판 2004.4.9, 2004도340). 15. 국가9급
> 2 상고심으로부터 사건을 환송받은 법원은 그 사건을 재판함에 있어서 상고법원의 파기이유로 한 사실상 및 법률상의 판단에 기속되는 것이지만, **환송 뒤 심리과정에서 새로운 증거가 제출**되어 기속적 판단의 기초가 된 증거관계에 변동이 생기는 경우에는 그러하지 아니하다(대판 2003.2.26, 2001도1314). 15. 국가9급

제2절 항소(抗訴)

01 의의

1. 개념

항소란 제1심판결에 불복하여 제2심법원에 제기하는 상소를 말한다(제357조). 제1심판결에 불복하여 대법원에 제기하는 비약적 상고는 항소가 아니다. 항소는 주로 사실오인을 시정하여 불이익을 받은 당사자를 구제하는 것을 주된 목적으로 하는 상소이다.

2. 상소심 구조에 관한 입법주의

① **복심(覆審)**: 복심이란 원심의 심리·판결을 무효로 하고 피고사건에 대하여 다시 처음부터 심리하는 상소심의 구조를 말한다.
② **속심(續審)**: 속심이란 원심의 심리를 전제로 원심의 소송자료를 이어받아, 종결된 변론을 재개하는 것처럼 심리를 계속 이어서 하는 상소심의 구조를 말한다.
③ **사후심(事後審)**: 사후심이란 원심의 소송자료만을 토대로 원판결의 당부당을 사후적으로 심사하는 상소심의 구조를 말한다.

3. 현행 상소심의 구조

(1) 항소심의 구조
   ① **원칙적으로 속심**: 현행법상 항소심은 속심적 요소와 사후심적 요소가 모두 있기 때문에 항소심의 구조에 관하여 견해가 대립한다. 다수설과 판례는 항소심은 원칙적으로 속심이고 사후심적 요소를 가진 조문들은 남상소(濫上訴)의 폐단을 억제하고 소송경제를 위해 속심적 성격에 제한을 가한 것에 불과하다는 입장을 취한다.
   ② **원심판결의 당부당 판단시점**: 항소심은 속심이므로 원심판결의 당부당에 관한 판단은 원심판결 선고시점이 아니라 항소심판결 선고시점이 그 기준이 된다.

③ **항소심에서의 공소장변경 허용 여부**: 항소심은 원칙적으로 속심이므로 항소심에서도 공소장변경이 허용된다는 것이 통설과 판례의 입장이다.
④ **기판력의 시간적 범위**: 기판력이 미치는 시간적 범위도 사실심리가 가능한 항소심판결선고시가 된다는 것이 통설과 판례의 입장이다. 이는 항소심이 파기자판한 경우뿐만 아니라 항소기각을 한 경우에도 동일하다.

> **⚖️ 판례 | 항소심의 구조(= 원칙적으로 속심)**
>
> 1 상고심은 원칙적으로 **법률심**으로서 **사후심**인 데 반하여, 항소심은 사후심적 성격이 가미된 속심이다(대결 2002.12.3, 2002모265). 19. 경찰채용, 13. 변호사사례
> 2 현행 형사소송법상 **항소심**은 기본적으로 실체적 진실을 추구하는 면에서 **속심적 기능이 강조**되고 있고, 다만 사후심적 요소를 도입한 형사소송법의 조문들이 남상소의 폐단을 억제하고 항소법원의 부담을 감소시킨다는 소송경제상의 필요에서 항소심의 속심적 성격에 제한을 가하고 있음에 불과하다(대판 1983.4.26, 82도2829). 17. 경찰간부
> 3 공소의 효력과 판결의 기판력의 기준시점은 사실심리의 가능성이 있는 최후의 시점인 판결선고시라고 할 것이나, **항소된 경우 그 시점은 현행 항소심의 구조에 비추어 항소심판결선고시라고 함이 타당**하고 그것은 파기자판한 경우이든 항소기각된 경우든 다를 바가 없다(대판 1983.4.26, 82도2829).

(2) 상고심의 구조
현행법상 상고심의 구조는 원칙적으로 사후심이다.

02 항소이유

1. 의의
항소이유란 항소권자가 적법하게 항소를 제기할 수 있는 법률상의 이유를 말한다. 항소인은 항소이유서를 항소법원에 제출하여야 하며(제361조의3 제1항) 항소이유서를 제출하지 아니한 때에는 원칙적으로 항소기각결정이 고지된다(제361조의4 제1항).

2. 항소이유의 분류
항소이유는 법령 위반을 이유로 하는 항소이유와 법령 위반 이외의 항소이유로 구분되고, 또한 '판결에 영향을 미친 경우'에만 항소이유로 인정되는 상대적 항소이유와 객관적 사유가 있으면 당연히 항소이유로 인정되는 절대적 항소이유로 구분된다.

3. 항소이유의 구체적 고찰(제361조의5)

(1) 법령 위반을 이유로 하는 항소이유
① 판결에 영향을 미친 헌법·법률·명령 또는 규칙의 위반이 있는 때(제1호)
② **관할 또는 관할위반의 인정이 법률에 위반한 때**(제3호)
③ **법원구성의 위법이 있는 때**
   ㉠ 판결법원의 구성이 법률에 위반한 때(제4호)
   ㉡ 법률상 그 재판에 관여하지 못할 판사가 그 사건의 심판에 관여한 때(제7호)
   ㉢ 사건의 심리에 관여하지 아니한 판사가 그 사건의 판결에 관여한 때(제8호)

④ 공판의 공개에 관한 규정에 위반한 때(제9호) 17. 국가9급, 19. 경찰간부
⑤ 판결에 이유를 붙이지 아니하거나 이유에 모순이 있는 때(제11호)

(2) 법령 위반 이외의 항소이유
① **사실의 오인**이 있어 **판결에 영향을 미친 때**(제14호)
② 판결 후 **형의 폐지나 변경 또는 사면**이 있는 때(제2호)
③ 재심청구의 사유가 있는 때(제13호)
④ **형의 양정이 부당**하다고 인정할 사유가 있는 때(제15호)

판례 |

1 적법한 항소이유의 기재에 해당하는 경우
① 항소인들이 항소이유서에 "위 사건에 대한 원심판결은 도저히 납득할 수 없는 억울한 판결이므로 항소를 한 것입니다."라고 기재하였다고 하더라도 항소심으로서는 이를 제1심판결에 사실의 오인이 있거나 양형부당의 위법이 있다는 항소이유를 기재한 것으로 선해(善解)하여 그 항소이유에 대하여 심리를 하여야 한다(대결 2002.12.3, 2002모265). 14. 경찰간부, 16. 국가9급
② 피고인의 변호인이 '답변서'라는 표제하에 검사의 양형부당의 항소이유에 대한 답변을 함에 그치지 않고 "제1심판결에 사실오인 내지 채증상의 잘못이 있으니 차제에 피고인의 무고함을 아울러 밝혀 달라."고 한 경우에는 동 취지의 항소이유를 겸하여 주장하고 있는 것으로 봄이 상당하다(대판 1976.5.11, 76도580).

2 적법한 항소이유의 기재에 해당하지 않는 경우
① **검사가** 항소장에 구체적인 항소이유를 기재하지 않은 채 항소의 범위란에 '전부', 항소의 이유란에 '**사실오인 및 심리미진, 양형부당**'이라고만 기재한 경우 적법한 항소이유의 기재라고 할 수 없다(대판 2008.4.24, 2006도2536).
② 다른 구체적인 이유의 기재 없이 단순히 항소장의 항소의 범위란에 '**양형부당**'이라는 문구가 기재되어 있다고 하여 이를 적법한 (검사의) 항소이유의 기재라고 볼 수는 없다(대판 2008.1.31, 2007도8117). 20. 법원9급
③ 검사가 제출한 항소이유서에서 제1심판결에 대하여 불복하는 사유로서 단지 "**항소심에서 공소장변경을 한다.**"는 취지와 "**변경된 공소사실에 대하여 유죄의 증명이 충분하다.**"는 취지의 주장만 하고 있을 뿐이므로 이를 적법한 항소이유의 기재라고 볼 수 없다(대결 2006.3.30, 2005모564).
④ **검사가** 제1심 무죄판결에 대한 항소장의 항소의 이유에 '**사실오인 및 법리오해**'라고만 기재한 경우 이를 적법한 항소이유의 기재가 있는 것으로 볼 수 없다(대판 2003.12.12, 2003도2219).

03 항소심의 절차

1. 항소의 제기

(1) 항소제기의 방식
항소는 7일의 항소제기기간 이내에 항소장을 **원심법원에 제출**함으로써 이루어진다(제358조, 제359조). 14·15. 법원9급, 14·18. 경찰간부, 15. 경찰채용 지방법원 단독판사의 경우에는 지방법원본원 합의부가 항소법원이 되고, 지방법원 합의부의 경우에는 고등법원이 항소법원이 된다(제357조). 18. 변호사

(2) 원심법원의 조치

항소의 제기가 법률상의 방식에 위반하거나 항소권 소멸 후인 것이 명백한 때에는 원심법원은 결정으로 항소를 기각한다(제360조 제1항). 17. 국가7급 이 결정에 대하여는 **즉시항고**를 할 수 있다(동조 제2항). 이와 같은 항소기각결정을 할 경우를 제외하고는 원심법원은 항소장을 받은 날부터 **14일 이내에 소송기록과 증거물을 항소법원에 송부**하여야 한다(제361조). 14. 경찰간부

(3) 항소법원과 검사의 조치

① **기록접수통지**: 항소법원이 기록의 송부를 받은 때에는 즉시 항소인과 상대방에게 그 사유를 통지하여야 한다(제361조의2 제1항). 기록접수통지 전에 변호인이 선임되어 있는 때에는 변호인에게도 통지해야 한다(동조 제2항).

> **판례**
>
> 1 변호인선임과 항소심의 소송기록접수통지
> [1] 피고인에게 **소송기록접수통지를 한 후에** 변호인의 선임이 있는 경우에는 변호인에게 다시 같은 통지를 할 필요가 없고 항소이유서의 제출기간도 피고인이 그 통지를 받은 날로부터 계산하면 되나, [2] 피고인에게 **소송기록접수통지가 되기 전에** 변호인의 선임이 있는 때에는 변호인에게도 **소송기록접수통지를 하여야 하고** 변호인의 항소이유서 제출기간은 변호인이 이 통지를 받은 날로부터 **계산**하여야 한다(대결 2011.5.13, 2010모1741). 17·21. 법원9급
>
> 2 항소법원이 피고인에게 소송기록접수통지를 2회에 걸쳐 한 경우 항소이유서 제출기간의 기산일(= 최초 송달의 다음 날)
> 형사소송법 제361조의2 제1항에 따라 항소법원이 피고인에게 소송기록접수통지를 함에 있어 2회에 걸쳐 그 통지서를 송달하였다고 하더라도 항소이유서 제출기간의 기산일은 최초 송달의 효력이 발생한 날의 다음 날부터라고 보아야 한다(대판 2010.5.27, 2010도3377).
>
> 3 소송기록접수통지는 법령에 다른 정함이 있다는 등의 특별한 사정이 없는 한 서면 이외에 **구술·전화·모사전송·전자우편·휴대전화 문자전송 그 밖에 적당한 방법으로도 할 수 있고**, 통지의 대상자에게 도달됨으로써 효력이 발생한다(대결 2017.9.22, 2017모1680). 22. 해경간부
>
> 4 피고인의 항소대리권자인 배우자가 피고인을 위하여 항소한 경우에도 **소송기록접수통지는 항소인인 피고인에게 하여야 한다**(대결 2018.3.29, 2018모642). 19. 법원9급, 20. 경찰간부

② **국선변호인 선정**: 기록의 송부를 받은 항소법원은 형사소송법 제33조 제1항 제1호 내지 제6호의 필요적 변호사건에 있어서 변호인이 없는 경우에는 지체 없이 변호인을 선정한 후 그 변호인에게 소송기록접수통지를 하여야 한다. 형사소송법 제33조 제3항에 의하여 국선변호인을 선정한 경우에도 그러하다(규칙 제156조의2 제1항). 항소법원은 항소이유서 제출기간이 도과하기 전에 피고인으로부터 형사소송법 제33조 제2항의 규정에 따른 국선변호인 선정청구가 있는 경우에는 지체 없이 그에 관한 결정을 하여야 하고, 이 때 변호인을 선정한 경우에는 그 변호인에게 소송기록접수통지를 하여야 한다(동조 제2항). 국선변호인 선정결정을 한 후 항소이유서 제출기간 내에 피고인이 책임질 수 없는 사유로 그 선정결정을 취소하고 새로운 국선변호인을 선정한 경우에도 그 변호인에게 소송기록접수통지를 하여야 한다(동조 제3항).

판례

1 법원이 피고인으로부터 국선변호인 선정청구를 받고도 그에 대한 허부의 결정을 지체하다가 피고인이 항소이유서 제출기간 내에 항소이유서를 제출하지 못한 경우, 법원이 취해야 할 조치

항소심법원으로서는 항소이유서 제출기간이 지난 후에라도 **국선변호인 선정결정과 함께 그 변호인에게 소송기록접수통지**를 하여 국선변호인이 그 통지를 받은 날로부터 기산하여 **소정의 기간** 내에 피고인을 위하여 항소이유서를 제출할 기회를 주든지 형사소송규칙 제44조를 유추적용하여 항소이유서 제출기간을 연장하는 조치를 취하는 방법으로 피고인에게 사선 변호인을 선임하여 항소이유서를 제출할 수 있는 기회를 실질적으로 부여함으로써 피고인으로 하여금 변호인의 조력을 받을 수 있도록 해주어야 한다(대결 2003.10.27, 2003모306).

    ✎ 이 판례에서 '소정의 기간'이란 형사소송법 제361조의3 제1항에 규정된 항소이유서 제출기간인 20일을 말한다. 아래도 같다.

2 피고인의 국선변호인선정청구에 대하여 법원이 정당한 이유 없이 그 선정을 지연하여 항소이유서 제출기간이 경과한 후에야 국선변호인이 선정된 경우, 법원이 취해야 할 조치

항소법원은 형사소송규칙 제156조의2를 유추적용하여 그 **국선변호인에게도 별도로 소송기록접수통지**를 하여 국선변호인이 그 통지를 받은 날로부터 기산하여 소정의 기간 내에 **피고인을 위하여 항소이유서를 제출할 수 있는 기회를 주어야 한다**(대결 2000.11.28, 2000모66).

3 필요적 변호사건에서 법원이 정당한 이유 없이 국선변호인을 선정하지 않고 있는 사이에 피고인 스스로 사선변호인을 선임하였으나 이미 항소이유서 제출기간이 도과해 버린 경우, 법원이 취해야 할 조치

항소법원은 사선변호인에게도 형사소송규칙 제156조의2를 유추적용하여 소송기록접수통지를 함으로써 그 사선변호인이 통지를 받은 날로부터 기산하여 소정의 기간 내에 피고인을 위하여 항소이유서를 작성·제출할 수 있는 기회를 주어야 한다(대판 2009.2.12, 2008도11486). 17. 법원9급, 18. 경찰승진

4 필요적 변호사건에서 피고인의 귀책사유에 의하지 아니한 사정으로 국선변호인이 항소이유서를 제출하지 않은 경우, 법원이 취해야 할 조치

항소법원은 종전 국선변호인의 선정을 취소하고 새로운 국선변호인을 선정하여 다시 소송기록접수통지를 함으로써 새로운 국선변호인으로 하여금 그 통지를 받은 때부터 소정의 기간 내에 피고인을 위하여 항소이유서를 제출하도록 하여야 한다[대결 2012.2.16, 2009모1044(전합)]. 14. 경찰간부, 15·16. 국가7급, 18. 법원9급, 19. 변호사

5 필요적 변호사건에서 피고인의 귀책사유에 의하지 아니한 사정으로 국선변호인이 교체된 경우, 법원이 취해야 할 조치

항소법원은 형사소송규칙 제156조의2 규정을 적용하여 **새로이 선정된 국선변호인에게 소송기록접수통지**를 하여야 하고, 그 경우 **항소이유서 제출기간은 새로이 선정된 변호인이 소송기록접수통지를 받은 날로부터 20일 이내**라 할 것이다(대결 2006.3.9, 2005모304).

6 필요적 변호사건에서 피고인과 국선변호인에게 소송기록접수통지를 한 후 피고인이 사선변호인을 선임함에 따라 국선변호인 선정을 취소한 경우, 사선변호인에게 다시 같은 통지를 해야 하는지의 여부(소극)

필요적 변호사건에서 항소법원이 국선변호인을 선정하고 **피고인과 국선변호인에게 소송기록접수통지를 한 다음 피고인이 사선변호인을 선임함에 따라 국선변호인의 선정을 취소한 경우 항소법원은 사선변호인에게 다시 소송기록접수통지를 할 의무가 없으므로,** 사선변호인이 피고인 또는 국선변호인의 소송기록접수통지 수령일부터 항소이유서 제출기간이 지나도록 항소이유서를 제출하지 않았다면 항소이유서 부제출의 효과가 발생한다(직권조사사항이 없는 한 항소기각결정을 고지하여야 한다) [대판 2018.11.22, 2015도10651(전합)]. 20. 경찰간부·경찰채용·국가9급, 21. 법원9급, 22. 국가7급

7 필요적 변호사건이 아니고 국선변호인을 선정하여야 하는 경우도 아닌 경우 피고인의 항소이유서 제출기간이 도과한 후에 국선변호인이 선정된 경우 그 국선변호인에게도 소송기록접수통지를 해야 하는지의 여부(소극)

필요적 변호사건이 아니고 형사소송법 제33조 제3항에 의하여 국선변호인을 선정하여야 하는 경우도 아닌 사건에 있어서 피고인이 항소이유서 제출기간이 도과한 후에야 비로소 형사소송법 제33조 제2항의 규정에 따른 국선변호인 선정청구를 하고 법원이 국선변호인 선정결정을 한 경우에는 **그 국선변호인에게 소송기록접수통지를 할 필요가 없고**, 이러한 경우 설령 국선변호인에게 같은 통지를 하였다고 하더라도 국선변호인의 항소이유서 제출기간은 **피고인이 소송기록접수통지를 받은 날로부터 계산된다**(대판 2013.6.27, 2013도4114). 19. 법원9급 · 국가7급

③ 피고인 이송: 피고인이 교도소 또는 구치소에 있는 경우에는 원심법원에 대응한 **검찰청 검사**는 통지를 받은 날부터 **14일 이내에 피고인을 항소법원 소재지의 교도소 또는 구치소에 이송**하여야 한다(제361조의2 제3항).

(4) 항소이유서와 답변서의 제출

① 항소이유서와 답변서의 제출: **항소인 또는 변호인**은 기록접수통지를 받은 날로부터 **20일 이내에 항소이유서를 항소법원에 제출**하여야 한다(제361조의3 제1항). 14 · 15. 법원9급 항소이유서의 제출을 받은 항소법원은 지체 없이 그 부본 또는 등본을 상대방에게 송달하여야 한다(동조 제2항). **상대방은 항소이유서의 송달을 받은 날로부터 10일 이내에 답변서를 항소법원에 제출**하여야 한다(동조 제3항). 15. 법원9급 답변서의 제출을 받은 항소법원은 지체 없이 그 부본 또는 등본을 항소인 또는 변호인에게 송달하여야 한다(동조 제4항).

② 항소이유서와 답변서의 방식: 항소이유서 또는 답변서에는 항소이유 또는 답변내용을 구체적으로 간결하게 명시하여야 한다(규칙 제155조). 항소이유서 또는 답변서에는 상대방의 수에 2를 더한 수의 부본을 첨부하여야 한다(규칙 제156조).

③ 항소이유서 미제출의 효과: 항소인이나 변호인이 항소이유서를 제출하지 아니한 때에는 직권조사사유가 있거나 항소장에 항소이유의 기재가 있는 경우를 제외하고는 결정으로 항소를 기각한다(제361조의4 제1항). 이 결정에 대하여는 **즉시항고**를 할 수 있다(동조 제2항).

> **판례**
>
> 1 항소이유서 제출의 효력발생시기
> **항소이유서는 적법한 기간 내에 항소법원에 도달하면 되는 것**으로 그 도달은 항소법원의 지배권 안에 들어가 사회통념상 일반적으로 알 수 있는 상태에 있으면 되고 나아가 항소법원의 내부적인 업무처리에 따른 문서의 접수, 결재과정 등을 필요로 하는 것은 아니다(대판 1997.4.25, 96도3325). 14. 경찰간부, 22. 법원9급
>
> 2 항소이유서 제출기간 경과 전에 항소사건을 심판할 수 있는지의 여부(소극)
>   ① 항소심의 구조는 피고인 또는 변호인이 법정기간 내에 제출한 항소이유서에 의하여 심판되는 것이므로 **항소이유서가 제출되었더라도 항소이유서 제출기간의 경과를 기다리지 않고는 항소사건을 심판할 수 없다**(대판 2009.4.9, 2008도11213). 16. 변호사, 19. 경찰간부
>   ② 원심이 국선변호인이 제출한 항소이유에 대한 심리만을 한 채 **피고인 및 국선변호인의 항소이유서 제출기간이 경과하기도 전에 피고인의 항소를 기각하는 판결을 선고**한 것은 피고인 및 국선변호인의 항소이유서 제출기간만료시까지 항소이유서를 제출할 수 있는 기회를 박탈한 **위법이 있다**(대판 2004.6.25, 2004도2611).

③ 피고인의 항소이유서 제출기간 경과 전에 공판기일을 열어 이미 접수된 피고인 및 변호인 제출의 항소이유서를 심리하였더라도 **항소이유서 제출기간 경과 후에 판결이 선고**되고 다른 항소이유서의 제출이 없어 위 항소이유서에 대하여 모두 판단되었으므로 **피고인의 항소이유서를 제출할 기회를 박탈하였다고 할 수 없다**(대판 1975.2.10, 72도1910).

④ 항소이유서 제출기간 내에 변론이 종결되었는데 그 후 위 **제출기간 내에 항소이유서가 제출되었다면, 특별한 사정이 없는 한 항소심법원으로서는 변론을 재개하여 항소이유의 주장에 대해서도 심리를 해 보아야 한다**(대판 2018.4.12, 2017도13748). 19. 법원9급, 20. 경찰간부, 21. 변호사사례

3 필요적 변호사건과 항소이유서 제출

① 항소법원은 항소이유서 제출기간이 도과하기 전에 이루어진 형사소송법 제33조 제2항의 국선변호인 선정청구에 따라 변호인을 선정한 경우 그 변호인에게 소송기록접수통지를 하여야 하며, 항소법원이 그와 같이 선정된 **국선변호인에게 소송기록접수통지를 하지 아니한 채 판결을 선고하는 것은 위법하다**(대판 2011.2.10, 2008도4558). 19. 법원9급

② (필요적 변호사건에서) 피고인이 항소이유서 제출기간 이내에 항소이유서를 제출하지 않고 항소장에도 항소이유를 기재하지 않았다고 하더라도, 피고인에게 변호인이 없는 때에는 **국선변호인을 선정하지 않은 채 결정으로 피고인의 항소를 기각할 수는 없다**(대결 1996.11.28, 96모100).

4 법정기간 내에 항소이유서를 제출하였으나 항소이유를 특정하여 구체적으로 명시하지 아니한 경우, 항소기각결정을 할 수 있는지의 여부(소극)

항소인이나 변호인이 항소이유서에 **항소이유를 특정하여 구체적으로 명시하지 아니하였다고 하더라도 항소이유서가 법정의 기간 내에 적법하게 제출된 경우**에는 이를 항소이유서가 법정의 기간 내에 제출되지 아니한 것과 같이 보아 형사소송법 제361조의4 제1항에 의하여 **결정으로 항소를 기각할 수는 없다**(대결 2006.3.30, 2005모564). 14. 국가7급, 22. 법원9급

5 불명확한 항소이유 철회의 효력(무효)

항소이유서를 제출한 자는 항소심의 공판기일에 항소이유서에 기재된 항소이유의 일부를 철회할 수 있으나 항소이유를 철회하면 이를 다시 상고이유로 삼을 수 없게 되는 제한을 받을 수도 있으므로 **항소이유의 철회는 명백히 이루어져야만 그 효력이 있다**(대판 2013.3.28, 2013도1473).

2. 항소심의 심리

(1) 항소법원의 심판범위

항소법원은 항소이유에 포함된 사유에 대하여 심판을 하여야 한다(제364조 제1항). 그러나 항소법원은 판결에 영향을 미친 사유에 관하여는 항소이유서에 포함되지 아니한 경우에도 직권으로 심판할 수 있다(동조 제2항). 14. 법원9급, 17. 경찰간부

> **⚖ 판례 |**
>
> **1 항소심의 심판범위**
> 항소법원은 **직권조사사유**에 관하여는 항소제기가 적법하다면 항소이유서가 제출되었는지 여부나 그 사유가 항소이유서에 포함되었는지 여부를 가릴 필요 없이 반드시 심판하여야 할 것이지만, 직권조사사유가 아닌 것에 관하여는 그것이 **항소장에 기재되어 있거나 그렇지 아니하면 소정 기간 내에 제출된 항소이유서에 포함된 경우**에 한하여 심판대상으로 할 수 있고, 다만 **판결에 영향을 미친 사유**에 한하여 예외적으로 항소이유서에 포함되지 아니하였다 하더라도 직권으로 심판할 수 있다(대판 2008.7.24, 2007도4310).

2 항소심의 심판에서 있어 '직권조사사유'의 의미
　　형사소송법 제361조의4 제1항 단서 소정의 **직권조사사유**라 함은 **법령적용이나 법령해석의 착오 여부 등** 당사자가 주장하지 아니한 경우에도 법원이 직권으로 조사하여야 할 사유를 말하는 것이다(대판 2011.3.24, 2009도7230).

3 항소심의 '직권조사사유'에 해당하는 경우
　①　피고인과 변호인이 피고인의 심신장애를 주장하는 내용의 진술을 하였다면 비록 피고인이 항소이유서에서 명시적으로 심신장애 주장을 하지 않았다고 하더라도 직권으로라도 피고인의 병력을 상세히 확인하여 그 증상을 밝혀보는 등의 방법으로 범행 당시 **피고인의 심신장애 여부**를 심리하였어야 한다(대판 2009.4.9, 2009도870).
　②　반의사불벌죄에 있어서 처벌불원의 의사표시의 부존재는 소극적 소송조건으로서 **직권조사사항**이라 할 것이므로 당사자가 항소이유로 주장하지 아니하였다고 하더라도 원심은 이를 직권으로 조사·판단하여야 한다(대판 2009.12.10, 2009도9939). 15·18. 경찰채용, 17. 국가9급, 18. 법원9급

4 판결에 영향을 미친 사유로서 항소심의 '직권심판사항'에 해당하는 경우
　①　항소법원은 제1심의 형량이 너무 가벼워서 부당하다는 검사의 항소이유에 대한 판단에 앞서 **직권으로 제1심판결에 양형이 부당하다고 인정할 사유가 있는지 여부를 심판할 수 있고, 그러한 사유가 있는 때에는 제1심판결을 파기하고 제1심의 양형보다 가벼운 형을 정하여 선고할 수 있다**(대판 2010.12.9, 2008도1092). 19. 법원9급
　②　피고인이 사실오인만을 이유로 항소한 경우에 **항소심이 직권으로 양형부당을 이유로 제1심판결을 파기하고 제1심의 양형보다 가벼운 형을 정하였다** 하여 거기에 항소심의 심판범위에 관한 법리오해의 위법이 있다고 할 수 없다(대판 1990.9.11, 90도1021).

5 항소심의 심판대상이 되지 않는 경우
　　피고인이나 변호인이 항소이유서에 포함시키지 아니한 사항을 항소심 공판정에서 진술한다 하더라도 그 진술에 포함된 주장과 같은 항소이유가 있다고 볼 수 없다(대판 2008.7.24, 2007도4310). 14. 국가7급

(2) **항소심의 심리**
　①　**원칙**: 항소심의 심판에 대하여도 제1심의 공판절차에 관한 규정이 원칙적으로 준용된다(제370조). 항소심에서도 사실조사나 증거조사를 할 수 있고 또한 공소장변경이 허용된다. 다만, 다음과 같은 특칙이 인정된다.
　②　**피고인의 출정**: 피고인이 공판기일에 출정하지 아니한 때에는 다시 기일을 정하여야 하고 피고인이 정당한 사유 없이 다시 정한 기일에 출정하지 아니한 때에는 피고인의 진술 없이 판결을 할 수 있다(제365조). 15. 국가9급
　③　**증거에 대한 특칙**: 제1심법원에서 증거로 할 수 있었던 증거는 항소심에서도 증거로 할 수 있다(제364조 제3항). 따라서 이 경우 다시 증거조사를 할 필요가 없다. 다만 **항소법원의 재판장은 증거조사 절차에 들어가기에 앞서 제1심의 증거관계와 증거조사 결과의 요지를 고지하여야 한다**(형사소송규칙 제156조의5 제1항).(대판 2018.8.1, 2018도8651) 21. 변호사

> **판례 |**
>
> 1 항소심과 구두변론주의
> 　①　'판결'은 항소심에서 항소이유가 없음이 명백하여 항소기각의 판결을 하는 때와 상고심의 판결 등 예외적으로 법률에 의하여 서면심리에 의한 판결이 가능하도록 규정되어 있는 경우를 제외하고는 **구두변론을 거쳐야 함이 원칙이다**(대판 1994.10.21, 94도2078).

제1장 상소　319

② 검사가 공판정에서 구두변론을 통해 항소이유를 주장하지 않았고 피고인도 그에 대한 적절한 방어권을 행사하지 못하는 등 **검사의 항소이유가 실질적으로 구두변론을 거쳐 심리되지 않았다고 평가될 경우**, 항소심법원이 이러한 **검사의 항소이유 주장을 받아들여 피고인에게 불리하게 제1심판결을 변경하는 것은 허용되지 않는다**(대판 2015.12.10, 2015도11696). 17. 국가9급, 18. 경찰채용

2 구두변론주의를 위반한 항소심판결 사례

검사가 일부 유죄, 일부 무죄가 선고된 제1심판결 전부에 대하여 항소하면서 유죄 부분에 대하여는 아무런 항소이유도 주장하지 않은 경우에는, **유죄 부분에 대하여 법정기간 내에 항소이유서를 제출하지 않은 것이 되고**, 그 경우 설령 제1심의 양형이 가벼워 부당하다 하더라도 그와 같은 사유는 형사소송법 제361조의4 제1항 단서의 **직권조사사유나** 같은 법 제364조 제2항의 **직권심판사항에 해당하지 않으므로**, 항소심이 제1심판결의 형보다 중한 형을 선고하는 것은 허용되지 않는데, 이러한 법리는 검사가 유죄 부분에 대하여 아무런 항소이유를 주장하지 않은 경우뿐만 아니라 **검사가 항소장이나 법정기간 내에 제출된 항소이유서에서 유죄 부분에 대하여 양형부당 주장을 하였으나, 그러한 항소이유 주장이 실질적으로 구두변론을 거쳐 심리되지 아니한 경우에도 마찬가지로 적용된다**(대판 2015.12.10, 2015도11696). 18. 경찰채용

04 항소심의 심판

1. 공소기각결정

항소법원은 **공소기각결정사유**가 있는 때에는 **결정으로 공소를 기각**하여야 한다(제363조 제1항, 제328조 제1항). 14. 법원9급, 15. 변호사 이 결정에 대하여는 **즉시항고**를 할 수 있다(동조 제2항).

2. 항소기각결정

항소의 제기가 법률상의 방식에 위반하거나 항소권 소멸 후인 것이 명백한 때에 원심법원이 항소기각결정을 하지 아니한 때에는, 항소법원은 결정으로 항소를 기각하여야 한다(제362조 제1항). 이 결정에 대하여는 즉시항고를 할 수 있다(동조 제2항). 또한 항소인이나 변호인이 항소이유서를 제출하지 아니한 때에는 직권조사사유가 있거나 항소장에 항소이유의 기재가 있는 경우를 제외하고는 항소법원은 결정으로 항소를 기각한다(제361조의4 제1항). 이 결정에 대하여는 즉시항고를 할 수 있다(동조 제2항).

3. 항소기각판결

항소법원은 항소가 이유 없다고 인정한 때에는 판결로써 항소를 기각하여야 한다(제364조 제4항). 항소가 이유 없음이 명백한 때에는 항소장·항소이유서 기타의 소송기록에 의하여 변론 없이 판결로써 항소를 기각할 수 있다(동조 제5항). 이를 무변론기각(無辯論棄却)이라고 한다.

4. 파기판결

항소법원은 항소가 이유 있다고 인정한 때에는 **원심판결을 파기하여야 한다**(제364조 제6항). 파기 후에는 파기자판을 원칙으로 한다.

(1) 파기 후의 조치

① **파기자판**: 파기자판이란 항소법원이 원심판결을 파기하고 다시 판결하는 것을 말한다(제364조 제6항). 17. 경찰간부 이것이 항소심의 원칙적 재판의 형식이고 항소심이 속심임을 말해주고 있다. 파기자판에 의하여 유무죄판결, 면소판결이나 공소기각판결을 할 수 있다. 형을 선고하는 경우에는 불이익변경금지원칙이 적용된다(제368조).

② **파기환송**: **공소기각 또는 관할위반의 재판이 법률에 위반**됨을 이유로 원심판결을 파기하는 때에는 판결로써 사건을 원심법원에 환송하여야 한다(제366조). 15. 국가9급, 17. 경찰간부, 21. 법원9급 원심에서 사건의 실체에 대한 심판을 하지 않았기 때문에 3심제를 인정한 취지에 비추어 원심법원에 환송하게 한 것이다.

③ **파기이송**: **관할의 인정이 법률에 위반**됨을 이유로 원심판결을 파기하는 때에는 판결로써 사건을 관할법원에 이송하여야 한다. 단, 항소법원이 그 사건의 제1심관할권이 있는 때에는 제1심으로 심판하여야 한다(제367조). 17. 경찰간부·국가7급

⚖️ 판례 |

1 항소심이 자신의 양형판단과 일치하지 아니한다고 하여 양형부당을 이유로 제1심판결을 파기한 것이 위법한지의 여부(소극)

항소심은 제1심에 대한 사후심적 성격이 가미된 속심으로서 제1심과 구분되는 고유의 양형재량을 가지고 있다고 보아야 하므로, **항소심이 자신의 양형판단과 일치하지 아니한다고 하여 양형부당을 이유로 제1심판결을 파기하는 것이 바람직하지 아니한 점이 있다고 하더라도 이를 두고 양형심리 및 양형판단 방법이 위법하다고까지 할 수는 없다.** 그리고 위와 같은 항소심의 판단에 근거가 된 양형자료와 그에 관한 판단내용이 모순 없이 설시되어 있는 경우에는 양형의 조건이 되는 사유에 관하여 일일이 명시하지 아니하여도 위법하다고 할 수 없다[대판 2015.7.23, 2015도3260(전합) **징역 10월→징역 4년 사건**]. 22. 경찰간부, 19. 변호사

2 '파기판결(유죄)'을 하는 경우 제1심판결에 기재한 '법령의 적용'을 인용할 수 있는지의 여부(소극)

형사소송법 제369조는 "항소법원의 재판서에는 항소이유에 대한 판단을 기재하여야 하며 원심판결에 기재한 사실과 증거를 인용할 수 있다."고 하고 있으므로 항소심판결에서 **제1심판결에 기재한 범죄될 사실과 증거의 요지는 인용할 수 있으나 '법령의 적용'은 인용할 수 없다**(대판 2000.6.23, 2000도1660). 22. 해경간부

3 '항소기각판결'을 하는 경우 범죄사실, 증거의 요지 및 법령의 적용을 기재해야 하는지의 여부(소극)

형사소송법 제369조의 해석상 항소심판결은 항소이유에 대한 판단을 기재함으로써 충분하고, **제1심판결을 파기하여 유죄의 판결을 하는 경우 외에는 판결이유에 범죄사실이나 증거의 요지는 물론이고 그에 관한 법령의 적용을 따로 기재할 필요가 없다.** 양형이 과중하다는 항소이유에 대하여 '이유 없다.'고만 판시하여 항소를 기각한 항소심의 판단은 정당하다(대판 2002.7.12, 2002도2134). 22. 해경간부

4 원심판결을 파기하여야 할 위법에 속하지 않는 경우

피고인이 범행에 사용한 도구가 스카프가 아니라 피고인이 신고 있던 양말임에도 원심이 이를 스카프로 잘못 인정한 위법이 있다 하더라도, 이는 **공소사실의 동일성의 범위 내에 속하는 것으로서 피고인의 방어권 행사에 아무런 지장이 없고** 범죄의 성립이나 양형조건에도 영향이 없는 것이므로 원심의 이러한 잘못은 **원심판결을 파기하여야 할 위법에 속하지 아니한다**(대판 1994.12.22, 94도2511 **의붓딸 살해미수사건**). 20. 해경간부

5 공소기각판결을 한 제1심판결이 법률에 위반되는 경우, 항소심이 취해야 할 조치(= 파기환송)

① 항소심은 **제1심의 공소기각의 판결이 법률에 위반된다**고 판단한 이상 본안에 들어가 심리할 필요 없이 **제1심판결을 파기하고 사건을 제1심법원으로 환송**하여야 하며, 항소심이 제1심의 공소기각판결을 위법이라고 하면서도 이를 파기하지 아니하고 범죄의 증명이 없어 무죄를 선고하여야 하나 피고인이 항소하지 않았다는 등의 이유를 들어 검사의 항소를 기각할 수는 없다(대판 1994.5.13, 93도3358).

② 항소심이 제1심의 공소기각판결이 잘못이라고 하여 파기하면서도 사건을 제1심법원에 환송하지 아니하고 본안에 들어가 심리한 후 피고인에게 유죄를 선고한 것은 형사소송법 제366조를 위반한 것이다(대판 2020.1.30, 2019도15987 **함정수사 인정 파기 사건**). 20. 경찰채용

6 상소심에서 원심의 주형 부분을 파기하는 경우, 몰수·추징 또는 소송비용 부분도 함께 파기해야 하는지의 여부(적극)
  ① 상소심에서 원심의 **주형 부분을 파기하는 경우** 부가형인 몰수 또는 추징 부분도 함께 파기하여야 하고, 몰수 또는 추징을 제외한 나머지 주형 부분만을 파기할 수는 없다(대판 2009.6.25, 2009도2807).
  ② 소송비용부담 부분은 본안 부분과 한꺼번에 심판되어야 하고 분리·확정될 수 없는 것이므로, 제1심 **본안 부분을 파기하는 경우에는 마땅히 소송비용부담 부분까지 함께 파기하여야 한다**(대판 2009.4.23, 2008도11921). 20. 국가9급

7 상소심에서 원심의 주형은 파기하지 않고, 부가형인 몰수·추징 부분만 파기할 수 있는지의 여부(적극)
  주형과 몰수 또는 추징을 선고한 항소심판결 중 **몰수 또는 추징 부분에 관해서만 파기사유가 있을 때에는 대법원은 그 부분만을 파기할 수 있다**(대판 2005.10.28, 2005도5822). 16. 법원9급

8 항소심이 제1심의 양형이 과중하다고 인정하여 피고인의 항소이유를 받아들여 **제1심 판결을 파기하면서 제1심 그대로의 형을 선고하면 위법이다**(대판 2009.4.9, 2008도11718). 22. 해경간부

(2) 공동피고인을 위한 파기

피고인을 위하여 원심판결을 파기하는 경우에 파기의 이유가 항소한 공동피고인에게 공통되는 때에는 그 공동피고인에게 대하여도 원심판결을 파기하여야 한다(제364조의2). 17·18. 경찰채용

> **판례 | 공동피고인을 위한 파기**
>
> 1 형사소송법 제364조의2(피고인을 위하여 원심판결을 파기하는 경우에 파기의 이유가 항소한 공동피고인에게 공통되는 때에는 그 공동피고인에게 대하여도 원심판결을 파기하여야 한다)의 규정은 공동피고인 사이에서 파기의 이유가 공통되는 해당 범죄사실이 **동일한 소송절차에서 병합심리된 경우에만 적용된다**[대판 2019.8.29, 2018도14303(전합) **국정농단 사건**]. 20. 국가7급·법원9급
>
> 2 형사소송법 제364조의2에서 정한 '**항소한 공동피고인**'은 제1심의 공동피고인으로서 자신이 항소한 경우는 물론 **그에 대하여 검사만 항소한 경우까지도 포함한다**(대판 2022.7.28, 2021도10579 **검사의 항소로 무죄 사건**).
>
> 3 형사소송법 제364조의2에서 정한 '**항소한 공동피고인**'은 제1심의 공동피고인으로서 자신이 항소한 경우는 물론 **그에 대하여 검사만 항소한 경우까지도 포함한다**(대판 2022.7.28, 2021도10579 **검사의 항소로 무죄 사건**).

제3절 상고(上告)

01 의의

1. 개념

상고란 제2심판결에 불복하여 대법원에 제기하는 상소를 말한다(제371조). 상고의 주된 기능은 법령 해석·적용을 통일하는 것이지만 부수적으로 당사자의 권리를 구제하는 기능도 있다.

2. 상고심의 구조

(1) 법률심(法律審)

상고심은 원칙적으로 법률문제를 심리·판단하는 법률심이다. 그러나 예외적으로 사실오인과 양형부당을 상고이유로 하고 있고(제383조 제4호) 상고심에서도 파기자판을 할 수 있으므로 사실심의 성격도 가지고 있다.

(2) 사후심(事後審)

상고심은 원판결의 당부당을 사후적으로 심사하는 사후심이다. 그 근거는 상고이유가 원칙적으로 법령 위반으로 제한되어 있고(제383조 제1호) 상고법원은 변론 없이 서면심리에 의하여 판결할 수 있으며(제390조), 파기환송·이송을 원칙으로 하고 있기 때문이다.

> **판례 | 상고심의 구조(= 사후심)**
>
> 1 **상고심의 심판대상은 항소심판결 당시를 기준으로 하여 그 당부를 심사하는 데 있다**(대판 1986.12.9, 86도2181).
> 2 **상고심은 사후심으로서** 원심까지의 소송자료만을 기초로 삼아 원심판결의 당부를 판단하여야 하므로 직권조사 기타 법령에 특정한 경우를 제외하고는 **새로운 증거조사를 할 수 없다**(대판 2010.10.14, 2009도4894).
> 3 상고심은 항소법원판결에 대한 사후심이므로 **항소심에서 심판대상이 되지 않은 사항은 상고심의 심판범위에 들지 않는 것**이어서 피고인이 항소심에서 항소이유로 주장하지 아니하거나 항소심이 직권으로 심판대상으로 삼은 사항 이외의 사유에 대하여는 이를 상고이유로 삼을 수 없다(대판 2011.12.22, 2011도12927). 16. 법원9급 19 국가7급, 20. 경찰간부, 17. 변호사

02 상고이유(제383조)

(1) 판결에 영향을 미친 헌법·법률·명령 또는 규칙의 위반이 있는 때(제1호)

(2) 판결 후 형의 폐지나 변경 또는 사면이 있는 때(제2호)

(3) 재심청구의 사유가 있는 때(제3호)

(4) 사형, 무기 또는 10년 이상의 징역이나 금고가 선고된 사건에 있어서 중대한 사실의 오인이 있어 판결에 영향을 미친 때 또는 형의 양정이 심히 부당하다고 인정할 현저한 사유가 있는 때(제4호) 18. 법원9급

> **판례 |**
>
> 1 적법한 상고이유가 될 수 있는 경우
> ① [1] 하나의 사건에서 징역형이나 금고형이 여럿 선고된 경우에는 이를 모두 합산한 형기가 **10년 이상이면** 형사소송법 제383조 제4호에서 정하는 **'10년 이상의 징역이나 금고의 형을 선고한 경우'에 해당한다.** [2] 피고인의 범행이 형법 제37조 후단의 경합범에 해당되어 피고인에게 징역 4년, 징역 2년 6월 및 징역 4년의 각 형이 선고되었고 이를 합하면 징역 10년 이상이 되므로, 피고인은 원심의 양형부당을 들어 상고할 수 있다(대판 2010.1.28, 2009도13411).
> ② 범죄의 유무 등을 판단하기 위한 논리적 논증을 하는 데 반드시 필요한 사항에 대한 심리를 다하지도 아니한 채 합리적 의심이 없는 증명의 정도에 이르렀는지에 대한 판단에 섣불리 나아가는 것 역시 실체적 진실발견과 적정한 재판이 이루어지도록 하려는 형사소송법의 근본이념에 배치되

는 것으로서 위법하다. 그러므로 사실심 법원으로서는, 형사소송법이 사실의 오인을 항소이유로는 하면서도 상고이유로 삼을 수 있는 사유로는 규정하지 아니한 데에 담긴 의미가 올바르게 실현될 수 있도록 주장과 증거에 대하여 신중하고 충실한 심리를 하여야 하고, 그에 이르지 못하여 자유심증주의의 한계를 벗어나거나 필요한 심리를 다하지 아니하는 등으로 판결 결과에 영향을 미친 때에는, **사실인정을 사실심 법원의 전권으로 인정한 전제가 충족되지 아니하는 것이므로 당연히 상고심의 심판대상에 해당한다**(대판 2016.10.13, 2015도17869). 17. 변호사

2 적법한 상고이유가 될 수 없는 경우 I
① 피고인이 제1심판결에 대하여 **양형부당만을 항소이유로 주장하여 항소**한 경우, 항소심판결에 대하여 **사실오인이나 법리오해를 상고이유로 삼을 수 없다**(대판 2011.3.24, 2010도14817). 16. 국가7급, 18. 법원9급, 19. 변호사
② 제1심판결에 대하여 **검사만이 양형부당을 이유로 항소**하였을 뿐이고 피고인은 항소하지 아니한 경우에는 피고인으로서는 항소심판결에 대하여 **사실오인, 채증법칙 위반, 심리미진 또는 법령 위반 등의 사유를 들어 상고이유로 삼을 수 없다**(대판 2009.5.28, 2009도579). 17. 변호사, 18. 법원9급
③ 확정판결에 대하여는 법적 안정성을 위하여 확정력과 기판력을 부여함이 원칙이고, 다만 예외적으로 재심 등을 허용하는 것이 상당한 경우에 재심청구 등 특별한 불복방법을 허용하는 것이 형사소송법과 민사소송법의 기본 취지이다. 만일 확정판결에 대하여 이와 취지가 다른 확정판결이 있다는 이유만으로 다툴 수 있다면 분쟁의 종국적 해결이 지연되거나 불가능하게 되어 소송경제에 반하거나 심급제도 자체가 무의미하게 되는 결과가 초래되고, 재판을 통한 법질서의 형성과 유지도 어렵게 될 것이기 때문이다(대판 2022.12.29, 2018도7575 **2번의 희망버스 시위 사건**).

3 적법한 상고이유가 될 수 없는 경우 II
① **경찰의 압수 · 수색 등이 위법**한 경우에는 형사소송법 제417조에 따라 법원에 그 처분의 취소나 변경을 청구하는 것은 별론으로 하고 그 처분이 위법하다는 사유만으로는 그 위법이 판결에 영향을 미친 것이 아닌 한 독립한 상고이유가 될 수 없다(대판 2005.10.14, 2005도6333).
② **수사기관에서의 구금에 관한 처분**에 대하여 형사소송법 제417조에 따라 법원에 그 처분의 취소 또는 변경을 청구하는 것은 별론으로 하고 그 처분이 위법한 것이라는 사실만으로는 그와 같은 위법이 판결에 영향을 미친 것이 아닌 한 독립한 상고이유가 될 수 없다(대판 1996.5.14, 96도561). 14. 경찰승진
③ 수사기관에서의 구금의 장소, 변호인의 접견 등 구금에 관한 처분이 위법한 것이라는 사실만으로는 그와 같은 위법이 판결에 영향을 미친 것이 아닌 한 **독립한 상소이유가 될 수 없다**(대판 1990.6.8, 90도646).
④ **판결내용 자체가 아니고 피고인의 신병확보를 위한 구속 등 조치와 공판기일의 통지, 재판의 공개 등 소송절차가 법령에 위반되었음에 지나지 아니한 경우**에는 그로 인하여 피고인의 방어권, 변호인의 변호권이 본질적으로 침해되고 판결의 정당성마저 인정하기 어렵다고 보여지는 정도에 이르지 아니하는 한, 그것 자체만으로는 판결에 영향을 미친 위법이라고 할 수 없다(대판 2007.6.1, 2006도3983).

4 적법한 상고이유가 될 수 없는 경우 III
① 피고인에 대하여 10년 미만의 징역형이 선고된 사건에 있어서 원심의 **형량이 너무 무거워서 부당하다**는 취지의 주장은 적법한 상고이유가 될 수 없을 뿐만 아니라, 이러한 경우 사실심인 원심이 피고인에 대한 **양형조건이 되는 범행의 동기 및 수법이나 범행 전후의 정황 등의 제반 정상에 관하여 심리를 제대로 하지 아니하였다**는 사유 또한 양형의 부당을 탓하는 취지에 지나지 아니하여 적법한 상고이유가 될 수 없다(대판 2012.6.28, 2012도2631).
② 피고인에 대하여 **사형, 무기 또는 10년 이상의 징역이나 금고의 형이 선고된 경우에도** 형사소송법 제383조 제4호의 해석상 **검사는 그 형이 심히 가볍다는 이유로는 상고할 수 없다**(대판 2018.9.13, 2018도7658). 18. 법원9급, 19. 국가7급

03 상고심의 절차

1. 상고의 제기

(1) 상고제기의 방식

상고는 7일의 상고제기기간 이내에 상고장을 **원심법원에 제출**함으로써 이루어진다(제375조). 15. 경찰채용, 18. 경찰간부 상고심은 대법원이다(제371조).

(2) 원심법원의 조치

상고의 제기가 법률상의 방식에 위반하거나 상고권 소멸 후인 것이 명백한 때에는 원심법원은 결정으로 상고를 기각한다(제376조 제1항). 이 결정에 대하여는 즉시항고를 할 수 있다(동조 제2항). 이와 같은 상고기각결정을 할 경우를 제외하고는 원심법원은 상고장을 받은 날부터 **14일 이내에 소송기록과 증거물을 상고법원에 송부**하여야 한다(제377조). 21. 법원9급

(3) 상고법원의 조치

① **기록접수통지**: 상고법원이 기록의 송부를 받은 때에는 즉시 상고인과 상대방에게 그 사유를 통지하여야 한다(제378조 제1항). 기록접수통지 전에 변호인이 선임되어 있는 때에는 변호인에게도 통지하여야 한다(동조 제2항).

② **국선변호인 선정**: 기록의 송부를 받은 상고법원은 형사소송법 제33조 제1항 제1호 내지 제6호의 필요적 변호사건에 있어서 변호인이 없는 경우에는 지체 없이 변호인을 선정한 후 그 변호인에게 소송기록접수통지를 하여야 한다. 형사소송법 제33조 제3항에 의하여 국선변호인을 선정한 경우에도 그러하다(규칙 제164조, 제156조의2 제1항). 상고법원은 상고이유서 제출기간이 도과하기 전에 피고인으로부터 형사소송법 제33조 제2항의 규정에 따른 국선변호인 선정청구가 있는 경우에는 지체 없이 그에 관한 결정을 하여야 하고, 이 때 변호인을 선정한 경우에는 그 변호인에게 소송기록접수통지를 하여야 한다(동조 제2항).

(4) 상고이유서와 답변서의 제출

① **상고이유서와 답변서의 제출**: 상고인 또는 변호인은 기록접수통지를 받은 날로부터 **20일 이내에 상고이유서를 상고법원에 제출**하여야 한다(제379조 제1항). 15. 경찰간부 상고이유서에는 소송기록과 원심법원의 증거조사에 표현된 사실을 인용하여 그 이유를 명시하여야 한다(동조 제2항). 상고이유서의 제출을 받은 상고법원은 지체 없이 그 부본 또는 등본을 상대방에게 송달하여야 한다(동조 제3항). 상대방은 이 송달을 받은 날로부터 10일 이내에 답변서를 제출할 수 있다(동조 제4항). 답변서의 제출을 받은 상고법원은 지체 없이 그 부본 또는 등본을 상고인 또는 변호인에게 송달하여야 한다(동조 제5항).

② **상고이유서와 답변서의 방식**: 상고이유서 또는 답변서에는 상고이유 또는 답변내용을 구체적으로 간결하게 명시하여야 한다(규칙 제164조, 제155조). 상고이유서 또는 답변서에는 상대방의 수에 4를 더한 수의 부본을 첨부하여야 한다(규칙 제160조).

③ **상소이유서 미제출의 효과**: 상고인이나 변호인이 **상고이유서를 제출하지 아니한 경우** 상고장에 상고이유의 기재가 있는 경우를 제외하고는 **결정으로 상고를 기각**하여야 한다(제380조 제1항). 상고장 및 상고이유서에 기재된 상고이유의 주장이 **형사소송법 제383조 각 호의 어느 하나의 사유에 해당하지 아니함이 명백한 경우**에도 **결정으로 상고를 기각**하여야 한다(동조 제2항).

> **판례 |**
>
> 1 상고이유 기재의 방식
>   상고법원은 상고이유에 의하여 불복신청한 한도 내에서만 조사·판단할 수 있으므로, 상고이유서에는 상고이유를 특정하여 원심판결의 어떤 점이 법령에 어떻게 위반되었는지에 관하여 구체적이고도 명시적인 이유의 설시가 있어야 하고, 상고인이 제출한 **상고이유서에 위와 같은 구체적이고도 명시적인 이유의 설시가 없는 경우에는 적법한 상고이유가 제출된 것이라고 볼 수 없다**(대판 2011.7.28, 2009도9122).
>
> 2 적법한 상고이유의 기재에 해당하지 않는 경우
>   ① 검사가 상고를 제기하면서 상고의 범위란에 '전부', 상고의 이유란에 '**채증법칙 위배 및 법리오해로 판결에 영향을 미친 위법이 있음**'이라고만 간단히 기재한 상고장을 제출한 것은 적법한 상고이유가 제출된 것으로 보기 어렵다(대판 2009.4.9, 2008도5634).
>   ② 변호인이 피고인들을 위하여 상고를 하면서 그 상고장에 상고이유를 '**법리오해, 사실오인**'이라고 기재한 것만으로는 적법한 상고이유를 제출하였다고 볼 수 없다(대판 2005.3.25, 2004도7650).
>   ③ "원심판결이 채증법칙에 위반하여 사실을 오인하고 법령적용을 잘못한 중대한 허물이 있으며 그렇지 않다고 하더라도 지나치게 부당하다."라는 피고인의 상고이유는 적법한 상고이유의 주장이라고 볼 수 없다(대판 1983.5.24, 83도887).
>
> 3 변론요지서 또는 항소이유서에 기재된 내용을 그대로 상고이유로 원용할 수 있는지의 여부(소극)
>   ① 상고이유서에는 소송기록과 원심법원의 증거조사에 표현된 사실을 인용하여 그 이유를 명시하여야 하므로 **원심 변호인의 변론요지서에 기재된 주장을 그대로 원용하는 것은 적법한 상고이유가 될 수 없다**(대판 2006.6.9, 2006도1955).
>   ② 상고이유서에는 소송기록과 원심법원의 증거조사에 표현된 사실을 인용하여 그 이유를 명시하여야 하므로 **항소이유서에 기재된 항소이유를 그대로 원용하는 것은 적법한 상고이유가 될 수 없다**(대판 1996.2.13, 95도2716).

2. 상고심의 심리

(1) 상고법원의 심판범위

상고법원은 상고이유서에 포함된 사유에 관하여 심판하여야 한다(제384조 본문). 그러나 제383조 제1호 내지 제3호의 경우에는 상고이유서에 포함되지 아니한 때에도 직권으로 심판할 수 있다(동조 단서).
15. 경찰간부

(2) 상고심의 심리

① **원칙**: 항소심에 관한 규정은 특별한 규정이 없으면 상고의 심판에 준용된다(제399조). 그러나 상고심은 법률심·사후심이기 때문에 다음과 같은 특칙이 인정된다.
② **상고심의 변론**: 상고심에서는 **변호사 아닌 자를 변호인으로 선임하지 못하며**(제386조) 또 변호인이 아니면 피고인을 위하여 변론하지 못한다(제387조). 19. 경찰채용 검사와 변호인은 상고이유서에 의하여 변론하여야 한다(제388조).
③ **변호인의 불출석**: 변호인의 선임이 없거나 변호인이 공판기일에 출정하지 아니한 때에는 검사의 진술을 듣고 판결을 할 수 있다. 단, 제283조의 규정에 해당한 경우에는 예외로 한다(제389조 제1항). 이 경우에 적법한 상고이유서의 제출이 있는 때에는 그 진술이 있는 것으로 간주한다(동조 제2항).
④ **피고인의 출석 불요**: 피고인 자신은 변론할 수 없으므로 상고심의 공판기일에는 피고인의 소환을 요하지 아니한다(제389조의2). 15. 경찰승진 다만, 법원사무관 등은 피고인에게 공판기일통지서를 송달하여야 한다(규칙 제161조 제1항). 상고심에서는 공판기일을 지정하는 경우에도 피고인의 이감을 요

하지 아니한다(동조 제2항). 19. 경찰채용 상고한 피고인에 대하여 이감이 있는 경우에는 검사는 지체 없이 이를 대법원에 통지하여야 한다(동조 제3항).

⑤ **서면심리**: 상고법원은 상고장·상고이유서 기타의 소송기록에 의하여 변론 없이 판결할 수 있다(제390조 제1항). 14. 법원9급 상고법원은 필요한 경우에는 특정한 사항에 관하여 변론을 열어 참고인의 진술을 들을 수 있다(동조 제2항). 18. 국가9급

04 상고심의 심판

1. 공소기각결정

상고법원은 **공소기각결정사유**가 있는 때에는 **결정으로 공소를 기각**하여야 한다(제382조, 제328조 제1항) («주의» 결정으로 상고를 기각하여야 한다. ×).

2. 상고기각결정

상고의 제기가 법률상의 방식에 위반하거나 상고권 소멸 후인 것이 명백한 때에 원심법원이 상고기각결정을 하지 아니한 때에는, 상고법원은 결정으로 상고를 기각하여야 한다(제381조). 또한 상고인 또는 변호인이 상고이유서를 제출하지 아니한 때에는 상고장에 상고이유의 기재가 있는 경우를 제외하고는 상고법원은 결정으로 상고를 기각하여야 한다(제380조).

> **판례 | 상고기각결정의 효력발생 시기**
>
> 형사소송법 제42조는 "재판의 선고 또는 고지는 공판정에서는 재판서에 의하여야 하고 기타의 경우에는 재판서등본의 송달 또는 다른 적당한 방법으로 하여야 한다. 단, 법률에 다른 규정이 있는 때에는 예외로 한다."라고 규정하고 있는데, 피고인의 상고에 대하여 **형사소송법 제380조 본문에 따라 상고기각결정을 한 경우에는** 법률에 다른 규정이 있지 않는 한 형사소송법 제42조 본문의 규정에 의하여 **그 등본을 피고인에게 송달하거나 다른 적당한 방법으로 고지하였을 때 그 효력이 생긴다**(대판 2023.7.13, 2021도15745 **임시보호명령·피해자보호명령 위반 사건**).

3. 상고기각판결

상고법원은 상고가 이유 없다고 인정한 때에는 판결로써 상고를 기각하여야 한다(제364조 제4항, 제399조).

4. 파기판결

상고법원은 상고가 이유 있다고 인정한 때에는 원심판결을 파기하여야 한다(제391조). 상고심은 사후심이기 때문에 파기환송을 원칙으로 한다.

(1) 파기 후의 조치

① **파기환송**: 적법한 공소를 기각하였다는 이유로 원심판결 또는 제1심판결을 파기하는 경우에는 판결로써 사건을 원심법원 또는 제1심법원에 환송하여야 한다(제393조). 관할위반의 인정이 법률에 위반됨을 이유로 원심판결 또는 제1심판결을 파기하는 경우에는 판결로써 사건을 원심법원 또는 제1심법원에 환송하여야 한다(제395조). 이 이외의 사유로 원심판결을 파기한 때에도 자판하는 경우가 아니면 판결로써 사건을 원심법원에 환송하거나 그와 동등한 다른 법원에 이송하여야 한다(제397조).

② **파기이송**: 관할의 인정이 법률에 위반됨을 이유로 원심판결 또는 제1심판결을 파기하는 경우에는 판결로써 사건을 관할권 있는 법원에 이송하여야 한다(제394조).
③ **파기자판**: 상고법원은 원심판결을 파기한 경우에 그 소송기록과 원심법원과 제1심법원이 조사한 증거에 의하여 판결하기 충분하다고 인정한 때에는 피고사건에 대하여 직접판결을 할 수 있다(제396조 제1항). 파기자판에 의하여 유무죄판결, 면소판결이나 공소기각판결을 할 수 있다. 파기자판에서 형을 선고할 경우 불이익변경금지원칙이 적용된다(동조 제2항, 제368조).

(2) 공동피고인을 위한 파기

피고인을 위하여 원심판결을 파기하는 경우에 파기의 이유가 상고한 공동피고인에게 공통되는 때에는 그 공동피고인에게 대하여도 원심판결을 파기하여야 한다(제392조).

05 비약적 상고

1. 의의

비약적 상고란 **제1심판결**에 대하여 항소를 제기하지 아니하고 **직접 대법원에 제기하는 상소**를 말한다(제372조). 19. 경찰채용 이는 법령해석의 통일을 신속히 하고 당사자의 이익을 신속히 회복시키기 위해서 인정되는 제도이다. 비약적 상고는 법원의 판결에 대해서만 인정되고 법원의 결정에 대해서는 인정되지 아니한다.

2. 비약적 상고의 이유(제372조)

① 원심판결이 인정된 사실에 대하여 법령을 적용하지 아니하였거나 법령의 적용에 착오가 있는 때(제1호)
② 원심판결이 있은 후에 형의 폐지나 변경 또는 사면이 있는 때(제2호)

3. 비약적 상고의 효력상실

비약적 상고가 있는 경우에도 당사자가 같은 사건에 대하여 **항소를 제기한 때에는 비약적 상고는 효력을 잃는다**(제373조 본문). 이는 반대 당사자의 심급의 이익을 보장하기 위한 것이다. 단, 항소의 취하 또는 항소기각의 결정이 있는 때에는 예외로 한다(동조 단서). 14. 법원9급

> **판례** | 제1심판결에 대한 피고인의 비약적 상고와 검사의 항소가 경합하여 피고인의 비약적 상고에 상고의 효력이 상실되고 검사의 항소에 기한 항소심이 진행되는 경우 피고인의 비약적 상고에 항소로서의 효력을 인정할 수 있는지의 여부(한정 적극)
>
> 형사소송법 제372조, 제373조 및 관련 규정의 내용과 취지, 비약적 상고와 항소가 제1심판결에 대한 상소권 행사로서 갖는 공통성, 이와 관련된 피고인의 불복의사, 피고인의 상소권 보장의 취지 및 그에 대한 제한의 범위와 정도, 피고인의 재판청구권을 보장하는 헌법합치적 해석의 필요성 등을 종합하여 보면, **제1심판결에 대하여 피고인은 비약적 상고를, 검사는 항소를 각각 제기하여 이들이 경합한 경우 피고인의 비약적 상고에 상고의 효력이 인정되지는 않더라도** 피고인의 비약적 상고가 항소기간 준수 등 항소로서의 적법요건을 모두 갖추었고, 피고인이 자신의 비약적 상고에 상고의 효력이 인정되지 않는 때에도 항소심에서는 제1심판결을 다툴 의사가 없었다고 볼 만한 특별한 사정이 없다면 **피고인의 비약적 상고에 항소로서의 효력이 인정된다**(대판 2022.5.19, 2021도17131(전합) **피고인의 비약적 상고 항소의제 사건**). "피고인의 비약적 상고와 검사의 항소가 경합한 경우 피고인의 비약적 상고에 항소로서의 효력을 인정할 수 없다"라고 판시한 판례(대판 2005.7.8, 2005도2967, 대판 2015.9.11, 2015도10826, 대판 2016.9.30, 2016도11358, 대판 2017.7.6, 2017도6216)는 폐기되었다. 23. 법원9급

06 대법원판결의 정정(訂正)

1. 의의
상고심판결내용에 오류가 있는 경우에 이를 바로잡는 것을 판결정정이라고 한다(제400조 제1항). 상고심은 최종심이기 때문에 판결은 선고와 동시에 확정이 된다. 그러나 확정판결에 명백한 오류가 있는 경우 이를 시정하지 않는다면 정의에 요청에 어긋나는 것이라 아니할 수 없기 때문에 직권 또는 당사자의 신청에 의하여 판결을 정정하는 것이다.

2. 판결정정의 사유
판결정정사유는 판결의 내용에 오류가 있는 때이다(제400조 제1항). 오류란 오기(誤記) 또는 위산(違算) 등을 말한다. 판결이 부당하더라도 명백한 오류가 아닌 한 판결정정의 사유는 되지 아니한다.

3. 판결정정의 절차

(1) 직권 또는 신청
상고법원은 **직권** 또는 검사 · 상고인 · 변호인의 **신청**에 의하여 판결을 정정할 수 있다(제400조 제1항). 판결정정의 신청은 판결의 선고가 있은 날로부터 **10일 이내**에 이유를 기재한 서면으로 하여야 한다(동조 제2항 · 제3항). 15. 경찰간부·경찰채용 판결정정의 신청이 있는 때에는 즉시 그 취지를 상대방에게 통지하여야 한다(규칙 제163조).

> **판례 |**
> **직권**에 의하여 판결정정을 하는 경우에는 **10일간의 신청기간의 제한을 받지 아니한다**(대판 1979.11.30, 79도952).

(2) 정정판결
정정의 판결은 변론 없이 할 수 있다(제401조 제1항). 정정할 필요가 없다고 인정한 때에는 지체 없이 결정으로 신청을 기각하여야 한다(동조 제2항). 신청이 이유 있다고 인정할 때에는 판결로써 그 내용을 변경할 수 있다.

4. 판결정정과 재판의 확정시기
대법원판결은 선고와 동시에 확정된다는 것이 통설과 판례이다(대판 1967.6.2, 67초22). 판결정정제도가 있다고 하더라도 이는 판결내용의 명백한 오류를 시정하는 절차에 불과하기 때문에 판결의 확정시기가 늦추어지는 것은 아니다.

제4절 항고(抗告)

01 의의

항고란 법원의 결정에 대한 상소를 말한다(제402조). 15. 법원9급 판결에 대한 상소는 언제나 허용되지만, 결정에 대한 상소인 항고는 법률이 필요하다고 인정하는 경우에만 허용되고 또한 그 절차도 간단하다.

02 종류

항고(抗告)는 일반항고(一般抗告)와 재항고(再抗告)로 구분이 된다. 일반항고란 제1심결정에 대하여 제2심에 불복하는 상소를 말한다(제402조). 일반항고에는 즉시항고와 보통항고가 있다. 재항고(再抗告)란 제2심결정에 대하여 제3심에 불복하는 상소를 말한다(제415조). 재항고는 언제나 즉시항고이고, 특별항고라고도 한다.

1. 일반항고(1심 → 2심)

(1) 즉시항고

즉시항고는 법률에 명문의 규정이 있는 경우에만 허용된다. 15. 법원9급 즉시항고의 제기기간은 원칙적으로 7일로 제한되며(제405조), 즉시항고가 제기되면 원칙적으로 재판의 집행이 정지된다(제410조).

(2) 보통항고

① 보통항고는 즉시항고 이외의 일반항고를 말한다. 보통항고는 원심결정을 취소할 실익이 있는 한 제기기간의 제한이 없다(제404조). 보통항고가 제기되더라도 재판의 집행은 정지되지 아니한다(제409조).
② 보통항고는 법원의 구금, 보석, 압수나 압수물의 환부, 피고인 감정유치 또는 소년부송치에 관한 결정에 대하여 할 수 있다(제403조 제2항). 19. 경찰간부

(3) 항고할 수 없는 결정

법원의 관할 또는 판결 전의 소송절차에 관한 결정에 대하여는 특히 즉시항고를 할 수 있는 경우를 제외하고는 항고를 하지 못한다(제403조 제1항). 19. 경찰간부 이러한 결정에 대해서 항고를 허용하게 되면 절차의 진행 도중 매 결정마다 이를 다툴 수 있게 되어 소송이 지연될 염려가 있기 때문이다.

2. 재항고(2심 → 3심)

재항고란 항고법원·고등법원·항소법원의 결정에 대하여 재판에 영향을 미친 헌법·법률·명령·규칙의 위반이 있음을 이유로 하는 때에 한하여 대법원에 제기하는 상소를 말한다(제415조, 법원조직법 제14조 제2호). 이를 특별항고라고도 한다. 재항고는 즉시항고이므로 그 절차는 즉시항고와 같다. 재항고의 절차는 상고에 관한 규정이 준용된다는 것이 판례의 입장이다.

판례 |

1 '항소법원'의 결정에 대한 항고가 재항고인지의 여부(적극)
형사소송법 제415조에서는 "항고법원 또는 고등법원의 결정에 대하여는 재판에 영향을 미친 헌법·법률·명령 또는 규칙의 위반이 있음을 이유로 하는 때에 한하여 대법원에 즉시항고를 할 수 있다."고 규정하고 있는바, **항소법원의 결정에 대하여도 대법원에 재항고하는 방법으로 다투어야만 한다**(대결 2008.4.14, 2007모726).

2 재항고 절차(= 상고심의 절차 준용)
형사소송법 제415조에 규정된 **재항고의 절차**에 관하여는 형사소송법에 아무런 규정을 두고 있지 아니하므로 그 성질에 따라 **동법 제3편 제3장 상고에 관한 규정을 준용**하여야 한다(대결 1982.8.16, 82모24).

3 대법원의 결정에 대해서 재항고를 할 수 있는지의 여부(소극)
대법원이 한 결정에 대하여는 이유 여하를 불문하고 **불복항고할 수 없다**(대결 1987.1.30, 87모4).

4 항고이유를 재항고이유로 그대로 원용할 수 있는지의 여부(소극)
상고이유서에는 소송기록과 원심법원의 증거조사에 표현된 사실을 인용하여 그 이유를 명시하도록 되어 있어 항소이유서에 기재된 내용을 상고이유로 원용할 수 없다 할 것이므로 **항고장에 기재된 이유를 재항고이유로 원용할 수 없다**(대결 1986.9.10, 86모42).

☑ SUMMARY | 법원의 결정에 대한 불복방법 ★★★

1 즉시항고할 수 있는 법원의 결정
① 기피신청기각결정(제23조) 22. 해경간부
② 구속취소결정(제97조 제4항) 22. 해경간부
③ 보석에 있어 출석보증인에 대한 과태료부과결정(제100조의2)
④ 보석조건을 위반한 피고인에 대한 과태료부과결정 및 감치처분결정(제102조)
⑤ 불출석 증인에 대한 과태료부과결정 및 감치처분결정(제151조)
⑥ 증인·감정인·통역인·번역인에 대한 과태료부과결정(제161조, 제177조, 제183조)
⑦ 소송비용부담결정(제192조, 제193조)
⑧ 무죄판결에 대한 비용보상에 관한 결정(제194조의3)
⑨ 재정신청에 있어 재정신청인에 대한 비용부담결정(제262조의3) 18. 경찰채용, 22. 해경간부
⑩ 소송비용집행면제신청에 관한 결정(제487조, 제491조)
⑪ 국민참여재판에 있어 배심원 등에 대한 과태료부과결정(국민참여재판법 제60조)
⑫ 배상명령의 재판 ➡ 피고인이 불복(소송촉진법 제33조)
⑬ 형사보상법상 형사보상결정(형사보상법 제20조 제1항, 헌재 2010.10.28, 2008헌마514)
⑭ 형사보상법상 보상청구 기각 또는 각하결정(형사보상법 제20조 제2항, 서울남부지원 1987.9.2, 85코3)
⑮ 재정신청기각결정(헌재 2011.11.24, 2008헌마578, 대결 2011.2.1, 2009모407)
⑯ 공소기각결정(제328조, 제363조) 18. 경찰채용, 22. 해경간부
⑰ 항소기각결정(제360조, 제361조의4, 제362조)
⑱ 원심법원에서의 상고기각결정(제376조) 18. 경찰채용
⑲ 항고기각결정(제407조)
⑳ 상소권회복청구에 관한 결정(제347조) 22. 해경간부
㉑ 상소절차속행신청 기각결정(규칙 제154조)
㉒ 재심청구기각결정 및 재심개시결정(제437조)
㉓ 약식명령·즉결심판에 대한 정식재판청구 기각결정(제455조, 즉결심판법 제14조 제4항)
㉔ 재판서경정결정(규칙 제25조)

㉕ 국민참여재판을 하지 아니하기로 하는 결정(국민참여재판법 제9조) 22. 해경간부
㉖ 집행유예취소에 관한 결정(제335조) 22. 해경간부
㉗ 형의 소멸신청 각하결정(제337조)
㉘ 재판해석에 대한 의의신청에 관한 결정(제488조, 제491조)
㉙ 형집행에 대한 이의신청에 관한 결정(제489조, 제491조)

2 보통항고할 수 있는 법원의 결정
① 구금에 관한 결정
② 구속의 집행정지결정(헌재 2012.6.27, 2011헌가36, 제403조 제2항) 18. 경찰채용
③ 접견교통권 제한결정(대결 1996.6.3, 96모18)
④ 구속기간 갱신결정(대결 1987.2.3, 86모57)
⑤ 보석허가결정(대결 1997.4.18, 97모26) 22. 해경간부
⑥ 보증금납입조건부 구속피의자석방결정(대결 1997.8.27, 97모21) 19. 변호사
⑦ 압수·압수물의 환부에 관한 결정(대결 1998.3.10, 97모109)
⑧ 감정유치에 관한 결정 22. 해경간부
⑨ 소년부 송치결정(대결 1986.7.25, 86모9) 19. 국가7급

3 항고할 수 없는 법원의 결정
① 관할의 지정·이전·이송 등에 관한 결정
② 간이공판절차의 개시·취소에 관한 결정
③ 공판절차의 정지·갱신에 관한 결정
④ 변론의 병합·분리·재개에 관한 결정
⑤ 재정신청에 있어 공소제기결정(제262조, 대결 2012.10.29, 2012모1090)
⑥ 공판준비기일의 지정신청에 대한 결정(제266조의7)
⑦ 피해자 등의 소송기록 열람·등사신청에 관한 재판(제294조의4) 19. 법원9급
⑧ 보석조건을 위반한 피고인에 대한 감치재판개시결정 및 불처벌결정(규칙 제55조의5)
⑨ 불출석 증인에 대한 감치재판개시결정 및 불처벌결정(규칙 제68조의4) 22. 경찰승진
⑩ 국선변호인선임청구 기각결정(대결 1993.12.3, 92모49) 19. 국가7급
⑪ 공소장변경허가결정(대결 1987.3.28, 87모17) 22. 법원9급
⑫ (증거개시에 있어) 열람·등사 또는 서면의 교부를 명한 결정(대결 2013.1.24, 2012모1393) 22. 국가9급
⑬ 증거신청에 대한 증거결정(대판 1990.6.8, 90도646)
⑭ 위헌제청신청 기각결정(대결 1986.7.18, 85모49)
⑮ 국민참여재판으로 진행하기로 하는 결정(대결 2009.10.23, 2009모1032) 20. 경찰간부, 18. 변호사
⑯ 국민참여재판에 있어 통상절차 회부결정(국민참여재판법 제6조, 제11조)
⑰ 국민참여재판에 있어 배심원 선정·불선정 등에 관한 결정(국민참여재판법 제29조 등)
⑱ 국민참여재판에 있어 배심원 해임결정(국민참여재판법 제32조, 제33조)
⑲ 배상명령신청 각하 또는 일부인용의 재판 ➡ 신청인이 불복(소송촉진법 제32조)
⑳ 기타 법원의 관할 또는 판결 전의 소송절차에 관한 결정(제403조 제1항)
㉑ 관할이전신청 기각결정(대결 2021.4.2, 2020모2561)

03 항고심의 절차

1. 항고의 제기방법

항고는 항고장을 원심법원에 제출함으로써 이루어진다(제406조). 14. 국가9급 즉시항고의 제기기간은 원칙적으로 7일이지만, 보통항고는 원심결정을 취소할 실익이 있는 한 기간의 제한이 없다(제404조, 제405조).
14·19. 경찰간부, 15. 법원9급, 15·18. 경찰채용

2. 원심법원의 조치

(1) 항고기각의 결정

항고의 제기가 법률상의 방식에 위반하거나 항고권 소멸 후인 것이 명백한 때에는 원심법원은 결정으로 항고를 기각하여야 한다(제407조 제1항). 17. 법원9급 이 결정에 대하여 즉시항고를 할 수 있다(동조 제2항).

(2) 경정결정

원심법원은 항고가 이유 있다고 인정하는 때에는 결정을 경정하여야 한다(제408조 제1항). 원심법원이 스스로 재판을 경정할 수 있도록 하는 것은 항소와 상고의 차이점이다. 항고의 전부 또는 일부가 이유 없다고 인정하는 때에는 항고장을 받은 날로부터 3일 이내에 의견서를 첨부하여 항고법원에 송부하여야 한다(동조 제2항).

(3) 소송기록의 송부

원심법원이 필요하다고 인정하는 때에는 소송기록과 증거물을 항고법원에 송부하여야 한다(제411조 제1항). 항고법원은 소송기록과 증거물의 송부를 요구할 수 있다(동조 제2항). 이 경우 항고법원은 소송기록과 증거물의 송부를 받은 날로부터 5일 이내에 당사자에게 그 사유를 통지하여야 한다(동조 제3항).

3. 항고제기의 효과

즉시항고는 그 즉시항고의 제기기간 내와 그 제기가 있는 때에는 **재판의 집행은 정지된다**(제410조). 17. 법원9급 다만, 기피신청에 대한 간이기각결정과 불출석 증인에 대한 과태료부과 및 감치처분결정에 대한 즉시항고는 재판의 집행을 정지하는 효력이 없다(제20조, 제23조, 제151조). **보통항고는 재판의 집행을 정지하는 효력이 없다.** 단, 원심법원 또는 항고법원은 결정으로 항고에 대한 결정이 있을 때까지 집행을 정지할 수 있다(제409조). 17. 법원9급

04 항고심의 심판

항고의 제기가 법률상의 방식에 위반하거나 항고권 소멸 후인 것이 명백한 때에는 원심법원이 **결정으로 항고를 기각하지 않은 때에는 항고법원은 결정으로 항고를 기각하여야 한다**(제413조). 항고가 이유 없다고 인정하는 때에는 결정으로 항고를 기각하여야 한다(제414조 제1항). 항고가 이유 있다고 인정하는 때에는 결정으로 원심결정을 취소하고 필요한 경우에는 항고사건에 대하여 직접재판을 하여야 한다(동조 제2항). 항고법원의 결정에 대하여 대법원에 재항고할 수 있다(제415조).

05 준항고(準抗告)

1. 의의

준항고란 재판장 또는 수명법관의 재판이나 검사 또는 사법경찰관의 처분에 대하여 관할법원에 취소 또는 변경을 청구하는 불복신청방법이다(제416조, 제417조). 준항고는 엄격한 의미에서 상소는 아니지만 항고와 유사한 성격이 있기 때문에 항고에 관한 규정이 준용된다.

2. 준항고의 대상

(1) 재판장 또는 수명법관의 재판

재판장 또는 수명법관의 ① 기피신청을 기각한 재판, ② 구금·보석·압수 또는 압수물환부에 관한 재판, ③ 피고인 감정유치에 관한 재판, ④ 증인·감정인·통역인·번역인에 대하여 과태료 또는 비용의 배상을 명한 재판에 관하여 불복이 있으면 준항고를 할 수 있다(제416조 제1항).

> ✎ '재판장 또는 수명법관'이라 함은 수소법원의 구성원으로서의 재판장 또는 수명법관만을 가리키는 것이어서, 수사기관의 청구에 의하여 압수영장 등을 발부하는 독립된 재판기관인 지방법원판사(수임판사)의 재판에 대해서는 준항고가 허용되지 않는다는 것이 판례의 일관된 입장이다.

(2) 수사기관의 처분

검사 또는 사법경찰관의 구금, 압수 또는 압수물의 환부에 관한 처분과 제243조의2에 따른 변호인의 참여 등에 관한 처분에 대하여 불복이 있으면 그 직무집행지의 관할법원 또는 검사의 소속검찰청에 대응한 법원에 그 처분의 취소 또는 변경을 청구할 수 있다(제417조).

> ⚖ **판례 |**
>
> **1 준항고의 성질 등**
> ① [1] 수사기관의 압수물의 환부에 관한 처분의 취소를 구하는 준항고는 일종의 항고소송이므로 통상의 항고소송에서와 마찬가지로 그 이익이 있어야 하고, 소송계속 중 준항고로써 달성하고자 하는 목적이 이미 이루어졌거나 시일의 경과 또는 그 밖의 사정으로 인하여 **그 이익이 상실된 경우에는 준항고는 그 이익이 없어 부적법하게 된다.** [2] 검사가 영장에 기재된 기간 내에 서버데크를 준항고인들에게 환부하지 아니하였다고 하더라도 검사가 원심 소송 계속 중 이를 준항고인들에게 환부한 이상 준항고를 통하여 달성하고자 하는 목적은 이미 이루어졌으므로 준항고는 그 이익이 없어 부적법하다(대결 2015.10.15, 2013모1970). 16·17. 국가7급, 17. 국가9급, 18. 경찰채용, 19. 경찰승진, 22. 경찰간부
>
> ② 준항고인이 참여의 기회를 보장받지 못하였다는 이유로 압수·수색 처분에 불복하였으나 그 불복의 대상을 구체적으로 특정하기 어려운 사정이 있는 경우 법원이 취해야 할 조치
> 형사소송법 제417조에 따른 준항고 절차는 **항고소송의 일종으로** 당사자주의에 의한 소송절차와는 달리 대립되는 양 당사자의 관여를 필요로 하지 않는다. 따라서 준항고인이 불복의 대상이 되는 압수 등에 관한 처분을 한 **수사기관을 제대로 특정하지 못하거나 준항고인이 특정한 수사기관이 해당 처분을 한 사실을 인정하기 어렵다는 이유만으로 준항고를 쉽사리 배척할 것은 아니다**(대결 2023.1.12, 2022모1566).
>
> **2 준항고의 대상이 되는 경우**
> ① 영장에 의하지 아니한 구금이나 변호인 또는 변호인이 되려는 자와의 **접견교통권을 제한하는 처분**뿐만 아니라 **구금된 피의자에 대한 신문에 변호인의 참여(입회)를 불허하는 처분** 역시 구금에 관한 처분에 해당한다(대결 2003.11.11, 2003모402).

② 변호인에게 퇴실을 명한 행위는 **변호인의 피의자신문참여권을 침해한 처분**에 해당한다고 할 것이므로 이를 이유로 이 사건 준항고를 받아들여 사법경찰관의 처분을 취소한 원심의 조치는 옳다(대결 2008.9.12, 2008모793).
③ **사법경찰관 직무취급이 법원의 영장을 얻어 한 압수처분**은 제417조에 의한 취소의 대상이 될 수 있다(대결 1967.12.26, 67모61). 16. 변호사

3 준항고의 대상이 되지 않는 경우
① 검사의 체포영장 또는 구속영장청구에 대한 지방법원판사의 재판은 제416조 제1항의 규정에 의하여 준항고의 대상이 되는 '재판장 또는 수명법관의 구금 등에 관한 재판'에 해당하지 아니한다(대결 2006.12.18, 2006모646). 14·17. 국가9급, 15·17. 경찰간부, 15·18. 경찰채용, 20. 법원9급
② 구속기간의 연장을 허가하지 아니하는 지방법원판사의 결정은 준항고의 대상이 되지 않는다(대결 1997.6.16, 97모1). 14. 경찰채용, 17. 경찰승진
③ 지방법원판사가 한 압수영장발부의 재판에 대하여는 준항고로 불복할 수 없다(대결 1997.9.29, 97모66). 16. 변호사
④ 검사가 압수·수색영장의 청구 등 강제처분을 위한 조치를 취하지 아니한 것 그 자체를 형사소송법 제417조 소정의 '압수에 관한 처분'으로 보아 이에 대해 준항고로써 불복할 수는 없다(대결 2007.5.25, 2007모82). 14. 국가9급, 19. 국가7급, 22. 경찰간부
⑤ 형사소송법 제417조의 규정은 검사 또는 사법경찰관이 '수사단계에서' 압수물의 환부에 관하여 처분을 할 권한을 가지고 있을 경우에 그 처분에 불복이 있으면 준항고를 허용하는 취지라고 보는 것이 상당하므로 **형사소송법 제332조의 규정에 의하여 압수가 해제된 것으로 되었음에도 불구하고 검사가 그 해제된 압수물의 인도를 거부하는 조치**에 대해서는 형사소송법 제417조가 규정하는 준항고로 불복할 대상이 될 수 없다(대결 1984.2.6, 84모3). 20. 국가9급, 22. 경찰간부

3. 준항고의 절차

(1) 재판장 또는 수명법관의 재판에 대한 준항고
① **청구방식과 관할**: 준항고는 서면을 관할법원에 제출함으로써 이루어진다(제418조). 준항고는 재판의 고지가 있는 날로부터 7일 이내에 하여야 한다(제416조 제3항). 지방법원이 준항고의 청구를 받은 때에는 합의부에서 결정하여야 한다(동조 제2항). 17. 국가7급, 19. 국가9급
② **재판의 집행정지**: 증인·감정인·통역인·번역인에 대하여 과태료 또는 비용의 배상을 명한 재판의 경우 준항고청구기간 내와 그 청구가 있는 때에는 그 재판의 집행이 정지된다(제416조 제4항). **기타 재판은 준항고를 청구하여도 재판의 집행이 정지되지 아니한다.** 다만, 법원은 결정으로 준항고에 대한 결정이 있을 때까지 집행을 정지할 수 있다(제409조, 제419조). 22. 경찰간부
③ **준항고에 대한 재판**: 준항고의 제기가 법률상의 방식에 위반하거나 준항고권 소멸 후인 것이 명백한 때에는 법원은 결정으로 준항고를 기각하여야 한다(제413조, 제419조). 준항고를 이유 없다고 인정한 때에는 결정으로 준항고를 기각하여야 하고, 이유 있다고 인정한 때에는 결정으로 법관의 재판을 취소하고, 필요한 경우에는 준항고사건에 대하여 직접재판을 하여야 한다(제414조, 제419조).
④ **재항고**: 준항고에 대한 법원의 결정에 대하여는 재판에 영향을 미친 헌법·법률·명령 또는 규칙의 위반이 있음을 이유로 하는 때에 한하여 대법원에 즉시항고를 할 수 있다(제415조, 제419조).

(2) 수사기관의 처분에 대한 준항고
① **청구방법과 관할**: 준항고는 서면을 관할법원에 제출함으로써 이루어진다(제418조). 청구기간에 대하여는 명문의 규정이 없다. 또한 관할이 합의부인지 단독판사인지 역시 명문의 규정이 없다.

> **판례 | 형사소송법 제417조 준항고의 제기기간**
>
> [1] 형사소송법 제417조의 준항고에 관하여 같은 법 제419조는 같은 법 제409조의 보통항고의 효력에 관한 규정을 준용하고 있으므로 **형사소송법 제417조의 준항고는 항고의 실익이 있는 한 제기기간에 아무런 제한이 없다.** [2] 수사기관의 압수물의 환부에 관한 형사소송법 제417조의 준항고는 검사 또는 사법경찰관이 수사단계에서 압수물의 환부에 관하여 처분을 할 권한을 가지고 있을 경우에 그 처분에 관하여 제기할 수 있는 불복절차이다. 공소제기 이전의 수사단계에서는 압수물 환부·가환부에 관한 처분권한이 수사기관에 있으나 공소제기 이후의 단계에서는 위 권한이 수소법원에 있으므로 검사의 압수물에 대한 처분에 관하여 형사소송법 제417조의 준항고로 다툴 수 없다. 또한 형사소송법 제332조에 따라 압수물에 대한 몰수의 선고가 포함되지 않은 판결이 확정된 때에는 압수가 해제된 것으로 간주되므로 이 경우 검사에게는 압수물 환부에 대한 처분을 할 권한이 없다(대결 2024.3.12, 2022모2352 **압수 해제물 환부·가환부신청 사건**).

② **준항고에 대한 재판과 재항고**: 법관의 재판에 대한 준항고의 절차와 같다(제419조).

> **판례 | 준항고에 관한 결정에 대한 불복방법(= 재항고)**
>
> **형사소송법 제416조, 제417조의 준항고에 관한 결정**에 대하여는 재판에 영향을 미친 헌법·법률·명령·규칙의 위반이 있음을 이유로 하는 때에 한하여 **대법원에 즉시항고할 수 있는바** 이는 제419조, 제415조에 의한 재항고에 해당한다(대결 1983.5.12, 83모12).

police.Hackers.com

제2장 비상구제절차

✓ SUMMARY | 재심 vs 비상상고 ★★★

구분	재심	비상상고
공통점	① 비상구제절차(기판력 배제수단) ② 청구시기의 제한이 없음	
취지	유죄의 선고를 받은 자의 구제	법령 해석·적용의 통일
사유	중대한 사실오인	심판의 법령 위반
청구권자	검사, 유죄의 선고를 받은 자 등	검찰총장
대상	유죄의 확정판결	모든 확정판결(확정결정과 당연무효판결 포함)
관할	원판결 법원	대법원
효력	피고인에게 판결의 효력이 미침	파기자판 이외에는 피고인에게 효력이 미치지 않음

제1절 재심(再審)

01 의의

재심이란 유죄의 확정판결에 중대한 사실오인이 있는 경우 판결을 받은 자의 이익을 위하여 이를 시정하는 비상구제절차를 말한다(제420조). 재심은 법적 안정성을 해하지 않는 범위 내에서 억울하게 유죄판결을 받은 자를 구제해 줌으로써 실질적 정의를 실현하는 제도라고 할 수 있다.

02 재심의 대상

1. 유죄의 확정판결

형사소송법은 **이익재심만 인정**하고 있으므로 재심은 원칙적으로 유죄의 확정판결에 대해서만 인정된다(제420조). 14. 경찰채용, 15. 법원9급, 18. 경찰간부 따라서 무죄판결이나 면소판결·관할위반판결·공소기각재판 등은 재심의 대상이 아니다. 유죄판결인 이상 확정판결과 동일한 효력이 인정되는 약식명령이나 즉결심판도 재심의 대상이 된다. 17. 국가7급

> ⚖ 판례 |
>
> **1 재심의 대상이 되는 경우**
> ① **특별사면**으로 형선고의 효력이 상실된 유죄의 확정판결도 형사소송법 제420조의 '유죄의 확정판결'에 해당하여 **재심청구의 대상이 된다**(대판 2015.10.29, 2012도2938). 15·17·18. 경찰채용, 18. 변호사·법원9급, 20. 국가7급

② 유죄판결 확정 후에 형선고의 효력을 상실케 하는 특별사면이 있었다고 하더라도 형선고의 법률적 효과만 장래를 향하여 소멸될 뿐이고 확정된 유죄판결에서 이루어진 사실인정과 그에 따른 유죄 판단까지 없어지는 것은 아니므로 유죄판결은 형선고의 효력만 상실된 채로 여전히 존재하는 것으로 보아야 하고, 따라서 **특별사면으로 형선고의 효력이 상실된 유죄의 확정판결도** 형사소송법 제420조의 '유죄의 확정판결'에 해당하여 **재심청구의 대상이 될 수 있다**[대판 2015.5.21, 2011도1932(전합)].

③ **판결서가 작성되지 않았거나 작성된 다음 멸실되어 존재하지 않더라도** 판결이 선고되었다면 판결은 성립하여 존재한다고 보아야 하고, 그것이 유죄 확정판결이라면 **재심의 대상이 될 수 있다**[대결 2019.3.21, 2015모2229(전합) **여순반란 희생자 재심 사건**].

2 재심의 대상이 되지 않는 경우

① **면소판결**은 유죄의 확정판결이라 할 수 없으므로 면소판결을 대상으로 한 재심청구는 부적법하다(대결 2018.5.2, 2015모3243). 18. 경찰채용, 19. 국가9급, 20. 변호사, 22. 법원9급

② **무죄의 선고를 받은 자**가 유죄의 선고를 받기 위하여는 (재심이) 허용되지 아니한다(대결 1983.3.24, 83모5).

③ [1] 상고심에 계속 중인 **미확정판결**에 대한 재심청구는 법률상의 방식에 위배된 부적법한 것이다. [2] 상고심에 계속 중인 미확정의 재심대상판결이 재심법원에 의한 재심청구기각결정 후에 상고취하로 확정되었다 하여도 위 재심청구가 적법하게 치유되는 것은 아니다(대결 1983.6.8, 83모28).

④ 형사소송법상 재심청구는 유죄의 확정판결에 대하여서만 할 수 있고 **결정**에 대하여는 재심청구가 허용되지 않는다(대결 1991.10.29, 91재도2). 17. 경찰간부

⑤ **환송판결**은 유죄의 확정판결이라 할 수 없으므로 환송판결을 대상으로 한 재심청구는 부적법하다(대결 2006.6.27, 2005재도18).

⑥ 약식명령에 대한 정식재판절차에서 유죄판결이 선고·확정된 경우 '**효력이 상실된 약식명령**'은 재심의 대상이 될 수 없다(대판 2013.4.11, 2011도10626). 14·16. 법원9급, 16. 국가9급, 18. 변호사·경찰승진, 19. 해경간부·경찰채용, 19·21. 경찰간부

⑦ **항소심에서 파기되어버린 제1심판결**에 대해서는 재심을 청구할 수 없다(대결 2004.2.13, 2003모464). 16. 경찰간부, 17. 법원9급, 18. 변호사·경찰승진, 19. 해경채용

⑧ 상고심 계속 중 피고인이 사망하여 공소기각결정이 확정된 경우 '**효력이 상실된 항소심의 유죄판결**'은 재심의 대상이 될 수 없다(대판 2013.6.27, 2011도7931). 14·18. 법원9급, 17. 경찰채용·국가9급, 19. 경찰간부

2. 상소기각판결

재심은 항소 또는 상고를 기각한 판결에 대해서도 인정이 된다(제421조). 14. 경찰채용, 17. 법원9급, 18. 경찰간부 상소기각판결 자체는 유죄판결은 아니지만 그 판결의 확정에 의하여 원심의 유죄판결이 확정된다는 점에서 재심의 대상으로 인정하고 있는 것이다. 21. 법원9급

> **판례 | 형사소송법 제421조 제1항 소정의 '항소 또는 상고의 기각판결'의 의미(= 항소기각 또는 상고기각판결 자체)**
>
> 형사소송법 제421조 제1항에서 '**항소 또는 상고의 기각판결**'이라 함은 위 상고기각판결에 의하여 확정된 1심 또는 항소판결을 의미하는 것이 아니고 **항소기각 또는 상고기각판결 자체를 의미**한다(대결 1984.7.27, 84모48).

03 재심의 사유

> **형사소송법**
>
> 제420조【재심이유】재심은 다음 각 호의 어느 하나에 해당하는 이유가 있는 경우에 유죄의 확정판결에 대하여 그 선고를 받은 자의 이익을 위하여 청구할 수 있다.
> 1. 원판결의 증거가 된 서류 또는 증거물의 확정판결에 의하여 위조되거나 변조된 것임이 증명된 때
> 2. 원판결의 증거가 된 증언, 감정, 통역 또는 번역이 확정판결에 의하여 허위임이 증명된 때
> 3. 무고(誣告)로 인하여 유죄를 선고 받은 경우에 그 무고의 죄가 확정판결에 의하여 증명된 때
> 4. 원판결의 증거가 된 재판이 확정재판에 의하여 변경된 때
> 5. 유죄를 선고받은 자에 대하여 **무죄 또는 면소**를, 형의 선고를 받은 자에 대하여 **형의 면제 또는 원판결이 인정한 죄보다 가벼운 죄**를 인정할 명백한 증거가 새로 발견된 때
> 6. 저작권, 특허권, 실용신안권, 디자인권 또는 상표권을 침해한 죄로 유죄의 선고를 받은 사건에 관하여 그 권리에 대한 무효의 심결 또는 무효의 판결이 확정된 때
> 7. 원판결, 전심판결 또는 그 판결의 기초가 된 조사에 관여한 법관, 공소의 제기 또는 그 공소의 기초가 된 수사에 관여한 검사나 사법경찰관이 그 직무에 관한 죄를 지은 것이 **확정판결에 의하여 증명**된 때. 단, 원판결의 선고 전에 법관, 검사 또는 사법경찰관에 대하여 공소의 제기되었을 경우에는 원판결의 법원이 그 사유를 알지 못한 때로 한정한다.
>
> 제421조【동전】① 항소 또는 상고의 기각판결에 대하여는 전조 제1호, 제2호, 제7호의 사유 있는 경우에 한하여 그 선고를 받은 자의 이익을 위하여 재심을 청구할 수 있다.
>
> 제422조【확정판결에 대신하는 증명】전2조의 규정에 의하여 확정판결로써 범죄가 증명됨을 재심청구의 이유로 할 경우에 그 확정판결을 얻을 수 없는 때에는 그 사실을 증명하여 재심의 청구를 할 수 있다. 단, 증거가 없다는 이유로 확정판결을 얻을 수 없는 때에는 예외로 한다.

재심의 사유는 유죄의 확정판결에 대한 재심사유와 상소기각판결에 대한 재심사유로 구분할 수 있다. 유죄의 확정판결에 대한 재심사유는 다시 이른바 오류형(誤謬型) 재심사유와 신규형(新規型) 재심사유로 구분할 수 있다.

1. 유죄의 확정판결에 대한 재심사유

(1) 오류형 재심사유(제420조)

① 원판결의 증거가 된 서류 또는 증거물이 확정판결에 의하여 위조되거나 변조된 것임이 증명된 때(제1호): '원판결의 증거'란 원판결의 증거요지에 인용되어 있는 증거에 한정된다. 따라서 비록 증거조사를 하였더라도 판결에 인용되지 아니한 증거는 이에 해당하지 아니한다.

② 원판결의 증거가 된 증언·감정·통역·번역이 확정판결에 의하여 허위임이 증명된 때(제2호): '원판결의 증거된 증언'이라 함은 원판결의 이유 중에서 증거로 채택되어 죄로 되는 사실을 인정하는 데 인용된 증언을 뜻한다. '증언'이라 함은 법률에 의하여 선서한 증인의 증언을 말하고 공동피고인의 공판정에서의 진술은 여기에 해당하지 않는다.

판례 I

1 형사소송법 제420조 제2호 재심사유 관련 판례
① 형사소송법 제420조 제2호에서 '원판결의 증거된 증언, 감정, 통역 또는 번역이 확정판결에 의하여 허위인 것이 증명된 때'라 함은 그 증인, 감정인, 통역인 또는 번역인이 위증 또는 허위의 감정, 통역 또는 번역을 하여 그 죄에 의하여 처벌되어 그 판결이 확정된 경우를 말하는 것이다(대판 2005.4.14, 2003도1080).
② 형사소송법 제420조 제2호에서 '원판결의 증거된 증언'이라 함은 원판결의 이유 중에서 증거로 채택되어 죄로 되는 사실(범죄사실)을 인정하는 데 인용된 증언을 뜻하므로 원판결의 이유에서 증거로 인용된 증언이 '죄로 되는 사실'과 직접 혹은 간접적으로 관련된 내용이라면 위 법조 소정의 '원판결의 증거된 증언'에 해당한다(대판 2012.4.13, 2011도8529). 20. 국가9급, 14·21. 변호사
③ 형사소송법 제420조 제2호 소정의 '원판결의 증거된 증언'이라 함은 **원판결의 증거로 채택되어 범죄사실을 인정하는 데 사용된 증언을 뜻하는 것이고 단순히 증거조사의 대상이 되었을 뿐 범죄사실을 인정하는 증거로 사용되지 않은 증언은 위 '증거된 증언'에 포함되지 않는다**(대판 2005.4.14, 2003도1080).
④ '원판결의 증거된 증언'이 나중에 확정판결에 의하여 허위인 것이 증명된 이상 그 허위증언 부분을 제외하고서도 다른 증거에 의하여 그 '죄로 되는 사실'이 유죄로 인정될 것인지 여부에 관계없이 형사소송법 제420조 제2호 소정의 재심사유가 있다고 보아야 한다(대판 2012.4.13, 2011도8529). 14. 변호사

2 형사소송법 제420조 제2호 재심사유에 해당하는 경우
① 원심이 공소사실을 유죄로 인정하면서 채택한 증거에 제1심 증인 甲의 증언이 포함되어 있었는데, **甲이 원심판결선고 후 위증죄로 유죄 확정판결을 받은 경우**, 甲의 증언이 확정판결에 의하여 허위로 증명된 이상 원심판결에는 형사소송법 제420조 제2호의 재심사유가 있는 경우로서 형사소송법 제383조 제3호에서 정한 재심청구의 사유가 있는 때에 해당한다(대판 2012.4.13, 2011도8529).
② 원심 증인의 법정진술은 원심판결의 이유 중에서 증거로 채택되어 공소사실을 인정하는 데 인용되었을 뿐 아니라, 그 법정진술 중 앞서 본 목격진술 부분은 공소사실과 직접 혹은 간접적으로 관련된 내용이 분명하므로, 위 **목격진술 부분이 확정된 약식명령에 의하여 허위인 것이 증명**된 이상, 원심판결에는 형사소송법 제420조 제2호 소정의 재심사유가 있는 경우로서 형사소송법 제383조 제3호 소정의 재심청구의 사유가 있는 때에 해당하는 상고이유가 있다(대판 2010.9.30, 2008도11481).

3 형사소송법 제420조 제2호 재심사유에 해당하지 않는 경우
① 원판결의 증거된 증언을 한 자가 그 재판과정에서 자신의 증언과 반대되는 취지의 증언을 한 **다른 증인을 위증죄로 고소하였다가 그 고소가 허위임이 밝혀져 무고죄로 유죄의 확정판결을 받은 경우**는 형사소송법 제420조 제2호의 **재심사유에 포함되지 아니한다**(대판 2005.4.14, 2003도1080). 17. 경찰승진
② 재심대상이 된 피고사건과 별개의 사건에서 증언이 이루어지고 그 증언을 기재한 증인신문조서나 그 증언과 유사한 진술이 기재된 진술조서가 재심대상이 된 피고사건에 서증으로 제출되어 **이것이 채용**된 경우는 형사소송법 제420조 제2호에 규정된 '원판결의 증거된 증언'에 해당한다고 할 수 없으므로, 그 증언이 확정판결에 의하여 허위인 것으로 증명되었더라도 위 제2호 소정의 **재심사유에 포함될 수 없다**(대결 1999.8.11, 99모93).
③ '원판결의 증거된 증언'이라 함은 법률에 의하여 선서한 증인의 증언을 말하고 **공동피고인의 공판정에서의 진술은 여기에 해당하지 않는다**(대결 1985.6.1, 85모10).
④ 증인에 대하여 위증죄의 유죄판결이 확정되는 경우에는 재심사유가 될 수 있지만, 동 **증인에 대한 위증고소사건이 수사 중에 있다는 사실만으로는 재심사유가 될 수 없다**(대판 1972.10.31, 72도1914).

③ 무고로 인하여 유죄를 선고받은 경우에 그 무고의 죄가 확정판결에 의하여 증명된 때(제3호)
④ 원판결의 증거가 된 재판이 확정재판에 의하여 변경된 때(제4호): '원판결의 증거된 재판'이라 함은 원판결의 이유 중에서 증거로 채택되어 죄로 되는 사실을 인정하는 데 인용된 타(他)의 재판을 말한다. 형사재판은 물론 민사재판도 포함된다.

> **판례 | 형사소송법 제420조 제4호 재심사유 관련 판례**
> 형사소송법 제420조 제4호 소정의 '원판결의 증거된 재판'라 함은 **원판결의 이유 중에서 증거로 채택되어 죄로 되는 사실을 인정하는 데 인용된 타(他)의 재판**을 뜻한다(대결 1986.8.28, 86모15).

⑤ 저작권·특허권·실용신안권·디자인권·상표권을 침해한 죄로 유죄의 선고를 받은 사건에 관하여 그 권리에 대한 무효의 심결 또는 무효의 판결이 확정된 때(제6호): '심결(審決)'이란 특허청장 소속 특허심판원에서 내리는 행정심판에 대한 결정을 말한다(특허법 제132조의2 이하).
⑥ 원판결, 전심판결 또는 그 판결의 기초된 조사에 관여한 법관, 공소의 제기 또는 그 공소의 기초된 수사에 관여한 검사나 사법경찰관이 그 직무에 관한 죄를 지은 것이 확정판결에 의하여 증명된 때. 단, 원판결의 선고 전에 법관, 검사 또는 사법경찰관에 대하여 공소가 제기되었을 경우에는 원판결의 법원이 그 사유를 알지 못한 때로 한정한다(제7호).

> **판례 |**
> 1 형사소송법 제420조 제7호 재심사유 관련 판례
> **형사소송법 제420조 제7호의 재심사유** 해당 여부를 판단함에 있어 사법경찰관 등이 범한 **직무에 관한 죄가 사건의 실체관계에 관계된 것인지 여부나 당해 사법경찰관이 직접 피의자에 대한 조사를 담당하였는지 여부는 고려할 사정이 아니다**(대결 2008.4.24, 2008모77). 14. 변호사, 15·16·17. 경찰채용
> 2 형사소송법 제420조 제7호 재심사유가 될 수 있는 경우
> 수사기관이 영장주의를 배제하는 **위헌적 법령**(유신헌법 당시 긴급조치 제9호 제8항)**에 따라 영장 없는 체포·구금을 한 경우에도 불법체포·감금의 직무범죄가 인정되는 경우에 준하는 것으로 보아 형사소송법 제420조 제7호의 재심사유가 있다고 보아야 한다**(대결 2018.5.2, 2015모3243).

(2) 신규형 재심사유(제420조 제5호)
① 의의: 유죄를 선고받은 자에 대하여 **무죄 또는 면소**를, 형의 선고를 받은 자에 대하여 형의 면제 또는 원판결이 인정한 죄보다 가벼운 죄를 인정할 명백한 증거가 새로 발견된 때에 재심을 청구할 수 있다(《주의》 무죄 또는 면소 또는 공소기각을 ×).
② 재심사유
  ㉠ **유죄의 선고를 받은 자에 대하여 무죄 또는 면소를 인정할 명백한 증거가 새로 발견된 때**: 유죄의 선고에는 형의 선고는 물론 형면제판결이나 선고유예판결도 포함된다.
  ㉡ **형의 선고를 받은 자에 대하여 형의 면제 또는 원판결이 인정한 죄보다 경한 죄를 인정할 명백한 증거가 새로 발견된 때**: 형의 선고를 받은 자에 대하여(무죄 또는 면소를 인정할 경우는 당연히 포함되고) 형 면제 또는 원판결이 인정한 죄보다 경한 죄를 인정할 경우를 말한다. '형의 면제'는 필요적 면제만을 의미하므로 임의적 면제는 이에서 제외된다. 또한 '경한 죄'란 법정형이 경한 죄를 의미한다.

> ⚖️ **판례 |**
>
> **1 조세의 부과처분을 취소하는 확정된 행정판결에 의해 조세포탈에 대한 무죄 내지 원심판결이 인정한 죄보다 경한 죄를 인정할 명백한 증거에 해당여부(적극)**
> 조세심판원이 재조사결정을 하고 그에 따라 과세관청이 후속처분으로 당초 부과처분을 취소하였다면 부과처분은 처분시에 **소급하여 효력을 잃게 되어 원칙적으로 그에 따른 납세의무도 없어지므로**, 형사소송법 제420조 제5호에 정한 재심사유에 해당한다(대판 2015.10.29. 2013도14716). 20. 법원9급, 21. 경찰채용
>
> **2 형사소송법 제420조 제5호 재심사유에 있어 '형의 면제'의 의미(= 필요적 면제)**
> 형사소송법 제420조 제5호는 형의 선고를 받은 자에 대하여 형의 면제를 인정할 명백한 증거가 새로 발견된 때를 재심사유로 들고 있는바, 여기서 형의 면제라 함은 형의 필요적 면제의 경우만을 말하고 임의적 면제는 해당하지 않는다(대결 1984.5.30, 84모32). 14. 변호사, 15. 경찰채용
>
> **3 형사소송법 제420조 제5호 재심사유에 있어 '원판결이 인정한 죄보다 경한 죄'의 의미**
> ① '원판결이 인정한 죄보다 경한 죄'라 함은 원판결이 인정한 죄와는 별개의 죄로서 그 법정형이 가벼운 죄를 말하는 것이므로, 동일한 죄에 대하여 **공소기각을 선고받을 수 있는 경우는 여기에서의 경한 죄에 해당하지 않는다**(대결 1997.1.13, 96모51). 19. 해경채용
> ② '원판결이 인정한 죄보다 경한 죄'라 함은 원판결이 인정한 죄와는 별개의 죄로서 그 법정형이 가벼운 죄를 말하므로 필요적이건 임의적이건 형의 감경사유를 주장하는 것은 포함하지 않는다(대판 2007.7.12, 2007도3496).
> ③ '원판결이 인정한 죄보다 경한 죄를 인정할 경우'라 함은 원판결에서 인정한 죄와는 별개의 죄로서 그보다 경한 죄를 말한다 할 것이고 원판결에서 인정한 죄 자체에는 변함이 없고, 다만 **양형상의 자료에 변동을 가져올 사유에 불과한 것은 여기에 해당하지 아니한다**(대결 1992.8.31, 92모31).

③ 증거의 신규성과 증거의 명백성
  ㉠ 의의: 유죄·형의 선고를 받은 자에 대하여 무죄·면소 또는 경한 죄를 인정할 '명백한' 증거가 '새로' 발견되어야 재심을 청구할 수 있다. 즉, 증거는 신규성(新規性)과 명백성(明白性)을 갖추어야만 한다.
  ㉡ **증거의 신규성**: 증거의 '**신규성**'이란 증거가 새로운 것이어야 함을 말한다. 증거의 신규성이 원판결 당시에는 존재하였으나 후에 발견된 증거, 원판결 후에 생긴 증거 및 원판결 당시 존재를 알았으나 조사가 불가능하였던 증거에 대하여 인정된다. 신규성과 관련하여 그 증거가 법원에 대하여 새로운 것이어야 함은 이론이 없다. 그러나 그 증거가 법원 외에 당사자에게도 새로운 것이어야 하느냐에 대해서는 견해의 대립이 있다. 이에 관하여 ⓐ 당사자에게도 새로워야 한다는 필요설, ⓑ 당사자의 귀책사유에 관계없이 법원에게만 새로우면 족하다는 불요설, ⓒ 당사자에게 새로운 것일 필요는 없으나 **당사자의 고의·과실 등의 귀책사유로 제출하지 못한 때에는 예외적으로 신규성을 인정할 수 없다**는 절충설이 대립한다. 통설은 ⓑ의 불요설의 입장이지만, **판례는 ⓒ의 절충설의 입장**을 취하고 있다.
  ㉢ **증거의 명백성**: 증거의 '**명백성**'이란 새로운 증거가 확정판결을 파기할 고도의 개연성이 인정되는 경우를 말한다. 따라서 법관의 자유심증에 의하여 그 증거가치가 좌우되는 증거는 이에서 제외된다. 증거의 '명백성'을 판단할 때 ⓐ 구증거는 제외하고 신증거만을 판단하여야 한다는 단독평가설, ⓑ **구증거와 신증거를 종합적으로 고려하여야 한다**는 종합평가설이 있고, 종합평가설은 다시 구증거에 대한 원심법원의 심증을 인계하는 심증인계설과 구증거의 증거가치를 재평가하는 재평가설로 나뉜다.

판례 I

1 형사소송법 제420조 제5호 재심사유에 있어 '증거의 신규성'의 판단기준(= 절충설)

형사소송법 제420조 제5호에서 정한 재심사유에서 무죄 등을 인정할 '증거가 새로 발견된 때'라 함은 재심대상이 되는 확정판결의 소송절차에서 발견되지 못하였거나 또는 발견되었다 하더라도 제출할 수 없었던 증거로서 이를 새로 발견하였거나 비로소 제출할 수 있게 된 때를 말한다. 피고인이 재심을 청구한 경우 재심대상이 되는 확정판결의 소송절차 중에 그러한 증거를 제출하지 못한 데에 과실이 있는 경우에는 그 증거는 이 사건 조항에서의 '증거가 새로 발견된 때'에서 제외된다고 해석함이 상당하다[대결 2009.7.16, 2005모472(전합)]. 14·15. 변호사, 15·17. 경찰채용, 16. 국가7급·경찰간부, 17·21. 법원9급, 17·18·20. 경찰승진, 19. 해경채용, 19·22. 변호사

2 형사소송법 제420조 제5호 재심사유에 있어 '증거의 명백성'의 판단기준(= 종합평가설)

'무죄 등을 인정할 **명백한 증거**'에 해당하는지 여부를 판단할 때에는 법원으로서는 **새로 발견된 증거만을 독립적·고립적으로 고찰**하여 그 증거가치만으로 재심의 개시 여부를 판단할 것이 아니라, 재심대상이 되는 확정판결을 선고한 법원이 사실인정의 기초로 삼은 증거들 가운데 새로 발견된 증거와 유기적으로 밀접하게 관련되고 모순되는 것들은 함께 고려하여 평가하여야 하고, 그 결과 단순히 재심대상이 되는 유죄의 확정판결에 대하여 그 정당성이 의심되는 수준을 넘어 그 판결을 그대로 유지할 수 없을 정도로 고도의 개연성이 인정되는 경우라면 그 새로운 증거는 이 사건 조항에서의 '명백한 증거'에 해당한다[대결 2009.7.16, 2005모472(전합)]. 14. 변호사, 16. 국가7급·국가9급, 17. 경찰채용, 18. 경찰승진

3 형사소송법 제420조 제5호 재심사유가 될 수 있는 경우

① 형벌에 관한 법령(긴급조치 제9호)이 당초부터 헌법에 위반되어 법원에서 위헌·무효라고 선언한 경우(대결 2013.4.18, 2010모363) 16. 경찰간부, 18. 법원9급

② "甲이 乙을 뒤에 태우고 오토바이를 운전하다가 교통사고를 일으켜 상해를 입히고 도주하였다."는 공소사실로 甲이 제1·2심에서 모두 유죄가 선고된 후 甲의 탄원에 의한 재수사과정에서 乙이 자기가 운전하다가 사고를 일으켰음을 자백하여 **군검찰관이 乙을 진범인으로 지목하여 교통사고처리 특례법 위반 등으로 공소를 제기**한 경우(대판 1990.10.26, 90도1753)

③ 조세포탈에 관하여 원심판결이 있은 후에 그 **조세부과처분을 취소하는 행정소송판결이 확정**된 경우(대판 1985.10.22, 83도2933) 21. 경찰채용

4 형사소송법 제420조 제5호 재심사유가 될 수 없는 경우

① 피고인이 **피해액을 모두 변제**하고 피해회복에 관한 자료를 제출한 경우(대판 2017.11.9, 2017도14769)

② 담당공무원이 **친고죄에 대한 고소취소장을 접수**받아 기록에 첨부하지 아니하는 바람에 피고인이 유죄의 확정판결을 받은 경우(대결 1997.1.13, 96모51) 21. 경찰채용

③ 유죄의 확정판결을 받은 피고인이 **강간미수죄의 피해자와 합의한 사실**이 인정되는 경우(대판 1985.2.26, 84도2809)

④ 유죄의 확정판결을 받은 피고인이 **자수 또는 자복한 사실**이 인정되는 경우(대결 1984.5.30, 84모32)

5 다른 공범자에 대한 확정된 무죄판결 자체도 재심사유가 되는지의 여부(소극)

① 당해 사건의 증거가 아니고 공범자 중 1인에 대하여 무죄, 다른 1인에 대하여 유죄의 확정판결이 있는 경우에 무죄 확정판결 자체만으로는 **무죄 확정판결의 증거자료를 자기의 증거로 하지 못하였고 또 새로 발견된 것이 아닌 한** 유죄 확정판결에 대한 새로운 증거로서의 재심사유에 해당한다고 할 수 없다(대결 1984.4.13, 84모14). 16. 국가7급, 17. 경찰채용, 22. 변호사사례

② 공범에 있어 1인에 대하여 무죄, 1인에 대하여 유죄의 확정판결이 있는 경우 무죄 확정판결 자체만으로서는 유죄 확정판결에 대한 새로운 증거로서의 재심사유에 해당된다 할 수 없으나 **무죄 확정판결의 증거자료를 자기의 증거로 하지 못하였고 또 새로 발견된 것이면** 그 신증거는 유죄 확정판결의 재심사유에 해당된다고 할 수 있다(대결 1961.8.16, 61소2). 21. 경찰채용

2. 상소기각판결에 대한 재심사유

(1) 의의

재심의 대상은 상소기각판결 자체를 말하고, 그 상소기각판결에 의하여 확정된 원심판결을 말하는 것은 아니다.

(2) 재심사유(제421조 제1항)

① 원판결의 증거된 서류 또는 증거물의 확정판결에 의하여 위조 또는 변조인 것이 증명된 때(제420조 제1호).
② 원판결의 증거된 증언·감정·통역·번역이 확정판결에 의하여 허위인 것이 증명된 때(제420조 제2호).
③ 원판결, 전심판결 또는 그 판결의 기초 된 조사에 관여한 법관, 공소의 제기 또는 그 공소의 기초된 수사에 관여한 검사나 사법경찰관이 그 직무에 관한 죄를 범한 것이 확정판결에 의하여 증명된 때. 단, 원판결의 선고 전에 법관, 검사 또는 사법경찰관에 대하여 공소의 제기가 있는 경우에는 원판결의 법원이 그 사유를 알지 못한 때에 한한다(제420조 제7호).

> **판례 │ 항소기각 또는 상고기각판결로 제1심판결이 유죄로 확정된 경우 위헌결정에 따른 재심의 대상(제1심판결)**
>
> 형벌에 관한 법률조항에 대하여 헌법재판소의 **위헌결정이 선고되어** 헌법재판소법 제47조에 따라 재심을 청구하는 경우 그 재심사유는 **형사소송법 제420조 제1호, 제2호, 제7호 어느 것에도 해당하지 않는다**. 즉 형벌조항에 대하여 헌법재판소의 위헌결정이 있는 경우 헌법재판소법 제47조에 의한 재심은 원칙적인 재심대상판결인 제1심 유죄판결 또는 파기자판한 상급심판결에 대하여 청구하여야 한다. **제1심이 유죄판결을 선고하고, 그에 대하여 불복하였으나 항소 또는 상고기각판결이 있었던 경우에 헌법재판소법 제47조를 이유로 재심을 청구하려면 재심대상판결은 제1심판결이 되어야 하고, 항소 또는 상고기각판결을 재심대상으로 삼은 재심청구는 법률상의 방식을 위반한 것으로 부적법하다**(대판 2022.6.16, 2022모509 윤창호법 위헌 재심대상 사건). 헌법재판소법 제47조 제47조【위헌결정의 효력】④ 제3항의 경우에 위헌으로 결정된 법률 또는 법률의 조항에 근거한 유죄의 확정판결에 대하여는 재심을 청구할 수 있다.

(3) 재심의 제한

제1심 확정판결에 대한 재심청구사건의 판결이 있은 후에는 항소기각판결에 대하여 다시 재심을 청구하지 못한다(제421조 제2항). 15. 변호사 제1심 또는 제2심의 확정판결에 대한 재심청구사건의 판결이 있은 후에는 상고기각판결에 대하여 다시 재심을 청구하지 못한다(동조 제3항).

3. 확정판결에 의한 증명

(1) 확정판결에 의한 증명

재심사유는 확정판결에 의하여 증명이 되어야 한다. 그리고 제420조 제4호를 제외하고는 형사확정판결을 의미한다. 반드시 유죄판결이어야 하는 것은 아니고 구성요건에 해당하는 사실이 증명되면 족하다.

(2) 확정판결에 대신하는 증명

확정판결로써 범죄가 증명됨을 재심청구의 이유로 할 경우에 그 확정판결을 얻을 수 없는 때에는 그 사실을 증명하여 재심의 청구를 할 수 있다. 단, 증거가 없다는 이유로 확정판결을 얻을 수 없는 때에는 예외로 한다(제422조). 확정판결을 받을 수 없는 때란 유죄판결을 받을 수 없는 사실상 또는 법률상의 이유가 있는 때를 말한다.

> **판례 |**
> 1 형사소송법 제422조의 재심사유가 될 수 있는 경우
>   ① 피고인이 사법경찰관들에 대해 대전고등법원에 재정신청을 제기하였으나, 위 **법원이 (영장청구기간을 약 24시간 경과한 후에 판사로부터 구속영장을 발부받아 집행한 사실을 밝혀냈으나 기존의 업무처리관행에 착오를 일으켜 위와 같이 불법감금한 것으로 인정되는 사정 등을 감안하여) 검사의 기소유예처분이 모두 정당하다는 이유로 재항고인의 재정신청을 기각한 경우** 이는 형사소송법 제422조에서 정한 '**확정판결에 대신하는 증명**'이 있는 경우에 해당한다(대결 2006.5.11, 2004모16).
>   ② 공소의 기초가 된 수사에 관여한 사법경찰관이 불법감금죄 등으로 고소되었으나 검사에 의하여 무혐의 불기소결정이 되어 그 당부에 관한 재정신청이 있자, **재정신청을 받은 고등법원이 29시간 동안의 불법감금사실은 인정하면서 여러 사정을 참작하여 검사로서는 기소유예의 불기소처분을 할 수 있었다는 이유로 재정신청기각결정을 하여 그대로 확정된 경우**, 이는 형사소송법 제422조에서 정한 '확정판결로써 범죄가 증명됨을 재심청구의 이유로 할 경우에 그 확정판결을 얻을 수 없는 때로서 그 사실을 증명한 경우'에 해당한다(대결 1997.2.26, 96모123).
> 2 형사소송법 제422조의 재심사유가 될 수 없는 경우
>   매매계약서 변조를 들어 형사소송법 제420조 제1호 소정의 재심사유를 주장함에 있어 **매매계약서 변조의 점에 대하여 공소시효완성을 이유로 한 검사의 불기소처분으로써** 같은 법 제422조에 의한 확정판결에 대신하는 증명으로 삼기 위하여는 **그와 같은 불기소처분이 있었다는 것만으로는 부족하고 나아가 그와 같은 범죄사실의 존재가 적극적으로 입증되어야 한다**(대결 1994.7.14, 93모66).

4. 특별법상 재심사유

(1) 헌법재판소법

헌법재판소에서 위헌으로 결정된 형벌에 관한 법률 또는 법률의 조항은 소급하여 그 효력을 상실한다(동법 제47조 제3항, 제75조). 다만, 해당 법률 또는 법률의 조항에 대하여 종전에 합헌으로 결정한 사건이 있는 경우에는 그 결정이 있는 날의 다음 날로 소급하여 효력을 상실한다(동법 제47조 제3항 단서). 15. 변호사 이 경우에 위헌으로 결정된 법률 또는 법률의 조항에 근거한 유죄의 확정판결에 대하여는 재심을 청구할 수 있고, 이 재심에 대해서는 형사소송법의 규정을 준용한다(제47조 제4항·제5항, 제75조).

> **판례 | 헌법재판소법 제47조 제4항에 규정된 재심사유가 되는 경우**
> [1] 헌법재판소법 제47조 제4항에 따라 재심을 청구할 수 있는 '위헌으로 결정된 법률 또는 법률의 조항에 근거한 유죄의 확정판결'이란 헌법재판소의 위헌결정으로 인하여 같은 조 제3항의 규정에 의하여 소급하여 효력을 상실하는 법률 또는 법률의 조항을 적용한 유죄의 확정판결을 의미한다. [2] 따라서 **위헌으로 결정된 법률 또는 법률의 조항이 같은 조 제3항 단서에 의하여 종전의 합헌결정이 있는 날의 다음 날로 소급하여 효력을 상실하는 경우 그 합헌결정이 있는 날의 다음 날 이후에 유죄 판결이 선고되어 확정되었다면**, 비록 범죄행위가 그 이전에 행하여졌다 하더라도 그 판결은 위헌결정으로 인하여 소급하여 효력을 상실한 법률 또는 법률의 조항을 적용한 것으로서 '위헌으로 결정된 법률 또는 법률의 조항에 근거한 유죄의 확정판결'에 해당하므로 이에 대하여 **재심을 청구할 수 있다**(대결 2016.11.10, 2015모1475). 20. 법원9급

(2) 소송촉진법
① **궐석재판**: 제1심 공판절차에서 피고인에 대한 송달불능보고서가 접수된 때부터 6개월이 지나도록 피고인의 소재를 확인할 수 없는 경우에는 대법원규칙으로 정하는 바에 따라 피고인의 진술 없이 재판할 수 있다. 다만, **사형, 무기** 또는 **장기 10년이 넘는 징역이나 금고**에 해당하는 사건의 경우에는 그러하지 아니하다(동법 제23조).
② **재심의 사유**: 궐석재판으로 유죄판결을 받고 그 판결이 확정된 자가 책임을 질 수 없는 사유로 공판절차에 출석할 수 없었던 경우에는 그 판결이 있었던 사실을 안 날부터 14일 이내(재심청구인이 책임을 질 수 없는 사유로 위 기간에 재심청구를 하지 못한 경우에는 그 사유가 없어진 날부터 14일 이내)에 제1심법원에 재심을 청구할 수 있다(동법 제23조의2 제1항).

판례

1 확정된 항소심판결에 대하여 항소심에 소송촉진법 제23조의2에 의한 재심청구를 할 수 있는지의 여부(적극)
① 소송촉진법 제23조 규정에 따라 진행된 제1심의 불출석재판에 대하여 검사만 항소하고 항소심도 불출석재판으로 진행한 후에 검사의 항소를 기각하여 제1심의 유죄판결이 확정된 경우, **귀책사유 없이** 제1심과 항소심의 공판절차에 출석할 수 없었던 피고인은 소송촉진법 제23조의2 제1항의 재심 규정에 따라 **14일 이내에 제1심법원에 재심을 청구할 수 있다**(대판 2015.8.27, 2015도1054).
② 소송촉진법 제23조 규정에 따라 진행된 제1심의 불출석재판에 대하여 검사만 항소하고 항소심도 불출석재판으로 진행한 후에 제1심판결을 파기하고 새로 또는 다시 유죄판결을 선고하여 그 유죄판결이 확정된 경우, 소송촉진법 제23조의2 제1항 규정을 유추적용하여 **귀책사유 없이** 제1심과 항소심의 공판절차에 출석할 수 없었던 **피고인은 항소심법원에 그 유죄판결에 대한 재심을 청구할 수 있다**[대판 2015.6.25, 2014도17252(전합)]. 17. 경찰간부·국가7급, 22. 변호사

2 소송촉진법 제23조의2의 재심청구 관련 판례
① 소송촉진법 제23조 규정에 따라 피고인의 진술 없이 유죄를 선고하여 확정된 제1심판결에 대하여, 피고인이 소송촉진법 제23조의2 제1항의 재심 규정에 의하여 재심을 청구하지 아니하고 항소권회복을 청구하여 인용된 경우에, 그 사유 중에 피고인이 책임을 질 수 없는 사유로 인하여 공판절차에 출석할 수 없었던 사정을 포함하고 있다면, 이는 소송촉진법 제23조의2 제1항의 재심청구의 사유가 있음을 주장한 것으로서 형사소송법 제361조의5 제13호에서 정한 '재심청구의 사유가 있는 때'에 해당하는 항소이유를 주장한 것으로 봄이 타당하다. 따라서 **항소심으로서는** 소송촉진법 제23조의2 제1항의 **재심청구의 사유가 있는지를 살펴야 하고 그 사유가 있다고 인정된다면 다시 공소장부본 등을 송달하는 등 새로 소송절차를 진행한 다음 제1심판결을 파기하고 새로운 심리결과에 따라 다시 판결하여야 한다**(대판 2015.11.26, 2015도8243)(同旨 대판 2015.11.26, 2015도11878).
② 소송촉진법 제23조 규정에 따라 진행된 제1심의 불출석재판에 대하여 검사만 항소하고 항소심도 불출석재판으로 진행한 후에 검사의 항소를 기각하여 제1심의 유죄판결이 확정된 경우, 피고인이 재심을 청구하지 않고 상고권회복에 의한 상고를 제기하였다면, 이는 형사소송법 제383조 제3호에서 상고이유로 정한 '재심청구의 사유가 있는 때'에 해당한다고 볼 수 있으므로 원심판결에 대한 파기사유가 될 수 있다. 나아가 위 사유로 파기되는 사건을 환송받아 다시 항소심 절차를 진행하는 원심으로서는 피고인의 귀책사유 없이 소송촉진법 제23조 규정에 의하여 제1심이 진행되었다는 파기환송판결 취지에 따라, 제1심판결에 형사소송법 제361조의5 제13호의 항소이유에 해당하는 재심 규정에 의한 재심청구의 사유가 있어 직권 파기사유에 해당한다고 보고, **다시 공소장부본 등을 송달하는 등 새로 소송절차를 진행한 다음 새로운 심리결과에 따라 다시 판결을 하여야 한다**(대판 2015.8.27, 2015도1054).

04 재심개시절차

형사소송법

제423조【재심의 관할】재심의 청구는 원판결의 법원이 관할한다.

제424조【재심청구권자】다음 각 호의 1에 해당하는 자는 재심의 청구를 할 수 있다.
 1. 검사
 2. 유죄의 선고를 받은 자
 3. 유죄의 선고를 받은 자의 법정대리인
 4. 유죄의 선고를 받은 자가 사망하거나 심신장애가 있는 경우에는 그 배우자, 직계친족 또는 형제자매

제425조【검사만이 청구할 수 있는 재심】제420조 제7호의 사유에 의한 재심의 청구는 유죄의 선고를 받은 자가 그 죄를 범하게 한 경우에는 검사가 아니면 하지 못한다.

제426조【변호인의 선임】① 검사 이외의 자가 재심의 청구를 하는 경우에는 변호인을 선임할 수 있다.
 ② 전항의 규정에 의한 변호인의 선임은 재심의 판결이 있을 때까지 그 효력이 있다.

제427조【재심청구의 시기】재심의 청구는 **형의 집행을 종료**하거나 **형의 집행을 받지 아니하게 된 때**에도 할 수 있다.

제428조【재심과 집행정지의 효력】재심의 청구는 형의 집행을 정지하는 효력이 없다. 단, 관할법원에 대응한 검찰청검사는 재심청구에 대한 재판이 있을 때까지 **형의 집행을 정지할 수 있다.**

제429조【재심청구의 취하】① 재심의 청구는 취하할 수 있다.
 ② 재심의 청구를 취하한 자는 동일한 이유로써 다시 재심을 청구하지 못한다.

제430조【재소자에 대한 특칙】제344조의 규정은 재심의 청구와 그 취하에 준용한다.

제431조【사실조사】① 재심의 청구를 받은 법원은 필요하다고 인정한 때에는 합의부원에게 재심청구의 이유에 대한 사실조사를 명하거나 다른 법원판사에게 이를 촉탁할 수 있다.
 ② 전항의 경우에는 수명법관 또는 수탁판사는 법원 또는 재판장과 동일한 권한이 있다.

제432조【재심에 대한 결정과 당사자의 의견】재심의 청구에 대하여 결정을 함에는 청구한 자와 상대방의 의견을 들어야 한다. 단, 유죄의 선고를 받은 자의 법정대리인이 청구한 경우에는 유죄의 선고를 받은 자의 의견을 들어야 한다.

제433조【청구기각결정】재심의 청구가 법률상의 방식에 위반하거나 청구권의 소멸 후인 것이 명백한 때에는 결정으로 기각하여야 한다.

제434조【동전】① 재심의 청구가 이유 없다고 인정한 때에는 결정으로 기각하여야 한다.
 ② 전항의 결정이 있는 때에는 누구든지 동일한 이유로써 다시 재심을 청구하지 못한다.

제435조【재심개시의 결정】① 재심의 청구가 이유 있다고 인정한 때에는 재심개시의 결정을 하여야 한다.
 ② 재심개시의 결정을 할 때에는 결정으로 **형의 집행을 정지할 수 있다.**

제436조【청구의 경합과 청구기각의 결정】① 항소기각의 확정판결과 그 판결에 의하여 확정된 제1심판결에 대하여 재심의 청구가 있는 경우에 제1심법원이 재심의 판결을 한 때에는 항소법원은 결정으로 재심의 청구를 기각하여야 한다.
 ② 제1심 또는 제2심판결에 대한 상고기각의 판결과 그 판결에 의하여 확정된 제1심 또는 제2심의 판결에 대하여 재심의 청구가 있는 경우에 제1심법원 또는 항소법원이 재심의 판결을 한 때에는 상고법원은 결정으로 재심의 청구를 기각하여야 한다.

제437조【즉시항고】제433조, 제434조 제1항, 제435조 제1항과 전조 제1항의 결정에 대하여는 즉시항고를 할 수 있다.

1. 의의

재심개시절차는 재심사유 유무를 심사하여 다시 심판할 것인가의 여부를 결정하는 절차를 말하고 이것이 재심절차의 핵심이 된다.

2. 재심의 관할

재심청구는 원판결의 법원이 관할한다(제423조). 15. 법원9급 원판결이란 재심청구인이 재심사유가 있다고 하여 재심청구의 대상으로 삼은 판결을 말한다.

> **판례 | 재심의 관할법원(= 재심청구의 대상이 된 판결을 선고한 법원)**
>
> 1 재심의 청구는 원판결의 법원이 관할하도록 되어 있고 여기서 **원판결**이라고 하는 것은 재심청구인이 재심사유가 있다고 하여 **재심청구의 대상으로 하고 있는 그 판결을** 가르킨다(대결 1986.6.12, 86모17).
> 2 피고인의 상고를 기각한 대법원판결에 재심사유가 있는 것이 명백한 경우 그 관할은 재심대상판결을 선고한 대법원에 있고, 위 판결에 의하여 확정된 항소심판결을 선고한 원심법원에는 그 관할권이 없다(대결 1986.6.12, 86모17).
> 3 상고심에서 상고기각으로 확정된 군산지원의 판결에 재심사유가 있다고 주장하고 동 판결에 대하여 동 지원에 재심을 청구한 사건에 대하여는 동 지원에서 재판하여야 한다(대결 1976.5.3, 76모19).
> 4 상고법원이 제2심판결을 파기하고 자판한 판결에 대한 재심청구는 원판결을 선고한 **상고법원**에 해야 할 것이고 파기된 판결의 선고법원인 고등법원에 할 수 없다(대판 1961.12.4, 61도20).
> 5 [1] 관할은 재판권을 전제로 하는 것이므로 **군사법원의 판결이 확정된 후 군에서 제적되어 군사법원에 재판권이 없는 경우**에는 재심사건이라도 그 관할은 원판결을 한 군사법원이 아니라 같은 심급의 **일반법원**에 있다. [2] 그리고 재심심판절차는 물론 재심사유의 존부를 심사하여 다시 심판할 것인지를 결정하는 재심개시절차 역시 재판권 없이는 심리와 재판을 할 수 없는 것이므로, 재심청구를 받은 군사법원으로서는 먼저 재판권 유무를 심사하여 군사법원에 재판권이 없다고 판단되면 재심개시절차로 나아가지 말고 곧바로 사건을 군사법원법 제2조 제3항에 따라 같은 심급의 일반법원으로 이송하여야 한다[대판 2015.5.21, 2011도1932(전합)]. 17. 법원9급·국가7급

3. 청구권자

(1) 검사

검사는 공익의 대표자로서 **유죄의 선고를 받은 자의 이익을 위하여** 청구할 수 있다(제424조 제1호). 법관·검사·사법경찰관의 직무상 범죄를 이유로 하는 재심의 청구는 유죄의 선고를 받은 자가 그 죄를 범하게 한 경우에는 검사가 아니면 이를 하지 못한다(제425조, 제420조 제7호).

(2) 유죄의 선고를 받은 자 등

① 유죄의 선고를 받은 자, ② 유죄의 선고를 받은 자의 법정대리인, ③ 유죄의 선고를 받은 자가 사망하거나 심신장애가 있는 경우에는 그 배우자, 직계친족 또는 형제자매는 재심을 청구할 수 있다(제424조 제2호 내지 제4호). 17. 경찰간부·법원9급 검사 이외의 유죄의 선고를 받은 자 등이 재심의 청구를 하는 경우에는 변호인을 선임할 수 있다(제426조 제1항). 변호인의 선임은 재심의 판결이 있을 때까지 그 효력이 있다(동조 제2항).

4. 청구의 시기와 방식 등

(1) 재심청구의 시기

재심청구의 시기에는 제한이 없다. 14·15. 법원9급, 18. 경찰간부 재심의 청구는 형의 집행을 종료하거나 형의 집행을 받지 아니하게 된 때에도 할 수 있으나(제427조) 19. 해경간부 이는 하나의 예시에 불과하다. 따라서 사면이 있거나 집행유예기간의 경과로 형의 선고가 실효되는 경우에도 재심을 청구할 수 있다. 명예회복이나 형사보상 등의 이익이 있기 때문이다.

(2) 재심청구의 방식

재심의 청구를 함에는 재심청구의 취지 및 재심청구의 이유를 구체적으로 기재한 재심청구서에 원판결의 등본 및 증거자료를 첨부하여 관할법원에 제출하여야 한다(규칙 제166조).

(3) 재심청구의 효과

재심의 청구는 **형의 집행을 정지하는 효력이 없다.** 단, 관할법원에 대응한 검찰청검사는 재심청구에 대한 재판이 있을 때까지 **형의 집행을 정지할 수 있다**(제428조). 14. 법원9급·경찰채용, 18. 경찰간부

(4) 재심청구의 취하

재심청구는 취하할 수 있다(제429조 제1항). 14. 경찰채용 재심청구의 취하는 서면으로 하여야 한다. 다만, 공판정에서는 구술로 할 수 있고(규칙 제167조 제1항), 구술로 재심청구의 취하를 한 경우에는 그 사유를 조서에 기재하여야 한다(규칙 제167조). 재심청구의 취하는 제1심판결선고 전까지 할 수 있다는 것이 통설의 입장이다. **재심의 청구를 취하한 자는 동일한 이유로 다시 재심을 청구하지 못한다**(제429조 제2항). 14. 경찰채용, 18. 경찰간부, 19. 해경채용

5. 재심청구에 대한 재판

(1) 재심청구의 심리

① **심리의 방법**: 재심청구를 받은 법원은 필요한 경우 사실조사를 할 수 있고(제37조 제3항) 합의부원에게 재심청구의 이유에 대한 사실조사를 명하거나 다른 법원 판사에게 이를 촉탁할 수 있다(제431조 제1항). 촉탁받은 수명법관 또는 수탁판사는 법원 또는 재판장과 동일한 권한이 있다(동조 제2항).

> **판례** | 재심청구에 대한 재판에서 소송당사자에게 사실조사신청권이 있는지의 여부(소극)
>
> 재심의 청구를 받은 법원은 필요하다고 인정한 때에는 형사소송법 제431조에 의하여 **직권으로 재심청구의 이유에 대한 사실조사를 할 수 있으나, 소송당사자에게 사실조사 신청권이 있는 것이 아니다.** 그러므로 당사자가 재심청구의 이유에 관한 사실조사신청을 한 경우에도 이는 단지 법원의 직권발동을 촉구하는 의미밖에 없는 것이므로, 법원은 이 신청에 대하여는 재판을 할 필요가 없고 설령 법원이 이 신청을 배척하였다고 하여도 당사자에게 이를 고지할 필요가 없다(대판 2021.3.12, 2019모3554).

② **의견청취**: 재심청구에 대하여 결정을 함에는 청구한 자와 상대방의 의견을 들어야 한다. 단, 유죄의 선고를 받은 자의 법정대리인이 청구한 경우에는 유죄의 선고를 받은 자의 의견을 들어야 한다(제432조). 14. 경찰채용

③ **재심청구의 경합과 공판절차의 정지**: 항소기각의 확정판결과 그 판결에 의하여 확정된 제1심판결에 대하여 각각 재심의 청구가 있는 경우에 항소법원은 결정으로 제1심법원의 소송절차가 종료할 때까지 소송절차를 정지하여야 한다(규칙 제169조 제1항). 상고기각의 판결과 그 판결에 의하여 확정된 제1심 또는 제2심의 판결에 대하여 각각 재심의 청구가 있는 경우에 상고법원은 결정으로 제1심법원 또는 항소법원의 소송절차가 종료할 때까지 소송절차를 정지하여야 한다(동조 제2항).

(2) 재심청구에 대한 재판

① **청구기각결정**: 재심의 청구가 법률상의 방식에 위반하거나 청구권의 소멸 후인 것이 명백한 때에는 결정으로 이를 기각하여야 한다(제433조). 재심의 청구가 이유 없다고 인정하는 때에도 결정으로 이를 기각하여야 한다(제434조 제1항). 이 경우 누구든지 동일한 이유로 다시 재심을 청구하지 못한다(동조 제2항).

② **재심개시결정**: 재심의 청구가 이유 있다고 인정하는 때에는 재심개시의 결정을 하여야 한다(제435조 제1항). 재심개시의 결정을 할 때에는 결정으로 형의 집행을 정지할 수 있다(동조 제2항).

> **판례**
>
> 1 **재심청구인이 재심청구 후 그 청구에 대한 결정이 확정되기 전에 사망한 경우 법원이 취해야 할 조치 (= 재심청구절차 종료 선언)**
> 형사소송법이나 형사소송규칙에는 재심청구인이 재심의 청구를 한 후 그 청구에 대한 결정이 확정되기 전에 사망한 경우에 재심청구인의 배우자나 친족 등에 의한 재심청구인 지위의 승계를 인정하거나 형사소송법 제438조와 같이 재심청구인이 사망한 경우에도 절차를 속행할 수 있는 규정이 없으므로 **재심청구절차는 재심청구인의 사망으로 당연히 종료하게 된다**(대결 2014.5.30, 2014모739). 16·17. 경찰채용, 17·20. 국가7급, 18·20. 법원9급
>
> 2 **재심개시절차에서 재심사유가 재심대상판결에 영향을 미칠 가능성 여부를 고려할 수 있는지의 여부(소극)**
> 재심개시절차에서는 형사소송법을 규정하고 있는 재심사유가 있는지 여부만을 판단하여야 하고 나아가 재심사유가 재심대상판결에 영향을 미칠 가능성이 있는가의 실체적 사유는 고려하여서는 아니 된다(대결 2008.4.24, 2008모77). 17. 경찰승진
>
> 3 **재심개시결정 확정의 효력**
> 설령 **재심개시결정이 부당하더라도 이미 확정**되었다면 법원은 더 이상 재심사유의 존부에 대하여 살펴볼 필요 없이 형사소송법 제436조의 경우가 아닌 한 **그 심급에 따라 다시 심판을 하여야 한다** [대판 2013.5.16, 2011도2631(전합)].
>
> 4 **재심개시결정이 된 사건에 대한 구속영장 발부의 적부(적극)**
> 법원은 재심개시결정에 의한 형의 집행정지와 동시에 형사소송법 제70조에 의하여 구속영장을 발부하여 **피고인을 구속할 수 있다고** 해석함이 상당하다(대판 1965.3.2, 64도690).

하나의 형이 선고된 경합범 중 일부에 대해서만 재심청구가 이유있다고 재심개시결정을 하는 경우에 ⊙ 경합범 전부가 재심심리의 대상이 된다는 전부재심설과(全部再審說), ⓒ 이유 있다고 재심사유가 된 범죄사실만이 심리의 대상이 되고, 재심사유가 없는 범죄사실은 형식적으로만 심판대상에 포함된다는 일부재심설(一部再審說)이 대립하고 있다. 판례는 ⓒ의 일부재심설의 입장을 취하고 있다.

> **판례** | 1개의 형이 확정된 경합범 중 일부 범죄사실에 대하여만 재심사유가 있는 경우, 재심법원의 심리범위(= 일부재심설)
>
> [1] 경합범 관계에 있는 수개의 범죄사실을 유죄로 인정하여 한 개의 형을 선고한 불가분의 확정판결에서 그중 일부의 범죄사실에 대하여만 재심청구의 이유가 있는 것으로 인정된 경우에는 형식적으로는 1개의 형이 선고된 판결에 대한 것이어서 그 판결 전부에 대하여 재심개시의 결정을 할 수밖에 없지만 [2] 비상구제수단인 재심제도의 본질상 재심사유가 없는 범죄사실에 대하여는 재심개시결정의 효력이 그 부분을 형식적으로 심판의 대상에 포함시키는데 그치므로 재심법원은 그 부분에 대하여는 이를 다시 심리하여 유죄인정을 파기할 수 없고, 다만 그 부분에 관하여 새로이 양형을 하여야 하므로 양형을 위하여 필요한 범위에 한하여만 심리를 할 수 있을 뿐이라고 할 것이다(대판 1996.6.14, 96도477).
> 14·22. 법원9급, 17·20·22. 국가7급, 17. 국가9급, 18. 경찰채용, 19·22. 경찰간부, 22. 변호사

③ **재심청구의 경합과 청구기각결정**: 항소기각의 확정판결과 그 판결에 의하여 확정된 제1심판결에 대하여 재심의 청구가 있는 경우에 제1심법원이 재심의 판결을 한 때에는 항소법원은 결정으로 재심의 청구를 기각하여야 한다(제436조 제1항). 14. 경찰간부 제1심 또는 제2심판결에 대한 상고기각의 판결과 그 판결에 의하여 확정된 제1심 또는 제2심의 판결에 대하여 재심의 청구가 있는 경우에 제1심법원 또는 항소법원이 재심의 판결을 한 때에는 상고법원은 결정으로 재심의 청구를 기각하여야 한다(동조 제2항).

(3) 재심에 관한 결정에 대한 불복

재심청구기각결정 또는 재심개시결정에 대하여는 **즉시항고를 할 수 있다**(제437조).

05 재심심판절차

1. 의의

재심심판절차란 재심개시결정이 확정된 사건에 대하여 그 심급에 따라 다시 심판하는 절차를 말한다. 재심개시의 결정이 확정된 사건에 대하여 법원은 **그 심급에 따라 다시 심판**을 하여야 한다(제438조 제1항). "심급에 따라 다시 심판한다."라는 의미는 일반 공판절차에 의하여 피고사건 자체를 처음부터 새로 심판하는 것을 말한다. 재심의 판결에 대해서도 당연히 상소가 허용된다.

> **판례** |
>
> 1 형사소송법 제438조 제1항에서 '다시' 심판한다는 것의 의미
>
> 형사소송법 제438조 제1항은 "재심개시의 결정이 확정한 사건에 대하여는 제436조의 경우 외에는 법원은 그 심급에 따라 다시 심판을 하여야 한다."고 규정하고 있는데, 여기서 '**다시' 심판한다는 것은 재심대상판결의 당부를 심사하는 것이 아니라 피고사건 자체를 처음부터 새로 심판하는 것을 의미하므로**, 재심대상판결이 상소심을 거쳐 확정되었더라도 재심사건에서는 재심대상판결의 기초가 된 증거와 재심사건의 심리과정에서 제출된 증거를 모두 종합하여 공소사실이 인정되는지를 새로이 판단하여야 한다(대판 2015.5.14, 2014도2946).

2 **재심이 개시된 사건에서 범죄사실에 대하여 적용하여야 할 법령(= 재심판결 당시의 법령)**
  ① **재심이 개시된 사건에서 범죄사실에 대하여 적용하여야 할 법령은 재심판결 당시의 법령이고, 재심대상판결 당시의 법령이 변경된 경우 법원은 범죄사실에 대하여 재심판결 당시의 법령을 적용하여야 하며, 법령을 해석할 때에도 재심판결 당시를 기준으로 하여야 한다**(대판 2011.10.27, 2009도1603).
  ② **재심이 개시된 사건에서 범죄사실에 대하여 적용하여야 할 법령은 재심판결 당시의 법령이다.** 따라서 법원은 재심대상판결 당시의 법령이 변경된 경우에는 그 범죄사실에 대하여 재심판결 당시의 법령을 적용하여야 하고, 폐지된 경우에는 형사소송법 제326조 제4호를 적용하여 그 범죄사실에 대하여 면소를 선고하는 것이 원칙이다[대판 2010.12.16, 2010도5986(전합)]. 15. 변호사, 16. 경찰채용, 20. 국가9급

3 **재심대상사건의 기록이 폐기된 경우 재심심판절차에서 법원이 취할 조치**
  재심대상사건의 기록이 보존기간의 만료로 이미 폐기되었다 하더라도 가능한 노력을 다하여 그 기록을 복구하여야 하며, 부득이 기록의 완전한 복구가 불가능한 경우에는 판결서 등 수집한 잔존자료에 의하여 알 수 있는 원판결의 증거들과 재심공판절차에서 새롭게 제출된 증거들의 증거가치를 종합적으로 평가하여야 한다(대판 2004.9.24, 2004도2154).

2. 재심심판절차의 원칙 예외

(1) 원칙
재심심판절차도 일반 공판절차에 관한 규정이 그대로 적용된다.

(2) 재심심판절차의 특칙
① **공판절차정지와 공소기각결정에 관한 예외**: 재심심판절차에 있어서 ㉠ 사망자 또는 회복할 수 없는 심신장애인을 위하여 재심청구가 있는 때, ㉡ 유죄의 선고를 받은 자가 재심의 판결 전에 사망하거나 회복할 수 없는 심신장애인으로 된 때에는 공판절차정지와 공소기각결정에 관한 규정은 적용되지 아니한다(제306조 제1항, 제328조 제1항 제2호, 제438조 제2항). 즉, 이 경우에는 **공소기각결정이나 공판절차정지를 해서는 안 되고** 계속 재심심판절차를 진행하여야 한다. 15. 변호사, 17. 경찰간부
② **국선변호인 선정**: 재심피고인이 사망하거나 또는 회복할 수 없는 심신장애인이 된 때에는 피고인이 출정하지 아니하여도 심판을 할 수 있다. 단, 변호인이 출정하지 아니하면 개정하지 못한다(제438조 제3항). 재심을 청구한 자가 변호인을 선임하지 아니한 때에는 재판장은 직권으로 변호인을 선임하여야 한다(동조 제4항). 이는 국선변호인 선정사유에 해당한다.
③ **공소취소**: 공소취소는 제1심판결선고 전까지 할 수 있으므로(제255조 제1항) 제1심판결이 선고되어 확정된 이상 **재심심판절차에서는 공소취소를 할 수 없다.**
④ **공소장변경**: 재심심판절차에서도 공소장변경은 허용된다. 다만, 그 범위에 관하여 ㉠ 제한 없이 공소장변경을 할 수 있다는 견해와 ㉡ 원판결이 인정한 죄보다 중한 죄를 인정하기 위한 공소장변경은 허용되지 않는다는 견해가 대립하고 있다.

> **판례 | 재심심판절차에서 별개의 공소사실을 추가하는 공소장변경을 할 수 있는지의 여부 등**
>
> 재심심판절차에서는 특별한 사정이 없는 한 검사가 재심대상사건과 **별개의 공소사실을 추가하는 내용으로 공소장을 변경하는 것은 허용되지 않고**, 재심대상사건에 일반 절차로 진행 중인 **별개의 형사사건을 병합하여 심리하는 것도 허용되지 않는다**[대판 2019.6.20, 2018도20698(전합) **재심판결의 확정력 사건**]. 20. 국가9급, 21. 경찰채용, 22. 법원9급, 22. 변호사, 22. 경찰간부

3. 재심의 재판

(1) 불이익변경의 금지

재심에는 원판결의 형보다 무거운 형을 선고할 수 없다(제439조). 14·15·16. 법원9급 이는 이익재심만을 인정하는 현행 재심제도의 본질상 당연한 규정이다. 검사가 재심을 청구한 경우에도 불이익변경이 금지되는 것은 물론이다.

(2) 무죄판결의 공시

재심에서 무죄의 선고를 한 때에는 그 판결을 관보와 그 법원소재지의 신문지에 기재하여 공고하여야 한다. 다만, 재심청구권자 또는 유죄의 선고를 받은 자가 사망하거나 심신장애가 있는 경우에는 그 배우자, 직계친족 또는 형제자매가 청구하여 무죄를 선고받은 자가 원하지 아니하는 의사를 표시한 경우에는 그러하지 아니한다(제440조).

(3) 재심판결과 원판결의 효력

재심판결이 확정되면 원판결은 당연히 그 효력을 잃는다. 다만, 재심판결이 확정된 경우에도 원판결에 의한 형의 집행까지 당연히 무효가 되는 것은 아니다.

> **판례 |**
>
> 1 이익재심의 원칙의 의미
>   ① 형사소송법은 이익재심의 원칙을 반영하여 제439조에서 "재심에는 원판결의 형보다 무거운 형을 선고할 수 없다."라고 규정하고 있는데, 이는 단순히 원판결보다 무거운 형을 선고할 수 없다는 원칙만을 의미하고 있는 것이 아니라 **실체적 정의를 실현하기 위하여 재심을 허용하지만 피고인의 법적 안정성을 해치지 않는 범위 내에서 재심이 이루어져야 한다는 취지이다**(대판 2018.2.28, 2015도15782). 22. 변호사
>   ② 형사소송법은 이익재심의 원칙을 반영하여 제439조에서 "재심에는 원판결의 형보다 중한 형을 선고하지 못한다."라고 규정하고 있는데, 이는 실체적 정의를 실현하기 위하여 재심을 허용하지만 피고인의 법적 안정성을 해치지 않는 범위 내에서 재심이 이루어져야 한다는 취지로서, 단순히 재심절차에서 전의 판결보다 무거운 형을 선고할 수 없다는 원칙만을 의미하고 있는 것이 아니라, 피고인이 원판결 이후에 형선고의 효력을 상실하게 하는 특별사면을 받아 형사처벌의 위험에서 벗어나 있는 경우라면 재심절차에서 형을 다시 선고함으로써 위와 같이 **특별사면에 따라 발생한 피고인의 법적 지위를 상실하게 하여서는 안 된다는 의미도 포함되어 있는 것으로 보아야 한다** (대판 2015.10.9, 2012도2938). 17. 국가7급, 19. 해경간부
>
> 2 집행유예기간이 경과하여 형선고의 효력이 상실된 확정판결에 대한 재심심판사건에서 벌금형을 선고할 수 있는지의 여부(적극)
>   원판결이 선고한 집행유예가 실효 또는 취소됨이 없이 유예기간이 지난 후에 새로운 형을 정한 재심판결이 선고되는 경우에도, 그 유예기간 경과로 인하여 원판결의 형선고 효력이 상실되는 것은 원판결이 선고한 집행유예 자체의 법률적 효과로서 재심판결이 확정되면 당연히 실효될 원판결 본래의 효력일 뿐이므로 이를 형의 집행과 같이 볼 수는 없고, **재심판결의 확정에 따라 원판결이 효력을 잃게 되는 결과 그 집행유예의 법률적 효과까지 없어진다 하더라도 재심판결의 형이 원판결의 형보다 중하지 않다면 불이익변경금지의 원칙이나 이익재심의 원칙에 반한다고 볼 수 없다**(대판 2018.2.28, 2015도15782). 20. 경찰간부·국가7급, 21. 법원9급

3 재심심판절차에서 집행유예를 할 때 집행유예의 시기(집행유예를 선고한 판결확정일)

[1] 재심판결이 확정됨에 따라 원판결이나 그 부수처분의 법률적 효과가 상실되고 형 선고가 있었다는 기왕의 사실 자체의 효과가 소멸하는 것은 재심의 본질상 당연한 것으로서 원판결의 효력 상실 그 자체로 인하여 피고인이 어떠한 불이익을 입는다 하더라도 이를 두고 재심에서 보호되어야 할 피고인의 법적 지위를 해치는 것이라고 볼 것은 아니다. [2] 피고인이 재심대상판결에서 정한 집행유예 기간 중 특정범죄 가중처벌 등에 관한 법률 위반(보복협박등)죄로 징역 6개월을 선고받고 그 판결이 확정됨으로써, 위 집행유예가 실효되고 피고인에 대하여 유예된 형이 집행된 이 사건에서, 원심은 그 판시와 같은 이유를 들어 재심판결에서 피고인에게 또다시 집행유예를 선고할 경우 그 집행유예 기간의 시기는 재심대상판결의 확정일이 아니라 재심판결의 확정일로 보아야 하고, 그로 인하여 재심대상판결이 선고한 집행유예의 실효 효과까지 없어진다고 하더라도, 이는 재심판결이 확정되면 재심대상판결은 효력을 잃게 되는 재심의 본질상 당연한 결과이므로, 재심판결에서 정한 형이 재심대상판결의 형보다 중하지 않은 이상 불이익변경금지의 원칙이나 이익재심의 원칙에 반하지 않는다고 판단하였다(대판 2019.2.28, 2018도13382). 22. 국가7급

4 특별사면으로 형선고의 효력이 상실된 확정판결에 대한 재심심판사건에서 다시 유죄로 인정되는 경우 법원이 취해야 할 조치

특별사면으로 형선고의 효력이 상실된 유죄의 확정판결에 대하여 재심개시결정이 이루어져 재심심판법원이 그 심급에 따라 다시 심판한 결과 무죄로 인정되는 경우라면 무죄를 선고하여야 하겠지만, 그와 달리 유죄로 인정되는 경우에는, 피고인에 대하여 다시 형을 선고하거나 피고인의 항소를 기각하여 제1심판결을 유지시키는 것은 이미 형선고의 효력을 상실하게 하는 특별사면을 받은 피고인의 법적 지위를 해치는 결과가 되어 이익재심과 불이익변경금지의 원칙에 반하게 되므로 재심심판법원으로서는 "피고인에 대하여 형을 선고하지 아니한다."는 주문을 선고할 수밖에 없다(대판 2015.10.29, 2012도2938). 16. 경찰채용, 17. 국가7급·국가9급, 20. 경찰간부, 21. 변호사

5 불이익변경금지의 원칙에 위반되는 경우

제1심에서 징역형의 집행유예를 선고한 데 대하여 제2심이 그 징역형의 형기를 단축하여 실형을 선고하는 것도 불이익변경금지원칙에 위배된다. 마찬가지로 재심대상사건에서 징역형의 집행유예를 선고하였음에도 재심사건에서 원판결보다 주형을 경하게 하고, 집행유예를 없앤 경우는 형사소송법 제439조에 의한 불이익변경금지원칙에 위배된다(대판 2016.3.24, 2016도1131). 16. 변호사, 17·18. 국가9급, 18. 경찰채용

6 재심대상판결과 재심판결과의 관계

유죄의 확정판결에 대하여 재심개시결정이 확정되어 법원이 그 사건에 대하여 다시 심판을 한 후 재심의 판결을 선고하고 그 **재심판결이 확정된 때에는 종전의 확정판결은 당연히 효력을 상실한다**(대판 2017.9.21, 2017도4019).
   ✎ 따라서 효력을 상실된 종전의 확정판결은 누범 전과가 되지 않는다.

7 형집행과 재심판결과의 관계

재심의 종국판결이 확정된 때에는 재심대상판결은 당연히 효력을 상실하나 그때까지 재심대상판결에 의하여 이루어진 형의 집행은 적법하게 이루어진 것으로서 그 효력을 잃지 아니하므로, 피고인에 대하여 **집행된 재심대상판결의 징역형은 판결선고 전의 구금일수와 마찬가지로 재심법원이 벌금형의 노역장유치기간에 산입되어야 할 것이다**(대판 2014.11.13, 2014도10193).

8 재심판결의 기판력 관련 판례

상습범으로 유죄의 확정판결('선행범죄'라 한다)을 받은 사람이 그 후 동일한 습벽에 의해 범행을 저질렀는데('후행범죄'라 한다) **유죄의 확정판결에 대하여 재심이 개시된 경우**, (재심심판절차에서 선행범죄, 즉 재심대상판결의 공소사실에 후행범죄를 추가하는 내용으로 공소장을 변경하거나 추가로 공소를 제기한 후 이를 재심대상사건에 병합하여 심리하는 것이 허용되지 않으므로) **동일한 습벽에 의한 후행범죄가 재심대상판결에 대한 재심판결 선고 전에 저지른 범죄라 하더라도 재심판결의 기판력이 후행범죄에 미치지 않는다**[대판 2019.6.20, 2018도20698(전합) **재심판결의 확정력 사건**]. 20. 경찰간부·경찰승진·국가7급, 21·22. 변호사, 22. 경찰간부

제2절 비상상고(非常上告)

01 의의

1. 개념

비상상고란 확정판결에 대하여 심판의 법령 위반이 있는 경우 이를 시정하기 위한 비상구제절차를 말한다(제441조). 비상상고는 확정판결에 대한 비상구제절차라는 점에서 미확정재판에 대한 상소와 구별된다. 또한 비상상고는 심판의 법령 위반을 시정하기 위한 제도이므로 중대한 사실오인을 시정하기 위한 재심과 구별이 된다.

> **판례 | 법령적용의 전제사실을 오인함에 따라 법령 위반의 결과를 초래한 것이 비상상고의 사유가 되는지의 여부(소극)**
>
> 단순히 그 법령 적용의 전제사실을 오인함에 따라 법령 위반의 결과를 초래한 것과 같은 경우는 법령의 해석적용을 통일한다는 목적에 유용하지 않으므로 '그 사건의 심판이 법령에 위반한 것'에 해당하지 않는다고 해석함이 상당하다(대판 2005.3.11, 2004오2).

2. 취지

재심과는 달리 비상상고는 법령의 해석·적용의 통일을 목적으로 하는 제도로서 피고인 구제가 그 목적은 아니다. 다만, 원판결이 피고인에게 불이익한 때에는 원판결을 파기하고 피고사건에 대하여 다시 판결을 할 수 있는데(제446조 제1호 단서) 이 한도 내에서 부차적으로 피고인을 구제해 주는 기능을 하기도 한다.

02 비상상고의 대상 및 이유

1. 비상상고의 대상

(1) 확정판결

비상상고의 대상은 **모든 확정판결**이다(제441조). 15. 법원9급 이 점에 있어서 유죄의 확정판결을 대상으로 하는 재심과 구별된다. 확정판결인 이상 유죄판결·무죄판결·면소판결·공소기각판결 등이 모두 비상상고의 대상이 된다. 확정판결과 동일한 효력이 있는 약식명령이나 즉결심판도 비상상고의 대상이 된다.

> **판례 | 효력을 상실한 재판도 비상상고의 대상이 되는지의 여부(소극)**
>
> 상급심의 파기판결에 의해 효력을 상실한 재판의 법령위반 여부를 다시 심사하는 것은 무익할 뿐만 아니라, 법령의 해석·적용의 통일을 도모하려는 비상상고 제도의 주된 목적과도 부합하지 않는다. 따라서 상급심의 파기판결에 의해 **효력을 상실한 재판은 형사소송법 제441조에 따른 비상상고의 대상이 될 수 없다**(대판 2021.3.11, 2019오1 형제복지원 비상상고 사건 Ⅱ). 22. 국가7급

(2) 확정결정과 당연무효판결

'판결'의 형식이 아닌 공소기각결정이나 상소기각결정도 비상상고의 대상이 되고, 당연무효판결도 비상상고의 대상이 된다는 것이 통설의 입장이다.

> **판례 |** '상고기각결정'도 비상상고의 대상이 되는지의 여부(적극)
>
> **상고기각의 결정**은 항소심판결을 확정시키는 효력이 있는 해당 사건에 관한 종국적인 재판이므로 그 결정에 대하여 법령 위반이 있음을 발견한 때에는 **비상상고를 할 수 있다**고 해석함이 타당하다(대판 1963.1.10, 62오4).

2. 비상상고의 이유

비상상고의 이유는 '심판의 법령 위반'이다. 이는 다시 판결의 법령 위반과 소송절차의 법령 위반으로 구분된다.

(1) 판결의 법령 위반

판결의 법령 위반이란 판결내용에 직접 영향을 미친 법령 위반을 의미한다. 법정형에 없는 형을 선고한 경우, 자백 이외에 다른 보강증거가 없는데 유죄판결을 선고한 경우, 고소가 취소되었는데 유죄판결을 선고한 경우 등이 이에 해당한다. 판결의 법령 위반이 있는 경우에는 그 위반된 부분을 파기하고 또한 원판결 이 피고인에게 불이익한 때에는 원판결을 파기하고 피고사건에 대하여 다시 판결을 한다(제446조 제1호).

(2) 소송절차의 법령 위반

소송절차의 법령 위반이란 판결내용에 영향을 미치지 않은 법령 위반을 의미한다. 소송절차의 법령 위반이 있는 경우에는 원판결을 (부분)파기함에 그친다(제446조 제2호).

> **판례 |**
>
> 1 비상상고의 사유가 될 수 있는 경우
>   ① **처벌을 희망하지 아니하는 피해자의 의사표시가 있었음을 간과**한 채, 구 정보통신망법 위반의 **공소사실을 유죄로 판단**한 경우(대판 2010.1.28, 2009오1)
>   ② **공소시효가 완성**된 사실을 간과한 채 **약식명령을 발령**한 경우(대판 2006.10.13, 2006오2)
>   ③ 피고인이 판결선고 당시 군복무 중이었는데도 **수원지방법원이** 사건을 관할군사법원에 이송하지 않고 피고인에 대하여 **재판권을 행사**한 경우(대판 2006.4.14, 2006오1)
>   ④ 피고인이 방위소집되어 판결선고 당시 군복무 중이었는데도 **인천지방법원이** 사건을 군사법원에 이송하지 않고 피고인에 대하여 **재판권을 행사**한 경우(대판 1991.3.27, 90오1)
>   ⑤ **친족상도례 규정을 적용**하여 형을 면제하거나 공소를 기각하여야 함에도 불구하고 법원이 **유죄판결(형 선고)을 선고**한 경우(대판 2000.10.13, 99오1)
>   ⑥ **사면된 범죄**에 대하여 사면된 것을 간과하고 **상고기각의 결정**을 한 경우(대판 1963.1.10, 62오4)
>   ⑦ 명예훼손죄에 있어서 **제1심판결선고 후의 처벌희망을 철회하는 의사표시의 효력을 인정**하여 **공소기각의 판결을 선고**한 경우(대판 1962.3.8, 61오1)
>   ⑧ 친고죄에 있어서 **고소취소가 있는데도 유죄판결을 선고**한 경우(대판 1947.7.29, 47오2)
>   ⑨ 경범죄처벌법 제3조 제3항 제2호(거짓신고)의 죄를 범한 피고인에 대하여 **즉결심판**을 담당하는 판사가 즉결심판절차에서 허용되는 범위를 넘는 **벌금 30만원을 선고한 경우**(대판 2015.5.28, 2014오3)
>   ⑩ 법원이 피고인에 대하여 징역 2년과 벌금 24억원을 선고하면서 (형법 제70조 제2항에 따라 500일 이상의 유치기간을 정하였어야 함에도) 800만원을 1일로 환산하여 **300일의 노역장유치를 명한 경우**(대판 2014.12.24, 2014오2)
>   ⑪ 성폭력범죄를 범한 피고인에게 형의 집행을 유예하면서 **보호관찰을 받을 것을 명하지 않은 채 위치추적 전자장치 부착을 명한 경우**(대판 2011.2.24, 2010오1)

⑫ 도로교통법 위반죄에 대하여 **형면제를 선고할 근거를 찾아볼 수 없고** 달리 형법상의 형면제사유도 찾아볼 수 없음에도 판사가 **형면제의 즉결심판을 선고한** 경우(대판 1994.10.14, 94오1)
⑬ 법원이 "피고인들에 대한 각 **구류 3일 형의 선고를 유예한다.**"는 즉결심판을 선고한 경우(대판 1993.6.22, 93오1)

2 비상상고의 사유가 될 수 없는 경우
① 법원이 원판결의 선고 전에 **피고인이 이미 사망**한 사실을 알지 못하여 공소기각의 결정을 하지 않고 **실체판결**을 한 경우(대판 2005.3.11, 2004오2) 16. 변호사, 19. 국가9급
② 피고인이 **전과사실이 없음**에도 불구하고 법원이 전과사실이 있는 것으로 판시하고 **누범가중의 판결**을 한 경우(대판 1962.9.27, 62오1)
③ 비상상고인이 비상상고이유로 들고 있는 사정, 즉 **원판결이 훈령이 상위법령에 저촉되어 무효임**을 간과하였다는 점은 형법 제20조의 적용에 관한 전제사실을 오인하였다는 것에 해당하고, 그로 말미암아 피고인의 특수감금 행위에 형법 제20조를 적용한 잘못이 있더라도 이는 형법 제20조의 적용에 관한 전제사실을 오인함에 따라 법령위반의 결과를 초래한 경우에 불과하다(대판 2021.3.11, 2018오2 **형제복지원 비상상고 사건Ⅰ**).

03 비상상고의 절차

1. 비상상고의 신청

(1) 신청권자와 관할법원

검찰총장은 판결이 확정한 후 그 사건의 심판이 법령을 위반한 것을 발견한 때에는 대법원에 비상상고를 할 수 있다(제441조). 15. 법원9급 즉, 비상상고의 **신청권자는 검찰총장**이고 **관할법원은 대법원**이다.

(2) 신청의 방식

비상상고 신청시기에는 제한이 없다. 15. 법원9급 형의 시효가 완성되었거나 형이 실효되어도 비상상고를 제기할 수 있다. 비상상고를 함에는 그 이유를 기재한 신청서를 대법원에 제출하여야 한다(제442조).

2. 비상상고의 심리

(1) 공판절차

공판기일에 검사는 신청서에 의하여 진술하여야 한다(제443조). 통상의 상고사건과 마찬가지로 공판기일에는 피고인의 소환을 요하지 아니한다.

(2) 사실조사

대법원은 신청서에 포함된 이유에 한하여 조사하여야 한다(제444조 제1항). 법원의 관할, 공소의 수리와 소송절차에 관하여는 사실조사를 할 수 있고(동조 제2항) 필요하다고 인정하는 때에는 합의부원에게 사실조사를 명하거나 다른 법원판사에게 이를 촉탁할 수 있다(동조 제3항).

3. 비상상고의 판결

(1) 기각판결

비상상고가 이유 없다고 인정하는 때에는 판결로써 이를 기각하여야 한다(제445조).

(2) 파기판결

비상상고가 이유 있다고 인정하는 때에는 확정판결을 파기하여야 한다(제446조). 파기판결은 부분파기(部分破棄)와 파기자판(破棄自判)으로 구분이 된다.

① **부분파기**: ㉠ 판결의 법령 위반을 이유로 파기하는 경우에는 (원판결이 피고인에게 불이익하지 않은 때에는) 그 '위반된 부분'을 파기하여야 하고, ㉡ 소송절차의 법령 위반을 이유로 파기하는 경우에는 그 '위반된 절차'를 파기하여야 한다(제446조 제1호 본문·제2호). 부분파기는 법령에 위반된 부분만을 파기하는데 그치고, 원판결 자체는 파기하지 않는다는 점에서 아래의 파기자판과 구별이 된다. 원판결은 파기되지 않으므로 부분파기는 그 효력이 피고인에게 미치지 아니한다(제447조).

② **파기자판**: 판결의 법령 위반을 이유로 파기하는 경우 원판결이 피고인에게 불이익한 때에는 원판결을 파기하고 피고사건에 대하여 다시 판결을 한다(제446조 제1호 단서). 이는 원판결을 파기하는 것만으로는 원판결의 확정으로 생긴 일사부재리효력이 소멸하지 않기 때문에 별도의 대법원의 판단이 필요하기 때문에 규정된 것이다. 원판결이 피고인에게 불이익한 때에만 파기자판을 하게 되므로 불이익변경금지원칙이 적용되는 것과 유사한 효과가 나타나게 된다.

(3) 비상상고판결의 효력

비상상고의 판결은 원판결이 피고인에게 불리하여 **파기자판을 하는 경우를 제외하고는 피고인에게 그 효력이 미치지 아니한다**(제447조). 부분파기의 경우 원판결 자체는 파기되지 않으므로 그 원판결에 대한 재심청구도 당연히 허용이 된다.

제3장 특별절차

☑ SUMMARY | 약식명령 vs 즉결심판 ★★★

구분	약식명령	즉결심판
공통점	① 신속한 재판의 구현제도 ② 공소장일본주의 비적용 ③ 정식재판청구기간과 취하시기 ④ 확정판결과 동일한 효력(집행력·기판력 인정, 재심·비상상고의 대상이 됨)	
선고형	벌금·과료·몰수 기타 부수처분(무죄, 면소, 공소기각 재판은 할 수 없음)	① 20만원 이하의 벌금·구류·과료 ② 무죄, 면소, 공소기각재판
관할	지방법원(지원)의 '단독판사 또는 합의부'	지방법원(지원) 또는 시군법원의 '판사'
청구권자·형집행권자	검사	경찰서장 또는 해양경찰서장(이하 '경찰서장')
정식재판 청구권자	① 검사: 벌금·과료·몰수 기타 부수처분 ② 피고인: 벌금·과료·몰수 기타 부수처분	① 경찰서장: 무죄, 면소, 공소기각재판 ② 피고인: 20만원 이하의 벌금·구류·과료
정식재판 청구서 제출	① 검사: 법원에 제출 ② 피고인: 법원에 제출	① 경찰서장: 판사에게 제출 ② 피고인: 경찰서장에게 제출
정식재판 청구권 포기	① 검사(○) ② 피고인(×)	① 경찰서장(○) ② 피고인(○)
심리형태	비공개, 서면심리주의	공개주의, 구두변론주의
증거법칙 적용 여부	① 증거재판주의(○) ② 자유심증주의(○) ③ 자백배제법칙(○) ④ 위법수집증거배제법칙(○) ⑤ 전문법칙(×) ⑥ 자백의 보강법칙(○)	① 증거재판주의(○) ② 자유심증주의(○) ③ 자백배제법칙(○) ④ 위법수집증거배제법칙(○) ⑤ 전문법칙(×) ⑥ 자백의 보강법칙(×)

제1절 약식절차(略式節次)

형사소송법

제448조 【약식명령을 할 수 있는 사건】 ① 지방법원은 그 관할에 속한 사건에 대하여 검사의 청구가 있는 때에는 공판절차 없이 약식명령으로 피고인을 벌금, 과료 또는 몰수에 처할 수 있다. 22. 해경간부
② 전항의 경우에는 추징 기타 부수의 처분을 할 수 있다. 21. 법원9급

제449조 【약식명령의 청구】 약식명령의 청구는 공소의 제기와 동시에 서면으로 하여야 한다.

제450조 【보통의 심판】 약식명령의 청구가 있는 경우에 그 사건이 약식명령으로 할 수 없거나 약식명령으로 하는 것이 적당하지 아니하다고 인정한 때에는 공판절차에 의하여 심판하여야 한다.

제451조 【약식명령의 방식】 약식명령에는 범죄사실, 적용법령, 주형, 부수처분과 약식명령의 고지를 받은 날로부터 7일 이내에 정식재판의 청구를 할 수 있음을 명시하여야 한다.

제452조【약식명령의 고지】약식명령의 고지는 검사와 피고인에 대한 **재판서의 송달에 의하여 한다.**

제453조【정식재판의 청구】① 검사 또는 피고인은 약식명령의 고지를 받은 날로부터 **7일 이내에 정식재판의 청구를 할 수 있다.** 단, 피고인은 정식재판의 청구를 포기할 수 없다.

② 정식재판의 청구는 약식명령을 한 법원에 서면으로 제출하여야 한다.

③ 정식재판의 청구가 있는 때에는 법원은 지체 없이 검사 또는 피고인에게 그 사유를 통지하여야 한다.

제454조【정식재판청구의 취하】**정식재판의 청구는 제1심판결선고 전까지 취하할 수 있다.**

제455조【기각의 결정】① 정식재판의 청구가 법령상의 방식에 위반하거나 청구권의 소멸 후인 것이 명백한 때에는 결정으로 기각하여야 한다.

② 전항의 결정에 대하여는 즉시항고를 할 수 있다.

③ 정식재판의 청구가 적법한 때에는 공판절차에 의하여 심판하여야 한다.

제456조【약식명령의 실효】약식명령은 정식재판의 청구에 의한 판결이 있는 때에는 그 효력을 잃는다.

제457조【약식명령의 효력】약식명령은 정식재판의 청구기간이 경과하거나 그 청구의 취하 또는 청구기각의 결정이 확정한 때에는 **확정판결과 동일한 효력**이 있다. 22. 경찰간부

제457조의2【형종상향의 금지 등】① 피고인이 정식재판을 청구한 사건에 대하여는 약식명령의 형보다 중한 종류의 형을 선고하지 못한다.

② 피고인이 정식재판을 청구한 사건에 대하여 약식명령의 형보다 중한 형을 선고하는 경우에는 판결서에 양형의 이유를 적어야 한다.

제458조【준용규정】① 제340조 내지 제342조, 제345조 내지 제352조, 제354조의 규정은 정식재판의 청구 또는 그 취하에 준용한다.

② 제365조의 규정은 정식재판절차의 공판기일에 정식재판을 청구한 피고인이 출석하지 아니한 경우에 이를 준용한다.

형사소송규칙

제170조【서류 등의 제출】검사는 약식명령의 청구와 동시에 약식명령을 하는데 필요한 증거서류 및 증거물을 법원에 제출하여야 한다.

제171조【약식명령의 시기】약식명령은 그 청구가 있은 날로부터 14일 이내에 이를 하여야 한다.

제172조【보통의 심판】① 법원사무관 등은 약식명령의 청구가 있는 사건을 법 제450조의 규정에 따라 공판절차에 의하여 심판하기로 한 때에는 즉시 그 취지를 검사에게 통지하여야 한다.

② 제1항의 통지를 받은 검사는 5일 이내에 피고인수에 상응한 공소장부본을 법원에 제출하여야 한다.

③ 법원은 제2항의 공소장부본에 관하여 법 제266조에 규정한 조치를 취하여야 한다.

---

01 의의

1. 개념

약식절차란 지방법원 관할사건에 대하여 검사의 청구가 있는 때에 공판절차를 경유하지 않고 검사가 제출한 자료만을 조사하여 약식명령으로 피고인에게 **벌금, 과료 또는 몰수의 형**을 과하는 간이한 재판절차를 말한다(제448조 제1항). 약식절차에 의하여 형을 선고하는 재판을 약식명령(略式命令)이라고 한다. 약식명령은 명칭과는 달리 '명령'이라는 형식의 재판이 아니고, **판결 · 결정 · 명령과는 다른 특별한 형식의 재판이다.**

2. 기능

약식절차는 비교적 경미한 사건에 대하여 공판절차에 의하지 아니하고 서면심리에 의하여 피고인에게 재산형을 과하는 절차로서, 검사의 공판관여, 유지업무와 법원의 심판업무를 감소시켜서 소송경제에 이바지하여 신속한 재판을 가능하게 하는 기능을 한다.

02 약식명령의 청구

1. 청구의 대상

약식명령청구의 대상은 지방법원 관할사건으로 벌금, 과료 또는 몰수에 처할 수 있는 범죄이다(제448조 제1항). 15. 변호사, 16. 법원9급, 18. 경찰채용·국가9급 **법정형에 벌금, 과료 또는 몰수가 단독형은 물론 선택형으로 규정되어 있으면 충분**하다.

2. 청구의 방식

약식명령의 청구는 공소제기와 동시에 서면으로 하여야 한다(제449조). 따라서 약식명령청구서에는 공소장의 필요적 기재사항을 그대로 기재하여야 한다. 검사는 약식명령의 청구와 동시에 약식명령을 하는데 필요한 증거서류 및 증거물을 법원에 제출하여야 한다(규칙 제170조). 16. 국가7급·국가9급, 18. 경찰승진 **약식명령청구는 공소장일본주의의 예외가 된다.** 19. 경찰간부

03 약식절차의 심판

1. 법원의 사건심사

(1) 서면심사

약식명령의 청구가 있으면 법원은 검사가 제출한 서류와 증거물을 기초로 서면심사를 하게 된다. 19. 경찰간부

(2) 공소장변경 불허

약식절차에서는 공판절차를 전제로 하는 **공소장변경은 허용되지 아니한다**. 공소장변경이 필요한 경우에는 공판절차로 이행하여 심판하여야 한다.

2. 약식절차의 증거법칙

약식절차는 공판절차와 같은 엄격한 증명의 법리가 요구되지 아니하고 또한 서면심사를 원칙으로 하므로 **전문법칙이 적용되지 아니한다**. 그러나 **자백배제법칙, 위법수집증거배제법칙, 자백의 보강법칙은 약식절차에서도 여전히 적용된다.** 18. 국가9급, 19. 경찰간부

3. 공판절차로의 이행

(1) 이행의 사유

약식명령의 청구가 있는 경우에 그 사건이 약식명령으로 할 수 없거나 약식명령으로 하는 것이 적당하지 아니하다고 인정하는 때에는 공판절차에 의하여 심판하여야 한다(제450조)(《주의》 정식재판을 청구하여야 한다. ×). 15. 경찰채용, 16. 국가7급, 18. 경찰승진 약식명령으로 할 수 없는 경우란 법정형에 벌금·과료·몰수의 형이 없거나 무죄, 면소, 공소기각, 관할위반 재판의 사유가 있는 경우를 말한다. 16. 법원9급 약식명령으로 하는 것이 적당하지 아니한 경우란 벌금·과료·몰수 이외의 형을 선고하는 것이 적당하거나 사

건이 복잡하거나 중대하기 때문에 신중히 심판하는 것이 합리적이라고 인정되는 경우를 말한다.

(2) 이행의 절차

법원이 공판절차에 의하여 심판하기로 결정한 경우에 법원사무관 등은 즉시 그 취지를 검사에게 통지하여야 한다(규칙 제172조 제1항). 16. 국가7급, 18. 경찰승진 이 통지를 받은 검사는 5일 이내에 피고인 수에 상응하는 공소장부본을 법원에 제출하여야 하고 법원은 이를 지체 없이 피고인에게 송달하여야 한다(동조 제2항·제3항, 제266조).

04 약식명령

1. 약식명령의 발령

법원은 약식명령의 청구에 대하여 서면심사를 하고 공판절차에 이행할 경우가 아니면 청구가 있는 날로부터 14일 이내에 약식명령을 하여야 한다(규칙 제171조). 약식명령의 고지는 **검사와 피고인에 대한 재판서의 송달에 의하여야 한다**(제452조). 약식명령에 의하여 과할 수 있는 형은 벌금·과료·몰수에 한정된다. 따라서 약식명령으로 사형·자유형을 과할 수 없음은 물론, **무죄, 면소, 공소기각, 관할위반 재판도 할 수 없다**.

2. 약식명령의 기재사항

약식명령에는 범죄사실·적용법령·주형·부수처분과 약식명령의 고지를 받은 날로부터 7일 이내에 정식재판의 청구를 할 수 있음을 명시하여야 한다(제451조). 부수처분(附隨處分)이란 압수물의 환부·추징·재산형의 가납판결 등을 말한다. 약식명령에는 정식재판과는 달리 증거의 요지는 기재할 필요가 없다.

3. 약식명령의 확정과 효력

약식명령은 정식재판청구기간이 경과하거나 정식재판청구를 취하하거나 또는 정식재판청구 기각결정이 확정된 때에 확정이 된다. **확정된 약식명령은 확정판결과 동일한 효력이 있다**(제457조). 14·15. 법원9급 따라서 집행력과 기판력이 발생하며 또한 재심과 비상상고의 대상이 된다. 15. 법원9급

05 정식재판의 청구

1. 의의

정식재판청구란 약식명령에 불복하여 정식의 공판절차에 의한 심판을 구하는 불복절차를 말한다. 정식재판청구는 동일한 심급에 불복한다는 점에서 엄격한 의미의 상소는 아니지만 원재판인 약식명령에 대한 불복이라는 점에서 상소에 관한 일부 규정이 준용된다.

2. 정식재판청구의 절차

(1) 정식재판청구권자

① 정식재판청구권자는 검사와 피고인이다. 16. 국가7급, 17. 경찰간부 **검사와는 달리 피고인은 정식재판청구권을 포기할 수 없다**(제453조 제1항 단서). 16. 국가7급, 18. 경찰승진·법원9급, 19. 경찰채용, 22. 소방간부

② 법정대리인은 피고인을 위하여 정식재판을 청구할 수 있다(제340조, 제458조). 피고인의 배우자·직계친족·형제자매, 원심의 대리인·변호인은 피고인을 위하여 정식재판을 청구할 수 있다. 다만, 피고인의 명시한 의사에 반하여 하지 못한다(제341조, 제458조).

(2) 정식재판청구의 방법

① **정식재판청구의 방식**: 정식재판청구는 약식명령의 고지를 받은 날로부터 **7일 이내**에 약식명령을 한 법원에 서면으로 이를 하여야 한다(제453조 제1항·제2항). 17. 경찰간부, 18. 경찰승진 정식재판청구가 있는 때에는 법원은 지체 없이 검사 또는 피고인에게 그 사유를 통지하여야 한다(동조 제3항). 17. 경찰간부

② **정식재판청구의 절차 등**: 정식재판청구는 재판의 일부에 대하여 할 수 있고, 일부에 대한 정식재판청구는 그 일부와 불가분의 관계에 있는 부분에 대하여도 효력이 미친다(제342조, 제458조). 정식재판을 청구할 수 있는 자는 자기 또는 대리인이 책임질 수 없는 사유로 인하여 법정기간 내에 정식재판청구를 하지 못한 때에는 정식재판청구권회복의 청구를 할 수 있다(제458조, 제345조 이하). 15·18. 경찰간부

(3) 정식재판청구의 취하

정식재판의 청구는 제1심판결선고 전까지 취하할 수 있다(제454조). 15·16. 법원9급, 17. 경찰간부 정식재판청구를 취하한 자 또는 취하에 동의한 자는 그 사건에 대하여 다시 정식재판청구를 하지 못한다(제354조, 제458조).

> **판례**
>
> **1 정식재판청구기간의 기산일**
> 약식명령의 고지는 검사와 피고인에 대한 재판서의 송달에 의하도록 규정하고 있으므로 **약식명령은 그 재판서를 피고인에게 송달함으로써 효력이 발생**하고, 변호인이 있는 경우라도 반드시 변호인에게 약식명령 등본을 송달해야 하는 것은 아니다. 따라서 **정식재판청구기간은 피고인에 대한 약식명령 고지일을 기준으로 하여 기산하여야 한다**(대결 2017.7.27, 2017모1557). 18. 국가7급·법원9급, 18·19·20. 경찰채용, 22. 소방간부, 22. 경찰간부
>
> **2 정식재판청구 관련 판례**
> [1] 정식재판청구서에 청구인의 기명날인이 없는 경우에는 정식재판의 청구가 법령상의 방식을 위반한 것으로서 그 청구를 결정으로 기각하여야 하고, 이는 정식재판의 청구를 접수하는 법원공무원이 청구인의 기명날인이 없는데도 이에 대한 보정을 구하지 아니하고 적법한 청구가 있는 것으로 오인하여 청구서를 접수한 경우에도 마찬가지이다. [2] 다만, 법원공무원의 위와 같은 잘못으로 인하여 적법한 정식재판청구가 제기된 것으로 신뢰한 채 정식재판청구기간을 넘긴 피고인은 자기의 '책임질 수 없는 사유'에 의하여 청구기간 내에 정식재판을 청구하지 못한 때에 해당하여 **정식재판청구권의 회복을 구할 수 있을 뿐이다**(대결 2008.7.11, 2008모605).
>
> **3 정식재판청구권 회복청구 관련 판례**
> ① 변호인이 정식재판청구서를 제출할 것으로 믿고 피고인이 스스로 적법한 정식재판의 청구기간 내에 정식재판청구서를 제출하지 못하였더라도 그것이 피고인 또는 대리인이 책임질 수 없는 사유로 인하여 정식재판의 청구기간 내에 정식재판을 청구하지 못한 때에 해당하지 않는다(대결 2017.7.27, 2017모1557). 18·20. 경찰채용, 18. 국가7급
> ② 약식명령에 대한 정식재판청구권의 회복청구를 하는 경우에는 약식명령이 고지된 사실을 안 날로부터 정식재판청구기간에 상당한 기간인 7일 이내에 서면으로 정식재판청구권 회복청구를 함과 동시에 정식재판청구를 하여야 하므로 위 **7일 이내에 정식재판청구권 회복청구만을 하였을 뿐 정식재판청구를 하지 아니하였다면 그 정식재판청구권 회복청구는 소정방식을 결한 것으로서 허가될 수 없다**(대결 1983.12.29, 83모48).

③ 청구인이 주거지를 변경하고도 주민등록을 정리하지 않았을 뿐 아니라 그 **변경사실에 대한 신고조차 하지 않았기 때문에 약식명령을 공소장에 기재된 전 주소지에 송달**하였으나 소재불명으로 송달불능이 되자 공시송달 방법으로 송달하였다면 이는 청구인에게 책임질 수 없는 사유에 기인하였다고는 볼 수 없다(대결 1983.6.29, 83모33).

④ 사무소에 나가지 아니하여 사무소로 송달된 약식명령을 송달받지 못하였다 할지라도 **자신에 대하여 소추가 제기된 사실을 알고 있었던 자로서는 스스로 위 사무소에 연락하여 우편물을 확인하거나 기타 소송진행상태를 알 수 있는 방법 등을 강구하였어야 할 것이므로** 이에 이르지 않은 이상 위와 같은 사정은 **자기가 책임질 수 없는 사유가 아니라 할 것이다**(대결 2002.9.27, 2002모184). 15. 국가9급

4 확정된 정식재판청구권 회복결정의 효력

정식재판청구권회복결정이 부당하더라도 이미 그 결정이 확정되었다면 정식재판청구사건을 처리하는 법원으로서는 정식재판청구권 회복청구가 적법한 기간 내에 제기되었는지 여부나 그 회복사유의 존부 등에 대하여는 살펴 볼 필요 없이 통상의 공판절차를 진행하여 본안에 관하여 심판하여야 한다(대결 2005.1.17, 2004모351). 14. 법원9급

3. 정식재판청구에 대한 재판

(1) 청구기각결정

정식재판의 청구가 법령상의 방식에 위반하거나 정식재판청구권의 소멸 후인 것이 명백한 때에는 결정으로 기각하여야 한다(제455조 제1항). 17. 경찰간부, 18. 경찰승진 이 결정에 대하여 즉시항고할 수 있다(동조 제2항). 17. 경찰간부, 17·18. 경찰승진

> **판례 | 약식명령에 정식재판청구서에서 기명날인 또는 서명이 없는 경우(청구기각결정)**
>
> 약식명령에 대한 정식재판의 청구는 서면으로 제출하여야 하고(형사소송법 제453조 제2항), 공무원 아닌 사람이 작성하는 서류에는 연월일을 기재하고 기명날인 또는 서명하여야 하고, 인장이 없으면 지장으로 한다(형사소송법 제59조). 따라서 **정식재판청구서에 청구인의 기명날인 또는 서명이 없다면 법령상의 방식을 위반한 것으로서 그 청구를 결정으로 기각하여야 한다. 이는 정식재판의 청구를 접수하는 법원공무원이 청구인의 기명날인이나 서명이 없음에도 불구하고 이에 대한 보정을 구하지 아니하고 적법한 청구가 있는 것으로 오인하여 청구서를 접수한 경우에도 마찬가지이다. 그러나 법원공무원의 위와 같은 잘못으로 인하여 적법한 정식재판청구가 제기된 것으로 신뢰한 피고인이 그 정식재판청구기간을 넘기게 되었다면, 이때 피고인은 자기가 '책임질 수 없는 사유'로 청구기간 내에 정식재판을 청구하지 못한 때에 해당하여 정식재판청구권의 회복을 구할 수 있다**(대결 2023.2.13, 2022모1872). 23. 법원9급

(2) 공판절차에 의한 심판

① **원칙**: 정식재판의 청구가 적법한 때에는 공판절차에 의하여 심판하여야 한다(제455조 제3항). 정식재판절차에 있어 심판대상은 약식명령의 당부가 아니라 피고사건 자체이다. 정식재판청구에 의하여 공판절차가 시작되면 통상의 공판절차에 관한 규정이 그대로 적용된다.

② **특칙**: 피고인이 공판기일에 출석하지 아니한 때에는 다시 기일을 정하여야 하고 피고인이 정당한 사유 없이 다시 정한 기일에 출석하지 아니한 때에는 피고인의 진술 없이 판결을 할 수 있다(제458조 제2항). 17. 국가7급

(3) 형종상향의 금지 등

피고인이 정식재판을 청구한 사건에 대하여는 **약식명령의 형보다 중한 종류의 형을 선고하지 못한다**(제457조의2 제1항). 18. 경찰채용·국가9급·법원9급, 19. 국가9급, 22. 소방간부, 22. 경찰간부 피고인이 정식재판을 청구한 사건에 대하여 **약식명령의 형보다 중한 형을 선고하는 경우에는 판결서에 양형의 이유를 적어야 한다**(제457조의2 제2항). 18. 경찰채용·국가9급, 18·21. 법원9급, 19. 경찰간부·해경채용 [예] 약식명령으로 벌금 100만원을 선고받고 피고인만 정식재판을 청구하더라도 법원은 벌금 200만원도 선고할 수 있지만(이 경우 양형의 이유를 적어야 한다), 법원은 벌금보다 중한 형종(刑種)인 자격정지, 자격상실, 금고, 징역, 사형은 선고할 수 없다)

> **⚖ 판례 | 형종상향금지의 원칙에 위반되는 경우**
>
> 피고인이 절도죄 등으로 벌금 300만원의 약식명령을 발령받은 후 이에 대해 정식재판을 청구하자, 제1심 법원이 정식재판청구 사건을 통상절차에 의해 공소가 제기된 다른 점유이탈물횡령 등 사건들과 병합한 후 각 죄에 대해 모두 징역형을 선택한 다음 경합범 가중하여 징역 1년 2월을 선고한 것은 형사소송법 제457조의2 제1항에서 정한 형종상향금지의 원칙을 위반한 잘못이 있다(대판 2020.1.9, 2019도15700 **형종상향금지 위반 사건**).

> **⚖ 판례 | 형종상향금지 적용여부**
>
> 1 피고인뿐만 아니라 **검사가 피고인에 대한 약식명령에 불복하여 정식재판을 청구한 사건에 있어서는** 형사소송법 제457조의2에서 정한 '약식명령의 형보다 중한 종류의 형을 선고하지 못한다'는 형종상향의 금지 원칙이 적용되지 않는다(대판 2020.12.10, 2020도13700 **벌금 → 징역 사건**).
> 2 형사소송법 제457조의2 제1항에서 정한 형종상향의 금지 원칙은 피고인만이 정식재판을 청구한 사건과 다른 사건이 병합·심리된 다음 경합범으로 처단되는 경우에도 정식재판을 청구한 사건에 대하여는 그대로 적용된다(대판 2020.3.26, 2020도355 **형종상향금지 위반 사건 Ⅱ**). 22. 국가7급

(4) 약식명령의 실효

약식명령은 정식재판청구에 의한 판결이 있는 때에는 그 효력을 잃는다(제456조). 17. 경찰간부, 18. 국가9급·법원9급 여기서 '판결'이란 확정판결을 의미하고, 실체재판은 물론 형식재판도 포함된다.

제2절 즉결심판절차(卽決審判節次)

> **즉결심판에 관한 절차법**
>
> 제1조 【목적】 이 법은 범증이 명백하고 죄질이 경미한 범죄사건을 신속·적정한 절차로 심판하기 위하여 즉결심판에 관한 절차를 정함을 목적으로 한다.
>
> 제2조 【즉결심판의 대상】 지방법원, 지원 또는 시·군법원의 판사(이하 '판사'라 한다)는 즉결심판절차에 의하여 피고인에게 **20만원 이하의 벌금, 구류 또는 과료**에 처할 수 있다.
>
> 제3조 【즉결심판청구】 ① 즉결심판은 관할경찰서장 또는 관할해양경찰서장(이하 '경찰서장'이라 한다)이 관할법원에 이를 청구한다.
> ② 즉결심판을 청구함에는 즉결심판청구서를 제출하여야 하며, 즉결심판청구서에는 피고인의 성명 기타 피고인을 특정할 수 있는 사항, 죄명, 범죄사실과 적용법조를 기재하여야 한다. 22. 해경간부

③ 즉결심판을 청구할 때에는 사전에 피고인에게 즉결심판의 절차를 이해하는 데 필요한 사항을 서면 또는 구두로 알려주어야 한다. 22. 해경간부

제3조의2【관할에 대한 특례】지방법원 또는 그 지원의 판사는 소속 지방법원장의 명령을 받아 소속 법원의 관할사무와 관계없이 즉결심판청구사건을 심판할 수 있다.

제4조【서류·증거물의 제출】경찰서장은 즉결심판의 청구와 동시에 즉결심판을 함에 필요한 서류 또는 증거물을 판사에게 제출하여야 한다.

제5조【청구의 기각 등】① 판사는 사건이 즉결심판을 할 수 없거나 즉결심판절차에 의하여 심판함이 적당하지 아니하다고 인정할 때에는 결정으로 즉결심판의 청구를 기각하여야 한다.
② 제1항의 결정이 있는 때에는 경찰서장은 지체 없이 사건을 **관할지방검찰청 또는 지청의 장에게 송치하여야 한다.**

제6조【심판】즉결심판의 청구가 있는 때에는 판사는 제5조 제1항의 경우를 제외하고 즉시 심판을 하여야 한다.

제7조【개정】① 즉결심판절차에 의한 심리와 재판의 선고는 **공개된 법정**에서 행하되, 그 법정은 **경찰관서**(해양경찰관서를 포함한다) **외의 장소에 설치**되어야 한다.
② 법정은 판사와 법원서기관, 법원사무관, 법원주사 또는 법원주사보(이하 '법원사무관 등'이라 한다)가 열석하여 개정한다.
③ 제1항 및 제2항의 규정에 불구하고 판사는 상당한 이유가 있는 경우에는 개정 없이 피고인의 진술서와 제4조의 서류 또는 증거물에 의하여 심판할 수 있다. 다만, **구류에 처하는 경우에는 그러하지 아니하다.**

제8조【피고인의 출석】피고인이 기일에 출석하지 아니한 때에는 이 법 또는 다른 법률에 특별한 규정이 있는 경우를 제외하고는 개정할 수 없다.

제8조의2【불출석심판】① 벌금 또는 과료를 선고하는 경우에는 피고인이 출석하지 아니하더라도 심판할 수 있다.
② 피고인 또는 즉결심판출석통지서를 받은 자(이하 '피고인 등'이라 한다)는 법원에 불출석심판을 청구할 수 있고, 법원이 이를 허가한 때에는 피고인이 출석하지 아니하더라도 심판할 수 있다.

제9조【기일의 심리】① 판사는 피고인에게 피고사건의 내용과 형사소송법 제283조의2에 규정된 진술거부권이 있음을 알리고 변명할 기회를 주어야 한다.
② 판사는 필요하다고 인정할 때에는 적당한 방법에 의하여 재정하는 증거에 한하여 조사할 수 있다.
③ 변호인은 기일에 출석하여 제2항의 증거조사에 참여할 수 있으며 의견을 진술할 수 있다.

제10조【증거능력】즉결심판절차에 있어서는 형사소송법 제310조, 제312조 제3항 및 제313조의 규정은 적용하지 아니한다.

제11조【즉결심판의 선고】① 즉결심판으로 유죄를 선고할 때에는 형, 범죄사실과 적용법조를 명시하고 피고인은 7일 이내에 정식재판을 청구할 수 있다는 것을 고지하여야 한다.
②부터 ④ <생략>
⑤ 판사는 사건이 무죄·면소 또는 공소기각을 함이 명백하다고 인정할 때에는 이를 선고·고지할 수 있다.

제12조【즉결심판서】① 유죄의 즉결심판서에는 피고인의 성명 기타 피고인을 특정할 수 있는 사항, 주문, 범죄사실과 적용법조를 명시하고 판사가 서명·날인하여야 한다.
② 피고인이 범죄사실을 자백하고 정식재판의 청구를 포기한 경우에는 제11조의 기록작성을 생략하고 즉결심판서에 선고한 주문과 적용법조를 명시하고 판사가 기명·날인한다.

제13조【즉결심판서 등의 보존】즉결심판의 판결이 확정된 때에는 즉결심판서 및 관계서류와 증거는 **관할경찰서** 또는 지방해양경찰관서가 **이를 보존**한다.

제14조【정식재판의 청구】① 정식재판을 청구하고자 하는 피고인은 즉결심판의 선고·고지를 받은 날부터 7일 이내에 정식재판청구서를 경찰서장에게 제출하여야 한다. **정식재판청구서를 받은 경찰서장은 지체 없이 판사에게 이를 송부하여야 한다.**

② 경찰서장은 제11조 제5항의 경우에 그 선고·고지를 한 날부터 7일 이내에 정식재판을 청구할 수 있다. 이 경우 경찰서장은 관할지방검찰청 또는 지청의 검사(이하 '검사'라 한다)의 승인을 얻어 정식재판청구서를 판사에게 제출하여야 한다.

③ 판사는 정식재판청구서를 받은 날부터 7일 이내에 경찰서장에게 정식재판청구서를 첨부한 사건기록과 증거물을 송부하고, 경찰서장은 지체 없이 관할지방검찰청 또는 지청의 장에게 이를 송부하여야 하며, 그 검찰청 또는 지청의 장은 지체 없이 관할법원에 이를 송부하여야 한다.

④ 형사소송법 제340조 내지 제342조, 제344조 내지 제352조, 제354조, 제454조, 제455조의 규정은 정식재판의 청구 또는 그 포기·취하에 이를 준용한다.

제15조【즉결심판의 실효】 즉결심판은 정식재판의 청구에 의한 판결이 있는 때에는 그 효력을 잃는다.

제16조【즉결심판의 효력】 즉결심판은 정식재판의 청구기간의 경과, 정식재판청구권의 포기 또는 그 청구의 취하에 의하여 확정판결과 동일한 효력이 생긴다. 정식재판청구를 기각하는 재판이 확정된 때에도 같다.

제17조【유치명령 등】① 판사는 구류의 선고를 받은 피고인이 일정한 주소가 없거나 또는 도망할 염려가 있을 때에는 **5일을 초과하지 아니하는 기간** 경찰서유치장(지방해양경찰관서의 유치장을 포함한다. 이하 같다)에 **유치할 것을 명령할 수 있다.** 다만, 이 기간은 선고기간을 초과할 수 없다.

② 집행된 유치기간은 본형의 집행에 산입한다.

③ 형사소송법 제334조의 규정은 판사가 벌금 또는 과료를 선고하였을 때에 이를 준용한다.

제18조【형의 집행】① 형의 집행은 경찰서장이 하고 그 집행결과를 지체 없이 검사에게 보고하여야 한다.

② 구류는 경찰서유치장·구치소 또는 교도소에서 집행하며 구치소 또는 교도소에서 집행할 때에는 검사가 이를 지휘한다.

③ 벌금, 과료, 몰수는 그 집행을 종료하면 지체 없이 검사에게 이를 인계하여야 한다. 다만, 즉결심판 확정 후 상당기간 내에 집행할 수 없을 때에는 검사에게 통지하여야 한다. 통지를 받은 검사는 형사소송법 제477조에 의하여 집행할 수 있다.

④ 형의 집행정지는 사전에 검사의 허가를 얻어야 한다.

제19조【형사소송법의 준용】 즉결심판절차에 있어서 이 법에 특별한 규정이 없는 한 그 성질에 반하지 아니한 것은 형사소송법의 규정을 준용한다.

01 의의

1. 개념

즉결심판절차란 지방법원, 지방법원지원 또는 시군법원의 판사가 **20만원 이하의 벌금·구류·과료**에 처할 범죄에 대하여 공판절차에 의하지 아니하고 즉결하여(즉결심판법에 의하여) 심판하는 절차를 말한다. 이하 법 명칭을 생략하고 서술한다.

2. 기능

즉결심판절차는 비교적 경미한 범죄를 신속히 처리하여 신속한 재판을 구현하는 기능을 한다. 이는 약식명령으로 어느 정도 달성할 수 있으나, 더욱 신속한 사건처리를 위하여 인정되는 제도가 바로 즉결심판이다.

02 즉결심판의 청구

1. 청구권자와 관할

(1) 청구권자

즉결심판의 청구권자는 관할경찰서장 또는 관할 **해양경찰서장**이다(제3조 제1항). 14. 경찰간부·국가9급, 15. 경찰채용 이는 **기소독점주의에 대한 예외**에 해당한다. 즉결심판도 광의의 공소제기에 해당하는 것으로, 별도로 공소제기를 요하는 것은 아니다.

(2) 관할

즉결심판은 관할 지방법원, 지원 또는 시군법원의 판사가 관할한다(제2조). 18. 경찰간부 또한 지방법원 또는 그 지원의 판사는 소속 지방법원장의 명령을 받아 소속 법원의 관할사무와 관계없이 즉결심판청구사건을 심판할 수 있다(제3조의2). 16·17. 경찰채용, 18. 경찰승진

2. 청구의 대상

즉결심판은 20만원 이하의 벌금·구류·과료에 처할 사건을 대상으로 한다. 14·17·18. 경찰간부, 14·15. 경찰채용, 17. 경찰승진 이는 **법정형이 아니라 선고형을 의미**한다. 14. 경찰간부 선고형을 기준으로 하게 되므로 청구대상이 불분명하다는 비판이 제기되기도 한다. 즉결심판은 보통 경범죄처벌법상 범죄를 대상으로 하지만 **형법상 범죄도 즉결심판의 대상에서 제외되는 것은 아니다.** 15. 경찰간부

3. 청구의 방식

즉결심판을 청구함에는 즉결심판청구서를 제출하여야 하며, 즉결심판청구서에는 피고인의 성명 기타 피고인을 특정할 수 있는 사항·죄명·범죄사실·적용법조를 기재하여야 한다(제3조 제2항). 즉결심판을 청구할 때에는 사전에 피고인에게 즉결심판의 절차를 이해하는 데 필요한 사항을 서면 또는 구두로 알려주어야 한다(동조 제3항). 17. 경찰채용 경찰서장은 즉결심판의 청구와 동시에 즉결심판을 함에 필요한 서류 또는 증거물을 판사에게 제출하여야 한다(제4조). 14. 경찰채용, 18. 경찰간부 이는 공소장일본주의의 예외에 해당한다. 16. 국가9급, 18. 경찰간부

4. 통고처분과 즉결심판

(1) 의의

통고처분이란 법률이 정하는 일정한 행정범을 범한 심증(心證)이 확실한 때에 그에 대한 벌금·과료·몰수 또는 추징금에 상당하는 금액을 일정한 장소에 납부하도록 통고하는 행정행위를 말한다. 경범죄처벌법상 **범칙금제도**는 범칙행위에 대하여 형사절차에 앞서 **경찰서장의 통고처분에 따라 범칙금을 납부할 경우 이를 납부하는 사람에 대하여는 기소를 하지 않는 처벌의 특례를 마련해 둔 것으로** 법원의 재판절차와는 제도적 취지와 법적 성질에서 차이가 있다.

(2) 통고처분의 효과

통고처분의 효과는 범칙자가 통고를 받은 날부터 소정의 기간 안에 통고된 내용을 이행함으로써 통고처분은 확정판결과 같은 효력을 발생하고, 그 결과 일사부재리의 원칙이 적용된다. 그러나 소정의 기간 내에 범칙자가 통고내용을 이행하지 아니하면 당해 통고처분은 당연히 효력을 상실한다. 범칙자가 통고처분을 불이행하였더라도 기소독점주의의 예외를 인정하여 경찰서장의 즉결심판청구를 통하여 공판절차를 거치지 않고 사건을 간이하고 신속·적정하게 처리함으로써 소송경제를 도모하되, **즉결심판 선고 전까지 범칙금을 납부하면** 형사처벌을 면할 수 있도록 함으로써 **범칙자에 대하여 형사소추와 형사처벌을 면제받을 기회를 부여하고 있다.**

(3) 범칙금 납부기간 도과 전 즉결심판청구나 공소제기 가능 여부

경찰서장이 범칙행위에 대하여 통고처분을 한 이상, 범칙자의 위와 같은 절차적 지위를 보장하기 위하여 **통고처분에서 정한 범칙금 납부기간까지는 원칙적으로 경찰서장은 즉결심판을 청구할 수 없고, 검사도 동일한 범칙행위에 대하여 공소를 제기할 수 없고**, 범칙행위에 대한 형사소추를 위하여 이미 한 **통고처분을 임의로 취소할 수 없으며, 검사도 동일한 범칙행위에 대하여 공소를 제기할 수 없다**. 이때 공소를 제기할 수 없는 범칙행위는 통고처분시까지의 행위 중 범칙금 통고의 이유에 기재된 당해 범칙행위 자체 및 그 범칙행위와 동일성이 인정되는 범칙행위에 한정된다(대판 2020.4.29, 2017도13409). 22. 경찰승진 이 때 검사가 공소를 제기하면 법원은 법률의 규정에 위반되어 무효이므로 **공소기각판결을 선고하여야 한다**. 21. 경찰간부

03 즉결심판절차의 심리

1. 판사의 심사와 사건의 송치

판사는 사건이 즉결심판을 할 수 없거나 즉결심판절차에 의하여 심판함이 적당하지 아니하다고 인정하는 때에는 결정으로 즉결심판의 청구를 기각하여야 한다(제5조 제1항). 15. 경찰채용, 16. 국가7급, 18. 경찰간부 이 결정이 있는 때에는 경찰서장은 지체 없이 사건을 관할 지방검찰청 또는 지청의 장에게 송치하여야 한다(동조 제2항). 14·15. 경찰승진, 15·17. 경찰채용

2. 심리의 특칙

(1) 심판

판사는 즉결심판청구를 기각한 경우를 제외하고는 즉시 심판을 하여야 한다(제6조). 즉시 심판하여야 하므로 공소장부본 송달이나 제1회 공판기일 유예기간설정 등을 할 필요가 없다.

(2) 개정 여부

① **개정**: 심리와 재판의 선고는 **공개된 법정**에서 행하되 그 법정은 **경찰관서 외의 장소에 설치되어야 한다**(제7조 제1항). 16. 경찰승진·경찰간부 법정은 판사와 법원사무관 등이 열석하여 개정한다(동조 제2항).
② **불개정**: 판사는 상당한 이유가 있는 경우에는 개정 없이 피고인의 진술서와 서류·증거물에 의하여 심판할 수 있다. 다만, **구류에 처하는 경우에는 그러하지 아니하다**(동조 제3항). 14. 경찰승진, 15·16·17. 경찰채용

(3) 피고인의 출석

피고인이 기일에 출석하지 아니한 때에는 개정할 수 없는 것이 원칙이다(제8조). 다만, ① 피고인에게 벌금 또는 과료를 선고하는 경우, ② 피고인 등이 불출석심판을 청구하고 법원이 이를 허가할 때에는 피고인이 출석하지 아니하더라도 심판할 수 있다(제8조의2 제1항·제2항). 14·18. 경찰승진, 15·16. 경찰채용, 17. 경찰간부 이에 비하여 **경찰서장의 출석은 개정요건이 아니다**.

(4) 심리의 방법

즉결심판은 공개된 법정에서 **구두주의**와 **직접주의**에 의하는 것이 원칙이다. 판사는 피고인에게 피고사건의 내용과 진술거부권이 있음을 알리고 변명할 기회를 주어야 한다(제9조 제1항). 16. 국가9급 판사는 필요하다고 인정할 때에는 적당한 방법에 의하여 재정하는 증거에 한하여 조사할 수 있고(동조 제2항) 변호인은 기일에 출석하여 증거조사에 참여할 수 있으며 의견을 진술할 수 있다(동조 제3항). 16·18. 경찰간부, 17. 경찰채용

3. 즉결심판절차의 증거법칙

즉결심판절차에서는 **전문법칙이 적용되지 아니한다**(제10조, 형사소송법 제312조 제3항 및 제313조). 따라서 사법경찰관 작성 피의자신문조서는 피고인이 그 내용을 인정하지 않더라도 증거능력이 있다. 15. 변호사, 16. 경찰승진, 16·17·18. 경찰간부, 17. 경찰채용 또한 즉결심판절차에서는 **자백의 보강법칙이 적용되지 아니한다**(제10조, 형사소송법 제310조). 즉, 즉결심판절차에서는 피고인의 자백만으로도 유죄판결을 선고할 수 있다. 14·16. 경찰승진, 15. 변호사, 16. 국가9급, 17. 경찰간부, 17·18. 경찰채용, 18. 국가7급, 22. 해경승진 그러나 **자백배제법칙이나 위법수집증거배제법칙**은 즉결심판절차에서도 **여전히 적용**된다. 14. 경찰승진, 17. 경찰간부·경찰채용 물론 **증거재판주의나 자유심증주의 등**은 당연히 즉결심판절차에서도 적용된다.

4. 형사소송법의 준용

즉결심판절차에 있어서는 즉결심판법에 특별한 규정이 없는 한 그 성질에 반하지 아니한 것은 형사소송법의 규정을 준용한다(제19조).

> **판례 |**
>
> [1] 형사소송법이나 경찰관 직무집행법 등의 법률에 정하여진 구금 또는 보호유치 요건에 의하지 아니하고는 즉결심판 피의자라는 사유만으로 피의자를 구금·유치할 수 있는 아무런 법률상 근거가 없고, 경찰업무상 그러한 관행이나 지침이 있었다 하더라도 이로써 원칙적으로 금지되어 있는 인신구속을 행할 수 있는 근거로 할 수 없다. [2] 즉결심판 피의자의 정당한 귀가요청을 거절한 채 다음 날 즉결심판법정이 열릴 때까지 피의자를 경찰서 보호실에 강제유치시키려고 함으로써 피의자를 경찰서 내 즉결피의자 대기실에 10~20분 동안 있게 한 행위는 형법 제124조 제1항의 불법감금죄에 해당하고, 이로 인하여 피의자를 보호실에 밀어 넣으려는 과정에서 상해를 입게 하였다면 특정범죄가중법 제4조의2 제1항 위반죄에 해당한다(대판 1997.6.13, 97도877).

04 즉결심판의 선고와 효력

1. 즉결심판의 선고

(1) 선고할 수 있는 형벌 등

즉결심판으로 선고할 수 있는 형벌은 20만원 이하의 벌금·구류·과료이다(제2조). 판사가 벌금 또는 과료를 선고하였을 때에는 이에 대한 가납명령을 할 수 있다(제17조 제3항, 형사소송법 제334조). 또한 즉결심판으로 형의 선고뿐만 아니라 **무죄·면소 또는 공소기각을 선고 또는 고지할 수도 있다**(제11조 제5항). 14. 경찰채용, 16. 경찰간부, 17. 경찰승진 이는 약식명령과의 차이점에 해당한다.

(2) 선고의 방식

즉결심판으로 유죄를 선고할 때에는 형·범죄사실·적용법조를 명시하고 피고인은 7일 이내에 정식재판을 청구할 수 있다는 것을 고지하여야 한다(제11조 제1항). 유죄의 즉결심판서에는 피고인의 성명 기타 피고인을 특정할 수 있는 사항·주문·범죄사실·적용법조를 명시하고 판사가 서명날인하여야 한다(제12조 제1항). 15. 경찰채용

(3) 유치명령

판사는 구류의 선고를 받은 피고인이 일정한 주소가 없거나 또는 도망할 염려가 있을 때에는 **5일을 초과하지 아니하는 기간** 경찰서유치장에 **유치할 것을 명령할 수 있다.** 다만, 이 기간은 선고기간을 초과할 수 없다(제17조 제1항)(《주의》 7일을 초과하지 아니하는 기간 ×). 14·15·17. 경찰채용 집행된 유치기간은 본형의 집행에 산입한다(동조 제2항).

2. 즉결심판의 확정과 효력

즉결심판은 ① 정식재판의 청구기간이 경과하거나, ② 정식재판청구를 취하·포기하거나, ③ 정식재판청구 기각결정이 확정된 때에 확정이 된다. 17. 경찰간부 확정된 즉결심판은 확정판결과 동일한 효력이 있다(제16조). 15. 경찰채용, 16. 경찰승진 따라서 유죄의 즉결심판은 집행력과 기판력이 발생하며, 재심과 비상상고의 대상이 된다.

3. 형집행과 서류의 보존

(1) 형집행

형의 집행은 경찰서장이 하고 그 집행결과를 지체 없이 검사에게 보고하여야 한다(제18조 제1항). 17. 경찰승진 구류는 경찰서유치장·구치소·교도소에서 집행하며, 구치소·교도소에서 집행할 때에는 검사가 이를 지휘한다(동조 제2항). 형의 집행정지는 사전에 검사의 허가를 얻어야 한다(동조 제4항).

(2) 서류의 보존

즉결심판이 확정된 때에는 즉결심판서 및 관계서류와 증거는 **관할 경찰서에 이를 보존**한다(제13조) (《주의》 관할 지방검찰청에 보존한다. ×). 18. 경찰승진

05 정식재판의 청구

1. 정식재판청구의 의의

정식재판청구란 즉결심판에 불복하여 정식의 공판절차에 의한 심판을 구하는 소송행위를 말한다. 정식재판청구는 동일한 심급에 불복한다는 점에서 엄격한 의미의 상소는 아니지만 원재판인 즉결심판에 대한 불복이라는 점에서 상소에 관한 일부 규정이 준용된다.

> **판례 | 즉결심판에 대하여 정식재판청구가 있는 경우 검사가 그에 대하여 다시 공소를 제기할 수 있는지의 여부(소극)**
>
> [1] 즉결심판을 받은 피고인으로부터 적법한 정식재판의 청구가 있는 경우 경찰서장의 즉결심판청구는 공소제기와 동일한 소송행위이므로 공판절차에 의하여 심판하여야 한다. [2] **검사가 정식재판을 청구한 즉결심판사건에 대하여 법원에 사건기록과 증거물을 그대로 송부하지 아니하고 즉결심판이 청구된 위반내용과 동일성 있는 범죄사실에 대하여 약식명령을 청구한 경우**, 공소제기 절차가 법률의 규정에 위반하여 무효인 때에 해당하거나 공소가 제기된 사건에 대하여 다시 공소가 제기되었을 때에 해당하므로 법원은 **공소기각판결을 선고하여야 한다**(대판 2017.10.12, 2017도10368). 19. 경찰채용

2. 정식재판청구의 절차

(1) 정식재판청구권자

① **피고인**: 피고인은 유죄의 즉결심판에 대하여 정식재판청구를 할 수 있다(제14조 제1항). 22. 해경승진 **약식명령과는 달리 피고인은 즉결심판에 대한 정식재판청구권을 포기할 수 있다**(제12조 제2항). 15. 경찰승진 상소대리에 관한 규정은 정식재판청구에 준용된다(제14조 제4항).

② **경찰서장**: 경찰서장은 무죄·면소 또는 공소기각의 즉결심판에 대하여 정식재판을 청구할 수 있다(제14조 제2항).

(2) 정식재판청구의 방법

① **피고인이 청구하는 경우**: 피고인은 즉결심판의 선고 또는 고지를 받은 날부터 **7일 이내**에 정식재판청구서를 경찰서장에게 제출하여야 한다. 정식재판청구서를 받은 경찰서장은 지체 없이 **판사에게 이를 송부**하여야 한다(제14조 제1항)(《주의》 지체 없이 검사에게 송부하여야 한다. ×). 16. 국가9급, 16·18. 경찰채용, 17. 경찰승진

② **경찰서장이 청구하는 경우**: 경찰서장은 즉결심판에서 무죄·면소·공소기각의 선고가 있는 때에는 그 선고 또는 고지를 받은 날부터 **7일 이내**에 정식재판을 청구할 수 있다. 이 경우 경찰서장은 관할 지방검찰청 또는 지청의 **검사의 승인을 얻어** 정식재판청구서를 판사에게 제출하여야 한다(제14조 제2항)(《주의》 검사의 승인을 얻을 필요가 없다. ×).

(3) 정식재판청구의 포기와 취하

정식재판청구권은 경찰서장 또는 피고인은 포기할 수 있다. 또한 정식재판의 청구는 **제1심판결선고 전까지 취하할 수 있다**(제14조 제4항, 형사소송법 제454조). 정식재판청구를 취하한 자 또는 포기나 취하에 동의한 자는 그 사건에 대하여 다시 정식재판청구를 하지 못한다(제14조 제4항, 형사소송법 제354조).

3. 정식재판청구에 대한 재판

(1) 서류의 송부

판사는 정식재판청구서를 받은 날부터 7일 이내에 경찰서장에게 정식재판청구서를 첨부한 사건기록과 증거물을 송부하고, 경찰서장은 지체 없이 관할 지방검찰청의 장에게 이를 송부하여야 하며, 그 검찰청의 장은 지체 없이 관할법원에 이를 송부하여야 한다(제14조 제3항).

(2) 청구기각결정

정식재판의 청구가 법령상의 방식에 위반하거나 정식재판청구권의 소멸 후인 것이 명백한 때에는 결정으로 기각하여야 한다(제14조 제4항, 형사소송법 제455조 제1항). 이 결정에 대하여 즉시항고할 수 있다(제14조 제4항, 형사소송법 제455조 제2항).

(3) 공판절차에 의한 심판

정식재판의 청구가 적법한 때에는 공판절차에 의하여 심판하여야 한다(제14조 제4항, 형사소송법 제455조 제3항). 정식재판청구에 의하여 공판절차가 시작되면 통상의 공판절차에 관한 규정이 그대로 적용된다.

(4) 즉결심판의 실효

즉결심판은 정식재판청구에 의한 판결이 있는 때에는 그 효력을 잃는다(제15조). 15. 경찰승진, 18. 경찰채용, 22. 해경승진 여기서 '판결'이란 확정판결을 의미하고, 실체재판은 물론 형식재판도 포함이 된다.

제3절 소년보호절차와 소년형사절차

01 서론

1. 소년의 의의와 종류

소년이라 함은 **19세 미만의 자**를 말한다(소년법 제2조 이하 해당 절에서 법명 생략). 소년은 다음과 같이 분류가 되고, 이들을 모두 합하여 비행소년이라고 한다(제67조의2).

(1) 범죄소년(犯罪少年)

죄를 범한 '14세 이상 19세 미만'의 소년을 말한다(제4조 제1항 제1호). 범죄소년에 대해서는 소년법상 보호처분은 물론 형벌의 선고도 얼마든지 가능하다.

(2) 촉법소년(觸法少年)

형벌법령에 저촉되는 행위를 한 '10세 이상 14세 미만'의 소년을 말한다(동항 제2호). 촉법소년에 대해서는 형벌을 선고할 수 없고 소년법상 보호처분만 부과할 수 있다.

(3) 우범소년(虞犯少年)

① 집단적으로 몰려다니며 주위 사람들에게 불안감을 조성하는 성벽(性癖)이 있거나, ② 정당한 이유 없이 가출하거나, ③ 술을 마시고 소란을 피우거나 유해환경에 접하는 성벽이 있고, 그의 성격이나 환경에 비추어 앞으로 형벌 법령에 저촉되는 행위를 할 우려가 있는 '10세 이상 19세 미만'의 소년을 말한다(동항 제3호). 우범소년에 대해서도 형벌을 선고할 수 없고 소년법상 보호처분만 부과할 수 있다.

☑ SUMMARY | 비행소년의 종류 ★

구분	내용	범죄	제재수단
범죄소년	죄를 범한 14세 이상 19세 미만의 소년	○	형벌 또는 보호처분
촉법소년	형벌 법령에 저촉되는 행위를 한 10세 이상 14세 미만의 소년	×	보호처분
우범소년	성격이나 환경에 비추어 앞으로 형벌 법령에 저촉되는 행위를 할 우려가 있는 10세 이상 19세 미만의 소년	×	보호처분

2. 소년사건의 처리

① 촉법소년과 우범소년은 죄를 범한 소년이 아니기 때문에 (형사사건으로 처리하여 형벌을 부과할 수 없고) 소년보호사건으로 처리하여 보호처분만 부과할 수 있다.
② 범죄소년은 죄를 범한 소년이므로 형사사건으로 처리하여 형벌을 부과할 수 있다. 다만, 형벌 대신에 보호처분이 적정하다고 인정할 때에는 소년보호사건으로 처리하여 보호처분을 부과할 수도 있다.

02 소년보호사건

1. 보호사건의 관할

보호사건의 관할은 소년의 행위지, 거주지 또는 현재지로 한다(제3조 제1항). 보호사건은 가정법원소년부 또는 지방법원소년부에 속하고, 심리와 처분 결정은 소년부 단독판사가 한다(동조 제2항·제3항).

2. 사건의 송치

(1) 경찰서장 등의 송치
① **촉법소년과 우범소년이 있을 때에는 경찰서장은 직접 관할소년부에 송치하여야 한다**(제4조 제2항). 14. 국가7급, 17. 경찰채용, 19. 경찰간부 범죄소년·촉법소년과 우범소년을 발견한 보호자 또는 학교·사회복지시설·보호관찰소의 장은 이를 관할소년부에 통고할 수 있다(동조 제3항).
② 소년부는 조사 또는 심리한 결과 금고 이상의 형에 해당하는 범죄사실이 발견된 경우 그 동기와 죄질이 형사처분을 할 필요가 있다고 인정하면 결정으로써 사건을 관할 지방법원에 대응한 검찰청 검사에게 송치하여야 한다(제7조 제1항). 소년부는 사건의 본인이 19세 이상인 것으로 밝혀진 경우에는 결정으로써 사건을 관할 지방법원에 대응하는 검찰청 검사에게 송치하여야 한다(동조 제2항).

(2) 검사의 송치
① **검사는** 소년에 대한 피의사건을 수사한 결과 **보호처분에 해당하는 사유**가 있다고 인정한 경우에는 사건을 **관할소년부에 송치하여야 한다**(제49조 제1항). 14. 경찰간부·국가7급
② **소년부는** 송치된 사건을 조사 또는 심리한 결과 그 동기와 죄질이 금고 이상의 **형사처분을 할 필요가 있다고 인정할 때에는** 결정으로써 **검사에게 송치할 수 있다**(제49조 제2항). 14. 경찰간부 송치한 사건은 검사가 다시 소년부에 송치할 수 없다(동조 제3항). 14. 경찰간부
③ 검사는 피의자에 대하여 선도(범죄예방자원봉사위원의 선도 또는 소년의 선도·교육과 관련된 단체·시설에서의 상담·교육·활동 등) 등을 받게 하고, 피의사건에 대한 공소를 제기하지 아니할 수 있다. 이 경우 **소년과 소년의 친권자·후견인 등 법정대리인의 동의를 받아야 한다**(제49조의3). 20. 경찰채용

(3) 법원의 송치
① **법원은** 소년에 대한 피고사건을 심리한 결과 **보호처분에 해당할 사유가 있다고 인정하면** 결정으로써 사건을 **관할소년부에 송치하여야 한다**(제50조). 14. 변호사, 14·18. 경찰간부
② 소년부는 송치받은 사건을 조사 또는 심리한 결과 사건의 본인이 19세 이상인 것으로 밝혀지면 결정으로써 송치한 법원에 사건을 다시 이송하여야 한다(제51조).

3. 심리개시와 불처분 결정

(1) 심리개시의 결정
소년부 판사는 사건의 심리를 개시할 수 없거나 개시할 필요가 없다고 인정하면 심리를 개시하지 아니한다는 결정을 하여야 한다(제19조 제1항). 사건을 심리할 필요가 있다고 인정하면 심리개시결정을 하여야 한다(제20조 제1항).

(2) 불처분 결정
소년부 판사는 심리결과 보호처분을 할 수 없거나 할 필요가 없다고 인정하면 그 취지의 결정을 하고, 이를 사건 본인과 보호자에게 알려야 한다(제29조 제1항). 14. 국가7급

4. 보호처분의 결정

(1) 보호처분
소년부 판사는 심리결과 보호처분을 할 필요가 있다고 인정하면 결정으로써 다음 어느 하나에 해당하는 처분을 하여야 한다(제32조 제1항).

① 보호자 또는 보호자를 대신하여 소년을 보호할 수 있는 자에게 감호 위탁(제1호)
② 수강명령(제2호)
③ 사회봉사명령(제3호)
④ 보호관찰관의 단기 보호관찰(제4호)
⑤ 보호관찰관의 장기 보호관찰(제5호)
⑥ 아동복지법에 따른 아동복지시설이나 그 밖의 소년보호시설에 감호 위탁(제6호)
⑦ 병원, 요양소 또는 보호소년 등의 처우에 관한 법률에 따른 의료재활소년원에 위탁(제7호)
⑧ 1개월 이내의 소년원 송치(제8호)
⑨ 단기 소년원 송치(제9호)
⑩ 장기 소년원 송치(제10호)

(2) 보호처분의 취소

① 보호처분이 계속 중일 때에 사건 본인이 처분 당시 **19세 이상인 것으로 밝혀진 경우**에는 소년부 판사는 결정으로써 그 **보호처분을 취소**하고 다음의 구분에 따라 처리하여야 한다(제38조 제1항).

㉠ 검사·경찰서장의 송치 등에 의한 사건인 경우에는 관할 지방법원에 대응하는 검찰청 검사에게 송치한다.
㉡ 법원이 송치한 사건인 경우에는 송치한 법원에 이송한다.

② 소년에 대한 보호처분이 계속 중일 때에 사건 본인이 행위 당시 또는 처분 당시 10세 미만으로 밝혀진 경우에는 소년부 판사는 결정으로써 그 보호처분을 취소하여야 한다(제38조 제2항).
③ 보호처분이 계속 중일 때에 사건 본인에 대하여 유죄판결이 확정된 경우에 보호처분을 한 소년부 판사는 그 처분을 존속할 필요가 없다고 인정하면 결정으로써 보호처분을 취소할 수 있다(제39조).

5. 보호처분에 대한 불복

(1) 항고

① 보호처분의 결정 등이 다음 어느 하나에 해당하면 사건 본인·보호자·보조인 또는 그 법정대리인은 관할 **가정법원 또는 지방법원 본원 합의부에 항고할 수 있다(제43조 제1항)**. 항고를 제기할 수 있는 기간은 7일로 한다(동조 제2항). 18. 경찰채용

㉠ 해당 결정에 영향을 미친 법령 위반이 있거나 중대한 사실 오인이 있는 경우(제1호)
㉡ 처분이 현저히 부당한 경우(제2호)

② 항고법원은 항고절차가 법률에 위반되거나 항고가 이유 없다고 인정한 경우에는 결정으로써 항고를 기각하여야 한다(제45조 제1항). 항고가 이유 있다고 인정한 경우에는 원결정을 취소하고 사건을 원소년부에 환송하거나 다른 소년부에 이송하여야 한다(동조 제2항).

(2) 재항고

항고를 기각하는 결정에 대하여는 그 결정이 법령에 위반되는 경우에만 대법원에 재항고를 할 수 있다(제47조 제1항). 재항고를 제기할 수 있는 기간도 7일로 한다(동조 제2항).

6. 보호처분의 효력 등

(1) 공소시효의 정지
소년부 판사의 심리개시결정이 있었던 때로부터 그 사건에 대한 **보호처분의 결정이 확정될 때까지 공소시효는 그 진행이 정지**된다(제54조).

(2) 공소제기의 금지 등
보호처분을 받은 소년에 대하여는 그 심리가 결정된 사건은 다시 공소를 제기하거나 소년부에 송치할 수 없다. 다만, 사건 본인이 처분 당시 19세 이상인 것으로 밝혀져서 소년부 판사가 보호처분을 취소하고 사건을 관할 지방법원에 대응하는 검찰청 검사에게 송치한 경우에는 공소를 제기할 수 있다(제53조).
15·19. 경찰간부

03 소년형사사건

다음은 범죄소년(犯罪少年)에 대하여 형벌을 부과하는 형사절차에 관한 설명이다. 소년에 대한 형사사건에 관하여는 소년법에 특별한 규정이 없으면 일반형사사건의 예에 의한다(제48조). 다만, 아래와 같이 소년형사절차의 특칙이 있다.

1. 구속의 제한과 분리수용
소년에 대한 구속영장은 부득이한 경우가 아니면 발부하지 못한다(제55조 제1항). 소년을 구속하는 경우에는 특별한 사정이 없으면 다른 피의자나 피고인과 **분리하여 수용**하여야 한다(동조 제2항).

2. 심리의 특칙
법원은 소년에 대한 형사사건에 관하여 필요한 사항을 조사하도록 조사관에게 위촉할 수 있다(제56조). 소년에 대한 형사사건의 심리는 다른 피고사건과 관련된 경우에도 심리에 지장이 없으면 그 절차를 분리하여야 한다(제57조). 재판장은 피고인이 소년인 형사사건에 관하여 공소제기가 있는 때에는 지체 없이 다른 사건에 우선하여 제1회 공판기일을 지정하여야 한다(규칙 제179조).

3. 재판의 특칙

(1) 사형·무기형의 완화
① 의의: 죄를 범할 당시 **18세 미만인 소년에 대하여 사형 또는 무기형으로 처할 경우에는 15년의 유기징역**으로 한다(제59조). 다만, 특정강력범죄를 범한 때에는 20년의 유기징역으로 한다(특정강력범죄법 제4조).
② 기준: 사형·무기형 완화의 기준은 '범죄시'이다. 따라서 **범죄시에 18세 이상인 소년에 대해서는 얼마든지 사형 또는 무기형의 선고도 가능**하다(《주의》 소년범은 사형·무기형을 선고할 수 없다. ×).

(2) 부정기형 선고
① 의의: 소년이 법정형으로 **장기 2년 이상의 유기형**에 해당하는 죄를 범한 경우에는 그 형의 범위에서 장기와 단기를 정하여 선고한다. 다만, **장기는 10년, 단기는 5년**을 초과하지 못한다(소년법 제60조 제1항). 14. 국가7급, 15·18. 경찰간부 다만, 특정강력범죄를 범한 때에는 장기는 15년, 단기는 7년을 초과하지 못한다(특정강력범죄법 제4조). 형의 **집행유예나 형의 선고유예를 선고할 때에는 부정기형을 선고하지 아니한다**(제60조 제3항)(《주의》 집행유예나 선고유예를 선고할 때에는 부정기형을 선고한다. ×). 14. 국가7급, 17. 경찰채용, 18. 경찰간부

② **기준**: 판례에 의할 때 부정기형의 기준은 '재판시', 즉 **사실심판결선고시**이다. 14. 변호사, 20. 경찰채용 따라서 범죄시에는 소년이었다고 하더라도 사실심(제1심·제2심) 판결선고시에 성년이 되었다면 법원은 정기형을 선고하여야 한다.

> **판례 |**
>
> **1 법정형 중 사형이나 무기형을 선택한 경우 소년범에게 부정기형을 선고할 수 있는지의 여부(소극)**
>   ① 소년에 대하여 사형, 무기형 또는 유기형의 법정형 중 **사형이나 무기형을 선택**한 경우에는 부정기형은 과할 수 없다(대판 1970.5.12, 70도675).
>   ② 법정형이 사형, 무기징역, 유기징역이 있는 때에 그 법정형 중 **사형이나 무기징역형을 선택**하고 작량감경한 결과로 피고인에게 유기징역형을 선고할 경우에는 소년법 제54조는 그 적용이 없다(대판 1985.6.25, 85도881).
>   ✎ 이 판례의 소년법 '제54조'는 2021년 현재 소년법 제60조를 말한다.
>   ③ 법정형 중에서 **무기징역을 선택**한 후 작량감경한 결과 유기징역을 선고하게 되었을 경우에는 피고인이 미성년자라 하더라도 부정기형을 선고할 수 없다(대판 1991.4.9, 91도357).
>
> **2 (법정형이 유기형인 경우) 항소심판결선고 당시 소년에 대하여 부과할 형(= 부정기형)**
> **항소심이 미성년자에 대하여 정기형을 선고하였음이 위법**이라는 이유로 상고심이 항소심판결을 파기하고 자판하는 경우에 동 피고인이 성년에 달하였다면 부정기형을 선고한 제1심판결까지 파기하고 정기형을 선고하여야 한다(대판 1981.12.8, 81도2414).
>
> **3 (법정형이 유기형인 경우) 항소심판결선고 당시 성년에 대하여 부과할 형(= 정기형)**
>   ① 제1심에서 부정기형을 선고한 판결에 대한 항소심 계속 중 개정 소년법이 시행되었고 **항소심판결선고시에는 이미 신법상 소년에 해당하지 않게 된 경우, 항소심은 정기형을 선고**해야 한다(대판 2008.10.23, 2008도8090).
>   ② 항소심판결선고 당시 성년이 되었음에도 불구하고 정기형을 선고함이 없이 부정기형을 선고한 제1심판결을 인용하여 항소를 기각한 것은 위법하다(대판 1990.4.24, 90도539). 18. 경찰채용
>
> **4 항소심에서 부정기형이 선고된 후 상고심 계속 중 성년이 된 경우 정기형으로 고칠 수 있는지의 여부(소극)**
>   ① 항소심판결선고 당시 미성년이었던 피고인이 상고 이후에 성년이 되었다고 하여 항소심의 부정기형의 선고가 위법이 되는 것은 아니다(대판 1998.2.27, 97도3421). 19. 국가7급
>   ② 항소심판결선고 당시 미성년자로서 **부정기형을 선고받은 피고인이 상고심 계속 중에 성년이 되었다 하더라도 항소심의 부정기형선고를 정기형으로 고칠 수는 없다**(대판 1990.11.27, 90도2225).
>   ③ 원심판결 당시 미성년으로서 부정기형을 선고받은 자가 그 후 **상고심 계속 중 가까운 시일 안에 성년이 된다하여 원심의 부정기형 선고가 위법이 될 수 없고 위와 같은 사유는 적법한 상고이유가 되지 아니한다**(대판 1985.10.8, 85도1721).

(3) **작량감경**

소년의 특성에 비추어 상당하다고 인정되는 때에는 그 형을 감경할 수 있다(제60조 제2항). 이 역시 기준은 '재판시', 즉 사실심판결선고시라는 것이 판례의 입장이다.

> **판례 | 소년법 제60조 제2항 소정의 '소년' 여부의 판단시기(= 사실심판결선고시)**
>
> 소년법이 적용되는 '소년'이란 19세 미만인 사람을 말하므로 **피고인이 소년법의 적용을 받으려면 심판시에 19세 미만이어야 한다**. 따라서 소년법 제60조 제2항의 적용대상인 '소년'인지의 여부도 심판시, 즉 사실심판결선고시를 기준으로 판단되어야 한다(대판 2009.5.28, 2009도2682,2009전도7). 14. 경찰승진, 20. 경찰채용

(4) 환형처분의 금지

18세 미만인 소년에 대하여는 벌금형의 환형으로 **노역장유치선고를 하지 못한다.** 다만, 판결선고 전 구속되었거나 소년분류심사원에의 위탁 조치가 있었을 때에는 그 구속 또는 위탁의 기간에 해당하는 기간은 노역장에 유치된 것으로 보아 **형법 제57조(판결선고 전 구금일수의 통산)를 적용할 수 있다**(제62조). 14·19. 경찰간부, 17·20. 경찰채용 벌금 등의 재산형의 선고는 물론 가능하다(《주의》 19세 미만 ×, 벌금형 선고와 환형유치가 모두 금지된다. ×).

4. 형집행의 특칙

(1) 분리수용

징역 또는 금고를 선고받은 소년에 대하여는 특별히 설치된 교도소 또는 일반 교도소 안에 특별히 분리된 장소에서 그 형을 집행한다(제63조 본문). 이는 악풍(惡風)의 감염을 방지하기 위한 것이다. 다만, 소년이 형의 집행 중에 23세가 되면 일반 교도소에서 집행할 수 있다(동조 단서). 20. 경찰채용

(2) 가석방요건의 완화

징역 또는 금고를 선고받은 소년에 대하여는 ① **무기형**의 경우에는 5년, ② **15년의 유기형**의 경우에는 3년, ③ **부정기형**의 경우에는 **단기의 3분의 1**이 경과하면 가석방을 허가할 수 있다(제65조). 성인이 ① 무기형은 20년, ② 유기형은 형기의 3분의 1이 지난 후 가석방을 허가할 수 있는 것에 비하여 가석방 요건이 완화가 된 것을 알 수 있다(형법 제72조 제1항). 14. 국가7급, 15. 경찰간부, 22. 해경간부

(3) 자격에 관한 법령의 적용

① 소년이었을 때 범한 죄에 의하여 형의 선고 등을 받은 자에 대하여 다음의 경우 자격에 관한 법령을 적용할 때 장래에 향하여 형의 선고를 받지 아니한 것으로 본다(제67조 제1항).
  ㉠ 형을 선고받은 자가 그 집행을 종료하거나 면제받은 경우
  ㉡ 형의 선고유예나 집행유예를 선고받은 경우
② ①에도 불구하고 형의 선고유예가 실효되거나 집행유예가 실효·취소된 때에는 그 때에 형을 선고받은 것으로 본다(동조 제2항).

제4절 배상명령과 범죄피해자구조제도

01 배상명령(賠償命令)

1. 의의

배상명령이란 공소제기된 사건의 범죄로 인하여 손해가 발생한 경우 **법원이 직권 또는 피해자의 신청에 의하여 피고인에게 손해의 배상을 명하는 절차**를 말한다(소송촉진법 제25조). 배상명령을 부대소송(附帶訴訟) 또는 부대사소(附帶私訴)라고도 한다. 이하 법 명칭을 생략하고 서술한다.

> **판례 | 배상명령의 취지 및 요건**
>
> [1] 소송촉진법 제25조 제1항의 규정에 의한 **배상명령**은 피고인의 범죄행위로 피해자가 입은 직접적인 재산상 손해에 대하여 그 피해금액이 특정되고, 피고인의 배상책임의 범위가 명백한 경우에 한하여 **피고인에게 그 배상을 명함으로써 간편하고 신속하게 피해자의 피해회복을 도모하고자 하는 제도로서**, [2] 피고인의 배상책임의 유무 또는 그 범위가 명백하지 아니한 때에는 배상명령을 하여서는 아니되고, 그와 같은 경우에는 같은 법 제32조 제1항이 정하는 바에 따라 법원은 결정으로 배상명령 신청을 각하하여야 한다(대판 1996.6.11, 96도945). 18. 경찰간부

2. 배상명령의 요건

(1) 배상명령의 대상과 범위

① **상해죄 등**: 상해죄, 중상해죄, 상해치사죄, 폭행치사상죄(존속에 대한 상해죄 등은 제외), 과실치사상죄, 강간추행의 죄, 절도강도의 죄, 사기공갈의 죄, 횡령배임의 죄, 손괴죄 및 성폭력처벌법과 청소년성보호법 일부 성폭력범죄에 대하여 배상명령을 할 수 있다(제25조 제1항 전단). 배상명령의 범위는 피고사건의 범죄행위로 인하여 발생한 **직접적인 물적 피해, 치료비 손해 및 위자료**이다(동항 후단)(**《주의》** 직접적·간접적 물적 피해와 치료비손해 및 위자료 ×). 14. 국가7급, 18. 경찰간부, 19. 해경간부, 21. 법원9급

② **합의된 손해배상액**: 법원은 ①의 죄 및 그 외의 죄에 대한 피고사건에서 피고인과 피해자 사이에 합의된 손해배상액에 관하여도 배상명령을 할 수 있다(제25조 제2항). 예를 들어 '방화죄'에 대하여 피고인과 피해자가 합의한 손해배상액에 대해서도 배상명령을 할 수 있다.

> **판례 | 합의된 손해배상액**
>
> 피고인이 재판과정에서 배상신청인과 민사적으로 합의하였다는 내용의 합의서를 제출하였을지라도 그 합의서 내용만으로는 피고인의 민사책임에 관한 구체적인 **합의 내용을 알 수 없다면 사실심법원은 배상신청인이 처음 신청한 금액을 바로 인용할 수 없다**(대판 2013.10.11, 2013도9616). 20. 경찰채용

(2) 배상명령의 소극적 요건

법원은 다음 어느 하나에 해당하는 경우에는 배상명령을 해서는 아니된다(제25조 제3항).

① 피해자의 성명·주소가 분명하지 아니한 경우(제1호)
② 피해 금액이 특정되지 아니한 경우(제2호)
③ 피고인의 배상책임의 유무 또는 그 범위가 명백하지 아니한 경우(제3호)
④ 배상명령으로 인하여 공판절차가 현저히 지연될 우려가 있거나 형사소송 절차에서 배상명령을 하는 것이 타당하지 아니하다고 인정되는 경우(제4호)

3. 배상명령의 절차

(1) 직권 또는 신청

배상명령은 법원의 **직권** 또는 피해자 등의 **신청**에 의한다(제25조 제1항). 15·16. 법원9급 이하에는 신청에 의한 절차에 관하여만 설명한다. 21. 법원9급

① **신청권자**: 배상명령의 신청은 피해자 또는 그 상속인이 할 수 있다(제25조 제1항). 피해자는 피고사건의 범죄행위로 인하여 발생한 피해에 관하여 다른 절차에 따른 손해배상청구가 법원에 계속 중일 때에는 배상신청을 할 수 없다(제26조 제7항). 20. 경찰간부

> ⚖️ **판례 | 배상명령을 신청할 수 없는 경우**
>
> 1 배상명령제도는 범죄행위로 인하여 재산상 이익을 침해당한 피해자로 하여금 당해 형사소송절차 내에서 신속히 그 피해를 회복하게 하려는 데 그 주된 목적이 있으므로 **피해자가 이미 그 재산상 피해의 회복에 관한 채무명의를 가지고 있는 경우에는 이와 별도로 배상명령신청을 할 이익이 없다**(대판 1982.7.27, 82도1217).
> 2 상대방을 기망하여 매매계약을 체결하고 금원을 편취한 경우, **피해자가 피고인과의 매매계약을 기망에 의한 의사표시를 이유로 취소 또는 해제하지 않으면** 특단의 사정이 없는 한 **대금전액 상당의 손해배상을 구할 수 없다**(대판 1985.11.12, 85도1765).
> 3 제1심 법원으로서는 공판절차의 진행이나 배상신청에 대한 결정을 함에 있어 피해자의 배상신청이 소촉법이 정한 나머지 요건을 갖추었으나 **변론종결 후에 접수되었다는 이유로 이를 각하하는 경우 피해자가 더 이상 배상명령 제도를 통해서는 구제받을 수 없다**(대판 2022.1.14, 2021도13768).

② **배상신청의 통지**: 검사는 배상명령 대상범죄로 공소를 제기한 경우에는 지체 없이 피해자 또는 그 법정대리인(피해자가 사망한 경우에는 그 배우자·직계친족·형제자매 포함)에게 배상신청을 할 수 있음을 통지하여야 한다(제25조의2). 16. 경찰간부

③ **신청시기**: 피해자는 **제1심 또는 제2심 공판의 변론이 종결될 때까지** 사건이 계속된 법원에 피해배상을 신청할 수 있다(제26조 제1항). 16. 법원9급, 18. 경찰간부 신청서에는 인지를 첨부하지 아니한다(동조 제2항). 따라서 **상고심, 약식절차, 즉결심판절차** 또는 **소년보호사건에서는 배상명령을 신청할 수 없다.**

④ **신청방법과 취하**: 피해자는 배상신청을 할 때에는 신청서와 상대방 피고인 수만큼의 신청서부본을 제출하여야 한다(제26조 제2항). 신청서에는 필요한 증거서류를 첨부할 수 있다(동조 제4항). 피해자가 증인으로 법정에 출석한 경우에는 말로써 배상을 신청할 수 있다(동조 제5항). 16. 법원9급 신청인은 배상명령이 확정되기 전까지는 언제든지 배상신청을 취하할 수 있다(동조 제6항).

⑤ **신청의 효과**: 배상신청은 민사소송에서의 소의 제기와 동일한 효력이 있다(제26조 제8항).

(2) 배상명령사건의 심리

① **신청서부본 송달과 기일통지**: 법원은 서면에 의한 배상신청이 있을 때에는 지체 없이 그 신청서부본을 피고인에게 송달하여야 한다. 이 경우 법원은 직권 또는 신청인의 요청에 따라 신청서부본상의 신청인 성명과 주소 등 신청인의 신원을 알 수 있는 사항의 전부 또는 일부를 가리고 송달할 수 있다(제28조). 법원은 배상신청이 있을 때에는 신청인에게 공판기일을 알려야 한다(제29조 제1항). 18. 경찰간부, 19. 해경간부 **신청인이 공판기일을 통지받고도 출석하지 아니하였을 때에는 신청인의 진술 없이 재판할 수 있다**(동조 제2항)(**주의** 신청인이 출석하지 아니하면 신청을 철회한 것으로 본다. ×). 16·18. 경찰간부 즉, 신청인은 공판기일에 출석할 의무가 있는 것은 아니다.

② **소송행위의 대리**: 피해자는 법원의 허가를 받아 그의 배우자, 직계혈족 또는 형제자매에게 배상신청에 관하여 소송행위를 대리하게 할 수 있다(제27조 제1항). 피고인의 변호인은 배상신청에 관하여 피고인의 대리인으로서 소송행위를 할 수 있다(동조 제2항).

③ **기록의 열람과 증거조사**

㉠ 법원은 필요한 때에는 언제든지 피고인의 배상책임 유무와 그 범위를 인정함에 필요한 증거를 조사할 수 있다(소송촉진규칙 제24조 제1항). 법원은 피고사건의 범죄사실에 관한 증거를 조사할 경우 피고인의 배상책임 유무와 그 범위에 관련된 사실을 함께 조사할 수 있다(동조 제2항). 따라서 배상책임의 유무 또는 그 범위는 **배상신청인이 입증하는 것이 아니라, 법원이 직권으로 조사하는 것이다.** 20. 경찰간부

ⓒ 신청인 및 그 대리인은 공판절차를 현저히 지연시키지 않는 범위에서 재판장의 허가를 받아 소송기록을 열람할 수 있고, 공판기일에 피고인이나 증인을 신문할 수 있으며, 그 밖에 필요한 증거를 제출할 수 있다(제30조 제1항). 위 신청에 대하여 허가를 하지 아니한 재판에 대해서는 불복을 신청하지 못한다(동조 제2항). 20. 경찰간부

(3) 배상명령의 재판

① **배상신청의 각하**: 법원은 다음 어느 하나에 해당하는 경우에는 결정으로 배상신청을 각하하여야 한다(제32조 제1항).

> ㉠ 배상신청이 적법하지 아니한 경우(제1호)
> ㉡ 배상신청이 이유 없다고 인정되는 경우(제2호)
> ㉢ 배상명령을 하는 것이 타당하지 아니하다고 인정되는 경우(제3호)

유죄판결의 선고와 동시에 배상신청의 각하를 할 때에는 이를 유죄판결의 주문에 표시할 수 있다(동조 제2항). 법원은 재판서에 신청인 성명과 주소 등 신청인의 신원을 알 수 있는 사항의 기재를 생략할 수 있다(동조 제3항). **신청을 각하하거나 그 일부를 인용한 재판에 대하여 신청인은 불복을 신청하지 못하며**, 다시 동일한 배상신청을 할 수 없다(동조 제4항). 16. 경찰간부, 20. 경찰채용

② **배상명령의 선고**: 배상명령은 **유죄판결의 선고와 동시에** 하여야 한다(제31조 제1항). 16. 법원9급, 18·20. 경찰간부, 19. 해경간부 배상명령은 일정액의 금전 지급을 명함으로써 하고 배상의 대상과 금액을 유죄판결의 주문에 표시하여야 한다. 배상명령의 이유는 특히 필요하다고 인정되는 경우가 아니면 적지 아니한다(동조 제2항). 배상명령은 가집행할 수 있음을 선고할 수 있고 이에 관하여 민사소송법상 일부 규정이 준용된다(동조 제3항·제4항).

③ **배상명령에 대한 불복**

㉠ 유죄판결에 대한 상소가 제기된 경우에는 배상명령은 피고사건과 함께 상소심으로 이심된다(제33조 제1항). 상소심에서 원심의 유죄판결을 파기하고 피고사건에 대하여 무죄, 면소 또는 공소기각의 재판을 할 때에는 원심의 배상명령을 취소하여야 한다. 20. 경찰채용, 21. 법원9급 이 경우 상소심에서 원심의 배상명령을 취소하지 아니한 경우에는 그 배상명령을 취소한 것으로 본다(동조 제2항). 상소심에서 원심판결을 유지하는 경우에도 원심의 배상명령을 취소하거나 변경할 수 있다(동조 제4항).

㉡ **피고인은** 유죄판결에 대하여 상소를 제기하지 아니하고 **배상명령에 대해서만 상소제기기간(7일 이내)에 형사소송법에 따른 즉시항고를 할 수 있다**. 다만, 즉시항고 제기 후 상소권자의 적법한 상소가 있는 경우에는 즉시항고는 취하된 것으로 본다(제33조 제5항). 14. 국가7급

(4) 배상명령의 효력

확정된 배상명령 또는 가집행선고가 있는 배상명령이 기재된 유죄판결서의 정본은 민사집행법에 따른 강제집행에 관하여는 집행력 있는 민사판결 정본과 동일한 효력이 있다(제34조 제1항). 15. 법원9급, 20. 경찰채용 배상명령이 확정된 경우 피해자는 그 **인용된 금액의 범위에서 다른 절차에 따른 손해배상을 청구할 수 없다**(동조 제2항).

02 범죄피해자구조제도(범죄피해자 보호법)

1. 의의

범죄피해자구조제도란 범죄로 인하여 생명·신체에 대한 피해를 받은 자에 대하여 국가가 구조금을 지급하여 피해자를 구조해 주는 제도를 말한다. 헌법 제30조는 "타인의 범죄행위로 인하여 생명·신체에 대한 피해를 받은 국민은 법률이 정하는 바에 의하여 국가로부터 구조를 받을 수 있다."라고 규정하고 있고, 이에 의하여 범죄피해자 보호법이 제정되어 시행 중이다. 이하 법 명칭을 생략하고 서술한다.

2. 구조의 요건

(1) 구조의 대상

① 구조대상 범죄피해자 등(제3조)

구분	내용
범죄피해자	타인의 범죄행위로 피해를 당한 사람과 그 배우자(사실상의 혼인관계 포함), 직계친족 및 형제자매를 말한다.
구조대상 범죄피해	사람의 생명 또는 신체를 해치는 죄에 해당하는 행위로 인하여 사망하거나 장해 또는 중상해를 입은 것을 말한다(형법 제9조, 제10조 제1항, 제12조, 제22조 제1항에 따라 처벌되지 아니하는 행위 포함, 같은 법 제20조 또는 제21조 제1항에 따라 처벌되지 아니하는 행위 및 과실에 의한 행위 제외). ① '장해'란 범죄행위로 입은 부상이나 질병이 치료(그 증상이 고정된 때 포함)된 후에 남은 신체의 장해로서 대통령령으로 정하는 경우를 말한다. ② '중상해'란 범죄행위로 인하여 신체나 그 생리적 기능에 손상을 입은 것으로서 대통령령으로 정하는 경우를 말한다.

② **구조의 사유**: 국가는 구조대상 범죄피해를 받은 사람이 다음 어느 하나에 해당하면 구조피해자 또는 그 유족에게 범죄피해 구조금을 지급한다(제16조). 14. 국가7급

> ㉠ 구조피해자가 피해의 전부 또는 일부를 배상받지 못하는 경우(제1호)
> ㉡ 자기 또는 타인의 형사사건의 수사 또는 재판에서 고소·고발 등 수사단서를 제공하거나 진술, 증언 또는 자료제출을 하다가 구조피해자가 된 경우(제2호)

(2) 예외사유

① **친족관계**

㉠ 범죄행위 당시 구조피해자와 가해자 사이에 다음 어느 하나에 해당하는 친족관계가 있는 경우에는 구조금을 지급하지 아니한다(제19조 제1항). 15. 경찰간부

> ⓐ 부부(사실상의 혼인관계 포함)(제1호)
> ⓑ 직계혈족(제2호)
> ⓒ 4촌 이내의 친족(제3호)
> ⓓ 동거친족(제4호)

㉡ 범죄행위 당시 구조피해자와 가해자 사이에 위의 어느 하나에 해당하지 않는 친족관계가 있는 경우에는 구조금의 일부를 지급하지 아니한다(제19조 제2항). 15. 경찰간부

② **해당범죄 유발 등**
  ㉠ 구조피해자가 다음 어느 하나에 해당하는 행위를 한 때에는 구조금을 지급하지 아니한다(제19조 제3항). 15. 경찰간부

> ⓐ 해당 범죄행위를 교사 또는 방조하는 행위(제1호)
> ⓑ 과도한 폭행·협박 또는 중대한 모욕 등 해당 범죄행위를 유발하는 행위(제2호)
> ⓒ 해당 범죄행위와 관련하여 현저하게 부정한 행위(제3호)
> ⓓ 해당 범죄행위를 용인하는 행위(제4호)
> ⓔ 집단적 또는 상습적으로 불법행위를 행할 우려가 있는 조직에 속하는 행위(다만, 그 조직에 속하고 있는 것이 해당 범죄피해를 당한 것과 관련이 없다고 인정되는 경우는 제외)(제5호)
> ⓕ 범죄행위에 대한 보복으로 가해자 또는 그 친족이나 그 밖에 가해자와 밀접한 관계가 있는 사람의 생명을 해치거나 신체를 중대하게 침해하는 행위(제6호)

  ㉡ 구조피해자가 다음 어느 하나에 해당하는 행위를 한 때에는 구조금의 일부를 지급하지 아니한다(제19조 제4항). 15. 경찰간부

> ⓐ 폭행·협박 또는 모욕 등 해당 범죄행위를 유발하는 행위(제1호)
> ⓑ 해당 범죄피해의 발생 또는 증대에 가공한 부주의한 행위 또는 부적절한 행위(제2호)

3. 구조금의 지급절차

(1) 관할기관
① **지구심의회와 본부심의회**: 구조금 지급에 관한 사항을 심의·결정하기 위하여 각 지방검찰청에 범죄피해구조심의회(이하 '지구심의회')를 두고, 법무부에 범죄피해구조본부심의회(이하 '본부심의회')를 둔다(제24조 제1항).
② **결정사항**: 지구심의회는 설치된 지방검찰청 관할구역의 구조금 지급에 관한 사항을 심의·결정한다(제24조 제2항). 본부심의회는 재심신청사건 그 밖에 법령에 따라 그 소관에 속하는 사항을 심의·결정한다(동조 제3항).

(2) 구조금의 신청 및 결정 등
① **구조금의 신청**: 구조금을 받으려는 사람은 법무부령으로 정하는 바에 따라 그 주소지, 거주지 또는 범죄 발생지를 관할하는 지구심의회에 신청하여야 한다(제25조 제1항). 신청은 해당 구조대상 범죄피해의 발생을 안 날부터 **3년**이 지나거나 해당 구조대상 범죄피해가 발생한 날부터 **10년**이 지나면 할 수 없다(동조 제2항).
② **구조결정 및 재심신청**
  ㉠ 지구심의회는 구조금 지급신청을 받으면 신속하게 구조금을 지급하거나 지급하지 아니한다는 결정을 하여야 한다(제26조).
  ㉡ 지구심의회에서 구조금 지급신청을 기각(일부기각된 경우 포함) 또는 각하하면 신청인은 결정의 정본이 송달된 날부터 2주일 이내에 그 지구심의회를 거쳐 본부심의회에 재심을 신청할 수 있다(제27조).
③ **소멸시효 등**
  ㉠ 구조금을 받을 권리는 그 구조결정이 해당 신청인에게 송달된 날부터 2년간 행사하지 아니하면 시효로 인하여 소멸된다(제31조).
  ㉡ 구조금을 받을 권리는 양도하거나 담보로 제공하거나 압류할 수 없다(제32조).

4. 형사조정

(1) 의의

검사는 피의자와 범죄피해자 사이에 형사분쟁을 공정하고 원만하게 해결하여 범죄피해자가 입은 피해를 실질적으로 회복하는 데 필요하다고 인정하면 당사자의 신청 또는 직권으로 수사 중인 형사사건을 형사조정에 회부할 수 있다(제41조 제1항). 조정이 성립되면 합의한 것으로 간주하여 불기소처분 또는 처벌을 감경한다.

(2) 대상사건

형사조정에 회부할 수 있는 형사사건은 아래와 같다(법 제41조 제2항, 시행령 제46조).

> ① 차용금, 공사대금, 투자금 등 개인간 금전거래로 인하여 발생한 분쟁으로서 사기·횡령·배임 등으로 고소된 재산범죄사건(제1호)
> ② 개인간의 명예훼손·모욕, 경계 침범, 지식재산권 침해, 임금체불 등 사적 분쟁에 대한 고소사건(제2호)
> ③ 제1호 및 제2호에서 규정한 사항 외에 형사조정에 회부하는 것이 분쟁 해결에 적합하다고 판단되는 고소사건(제3호)
> ④ 고소사건 외에 일반 형사사건 중 제1호부터 제3호까지에 준하는 사건(제4호)

다만, 다음의 어느 하나에 해당하는 경우에는 형사조정에 회부하여서는 아니 된다(제41조 제2항).

> ① 피의자가 도주하거나 증거를 인멸할 염려가 있는 경우(제1호)
> ② 공소시효의 완성이 임박한 경우(제2호)
> ③ 불기소처분의 사유에 해당함이 명백한 경우(기소유예처분의 사유에 해당하는 경우 제외)(제3호)

(3) 형사조정위원회

형사조정을 담당하기 위하여 각급 지방검찰청 및 지청에 형사조정위원회를 둔다(제42조 제1항). 형사조정위원회는 2명 이상의 형사조정위원으로 구성한다(동조 제2항). 형사조정위원회는 당사자 사이의 공정하고 원만한 화해와 범죄피해자가 입은 피해의 실질적인 회복을 위하여 노력하여야 한다(제43조 제1항). 형사조정위원회는 형사조정이 회부되면 지체 없이 형사조정절차를 진행하여야 한다(동조 제2항).

제4장 재판의 집행과 형사보상

제1절 재판의 집행

01 재판집행의 일반원칙

1. 재판집행의 의의

재판의 집행이란 재판의 의사표시 내용을 국가권력에 의하여 강제적으로 실현하는 것을 말한다. 형의 집행은 물론 추징·소송비용과 같은 부수처분의 집행과 각종 영장의 집행 등도 재판의 집행에 포함된다.

> **판례 | 집행할 형의 기준**
>
> 판결은 그 **선고**에 의하여 효력을 발생하고 **판결원본의 기재**에 의하여 효력을 발생하는 것이 아니므로 **양자의 형이 다른 경우에는 검사는 선고된 형을 집행**하여야 한다(대결 1981.5.14, 81모8). 16. 경찰간부

2. 재판집행의 시기

(1) 원칙

재판은 특별한 규정이 없으면 확정한 후에 집행한다(제459조). 즉, 재판은 확정된 후에 즉시 집행하는 것이 원칙이다. 그러나 이에 대하여 다음과 같은 예외가 인정된다.

(2) 예외

① 확정 전 집행
   ㉠ 결정과 명령은 즉시항고 또는 준항고가 허용되는 경우를 제외하고는 즉시 집행할 수 있다. 결정과 명령에 대한 불복은 즉시항고를 제외하고는 재판집행 정지의 효력이 없기 때문이다(제409조). 15. 경찰간부
   ㉡ 벌금·과료·추징의 선고를 하는 경우에 가납의 재판이 있는 때에는 확정을 기다리지 않고 즉시 집행할 수 있다(제334조 제3항). 15. 경찰간부

② 확정 후 일정기간 경과 후 집행
   ㉠ 소송비용부담의 재판은 소송비용집행 면제신청기간 내 또는 그 신청에 대한 재판이 확정될 때까지 집행할 수 없다(제472조). 15. 경찰간부
   ㉡ **노역장유치의 집행**은 벌금 또는 과료의 재판이 확정된 후 **30일 이내**에는 집행할 수 없다(형법 제69조 제1항).
   ㉢ **사형**은 **법무부장관의 명령** 없이는 집행할 수 없다(제463조).
   ㉣ 보석의 경우 제98조 제1호·제2호·제5호·제7호 및 제8호의 조건은 이를 이행한 후가 아니면 보석허가결정을 집행하지 못한다(제100조 제1항).

3. 재판집행의 지휘

(1) 검사주의(檢事主義)

재판의 집행은 원칙적으로 그 재판을 한 법원에 대응한 **검찰청 검사가 지휘**한다(제460조 제1항 본문).
19. 경찰간부

(2) 집행을 위한 소환과 형집행장발부

① 사형·징역·금고·구류의 선고를 받은 자가 구금되지 아니한 때에는 검사는 형을 집행하기 위하여 이를 소환하여야 한다(제473조 제1항).
② 소환에 응하지 아니한 때에는 **검사는 형집행장(刑執行狀)을 발부**하여 구인하여야 한다(제473조 제2항)(주의 법원은 형집행장을 발부 ×). 형의 선고를 받은 자가 도망하거나 도망할 염려가 있는 때 또는 현재지를 알 수 없는 때에는 소환함이 없이 형집행장을 발부하여 구인할 수 있다(동조 제3항).
③ 형집행장은 구속영장과 동일한 효력이 있다(제474조). 형집행장의 집행에는 피고인의 구속에 관한 규정을 준용한다(제475조).

> **판례**
>
> **1 형집행장 집행과 사법경찰관리의 직무**
> 벌금미납자에 대한 노역장유치 집행을 위하여 검사의 지휘를 받아 형집행장을 집행하는 사법경찰관리도 검사의 지휘를 받아 벌금미납자에 대한 노역장유치의 집행을 위하여 형집행장의 집행 등을 할 권한이 있으므로, 이 경우 **벌금미납자에 대한 검거는 사법경찰관리의 직무범위에 속한다**고 보아야 한다(대판 2011.9.8, 2009도13371). 14. 경찰승진
>
> **2 형집행장 집행시 준용되는 구속에 관한 조항**
> ① 형집행장의 집행에 관하여는 형사소송법 제1편 제9장에서 정하는 피고인의 구속에 관한 규정이 준용되므로 사법경찰관리가 벌금형을 받은 이를 그에 따르는 노역장 유치의 집행을 위하여 구인하려면, 검사로부터 발부받은 **형집행장을 그 상대방에게 제시하여야 한다**(대판 2013.9.12, 2012도2349)(同旨 대판 2010.10.14, 2010도8591). 14. 법원행시, 15·16. 경찰간부, 18. 법원9급, 19. 변호사
> ② 사법경찰관리가 벌금형을 받은 사람을 그에 따르는 노역장유치의 집행을 위하여 구인하려면 검사로부터 발부받은 형집행장을 그 상대방에게 제시하여야 하지만, **형집행장을 소지하지 아니한 경우에 급속을 요하는 때에는 그 상대방에 대하여 형집행사유와 형집행장이 발부되었음을 고하고 집행할 수 있다.** 그리고 형집행장의 제시 없이 구인할 수 있는 '급속을 요하는 때'란 애초 사법경찰관리가 적법하게 발부된 형집행장을 소지할 여유가 없이 형집행의 상대방을 조우한 경우 등을 가리킨다(대판 2013.9.12, 2012도2349)(同旨 대판 2010.10.14, 2010도8591).
>
> **3 형집행장 집행시 준용되지 않는 구속에 관한 조항**
> 형집행장의 집행에 관하여 형사소송법 제1편 제9장에서 정하는 피고인의 구속에 관한 규정을 준용하는데, 여기서 '피고인의 구속에 관한 규정'은 피고인의 **구속영장의 집행**'에 관한 규정을 의미한다고 할 것이므로 형집행장의 집행에 관하여는 **구속의 사유에 관한 형사소송법 제70조나 구속이유의 고지에 관한 형사소송법 제72조가 준용되지 아니한다**(대판 2013.9.12, 2012도2349).

02 형의 집행

1. 형집행의 순서
2 이상의 형을 집행하는 경우에 자격상실·자격정지·벌금·과료와 몰수 외에는 그 무거운 형을 먼저 집행한다. 단, 검사는 소속장관의 허가를 얻어 무거운 형의 집행을 정지하고 다른 형의 집행을 할 수 있다(제462조). 16. 경찰간부

2. 사형의 집행

(1) 집행의 절차
사형은 법무부장관의 명령에 의하여 집행하고, 법무부장관이 사형의 집행을 명한 때에는 **5일 이내에 집행**하여야 한다(제463조, 제466조)(《주의》 사형은 대통령의 명령에 의하여 집행 ×). 19. 경찰간부 **사형집행의 명령**은 판결이 확정된 날로부터 **6월 이내에 하여야 한다**(제465조 제1항). 상소권회복의 청구, 재심의 청구 또는 비상상고의 신청이 있는 때에는 그 절차가 종료할 때까지의 기간은 6월의 기간에 산입하지 아니한다(동조 제2항).

(2) 집행의 방법
사형은 교정시설 안에서 교수(絞首)하여 집행한다(형법 제66조).

(3) 사형의 집행정지
사형의 선고를 받은 사람이 ① 심신장애로 의사능력이 없는 상태에 있거나, ② 임신 중에 있는 여자인 때에는 법무부장관의 명령으로 집행을 정지한다(제469조 제1항). 형의 집행을 정지한 경우에는 심신장애의 회복 또는 출산 후 법무부장관의 명령에 의하여 형을 집행한다(동조 제2항).

3. 자유형의 집행

(1) 집행의 방법
자유형, 즉 징역·금고·구류의 집행은 검사가 형집행지휘서에 의하여 지휘하고 교정시설에 수용하여 집행한다(제460조, 형법 제67조, 제68조).

(2) 미결구금일수의 산입
① **판결선고 전의 구금일수는 그 전부를** 유기징역, 유기금고, 벌금이나 과료에 관한 유치 또는 구류에 **산입한다**(형법 제57조 제1항). 구금일수의 1일은 징역, 금고, 벌금이나 과료에 관한 유치 또는 구류의 기간의 1일로 계산한다(동조 제2항).
② **판결선고 후 판결확정 전 구금일수(판결선고 당일의 구금일수를 포함한다)는 전부를 본형에 산입한다**(제482조 제1항). 17. 경찰채용·국가9급 상소기각결정시에 송달기간이나 즉시항고기간 중의 미결구금일수는 전부를 본형에 산입한다(동조 제2항).

> **판례**
>
> **1 본형에 통산될 미결구금에 해당하는 경우**
> ① 형사소송법 제92조 제3항에 의하면 "제22조에 의한 기피신청으로 인하여 공판절차가 정지된 기간은 구속기간에 산입하지 아니한다."고 규정되어 있는바 **기피신청으로 인하여 공판절차가 정지된 상태의 구금기간도 판결선고 전의 구금일수에는 산입되어야 한다**(대판 2005.10.14, 2005도4758). 17. 국가9급

② 상소제기 후 상소취하한 때까지의 구금 또한 피고인의 신체의 자유를 박탈하고 있다는 점에서 실질적으로 자유형의 집행과 다를 바 없으므로 상소제기기간 중의 판결확정 전 구금과 구별하여 취급할 아무런 이유가 없고, 따라서 **상소제기 후 상소취하한 때까지의 구금일수에 관하여는 형사소송법 제482조 제2항을 유추적용하여 그 전부를 본형에 산입하여야 한다고 봄이 상당하다**(대결 2010.4.16, 2010모179). 14. 변호사, 15. 국가7급

2 본형에 통산될 미결구금에 해당하지 않는 경우

① **외국에서 이루어진 미결구금**을 형법 제57조 제1항에서 규정한 '본형에 당연히 산입되는 미결구금'과 **같다고 볼 수 없다**[대판 2017.8.24, 2017도5977(전합)]. 20. 국가9급

② 피고인이 범행 후 미국으로 도주하였다가 대한민국정부와 미합중국정부간의 **범죄인인도조약에 따라 체포되어 인도절차를 밟기 위한 절차에 해당하는 기간**은 본형에 산입될 미결구금일수에 해당하지 않는다(대판 2005.10.28, 2005도5822)(同旨 대판 2009.5.28, 2009도1446). 16. 경찰간부

③ 정식재판청구기간을 도과한 약식명령에 기하여 **피고인을 노역장에 유치하는 것**은 형의 집행이므로 그 유치기간은 형법 제57조가 규정한 미결구금일수에 해당하지 아니한다(대판 2007.5.10, 2007도2517). 17. 국가9급

④ **형의 집행과 구속영장의 집행이 경합**하고 있는 경우에는 구속 여부와 관계없이 피고인 또는 피의자는 형의 집행에 의하여 구금을 당하고 있는 것이어서 구속은 관념상은 존재하지만 사실상은 형의 집행에 의한 구금만이 존재하는 것에 불과하므로 **이러한 경우의 미결구금은 본형에 통산하여서는 아니된다**(대판 2001.10.26, 2001도4583).

⑤ 피고인은 이 사건 사기 등 범행으로 기소되기 전에(이 사건으로는 1990.3.27, 구속영장이 발부되어 그날 집행되었다) 기소중지처분된 **신용카드사업법 위반 등 피의사실로 1990.3.1.부터 3.27.까지 구속**된 사실을 알 수 있는바, 결과적으로 위 구속기간이 이 사건 사기 등 범행사실의 수사에 실질상 이용되었다 하더라도 **위 구금일수를 이 사건 사기죄의 본형에 산입할 수는 없다** 할 것이므로 같은 취지의 원심판단은 정당하다(대판 1990.12.11, 90도2337).

3 판결주문에서 별도로 '미결구금일수 산입'에 관한 판단을 명시하여야 하는지의 여부(소극)

① 형법 제57조 제1항 중 '또는 일부' 부분은 헌재 2009.6.25. 선고 2007헌바25 사건의 위헌결정으로 효력이 상실되었다. 그리하여 판결선고 전 미결구금일수는 그 전부가 법률상 당연히 본형에 산입하게 되었으므로 **판결에서 별도로 미결구금일수 산입에 관한 사항을 판단할 필요가 없다**고 할 것이다(대판 2009.12.10, 2009도11448). 15. 국가7급

② 헌법재판소는 형법 제57조 제1항 중 '또는 일부' 부분은 헌법에 위반된다고 선언하였는바, 이로써 판결선고 전의 구금일수는 그 전부가 유기징역, 유기금고, 벌금이나 과료에 관한 유치기간 또는 구류에 당연히 산입되어야 하게 되었고, **병과형 또는 수 개의 형으로 선고된 경우 어느 형에 미결구금일수를 산입하여 집행하느냐는 형집행 단계에서 형집행기관이 할 일이며**, 법원이 주문에서 이에 관하여 선고하였더라도 이는 마찬가지라 할 것이므로 그와 같은 사유만으로 원심판결을 파기할 수는 없다 할 것이다(대판 2010.9.9, 2010도6924).

(3) 자유형의 집행정지

① **필요적 집행정지**: 징역·금고·구류의 선고를 받은 자가 **심신장애로 의사능력이 없는 상태**에 있을 때에는 형을 선고한 법원에 대응한 검찰청검사 또는 형의 선고를 받은 자의 현재지를 관할하는 검찰청 검사의 지휘에 의하여 심신장애가 회복될 때까지 형의 집행을 정지한다(제470조 제1항). 19. 경찰간부

② **임의적 집행정지**: 징역·금고·구류의 선고를 받은 자에 대하여 ㉠ 형의 집행으로 인하여 현저히 건강을 해하거나 생명을 보전할 수 없을 염려가 있는 때, ㉡ **연령 70세 이상**인 때, ㉢ **잉태 후 6월 이상인 때**, ㉣ **출산 후 60일을 경과하지 아니한 때**, ㉤ **직계존속이 연령 70세 이상 또는 중병이나 장애인으로 보호할 다른 친족이 없는 때**, ㉥ **직계비속이 유년으로 보호할 다른 친족이 없는 때**, ㉦ 기

타 중대한 사유가 있는 때에는 형을 선고한 법원에 대응한 검찰청검사 또는 형의 선고를 받은 자의 현재지를 관할하는 검찰청검사의 지휘에 의하여 형의 집행을 정지할 수 있다(제471조 제1항). 이 경우 검사는 소속 고등검찰청검사장 또는 지방검찰청검사장의 허가를 얻어야 한다(동조 제2항).

4. 자격형의 집행

자격상실 또는 자격정지의 선고를 받은 자에 대하여는 이를 수형자원부에 기재하고 지체 없이 그 등본을 형의 선고를 받은 자의 등록기준지와 주거지의 시·구·읍·면장에게 송부하여야 한다(제476조).

5. 재산형 등의 집행

(1) 집행명령과 그 효력

벌금·과료·몰수·추징·과태료·소송비용·비용배상 또는 가납의 재판은 검사의 명령에 의하여 집행한다(제477조 제1항). 17. 경찰간부 **검사의 명령은 집행력 있는 채무명의와 동일한 효력**이 있다(동조 제2항). 17. 경찰간부 재산형의 집행은 민사집행법의 집행에 관한 규정을 준용한다. 단, 집행 전에 재판의 송달을 요하지 아니한다(동조 제3항). 다만, 재산형의 집행은 국세징수법에 따른 국세체납처분의 예에 따라 집행할 수 있다(동조 제4항). 17. 경찰간부, 18. 법원9급

(2) 집행의 대상이 되는 재산

① **원칙**: 재산형도 형인 이상 다른 형의 집행과 동일하게 선고를 받은 본인, 즉 수형자의 재산에만 집행하는 것이 원칙이다.
② **예외**: 몰수 또는 조세·전매 기타 공과에 관한 법령에 의하여 재판한 벌금 또는 추징은 그 재판을 받은 자가 재판확정 후 사망한 경우에는 그 상속재산에 대하여 집행할 수 있다(제478조). 16·17. 경찰간부 법인에 대하여 벌금·과료·몰수·추징·소송비용 또는 비용배상을 명한 경우에는 법인이 그 재판확정 후 합병에 의하여 소멸한 때에는 합병 후 존속한 법인 또는 합병에 의하여 설립된 법인에 대하여 집행할 수 있다(제479조). 17. 경찰간부

(3) 몰수형의 집행

몰수물은 검사가 처분하여야 한다(제483조). 몰수를 집행한 후 3월 이내에 그 몰수물에 대하여 정당한 권리가 있는 자가 몰수물의 교부를 청구한 때에는 검사는 파괴 또는 폐기할 것이 아니면 이를 교부하여야 한다(제484조 제1항). 몰수물을 처분한 후 위의 청구가 있는 경우에는 검사는 공매에 의하여 취득한 대가를 교부하여야 한다(동조 제2항).

(4) 압수물의 처분

① **압수물의 환부**: 서류 또는 물품에 대하여 몰수의 선고가 없는 때에는 압수를 해제한 것으로 간주한다(제332조). 15. 법원9급, 16. 경찰승진 압수한 장물로서 피해자에게 환부할 이유가 명백한 것은 판결로써 피해자에게 환부하는 선고를 하여야 하고(제333조 제1항) 압수한 장물을 처분하였을 때에는 판결로써 그 대가로 취득한 것을 피해자에게 교부하는 선고를 하여야 한다(동조 제2항). **가환부한 장물**에 대하여 **별단의 선고가 없는 때에는 환부의 선고가 있는 것으로 간주**한다(동조 제3항). 따라서 이 경우 압수물을 보관하고 있는 법원 또는 검사는 이를 정당한 권리자에게 환부하여야 한다.
② **위조 등의 표시**: 위조 또는 변조한 물건을 환부하는 경우에는 그 물건의 전부 또는 일부에 위조나 변조인 것을 표시하여야 한다(제485조 제1항). 위조 또는 변조한 물건이 압수되지 아니한 경우에는 그 물건을 제출하게 하여 위의 처분을 하여야 한다. 단, 그 물건이 공무소에 속한 것인 때에는 위조나 변조의 사유를 공무소에 통지하여 적당한 처분을 하게 하여야 한다(동조 제2항).

③ **환부불능과 공고**: 압수물의 환부를 받을 자의 소재가 불명하거나 기타 사유로 인하여 환부를 할 수 없는 경우에는 검사는 그 사유를 관보에 공고하여야 한다(제486조 제1항). 공고한 후 **3월 이내에 환부의 청구가 없는 때에는 그 물건은 국고에 귀속**한다(동조 제2항). 위 기간 내에도 가치 없는 물건은 폐기할 수 있고 보관하기 어려운 물건은 공매하여 그 대가를 보관할 수 있다(동조 제3항).

03 재판집행에 대한 구제방법

1. 재판해석에 대한 의의신청(疑義申請)

(1) 의의
형의 선고를 받은 자는 집행에 관하여 재판의 해석에 대한 의의(疑義)가 있는 때에는 재판을 선고한 법원에 의의신청을 할 수 있다(제488조).

(2) 절차
의의신청의 관할법원은 재판을 선고한 법원이다(제488조). 의의신청은 법원의 결정이 있을 때까지 취하할 수 있다(제490조 제1항). 의의신청에 대하여 법원은 결정을 하여야 하고, 이 결정에 대하여 **즉시항고**를 할 수 있다(제491조).

2. 재판집행에 대한 이의신청(異議申請)

(1) 의의
재판의 집행을 받은 자 또는 그 법정대리인이나 배우자는 집행에 관한 검사의 처분이 부당함을 이유로 재판을 선고한 법원에 이의신청을 할 수 있다(제489조).

(2) 절차
이의신청의 관할법원은 재판을 선고한 법원이다(제488조). 이의신청은 법원의 결정이 있을 때까지 취하할 수 있다(제490조 제1항). 이의신청에 대하여 법원은 결정을 하여야 하고 이 결정에 대하여 **즉시항고**를 할 수 있다(제491조).

> **판례 |**
>
> **1 의의신청 또는 이의신청의 사유 등**
> ① 형사소송법 제488조의 **의의신청**은 판결의 취지가 명료하지 않아 그 해석에 대한 의의가 있는 경우에 적용되는 것이고 같은 법 제489조의 **이의신청**은 재판의 집행에 관한 검사의 처분이 부당함을 이유로 하는 경우에 적용되는 것이므로 **재판의 내용 자체를 부당하다고 주장하는 것은 이에 해당되지 아니한다**(대판 1987.8.20, 87도1057). 16. 경찰간부
> ② 형사소송법 제488조의 규정은 판결주문의 취지가 불명확하여 주문의 해석에 의문이 있는 경우에 한하여 형을 선고받은 자가 집행에 관하여 재판의 해석에 대한 의의신청을 할 수 있다는 것이고 **판결이유의 모순, 불명확 또는 부당을 주장하는 의의신청은 허용되지 않는다**(대결 1985.8.20, 85모22).
> ③ 형사소송법 제488조의 규정은 판결의 취지가 명료하지 아니하여 그 해석에 대한 의의가 있는 경우에 적용되는 것이고 **재판의 내용 자체를 부당하다고 주장하는 것은 이에 해당되지 아니한다**(대결 1986.9.26, 86모45).

④ 형사소송법 제489조의 이의신청은 재판의 집행을 받은 자 등이 재판의 집행에 관한 검사의 처분이 부당함을 이유로 하는 경우에 신청할 수 있는 것이므로 재판의 집행에 관한 것이 아니고 **검사의 공소제기 또는 이를 바탕으로 한 재판 그 자체가 부당함을 이유로 하는 경우에는 신청할 수 없다**(대결 1986.9.8, 86모32).

2 이의신청의 대상이나 사유가 되는 경우
① 벌금형 등의 재판의 집행에 관한 사항을 정한 검찰징수사무규칙 제17조에 규정한 '**검사의 벌금 등의 징수명령**'은 검사의 재산형 등의 집행명령과 같은 것이라고 해석되므로 검사가 한 징수명령이 형사소송법 제489조에 규정한 이의신청의 대상이 됨은 당연하다(대결 2001.8.23, 2001모91).
② 검사가 보호감호 집행정지결정을 취소하는 결정을 함과 아울러 잔여 보호감호집행을 지휘하는 **처분**을 한 경우, 그 처분이 부당함을 이유로 시정을 구하는 취지에서 준항고장이라는 서면을 제출하였다면 이를 사회보호법 제42조와 형사소송법 제489조에 따라 재판을 선고한 법원(합의부)에 재판의 집행에 관한 검사의 처분에 대한 **이의신청을 한 것으로 보아 판단하여야 한다**(대결 1993.8.6, 93모55).
③ **확정되지 아니한 판결의 집행**에 대하여는 이의신청을 할 수 있으며 판결의 집행에 대하여 이의신청이 있는 때에는 그 판결의 확정 여부에 대하여 심리하여야 한다(대결 1964.6.23, 64모14).

3 의의신청 또는 이의신청의 대상이나 사유가 되지 않는 경우
① 형사소송법 제489조에 의한 이의신청은 재판의 집행에 대한 검사의 처분을 시정하기 위한 것으로서 **이미 재판의 집행이 종료된 후에는 이의신청의 실익이 없어 허용되지 아니한다**(대결 2001.8.23, 2001모91).
② 항소심에서 유죄판결을 선고받고 이에 불복하여 **상고를 제기한 피고인을 교도소 소장이 검사의 이송지휘도 없이 다른 교도소로 이송처분한 경우** 피고인은 이에 대하여 형사소송법 제15조 제1호 소정의 관할이전신청이나 동법 제489조 소정의 **이의신청을 할 수 없다**(대결 1983.7.5, 83초20).

4 의의신청 또는 이의신청의 관할법원
재판의 집행에 관한 이의신청의 관할법원은 재판을 선고한 법원이며, 여기서 '**재판을 선고한 법원**'이라 함은 피고인에게 **형을 선고한 법원**을 가리키는 것이고 이 형을 선고한 판결에 대한 상소를 기각한 법원을 가리키는 것이 아니다(대판 1996.3.28, 95도2958).

제2절 형사보상과 명예회복

01 의의

1. 개념

형사피의자 또는 형사피고인으로서 구금되었던 자가 법률이 정하는 불기소처분을 받거나 무죄판결을 받은 때에는 법률이 정하는 바에 의하여 국가에 정당한 보상을 청구할 수 있다(헌법 제28조). 18. 경찰간부 형사보상이란 국가의 잘못된 형사사법권의 행사로 인하여 위법·부당하게 미결구금이나 형집행을 받은 자에 대하여 국가가 그 손해를 보상하여 주는 제도를 말한다. 또한 2011.5.23. 전면 개정된 형사보상 및 명예회복에 관한 법률에는 이와 더불어 명예회복을 위한 조치도 포함되어 있다. 이하 '형사보상 및 명예회복에 관한 법률'이라는 명칭을 생략하고 서술한다.

2. 형사보상의 성질

(1) 무과실책임

형사보상은 객관적으로 위법·부당한 공권력의 행사가 있는 경우에 공무원의 고의·과실 유무를 불문하고 국가가 이를 보상하여 주는 **무과실책임**이다(《주의》 과실책임 ×).

(2) 형사보상과 손해배상과의 관계

형사보상청구권은 국가배상법 또는 민법에 의한 손해배상청구권과 경합하는 경우가 있을 수 있다. 그런데 형사보상 및 명예회복에 관한 법률은 다른 법률에 의한 손해배상청구를 금하지 아니하므로 어느 법률에 의하여 손해배상 또는 보상을 청구하는가는 피해자의 자유이다(제6조).

02 형사보상의 요건

1. 피의자보상

(1) 협의의 불기소처분

피의자로서 구금되었던 자 중 검사로부터 불기소처분을 받은 자는 보상을 청구할 수 있다(제27조 제1항 본문). 이는 **'협의의 불기소처분'만을 의미**한다. 18. 경찰간부 구금된 이후 공소를 제기하지 아니하는 처분을 할 사유가 있는 경우, 종국적인 처분이 아닌 불기소처분 또는 **기소유예처분의 경우에는 보상을 청구하지 못한다**(동항 단서).

(2) 미결구금의 집행

피의자보상을 청구할 수 있는 자는 불기소처분을 받을 때까지 미결구금을 당한 자이어야 한다.

(3) 피의자보상의 제한사유

피의자보상에 있어서 ① 본인이 수사 또는 재판을 그르칠 목적으로 거짓 자백을 하거나 다른 유죄의 증거를 만듦으로써 구금된 것으로 인정되는 경우, ② 구금기간 중에 다른 사실에 대하여 수사가 이루어지고 그 사실에 관하여 범죄가 성립한 경우, ③ 보상을 하는 것이 선량한 풍속이나 그 밖에 사회질서에 위배된다고 인정할 특별한 사정이 있는 경우에는 피의자보상의 전부 또는 일부를 지급하지 아니할 수 있다(제27조 제2항).

2. 피고인보상

(1) 무죄판결 등

① **무죄판결**: 피고인보상은 피고인이 무죄판결을 받은 경우에 이를 청구할 수 있다. 무죄판결은 형사소송법에 의한 일반절차, 재심, 비상상고, 상소권회복에 의한 상소의 절차에 의하여 받을 수 있다(제2조 제1항·제2항). 사망한 사람에 대하여 재심 또는 비상상고의 절차에서 무죄재판이 있었을 때에는 보상의 청구에 관해서는 사망한 때에 무죄재판이 있었던 것으로 본다(제3조 제2항).
② **면소·공소기각재판**: 면소·공소기각의 재판을 받아 확정된 피고인은 면소·공소기각의 재판을 할 만한 사유가 없었더라면 **무죄의 재판을 받을 만한 현저한 사유가 있었을 때에는 구금에 대한 보상을 청구할 수 있다**(제26조 제1항 제1호). 18. 경찰간부
③ **치료감호청구기각재판**: 치료감호의 독립청구를 받은 피치료감호청구인의 치료감호사건이 범죄로 되지 아니하거나 범죄사실의 증명이 없는 때에 해당하여 청구기각의 판결을 받아 확정된 경우에 구금에 대한 보상을 청구할 수 있다(제26조 제1항 제2호).

> **판례 |**
>
> **1 형사보상을 청구할 수 있는 경우**
> [1] 판결주문에서 무죄가 선고된 경우뿐만 아니라 **판결이유에서 무죄로 판단된 경우에도 미결구금 가운데 무죄로 판단된 부분의 수사와 심리에 필요하였다고 인정된 부분에 관하여는 보상을 청구할 수 있고**, 다만 형사보상법 제4조 제3호를 유추적용하여 법원의 재량으로 보상청구의 전부 또는 일부를 기각할 수 있을 뿐이다. [2] 피고인이 특정범죄가중법위반죄(절도)로 구속·기소되어 제1심이 징역 1년 6월을 선고하였으나 항소심에서 검사가 점유이탈횡령죄를 예비적으로 추가하는 공소장변경을 하여, 항소심이 점유이탈물횡령죄에 대하여 벌금 300만원을 선고하면서 특정범죄가중법 위반죄에 대하여는 판결이유에서 무죄로 판단하고 이 판결이 확정된 경우, 피고인은 형사보상법 제2조 제1항에 따라 보상을 청구할 수 있다(대결 2016.3.11, 2014모2521). 20. 법원9급
>
> **2 형사보상을 청구할 수 없는 경우**
> [1] 판결주문에서 경합범의 일부에 대하여 유죄가 선고되더라도 다른 부분에 대하여 무죄가 선고되었다면 형사보상을 청구할 수 있다. 그러나 그 경우라도 **미결구금일수의 전부 또는 일부가 유죄에 대한 본형에 산입되는 것으로 확정되었다면**, 그 본형이 실형이든 집행유예가 부가된 형이든 불문하고 그 **산입된 미결구금일수는 형사보상의 대상이 되지 않는다**. 그 미결구금은 유죄에 대한 본형에 산입되는 것으로 확정된 이상 형의 집행과 동일시되는 것이므로 형사보상할 미결구금 자체가 아닌 셈이기 때문이다. [2] 판결주문에서 무죄가 선고되지 아니하고 판결이유에서만 무죄로 판단된 경우에도 미결구금 가운데 무죄로 판단된 부분의 수사와 심리에 필요하였다고 인정된 부분에 관하여는 판결주문에서 무죄가 선고된 경우와 마찬가지로 보상을 청구할 수 있다. 그러나 미결구금일수의 전부 또는 일부가 선고된 형에 산입되는 것으로 확정되었다면 그 산입된 미결구금일수는 형사보상의 대상이 되지 않는다(대결 2017.11.28, 2017모1990).

(2) 미결구금 또는 형의 집행

피고인보상을 청구할 수 있는 자는 무죄판결 등을 받을 때까지 미결구금 또는 형집행을 받아야 한다.

(3) 피고인의 보상의 제한사유

피고인보상에 있어서 ① 형법 제9조 및 제10조 제1항의 사유로 무죄재판을 받은 경우, ② 본인이 수사 또는 심판을 그르칠 목적으로 거짓 자백을 하거나 다른 유죄의 증거를 만듦으로써 기소, 미결구금 또는 유죄재판을 받게 된 것으로 인정된 경우, ③ 1개의 재판으로 경합범의 일부에 대하여 무죄재판을 받고 다른 부분에 대하여 유죄재판을 받았을 경우에는 재량에 의하여 보상청구의 전부 또는 일부를 기각할 수 있다(제4조).

> **판례 | 형사보상청구의 기각 요건인 '수사 또는 심판을 그르칠 목적'의 증명책임 및 판단 방법**
>
> [1] 형사보상법 제3조(개정법 제4조) 제2호에 의하여 법원이 **보상청구의 전부 또는 일부를 기각하기 위해서는 본인이 단순히 허위의 자백을 하거나 또는 다른 유죄의 증거를 만드는 것만으로는 부족하고 본인에게 '수사 또는 심판을 그르칠 목적'이 있어야 한다**. [2] 수사기관의 추궁과 수사 상황 등에 비추어 볼 때 본인이 범행을 부인하여도 형사처벌을 면하기 어려울 것이라는 생각으로 부득이 자백에 이르게 된 것이라면 '수사 또는 심판을 그르칠 목적'이 있었다고 섣불리 단정할 수 없다(대결 2008.10.28, 2008모577). 14·17. 경찰승진

03 형사보상의 내용

1. 구금에 대한 보상

구금에 대한 보상을 할 때에는 그 구금일수에 따라 1일당 보상청구의 원인이 발생한 연도의 최저임금법에 따른 일급 최저임금액 이상 대통령령으로 정하는 금액 이하의 비율에 의한 보상금을 지급한다(제5조 제1항). 노역장유치의 집행을 한 경우 그에 대해서는 구금에 대한 보상규정을 준용한다(동조 제5항).

2. 사형집행에 대한 보상

사형집행에 대한 보상을 할 때에는 집행 전 구금에 대한 보상금 외에 3,000만원 이내에서 모든 사정을 고려하여 법원이 타당하다고 인정하는 금액을 더하여 보상한다. 이 경우 본인의 사망으로 인하여 발생한 재산상의 손실액이 증명되었을 때에는 그 손실액도 보상한다(제5조 제3항).

3. 벌금·과료의 집행에 대한 보상

벌금 또는 과료의 집행에 대한 보상을 할 때에는 이미 징수한 벌금 또는 과료의 금액에 징수일의 다음 날부터 보상결정일까지의 일수에 대하여 민법 제379조의 법정이율(연 5분)을 적용하여 계산한 금액을 더한 금액을 보상한다(제5조 제4항).

4. 몰수·추징의 집행에 대한 보상

몰수집행에 대한 보상을 할 때에는 그 몰수물을 반환하고, 그것이 이미 처분되었을 때에는 보상결정시의 시가를 보상한다(제5조 제6항). 추징금에 대한 보상을 할 때에는 그 액수에 징수일의 다음 날부터 보상결정일까지의 일수에 대하여 민법 제379조의 법정이율(연 5분)을 적용하여 계산한 금액을 더한 금액을 보상한다(동조 제7항).

04 형사보상의 절차

1. 청구권자

형사보상청구권자는 협의의 불기소처분을 받은 피의자와 무죄·면소·공소기각·치료감호청구기각의 재판을 받은 피고인이다(제27조 제1항, 제2조, 제26조). 보상청구권 또는 보상금 지급청구권은 **양도하거나 압류할 수 없다**(제23조). 14. 경찰승진, 20. 경찰간부 그러나 청구권은 **상속할 수 있고** 따라서 청구권자의 상속인은 보상청구를 할 수 있다(제3조 제1항). 20. 경찰간부

2. 피의자보상

(1) 관할

피의자보상에 관한 사항을 심사·결정하기 위하여 지방검찰청에 피의자보상심의회를 둔다(제27조 제3항). 심의회는 법무부장관의 지휘·감독을 받는다(동조 제4항).

(2) 청구의 절차

① 피의자보상은 검사로부터 공소를 제기하지 아니하는 처분의 고지 또는 통지를 받은 날부터 3년 이내에 검사가 소속된 지방검찰청의 심의회에 청구하여야 한다(제28조 제1항·제3항).

② 심의회의 보상결정이 송달된 후 2년 이내에 보상지급의 청구를 하지 아니할 때에는 그 권리를 상실한다(제28조 제5항).

(3) 불복신청

피의자보상의 청구에 대한 심의회의 결정에 대해서는 행정심판법에 따른 행정심판을 청구하거나 행정소송법에 따른 행정소송을 제기할 수 있다(제28조 제4항).

(4) 준용규정

피의자보상에 대하여 특별한 규정이 있는 경우를 제외하고는 그 성질에 반하지 아니하는 범위에서 무죄재판사건의 피고인에 대한 보상에 관한 규정을 준용한다(제29조 제1항).

3. 피고인보상

(1) 관할

보상의 청구는 무죄재판을 한 법원에 대하여 하여야 한다(제7조). 보상청구는 법원합의부에서 재판한다(제14조 제1항).

(2) 청구의 절차

보상청구는 **무죄재판의 확정된 사실을 안 날부터 3년, 무죄재판이 확정된 때부터 5년 이내**에 하여야 한다(제8조). 14·17. 경찰승진, 20. 경찰간부 보상청구에는 보상청구서에 재판서의 등본과 그 재판의 확정증명서를 법원에 제출하여야 한다(제9조 제1항).

(3) 보상청구의 심리

① 보상청구에 대해서는 법원은 검사와 청구인의 의견을 들은 후 결정을 하여야 한다(제14조 제2항). 법원은 보상청구의 원인이 된 사실인 구금일수 또는 형집행의 내용에 관하여 직권으로 조사를 하여야 한다(제15조).
② 보상청구를 받은 법원은 **6개월 이내**에 보상결정을 하여야 한다(제14조 제3항).

(4) 법원의 결정

① **각하결정**: 보상청구의 절차가 법령으로 정한 방식을 위반하여 보정할 수 없을 경우, 청구인이 법원의 보정명령에 따르지 아니할 경우 또는 기간이 지난 후에 보상을 청구하였을 경우에는 이를 각하하는 결정을 하여야 한다(제16조).
② **기각결정**: 보상의 청구가 이유 없을 때에는 청구기각결정을 하여야 한다(제17조 제2항).
③ **보상결정**: 보상의 청구가 이유 있을 때에는 보상결정을 하여야 한다(제17조 제1항). 17. 경찰승진

(5) 불복

보상결정에 대하여는 **1주일 이내에 즉시항고할 수 있다**(제20조 제1항). 14·17. 경찰승진, 18. 경찰채용, 20. 경찰간부 청구기각결정에 대하여는 즉시항고할 수 있다(제20조 제2항). 청구각하결정에 대하여는 명문의 규정은 없으나 즉시항고가 허용된다는 것이 판례의 입장이다.

4. 보상금지급의 청구

보상금의 지급을 청구하려는 자는 보상을 결정한 법원에 대응하는 검찰청에 보상금 지급청구서를 제출하여야 한다(제21조 제1항). 17. 경찰승진, 20. 경찰간부 보상결정이 송달된 후 2년 이내에 보상금 지급의 청구를 하지 아니할 때에는 권리를 상실한다(동조 제3항).

5. 보상금 지급기한 등

보상금 지급청구서를 제출받은 검찰청은 3개월 이내에 보상금을 지급하여야 한다(제21조의2 제1항). 기한까지 보상금을 지급하지 아니한 경우에는 그 다음 날부터 지급하는 날까지의 지연일수에 대하여 민법 제379조의 법정이율에 따른 지연이자를 지급하여야 한다(제21조의2 제2항).

05 명예회복

1. 의의

현재는 수사나 재판단계에서 혐의사실이 언론에 대대적으로 보도되고 있는 반면, 재판에서 무죄가 확정되더라도 그에 대하여 거의 보도가 되지 않는 실정이므로 개정법에서는 무죄판결이 확정된 피고인의 명예회복을 실질적으로 보장하기 위하여 법무부 인터넷 홈페이지에 무죄재판서 게재제도를 신설하였다.

2. 청구의 절차

(1) 게재청구는 무죄재판을 받아 확정된 사건의 피고인이 할 수 있다. 또한 면소·공소기각의 재판 또는 치료감호청구기각의 판결을 받아 확정된 사건의 피치료감호청구인도 이를 할 수 있다(제30조, 제34조).

(2) 무죄재판사건의 피고인은 무죄재판이 확정된 때부터 **3년 이내**에 사건을 기소한 지방검찰청(지청)에 대하여 **법무부 인터넷 홈페이지에 확정된 무죄재판의 재판서 게재를 청구할 수 있다**(제30조).

3. 청구에 대한 조치

(1) 게재청구가 있을 때에는 그 청구를 받은 날부터 1개월 이내에 무죄재판서를 법무부 인터넷 홈페이지에 게재하여야 한다(제32조 제1항).

(2) 다음의 어느 하나에 해당할 때에는 무죄재판서의 일부를 삭제하여 게재할 수 있다(제32조 제2항).

> ① 청구인이 무죄재판서 중 일부 내용의 삭제를 원하는 의사를 명시적으로 밝힌 경우(제1호)
> ② 무죄재판서의 공개로 인하여 사건 관계인의 명예나 사생활의 비밀 또는 생명신체의 안전이나 생활의 평온을 현저히 해칠 우려가 있는 경우(제2호)

(3) 무죄재판서의 게재기간은 1년으로 한다(제32조 제4항).

(4) 무죄재판서를 게재한 경우에는 지체 없이 그 사실을 청구인에게 서면으로 통지하여야 한다(제33조 제1항).

해커스경찰
police.Hackers.com

2025 해커스경찰
갓대환 형사법
형사소송법(공판)

부록 | 공수처법

부록 / 공수처법

고위공직자범죄 수사처 설치 및 운영에 관한 법률(2022.9.10. 법률 제18861호)

1. 목적
고위공직자범죄 수사처의 설치와 운영에 관하여 필요한 사항을 규정함을 목적으로 한다(제1조).

2. 용어정의
① '고위공직자'란 다음 어느 하나의 직(職)에 재직 중인 사람 또는 그 직에서 퇴직한 사람을 말한다. 다만, 장성급 장교는 현역을 면한 이후도 포함된다(제2조 제1호).

> ⓐ 대통령
> ⓑ 국회의장 및 국회의원
> ⓒ **대법원장 및 대법관**
> ⓓ 헌법재판소장 및 헌법재판관
> ⓔ 국무총리와 국무총리비서실 소속의 정무직공무원
>   ✐ '정무직공무원'이란 선거로 취임하거나 임명할 때 국회의 동의가 필요한 공무원 또는 고도의 정책결정 업무를 담당하거나 이러한 업무를 보조하는 공무원으로서 법률이나 대통령령(대통령비서실 및 국가안보실의 조직에 관한 대통령령만 해당한다)에서 정무직으로 지정하는 공무원을 말한다(국가공무원법 제2조 제3항 제1호).
> ⓕ 중앙선거관리위원회의 정무직공무원
> ⓖ 공공감사에 관한 법률 제2조 제2호에 따른 중앙행정기관의 정무직공무원
>   ✐ '중앙행정기관'이란 정부조직법 제2조에 따른 부·처·청과 감사원, 국가인권위원회, 국민권익위원회, 공정거래위원회, 금융위원회, 방송통신위원회, 국무조정실, 원자력안전위원회 및 행정중심복합도시건설청을 말한다(공공감사에 관한 법률 제2조 제2호, 동법 시행령 제2조).
> ⓗ 대통령비서실·국가안보실·대통령경호처·국가정보원 소속의 3급 이상 공무원
> ⓘ 국회사무처, 국회도서관, 국회예산정책처, 국회입법조사처의 정무직공무원
> ⓙ 대법원장비서실, 사법정책연구원, 법원공무원교육원, 헌법재판소 사무처의 정무직공무원
> ⓚ **검찰총장**
> ⓛ 특별시장·광역시장·특별자치시장·도지사·특별자치도지사 및 교육감
> ⓜ **판사 및 검사**
> ⓝ **경무관 이상 경찰공무원**
> ⓞ 장성급 장교
>   ✐ '장성(將星)급 장교'란 원수(元帥), 대장, 중장, 소장 및 준장을 말한다(군인사법 제3조 제1항 제1호).
> ⓟ 금융감독원 원장·부원장·감사
> ⓠ 감사원·국세청·공정거래위원회·금융위원회 소속의 3급 이상 공무원
> ✐ 강조 처리된 고위공직자의 경우 수사처검사(공수처 소속 검사)가 수사, 공소제기 및 유지를 담당하고, 나머지 고위공직자의 경우 수사처검사가 수사를 담당할 뿐, 공소제기 및 유지는 일반 검사가 담당한다.

② '가족'이란 배우자, 직계존비속을 말한다. 다만, 대통령의 경우에는 배우자와 4촌 이내의 친족을 말한다(제2조 제2호).

③ '고위공직자범죄'란 고위공직자로 **재직 중에 본인 또는 본인의 가족이 범한** 다음 어느 하나에 해당하는 죄를 말한다. 다만, 가족의 경우에는 고위공직자의 직무와 관련하여 범한 죄에 한정한다(제2조 제3호).

> ㉠ 형법 제122조부터 제133조(직무유기, 직권남용, 불법체포, 불법감금, 폭행, 가혹행위, 피의사실공표, 공무상 비밀누설, 선거방해, 수뢰, 사전수뢰, 제3자뇌물제공, 수뢰후부정처사, 사후수뢰, 알선수뢰, 뇌물공여 등)(다른 법률에 따라 가중처벌되는 경우를 포함한다)
> ㉡ 직무와 관련되는 형법 제141조(공용서류 등 무효, 공용물 파괴), 제225조(공문서 등 위조·변조), 제227조(허위공문서작성 등), 제227조의2(공전자기록위작·변작), 제229조(위조 등 공문서 행사)(제225조, 제227조 및 제227조의2의 행사죄에 한정한다), 제355조부터 제357조(횡령, 배임, 업무상 횡령과 배임, 배임수증재) 및 제359조(다른 법률에 따라 가중처벌되는 경우를 포함한다)
> ㉢ 특정범죄 가중처벌 등에 관한 법률 제3조(알선수재)
>> ✎ 공무원의 직무에 속한 사항의 알선에 관하여 금품이나 이익을 수수·요구 또는 약속한 사람은 5년 이하의 징역 또는 1천만원 이하의 벌금에 처한다(특정범죄 가중처벌 등에 관한 법률 제3조).
> ㉣ 변호사법 제111조(알선수재)
>> ✎ 공무원이 취급하는 사건 또는 사무에 관하여 청탁 또는 알선을 한다는 명목으로 금품·향응, 그 밖의 이익을 받거나 받을 것을 약속한 자 또는 제3자에게 이를 공여하게 하거나 공여하게 할 것을 약속한 자는 5년 이하의 징역 또는 1천만원 이하의 벌금에 처한다. 이 경우 벌금과 징역은 병과할 수 있다(변호사법 제111조 제1항).
> ㉤ 정치자금법 제45조(정치자금부정수수)
> ㉥ 국가정보원법 제21조(정치관여), 제22조(직권남용)
> ㉦ 국회에서의 증언·감정 등에 관한 법률 제14조 제1항(위증 등)
> ㉧ ㉠부터 ㉥까지의 죄에 해당하는 범죄행위로 인한 범죄수익은닉의 규제 및 처벌 등에 관한 법률 제2조 제4호의 범죄수익 등과 관련된 같은 법 제3조 및 제4조

④ '관련 범죄'란 다음 어느 하나에 해당하는 죄를 말한다(제2조 제4호).

> ㉠ 고위공직자와 형법 제30조부터 제32조(공동정범·교사범·종범)까지의 관계에 있는 자가 범한 제3호의 어느 하나에 해당하는 죄
> ㉡ 고위공직자를 상대로 한 자의 형법 제133조(뇌물공여 등), 제357조 제2항(배임수증재)
> ㉢ 고위공직자범죄와 관련된 형법 제151조 제1항(범인은닉 친족간 특례), 제152조(위증, 모해위증), 제154조부터 제156조(허위 감정·통역·번역, 증거인멸 등 친족간 특례, 무고) 및 국회에서의 증언·감정 등에 관한 법률 제14조 제1항(위증 등)
> ㉣ 고위공직자범죄 수사과정에서 인지한 그 고위공직자범죄와 직접 관련성이 있는 죄로서 해당 고위공직자가 범한 죄

⑤ '고위공직자범죄 등'이란 위 ③과 ④의 죄를 말한다(제2조 제5호).

✅ SUMMARY | 고위공직자의 분류

A급 고위공직자	B급 고위공직자
① 대법원장 및 대법관 ② 검찰총장 ③ 판사 및 검사 ④ 경무관 이상 경찰공무원 ✎ 수사와 공소제기·유지를 공수처가 한다.	① 대통령 ② 국회의장 및 국회의원 ③ 헌법재판소장 및 헌법재판관 ④ 국무총리와 국무총리비서실 소속 정무직공무원 ⑤ 중앙선관위의 정무직공무원 ⑥ 중앙행정기관의 정무직공무원 ⑦ 대통령비서실 등 소속 3급 이상 공무원 ⑧ 국회사무처 등의 정무직공무원 ⑨ 대법원장비서실 등의 정무직공무원 ⑩ 시·도지사 및 교육감 ⑪ 장성급 장교 ⑫ 금융감독원 원장·부원장·감사 ⑬ 감사원·국세청·공정거래위원회·금융위원회 소속 3급 이상 공무원 ✎ 수사는 공수처가 하고, 공소제기·유지는 검찰이 한다.

✅ SUMMARY | 고위공직자범죄 등 <부록 형법 범죄의 정리 참고>

구분		내용
고위공직자 범죄	형법	① 직무유기 ② 직권남용권리행사방해, 직권남용(체포·감금), 독직(폭행·가혹행위) ③ 피의사실공표 ④ 공무상비밀누설 ⑤ 선거방해 ⑥ 뇌물(수수·요구·약속), 사전뇌물(수수·요구·약속), 제3자뇌물(수수·요구·약속), 수뢰후부정처사, 부정처사후수뢰, 사후수뢰죄, 알선뇌물(수수·요구·약속), 뇌물(공여·공여약속·공여의사표시), 제3자뇌물(교부·취득) ⑦ 공용(서류·물건·전자기록 등)(손상·은닉·무효), 공용(건조물·선박·기차·항공기)파괴 ⑧ (공문서·공도화)(위조·변조), 허위(공문서·공도화)(작성·변개), 공전자기록 등(위작·변작), (위조·변조)(공문서·공도화)행사, 허위(작성·변개)(공문서·공도화)행사, (위작·변작)공전자기록 등 행사 ⑨ 횡령, 배임, 업무상(횡령·배임), 배임수재, 배임증재 ✎ ⑦부터 ⑨까지의 범죄는 직무와 관련되는 경우에 한하여 고위공직자범죄가 된다.
	특별법	① 알선수재(특정범죄 가중처벌 등에 관한 법률 제3조) ② 알선수재(변호사법 제111조) ③ 정치자금부정수수(정치자금법 제45조) ④ 정치관여(국가정보원법 제21조), 직권남용(동법 제22조) ⑤ 국회위증(국회에서의 증언·감정 등에 관한 법률 제14조 제1항)
관련 범죄		① 고위공직자와 공동정범·교사범·방조범 관계에 있는 자가 범한 고위공직자범죄 해당 범죄 ② 고위공직자를 상대로 한 자의 뇌물(공여·공여약속·공여의사표시), 제3자뇌물(교부·취득), 배임증재 ③ 고위공직자범죄와 관련된 범인(은닉·도피), 위증, 모해위증, (허위·모해허위)(감정·통역·번역), 증거(인멸·은닉·위조·변조), (위조·변조)증거사용, 증인(은닉·도피), 무고, 국회위증 ④ 고위공직자범죄 수사과정에서 인지한 그 고위공직자범죄와 직접 관련성이 있는 죄로서 해당 고위공직자가 범한 죄

✎ 고위공직자범죄로 인한 범죄수익은닉의 규제 및 처벌 등에 관한 법률 제2조 제4호의 범죄수익 등과 관련된 같은 법 제3조(범죄수익 등의 은닉 및 가장) 및 제4조(범죄수익 등의 수수)의 죄도 고위공직자범죄가 된다.

✎ 고위공직자범죄와 관련 범죄를 합하여 '고위공직자범죄 등'이라고 한다.

3. 수사처의 설치와 조직 등

(1) 수사처의 설치와 독립성
① 고위공직자범죄 등에 관하여 아래 내용에 필요한 직무를 수행하기 위하여 고위공직자범죄 수사처(이하 '수사처'라 한다)를 둔다(제3조 제1항).

> ㉠ 고위공직자범죄 등에 관한 수사
> ㉡ **대법원장, 대법관, 검찰총장, 판사, 검사 및 경무관 이상 경찰공무원으로** 재직 중에 본인 또는 본인의 가족이 범한 고위공직자범죄 및 관련 범죄의 공소제기와 그 유지

② 수사처는 그 권한에 속하는 직무를 독립하여 수행한다(제3조 제2항).
③ 대통령, 대통령비서실의 공무원은 수사처의 사무에 관하여 업무보고나 자료제출 요구, 지시, 의견제시, 협의, 그 밖에 직무수행에 관여하는 일체의 행위를 하여서는 아니 된다(제3조 제3항).
④ 수사처 소속 공무원은 정치적 중립을 지켜야 하며, 그 직무를 수행함에 있어 외부로부터 어떠한 지시나 간섭을 받지 아니한다(제22조).

(2) 수사처의 조직
① 수사처에 **처장** 1명과 **차장** 1명을 두고, 각각 특정직공무원으로 보한다(제4조 제1항).
② 수사처에 **수사처검사**와 **수사처수사관** 및 그 밖에 **필요한 직원**을 둔다(제4조 제2항).

(3) 수사처장후보 추천위원회
① **처장후보자의 추천을 위하여** 국회에 고위공직자범죄 수사처장후보 추천위원회(이하 '추천위원회'라 한다)를 둔다(제6조 제1항).
② 추천위원회는 **위원장 1명을 포함하여 7명의 위원으로** 구성한다(제6조 제2항).
③ 위원장은 위원 중에서 호선한다(제6조 제3항).
④ 국회의장은 다음 내용의 사람을 위원으로 임명하거나 위촉한다(제6조 제4항).

> ㉠ 법무부장관
> ㉡ 법원행정처장
> ㉢ 대한변호사협회장
> ㉣ 대통령이 소속되거나 소속되었던 정당의 교섭단체가 추천한 2명
> ㉤ ㉣의 교섭단체 외 교섭단체가 추천한 2명

⑤ 국회의장은 교섭단체에 10일 이내의 기한을 정하여 위원의 추천을 서면으로 요청할 수 있고, 각 교섭단체는 요청받은 기한 내에 위원을 추천하여야 한다(제6조 제5항).
⑥ 요청받은 기한 내에 위원을 추천하지 아니한 교섭단체가 있는 경우, 국회의장은 해당 교섭단체의 추천에 갈음하여 다음 내용의 사람을 위원으로 위촉한다(제6조 제6항).

> ㉠ 사단법인 한국법학교수회 회장
> ㉡ 사단법인 법학전문대학원협의회 이사장

⑦ 추천위원회는 국회의장의 요청 또는 위원 3분의 1 이상의 요청이 있거나 위원장이 필요하다고 인정할 때 위원장이 소집하고, **재적위원 3분의 2 이상의 찬성으로** 의결한다(제6조 제7항).
⑧ 추천위원의 위원은 정치적 중립을 지키고 독립하여 직무를 수행한다(제6조 제8항).
⑨ 추천위원회가 처장후보자를 추천하면 해당 추천위원회는 해산된 것으로 본다(제6조 제9항).

(4) 인사위원회

① 처장과 차장을 제외한 **수사처검사의 임용, 전보, 그 밖에 인사에 관한 중요사항을** 심의·의결하기 위하여 수사처에 인사위원회를 둔다(제9조 제1항).

② 인사위원회는 **위원장 1명을 포함한 7명의 위원으로** 구성하고, 인사위원회의 위원장은 처장이 된다(제9조 제2항).

③ 인사위원회 위원 구성은 다음 내용과 같다(제9조 제3항).

> ㉠ 처장
> ㉡ 차장
> ㉢ 학식과 덕망이 있고 각계 전문 분야에서 경험이 풍부한 사람으로서 처장이 위촉한 사람 1명
> ㉣ 대통령이 소속되거나 소속되었던 정당의 교섭단체가 추천한 2명
> ㉤ 제4호의 교섭단체 외 교섭단체가 추천한 2명

④ 위 ③의 ㉢부터 ㉤까지에 규정된 위원의 임기는 3년으로 한다(제9조 제4항).

⑤ 인사위원회는 **재적위원 과반수의 찬성으로** 의결한다(제9조 제5항).

(5) 수사처검사 징계위원회

① **수사처검사의 징계 사건을** 심의하기 위하여 수사처에 수사처검사 징계위원회(이하 '징계위원회'라 한다)를 둔다(제33조 제1항).

② 징계위원회는 **위원장 1명을 포함한 7명의 위원으로** 구성하고, 예비위원 3명을 둔다(제33조 제2항).

③ 징계위원회의 위원장은 차장이 된다. 다만, 차장이 징계혐의자인 경우에는 처장이 위원장이 되고, 처장과 차장이 모두 징계혐의자인 경우에는 수사처규칙으로 정하는 수사처검사가 위원장이 된다(제34조 제1항).

④ 위원은 다음 내용의 사람이 된다(제34조 제2항).

> ㉠ 위원장이 지명하는 수사처검사 2명
> ㉡ 변호사, 법학교수 및 학식과 경험이 풍부한 사람으로서 위원장이 위촉하는 4명

⑤ 예비위원은 수사처검사 중에서 위원장이 지명하는 사람이 된다(제34조 제3항).

⑥ 위 ④의 ㉡에 해당하는 위원 임기는 3년으로 한다(제34조 제4항).

⑦ 위원장은 징계위원회의 업무를 총괄하고, 회의를 소집하며, 그 의장이 된다(제34조 제5항).

⑧ 징계위원회는 사건심의를 마치면 **재적위원 과반수의 찬성으로** 징계를 의결한다(제41조 제1항). 위원장은 의결에서 표결권을 가지며, 찬성과 반대가 같은 수인 경우에는 결정권을 가진다(제41조 제2항).

✓ SUMMARY | 수사처 관련 위원회

구분	추천위원회	인사위원회	징계위원회
목적 등	처장후보자 추천을 위하여 국회에 설치	처장과 차장을 제외한 수사처검사의 인사에 관한 중요 사항을 심의·의결하기 위하여 수사처에 설치	수사처검사의 징계 사건을 심의하기 위하여 수사처에 설치
구성	위원장 1명을 포함한 7명의 위원	위원장 1명을 포함한 7명의 위원	위원장 1명을 포함한 7명의 위원
위원	① 법무부장관 ② 법원행정처장 ③ 대한변호사협회장 ④ 여당이 추천한 2명 ⑤ 야당이 추천한 2명	① 처장 ② 차장 ③ 처장이 위촉한 1명 ④ 여당이 추천한 2명 ⑤ 야당이 추천한 2명	① 위원장이 지명한 수사처검사 2명 ② 위원장이 위촉한 4명

위원장	위원 중에서 호선	수사처 처장	수사처 차장
의결	재적위원 3분의 2 이상의 찬성으로 의결	재적위원 과반수의 찬성으로 의결	재적위원 과반수의 찬성으로 의결

4. 수사처의 기관

(1) 처장

① 처장은 다음 내용의 직위에 15년 이상 있던 사람 중에서 **추천위원회가 2명을 추천하고, 대통령이 그 중 1명을 지명한 후 인사청문회를 거쳐 임명한다**(제5조 제1항).

> ㉠ 판사, 검사 또는 변호사
> ㉡ 변호사 자격이 있는 사람으로서 국가기관, 지방자치단체, 공공기관의 운영에 관한 법률 제4조에 따른 공공기관 또는 그 밖의 법인에서 법률에 관한 사무에 종사한 사람
> ㉢ 변호사 자격이 있는 사람으로서 대학의 법률학 조교수 이상으로 재직하였던 사람

② 처장의 **임기는 3년으로 하고 중임할 수 없으며**, 정년은 65세로 한다(제5조 제3항).
③ 처장이 궐위된 때에는 60일 이내에 후임자를 임명하여야 한다. 이 경우 새로 임명된 처장의 임기는 새로이 개시된다(제5조 제4항).

(2) 차장

① 차장은 10년 이상 위 (1)의 ①에 해당하는 직위에 재직하였던 사람 중에서 **처장의 제청으로 대통령이 임명한다**(제7조 제1항).
② 차장의 **임기는 3년으로 하고 중임할 수 없으며**, 정년은 63세로 한다(제7조 제3항).

(3) 수사처검사

① 수사처검사는 변호사 자격을 7년 이상 변호사의 자격이 있는 사람 중에서 **인사위원회의 추천을 거쳐 대통령이 임명한다**. 이 경우 검사의 직에 있었던 사람은 수사처검사 정원의 2분의 1을 넘을 수 없다(제8조 제1항).
② 수사처검사는 특정직공무원으로 보하고, 처장과 차장을 포함하여 **25명 이내로 한다**(제8조 제2항).
③ 수사처검사의 **임기는 3년으로 하고, 3회에 한하여 연임할 수 있으며**, 정년은 63세로 한다(제8조 제3항).
④ 수사처검사는 직무를 수행함에 있어서 검찰청법 제4조에 따른 검사의 직무 및 군사법원법 제37조에 따른 군검사의 직무를 수행할 수 있다(제8조 제4항).

(4) 수사처수사관

① 수사처수사관은 다음 어느 하나에 해당하는 사람 중에서 **처장이 임명한다**(제10조 제1항).

> ㉠ 변호사 자격을 보유한 사람
> ㉡ 7급 이상 공무원으로서 조사, 수사업무에 종사하였던 사람
> ㉢ 수사처규칙으로 정하는 조사업무의 실무를 5년 이상 수행한 경력이 있는 사람

② 수사처수사관은 일반직공무원으로 하며, **40명 이내로 한다**. 다만, 검찰청으로부터 검찰수사관을 파견받은 경우에는 이를 수사처수사관의 정원에 포함한다(제10조 제2항).
③ 수사처수사관의 **임기는 6년으로 하고, 연임할 수 있으며**, 정년은 60세로 한다(제10조 제3항).

(5) 그 밖의 직원

① 수사처의 행정에 관한 사무처리를 위하여 필요한 직원을 둘 수 있다(제11조 제1항).
② 직원의 수는 **20명 이내로 한다**(제11조 제2항).

☑ SUMMARY | 수사처의 기관

구분	임명절차	인원	임기	정년
처장	추천위원회가 추천한 2명 중, 대통령이 1명을 지명한 후 인사청문회를 거쳐 임명	1명	3년, 중임 ×	65세
차장	처장의 제청으로 대통령이 임명	1명	3년, 중임 ×	63세
수사처검사	인사위원회의 추천을 거쳐 대통령이 임명	25명 이내 (처장과 차장 포함)	3년, 3회에 한하여 연임 ○	63세
수사처수사관	처장이 임명	40명 이내	6년, 연임 ○	60세
그 밖의 직원	-	20명 이내		

5. 수사처 기관의 보수, 결격사유, 신분보장 등

(1) 보수 등
① 처장의 보수와 대우는 차관의 예에 준한다(제12조 제1항).
② 차장의 보수와 대우는 고위공무원단 직위 중 가장 높은 직무등급의 예에 준한다(제12조 제2항).
③ 수사처검사의 보수와 대우는 검사의 예에 준한다(제12조 제3항).
④ 수사처수사관의 보수와 대우는 4급 이하 7급 이상의 검찰직공무원의 예에 준한다(제12조 제4항).

(2) 결격사유 등
① 다음 어느 하나에 해당하는 사람은 처장, 차장, 수사처검사, 수사처수사관으로 임명될 수 없다(제13조 제1항).

> ㉠ 대한민국 국민이 아닌 사람
> ㉡ 국가공무원법 제33조(결격사유) 각 호의 어느 하나에 해당하는 사람
> ㉢ 금고 이상의 형을 선고받은 사람
> ㉣ 탄핵결정에 의하여 파면된 후 5년이 지나지 아니한 사람
> ㉤ 대통령비서실 소속의 공무원으로서 퇴직 후 2년이 지나지 아니한 사람

② 검사의 경우 퇴직한 후 3년이 지나지 아니하면 처장이 될 수 없고, 퇴직한 후 1년이 지나지 아니하면 차장이 될 수 없다(제13조 제2항).

(3) 신분보장 및 퇴직
① 처장, 차장, 수사처검사는 탄핵이나 금고 이상의 형을 선고받은 경우를 제외하고는 파면되지 아니하며, 징계처분에 의하지 아니하고는 해임·면직·정직·감봉·견책 또는 퇴직의 처분을 받지 아니한다(제14조).
② 수사처검사가 중대한 심신상의 장애로 인하여 직무를 수행할 수 없을 때 대통령은 처장의 제청에 의하여 그 수사처검사에게 퇴직을 명할 수 있다(제15조).

(4) 공직임용 제한 등
① 처장과 차장은 퇴직 후 2년 이내에 헌법재판관(헌법 제111조 제3항에 따라 임명되는 헌법재판관은 제외한다), 검찰총장, 국무총리 및 중앙행정기관·대통령비서실·국가안보실·대통령경호처·국가정보원의 정무직공무원으로 임용될 수 없다(제16조 제1항).

② 처장, 차장, 수사처검사는 퇴직 후 2년이 지나지 아니하면 검사로 임용될 수 없다(제16조 제2항).
③ 수사처검사로서 퇴직 후 1년이 지나지 아니한 사람은 대통령비서실의 직위에 임용될 수 없다(제16조 제3항).
④ 수사처에 근무하였던 사람은 퇴직 후 1년 동안 수사처의 사건을 변호사로서 수임할 수 없다(제16조 제4항).

6. 수사처 기관의 직무와 권한

(1) 처장

① **처장은 수사처의 사무를 통할하고** 소속 직원을 지휘·감독한다(제17조 제1항).
② 처장은 국회에 출석하여 수사처의 소관 사무에 관하여 의견을 진술할 수 있고, 국회의 요구가 있을 때에는 수사나 재판에 영향을 미치지 않는 한 국회에 출석하여 보고하거나 답변하여야 한다(제17조 제2항).
③ 처장은 소관 사무와 관련된 안건이 상정될 경우 국무회의에 출석하여 발언할 수 있으며, 그 소관 사무에 관하여 법무부장관에게 의안의 제출을 건의할 수 있다(제17조 제3항).
④ 처장은 그 직무를 수행함에 있어서 필요한 경우 대검찰청, 경찰청 등 관계 기관의 장에게 고위공직자범죄 등과 관련된 사건의 수사기록 및 증거 등 자료의 제출과 수사활동의 지원 등 수사협조를 요청할 수 있다(제17조 제4항).
⑤ 처장은 **수사처검사의 직을 겸한다**(제17조 제5항).
⑥ 처장은 수사처검사로 하여금 그 권한에 속하는 직무의 일부를 처리하게 할 수 있다(제19조 제1항). 처장은 수사처검사의 직무를 자신이 처리하거나 다른 수사처검사로 하여금 처리하게 할 수 있다(제19조 제2항).

(2) 차장

① **차장은 처장을 보좌하며,** 처장이 부득이한 사유로 그 직무를 수행할 수 없는 때에는 그 직무를 대행한다(제18조 제1항).
② 차장은 **수사처검사의 직을 겸한다**(제18조 제2항).

(3) 수사처검사

① 수사처검사는 다음 내용에 따른 **수사와 공소의 제기 및 유지에 필요한 행위를 한다**(제20조 제1항).

> ㉠ 고위공직자범죄 등에 관한 수사
> ㉡ **대법원장, 대법관, 검찰총장, 판사, 검사 및 경무관 이상 경찰공무원으로 재직 중에 본인 또는 본인의 가족이 범한 고위공직자범죄 및 관련 범죄**의 공소제기와 그 유지

② 수사처검사는 처장의 지휘·감독에 따르며, 수사처수사관을 지휘·감독한다(제20조 제2항).
③ 수사처검사는 구체적 사건과 관련된 지휘·감독의 적법성 또는 정당성에 대하여 이견이 있을 때에는 이의를 제기할 수 있다(제20조 제3항).

(4) 수사처수사관

① 수사처수사관은 **수사처검사의 지휘·감독을 받아 직무를 수행한다**(제21조 제1항).
② 수사처수사관은 고위공직자범죄 등에 대한 수사에 관하여 형사소송법 제197조 제1항에 따른 사법경찰관의 직무를 수행한다(제21조 제2항).

7. 수사처의 수사, 공소제기와 유지 및 형집행

(1) 수사처검사의 수사
수사처검사는 고위공직자범죄의 혐의가 있다고 사료하는 때에는 범인, 범죄사실과 증거를 수사하여야 한다(제23조).

(2) 다른 수사기관과의 관계
① 수사처의 범죄수사와 중복되는 다른 수사기관의 범죄수사는 처장이 수사의 진행정도 및 공정성 논란 등에 비추어 수사처에서 수사하는 것이 적절하다고 판단하여 **이첩을 요청하는 경우 해당 수사기관은 이를 응하여야 한다**(제24조 제1항).
② 다른 수사기관이 범죄를 수사하는 과정에서 **고위공직자범죄 등을 인지한 경우 그 사실을 즉시 수사처에 통보하여야 한다**(제24조 제2항).
③ 처장은 피의자, 피해자, 사건의 내용과 규모 등에 비추어 다른 수사기관이 고위공직자범죄 등을 수사하는 것이 적절하다고 판단될 때에는 **해당 수사기관에 사건을 이첩할 수 있다**(제24조 제3항).
④ 제2항에 따라 고위공직자범죄 등 사실의 통보를 받은 처장은 통보를 한 다른 수사기관의 장에게 수사처규칙으로 정한 기간과 방법으로 수사개시 여부를 회신하여야 한다(제24조 제4항).

(3) 수사처검사 및 검사 범죄에 대한 수사
① 처장은 **수사처검사의 범죄혐의를 발견한 경우에** 관련 자료와 함께 이를 **대검찰청에 통보하여야 한다**(제25조 제1항).
② 수사처 외의 다른 수사기관이 검사의 고위공직자범죄 혐의를 발견한 경우 그 수사기관의 장은 사건을 **수사처에 이첩하여야 한다**(제25조 제2항).

(4) 수사처검사의 관계 서류와 증거물 송부 등
① 수사처검사는 '**대법원장, 대법관, 검찰총장, 판사, 검사 및 경무관 이상 경찰공무원으로 재직 중에 본인 또는 본인의 가족이 범한 고위공직자범죄 및 관련 범죄**' 사건을 제외한 고위공직자범죄 등에 관한 수사를 한 때에는 관계 서류와 증거물을 지체 없이 **서울중앙지방검찰청 소속 검사에게 송부하여야 한다**(제26조 제1항).
② 관계 서류와 증거물을 송부받아 사건을 처리하는 검사는 처장에게 해당 사건의 공소제기 여부를 신속하게 통보하여야 한다(제26조 제2항).

(5) 관련인지 사건의 이첩
처장은 고위공직자범죄에 대하여 불기소결정을 하는 때에는 해당 범죄의 수사과정에서 알게 된 관련 범죄사건을 대검찰청에 이첩하여야 한다(제27조).

(6) 재판관할
수사처검사가 공소를 제기하는 고위공직자범죄 등 사건의 제1심 재판은 서울중앙지방법원의 관할로 한다. 다만, 범죄지, 증거의 소재지, 피고인의 특별한 사정 등을 고려하여 수사처검사는 형사소송법에 따른 관할법원에 공소를 제기할 수 있다(제31조).

(7) 형의 집행
① 수사처검사가 공소를 제기하는 고위공직자범죄 등 사건에 관한 재판이 확정된 경우 제1심 관할지방법원에 대응하는 검찰청 소속검사가 그 형을 집행한다(제28조 제1항).
② 처장은 원활한 형의 집행을 위하여 해당 사건 및 기록 일체를 관할 검찰청의 장에게 인계한다(제28조 제2항).

☑ SUMMARY | 수사처검사의 사건처리 등

구분	A급 고위공직자범죄 등	B급 고위공직자범죄 등
수사	① 원칙적으로 수사처검사가 수사를 함 　㉠ 수사처의 범죄수사와 중복되는 다른 수사기관의 범죄수사는 처장이 수사처에서 수사하는 것이 적절하다고 판단하여 이첩을 요청하는 경우 해당 수사기관은 이를 응하여야 함 　㉡ 다른 수사기관이 범죄를 수사하는 과정에서 고위공직자범죄 등을 인지한 경우 그 사실을 즉시 수사처에 통보하여야 함 ② 예외적으로 처장은 다른 수사기관이 고위공직자범죄 등을 수사하는 것이 적절하다고 판단될 때에는 해당 수사기관에 사건을 이첩할 수 있음	
공소제기 및 유지 등	① 수사처검사가 공소제기 및 유지를 담당함 ② 수사처검사가 불기소결정을 함	① 서울중앙지방검찰청 소속검사가 공소제기 및 유지를 담당함(수사처검사는 서류와 증거물을 서울중앙지방검찰청 소속검사에게 송부하여야 함) ② 서울중앙지방검찰청 소속검사가 불기소결정을 함(검사는 처장에게 공소제기 여부를 신속하게 통보하여야 함)
재정신청	고소·고발인은 서울고등법원에 재정신청할 수 있음	
재판관할	제1심 재판은 원칙적으로 서울중앙지방법원의 관할로 함. 예외적으로 형사소송법에 따른 관할법원에 공소를 제기할 수 있음	형사소송법 규정에 따름
형집행	제1심 관할지방법원에 대응하는 검찰청 소속검사가 그 형을 집행함	"

8. 재정신청에 대한 특례

① 고소·고발인은 수사처검사로부터 공소를 제기하지 아니한다는 통지를 받은 때에는 서울고등법원에 그 당부에 관한 **재정을 신청할 수 있다**(제29조 제1항).
② 재정신청을 하려는 사람은 공소를 제기하지 아니한다는 통지를 받은 날부터 30일 이내에 처장에게 재정신청서를 제출하여야 한다(제29조 제2항).
③ 재정신청서에는 재정신청의 대상이 되는 사건의 범죄사실 및 증거 등 재정신청을 이유 있게 하는 사유를 기재하여야 한다(제29조 제3항).
④ 재정신청서를 제출받은 처장은 재정신청서를 제출받은 날부터 7일 이내에 재정신청서·의견서·수사관계 서류 및 증거물을 서울고등법원에 송부하여야 한다. 다만, 신청이 이유 있는 것으로 인정하는 때에는 즉시 공소를 제기하고 그 취지를 서울고등법원과 재정신청인에게 통지한다(제29조 제4항).
⑤ 이 법에서 정한 사항 외에 재정신청에 관하여는 형사소송법 제262조 및 제262조의2부터 제262조의4까지의 규정을 준용한다. 이 경우 관할법원은 서울고등법원으로 하고, '지방검찰청검사장 또는 지청장'은 '처장', '검사'는 '수사처검사'로 본다(제29조 제5항).

9. 징계

(1) 징계사유

수사처검사가 다음 어느 하나에 해당하면 그 수사처검사를 징계한다(제32조).

> ① 재직 중 다음 어느 하나에 해당하는 행위를 한 때
> 　㉠ 정치운동에 관여하는 일
> 　㉡ 금전상의 이익을 목적으로 하는 업무에 종사하는 일
> 　㉢ 처장의 허가 없이 보수를 받는 직무에 종사하는 일

> ② 직무상의 의무를 위반하거나 직무를 게을리하였을 때
> ③ 직무 관련 여부에 상관 없이 수사처검사로서의 체면이나 위신을 손상하는 행위를 하였을 때

(2) 징계의 청구와 개시
① 징계위원회의 징계심의는 처장(처장이 징계혐의자인 경우에는 차장을, 처장 및 차장이 모두 징계혐의자인 경우에는 수사처규칙으로 정하는 수사처검사를 말한다)의 청구에 의하여 시작한다(제36조 제1항).
② **처장**은 수사처검사가 징계사유에 해당하는 행위를 하였다고 인정할 때에는 **징계의 청구를 하여야 한다**(제36조 제2항).
③ 징계의 청구는 징계위원회에 서면으로 제출하여야 한다(제36조 제3항).

(3) 징계부가금
① 처장이 수사처검사에 대하여 징계를 청구하는 경우 그 징계사유가 금품 및 향응수수, 공금의 횡령·유용인 경우에는 해당 징계 외에 금품 및 향응수수액, 공금의 횡령액·유용액의 5배 내의 징계부가금 부과 의결을 징계위원회에 청구하여야 한다(제37조 제1항).
② 징계부가금의 조정, 감면 및 징수에 관하여는 국가공무원법 제78조의2 제2항 및 제3항을 준용한다(제37조 제2항).

(4) 재징계 등의 청구
① 처장은 다음 어느 하나에 해당하는 사유로 법원에서 징계 및 징계부가금 부과(이하 '징계 등'이라 한다) 처분의 무효 또는 취소 판결을 받은 경우에는 다시 징계 등을 청구하여야 한다. 다만, ⓒ의 사유로 무효 또는 취소 판결을 받은 감봉·견책 처분에 대해서는 징계 등을 청구하지 아니할 수 있다(제38조 제1항).

> ⊙ 법령의 적용, 증거 및 사실 조사에 명백한 흠이 있는 경우
> ⓒ 징계위원회의 구성 또는 징계 등 의결, 그 밖에 절차상의 흠이 있는 경우
> ⓒ 징계양정 및 징계부가금이 과다한 경우

② 처장은 징계 등을 청구하는 경우에는 법원의 판결이 확정된 날부터 3개월 이내에 징계위원회에 징계 등을 청구하여야 하며, 징계위원회에서는 다른 징계사건에 우선하여 징계 등을 의결하여야 한다(제38조 제2항).

(5) 퇴직 희망 수사처검사의 징계사유 확인 등
① 처장은 수사처검사가 퇴직을 희망하는 경우에는 징계사유가 있는지 여부를 감사원과 검찰·경찰, 그 밖의 수사기관에 확인하여야 한다(제39조 제1항).
② 확인결과 해임, 면직 또는 정직에 해당하는 징계사유가 있는 경우 처장은 지체 없이 징계 등을 청구하여야 하며, 징계위원회는 다른 징계사건에 우선하여 징계 등을 의결하여야 한다(제39조 제2항).

(6) 징계혐의자에 대한 부본 송달과 직무정지
① 징계위원회는 징계청구서의 부본을 징계혐의자에게 송달하여야 한다(제40조 제1항).
② 처장은 필요하다고 인정할 때에는 징계혐의자에게 직무집행의 정지를 명할 수 있다(제40조 제2항).

(7) 징계의결
① 징계위원회는 사건심의를 마치면 **재적위원 과반수의 찬성으로** 징계를 의결한다(제41조 제1항).

② 위원장은 의결에서 표결권을 가지며, 찬성과 반대가 같은 수인 경우에는 결정권을 가진다(제41조 제2항).

(8) 징계의 집행
① 징계의 집행은 견책의 경우에는 처장이 하고, 해임·면직·정직·감봉의 경우에는 처장의 제청으로 대통령이 한다(제42조 제1항).
② 수사처검사에 대한 징계처분을 한 때에는 그 사실을 관보에 게재하여야 한다(제42조 제2항).

(9) 다른 법률의 준용
위 **9. 징계**에서 정하지 아니한 사항에 대하여는 검사징계법 제3조, 제9조부터 제17조, 제19조부터 제21조, 제22조(다만 제2항의 '제23조'는 '제41조'로 본다), 제24조부터 제26조를 각 준용한다. 이 경우 '검사'는 '수사처검사'로 본다(제43조).

10. 보칙

(1) 파견공무원
수사처 직무의 내용과 특수성 등을 고려하여 필요한 경우에는 타 행정기관으로부터 공무원을 파견받을 수 있다(제44조).

(2) 조직 및 운영
이 법에 규정된 사항 외에 수사처의 조직 및 운영에 관하여 필요한 사항은 수사처규칙으로 정한다(제45조).

(3) 정보제공자의 보호
① 누구든지 고위공직자범죄 등에 대하여 알게 된 때에는 이에 대한 정보를 수사처에 제공할 수 있으며, 이를 이유로 불이익한 조치를 받지 아니한다(제46조 제1항).
② 수사처는 내부고발자에게 공익신고자 보호법에서 정하는 보호조치 및 지원행위를 할 수 있다. 내부고발자 보호에 관한 세부적인 사항은 대통령령으로 정한다(제46조 제2항).

(4) 다른 법률의 준용
그 밖에 수사처검사 및 수사처수사관의 이 법에 따른 직무와 권한 등에 관하여는 이 법의 규정에 반하지 아니하는 한 검찰청법(다만, 제4조 제1항 제2호, 제4호, 제5호는 제외한다), 형사소송법을 준용한다(제47조).

☑ SUMMARY | 공수처 vs 검찰 vs 경찰

구분	공수처	검찰	경찰
수사대상	고위공직자범죄 등	원칙적으로 아래의 사건(고위공직자범죄 등을 제외) ① 부패범죄, 경제범죄등 대통령령으로 정하는 중요범죄 ② 경찰공무원(다른 법률에 따라 사법경찰관리의 직무를 행하는 자를 포함한다) 및 고위공직자범죄수사처 소속 공무원(「고위공직자범죄수사처 설치 및 운영에 관한 법률」에 따른 파견공무원을 포함한다)이 범한 범죄	원칙적으로 제한이 없음(고위공직자범죄 등을 제외)

		③ 위 ①, ② 범죄 및 경찰이 송치한 범죄와 관련하여 인지한 각 해당 범죄와 직접 관련성이 있는 범죄	
수사의 경합 등	고위공직자범죄 등의 통보를 받은 공수처장은 통보를 한 검찰·경찰에게 수사개시 여부를 회신하여함	고위공직자범죄 등을 인지한 경우 즉시 공수처에 통보하여야 함	
	공수처 검사의 범죄혐의를 발견한 경우 공수처장은 대검찰청에 통보하여야 함	(공수처 검사를 제외한) 검사의 고위공직자범죄 혐의를 발견한 경우 사건을 공수처에 이첩하여야 함	
	공수처 범죄수사와 중복되는 검찰·경찰의 범죄수사가 있는 경우 공수처장은 검찰·경찰에 사건의 이첩을 요청할 수 있음	공수처 범죄수사와 중복되는 범죄수사의 경우 공수처장의 요청이 있으면 사건을 공수처에 이첩하여야 함	
	공수처장은 검찰·경찰이 고위공직자범죄 등을 수사하는 것이 적절하다고 판단될 때에는 검찰·경찰에 사건을 이첩할 수 있음		
		검찰 범죄수사와 중복되는 경찰의 범죄수사가 있는 경우 검찰은 경찰에 사건의 송치를 요구할 수 있음	검찰 범죄수사와 중복되는 범죄수사의 경우 검찰의 요구가 있으면 사건을 검찰에 송치하여야 함. 다만, 검사의 영장청구 전에 동일한 범죄사실에 관하여 경찰이 영장을 신청한 경우 영장에 기재된 범죄사실을 계속 수사할 수 있음
영장의 청구	지방법원판사에게 영장청구		검사에게 영장신청
수사의 종결	① A급 고위공직자범죄 등의 경우 서울중앙지법에 공소를 제기하고 유지함 ② B급 고위공직자범죄 등의 경우 관계 서류와 증거물을 서울중앙지검 검사에게 송부하여야 함	(A급 고위공직자범죄 등의 경우를 제외하고) 법원에 공소를 제기하고 유지함	① 범죄혐의가 있다고 인정되는 경우 검사에게 사건을 송치하여야 함 (송치) ② 범죄혐의가 없다고 인정되는 경우 관계 서류와 증거물을 검사에게 송부하여야 함(불송치)

2025 최신개정판

해커스경찰
갓대환
형사법

기본서 | 3권 형사소송법 [공판]

개정 3판 1쇄 발행 2025년 1월 3일

지은이	김대환 편저
펴낸곳	해커스패스
펴낸이	해커스경찰 출판팀
주소	서울특별시 강남구 강남대로 428 해커스경찰
고객센터	1588-4055
교재 관련 문의	gosi@hackerspass.com
	해커스경찰 사이트(police.Hackers.com) 교재 Q&A 게시판
	카카오톡 플러스 친구 [해커스경찰]
학원 강의 및 동영상강의	police.Hackers.com
ISBN	979-11-7244-696-3 (13360)
Serial Number	03-01-01

저작권자 ⓒ 2025, 김대환

이 책의 모든 내용, 이미지, 디자인, 편집 형태는 저작권법에 의해 보호받고 있습니다.
서면에 의한 저자와 출판사의 허락 없이 내용의 일부 혹은 전부를 인용, 발췌하거나 복제, 배포할 수 없습니다.

**경찰공무원 1위,
해커스경찰 police.Hackers.com**

ㆀ 해커스경찰

· 정확한 성적 분석으로 약점 극복이 가능한 **경찰 합격예측 온라인 모의고사**(교재 내 응시권 및 해설강의 수강권 수록)
· 해커스 스타강사의 **경찰 형사법 무료 특강**
· **해커스경찰 학원 및 인강**(교재 내 인강 할인쿠폰 수록)

한경비즈니스 선정 2024 한국품질만족도 교육(온·오프라인 경찰학원) 부문 1위